**UNTER DEN LINDEN**
*Seiten 54–69*

**NÖRDLICH DES ZENTRUMS**
*Seiten 98–111*

**ÖSTLICH DES ZENTRUMS**
*Seiten 86–97*

*Nördlich des Zentrums*

*Östlich des Zentrums*

*Unter den Linden*

*Museumsinsel*

*Tiergarten*

*Kreuzberg*

**KREUZBERG**
*Seiten 136–145*

0 Meter          1000

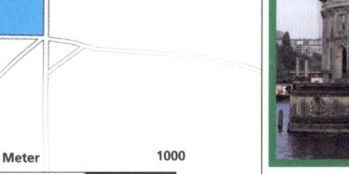

**MUSEUMSINSEL**
*Seiten 70–85*

# VIS À VIS

# BERLIN

# VIS à VIS

# BERLIN

*Hauptautoren:* MAŁGORZATA OMILANOWSKA,
JÜRGEN SCHEUNEMANN

DK

DORLING KINDERSLEY
LONDON • NEW YORK • MÜNCHEN
MELBOURNE • DELHI
www.dk.com

## Ein Dorling Kindersley Buch

www.travel.dk.com

PRODUKTION
Hachette Livre Polska,
Wydawnictwo Wiedza i Życie, Warschau

TEXTE Małgorzata Omilanowska, Jürgen Scheunemann,
Christian Tempel

FOTOGRAFIEN Dorota und Mariusz Jarymowicz

ILLUSTRATIONEN Andrzej Wielgosz,
Lena Maminajszwili, Dorota Jarymowicz

KARTOGRAFIE
Maria Wojciechowska, Dariusz Osuch

REDAKTION UND GESTALTUNG
*Hachette Livre Polska:* Ewa Szwagrzyk, Joanna Egert,
Pawel Pasternak, Nils Meyer.
*Dorling Kindersley London:* Helen Townsend, Nancy Jones,
Esther Labi, Hugh Thompson, Douglas Amrine.

•

© 2000 Dorling Kindersley Limited, London
Titel der englischen Originalausgabe:
Eyewitness Travel Guide *Berlin*
Zuerst erschienen 2000 in Großbritannien
bei Dorling Kindersley Ltd.
A Penguin Company

•

Für die deutsche Ausgabe:
© 2000 Dorling Kindersley Verlag GmbH, München

**Aktualisierte Neuauflage 2010 / 2011**

•

PROGRAMMLEITUNG Dr. Jörg Theilacker, Dorling Kindersley Verlag
ÜBERSETZUNG Ina Stengel-Hauptvogel, München
REDAKTION Matthias Liesendahl, Berlin
SCHLUSSREDAKTION Philip Anton, Köln
SATZ UND PRODUKTION Dorling Kindersley Verlag, München
LITHOGRAFIE Colourscan, Singapur
DRUCK South China Printing Co. Ltd., China

ISBN 978-3-8310-1516-0
12 13 14 15   13 12 11 10 09

Dieser Reiseführer wird regelmäßig aktualisiert. Angaben wie Tele-
fonnummern, Öffnungszeiten, Adressen, Preise und Fahrpläne
können sich jedoch ändern. Der Verlag kann für fehlerhafte oder
veraltete Angaben nicht haftbar gemacht werden. Für Hinweise,
Verbesserungsvorschläge und Korrekturen ist der Verlag dankbar.
Bitte richten Sie Ihr Schreiben an:

Dorling Kindersley Verlag GmbH
Redaktion Reiseführer
Arnulfstraße 124 • 80636 München

# INHALT

Eine Kinderzeichnung von Fernsehturm, Siegessäule und Funkturm

Die Kaiser-Wilhelm-Gedächtnis-
Kirche *(siehe S. 152f)*

◁ Blick von der Schlossbrücke auf den Berliner Dom *(siehe S. 76f)*
◁◁ Umschlag: Reichstagsgebäude mit Kuppel von Norman Foster *(siehe S. 134f)*

Die Spree fließt auch durch das Nikolaiviertel *(siehe S. 88f)*

Eine Auswahl typischer
Wurstsorten

Moderne Architektur am einstigen
Checkpoint Charlie *(siehe S. 141)*

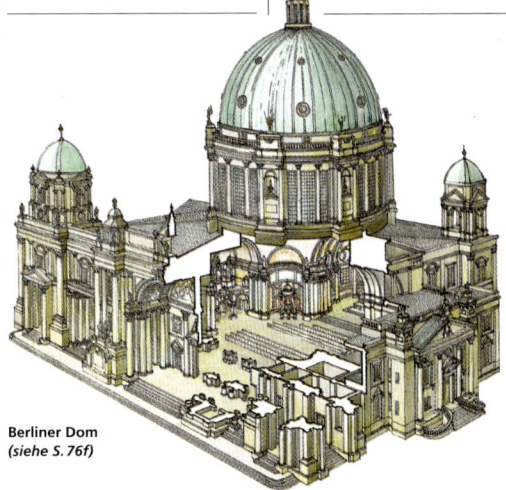

Berliner Dom
*(siehe S. 76f)*

# BENUTZERHINWEISE

**D**ieser Reiseführer will Ihren Berlin-Besuch zu einem unvergesslichen Erlebnis machen. Er liefert praktische Hinweise und nützliche Informationen. Das Kapitel *Berlin stellt sich vor* setzt die Bundeshauptstadt in einen historischen und kulturellen Kontext und listet die wichtigsten Events des Jahres auf. *Berlin im Überblick* stellt die Highlights vor. Das Kapitel *Die Stadtteile Berlins* präsentiert die einzelnen Sehenswür-digkeiten anhand von Texten, Fotos, Karten, Plänen und Illustrationen. Im Kapitel *Ausflüge* finden Sie Potsdam sowie drei Vorschläge für interessante Spaziergänge.

Infos zu Hotels, Restaurants, Läden und Unterhaltungsangeboten gibt es im Kapitel *Zu Gast in Berlin*. Die *Grundinformationen* enthalten praktische Tipps – etwa zu Informationsstellen, Führungen, öffentlichen Verkehrsmitteln und Schiffsausflügen.

## ORIENTIERUNG IN BERLIN

Berlin ist in diesem Reiseführer in acht Stadtteile gegliedert. Zur besseren Orientierung ist jedem Viertel eine eigene Farbe zugeordnet. Jedes Kapitel beginnt mit einer Einführung in den jeweiligen Stadtteil, seine Geschichte und Besonderheiten. Die Detailkarte weist auf charakteristische Orte hin. Hilfreich ist die einheitliche Nummerierung in Karten und Texten. Den wichtigsten Sehenswürdigkeiten sind mindestens zwei Textseiten gewidmet.

**Jedes Kapitel** erkennen Sie auf Anhieb an der Farbcodierung.

**1 Stadtteilkarte**
*Die Sehenswürdigkeiten auf der Stadtteilkarte sind nummeriert und zur besseren Übersicht in verschiedene Kategorien unterteilt. Zudem finden Sie wichtige U- und S-Bahn-Stationen sowie nützliche Informationen zur Anfahrt.*

**Orientierungskarte**

**Eine Orientierungskarte** zeigt den Standort.

**Routenempfehlungen** führen Sie durch die interessantesten Straßen des Viertels.

**2 Detailkarte**
*Hier sehen Sie die wichtigsten Attraktionen der Stadtteile aus der Vogelperspektive. Die Nummerierung stimmt mit derjenigen der Stadtteilkarte und den nachfolgenden Einträgen überein.*

**Sterne** kennzeichnen die Highlights unter den Sehenswürdigkeiten.

## DIE STADTTEILE BERLINS

Die acht sehenswertesten Stadtteile Berlins sind in unterschiedlichen Farben markiert *(siehe
vordere Umschlaginnenseiten)*.
Sie werden im Kapitel *Die Stadtteile Berlins (S. 52–187)* detail-
liert beschrieben. Die Farbcodierung ist Ihr Wegweiser durch
dieses Buch. In *Berlin im Überblick (S. 30–47)* finden Sie auf
diese Weise leicht die Highlights
der Stadt. Die *Spaziergänge
(S. 206–213)* führen Sie zu vielleicht weniger bekannten, aber
nicht minder interessanten Orten
in der deutschen Metropole.

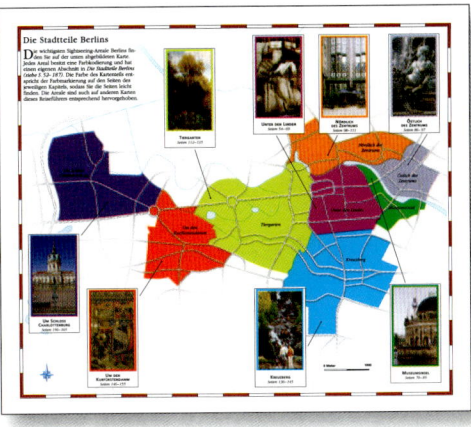

**Die Zahlen** beziehen
sich auf die Stadtteil-
karten und die Reihen-
folge in den Kapiteln.

**Praktische Informationen** zeigen Ihnen alles Wis-
senswerte zu jeder Sehenswürdigkeit. Verweise
auf den **Stadtplan** *(siehe S. 300– 323)* helfen
Ihnen, die Attraktionen leicht zu finden.

### 3 Detaillierte Informationen
*Alle wichtigen Sehenswürdig-
keiten werden einzeln beschrieben
und sind fortlaufend nummeriert.
Die praktischen Informationen ver-
weisen auf den Stadtplan, nennen
Öffnungszeiten und Telefonnum-
mern. Auf der hinteren Umschlagklappe sind alle Symbole erklärt.*

**Die Infobox** enthält
zahlreiche praktische
Informationen.

**Textkästen** geben
Ihnen Hintergrund-
informationen.

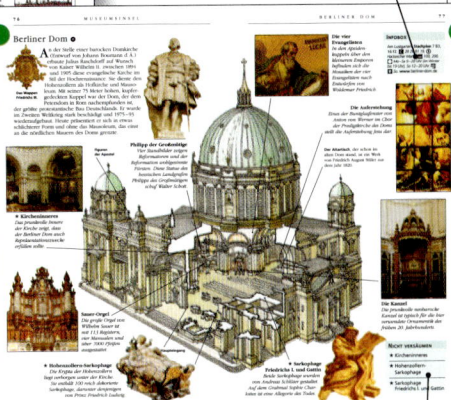

### 4 Hauptsehenswürdigkeiten
*Historische Gebäude werden
im Aufriss dargestellt. Farbige
Grundrisse von Museen und
Sammlungen weisen Ihnen
den Weg zu den wichtigsten
Exponaten.*

**Nicht versäumen** listet auf, was Sie
unbedingt ansehen sollten.

# BERLIN STELLT SICH VOR

# VIER TAGE IN BERLIN

Berlin ist riesig, doch das folgende Programm für vier Tage ist so gestaltet, dass Sie möglichst viele Highlights erleben können. Sie sehen dabei alle wichtigen Gebäude, Museen und Sammlungen. Zudem machen wir Ihnen Vorschläge für einen Familientag und für einen ausgedehnten Shopping-Bummel. Die Tage sind zwar recht vollgepackt, doch Sie können natürlich jederzeit variieren oder sich einzelne Attraktionen genauer vornehmen – ganz wie es Ihnen gefällt. Die Preisangaben pro Tag schließen die Kosten für Fahrten, Essen und Eintritte ein.

Statue in Sanssouci

## GESCHICHTE UND KULTUR

- **Brandenburger Tor**
- **Entlang der Wilhelmstraße**
- **Lunch in einer Brasserie**
- **Zeughaus/Museumsinsel**
- **Checkpoint Charlie**

**ZWEI ERWACHSENE** etwa 90 €

### Vormittags
Vom berühmten **Brandenburger Tor** *(siehe S. 67)* aus, einem der wenigen erhaltenen Stadttore, gehen Sie östlich Unter den Linden weiter und biegen dann rechts in die Wilhelmstraße ein. Dort kommen Sie zur **Alten Reichskanzlei** (Wilhelmstraße 77) mit dem einstigen Büro Hitlers *(siehe S. 66)*. Um die Ecke befindet sich ein weiteres Überbleibsel der Nazi-Zeit. Die **Topographie des**

Die Rotunde im Alten Museum, Museumsinsel *(siehe S. 75)*

Terrors *(siehe S. 140 f)* liegt auf dem Gelände des früheren Hauptquartiers von SS, SD und Gestapo. In den freigelegten Folterzellen ist eine Ausstellung über den Nazi-Terror zu sehen. Ein Stück der Berliner Mauer verläuft hinter der Neorenaissance-Fassade des nahen **Martin-Gropius-Baus** *(siehe S. 140)*. Die Wilhelmstraße zurück geht es zur Brasserie Dressler, Unter den Linden 39, zum Mittagessen *(siehe S. 236)*.

### Nachmittags
Lassen Sie sich keinesfalls die historischen Exponate im **Zeughaus (Deutsches Historisches Museum)** entgehen *(siehe S. 58 f)*. Nördlich am Kanal entlang gelangen Sie anschließend zur weltberühmten **Museumsinsel** *(siehe S. 70–85)*. Highlights sind Altes Museum und Pergamonmuseum mit dem Pergamonaltar. In südlicher Richtung führt die Friedrichstraße nach Kreuzberg und zum **Checkpoint Charlie** mit dem Museum **Haus am Checkpoint Charlie** *(siehe S. 141)*.

## FAMILIENTAG

- **Besuch im Zoo**
- **Selbstbedienungs-Lunch**
- **Technologie zum Anfassen**
- **Studiotour im Filmpark**

**FAMILIE (4 PERS.)** etwa 160 €

### Vormittags
Zuerst geht es in den **Zoologischen Garten** *(siehe S. 150)*, einen der ältesten deutschen Zoos. Verlassen Sie ihn über den Ausgang Hardenbergplatz, und gehen Sie dann nach Osten zur Kaiser-Wilhelm-Gedächtnis-Kirche am Breitscheidplatz. Hier kann man den Straßenkünstlern zusehen und die leuchtend blauen Fenster des Kirchenneubaus auf sich wirken lassen. Das Selbstbedienungsrestaurant Marché am eleganten **Ku'damm** *(siehe S. 146 –155)* ist preisgünstig.

### Nachmittags
Die U-Bahn vom Ku'damm fährt zum **Deutschen Technikmuseum** *(siehe S. 144)*. Die Flugzeuge, Autos, Züge,

◁ *Leipziger Platz*, Ölgemälde (um 1910) von Otto Antoine (1865–1951)

Schiffe und Experimente bereiten Kindern viel Spaß. Fahren Sie dann zum Zoo zurück. Von dort nehmen Sie die S-Bahn nach Potsdam-Babelsberg. Im **Filmpark Babelsberg** führt eine interaktive Tour durch Deutschlands größten Studio-Komplex *(siehe S. 205)*. In Kreuzberg oder Neukölln kann man günstig zu Abend essen.

## SHOPPEN MIT STIL

• **KaDeWe**
• **Bummel zum Savignyplatz**
• **Essen zum Mitnehmen**
• **Friedrichstadtpassagen**

**ZWEI ERWACHSENE** etwa 50 €
(nur Kosten für Essen und Fahrten)

### Vormittags
Beginnen Sie den Shopping-Tag im **Kaufhaus des Westens** (KaDeWe), Europas zweitgrößtem Kaufhaus *(siehe S. 155)*. Preisgünstiger ist es auf der beliebten Tauentzienstraße. Weiter geht es auf dem Kurfürstendamm – je weiter westwärts Sie flanieren, desto eleganter wird er. Biegen Sie ruhig auch in die schicken Seitenstraßen ein: **Fasanen-**, **Meineke-**, **Uhland-**, **Bleibtreu-** und **Schlüterstraße**. Dabei gehen Sie in Richtung **Savignyplatz** *(siehe S. 154)*, vorbei an vielen Boutiquen und Lokalen.

### Nachmittags
Mit der S-Bahn fahren Sie vom Savignyplatz zur Friedrichstraße. In südlicher Richtung kreuzt man Unter den

**Gartenanlage im Park von Schloss Sanssouci** *(siehe S. 192f)*

**Beeindruckend: französisches Kaufhaus Galeries Lafayette** *(siehe S. 250)*

Linden und kommt zu den Friedrichstadtpassagen. Hier finden sich die **Galeries Lafayette** *(siehe S. 250)* und das luxuriöse Quartier 206 Seite an Seite mit Gucci, Versace und Louis Vuitton. Gehen Sie anschließend zur Friedrichstraße zurück Richtung Norden bis zur Oranienburger Straße und von dort nach Osten zum Hackeschen Markt. Hier gibt es ungewöhnliche Mode sowie jede Menge Clubs und Bars.

## FÜR OUTDOOR-FANS

• **Spaziergang im Grunewald**
• **Bootsfahrt zur Pfaueninsel**
• **Tiergarten**
• **Schloss Bellevue**

**ZWEI ERWACHSENE** etwa 40 €

### Vormittags
Von der S-Bahn-Station Grunewald aus eine Stunde in südlicher Richtung liegt das **Jagdschloss Grunewald** *(siehe S. 212f)* mit Kunstgalerie inmitten schöner Villen.

Durch den Wald gelangen Sie zum **Wannsee** *(siehe S. 181)*. Oder Sie kehren zur S-Bahn zurück und fahren bis Wannsee. Von der Station fährt ein Bus zur Anlegestelle für die Fähren zur **Pfaueninsel**, einem Naturschutzgebiet *(siehe S. 208f)*. Weiter geht es mit der S-Bahn nach Potsdam-Hauptbahnhof für einen Besuch von **Park Sanssouci** und seinem Rokoko-Schloss *(siehe S. 192–196)*.

### Nachmittags
Von Potsdam fahren Sie mit der S-Bahn zum **Tiergarten** *(siehe S. 112–135)*, der grünen Lunge der Stadt, zurück. Gehen Sie auf der Straße des 17. Juni zur **Siegessäule** *(siehe S. 132f)*. Von oben ist der Blick auf Berlin grandios. Auf dem Spreeweg gelangt man zum **Schloss Bellevue** *(siehe S. 133)*, dem Sitz des Bundespräsidenten. Ein Abstecher nach Südwesten führt zum Neuen See. Beim Café am See kann man ein Boot mieten – und auch zu Abend essen.

# Berlin auf der Karte

Berlin, die Hauptstadt der Bundesrepublik Deutschland, bedeckt eine Fläche von 892 Quadratkilometern und hat etwa 3,4 Millionen Einwohner. Die Stadt liegt im Nordosten Deutschlands, umgeben vom Bundesland Brandenburg. Ihre beiden Flüsse Spree und Havel fließen im Bezirk Spandau zusammen. Das gesamte Stadtgebiet wird von zahlreichen Kanälen durchzogen.

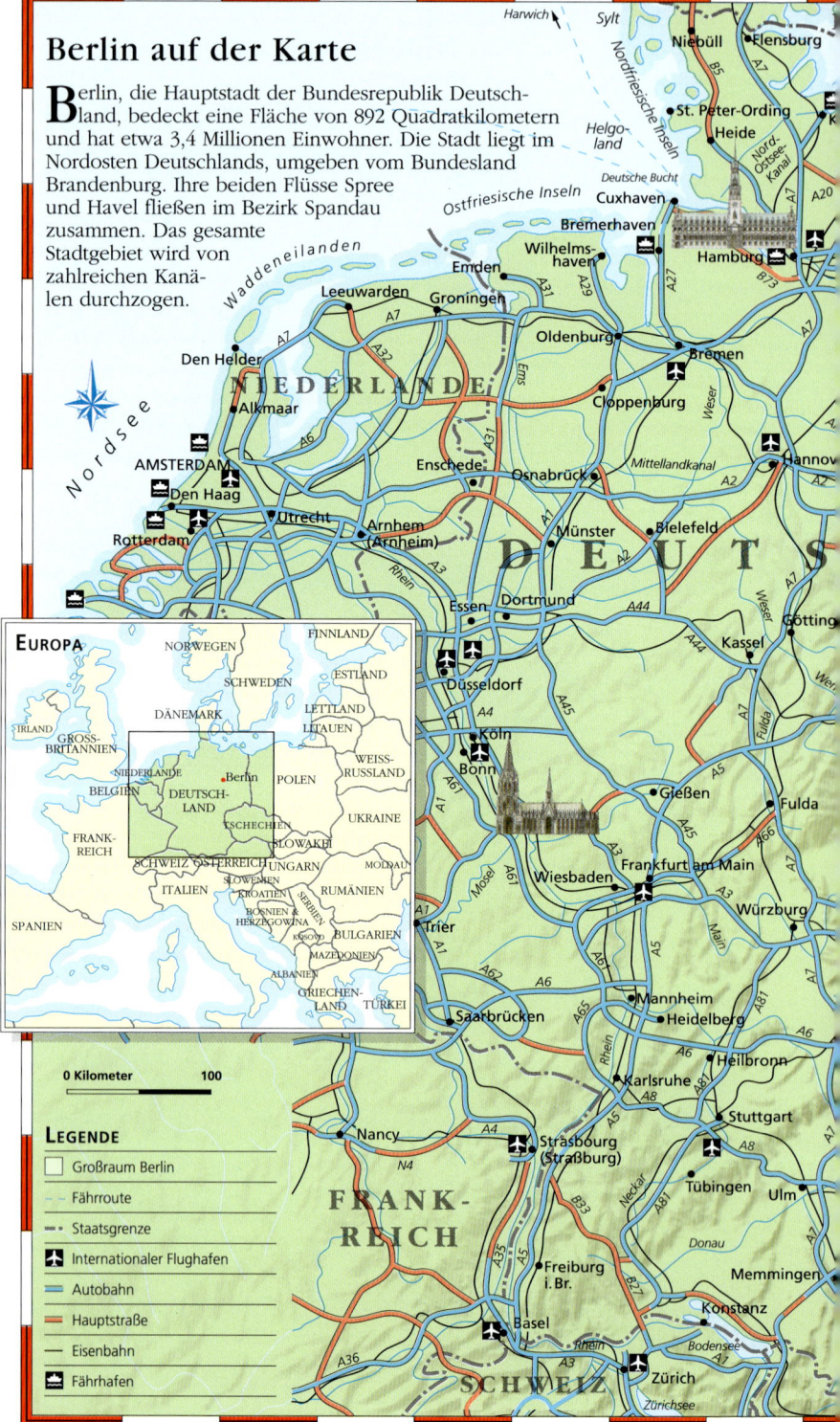

**LEGENDE**

- Großraum Berlin
- Fährroute
- Staatsgrenze
- Internationaler Flughafen
- Autobahn
- Hauptstraße
- Eisenbahn
- Fährhafen

0 Kilometer    100

Das Zentrum Berlins aus der Vogelperspektive:
Tiergarten und Unter den Linden *(siehe S. 14f)*

**GROSSRAUM BERLIN**

*Siehe S. 14*

## Großraum Berlin

*Die Sehenswürdigkeiten im Zentrum
Berlins sind auf den Seiten 52–165 beschrieben. Der Stadtplan auf den Seiten
300–323 hilft bei der Orientierung.
Abstecher und Ausflüge nach Potsdam
finden Sie auf den Seiten 166–205.*

# Großraum Berlin

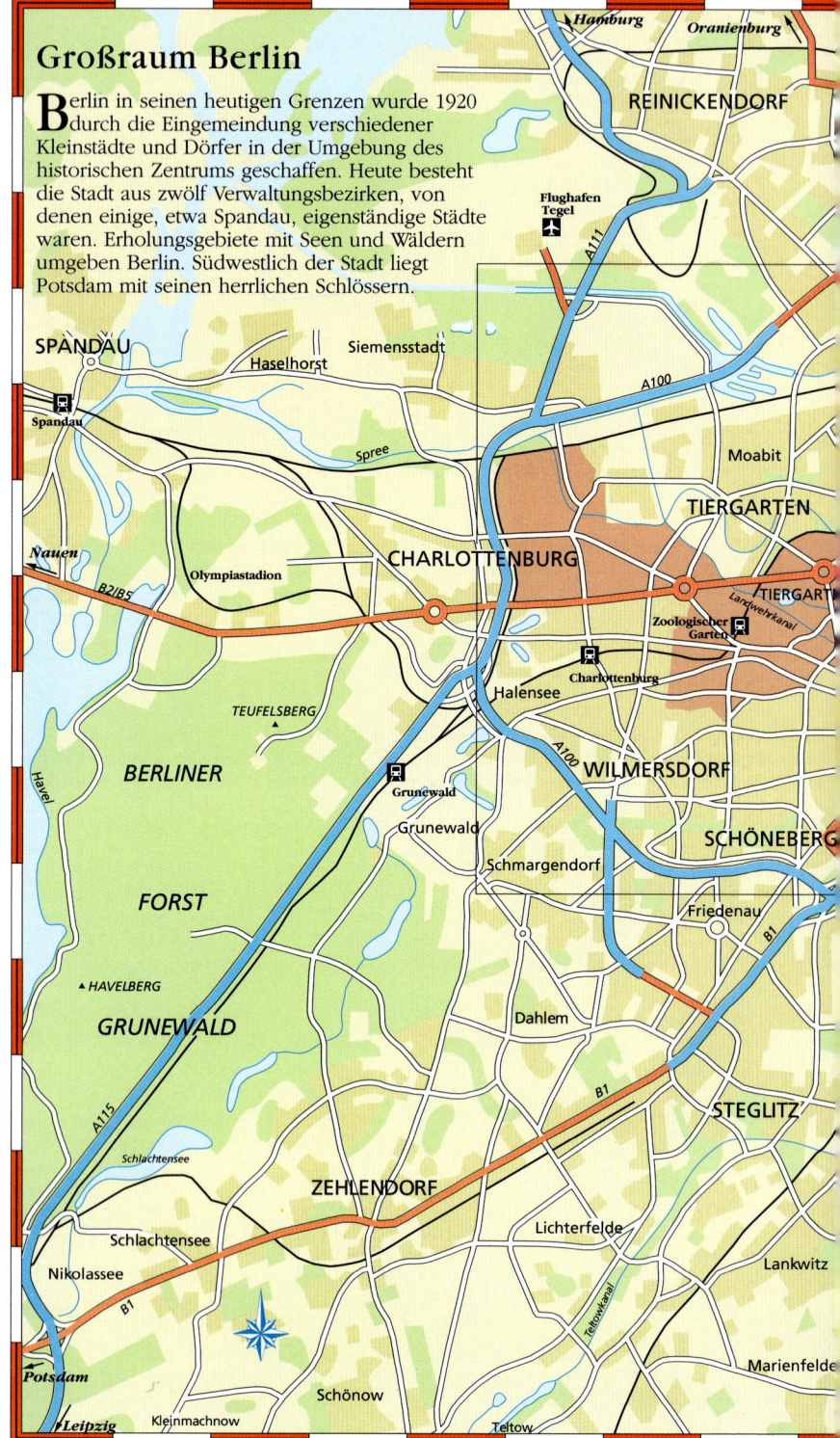

**B**erlin in seinen heutigen Grenzen wurde 1920 durch die Eingemeindung verschiedener Kleinstädte und Dörfer in der Umgebung des historischen Zentrums geschaffen. Heute besteht die Stadt aus zwölf Verwaltungsbezirken, von denen einige, etwa Spandau, eigenständige Städte waren. Erholungsgebiete mit Seen und Wäldern umgeben Berlin. Südwestlich der Stadt liegt Potsdam mit seinen herrlichen Schlössern.

Hamburg

Oranienburg

REINICKENDORF

Flughafen Tegel

A111

SPANDAU

Haselhorst

Siemensstadt

Spandau

A100

Spree

Moabit

TIERGARTEN

Nauen

B2/B5

Olympiastadion

CHARLOTTENBURG

TIERGART

Zoologischer Garten

Landwehrkanal

Charlottenburg

Halensee

TEUFELSBERG

BERLINER

A100

WILMERSDORF

Havel

Grunewald

SCHÖNEBERG

Grunewald

Schmargendorf

Friedenau

FORST

B1

HAVELBERG

Dahlem

GRUNEWALD

A115

B1

STEGLITZ

Schlachtensee

ZEHLENDORF

Schlachtensee

Lichterfelde

Lankwitz

Nikolassee

B1

Teltowkanal

Potsdam

Marienfelde

Leipzig

Schönow

Kleinmachnow

Teltow

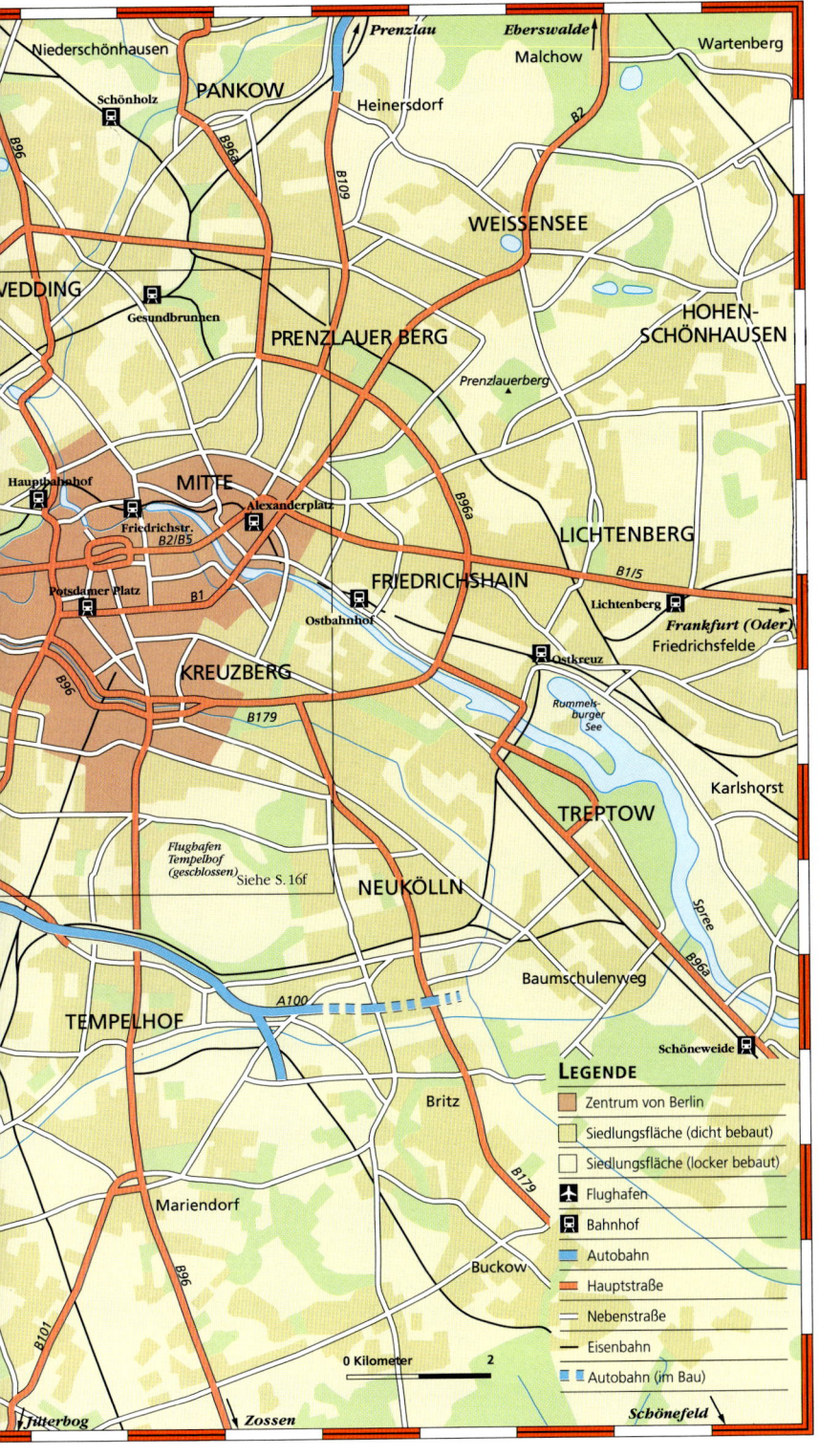

Flughafen
Tempelhof
(geschlossen) Siehe S. 16f

**LEGENDE**

| | |
|---|---|
| | Zentrum von Berlin |
| | Siedlungsfläche (dicht bebaut) |
| | Siedlungsfläche (locker bebaut) |
| ✈ | Flughafen |
| 🚉 | Bahnhof |
| | Autobahn |
| | Hauptstraße |
| | Nebenstraße |
| | Eisenbahn |
| | Autobahn (im Bau) |

0 Kilometer          2

# Zentrum von Berlin

Das Zentrum von Berlin ist in acht farblich verschieden dargestellte Viertel unterteilt. Der historische Kern liegt entlang der Ost- und Nordufer der Spree, rund um die Prachtstraße Unter den Linden und auf der Museumsinsel. Westlich des Zentrums erstreckt sich der Tiergarten. Im Süden liegt Kreuzberg, ein für sein alternatives Flair bekanntes Viertel. Weiter westlich findet man den Kurfürstendamm, das Herz des früheren Westberlin. Am Rand des Stadtzentrums liegt Schloss Charlottenburg, einst Sommerresidenz der preußischen Könige.

**Schloss Charlottenburg**

*Das nach Sophie Charlotte (Gattin Friedrichs III.) benannte Barockschloss ist eine der Hauptsehenswürdigkeiten Berlins. In seinen prächtigen Sälen kann man zahlreiche Kunstwerke besichtigen (siehe S. 156–165).*

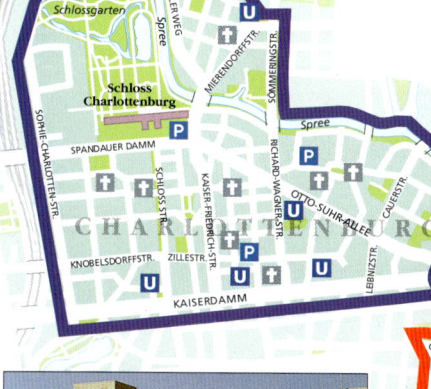

**Kulturforum, Tiergarten**

*Das Kulturforum beherbergt Museen und Bibliotheken. Es ist auch die Heimat der Berliner Philharmoniker (siehe S. 112–135).*

## LEGENDE

| | |
|---|---|
| ▨ | Hauptsehenswürdigkeit |
| 🚉 | Bahnhof |
| Ⓤ | U-Bahn-Station |
| Ⓢ | S-Bahn-Station |
| 🅿 | Parken |
| ✝ | Kirche |
| ✡ | Synagoge |
| ℹ | Information |

**Kurfürstendamm**

*Der Kurfürstendamm oder Ku'damm ist eine der wichtigsten Straßen im Westteil von Berlin. Zahlreiche Läden, Restaurants, Bars und Kinos haben sich hier angesiedelt (siehe S. 146–155).*

**Berliner Dom**
*Auf der Museumsinsel befinden sich die protestantische Kirche mit neobarockem Inneren und Kuppel und ein Museumskomplex (siehe S. 76f).*

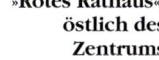

**»Rotes Rathaus«, östlich des Zentrums**
*Das monumentale Rathaus entstand um 1860 an der Stelle des mittelalterlichen Vorgängerbaus. Es ist mit Terrakotta-Ornamenten verziert (siehe S. 90).*

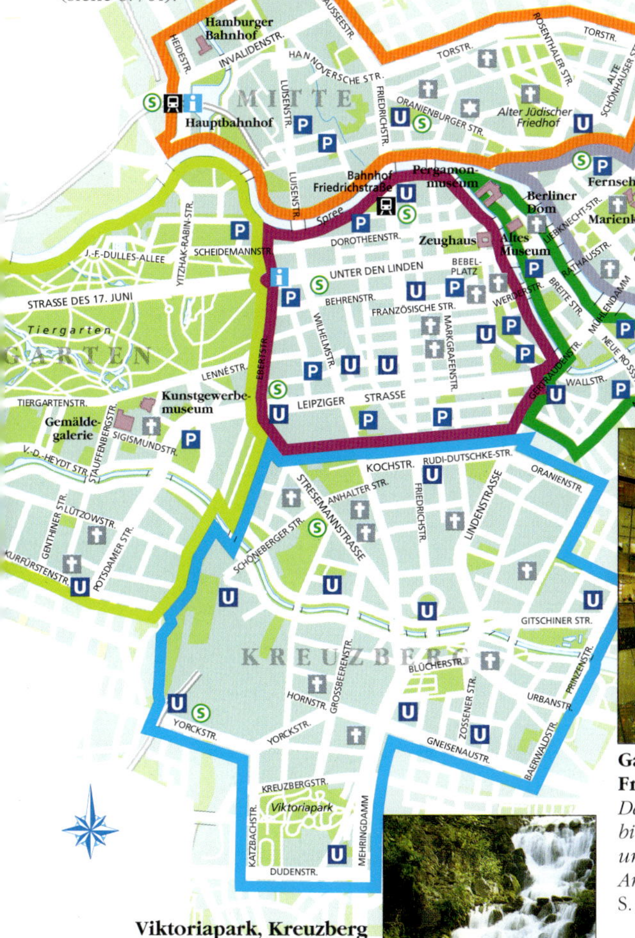

**Galeries Lafayette, Friedrichstraße**
*Das Kaufhaus verbindet Geschichte und ultramoderne Architektur (siehe S. 250).*

**Viktoriapark, Kreuzberg**
*Der Park liegt auf einem Hügel in Kreuzberg, wo viele Künstler und türkischstämmige Mitbürger leben (siehe S. 136–145).*

0 Meter          500

# DIE GESCHICHTE BERLINS

**B**erlin ist eine relativ junge Metropole. Die erste urkundliche Erwähnung des Dorfs Cölln stammt von 1237. Zusammen mit dem ebenfalls unscheinbaren Berlin am gegenüberliegenden Spreeufer begann es dann seinen steilen Aufstieg. Unter der Herrschaft der Kurfürsten von Brandenburg entwickelte es sich zur Handelsstadt, schließlich zur preußischen und deutschen Hauptstadt. Nach dem Zweiten Weltkrieg und dem Viermächteabkommen von 1949 war die Stadt Brennpunkt des Kalten Kriegs. Nach dem Fall der Mauer wurde Berlin 1991 wieder Hauptstadt Deutschlands.

### BEGINN DER BESIEDLUNG

In den ersten Jahrhunderten nach Christi Geburt siedelten am Ufer der Spree verschiedene Volksstämme, vor allem aber die germanischen Semnonen.

Gegen Ende des 6. Jahrhunderts kämpften die Semnonen mit verschiedenen slawischen Stämmen, die u.a. in der Gegend von Köpenick *(siehe S. 175)* und Spandau *(siehe S. 185)* ihre Festungen errichteten, um ihr Land.

500 Jahre später wurden die Slawen von den kriegerischen Sachsen unterworfen. Ihr Herrscher, der Askanier Albrecht der Bär, durfte sich der erste Markgraf von Brandenburg nennen.

In der Folge begannen sich zahlreiche Zuwanderer aus dem Westen, insbesondere aus dem Harz, dem Rheintal und aus Franken, in den Spreeauen anzusiedeln.

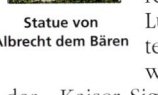

**Statue von Albrecht dem Bären**

### ANFÄNGE DER MODERNEN STADT

Die Chronik Berlins beginnt im 13. Jahrhundert, als die Siedlungen Cölln und Berlin an der Spree Bedeutung gewannen. Sie lagen auf dem Areal des heutigen Nikolaiviertels *(siehe S. 88f)*. Wohlstand durch Handel mit Fisch und Holz erlaubte ihnen 1307 den Zusammenschluss und den Bau einer Stadtmauer.

Nach dem Tod des letzten Askaniers 1319 hatte die Bevölkerung unter den langen Fehden der rivalisierenden Herrscherhäuser der Luxemburger und der Wittelsbacher zu leiden. 1411 wandten sich die Bürger an Kaiser Sigismund, der Friedrich von Hohenzollern als Schutzherrn über die Stadt einsetzte. 1415 belohnte Rom die Bemühungen Friedrichs und ernannte ihn zum Kurfürsten von Brandenburg. Dies war der Auftakt zur 500 Jahre währenden Herrschaft der Hohenzollern.

## ZEITSKALA

| | | | | | | |
|---|---|---|---|---|---|---|
| **1134** Albrecht der Bär wird Markgraf von Brandenburg | | **1237** Erste Eintragung über Cölln | **1307** Vertrag zwischen Berlin und Cölln | | | **1415** Friedrich von Hohenzollern wird Kurfürst von Brandenburg |
| | **1197** Erste urkundliche Erwähnung Spandaus | | | **1359** Berlin und Cölln treten der Hanse bei | | |
| **1100** | **1150** | **1200** | **1250** | **1300** | **1350** | **1400** |
| | **1209** Erster urkundlicher Eintrag über Köpenick | | **um 1260** Erweiterung Berlins | | | |
| **1157** Albrecht der Bär unterwirft slawische Stämme | | | **1244** Erste urkundliche Erwähnung Berlins | | | |

*Silbermünze aus dem Jahr 1369*

◁ Adolf von Menzels Darstellung der *Borussia* (1868) im Ephraim-Palais *(siehe S. 91)*

*Kreuzabnahme* (um 1520), ein Altarbild aus der Reformationszeit

## DIE ERSTEN HOHENZOLLERN

1432 wurde Berlin mit Cölln vereinigt. 1442 ließ Kurfürst Friedrich II., Sohn von Friedrich I., das erste Berliner Schloss erbauen, das künftige Stadtschloss *(siehe S. 71)*. Damit wollte er Berlin-Cölln zur Hauptstadt Brandenburgs machen und Privilegien der Bürger beschneiden. Ungeachtet des Protests der Berliner wurde das Schloss errichtet. Den Aufstand von 1448 schlug er gewaltsam nieder, 1451 wurde das Schloss offizielle Residenz des Kurfürsten. Zum Zeichen seiner Macht wurde der Berliner Wappenbär in Ketten gelegt. Als 1486 Johann Cicero, ein Neffe Friedrichs, Kurfürst wurde, war Berlin-Cölln bereits die offizielle Hauptstadt Brandenburgs.

**Falkner (Kachel, 16. Jh.)**

## REFORMATION UND DREISSIGJÄHRIGER KRIEG

Im frühen 16. Jahrhundert konnten sich die reformatorischen Ideen Martin Luthers (1483–1546) rasch in Brandenburg durchsetzen. 1539 bekannte sich Kurfürst Joachim II. Hector zum Protestantismus.

Begünstigt durch den Zuzug holländischer Einwanderer und italienischer Künstler, die der nächste Kurfürst Joachim Georg ins Land gerufen hatte, gedieh die Stadt. Doch die Pestepidemien von 1576, 1598 und 1600 dezimierten die stark gewachsene Bevölkerung drastisch. Ebenfalls verheerend war für Berlin wie für das ganze Heilige Römische Reich die Zeit des Dreißigjährigen Kriegs (1618–48). So verlegte 1627 der Kurfürst seinen Hof von Berlin ins sichere Königsberg. 1648 umfasste die durch Hunger und Krankheiten geplagte Bevölkerung von Berlin-Cölln nur noch 6000 Einwohner.

## BERLIN UNTER DEM GROSSEN KURFÜRSTEN

Das Schicksal Berlins änderte sich mit Friedrich Wilhelm von Hohenzollern ab 1640. Nie zuvor war die Stadt so rapide gewachsen. 1688, am Ende der Regentschaft des Großen Kurfürsten, lebten 20000 Menschen in Berlin.

1648 nahm man die Arbeiten zum Bau eines zeitgemäßen Befestigungsrings auf. Gegenüber dem Stadtschloss wurde der Lustgarten *(siehe S. 74)* angelegt, die einfache Straße davor wurde durch die Bepflanzung mit Linden zur repräsentativen Allee umgestaltet *(siehe S. 60)*. Die wirtschaftliche Bedeutung nahm vor allem durch den Bau des

## ZEITSKALA

**1432** Zusammenschluss von Berlin und Cölln

**1486** Kurfürst Johann Cicero erklärt Berlin zur ständigen Residenz

**1539** Kurfürst Joachim II. bekennt sich zum evangelischen Glauben

| 1415 | 1465 | 1515 | 1565 |
|------|------|------|------|

**1448** Aufstand der Berliner gegen den Kurfürsten

**1594** Ende der Bauarbeiten an der Spandauer Zitadelle

**1442** Beginn der Bauarbeiten am Stadtschloss in Cölln

*Humpen in Form des Berliner Bären (1562)*

**Gemälde der Langen Brücke im Vordergrund, dahinter das Stadtschloss (um 1685)**

Spree-Oder-Kanals zu: Die Stadt wurde zum Dreh- und Angelpunkt des Brandenburger Handels.

Berlin dehnte sich in alle Richtungen aus: 1650 und 1690 entstanden die Vorstädte Friedrichswerder, Dorotheenstadt und Friedrichstadt. 1709 wurden sie alle Berlin zugeschlagen.

1671 konnten sich etliche wohlhabende jüdische Familien, die man aus Wien verbannt hatte, ansiedeln. Nach dem Edikt von Potsdam (1685) kamen in großer Zahl jene Hugenotten nach Brandenburg, die nach der Widerrufung des Edikts von Nantes durch Louis XIV zur Emigration gezwungen waren. Beide Ereignisse sollten für die Entwicklung Berlins entscheidend sein.

## HAUPTSTADT PREUSSENS

Der Nachfolger des Großen Kurfürsten, Friedrich III., kam 1688 an die Macht. 13 Jahre später erhob er einen Teil des Herzogtums Preußens in den Rang eines Königreichs und ließ sich als König Friedrich I. in Preußen krönen. Friedrich war ehrgeizig und kunstsinnig. Unter seiner Regentschaft etablierten sich

die Akademie der Künste und die Akademie der Wissenschaften. Das befestigte Schloss ließ er in ein großzügiges Barockschloss umbauen. Auch das Zeughaus *(siehe S. 58f)*, die Sommerresidenz Schloss Lietzenburg und das spätere Schloss Charlottenburg *(siehe S. 160f)* entstanden in dieser Zeit.

Der Thronfolger, Friedrichs Sohn Friedrich Wilhelm I. (1713–40), war von völlig anderem Schlag. Die Bestrebungen des später »Soldatenkönig« genannten Monarchen waren mehr praktischer Art: Er ließ die erweiterte Stadt mit einer neuen Mauer umschließen, und zwar weniger zu Verteidigungszwecken, als um die eingezogenen Berliner am Desertieren zu hindern. Auch Pariser Platz *(siehe S. 67)*, Leipziger Platz *(siehe S. 131)* und Mehringplatz *(siehe S. 144)* wurden damals angelegt. Die Einwohnerzahl war auf rund 90 000 angewachsen.

Der nächste König war Friedrich II. (1740–86), auch »Friedrich der Große« oder »Alter Fritz« genannt. Er war äußerst gebildet und machte sich sehr um die Entwicklung Berlins zu einer Metropole der Künste verdient. Friedrich tat sich als Flötenspieler hervor, und er komponierte auch.

**Friedrich II. (1740–1786)**

Obwohl er kunstsinnig war, hatte er Expansionspläne, die 1756 im Siebenjährigen Krieg mündeten. Er marschierte in Schlesien ein. Berlin wurde kurzzeitig von Österreichern und Russen besetzt.

Im späten 18. Jahrhundert erlebte Berlin wiederum eine Blütezeit – und die Einwohnerzahl wuchs auf über 150 000 an.

**1618–48** Dreißigjähriger Krieg

**1668** Eröffnung des Spree-Oder-Kanals

**1688** Bau der Friedrichstadt

**1701** Krönung Friedrichs III. zum ersten König in Preußen

**1751/52** Friedrich II. führt die Wehrpflicht ein

**1756–63** Siebenjähriger Krieg

**1615** | **1665** | **1715** | **1765**

**1685** Das Edikt von Potsdam erlaubt den Zuzug vieler Hugenotten nach Berlin

**1696** Eröffnung der Akademie der Künste

**1709** Vergrößerung Berlins

**1740** Krönung Friedrichs des Großen

*Silberpokal (1695)*

# Das Zeitalter des Barock

Das Zeitalter des Barock (17. bis Mitte des 18. Jh.) bescherte Berlin eine wechselvolle Periode. Die vereinigten Stadtteile Berlin und Cölln wuchsen an Einwohnern und Fläche, wurden von Pestepidemien und dem Dreißigjährigen Krieg heimgesucht und wandelten sich zur wohlhabenden Metropole. Die Bevölkerungszahl war rasant gestiegen – auch durch die Vereinigung von Dorotheenstadt, Friedrichstadt und Friedrichswerder mit dem historischen Stadtkern. Eine neue Stadtmauer, bedeutende Gebäude wie die Akademie der Künste, die Charité und Schloss Charlottenburg wurden errichtet.

**AUSDEHNUNG DER STADT**

■ *1734*          □ *Heute*

### Flötenkonzert

*Das gleichnamige Gemälde Adolf von Menzels zeigt den kunstsinnigen König Friedrich II. (1712–1786, König seit 1740), wie er seine Gäste mit einem Flötenkonzert in Schloss Sanssouci unterhält.*

**Nikolaikirche**

**Friedrich der Große**
*Das Porträt des preu-ßischen Thronfolgers Friedrich II. wurde 1739 von dem franzö-sischstämmigen Maler Antoine Pesne gefertigt.*

**Rokoko-Terrine**
*Die kunstvolle Silberterrine aus dem Jahr 1765, verziert mit einer vergoldeten Zitrone, stammt aus der Berliner Werk-statt von Georg Wilhelm Markgraf.*

**Stadtschloss**

### Die italienische Komödie
*Zu den Lieblingsmalern Friedrichs II. gehörte der französische Künstler Jean-Antoine Watteau (1684–1721). Viele seiner Arbeiten sind noch in Berlin zu besichtigen.*

**Rondell (der heutige Mehringplatz)**

**Das Okto-gon (heute der Leipzi-ger Platz)**

### Zeughaus
*Das großartige Zeughaus wurde 1730 fertig. Bis 1875 wurde es als Waffenarse-nal genutzt, heute beherbergt es das Deut-sche Historische Museum. Diese Ansicht schuf Carl Traugott Fechhelm 1786.*

### König Friedrich I.
*Das Konterfei des ersten preußischen Königs (1688–1713) ist das Werk des Bild-hauers und Architekten Andreas Schlüter (1660–1714). Es schmückt das Grab-mal des Königs.*

**Karree (der heutige Pariser Platz)**

## BERLIN IM JAHR 1740
Die Karte zeigt Berlin im 18. Jahrhundert mit seinen Befestigungsanlagen und sei-nen wichtigsten Gebäuden. Anders als heute üblich ist dieser Plan oben *nach Süden* ausgerichtet.

## BAROCK-ARCHITEKTUR IN BERLIN
Die meisten Barockgebäude Berlins wur-den im Zweiten Weltkrieg zerstört. Einige wenige Beispiele sind allerdings noch in Mitte zu besichtigen. Unbedingt sehens-wert sind das Zeughaus *(siehe S. 58f)* sowie der Französische und der Deutsche Dom *(siehe S. 64f)*, die Parochialkirche *(siehe S. 97)* und die Sophienkirche *(siehe S. 104)*. Ein weiteres architektonisches Glanzstück aus der Barockzeit ist Schloss Charlottenburg mit seinem entzückenden Park *(siehe S. 158f)*.

**Schloss Charlottenburg**

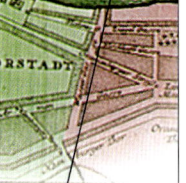

**Unter den Linden**

**Alte Bildrolle (1821) mit Motiven der Allee Unter den Linden**

### BEGINN DER NEUZEIT

Als Friedrich Wilhelm II. (1786–97) den preußischen Thron bestieg, ging das Zeitalter des Absolutismus dem Ende zu. Romantische Ideen fanden überall Anhänger. Dichter wie Gotthold Ephraim Lessing, Friedrich und August Wilhelm von Schlegel feierten große Erfolge.

Napoléon (1769–1821) schlug die Preußen-Armee bei Jena und Austerlitz. Als die französischen Truppen 1806 in Berlin einmarschierten, floh Friedrich Wilhelm III. mit seinem Hof nach Königsberg. Die Besatzer holten die Quadriga vom Brandenburger Tor und brachten sie als Kriegsbeute nach Paris. Nach der Vereinbarung hoher Reparationszahlungen zogen Napoléon und seine Truppen endlich ab. 1809 kehrte der Hof nach Berlin zurück. 1814 wurde die Quadriga wieder nach Berlin zurückgebracht. Ein Jahr später erlebte Napoléon seine große Niederlage bei Waterloo. In den Beschlüssen des Wiener Kongresses wurde Preußen Westfalen und das Rheinland mit seinen wichtigen Erz- und Kohlevorkommen zugesprochen, was in den folgenden 30 Jahren stark zur Industrialisierung von Preußen und Berlin beitragen sollte. 1837 eröffnete Alfred Borsig seine Lokomotivenfabrik in der Stadt. 1838 verkehrte die erste Eisenbahn zwischen Berlin und Potsdam. In dieser Zeit errichtete Karl Friedrich Schinkel viele seiner Bauwerke *(siehe S. 187)* wie die Neue Wache *(siehe S. 60)* und das Schauspielhaus, heute Konzerthaus *(siehe S. 65)*.

1810 wurde die Berliner Universität (heute Humboldt-Universität) als Hort der Wissenschaft gegründet, an der herausragende Köpfe wie die Philosophen Georg Wilhelm Friedrich Hegel (1770–1831) und Arthur Schopenhauer (1788–1860) lehrten.

1844 setzte eine große Rezession ein, die ganz Europa erfasste und ein Viertel der preußischen Bevölkerung in Armut stürzte. Aufstände der Hungernden erschütterten 1847 die Stadt. Beim Aufstand von 1848 erschossen die Soldaten über 100 Bürger.

### ENTSTEHUNG EINES WELTREICHS

Im Jahr 1861 wurde der für regierungsunfähig erklärte Friedrich Wilhelm IV. (1840–61) gezwungen, den Thron an seinen älteren Bruder Wilhelm (1861–88) abzutreten. Otto von Bismarck (1815–1898) strebte seit seiner Ernennung zum preußischen Ministerpräsidenten im Jahr 1862 mit Erfolg danach, Österreich auszubooten

**Porträt Friedrich Wilhelms IV.**

## ZEITSKALA

**1791** Fertigstellung des Brandenburger Tors

**1799** Gründung der Bauakademie

**1810** Gründung der Berliner Universität

**1831** Ausbruch der Choleraepidemie

**1844** Eröffnung des Zoologischen Gartens

| 1785 | 1800 | 1815 | 1830 | 1845 |

*Emaildose aus der Mitte des 18. Jahrhunderts*

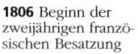

**1806** Beginn der zweijährigen französischen Besatzung

**1830** Eröffnung des Alten Museums

**1838** Eröffnung der Bahnlinie Berlin–Potsdam

und Preußen die Vormachtstellung im deutschsprachigen Raum zu sichern. 1864 erklärte der Deutsche Bund Dänemark den Krieg und eroberte Schleswig-Holstein. 1866, nach Ende des Kriegs mit Österreich, bildete sich unter preußischer Führung der Norddeutsche Bund, dem 22 Kleinstaaten und Städte angehörten.

1870 zog Preußen gegen Frankreich in den Krieg und annektierte Elsass und Lothringen. Bismarcks nächstes Unterfangen war die Reichsgründung: Am 18. Januar 1871 wurde Berlin deutsche Hauptstadt und König Wilhelm I. deutscher Kaiser. Dank der

Ausstellungsplakat zur Berliner Secession von Wilhelm Schulz aus dem Jahr 1900

französischen Reparationszahlungen und der Abschaffung der Zollschranken begann für Berlin eine Ära des industriellen Aufschwungs, die mit einer explosionsartigen Zunahme der Bevölkerung einherging. 1877 betrug die Zahl der Berliner Einwohner eine Million. 1905 lebten bereits über zwei Millionen Menschen in der Hauptstadt.

Das alte, 1894 nach Plänen von Paul Wallot fertiggestellte Reichstagsgebäude

## SIEG UND NIEDERLAGE

Das späte 19. Jahrhundert bescherte Berlin viele technische Errungenschaften, etwa 1876 ein neues Kanalisationssystem. 1879 wurde die elektrische Straßenbeleuchtung eingeführt, 1881 gab es erste Telefone, ein Jahr später verkehrte die erste Stadtbahn. Wissenschaft und Kultur blühten auf: In Berlin wirkten der Schriftsteller Theodor Fontane, der Maler Adolf von Menzel und der Bakteriologe Robert Koch. 1898 begründete der Maler Max Liebermann (siehe S. 67) den Berliner Jugendstil.

Die Folgen des Ersten Weltkriegs waren in Berlin erst relativ spät zu spüren: 1916/17 gab es Hungersnöte und Streiks. Nach der deutschen Niederlage und der Revolution von 1918 dankte Kaiser Wilhelm II. ab.

Anton von Werners Der Berliner Kongress von 1878

| 1871 Berlin wird Hauptstadt des Deutschen Reiches | 1878 Berliner Kongress | 1888 Dreikaiserjahr | 1902 Inbetriebnahme der ersten U-Bahn | 1914 Ausbruch des Ersten Weltkriegs |
|---|---|---|---|---|
| **1860** | **1875** | **1890** | **1905** | **1920** |
| 1879 Gründung der Technischen Universität | | | 1907 Fertigstellung des Kaufhauses des Westens (KaDeWe) | 1918 Kaiser Wilhelm II. dankt ab |
| 1882 Eröffnung der ersten S-Bahn-Linie | | | | |

Mosaik am Martin-Gropius-Bau

# Hauptstadt des Deutschen Reichs

Am 18. Januar 1871 trugen die Expansionsbestre-
bungen des Reichskanzlers Otto von Bismarck
Früchte, Berlin wurde Hauptstadt des neu gegründeten Deutschen Reichs. Für viele der zuvor eigenstän-
digen deutschsprachigen Gebiete, auch jene, die
heute zu Frankreich, Polen, Russland und Dänemark
gehören, wurde die Stadt die neue Kapitale. Reparationszahlungen, die Frankreich nach seiner Niederlage von 1870/71 zahlen musste, förderten die rasante
Industrialisierung. Gleichzeitig machten wissenschaftliche und künstlerische Großtaten von sich reden.
Von 300 000 Einwohnern im Jahr 1850 war die Bevölkerung auf 1,9 Millionen um 1900 gewachsen.

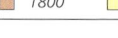

**AUSDEHNUNG DER STADT**

| | 1800 | | Heute |

### Haus Hohenzollern
*Mosaiken mit Abbil-
dungen der Hohen-
zollern schmücken
die 1895 vollendete
Kaiser-Wilhelm-
Gedächtnis-Kirche
(siehe S. 152f).*

### Stadtschloss
*Mit der Reichsgründung 1871
war das Berliner Stadtschloss
kaiserliche Residenz geworden.
Die Rathausbrücke im Vordergrund bewachte das stolze Standbild des Großen Kurfürsten, das
heute im Hof von Schloss Charlottenburg (siehe S. 160f) steht.*

Preußische
Adlige

Mitglieder des
Parlaments

### Riehmers Hofgarten
*Im späten 19. Jahrhundert
wurden in großem Stil
Wohnhäuser und stattliche
öffentliche Gebäude wie
das abgebildete errichtet.*

### Neptunbrunnen
*Den üppig verzierten Brun-
nen (siehe S. 92) von Rein-
hold Begas machten die
Berliner Ratsherren 1891
Wilhelm II. zum Geschenk.*

### S-Bahnhof Hackescher Markt
*Die früher Bahnhof Börse ge-*
*nannte S-Bahn-Station ist eine*
*der ältesten der Stadt. Sie wurde*
*von Johannes Vollmer entworfen*
*und 1882 eröffnet.*

### Vase mit Porträt von Wilhelm II.
*Die von Alexander Kips entworfene*
*Vase war eigentlich ein Massen-*
*artikel aus der Königlichen Porzel-*
*lan-Manufaktur. Oft überreichte*
*man solche Stücke an fremde*
*Staatsoberhäupter.*

Kaiserin
Auguste
Viktoria

Thronfolger
Wilhelm

**Die Staatstrauer 1888** aus
Anlass des Todes der
beiden Kaiser Wilhelm I.
und Friedrich III. sah für
Frauen schwarze Kleider
und für Männer schwarze
Armbinden vor.

Diplomatisches
Korps

Der preußische Reichskanzler
Otto von Bismarck

Kaiser Wilhelm II.

### ERÖFFNUNG DES REICHSTAGS
Das Monumentalgemälde (1893)
von Anton von Werner zeigt Kaiser
Wilhelm II., wie er vor den Reichs-
tagsabgeordneten, dem Adel und
anderen Würdenträgern seine Rede
zur offiziellen Eröffnung des
Reichstagsgebäudes hält.

### Charlotte Berend
*In den Jahren vor*
*dem Ersten Welt-*
*krieg erlebte die*
*Kunst eine Blüte-*
*zeit. Meisterhaft ist*
*Lovis Corinths Por-*
*trät der Schauspie-*
*lerin von 1902.*

Pogromnacht, 9. November 1938: Tausende Gebäude der jüdischen Bevölkerung gingen in Flammen auf

## WEIMARER REPUBLIK

Gleich zwei Politiker proklamierten am 9. November 1918 die erste deutsche Republik: Der Sozialdemokrat Philipp Scheidemann rief zunächst die demokratische Republik aus, Stunden später verkündete der Mitbegründer der kommunistischen Partei Karl Liebknecht die sozialistische Räterepublik. Die Rivalitäten der politischen Gruppierungen entluden sich 1919 in Unruhen. Freikorps schlugen sie brutal nieder und ermordeten dabei die Kommunisten Karl Liebknecht und Rosa Luxemburg.

Im Februar 1919 wählte die Nationalversammlung den Sozialdemokraten Friedrich Ebert zum Präsidenten. Durch die Stadtreform von 1920 war Berlin mit einem Schlag auf 3,8 Millionen Einwohner angewachsen. Arbeitslosigkeit und galoppierende Inflation stürzten viele Deutsche und vor allem die Berliner in große Not.

Gleichzeitig bildete sich die Stadt zum Zentrum regen kulturellen Lebens heraus. Max Reinhardt und Bertolt Brecht wirkten

Ein Propagandaplakat Hitlers von 1938

hier. In den Ufa-Studios entstanden Filmklassiker wie *Das Cabinet des Dr. Caligari* und *Metropolis*. Der Jazz erfreute sich großer Beliebtheit, die Berliner Philharmoniker gelangten zu Weltruhm.    Avantgarde-Architekten wie Walter Gropius und Bruno Taut waren in der Stadt tätig. Albert Einstein, Carl Bosch und Werner Heisenberg erhielten den Nobelpreis.

## DRITTES REICH

Der Börsenkrach vom Oktober 1929 und die folgende Depression setzten die noch junge deutsche Demokratie unter großen Druck und bereiteten den Boden für extremistische Politiker. Am 30. Januar 1933 wurde Adolf Hitler zum Reichskanzler ernannt. Mit dem Reichstagsbrand als Vorwand kam es im Februar zu Massenverhaftungen von Kommunisten und Oppositionellen. Im März 1933 hatten die Nationalsozialisten den Reichstag unter ihre Kontrolle gebracht. Die Bücher »undeutscher« Autoren wurden

*Inferno* (1946) von Fritz Koelle

vor der Alten Bibliothek verbrannt, »entartete« Werke aus den Museen entfernt. Die Olympischen Spiele 1936 sollten die Überlegenheit der arischen Rasse unter Beweis stellen. Immer stärker bekamen jüdische Mitbürger die gewalttätigen Auswirkungen des nationalsozialistischen Regimes zu spüren. Viele wurden in die Emigration

## ZEITSKALA

**1919** Ausrufung der Weimarer Republik

**1926** Der Funkturm wird eröffnet

**1930** Eröffnung des Pergamonmuseums

**1938** Pogromnacht (9./10. November)

**8. Mai 1945** Kapitulation Deutschlands

**1948–1949** Sowjetische Blockade Berlins

**13. August 1961** Beginn des Baus der Berliner Mauer

| 1920 | 1930 | 1940 | 1950 | 1960 |

**1928** Uraufführung der *Dreigroschenoper* (Brecht/Weill)

**1933** Machtergreifung Hitlers

**1942** Wannsee-Konferenz

**1920** Stadtreform: Berlin hat 3,8 Millionen Einwohner

**1939** Am 1. September bricht der Zweite Weltkrieg aus

*Plakat zur Darstellung der deutschen Rasse*

getrieben. In der Nacht vom 9. auf den 10. November 1938, der »Reichskristallnacht« (Pogromnacht), kam es in ganz Deutschland zur organisierten Plünderung und Brandschatzung von Tausenden von Synagogen, jüdischen Friedhöfen, Läden und Wohnungen.

### ZWEITER WELTKRIEG

Hitlers Einmarsch in Polen am 1. September 1939 war der Auftakt zum Zweiten Weltkrieg. Für die Bevölkerung Berlins folgten Versorgungsengpässe und im August 1940 britische Luftangriffe. 1941 begann man mit dem massenhaften Abtransport von Juden in Konzentrationslager. Bei der Wannsee-Konferenz im Januar 1942 *(siehe S. 181)* besiegelte man die Pläne zur systematischen Ausrottung aller Juden in Europa. 1944 führte das fehlgeschlagene Attentat auf Hitler zur Hinrichtung zahlreicher Widerstandskämpfer.

Nach über fünf Jahren erbitterter Kriegsführung stand das deutsche Regime schließlich mit dem Rücken zur Wand. Im April 1945 marschierten die Soldaten der Roten Armee in Berlin ein. Am 30. April beging Hitler Selbstmord, die deutsche Heeresführung kapitulierte kurz darauf.

### GETEILTE STADT

1945 besiegelte das Potsdamer Abkommen *(siehe S. 199)* die Aufteilung der Stadt in vier Sektoren, je einer wurde von sowjetischen, amerikanischen, britischen und französischen Truppen besetzt. Berlin wurde zum Brennpunkt des Kalten Kriegs. Am 24. Juni 1948 unternahmen die Sowjets mit der Blockade der Westsektoren den Versuch, die ganze Stadt zu annektieren. Die Amerikaner vereitelten dies mit der Berliner Luftbrücke. Am 12. Mai 1949 wurde die Blockade aufgehoben.

Die von britischen und amerikanischen Bomben zerstörten Gebäude am Gendarmenmarkt, 1945/46

1949 war das Geburtsjahr der Bundesrepublik Deutschland mit der Hauptstadt Bonn und der Deutschen Demokratischen Republik mit der Hauptstadt Ostberlin. Westberlin sollte ein langjähriges Inseldasein fristen. Am 17. Juni 1953 kam es in der DDR zu vom SED-Regime blutig niedergeschlagenen Arbeiteraufständen. Im Jahr 1961 beschloss die DDR-Regierung den Bau der Mauer.

Die politischen Umwälzungen in Osteuropa führten im Herbst 1989 zum Fall der Berliner Mauer. Am 3. Oktober 1990 war Deutschland offiziell wiedervereinigt. Berlin löste am 20. Juni 1991 Bonn als Hauptstadt ab.

Heute ist Berlin in Sachen Kunst, Kultur und Lifestyle eine Tag und Nacht quirlige Trend-Metropole, die jährlich von Millionen Menschen aus aller Welt besucht wird.

9. November 1989: Berlin feiert den Fall der Mauer

**1971** Der «Grundlagenvertrag» ermöglicht Westberlinern den Besuch des Ostsektors

**1987** 750-Jahr-Feier Berlins

**3. Oktober 1990** Offizielle Wiedervereinigung Deutschlands

**1994** Die Alliierten verlassen Berlin

**2004** Wiedereröffnung des Berliner Olympiastadions

| 1970 | 1980 | 1990 | 2000 | 2010 |

**9. November 1989** Fall der Berliner Mauer

*Der Trabant, das am meisten verbreitete Auto der DDR*

**1991** Berlin ist wieder deutsche Hauptstadt

**1999** Im Mai: Wahl des Bundespräsidenten im modernisierten Reichstagsgebäude

**2008** Neugestaltung des Pariser Platzes wird mit Eröffnung der US-Botschaft abgeschlossen

# BERLIN IM ÜBERBLICK

Das Kapitel *Die Stadtteile Berlins* stellt über 150 Sehenswürdigkeiten vor. Dazu gehören historische Bauwerke wie die Nikolaikirche *(siehe S. 90f)* ebenso wie Zeugnisse der jüngsten Geschichte rund um den Potsdamer Platz *(siehe S. 128–131)*, der ruhige Botanische Garten *(siehe S. 177)* und der traditionsreiche Berliner Zoologische Garten, in dem es lebhafter zugeht *(siehe*

*S. 150)*. Als Orientierungshilfe für Ihren Berlin-Aufenthalt finden Sie auf den folgenden 16 Seiten eine Zusammenstellung der Hauptattraktionen: Museen, Sammlungen, historische Gebäude, Parks und Gärten, ebenso herausragende Beispiele moderner Architektur sowie die Zeugnisse der geteilten Stadt. Auf den Abbildungen unten sehen Sie die zehn wichtigsten Highlights der Stadt.

## ZEHN HAUPTSEHENSWÜRDIGKEITEN VON BERLIN

**Pergamonmuseum**
*Siehe S. 80–83*

**Schloss Charlottenburg**
*Siehe S. 160f*

**Kunstgewerbemuseum**
*Siehe S. 118–121*

**Gemäldegalerie**
*Siehe S. 122–125*

**Nikolaiviertel**
*Siehe S. 88f*

**Zoologischer Garten**
*Siehe S. 150*

**Fernsehturm**
*Siehe S. 93*

**Brandenburger Tor**
*Siehe S. 67*

**Reichstag**
*Siehe S. 134f*

**Kaiser-Wilhelm-Gedächtnis-Kirche** *Siehe S. 152f*

◁ Innenansicht der neuen Reichstagskuppel *(siehe S. 134f)* nach dem Entwurf von Sir Norman Foster

# Highlights: Museen und Sammlungen

**Antike griechische Vase**

Mit Stolz kann Berlin einige der herausragendsten Kunstsammlungen Europas sein Eigen nennen. Seit 1990 wurden etliche der ehemals geteilten Sammlungen an neuen Ausstellungsorten zusammengeführt. Ein Beispiel dafür ist die Gemäldegalerie mit vielen unschätzbaren Werken alter Meister. Die wichtigsten Museumskomplexe finden sich auf der Museumsinsel, beim Schloss Charlottenburg, im Kulturforum und in Dahlem.

## Kunstgewerbemuseum

*Wenige Kunstsammlungen in Europa sind mit den Beständen dieses Hauses (siehe S. 118–121) zu vergleichen. Eines der Exponate ist das hier abgebildete goldene Gefäß in Form eines Elefanten (17. Jh.).*

*Um Schloss Charlottenburg*

*Tiergarten*

*Um den Kurfürstendamm*

## Gemäldegalerie

*Die weltberühmte Sammlung (siehe S. 122–125) zeigt Meisterwerke der europäischen Malerei vom 13. bis zum 18. Jahrhundert. Die Anbetung der Hirten (um 1480) ist der Mittelteil eines Triptychons von Hugo van der Goes.*

## Museumszentrum Dahlem

*Der riesige Komplex beherbergt drei Museen: das Ethnologische Museum, das Museum für Asiatische Kunst und das Museum Europäischer Kulturen (siehe S. 178).*

0 Meter        750

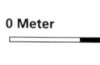

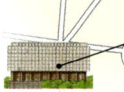

### Hamburger Bahnhof
*Im Gebäude des ehemaligen Hamburger Bahnhofs sind seit 1996 moderne Werke von Joseph Beuys und Andy Warhol sowie seit 2004 auch die Flick-Sammlung zu sehen* (siehe S. 110f).

### Deutsches Historisches Museum
*Der Barockbau des Zeughauses beherbergt das Deutsche Histo- rische Museum mit der »Ständigen Ausstel- lung zur deutschen Geschichte«. Im Pei-Bau finden Wechselausstel- lungen statt* (siehe S. 58f).

Nördlich des Zentrums

Östlich des Zentrums

### Pergamonmuseum
*Das Museum verdankt seinen Namen dem rekonstruierten Zeusaltar aus dem antiken Pergamon in der Haupthalle* (siehe S. 80–83).

Unter den Linden

Museums- insel

### Altes Museum
*In dem weitläufigen klassizisti- schen Schinkel-Bau werden die Schätze der berühmten Anti- kensammlung gezeigt. Sie umfasst wertvolle Werke aus der griechisch-römi- schen Zeit.*

Kreuzberg

### Deutsches Technik- museum Berlin
*Mit diversen Loko- motiven, einer kom- pletten Brauerei und vielen weiteren Exponaten wird hier der technische Fort- schritt höchst unter- haltsam präsentiert* (siehe S. 144).

### Jüdisches Museum
*Das Jüdische Museum wurde vom renommierten Architek- ten Daniel Libeskind entwor- fen. Bei der Gebäudeform ließ er sich vom Davidstern inspirieren* (siehe S. 142f).

# Überblick: Museen und Sammlungen

**Majolikateller, Kunstgewerbemuseum**

Obwohl viele Berliner Museen im Krieg stark beschädigt wurden, verfügt die Stadt heute über eine große Zahl weltberühmter Museen. Etliche Sammlungen wurden 1945 ebenso wie die Stadt geteilt. Obwohl ein großer Teil der Bestände wiedervereinigt werden konnte, müssen manche Sammlungen noch verstreut aufbewahrt werden, bis ihre ursprünglichen Domizile wiederhergestellt sind.

Picassos *Kopf eines Fauns* (1937) aus der Sammlung Berggruen

## ANTIKE KUNST

Das **Ägyptische Museum** widmet sich der Präsentation altägyptischer Kunstschätze. Glanzstück ist neben Funden aus dem griechischen und römischen Altertum die Büste der Königin Nofretete. Die Sammlung residiert zusammen mit dem Museum für Vor- und Frühgeschichte im Neuen Museum. Sensationell sind die Exponate des **Pergamonmuseums**, in dem Architekturwunder wie der Pergamonaltar und das Markttor von Milet gezeigt werden. Im selben Bau ist eine Sammlung aus dem Vorderen Orient zu sehen, darunter die Rekonstruktion des babylonischen Ischtar-Tors.

**Büste der Nofretete, Ägyptisches Museum**

hundert zum Schwerpunkt. Deutsche und italienische Skulpturen sind im **Bode-Museum** zu sehen, während die **Alte Nationalgalerie** Werke aus dem 18. und 19. Jahrhundert ausstellt, darunter bedeutende Bilder deutscher Romantiker, z.B. einige berühmte Landschaften Caspar David Friedrichs. Skulpturen vom Ende des 16. Jahrhunderts bis zur Mitte des 19. Jahrhunderts zeigt das **Schinkelmuseum**. Die **Neue Nationalgalerie** stellt Skulpturen und Gemälde aus dem späten 19. und frühen 20. Jahrhundert aus. Jugendstil und Art déco sind im **Bröhan-Museum** vertreten, während die Werke moderner bildender Künstler wie Pablo Picasso, Paul Klee

und Georges Braque in der **Sammlung Berggruen** bestaunt werden können.

Deutsche Expressionisten beherbergt das **Brücke-Museum**. Zeitgenössische Kunst gibt es in den Hallen des **Hamburger Bahnhofs**. Kunstgegenständen vom Mittelalter bis zur Gegenwart widmet sich das **Kunstgewerbemuseum**. Das **Bauhaus-Archiv** bietet ständige und wechselnde Ausstellungen zu Vertretern des Bauhauses.

Die **Newton-Sammlung** widmet sich dem Lebenswerk des Fotografen Helmut Newton. Die **Berlinische Galerie** beherbergt die städtische Sammlung moderner Kunst und Architektur. Die **Sammlung Scharf-Gerstenberg** in Charlottenburg zeigt Surrealisten.

## SCHÖNE KÜNSTE UND DESIGN

Die größte Sammlung an Gemälden aus dem 13. bis 18. Jahrhundert ist in der **Gemäldegalerie** zu besichtigen. Zu den kostbarsten Bildern gehören Werke von Dürer, Rembrandt, Tizian, Botticelli und Caravaggio. Im Kulturforum befindet sich auch das **Kupferstichkabinett** mit Zeichnungen und Drucken vom Mittelalter bis zur heutigen Zeit.

Weitere Gemälde, insbesondere von niederländischen und deutschen Meistern aus dem 14. bis 19. Jahrhundert, sind im **Jagdschloss Grunewald** ausgestellt. Die **Bildergalerie** in Potsdam macht Gemälde aus dem 17. Jahr-

*Étienne Chevalier mit dem heiligen Stephanus*, Gemäldegalerie

## AUSSEREUROPÄISCHE KUNST

Wer sich für asiatische Kunst interessiert, sollte den Besuch im **Museumszentrum Dahlem** nicht versäumen. Der Komplex beherbergt drei große Sammlungen: das Museum Europäischer Kulturen, das Museum für Asiatische Kunst und das Ethnologische Museum, welches sich Kunstschätzen aus weiteren außereuropäischen Ländern widmet.

Das **Museum für Islamische Kunst** ist im Gebäude des Pergamonmuseums untergebracht.

Totempfahl, Ethnologisches Museum

## GESCHICHTE

Die neue Ausstellung des **Deutschen Historischen Museums** führt den Besucher mit umfangreichen Exponaten durch zwei Jahrtausende deutscher Geschichte. Das **Hugenottenmuseum** im Turm des Französischen Doms zeigt die Rolle der protestantischen Einwanderer aus Frankreich.

Im **Centrum Judaicum** in der Neuen Synagoge bemüht man sich um eine Darstellung der Geschichte und des kulturellen Erbes der Berliner Juden. Das gleiche Anliegen wird mit dem nach einem Entwurf des Architekten Daniel Libeskind errichteten **Jüdischen Museum** verfolgt.

Mehrere Museen gedenken der Schrecken des Zweiten Weltkriegs, so etwa die Ausstellung **Topographie des Terrors** auf dem ehemaligen Gelände des Hauptquartiers von Gestapo, SD und SS. Eine Sammlung von erschütternden Dokumenten zum Holocaust kann im **Haus der Wannsee-Konferenz** besichtigt werden. Exponate zur Unterdrückung in der DDR zeigt das **Stasi-Museum**, während das **Haus am Checkpoint Charlie** Zeugnis gibt von den Menschen, die in den Westen geflüchtet sind. Das **Alliiertenmuseum** dokumentiert das Leben im Kalten Krieg.

## TECHNIK UND NATURGESCHICHTE

Mit dem größten Dinosaurierskelett der Welt verfügt das **Museum für Naturkunde** über eine buchstäblich riesige Attraktion. Sehr beliebt ist auch das großflächige **Deutsche Technikmuseum Berlin**, das leicht erreichbar ist. Zu den Exponaten gehören Eisenbahnen und Maschinen. Wer mehr Technik sehen will, kann sich im **Museum für Kommunikation** über Geschichte und Entwicklung der Nachrichtenübermittlung informieren. Das **Filmmuseum Berlin** führt durch die deutsche Filmgeschichte und zeigt u. a. auch Kostüme, etwa von Stars wie Marlene Dietrich.

## SPEZIELLE MUSEEN

Auch an ausgefallenen Museen hat Berlin allerhand zu bieten. So gibt es ein Wäscherei-, ein Hanf- und ein Zuckermuseum und eines für Teddybären. Für Theater- oder Literaturliebhaber lohnt sich ein Besuch im Wohnhaus Bertolt Brechts (1898–1956), der heutigen **Brecht-Weigel-Gedenkstätte**. Instrumente aller Epochen und eine Wurlitzerorgel sind im **Musikinstrumenten-Museum** zu sehen. Einblicke ins bäuerliche Leben der letzten 300 Jahre bietet das **Domäne Dahlem**, auf der man Hausrat, Ackergeräte und Tiere sieht.

**Historische Tasteninstrumente im Musikinstrumenten-Museum**

# Highlights: Historische Architektur

**B**erlin ist eine relativ junge Stadt. Während sie sich bis zur ersten Hälfte des 19. Jahrhunderts eher langsam ausdehnte, geriet sie nach 1850 in ein rasantes Wachstum. Auch wenn im Zweiten Weltkrieg viele architektonische Glanzstücke den Bomben zum Opfer fielen, so gibt es doch eine Vielzahl von Baudenkmälern, die heute noch zu sehen sind oder wieder besichtigt werden können *(siehe S. 38f)*. Auch einen Besuch von Schloss Sanssouci im nahen Potsdam sollte man sich nicht entgehen lassen *(siehe S. 190–205)*. Friedrich II. ließ es in einer idyllischen Parklandschaft errichten. Seine Nachfahren bauten es weiter aus.

**Schloss Charlottenburg**
*Mit dem Bau des königlichen Barockschlosses in Charlottenburg wurde 1695 begonnen. Im Lauf des 18. Jahrhunderts kamen einige Erweiterungsbauten hinzu (siehe S. 160f).*

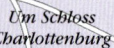

*Um Schloss Charlottenburg*

*Tiergarten*

*Um den Kurfürstendamm*

**Schloss Bellevue**
*Das einst von Philipp Daniel Boumann errichtete Rokoko-Bauwerk ist heute Amtssitz des Bundespräsidenten.*

**Reichstagsgebäude**
*Den imposanten Neorenaissance-Bau konzipierte Paul Wallot 1884. Die neue, elegante Glaskuppel wurde nach einem Entwurf des britischen Architekten Norman Foster realisiert (siehe S. 134f).*

0 Meter     750

---

**Schloss Sanssouci**
*Das relativ kleine Schloss war die liebste Residenz Friedrichs II.*

**Neues Palais**
*Im Neuen Palais vereinen sich barocke und klassizistische Elemente.*

## DIE SCHLÖSSER VON POTSDAM

Die Sommerresidenz Sanssouci gab auch dem königlichen Park seinen Namen, in dem weitere architektonische Preziosen wie das Neue Palais (18. Jh.) und das kleine, aber reizende Schloss Charlottenhof stehen.

### Zeughaus
*Nach der Restaurierung beherbergt dieser Barockbau das Deutsche Historische Museum. Im Innenhof sind dadurch auch wieder die von Andreas Schlüter (1660–1714) gestalteten Totenmasken zu sehen.*

### Brandenburger Tor
*Das klassizistische Tor, auf dem die Göttin Viktoria die Quadriga lenkt, steht am Ende der Straße Unter den Linden und ist zum Symbol Berlins geworden (siehe S.67).*

### Marienkirche
*Der ursprüngliche Bau dieser gotischen Kirche stammt aus dem 13. Jahrhundert. Ihre heutigen Mauern wurden großteils im 15. Jahrhundert gesetzt. Damit ist sie eines der ältesten Gebäude der Stadt (siehe S.94f).*

Nördlich des Zentrums

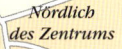

Östlich des Zentrums

Unter den Linden

Museumsinsel

### »Rotes Rathaus«
*Der Sitz der Berliner Stadtverwaltung wird nach der Backsteinfassade »Rotes Rathaus« genannt (siehe S.90).*

Kreuzberg

### Berliner Dom
*Die riesige, zwischen 1894 und 1905 erbaute Kathedrale ist ein markantes Beispiel für den Berliner Neobarock (siehe S.76f).*

### Konzerthaus
*1820 ersetzte dieser prächtige Bau von Schinkel das durch einen Brand zerstörte Theater am Gendarmenmarkt (siehe S.65).*

# Überblick: Historische Architektur

Bis zur industriellen Revolution im 19. Jahrhundert war Berlin eine eher kleine Stadt, umgeben von zahlreichen Dörfern. Die ältesten Gebäude standen im Stadtkern (Unter den Linden) und entlang der Spree. Ein Großteil dieses architektonischen Erbes wurde im Zweiten Weltkrieg schwer beschädigt. In einstigen Dörfern wie Wedding und Charlottenburg, die längst zu Berlin gehören, sind jedoch einige Landschlösser und neuere Gebäude zu besichtigen.

**Das gotische Portal der Nikolaikirche (14. Jh.) im Nikolaiviertel**

## MITTELALTER UND RENAISSANCE

Die **Nikolaikirche** ist das älteste Bauwerk in Berlins Mitte. Das romanische Fundament und das Portal stammen ca. von 1230, das gotische Kirchenschiff und die Türme wurden zwischen 1380 und 1450 errichtet. Die zweite gotische Kirche im Zentrum ist die **Marienkirche**. Ganz in der Nähe stehen die Reste der **Franziskanerkirche** und die **Heiliggeistkapelle**. Außerhalb des Stadtkerns hat eine ganze Reihe von mittelalterlichen Kirchen den Krieg gut überstanden. Eine der schönsten ist die **Nikolaikirche** in Span-

dau aus dem frühen 15. Jahrhundert. Ein knappes Dutzend alter Dorfkirchen, die meisten von ihnen aus dem 13. Jahrhundert, entdeckt man heute im Schatten von Hochhäusern. Einige aber, etwa die **St.-Annen-Kirche** in Dahlem, sind noch von einem alten Dorfanger umgeben.

Beispiele für alte weltliche Bauwerke sind die Reste der **Stadtmauer** im Zentrum und der **Juliusturm** in Spandau. Letzterer wurde im 13. Jahrhundert auf den Fundamenten der Spandauer Zitadelle errichtet. Die einzigen erhaltenen Renaissance-Gebäude sind das **Ribbeckhaus** mit seinen vier malerischen Giebeln, das bescheidene, 1542 von Caspar Theyß entworfene **Jagdschloss Grunewald** und die **Zitadelle Spandau**, eine intakte Festung im italienischen Stil. Mit der Konstruktion begann 1560 der Baumeister Christoph Römer nach einem Entwurf des italienischen Architekten Francesco Chiaramella da Gandino. Fertiggestellt wurde der Bau 1592 von Rochus Guerrini, Graf zu Lynar.

## BLÜTEZEIT DES BAROCK

Der Dreißigjährige Krieg (1618–48) setzte dem Wachstum der Stadt ein Ende. Erst mit dem Westfälischen Frieden wurde der Boden für die Blütezeit des Barock bereitet. Einer der ersten Barockbauten Berlins war **Schloss Köpenick** (17. Jh.). Weitere Gebäude folgten und sind bis heute erhalten: die **Parochialkirche**, der **Deutsche Dom**, der **Französische Dom** und das **Zeughaus**, das zwischen 1695 und 1730 errichtet wurde.

In dieser Epoche erhielt Andreas Schlüter (1664–1714) den Auftrag zur Planung des Stadtschlosses, das im letzten Krieg schwer zerstört und später restlos abgetragen wurde. Fast zeitgleich wurde Johann Arnold Nering (1659–1695) mit dem Entwurf für Schloss Charlottenburg betraut. Weitere Beispiele sind **Palais Podewils**, Schloss Friedrichsfelde und **Schloss Niederschönhausen**. Eines der wenigen Bauwerke aus der Zeit der Regentschaft Friedrich Wilhelms I. (1713–40) ist das Kollegienhaus (Lindenstraße 14), das 1733–35 entstand. Ein eifriger Bauherr war Friedrich II. (1740–86): Er bereicherte die Stadt um Bauten des Spätbarock und Rokoko. Kleinode sind **Schloss Sanssouci**, der von Georg Wenzeslaus von Knobelsdorff (1699–1753) erbaute Ostflügel von Schloss Charlottenburg und die **Alte Bibliothek**.

**Detail des Zeughauses**

## KLASSIZISMUS UND ROMANTIK

Nichts hat das Berliner Stadtbild so nachhaltig geprägt wie die Architektur des Klassizismus und der Romantik im ausgehenden 18. und beginnenden 19. Jahrhundert. Ein herausragender Vertreter dieser Epoche war Carl Gotthard Langhans (1732–1808), der Schöpfer

**Die im Stil der Renaissance erbaute Zitadelle Spandau**

des **Brandenburger Tors** und des **Schlosses Bellevue**. Noch einflussreicher war Karl Friedrich Schinkel *(siehe S. 187)*. Ihm gelangen Meisterwerke wie die **Neue Wache**, das **Alte Museum**, das **Konzerthaus**, die Sommerresidenzen **Schloss Glienicke** und **Schloss Tegel**. Auch die neogotischen Bauten **Schloss Babelsberg** sowie die **Friedrichswerdersche Kirche** gehen auf Entwürfe von Friedrich Schinkel zurück.

Schinkel'scher Klassizismus: Schloss Glienicke

## INDUSTRIALISIERUNG UND MODERNE

Die zweite Hälfte des 19. Jahrhunderts war für Berlin eine Zeit rasanten Wachstums. Nach dem Tod Karl Friedrich Schinkels erhielten seine Schüler Ludwig Persius (1803–1845) und Friedrich August Stüler (1800–1865) den Auftrag zum Entwurf der klassizistischen Alten Nationalgalerie, der 1866–76 umgesetzt wurde. Auch neoromanische und neogotische Kirchen sowie bedeutende öffentliche Gebäude verschiedener Stilrichtungen entstanden in jener Zeit. Der Geist der italienischen Neorenaissance ist sowohl in dem von Hermann Friedrich Waesemann entworfenen »Roten Rathaus« zu erkennen als auch im **Martin-Gropius-Bau**, den Martin Gropius 1881 fertigstellte.

Schmuckfries am
Martin-Gropius-Bau

Neobarock aus dem 20. Jahrhundert: der Berliner Dom

Klare Züge der späten Neorenaissance trägt das **Reichstagsgebäude** von Paul Wallot. Dem Neobarock zuzuordnen sind sowohl die **Staatsbibliothek** von Ernst von Ihne als auch der von Julius Raschdorff entworfene **Berliner Dom**. Als Beispiel der Neoromantik gilt dagegen die von Franz Schwechten gestaltete **Kaiser-Wilhelm-Gedächtnis-Kirche**. Gleichzeitig setzten sich jedoch Ende des 19. Jahrhunderts Tendenzen der Moderne durch, so etwa bei der nach 1890 von Peter Behrens entworfenen **Turbinenhalle** der AEG-Werke.

## DIE ZEIT ZWISCHEN DEN WELTKRIEGEN

Zu den größten Errungenschaften dieser Zeit zählen so modellhafte Wohnungsbauprojekte wie die **Hufeisensiedlung**, die 1924 von Bruno Taut und Martin Wagner geschaffen wurde, oder **Onkel Toms Hütte** in Zehlendorf. Ein weiteres Beispiel der expressionistischen Epoche ist der **Einsteinturm** in Potsdam. Art déco fand Eingang in Hans Poelzigs **Haus des Rundfunks**, dem ersten Gebäude einer deutschen Sendeanstalt. Für die Zeit des Dritten Reichs (1933–1945) waren schließlich massige Zweckbauten stilbildend. Zu den bedeutendsten Beispielen gehören **Flughafen Tempelhof** oder das für die Olympischen Spiele von 1936 erbaute **Olympiastadion**.

## HISTORISCHE BAUTEN

# Spuren der geteilten Stadt

Gleich nach 1945 begann die Aufteilung Berlins in vier Besatzungszonen: die sowjetische, die amerikanische, die britische und die französische. Zu Feindseligkeiten kam es im Juni 1948, als die Sowjets die Stadt mit ihrer Blockadepolitik gänzlich unter ihre Kontrolle zu bringen suchten. Eine Reihe von Machtdemonstrationen in den folgenden Jahren führte zum Kalten Krieg. Wegen Versorgungsengpässen kam es in den 1950er Jahren im Ostsektor zu Unruhen, die blutig niedergeschlagen wurden und zu einem Massenexodus gen Westen führten. Diesem wollte man 1961 mit dem Bau der Mauer Einhalt gebieten.

**Berliner Mauer**
*Der sogenannte antifaschistische Schutzwall trennte West- und Ostberlin auf einer Länge von 160 Kilometern (siehe S. 169).*

**Sowjetisches Ehrenmal**
*Lange Zeit musste das Mahnmal zum Gedenken an die sowjetischen Soldaten, die 1945 in der Schlacht um Berlin zu Tode gekommen waren, weiträumig abgesperrt werden, weil die sowjetischen Wachsoldaten mehrmals Ziel von Anschlägen waren (siehe S. 135).*

*Um Schloss Charlottenburg*

*Tiergarten*

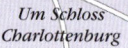

0 Meter                    1000

*Um den Kurfürstendamm*

## LEGENDE

— Verlauf der Berliner Mauer

## VOR DER WIEDERVEREINIGUNG

Die Mauer teilte die Stadt in zwei Hälften. Auch viele Verkehrsverbindungen waren betroffen. Den Westberlinern blieb der Zugang zum historischen Stadtzentrum verwehrt. Der einstige Todesstreifen war jahrelang die größte Berliner Baustelle.

*Französischer Sektor*

*Sowjetischer Sektor*

*Britischer Sektor*

*Amerikanischer Sektor*

## LEGENDE

— Berliner Mauer

— Sektorengrenze

✈ Flughafen

### »Tränenpalast«

*Bis 1989 war Friedrichstraße die letzte S-Bahn-Station. Der »Tränenpalast« war der Kontrollpunkt für alle, die mit der S-Bahn nach Westen wollten.*

### Checkpoint Charlie

*Der Grenzübergang zwischen dem amerikanischen und dem sowjetischen Sektor wurde von Ausländern und Diplomaten genutzt. Während des Kalten Kriegs spielten sich hier dramatische Szenen ab.*

**Nördlich des Zentrums**

**Östlich des Zentrums**

**Unter den Linden**

**Museumsinsel**

### East Side Gallery

*Das längste erhaltene Stück Mauer ist seit 1990 zu einer Art Freilichtgalerie geworden, völlig bedeckt mit den Werken von insgesamt 118 Künstlern (siehe S. 173).*

**Kreuzberg**

### Luftbrücke

*Das Denkmal erinnert an die Opfer der Berliner Luftbrücke von 1948/49. Nur durch die Versorgungsflüge der Alliierten, die über zwei Millionen Tonnen an Gütern in die Stadt brachten, war es möglich, die einjährige sowjetische Blockade zu überstehen (siehe S. 145).*

### Haus am Checkpoint Charlie

*Mit einer reichen Sammlung von Fotos, Fluchtfahrzeugen und anderen Exponaten werden hier die Auswirkungen des Mauerbaus illustriert (siehe S. 141).*

# Highlights: Moderne Architektur

Nach dem Zweiten Weltkrieg war Berlin so gründlich verwüstet, dass sich die Stadt für den Wiederaufbau in eine einzige Baustelle verwandeln musste. Architekten aus vielen Ländern trugen mit ihren Bauten dazu bei, der Stadt ein neues Gesicht und neue Strukturen zu verleihen. So entstanden etliche Bauwerke von Weltrang. Nach 1990, als Deutschland wiedervereinigt und Berlin erneut zur Hauptstadt gekürt worden war, erfuhr es einen für europäische Verhältnisse unerhörten Bauboom. Projekte der internationalen Architekturelite prägen das neue Berlin. Das Niemandsland in der Stadtmitte ist einer fast geschlossenen Bebauung gewichen.

**Bauhaus-Archiv**
*Das kubistische Gebäude wurde 1978 als Domizil des Bauhaus-Museums fertiggestellt. Der ursprüngliche Entwurf stammt noch von Walter Gropius (1883–1969), der von 1919 bis 1928 Direktor des Bauhauses war.*

*Um Schloss Charlottenburg*

*Tiergarten*

*Um den Kurfürstendamm*

**Kant-Dreieck**
*Das Gebäude mit einer segelähnlichen Plastik auf dem Dach ist ein Entwurf des Berliner Architekten Josef Paul Kleihues.*

**Nordische Botschaften**
*Der Gebäudekomplex für die fünf skandinavischen Botschaften ist ein Musterbeispiel moderner Architektur. Die grünen Jalousien verstellen sich automatisch, je nach Richtung und Stärke des einfallenden Sonnenlichts.*

## Galeries Lafayette

*Etwas Pariser Chic ist mit dem von Jean Nouvel elegant konzipierten Kaufhaus Galeries Lafayette an die Friedrichstraße gezogen.*

## Kammermusiksaal

*Nach Entwürfen von Hans Scharoun entstanden sowohl die Berliner Philharmonie (1961) als auch der benachbarte Kammermusiksaal (1987). Letzterer wurde allerdings erst nach dem Tod des berühmten Baumeisters von seinem Schüler Edgar Wisniewski realisiert.*

Nördlich des Zentrums

Östlich des Zentrums

Unter den Linden

Museumsinsel

Kreuzberg

## Quartier Schützenstraße

*Hier hat der italienische Architekt Aldo Rossi viel Farbe ins Stadtbild gebracht. Spielerisch und unter Wahrung alter Proportionen kombiniert er moderne und traditionelle Elemente.*

0 Meter 750

## Gemäldegalerie

*Die neue Gemäldegalerie ist ein Entwurf des Büros Hilmer & Sattler und wurde 1998 eröffnet. Besonders elegant ist die Haupthalle.*

## Sony Center

*Das ultramoderne Gebäude ist ein Entwurf des deutsch-amerikanischen Architekten Helmut Jahn. Hier finden Büros, Kinos, der Kaisersaal und die europäische Zentrale von Sony Platz.*

# Überblick: Moderne Architektur

Überall auf der Welt haben Architekten versucht, mit neuen und interessanten Gebäuden das Stadtbild zu bereichern. In Berlin geschah dies allerdings in einer nie gekannten Größenordnung. Die Stadt ist ein großer Schmelztiegel von Trends und Stilrichtungen, hier streben die profiliertesten Architekten der Welt nach Aufträgen. So scheint jeder Neubau alle anderen an Originalität und technischer Kühnheit überbieten zu wollen.

Das Haus der Kulturen der Welt im Tiergarten

## VON 1945 BIS 1970

Der Zweite Weltkrieg hatte von Berlin einen hohen Tribut gefordert. Das Zentrum lag in Schutt und Asche. Wegen der Teilung war ein koordinierter Wiederaufbau unmöglich. 1952 beschloss die Ostberliner Regierung einen Bebauungsplan im Stil des realistischen Sozialismus für die **Karl-Marx-Allee**. Die Westberliner Antwort darauf war die Internationale Bauausstellung im **Hansaviertel**. Hier entstanden Wohnhäuser, u. a. von Le Corbusier, aber auch öffentliche Bauten wie die Kongresshalle (das heutige **Haus der Kulturen der Welt**) des amerikanischen Architekten Hugh A. Stubbins. Als Ausgleich für die alten Kulturbauten im Osten (Oper, Museen und Bibliothek) konzipierte man im Westen das **Kulturforum**. In diesem Rahmen entstanden Gebäude wie die **Philharmonie** von Hans Scharoun und die **Neue Nationalgalerie** von Mies van der Rohe. Weitere Renommierprojekte: das Westberliner **Europa-Center** (1965) und der Ostberliner **Fernsehturm** (1969).

## VON 1970 BIS 1990

Im Jahr 1976 brachte der Wettstreit um architektonische Großtaten den (2008 abgerissenen) Ostberliner Palast der Republik hervor. Drei Jahre später wurde in Westberlin das **Internationale Congress Centrum** eingeweiht. Am Kulturforum kamen die von Scharoun entworfene **Staatsbibliothek** sowie der **Kammermusiksaal** hinzu. Das elegante **Bauhaus-Archiv** wurde nach alten Plänen von Walter Gropius errichtet. Als Berlin 1987 seinen 750. Geburtstag feierte, hatte man in Ostberlin in einem umfangreichen Aufbauprojekt das historische **Nikolaiviertel** wiederhergestellt. Dem Westteil der Stadt bescherte die IBA 1987 einen enormen Zuwachs an postmodernen Wohnbauten in Kreuzberg und **Tegel**.

## ARCHITEKTUR NACH DER WENDE

Im Spreebogen steht das neue Regierungsviertel mit dem beeindruckend großen Kanzleramt von Schultes und Frank. Am **Reichstagsgebäude** nahm Norman Foster seine bekannten Modernisierungen, vor allem mit der berühmten Kuppel, vor. Den **Pariser Platz** säumen u. a. Gebäude von Günter Behnisch, Frank O. Gehry und Josef Paul Kleihues. An den eleganten **Friedrichstadtpassagen** ziehen die Bauten von Jean Nouvel und Oswald Mathias Ungers bewundernde Blicke auf sich.

Auch an Bürogebäuden entstand Sehenswertes, beispielsweise das **Ludwig-Erhard-Haus** von Nicholas Grimshaw und das nahe **Kant-Dreieck** von Josef Paul Kleihues.

Höchst originelle Wohnhäuser produzierte Aldo Rossi mit seinem **Quartier Schützenstraße**. An gelungenen Museen sind in letzter Zeit die vom Büro Hilmer & Sattler entworfene **Gemäldegalerie** und das dekonstruktivistische **Jüdische Museum** von Daniel Libeskind hinzugekommen.

Die Neue Nationalgalerie, entworfen von Mies van der Rohe

# Potsdamer Platz

Aus dem öden Niemandsland um den Potsdamer Platz entstand innerhalb weniger Jahre ein neues Büro- und Geschäftsviertel. Die Entwürfe stammen von so berühmten Architekten wie Renzo Piano, Arata Isozaki und Helmut Jahn. Für städtisches Leben außerhalb der Bürozeiten sorgen Kinos, ein Musicaltheater, ein beliebtes Einkaufszentrum (die Arkaden) sowie Luxushotels, Restaurants, Cafés und Bars.

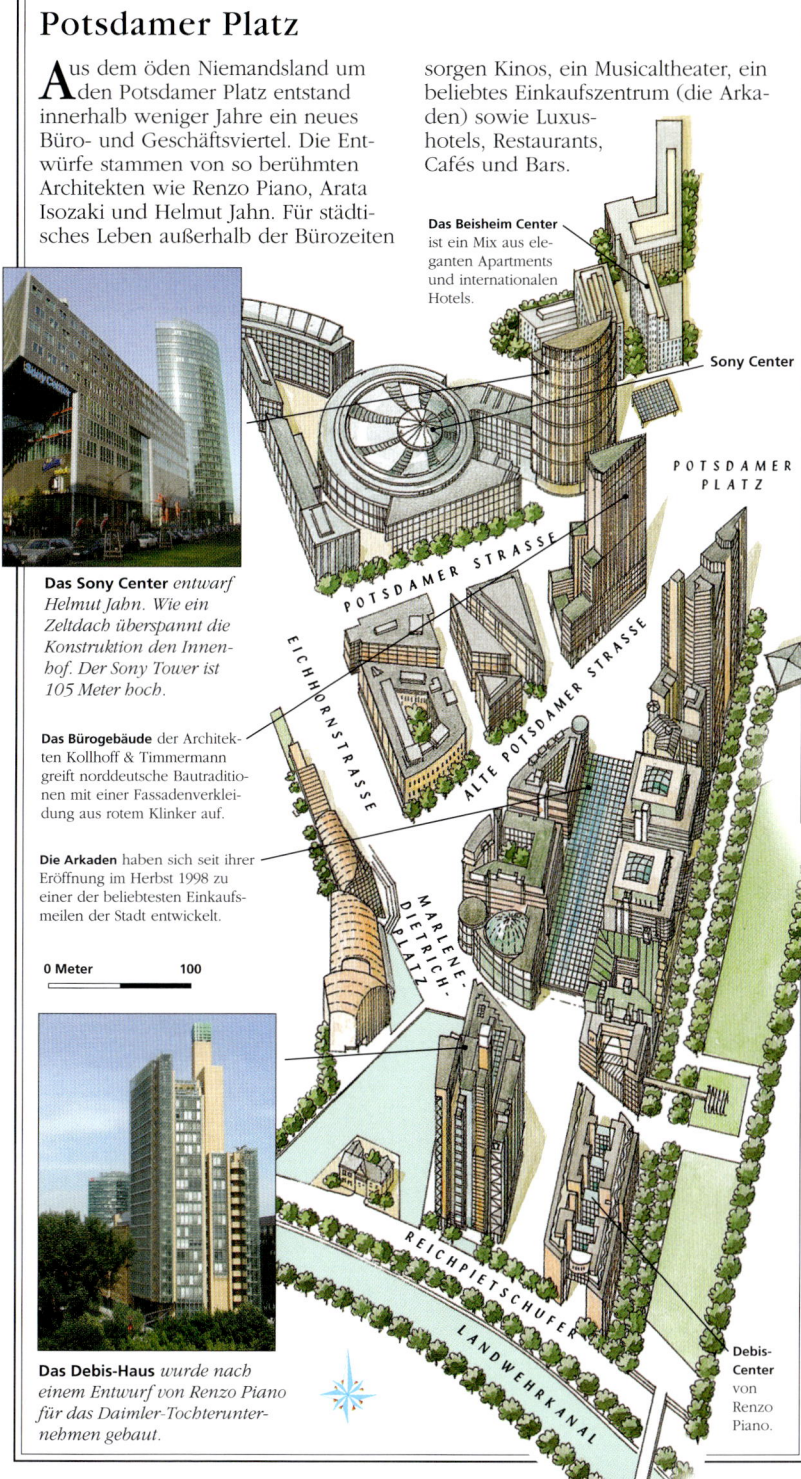

**Das Beisheim Center** ist ein Mix aus eleganten Apartments und internationalen Hotels.

**Sony Center**

POTSDAMER PLATZ

POTSDAMER STRASSE

EICHHORNSTRASSE

ALTE POTSDAMER STRASSE

MARLENE-DIETRICH-PLATZ

REICHPIETSCHUFER

LANDWEHRKANAL

**Das Sony Center** *entwarf Helmut Jahn. Wie ein Zeltdach überspannt die Konstruktion den Innenhof. Der Sony Tower ist 105 Meter hoch.*

**Das Bürogebäude** der Architekten Kollhoff & Timmermann greift norddeutsche Bautraditionen mit einer Fassadenverkleidung aus rotem Klinker auf.

**Die Arkaden** haben sich seit ihrer Eröffnung im Herbst 1998 zu einer der beliebtesten Einkaufsmeilen der Stadt entwickelt.

0 Meter                    100

**Das Debis-Haus** *wurde nach einem Entwurf von Renzo Piano für das Daimler-Tochterunternehmen gebaut.*

**Debis-Center** von Renzo Piano.

# Highlights: Parks und Gärten

Berlin ist sicher eine der grünsten Hauptstädte Europas, schon allein durch den großen Tiergarten mitten in der Stadt. Kleinere Parks und Gärten finden sich außerdem in jedem Bezirk, und überall gibt es Spielplätze und naturbelassene Zonen. Am westlichen Ende liegt der Grunewald, ein riesiges Waldareal mit Kletterfelsen, Mountainbike-Strecken und malerischen Wegen für Fußgänger und Radfahrer. Im Sommer bieten zahlreiche Seen, Flüsse und Kanäle optimale Bedingungen für Wassersport.

**Zoologischer Garten**
*Der älteste Zoo Deutschlands erfreut sich mit 14 000 Tieren vor allem bei Kindern großer Beliebtheit (siehe S. 150).*

**Schloss Charlottenburg**
*Der gepflegte Schlosspark wurde im Stil des französischen Barock angelegt (siehe S. 158f).*

Um Schloss Charlottenburg

Um den Kurfürstendamm

**Botanischer Garten**
*Der Botanische Garten wurde zwischen 1899 und 1910 in Dahlem angelegt und ist einer der größten der Welt (siehe S. 177).*

**Park Babelsberg**
*Der riesige Landschaftspark entstand nach einen Entwurf von Peter Joseph Lenné und umgibt Schloss Babelsberg. Heute liegt er innerhalb der Stadtgrenzen Potsdams (siehe S. 210f).*

### Tiergarten
*Das frühere Jagdgebiet wurde ab 1818 nach den Plänen von Peter Joseph Lenné in einen öffentlichen Park umgewandelt* (siehe S. 132).

### Monbijoupark
*Einst umgab der Park Schloss Monbijou, das jedoch während des Zweiten Weltkriegs zerstört wurde* (siehe S. 103).

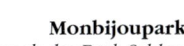

Nördlich des Zentrums

Östlich des Zentrums

Unter den Linden

Museums-insel

Tiergarten

Kreuzberg

### Tierpark Friedrichsfelde
*1954 wandelte man den Park von Schloss Friedrichs-felde in den Zoologischen Garten Ostberlins um* (siehe S. 174f).

### Britzer Garten
*Der wunderbar groß-zügige Landschaftspark mit seiner bildschönen Lindenallee umgibt das aus dem 18. Jahrhun-dert stammende Schloss Britz* (siehe S. 176).

### Viktoriapark
*Der Viktoriapark bedeckt einen Gutteil des Kreuzbergs. Auf sei-ner Spitze steht Schinkels Denk-mal, das an den Krieg gegen Napoléon erinnert* (siehe S. 145).

0 Meter 1000

# DAS JAHR IN BERLIN

Wie andere europäische Hauptstädte bietet auch Berlin das ganze Jahr über interessante Veranstaltungen. Wer kulturelle und sportliche Events mag, findet im Frühjahr und Herbst das größte Angebot. Naturgemäß leert sich die Stadt während der Sommerferien, denn auch die Berliner verreisen gern. Die Chancen auf schönes Wetter stehen im

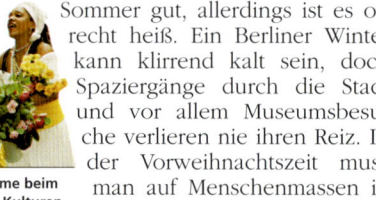

**Bunte Kostüme beim Karneval der Kulturen**

Sommer gut, allerdings ist es oft recht heiß. Ein Berliner Winter kann klirrend kalt sein, doch Spaziergänge durch die Stadt und vor allem Museumsbesuche verlieren nie ihren Reiz. In der Vorweihnachtszeit muss man auf Menschenmassen in den Einkaufsstraßen gefasst sein. Hinweise zu aktuellen Veranstaltungen erhalten Sie bei allen Informationsstellen *(siehe S. 278f)*.

**An Pfingsten zieht der Karneval der Kulturen durch Kreuzberg**

## FRÜHJAHR

Der Frühling bietet auf den Plätzen und in den Parks Märkte und kulturelle Veranstaltungen. Die Freude über den Lenz wirkt auch auf Besucher Berlins ansteckend. Wenn die Tage wärmer werden, kann man die Vorzüge der Berliner Wasserstraßen genießen: Eine Flotte an Ausflugsschiffen und Ruderbooten auf der Spree und den Kanälen wartet auf Kunden.

## MÄRZ

Anfang März öffnet die **Internationale Tourismus-Börse (ITB)** als wichtigste europäische Messe dieser Art ihre Tore für das Fachpublikum und interessierte Besucher. In der zweiten Märzhälfte findet **MaerzMusik** statt, ein Festival für experimentelle zeitgenössische Musik (mit vielen Auftragswerken) und innovatives Musiktheater.

Auf der **Rassehunde-Zuchtschau** präsentieren Züchter Mitte März ein Wochenende lang ihre Zuchterfolge.
Zu den **Berliner Motorradtagen (BMT)** versammeln sich Ende März die »Biker« aus allen Teilen Deutschlands.

## APRIL

Zu den **Festtagen** werden in der Philharmonie und der Staatsoper Konzerte und Opern mit weltbekannten Ensembles aufgeführt.
An **Ostern** öffnen große Märkte rund um die Kaiser-Wilhelm-Gedächtnis-Kirche, den Alexanderplatz und an weiteren Orten in den einzelnen Bezirken.
Das **Britzer Baumblütenfest** währt den ganzen Monat lang. Der Neuköllner Stadtteil ist übrigens auch für seine alten Windmühlen bekannt. Lange Tradition hat auch das **Neuköllner Frühlingsfest** an der Hasenheide, dem großen Park südlich von Kreuzberg.

Die **Lange Nacht der Opern und Theater** fand erstmals im April 2009 statt. Bis weit nach Mitternacht zeigen die zahlreich beteiligten Häuser in kurzen Szenen einen Querschnitt ihres Repertoires.

## MAI

Die **Luft- und Raumfahrtausstellung Berlin-Brandenburg** Anfang Mai zeigt zivile und militärische Flugobjekte in Aktion auf und über dem Flughafen Schönefeld.
Beim **Theatertreffen Berlin** wird die Stadt zum Mekka des deutschsprachigen Theaters. Seit 1963 ist es ein begehrtes Forum für große und kleine Ensembles.
Erst seit einigen Jahren gibt es an Pfingsten den **Karneval der Kulturen**, doch er erfreut sich steigender Beliebtheit. Drei Tage lang wird das multikulturelle Fest mit Umzügen auf den Straßen Kreuzbergs gefeiert.

**Eine Lesung im Freien während des Theatertreffens im Mai**

## Durchschnittliche tägliche Sonnenscheindauer

Stunden
12
9
6
3
0

Jan Feb März Apr Mai Juni Juli Aug Sep Okt Nov Dez

**Sonnenschein**
*Statistisch gesehen bieten Mai, Juni und Juli die meisten Sonnenstunden, was natürlich nicht heißt, dass man im August mit weniger warmen Tagen zu rechnen hat. Im Dezember ist der Himmel häufig von Wolken bedeckt, ähnlich trübe ist es oft im Januar und November.*

## SOMMER

Zum Flair der Stadt tragen die vielen Veranstaltungen im Freien bei. Darunter fallen u.a. klassische Konzerte und Opern, Open-Air-Konzerte und Festivals für das jüngere Publikum. An warmen Tagen bieten sich eine Fahrradfahrt durch den Grunewald, ein erfrischendes Bad im nahen Wannsee oder im Müggelsee, aber auch ein Spaziergang an den Flüssen und zahlreichen Kanälen an.

Am Potsdamer Platz: ein Künstler bei der Arbeit

## JUNI

Das **Internationale Stadionfest (ISTAF)** lockt Anfang/Mitte Juni Leichtathletik-Stars aus Europa und Übersee ins Olympiastadion.
Das **Deutsch-Französische Volksfest** findet Ende Juni bis Anfang Juli nahe dem Kurt-Schumacher-Damm statt.
**IN TRANSIT** ist ein internationales Performing-Arts-Festival, das im Haus der Kulturen der Welt veranstaltet wird.
Der **Konzertsommer im Englischen Garten** ist eine Konzertreihe, die man von Mitte Juni bis Ende Juli im Tiergarten besuchen kann.

Der **Christopher Street Day** ist Ende Juni die Attraktion für Schwule und Lesben, die das Fest in schrillem Outfit feiern. Highlight ist ihre Parade durch die City. Nachts geht die Party in den schwul-lesbischen Clubs und Kneipen weiter. Während der **Open Air Classic** Ende Juni/Anfang Juli wird auf der Waldbühne eine Reihe von Opern aufgeführt.

## JULI

Bei den **Bach-Tagen** in der ersten Juliwoche kommen in mehreren Konzertsälen und rund 30 Konzerten zahlreiche Bach-Werke zur Aufführung, gespielt von erstklassigen Interpreten.
Anfang Juli rocken beim **Wuhlheide Open Air** an mehreren Tagen zahlreiche internationale Top-Acts.

## AUGUST

Das **Deutsch-Amerikanische Volksfest** vom 30. Juli bis 22. August ist mit seinem

Christopher Street Day: Parade am Ku'damm

amerikanischen Flair bei der Bevölkerung sehr beliebt.
Das **Berliner Gauklerfest** lockt Ende Juli/Anfang August mit vielen Buden, kulinarischen Spezialitäten, akrobatischen Darbietungen und Musik die Besucher an.
Die **Kreuzberger festlichen Tage** bieten Ende August/Anfang September eine Reihe von klassischen Konzerten.

Prokofjews Oper *Die Liebe zu den drei Orangen* in der Komischen Oper

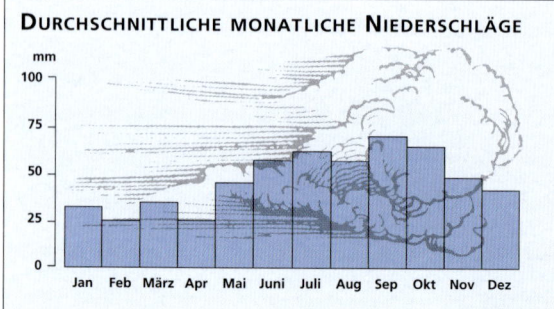

**DURCHSCHNITTLICHE MONATLICHE NIEDERSCHLÄGE**

mm
100
75
50
25
0

Jan  Feb  März  Apr  Mai  Juni  Juli  Aug  Sep  Okt  Nov  Dez

**Niederschläge**
*Die wenigsten Nieder-*
*schläge gibt es im Feb-*
*ruar und April, wenn*
*die Temperaturen wie-*
*der steigen. Die hohe*
*Niederschlagswahr-*
*scheinlichkeit im Sep-*
*tember mag die Freude*
*von nicht ganz wetter-*
*festen Besuchern dämp-*
*fen. Allerdings muss*
*man auch im Sommer*
*auf Wolkenbrüche ge-*
*fasst sein.*

## HERBST

Kulturbegeisterte Gäste können im Herbst eine Vielfalt an Veranstaltungen genießen. Im September füllen sich die Hotels mit Besuchern des »musikfests berlin«, die sich das Angebot an Konzerten mit internationalen Stars nicht entgehen lassen wollen. Doch auch die Sportfans kommen in dieser Jahreszeit auf ihre Kosten, beispielsweise beim Berlin-Marathon, dem drittgrößten der Welt.

## SEPTEMBER

Die **Internationale Funkausstellung IFA** *(Anfang September)* zeigt Multimedia und Neuestes aus der Computerbranche im Internationalen Congress Centrum.
Das **Internationale Literaturfestival** *(variabel)* stellt mit Lesungen und anderen Kulturevents alte und neue deut-

sche und Weltliteratur vor.
Zum **Berlin Salsacongress** *(Mitte Sep)* kommen Hunderte Tanzbegeisterte.
Beim **musikfest berlin** *(ganzer Monat)* gibt es Konzerte klassischer Musik mit erstklassigen Orchestern und Solisten.
Der **Berlin-Marathon** *(3. So im Sep)* findet mit Tausenden von Läufern statt.
Bei den **Jüdischen Kulturtagen** steht den ganzen Monat jüdische Kunst im Mittelpunkt. Es gibt u.a. Filme, Theaterstücke, Konzerte und Lesungen.
Die **Pyronale** *(Anfang Sep)* auf dem Maifeld am Gelände des Berliner Olympiastadions ist ein internationales Treffen der Feuerwerker. Den Besucher erwarten atemberaubend schöne Feuerwerke.

**Teilnehmer des Berlin-Marathons**

## OKTOBER

Am 3. Oktober begeht Berlin den **Tag der Deutschen Einheit** mit einer Kundgebung und einem Umzug.
Die **Popkomm** *(Anfang Okt)* hat sich zu Europas größter Messe für Popmusik entwickelt. Neben Messe-Events bietet sie ein vielseitiges Club- und Tanzprogramm.
**Festival of Lights** *(Mitte Okt)*. Berliner Wahrzeichen werden zwei Wochen lang aufwendig illuminiert.
Das **ART FORUM BERLIN** *(meist im Oktober)* ist eine Messe für Gegenwartskunst auf dem Messegelände, die Sammler aus ganz Europa anlockt.

## NOVEMBER

Das renommierte **JazzFest Berlin** *(Anfang des Monats)* gibt es seit 1964. Mit Spielorten in ganz Berlin und renommierten Musikern aus aller Welt erfreut sich das Festival größter Beliebtheit.

**Umzug durch das Brandenburger Tor**

## DURCHSCHNITTLICHE MONATLICHE TEMPERATUREN

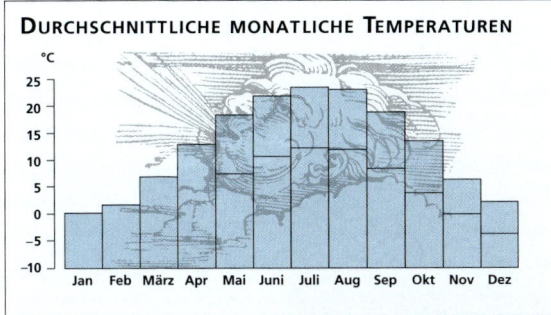

°C
25
20
15
10
5
0
-5
-10

Jan Feb März Apr Mai Juni Juli Aug Sep Okt Nov Dez

### Temperaturen

*Hier sind die durchschnittlich höchsten und tiefsten Temperaturen dargestellt. Am wärmsten sind Juni, Juli und August mit über 20 °C. Im Winter, vor allem im Januar, sind Temperaturen unter – 5 °C keine Seltenheit, auch auf langen Frost und Schneefälle sollte man sich einstellen.*

## WINTER

Zu einem ordentlichen Berliner Winter gehören Temperaturen unter 0 °C und ein grauer Himmel. Im Dezember verfällt die Stadt in Weihnachtsvorbereitungen, die Weihnachtsmärkte öffnen ihre Tore. Im Januar amüsiert man sich auf Faschingsbällen. Im Februar sind die Internationalen Filmfestspiele das gesellschaftliche Ereignis schlechthin.

## DEZEMBER

In den Wochen vor **Weihnachten** findet man überall in der Stadt geschmückte Buden oder **Weihnachtsmärkte**, die mit Geschenkartikeln, Kunsthandwerk und regionalen Spezialitäten locken. Am 25. und 26. Dezember steht natürlich das **Weihnachtsfest** an erster Stelle. Christbäume auf allen großen Plätzen bilden den festlichen Rahmen. Am 31. Dezember feiern viele Berliner gern öffentlich. **Silvesterfeiern** veranstalten zahlreiche Hotels und Restaurants, aber auch Kneipen, Diskotheken und Clubs. Die meisten Leute treffen sich um Mitternacht zum Feuerwerk am Brandenburger Tor.

## JANUAR

Beim **Berliner Neujahrslauf** am 1. Januar treffen sich all die Unerschrockenen, denen die Feten der letzten Nacht nichts anhaben konnten, am Brandenburger Tor.
Das **Sechstagerennen** zieht in der zweiten Januarhälfte Radsportler und ihre Fans ins Velodrom.

**Die Berlinale – ein Filmfestival von Weltrang**

Mitte Januar organisiert der Sportclub Charlottenburg den **Berliner Team-Marathon**. Ende Januar (und erneut im August) schwärmen Kunstliebhaber aus zur **Langen Nacht der Museen**, die dann immer bis 2 Uhr morgens geöffnet haben.
Die **Internationale Grüne Woche** in der zweiten Januarhälfte ist eine der größten Messen für Landwirtschaft und Nahrungsmittel.

**Weihnachtliche Stimmung im KaDeWe**

## FEBRUAR

Bei der **Berlinale**, den **Internationalen Filmfestspielen**, werden in der zweiten und dritten Februarwoche neue Filme gezeigt und die besten prämiert. Ergänzt wird sie durch das **Internationale Forum des Jungen Films**, bei dem auch Low-Budget-Produktionen laufen.
Mit den **Berliner Rosenmontagskonzerten** begeht die Stadt den Karneval mit klassischen Konzerten.

## FEIERTAGE

**Neujahr** *(1. Jan)*
**Karfreitag** *(im März/Apr)*
**Ostermontag** *(im März/Apr)*
**Tag der Arbeit** *(1. Mai)*
**Christi Himmelfahrt** *(variabel)*
**Pfingsten** *(variabel)*
**Tag der Deutschen Einheit** *(3. Okt)*
**Weihnachten** *(25./26. Dez)*

**Blick über die Kuppel des Sony Center am Potsdamer Platz** *(siehe S. 45)* **zum Tiergarten** ▷

# DIE STADTTEILE BERLINS

# UNTER DEN LINDEN

D ie Gegend um die Prachtstraße Unter den Linden ist eine der attraktivsten in Berlin. Ihre Entwicklung begann schon im Zeitalter des Barock mit der Gründung der Dorotheenstadt im Norden und der Friedrichstadt im Süden. Seit Beginn des 18. Jahrhunderts errichtete man hier Prachtbauten. Es entstand das Forum

**Flachrelief am Schadowhaus
in der Schadowstraße**

Fridericianum (später Bebelplatz). In den folgenden 200 Jahren entwickelte sich Unter den Linden zum wichtigsten Boulevard der Stadt. Obwohl die Gebäude im Zweiten Weltkrieg stark zerbombt und von der DDR-Regierung nur teilweise restauriert wurden, weist die Straße die meisten historischen Bauten Berlins auf.

## SEHENSWÜRDIGKEITEN AUF EINEN BLICK

### Kirchen
Deutscher Dom ⑱
Französischer Dom ⑯
Friedrichswerdersche Kirche ⑭
St.-Hedwigs-Kathedrale ⑪

### Museen und Sammlungen
Deutsche Guggenheim ⑦
Holocaust-Denkmal ㉖
Museum für Kommunikation
  Berlin ㉒
*Zeughaus (Deutsches Historisches Museum) S. 58f* ❶

### Straßen und Plätze
Bebelplatz ⑩
Gendarmenmarkt ⑮
Pariser Platz ㉔
Unter den Linden ❷

### Theater
Admiralspalast ㉛
Komische Oper ㉙

Konzerthaus ⑰
Maxim-Gorki-Theater ㉜
Staatsoper Unter den Linden ⑫

### Historische Gebäude/Plätze
Alte Bibliothek ⑨
Altes Palais ⑧
Brandenburger Tor ㉕
Humboldt-Universität ❹
Kronprinzenpalais ⑬
Mohrenkolonnaden ⑳
Neue Wache ❸
Palais am Festungsgraben ㉝
Reiterdenkmal Friedrichs
  des Großen ❺
Spittelkolonnaden ㉑
Staatsbibliothek ❻

### Weitere Sehenswürdigkeiten
Ehemaliges Regierungsviertel ㉓
Friedrichstadtpassagen ⑲
Hotel Adlon ㉗
Russische Botschaft ㉘
S-Bahnhof Friedrichstraße ㉚

### LEGENDE
| | Detailkarte *Siehe S. 56 f* |
| 🚉 | Bahnhof |
| Ⓢ | S-Bahn-Station |
| Ⓤ | U-Bahn-Station |

### ANFAHRT
Das Areal wird von den S-Bahn-Linien 1, 2, 5, 7, 9, 25 und 75, den U-Bahn-Linien 2, 6 und 55 sowie den Bussen TXL, 100 und 200 angefahren.

0 Meter      400

◁ **Allegorie der Geschichte am Sockel des Schiller-Denkmals, Gendarmenmarkt** *(siehe S. 64)*

# Im Detail: Um den Bebelplatz

Zum Schönsten, was Berlins Mitte zu bieten hat, gehört die Straße Unter den Linden zwischen Schlossbrücke und Friedrichstraße. Die großartigen Bauten aus Barock und Klassizismus tragen teils die Handschrift berühmter Architekten. Nach ihrer Restaurierung dienen sie heute zum Teil als öffentliche Gebäude. Besondere Beachtung verdient das Zeughaus (ehemals Waffenarsenal), ein Barockbau, der heute das Deutsche Historische Museum beherbergt.

### Staatsbibliothek
*Das neobarocke Gebäude nach einem Entwurf von Ernst von Ihne entstand zwischen 1903 und 1914 und enthält eine Sammlung aus dem 17. Jahrhundert.* ❻

### Humboldt-Universität
*Am Eingang zum Hof stehen zwei Wachhäuschen, gekrönt von den Allegorien der Morgen- und Abenddämmerung.* ❹

### Reiterdenkmal Friedrichs des Großen
*Die eindrucksvolle Statue von Christian Daniel Rauch wurde 1851 fertiggestellt.* ❺

UNIVERSITÄTSSTRASSE

CHARLOTTENSTRASSE

### Deutsche Guggenheim
*Das nach dem Zweiten Weltkrieg wiederaufgebaute Haus beherbergt die deutsche Niederlassung des berühmten Guggenheim-Museums.* ❼

UNTER DEN LINDEN

## LEGENDE

– – –　Routenempfehlung

### Altes Palais
*Das klassizistische Schloss wurde 1834–37 für Kaiser Wilhelm I. errichtet und nach dem Zweiten Weltkrieg wiederaufgebaut.* ❽

BEHRENSTRASSE

### Alte Bibliothek
*Der Barockbau am westlichen Rand des Bebelplatzes besitzt eine extravagante konkave Fassade, im Volksmund »Kommode« genannt.* ❾

## ★ Neue Wache
Seit 1993 Mahnmal zum Gedenken an alle Opfer des Krieges und der Gewaltherrschaft. ❸

## ★ Zeughaus (Deutsches Historisches Museum)
Das Barockgebäude hat einen neuen, von I. M. Pei gestalteten Flügel. Im zentralen Giebelfeld der Südfassade ist die römische Göttin Minerva abgebildet. ❶

### ZUR ORIENTIERUNG
Siehe Stadtplan, Karten 6, 7, 15 und 16

0 Meter — 100

## Unter den Linden
Die heutige Bepflanzung des Boulevards mit vier Reihen Linden stammt von 1946. ❷

## Kronprinzenpalais
Das prächtige Portal an der Rückfront ist ein Relikt der zerstörten Bauakademie. ⓭

## Staatsoper Unter den Linden
Das Opernhaus Unter den Linden war das erste in Deutschland, das nicht an ein Schloss angegliedert war. ⓬

## ★ Friedrichswerdersche Kirche
Die neogotische Kirche von Karl Friedrich Schinkel ist heute ein Museum. ⓮

## St.-Hedwigs-Kathedrale
Sehenswert sind die Flachreliefs von Wilhelm Achtermann von 1837. ⓫

## Bebelplatz
Der Platz wurde als Forum Fridericianum (18. Jh.) entworfen und 1947 nach dem Politiker August Bebel benannt. Ein Denkmal erinnert an die Bücherverbrennung durch die Nationalsozialisten. ❿

### NICHT VERSÄUMEN
★ Friedrichswerdersche Kirche

★ Neue Wache

★ Zeughaus (Deutsches Historisches Museum)

Stadtplan siehe Seiten 300–323

# Zeughaus (Deutsches Historisches Museum) ❶

**Maske eines Kriegers im Innenhof**

Die frühere königliche Waffenkammer wurde 1706 von Johann Arnold Nering, Martin Grünberg, Andreas Schlüter und Jean de Bodt im Barockstil errichtet. Als eindrucksvolles Geviert umschließen Haupt- und Quergebäude mit den Seitenflügeln den Innenhof, der eine Glas-Stahl-Überdachung erhielt. Hinter dem Bau liegt seit 2003 die neue Halle des Architekten I. M. Pei mit unterirdischer Verbindung zum Zeughaus. Auf vier Ebenen finden hier kulturhistorische Wechselausstellungen statt. Nach langjähriger Sanierung wurde das Zeughaus 2006 mit der »Ständigen Ausstellung zur deutschen Geschichte« wiedereröffnet.

**Soldaten bei der Plünderung**
*Das Gemälde (um 1600) von Sebastian Vrancx zeigt eine Szene aus der Zeit der niederländischen Religionskriege.*

**Gefängniskleidung**
*Ausstellungsstücke wie diese Jacke eines KZ-Insassen versuchen, den Schrecken des NS-Regimes zu veranschaulichen.*

## KURZFÜHRER
*In der »Ständigen Ausstellung zur deutschen Geschichte« sind auf zwei Etagen des Zeughauses über 8000 historische Objekte zu sehen. Ein unterirdischer Gang verbindet das Zeughaus mit dem neuen Pei-Bau, der auf vier Ebenen kulturhistorische Wechselausstellungen zeigt.*

## LEGENDE

| | |
|---|---|
| ▢ | Frühe Kulturen und Mittelalter |
| ▢ | 1500–1650 |
| ▢ | 1650–1789 |
| ▢ | 1789–1871 |
| ▢ | 1871–1918 |
| ▢ | 1918–1945 |
| ▢ | 1945–1949 |
| ▢ | 1949 bis heute |
| ▢ | Kein Ausstellungsbereich |

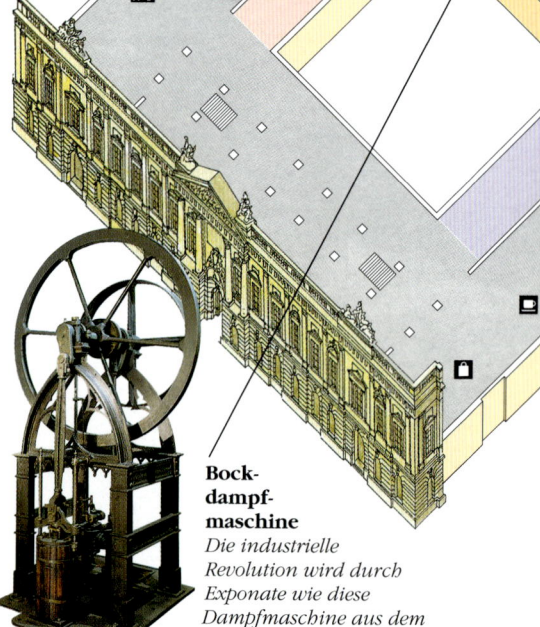

**Bockdampfmaschine**
*Die industrielle Revolution wird durch Exponate wie diese Dampfmaschine aus dem Jahr 1847 illustriert.*

### ★ Reformator Martin Luther
*Das Porträt, 1539 von Lucas Cranach d. Ä. geschaffen, ist ein Highlight der Abteilung zur Reformation und zum Dreißigjährigen Krieg.*

Ober-
geschoss

### INFOBOX
Unter den Linden 2. **Stadtplan** 7 A3, 16 E2. 20 30 40. Friedrichstraße. 100, 200, TXL. tägl. 10–18 Uhr. **www**.dhm.de

### Europa
*Figuren aus Meißner Porzellan – vermutlich nach Entwürfen von Johann Joachim Kändler – stellen die Erdteile dar.*

### Unter den Linden
*Carl Traugott Fechhelms Porträt der Straße Unter den Linden stammt aus dem 18. Jahrhundert.*

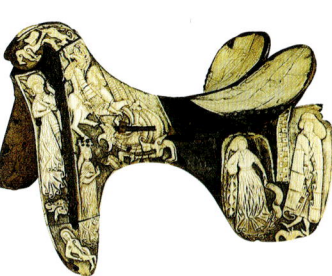

### Sattel
*Der kostbare Sattel aus der Mitte des 15. Jahrhunderts ist mit plattenförmigen Elfenbeinreliefs bestückt.*

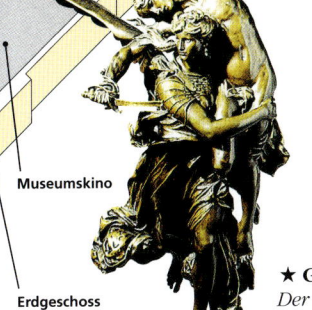

Museumskino

Erdgeschoss

### ★ Gloria Victis
*Der Tod eines Freundes in den letzten Tagen des Deutsch-Französischen Kriegs von 1870/71 inspirierte den französischen Bildhauer Antonin Mercié zu dieser bewegenden Allegorie.*

### NICHT VERSÄUMEN
★ Gloria Victis

★ Reformator Martin Luther

Unter den Linden in Franz Krügers *Opernplatzparade* (1824–30)

# Unter den Linden ❷

**Stadtplan** 6 E3/F3, 15 A3, 16 D3.
Ⓢ Ⓤ *Brandenburger Tor.*
▭ *100, 200, TXL.*

Die berühmte Straße Unter den Linden beginnt am Schlossplatz und endet am Pariser Platz vor dem Brandenburger Tor. Ursprünglich diente sie als Reitweg zum Tiergarten, dem einstigen Jagdrevier der preußischen Könige. Im 17. Jahrhundert wurde die Straße mit den Linden bepflanzt, auf die der Name zurückgeht. 1658 holzte man die Bäume auf der Ostseite ab. 1820 entschloss man sich zu einer vierreihigen Neubepflanzung.

Im 18. Jahrhundert wurde die Straße zur wichtigsten Magistrale der nach Westen wachsenden Stadt. Nach und nach entstand eine geschlossene Flucht repräsentativer Bauten, die im Krieg zum Teil zerstört und später wiederhergestellt wurden. Nach der Wiedervereinigung zogen erneut Cafés, Restaurants und Läden ein. Nun lädt die Straße zum Bummeln ein. Lebhaft geht es vor der Humboldt-Universität zu, wo die Bücherstände Käufer anziehen.

# Neue Wache ❸

Unter den Linden 4. **Stadtplan** 7 A3, 16 E2. Ⓢ *Hackescher Markt.* ▭ *100, 200, TXL.* ◻ *tägl. 10–18 Uhr.*

Die Gedenkstätte für Kriegsopfer wurde von 1816 bis 1818 nach Plänen von Karl Friedrich Schinkel

gebaut und gilt als eines der gelungensten Beispiele klassizistischer Architektur. Die Front wird von einer Reihe dorischer Säulen getragen. Oben ziert sie ein Fries mit Darstellungen der Siegesgöttinnen. Im Tympanon erkennt man Allegorien der Schlacht, des Siegs, der Flucht und der Niederlage.

Das einstige königliche Wachhaus wurde 1930/31 zum Denkmal für die Gefallenen des Ersten Weltkriegs. Nach einer Restaurierung im Jahr 1960 widmete man es zum Denkmal für die Opfer des Faschismus und Militarismus um. 1993 entschloss man sich zu einer erneuten Umwidmung, diesmal zum Gedenken an alle Opfer der Kriege und der Diktatur. Im Inneren brannte früher eine Flamme. Eine Granitplatte bedeckt die Asche eines unbekannten Soldaten, eines Widerstandskämpfers und eines KZ-Gefangenen. Unter der kreisförmigen Deckenöff-

nung steht eine vergrößerte Replik der *Pietà* von Käthe Kollwitz, die ihren Sohn im Ersten Weltkrieg verlor.

# Humboldt-Universität ❹

Unter den Linden 6. **Stadtplan** 7 A3, 16 D2. Ⓒ *209 30.* Ⓤ Ⓢ *Friedrichstraße.* ▭ *100, 200, TXL.*

Das Gebäude wurde 1753 für Prinz Heinrich von Preußen, den Bruder Friedrichs des Großen, gebaut. Die Universitätsgründung erfolgte 1810 auf Betreiben von Wilhelm von Humboldt. Einst als »Berliner Universität« bezeichnet, wurde sie 1949 zu Ehren Humboldts umbenannt.

Das Ensemble aus einem Hauptgebäude und zwei Seitenflügeln, die einen Innenhof umschließen, wurde im Lauf der Zeit mehrfach erweitert. Beiderseits des Eingangs sieht man die Marmorstatuen von Paul Otto aus dem Jahr

## WILHELM UND ALEXANDER VON HUMBOLDT

Die Brüder Humboldt zählen zu den berühmtesten Bürgern Berlins. Wilhelm (1767–1835) war Rechtsgelehrter und wirkte als Politiker in verschiedenen Regierungsämtern. Er war der Gründervater der später nach ihm benannten Universität und forschte dort in Vergleichender und Historischer Sprachwissenschaft. Sein Bruder Alexander (1769–1859) war Naturforscher und beschäftigte sich intensiv mit Themen aus Meteorologie, Ozeanografie und der Agrarwissenschaft.

**Statue Alexander von Humboldts**

1883. Sie stellen Wilhelm von Humboldt (mit einem Buch in der Hand) und seinen Bruder, den großen Entdecker Alexander (auf einem Globus sitzend), dar.

Hinter dem Eingangstor liegt der von Reinhold Begas gestaltete Hof.

Viele berühmte Gelehrte wie die Philosophen Fichte und Hegel, die Ärzte Rudolf Virchow und Robert Koch und die Physiker Max Planck und Albert Einstein haben an der Universität gelehrt. Zu ihren Absolventen gehören Heinrich Heine, Karl Marx und Friedrich Engels.

Nach dem Zweiten Weltkrieg lag die Universität im sowjetischen Sektor. Deshalb wurde im Westen 1948 die Freie Universität gegründet (siehe S. 179).

**Hof der Humboldt-Universität mit der Helmholtz-Statue**

# Reiterdenkmal Friedrichs des Großen ➎

Unter den Linden. **Stadtplan** 7 A3. Ⓤ Ⓢ *Friedrichstraße.* 🚌 *100, 200, TXL.*

**D**ie 5,60 Meter hohe Bronzestatue steht auf dem Mittelstreifen der Straße Unter den Linden und ist eines der berühmtesten Denkmäler Berlins. Sie wurde 1839–51 nach einem Entwurf von Christian Daniel Rauch errichtet und stellt Friedrich den Großen auf seinem Pferd dar, angetan mit Uniform und Königsmantel. Den hohen Sockel zieren die Statuen berühmter Feldherren, Politiker, Wissen-

schaftler und Künstler. Auf den Flachreliefs oben am Sockel sind Szenen aus dem Leben des Herrschers abgebildet.

Zu Zeiten der DDR hatte man das Standbild zunächst in den Schlosspark von Sanssouci nach Potsdam verbannt und erst im Jahr 1980 wieder im Zentrum von Berlin aufgestellt.

# Staatsbibliothek ➏

Unter den Linden 8. **Stadtplan** 7 A3, 16 D2. 📞 *266-0.* 🕐 *Mo–Fr 9–21 Uhr, Sa 9–17 Uhr.* Ⓤ Ⓢ *Friedrichstraße.* 🚌 *100, 200, TXL.* **www**.staatsbibliothek-berlin.de

**K**eimzelle der Staatsbibliothek war die 1661 gegründete Königliche Bibliothek im Schloss des Großen Kurfürsten Friedrich Wilhelm. Ende des 18. Jahrhunderts wurde sie zunächst in der Alten Bibliothek untergebracht. Ihr jetziges Domizil entstand 1903–14 auf den Grundstücken der Akademie der Künste und der Akademie der Wissenschaften.

Der große Bau wurde im Zweiten Weltkrieg schwer be-

schädigt und musste später grundlegend restauriert werden. Die einzigartige Sammlung von drei Millionen Büchern und Periodika wurde im Krieg weit verstreut, so die vielen unschätzbaren Musikmanuskripte, die man in die Jagiellonische Bibliothek in Krakau verbrachte.

Nach dem Krieg erhielt die Bibliothek einen Teil ihrer Bestände zurück, andere Teile wurden in Westberlin aufbewahrt. Erst durch die Wiedervereinigung konnte alles zusammengeführt werden.

# Deutsche Guggenheim ➐

Unter den Linden 13–15. **Stadtplan** 7 A3, 16 D3. 📞 *202 09 30.* 🕐 *tägl. 10–20 Uhr (Do bis 22 Uhr).* Ⓤ Ⓢ *Friedrichstraße.* 🚌 *100, 200, TXL.* 📷 **www**.guggenheim.org

**D**as Deutsche Guggenheim beherbergt die deutsche Zweigstelle der berühmten New Yorker Solomon R. Guggenheim Foundation. Im verglasten Innenhof präsentiert das Museum bedeutende Wechselausstellungen.

**Die efeubewachsene Fassade der Staatsbibliothek**

**Fenster mit Wappen am Alten Palais**

## Altes Palais ❽

Unter den Linden 9. **Stadtplan** 7 A3,
16 D3. Ⓤ Ⓢ *Friedrichstr.* 🚌 *100,
200, TXL.* ⬛ *für die Öffentlichkeit.*

Das kleine klassizistische
Schloss nahe dem früheren Opernplatz wurde für den
Kronprinzen Wilhelm (den
späteren Kaiser Wilhelm I.)
gebaut. Auch als Kaiser lebte
er hier – bis zu seinem Tod.
Gern betrachtete er die Ablösung seiner Wachsoldaten von
einem der Fenster ganz links
im Erdgeschoss.
  Das zwischen 1834 und
1837 nach Plänen von Carl
Ferdinand Langhans erbaute
Palais ist äußerlich restauriert.
Sein Inneres wurde jedoch im
Zweiten Weltkrieg zerstört.
Heute gehört es zur Humboldt-Universität.

## Alte Bibliothek ❾

Bebelplatz. **Stadtplan** 7 A3, 16 D3.
📞 *209 30.* Ⓤ Ⓢ *Friedrichstraße.*
🚌 *100, 200.*

Die unter den Berlinern
wegen ihrer geschwungenen Fassade als »Kommode«
bekannte Alte Bibliothek ist
eines der schönsten Barockgebäude der Stadt. Es wurde
1775 von Georg Christian
Unger als königliche Bibliothek erbaut. Unger bezog sich
mit seinem Projekt auf einen
nicht realisierten Entwurf für
die Wiener Hofburg, den sein
berühmter Kollege Joseph
Emanuel Fischer von Erlach
etwa 50 Jahre zuvor zu Papier
gebracht hatte. Die konkave
Fassade ist dreigeteilt. Gekrönt
wird sie von einer Reihe massiver korinthischer Säulen
sowie von großen Wappen.

Die Alte Bibliothek beherbergt die Juristische Fakultät
der Humboldt-Universität.

## Bebelplatz ❿

**Stadtplan** 7 A3, 16 D3. Ⓤ Ⓢ
*Friedrichstraße.* 🚌 *100, 200, TXL.*

Der ursprünglich Kaiser-
Franz-Joseph-Platz, dann
Opernplatz genannte Bebelplatz war von Georg Wenzeslaus von Knobelsdorff als
Mittelpunkt des Forum Fridericianum geplant worden. Er
sollte etwas von der erhabenen Größe des alten Rom in
die preußische Hauptstadt
bringen. Zwar wurden nicht
alle Vorhaben realisiert, doch
im Lauf der Zeit ist eine ganze
Reihe wichtiger Gebäude um
diesen Platz entstanden.
  Am 10. Mai 1933 inszenierten die Nationalsozialisten am
Opernplatz unter Aufbietung
ihrer Propagandamaschinerie
die Bücherverbrennung. Etwa
25 000 Bücher missliebiger

Autoren wurden öffentlich
den Flammen übergeben –
darunter Werke von Thomas
und Heinrich Mann, Robert
Musil und Lion Feuchtwanger.
  An diesen Akt der Barbarei
erinnert heute das von Micha
Ullman 1995 gefertigte Mahnmal. Eine in den Boden eingelassene Glasplatte gibt den
Blick frei auf einen unterirdischen, beleuchteten Raum –
darin befinden sich leere
Bücherregale. Auf einer Tafel
sind die prophetischen Worte
Heinrich Heines von 1820 zu
lesen: »… dort wo man Bücher
verbrennt, verbrennt man am
Ende auch Menschen.«

## St.-Hedwigs-Kathedrale ⓫

Bebelplatz. **Stadtplan** 7 A4, 16 D3/
E3. 📞 *203 48 10.* Ⓤ Ⓢ *Hausvogteiplatz.* 🚌 *100, 200, TXL.*
🕐 *tägl. 10–17 Uhr, So 13–17 Uhr.*
**www**.hedwigs-kathedrale.de

Die mächtige Kirche, die
den Platz im Süden beherrscht, ist die Kathedrale
der katholischen Erzdiözese
zu Berlin. Der König ließ sie
für die Schlesier erbauen, die
nach dem Schlesischen Krieg
1740–42 seine Untertanen
wurden. Der ursprüngliche
Bauplan von Georg Wenzeslaus von Knobelsdorff lehnte
sich stark an das römische
Pantheon an. 1747 begann
man mit den Bauarbeiten,
1773 wurde die Kirche eingeweiht. Weitere fünf Jahre dau-

**Die reich mit Reliefs verzierte Fassade von St. Hedwig**

erte es bis zur Fertigstellung. In der Folgezeit nahm man verschiedene Umbauten vor, so auch 1886/87.

Während des Zweiten Weltkriegs wurde die Kirche von Bomben getroffen, zwischen 1952 und 1963 wurde sie wieder aufgebaut. In der Krypta haben viele Berliner Bischöfe ihre letzte Ruhe gefunden. Sehenswert sind eine Madonna (16. Jh.) und eine Pietà von 1420. Auch Bernhard Lichtenberg ruht hier, ein Priester, der von den Nazis ermordet und vom Papst heiliggesprochen wurde.

Flachrelief von Apollo und Mars an der Fassade der Staatsoper

## Staatsoper Unter den Linden ⑫

Unter den Linden 7. **Stadtplan** 7 A3, 16 D3. 🅒 20 35 40. 🆄 🆂 Friedrichstraße. 🚌 100, 200, TXL. **www**.staatsoper-berlin.org

Die Fassade der Staatsoper stammt aus der Frühzeit des Klassizismus und ist eine der größten Attraktionen der Straße. Sie wurde 1741–43 von Georg Wenzeslaus von Knobelsdorff als erstes Projekt des Forum Fridericianum realisiert. Nach einem Brand betraute man 1843/44 Carl Ferdinand Langhans mit der Restaurierung.

Nach dem Krieg war das Haus zerstört. Der Wiederaufbau dauerte von 1952 bis 1955. Viele berühmte Sänger und Musiker traten hier auf. Richard Strauss war Intendant und Dirigent. Für das Bühnenbild wurden renommierte Künstler wie Karl Friedrich Schinkel gewonnen. Ab Sommer 2010 bis 2013 wird das Haus umfassend renoviert.

Die eindrucksvolle Fassade des Kronprinzenpalais

## Kronprinzen-palais ⑬

Unter den Linden 3. **Stadtplan** 7 A3/B3, 16 E3. 🆄 🆂 Friedrichstraße. 🚌 100, 200, TXL. 🕐 Fr–Di 10–18 Uhr, Do 10–22 Uhr.

Das eindrucksvolle klassizistische Palais erhielt seinen Namen, weil es Residenz der königlichen, später der kaiserlichen Thronerben war. Das ursprünglich eher bescheidene Haus aus den 1660er Jahren erfuhr mehrfache Erweiterungen. 1732/33 führte Philipp Gerlach erste Anbauten im damals aktuellen Barockstil durch. 1856/57 setzte Johann Heinrich Strack ein zweites Obergeschoss auf und überzog die Fassade mit klassizistischer Ornamentik. Nach dem Zweiten Weltkrieg wurde der Bau abgetragen und erst 1968/69 wieder aufgebaut.

Bis zur Abschaffung der Monarchie nutzten die Hohenzollern das Palais als Wohngebäude. Von 1919 bis 1937 diente es als Zweigstelle der Nationalgalerie. Die Regierung der DDR benannte es in Palais Unter den Linden um und nutzte es als Gästehaus und für Staatsempfänge. Am 31. August 1990 wurde hier der Einigungsvertrag unterzeichnet.

Eine Passage im Obergeschoss verbindet das Kronprinzenpalais mit dem kleineren Prinzessinnenpalais, das Friedrich Wilhelm III. für seine Töchter erbauen ließ. Auch die Baulücke neben dem Kronprinzenpalais wurde »historisch« geschlossen. Das Medienunternehmen Bertelsmann baute hier die Kommandantur nach altem Vorbild wieder auf.

## Friedrichs-werdersche Kirche (Schinkel-museum) ⑭

Werderscher Markt. **Stadtplan** 7 B4, 16 E3. 🅒 20 90 55 77. 🆄 🆂 Friedrichstraße. 🚌 100, 147, 200, TXL. 🕐 tägl. 10–18 Uhr. 🏷 🖺

Schinkel baute diese Kirche mit ihren vollendeten Proportionen zwischen 1824 und 1830. Sie sollte Berlins erstes Gebäude im neogotischen Stil sein. Mit ihrer Doppelturmfassade und nur einem Schiff erinnert sie an die Kirchen englischer Universitäten. Der Innenraum fiel im Zweiten Weltkrieg weitgehend den Bomben zum Opfer. Seit dem Wiederaufbau dient die Kirche als Museum. Derzeit wird sie von der Nationalgalerie als Ausstellungsort für Skulpturen aus dem 16. bis zum späten 19. Jahrhundert genutzt. Zu den bekanntesten Glanzstücken der Sammlung zählt ein schönes Modell der berühmten Skulpturengruppe der Prinzessinnen

Skulpturengruppe der Prinzessinnen Luise und Friederike, Schinkelmuseum

Luise (der späteren preußischen Königin) und Friederike von Johann Gottfried Schadow.

# Gendarmenmarkt ⓯

D er Gendarmenmarkt ist einer der schönsten unter Berlins Plätzen. Er wurde Ende des 17. Jahrhunderts als Marktplatz für die Friedrichstadt angelegt und nach den Gens d'Armes benannt, die hier ihre Ställe hatten. Zu DDR-Zeiten hieß er Platz der Akademie, nach der Wiedervereinigung erhielt er seinen alten Namen zurück.

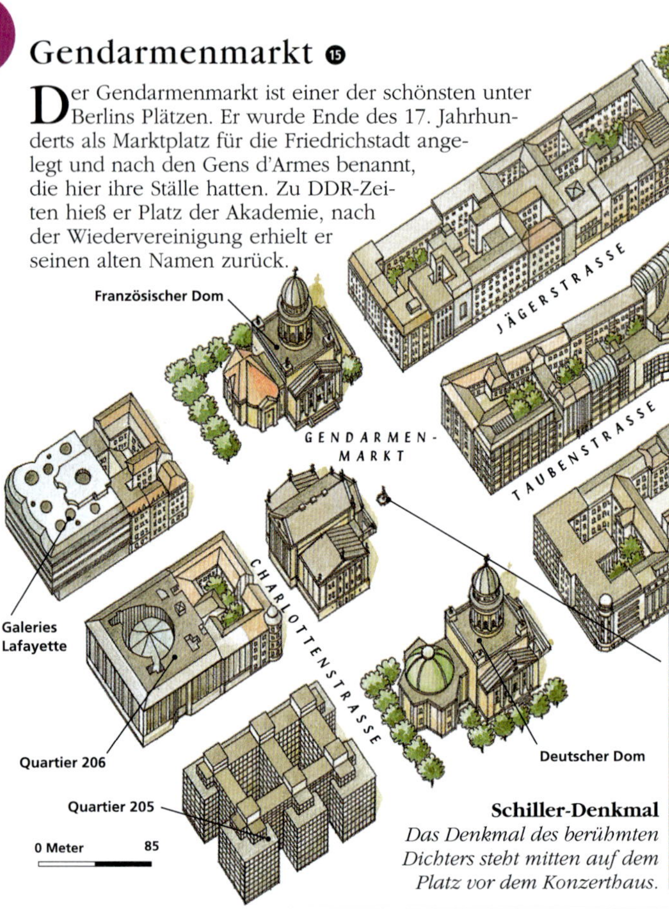

Französischer Dom

JÄGERSTRASSE

GENDARMEN-MARKT

TAUBENSTRASSE

CHARLOTTENSTRASSE

Galeries Lafayette

Quartier 206

Quartier 205

Deutscher Dom

0 Meter    85

**Schiller-Denkmal**
*Das Denkmal des berühmten Dichters steht mitten auf dem Platz vor dem Konzerthaus.*

---

# Französischer Dom ⓰

Gendarmenmarkt 5. **Stadtplan** 7 A4, 16 D4. 🅲 *204 15 07.* 🅄 *Stadtmitte, Französische Straße.* **Hugenottenmuseum** 🅲 *229 17 60.* ⭘ *Di–Sa 12–17 Uhr, So 11–17 Uhr.* 🕮 **Kirche** ⭘ *Di–So 12–17 Uhr.* ✝ *So 10 Uhr.* www.franzoesischer-dom.de

D er Französische Dom ist die Kirche der Hugenotten, die nach der Aufhebung des Edikts von Nantes aus ihrer Heimat vertrieben worden waren. Das 1701–05 von Louis Cayart und Abraham Quesnay errichtete Gotteshaus war der hugenottischen Kirche in Charenton nachempfunden, die 1688 zerstört worden war. Das **Hugenottenmuseum** im Turm illustriert

**Seitenansicht des Französischen Doms**

eindrücklich die Geschichte der protestantischen Einwanderer. Aufgrund ihrer guten Ausbildung spielten sie bald eine wichtige Rolle in Berlins Handwerkerzünften und in der Kaufmannschaft. Ihre französische Muttersprache

hat bis heute in einigen Ausdrücken des Berliner Dialekts überlebt.

Durch den Haupteingang in der Charlottenstraße gelangt man in das schlichte Innere des Doms und findet sich im rechteckigen Schiff, das um halbkreisförmige Seitenschiffe ergänzt wird. Beachtenswert ist die spätbarocke Orgel von 1754. Beherrscht wird der Bau vom Turm, dessen Basis eine Reihe korinthischer Säulen ziert. Turm und Säulengang wurden im Jahr 1785 nach einem Entwurf von Carl von Gontard hinzugefügt. Eine **Aussichtsplattform** in 50 Meter Höhe bietet einen Blick über die Stadt. Unter der Turmkuppel befindet sich ein Carillon (Glockenspiel mit 60 Glocken), das täglich um 10, 12, 14, 16 und 18 Uhr erklingt.

**Innenansicht des Konzerthauses, früher Schauspielhaus genannt**

## Konzerthaus ⑰

Gendarmenmarkt 3–4. **Stadtplan** 7 A4, 16 D4. 📞 20 30 90. Ⓤ Stadtmitte, Französische Straße. www.konzerthaus.de

Der Theaterbau ist ein Glanzstück klassizistischer Architektur. Das bis vor Kurzem als Schauspielhaus bekannte Gebäude gilt als eines der Meisterwerke von Karl Friedrich Schinkel. Es wurde 1818–21 an der Stelle des Langhans'schen Nationaltheaters errichtet, das 1817 einem Brand zum Opfer gefallen war. Schinkel übernahm den Säulengang des alten Theaters und gestaltete auch die Inneneinrichtung. Das im Zweiten Weltkrieg schwer zerstörte Theater wurde – innen stark verändert – als Konzertsaal wieder aufgebaut. Die Fassade wurde originalgetreu rekonstruiert. Heute ist das Haus Spielstätte der Berliner Orchester.

An der Fassade erkennt man hinter einer Reihe ionischer Säulen eine Treppe und einen Eingang, durch den das Bürgertum das Gebäude betrat. Die höhere Gesellschaft bevorzugte einen separaten Zugang gleich neben der Auffahrt für die Karossen. Das ganze Haus zieren allegorische Darstellungen zu Theater und Musik, darunter Statuen mit Musikgenien, die rittlings auf Löwen und Panthern sitzen, zahlreiche Musen und eine Prozession der Bacchanten. Die Fassade krönt ein Figurenensemble mit Apollo.

Vor dem Theater erinnert ein Schiller-Denkmal aus weißem Marmor an den großen Dichter. Die von Reinhold Begas 1868 geschaffene Skulptur wurde in den 1930er Jahren von den Nationalsozialisten entfernt und von der DDR-Regierung erst 1988 wieder aufgestellt. Modell für den Kopf war eine Schiller-Büste von Johann Heinrich Dannecker aus dem Jahr 1794. Die Statue steht auf einem Sockel, den Allegorien von Dichtkunst, Schauspiel, Philosophie und Geschichte zieren.

## Deutscher Dom ⑱

Gendarmenmarkt 1. **Stadtplan** 7 A4, 16 D4. Ⓤ Stadtmitte, Französische Straße. 📞 22 73 04 31. **Ausstellung** ◷ Mai–Sep: Di–So 10–19 Uhr; Okt–Apr: Di–So 10–18 Uhr.

Der Deutsche Dom an der Südflanke des Gendarmenmarkts ist das Gotteshaus der reformierten protestantischen Kirche. Es wurde von Martin Grünberg entworfen und 1708 von Giovanni Simonetti fertiggestellt. Der Entwurf basiert auf einem fünfgliedrigen Grundriss, und erst 1785 erhielt er seinen Turm, als Spiegelbild des Turms auf dem Französischen Dom. Das 1945 durch ein Feuer völlig zerstörte Gebäude wurde bis 1993 äußerlich völlig detailgetreu wieder aufgebaut. Das Innere wurde den Erfordernissen eines Ausstellungsgebäudes angepasst. Heute beherbergt es die Ausstellung »Wege, Irrwege, Umwege«, die den Werdegang der deutschen Demokratie widerspiegelt.

**Skulptur am Deutschen Dom**

## Friedrichstadtpassagen ⑲

Friedrichstraße, Quartiere 205, 206, 207. **Stadtplan** 6 F4, 15 C4. Ⓤ Französische Straße, Stadtmitte.

Die Friedrichstadtpassagen sind Teil des ehrgeizigen Entwicklungsprojekts, in dessen Rahmen an der Friedrichstraße Designerboutiquen, Büros, Restaurants und Apartments gebaut wurden. In den letzten Jahren entstand so das Quartier 207 mit den Galeries Lafayette, einer Filiale des Pariser Kaufhauses, nach einem Entwurf des französischen Architekten Jean Nouvel. Der Einsatz von viel Glas an Fassade und Innenkonstruktion verleiht dem Haus eine ungewohnte Eleganz und Leichtigkeit. Für den Besucher besonders beeindruckend ist eine Art Atrium aus einem Doppelkonus, der sich nach oben und unten verjüngt. Die angrenzende Passage, das Quartier 206, beherbergt Büros und Boutiquen und trägt die Handschrift der amerikanischen Architektengemeinschaft Pei, Cobb, Freed & Partners. Seine Innengestaltung ist überaus luxuriös und extravagant. Dazu tragen vor allem die spektakuläre Ausführung mit teuren Marmorornamenten an Boden und Wänden bei bzw. insgesamt die Formensprache des Art déco. Der südlichste und größte Block ist das Quartier 205, ein Entwurf des Architekten Oswald Mathias Ungers.

**Quartier 206: der Haupteingang im Stil des Art déco**

# Mohren-kolonnaden ⑳

Mohrenstraße 37b und 40–41.
**Stadtplan** 6 F5, 15 B5.
Ⓤ *Mohrenstraße.*

Die säulengestützten Ko-lonnaden wurden 1787 nach einem Entwurf von Carl Gotthard Langhans errichtet. Das klassizistische Bauwerk säumte einst eine Brücke über den Wallgraben. Die Brücke wurde abgetragen, doch die Kolonnaden integrierte man in die Fassaden der Mohren-straße, die von weit jüngeren Stilmerkmalen geprägt sind.

Eine Nachbildung der Spittelkolonnaden an der Leipziger Straße

alter Bauteile wiedererstehen. Die interessanten Säulen sind an der Leipziger Straße zu besichtigen.

Die originellen Säulengänge der Mohrenkolonnaden

# Spittelkolonnaden ㉑

Leipziger Straße. **Stadtplan** 7 B5, 16 E5. Ⓤ *Spittelmarkt.*

In der Nähe des Spittel-markts, eingezwängt zwi-schen Hochhäusern, stehen die barocken Spittelkolonna-den. Die Hochhäuser ließ die DDR-Regierung errichten, um den Blick auf das Axel-Sprin-ger-Hochhaus jenseits der Mauer zu verdecken. Ur-sprünglich umrahmten zwei halbkreisförmige, von Carl von Gontard entworfene und 1776 fertiggestellte Säulengän-ge den Spittelmarkt. Die süd-lichen Kolonnaden wurden 1929 zerstört, die nördlichen im Zweiten Weltkrieg. 1979 ließ man die eine Hälfte des Ensembles unter Verwendung

# Museum für Kommunikation Berlin ㉒

Leipziger Straße 16. **Stadtplan** 6 F5, 15 C5. Ⓤ *Stadtmitte, Mohrenstraße.* M48. Ⓒ *20 29 40.* ◯ *Di–Fr 9–17 Uhr, Sa, So 11–18 Uhr.* www.museumsstiftung.de

Das 1872 als Postmuseum gegründete Museum ist das älteste seiner Art. Zwölf Jahre später wurde es in einem Gebäudeteil des Hauptpost-amts untergebracht. Die Sei-tenflügel des Baus sind im Stil der Neorenaissance gehalten, während der Museumsteil mit neobarocker Fassade und Skulpturen prunkt. In den Museumsräumen sind zahlrei-che Exponate von den Anfän-gen der Post im Mittelalter bis zur modernen digitalen und Telekommunikation zu sehen. Im Foyer begrüßen drei Ro-boter die Besucher.

# Ehemaliges Regierungsviertel ㉓

Wilhelmstraße, Leipziger Straße, Vossstraße. **Stadtplan** 6 E5. Ⓤ *Potsdamer Platz, Mohrenstraße.*

Von der Mitte des 19. Jahr-hunderts bis 1945 befand sich an der Wilhelmstraße und auf dem Gebiet westlich davon bis zum Leipziger Platz

das frühere Regierungsviertel mitsamt den wichtigsten Minis-terien und Verwaltungsbüros.

Das Gebäude an der Wil-helmstraße 77 war einst Reichskanzlei und Amtssitz Bismarcks. 1933 ließ Hitler den Bau durch Albert Speer erweitern, bevor er selbst dort einzog.

Im Frühjahr 1945 fanden in diesem Areal erbitterte Kämpfe statt. Die zerstörten Gebäude wurden größten-teils abgetragen. Was an Architektur blieb, war bei-spielsweise das ehemalige preußische Landtagsgebäude, ein ausgedehnter Komplex zwischen Leipziger Straße und Niederkirchnerstraße. Das Gebäude im Stil der italienischen Renaissance wurde zwischen 1892 und 1904 nach einem Entwurf von Friedrich Schulz errich-tet. Es besteht aus zwei Seg-menten: dem Teil an der Leipziger Straße 3–4, der das Herrenhaus des Land-tags beherbergte und jetzt vom Bundesrat genutzt wird, sowie dem Teil an der Niederkirchnerstraße 5, dem ehemaligen Sitz des Preußischen Landtags und jetzigen Berliner Abgeord-netenhauses.

Überdauert hat darüber hinaus das Gebäude des ehemaligen Reichsluftfahrt-ministeriums in der Leipziger Straße 5, das Hermann Göring im Jahr 1936 von dem Archi-tekten Ernst Sagebiel erbauen ließ. Der düstere Komplex ist ein typisches Beispiel für die Architektur des Dritten Reichs.

## Pariser Platz ㉔

**Stadtplan** 6 E3, 15 A3. Ⓢ Ⓤ
*Brandenburger Tor.* 🚌 *100, 200.*

Der Platz wurde 1734 als Teil eines Erweiterungsprojekts für die Dorotheen- und die Friedrichstadt angelegt. Seine ursprüngliche Bezeichnung war Karree. Erst 1814, als die Quadriga wieder aus ihrem französischen Exil auf das Brandenburger Tor zurückgekehrt war, benannte man ihn in Pariser Platz um.

Der Platz hatte bis zum Beginn des Zweiten Weltkriegs eine geschlossene Bebauung erhalten. Fast alle Gebäude wurden 1945 zerstört.

Nach der Wiedervereinigung beschloss man die erneute Bebauung des Platzes. So entwarf Josef Paul Kleihues die Zwillingsbauten beiderseits des Brandenburger Tors. An der Nordseite des Platzes steht das Gebäude der Dresdner Bank, daneben die französische Botschaft. Am Südende befinden sich die Botschaft der USA, das Gebäude der DZ Bank von Frank O. Gehry und die Akademie der Künste. Den östlichen Abschluss bildet das Hotel Adlon.

## Brandenburger Tor ㉕

Pariser Platz. **Stadtplan** 6 E3, 15 A3.
Ⓢ Ⓤ *Brandenburger Tor.* 🚌 *100, 200.*

Nichts symbolisiert Berlin mehr als das Brandenburger Tor. Mit dem klassizistischen Meisterwerk wollte

### MAX LIEBERMANN (1849–1935)

Max Liebermann war einer der größten Maler Deutschlands und zugleich eine der interessantesten und umstrittensten Figuren der Berliner Gesellschaft im ausgehenden 19. Jahrhundert. Bekannt waren nicht nur seine Tugenden als sensibler Beobachter und Porträtmaler, sondern auch sein Hang zur Sturheit – er wagte es sogar, dem Kaiser zu trotzen. 1920 wurde er zum Präsidenten der Akademie der Künste ernannt, doch wegen seiner jüdischen Abstammung enthob man ihn 1933 des Amtes. Nur zwei Jahre später starb er. Seine Frau wählte den Freitod, um dem KZ zu entgehen.

**Fries am Brandenburger Tor**

Carl Gotthard Langhans eine Nachbildung der Propyläen, des Eingangs zur Akropolis, schaffen. Erbaut wurde es 1788–91, und es brauchte weitere vier Jahre, um es mit allen Skulpturen zu versehen. Eingerahmt wird das Tor von zwei Querriegeln, den einstigen Wachhäusern. Das eigentliche Tor und seine dorischen Säulen krönt ein reich verziertes Gebälk. Die Flachreliefs enthalten Szenen aus der griechischen Mythologie. Den Abschluss bildet die Quadriga von Johann Gottfried Schadow – eigentlich ein Friedenssymbol. Während der französischen Besatzung gab Napoléon den Befehl, sie nach Paris zu bringen. Seit

ihrer triumphalen Rückkehr 1814 gilt sie als Siegessymbol. Die Viktoria wurde mit Adler, Eisernem Kreuz und Lorbeerkranz aufgerüstet.

Das Brandenburger Tor war Schauplatz vieler historischer Ereignisse. Im Mai 1945 wurde hier die sowjetische Flagge gehisst, und am 17. Juni 1953 ließ das SED-Regime hier 25 demonstrierende Arbeiter niederschießen. 40 Jahre lang stand das Tor zwischen den geteilten Stadt, bis 1989 die Mauer fiel. 2000–02 wurde es umfassend restauriert.

## Holocaust-Denkmal ㉖

Ebertstraße. **Stadtplan** 6 E3, 15 A3.
📞 *26 39 43 36.* Ⓢ Ⓤ *Brandenburger Tor.* 🚌 *100, 200.* ⬜ **Stelenfeld** *24 h;* **Ort der Information** *Di–So 10–20 Uhr (Okt–März: bis 19 Uhr).*
📷 *Sa, So 11, 14 Uhr.*
www.holocaust-denkmal-berlin.de

Das »Denkmal für die ermordeten Juden Europas« ist seit dem 8. Mai 2005 zugänglich. Das von Peter Eisenman entworfene wellige Stelenfeld erstreckt sich auf einer Fläche von 20 000 Quadratmetern. Im unterirdischen Dokumentationszentrum ist eine Ausstellung über den Völkermord untergebracht.

Oskar Kokoschkas *Pariser Platz in Berlin* (1925/26), Nationalgalerie

Die luxuriöse Inneneinrichtung des Hotel Adlon

## Hotel Adlon ㉗

Unter den Linden 77. **Stadtplan**
6 E3/E4, 15 A3/B3. 226 10.
Ⓤ Ⓢ *Brandenburger Tor.* 100,
200. www.hotel-adlon.de

D as alte Hotel Adlon öffnete 1907 seine Pforten und
wurde bald zum wichtigsten
Treffpunkt der Berliner Gesellschaft. Hier logierten Be-
rühmtheiten wie Greta Garbo
und Charlie Chaplin. Das
durch die Bombardements im
Zweiten Weltkrieg beschädigte Haus wurde 1945 abgerissen. Nach der Wiedervereinigung begann man mit der
originalgetreuen Rekonstruktion. Am 23. August 1997
wurde es wiedereröffnet.
Heute ist das Haus erneut
eine der besten Adressen der
Stadt. Die Gäste lieben den
Komfort, die Diskretion und
die pompöse Einrichtung. Wer
sich angesichts der gehobenen Preise keine Übernachtung leisten kann, sollte das
Flair bei einer Tasse Kaffee
in der Haupthalle genießen.
Dort stehen die einzigen
authentischen Relikte des
alten Adlon: ein Springbrunnen aus schwarzem Marmor,
umgeben von Elefanten.

## Russische
## Botschaft ㉘

Unter den Linden 63–65. **Stadtplan**
6 F3, 15 B3. Ⓤ Ⓢ *Brandenburger
Tor.* 100, 200.

D as monumentale weiße
Gebäude der russischen
Botschaft ist ein Beispiel des
stalinistischen Zuckerbäcker-
stils. Erbaut wurde es zwischen
1948 und 1953 auf dem Ge-
lände der alten Botschaft aus
der Zarenzeit. Es war zugleich
das erste Gebäude, das nach
dem Zweiten Weltkrieg
wieder an der Straße
Unter den Linden ent-
stand. Der heutige
Bau wurde vom rus-
sischen Architekten
Anatoli Stryschewski
gestaltet. Mit seinen
symmetrischen Pro-
portionen erinnert es
an ein Berliner Schloss
aus der Zeit des Klassi-
zismus. Den zugehöri-
gen Skulpturen sieht
man jedoch an, dass sie
aus einer anderen Ära
stammen: An die Stel-
le von antiken Gott-
heiten sind hier die
Helden der Arbeiter-
klasse getreten.

Statue eines Arbei-
ters an der russi-
schen Botschaft

## Komische Oper ㉙

Behrenstr. 55–57. **Stadtplan** 6 F4,
15 C3. 47 99 74 00. Ⓤ *Französische Straße, Brandenburger Tor.*
Ⓢ *Brandenburger Tor.* 100, 200,
TXL. www.komische-oper-berlin.de

W enn man vor der mo-
dernen Fassade steht,
glaubt man kaum, dass sich
hinter ihr einige der prunk-
vollsten Säle Berlins verber-
gen. Das ursprüngliche Theater Unter den Linden entstand
1892 unter Leitung zweier
Vertreter der berühmten Wiener Schule: Ferdinand Fellner
und Hermann Helmer. Das
frühere Varietétheater wurde
nach dem Zweiten Weltkrieg
in Komische Oper umbe-
nannt. Die ursprüngliche
Fassade fiel den Reparatur-
arbeiten der Nachkriegszeit
zum Opfer, doch das Inne-
re strahlt in der ganzen
Opulenz des Wiener
Neobarock mit Stuck-
elementen und Blatt-
gold. Auf den Säulen
des oberen Balkons
wurden die expressi-
ven Statuen von Theo-
dor Friedel platziert. Die
Komische Oper zählt zu
den drei großen Opern-
häusern Berlins. Ihr Re-
pertoire reicht von
Opern und Operetten
zu Konzerten, Film-
vorführungen mit
Live-Musik und
Musiktheater.

Zuschauer auf dem Balkon der prunkvollen Komischen Oper

# S-Bahnhof Friedrichstraße ③⓪

**Stadtplan** 6 F2/F3, 15 C2.
Ⓤ Ⓢ *Friedrichstraße.*

Einer der berühmtesten Bahnhöfe der Stadt war während der Teilung Grenzposten zwischen Ost- und Westberlin. Der Bau nach Plänen von Johannes Vollmer wurde 1882 vollendet. 1925 kam eine Dachkonstruktion über den Bahnsteigen hinzu.

Vom einstigen Labyrinth an Gängen, Treppen und Kontrollpunkten ist heute nichts mehr zu sehen – nur ein Modell kann noch im Stasi-Museum *(siehe S. 174)* besichtigt werden. Einzig der »Tränenpalast« erinnert an die DDR-Zeit, als Ausreisewillige dort auf den Stempel der Grenzer warteten oder Besucher aus anderen Sektoren sich unter Tränen verabschiedeten. Direkt daneben entstand 2009 das Gebäudeensemble des »Spreedreiecks«.

# Admiralspalast ③①

Friedrichstraße 101–102. **Stadtplan** 6 F2, 15 C1. ☎ 47 99 74 99.
Ⓤ Ⓢ *Friedrichstraße.*
www.admiralspalast.de

Der 1911 von Heinrich Schweitzer entworfene Admiralspalast zählte zu den bedeutendsten Vergnügungspalästen in den »Goldenen Zwanzigern«. Ursprünglich war das Gebäude als Badeanstalt konzipiert, nachdem man auf dem Gelände eine Solequelle entdeckt hatte, später baute man hier eine Eislaufbahn. 1922 zog ein Theater ein und produzierte legendäre Varieté- und Musicalvorstellungen. Ab 1997 stand das Haus leer.

Nach umfassender Sanierung wurde das Gebäude 2006 mit der Premiere von Bertolt Brechts *Dreigroschenoper* wiedereröffnet. Mit Theater, Studio, Foyer, Club und Grand Café will man an die große Zeit des Hauses anknüpfen.

Die vordere Fassade gliedern dorische Halbsäulen mit Marmorflachreliefs. Die Fassa-

Ein Fenster des Admiralspalasts mit reichem Marmordekor

de an der Planckstraße gestaltete Ernst Westphal mit exotischen Motiven.

# Maxim-Gorki-Theater ③②

Am Festungsgraben 2. **Stadtplan** 7 A3, 16 E2. ☎ 20 22 11 15.
Ⓤ Ⓢ *Friedrichstraße.* 🚌 100, 200.
www.gorki.de

Am Anfang diente der Bau nicht als Theater, sondern als Singakademie. Der älteste Konzertsaal Berlins war für seine Akustik berühmt. Viele Virtuosen traten hier auf, u.a Niccolò Paganini und Franz Liszt. 1829 dirigierte Felix Mendelssohn Bartholdy im Konzertsaal die *Matthäuspassion* von Johann Sebastian Bach bei der ersten Aufführung nach 1750, dem Todesjahr Bachs. Diese Aufführung leitete die Wiederentdeckung Bachs ein.

Errichtet wurde das Maxim-Gorki-Theater 1827 von Carl Theodor Ottmer nach Plänen von Karl Friedrich Schinkel.

**Das Maxim-Gorki-Theater mit dem ältesten Konzertsaal Berlins**

Von außen erinnert der klassizistische Bau an einen griechischen oder römischen Tempel. Das Gebäude beherbergt heute eines der etablierten Schauspielhäuser Berlins.

# Palais am Festungsgraben (Museum Mitte) ③③

Am Festungsgraben 1. **Stadtplan** 7 A3, 16 E2. ☎ 208 40 00.
Ⓤ Ⓢ *Friedrichstraße.* 🚌 100, 200.
◐ Mi, Fr–So 13–17 Uhr.

Als eines der wenigen alten Gebäude besitzt das Palais am Festungsgraben noch sein originales Interieur. 1753 als kleines Barockpalais entstanden, verdankt es seine heutige Gestalt umfangreichen Erweiterungsbauten, die Heinrich Bürde und Hermann von der Hude 1864 nach Schinkel'schem Vorbild realisierten. Der spätklassizistische Stil erinnert an die Entwürfe aus dessen letzter Schaffensperiode. Tritt man durch das Portal, stößt man auf eine im Stil der Neorenaissance gehaltene Marmorhalle von doppelter Geschosshöhe, für die wohl der Weiße Saal des Stadtschlosses *(siehe S. 71)* Vorbild war. 1934 wurde einer der Räume im Erdgeschoss in einen Musiksalon umgewandelt. Zahlreiche Musikinstrumente aus dem heute zerstörten Haus des Kaufmanns und Fabrikanten Johann Weydinger (1773–1837) fanden in diesem erhabenen Gebäude eine würdige Unterkunft.

# MUSEUMSINSEL

Zwischen zwei Spree-Armen erstreckt sich die Museumsinsel. Man geht davon aus, dass hier, in der einst Cölln genannten Siedlung, die Wiege der Stadt lag. Cölln wurde 1237, das angrenzende Berlin 1244 erstmals urkundlich erwähnt. Allerdings finden sich von der Siedlung Cölln keinerlei Spuren mehr aus der Zeit des Mittelalters oder der Renaissance. Was die Museumsinsel prägte, war der Bau des kurfürstlichen Schlosses,

**Flachrelief an der Fassade des Berliner Doms**

das ab 1470 als Residenz diente. Im Lauf der Jahrhunderte wandelte sich dieser Bau zunächst zum Königsschloss und später zum kaiserlichen Stadtschloss. Das Stadtschloss wurde 1950 dem Erdboden gleichgemacht, doch so manches interessante Stück Architektur ist auf der Museumsinsel stehen geblieben, beispielsweise der Berliner Dom und die vielen eindrucksvollen Museen, die der Insel ihren Namen gaben.

## SEHENSWÜRDIGKEITEN AUF EINEN BLICK

### Museen und Sammlungen
Alte Nationalgalerie **7**
*Altes Museum S. 75* **6**
Bode-Museum **10**
Galgenhaus **19**
Historischer Hafen **13**
Märkisches Museum **14**
Neues Museum **8**
*Pergamonmuseum S. 80 – 83* **9**

### Straßen, Plätze und Parks
Lustgarten **5**
Märkisches Ufer **15**
Schlossplatz **1**

### Historische Gebäude
*Berliner Dom S. 76 f* **4**
Ermeler-Haus **16**
Gertraudenbrücke **17**
Marstall **11**
Nicolaihaus **18**
Ribbeckhaus **12**
Schlossbrücke **3**

### Weitere Sehenswürdigkeit
Staatsratsgebäude **2**

### LEGENDE

| | |
|---|---|
| ▮ | Detailkarte *Siehe S. 72 f* |
| **U** | U-Bahn-Station |
| **S** | S-Bahn-Station |
| 🚌 | Busbahnhof |

### ANFAHRT
Am einfachsten erreicht man die Museumsinsel zu Fuß ab S-Bahn-Station Hackescher Markt oder mit den Bussen 100, 200 und TXL (die über die Karl-Liebknecht-Straße fahren) bzw. mit den Trams M1, M2, M4, M5 und 12. Am Südende der Insel liegen die U-Bahn-Stationen Spittelmarkt und Märkisches Museum der Linie 2. Der Bus 147 verkehrt am Märkischen Ufer.

0 Meter 400

◁ **Das elegante Bode-Museum** *(siehe S. 79)* **mit dem Fernsehturm im Hintergrund**

# Im Detail: Museumsinsel

Auf der Insel befinden sich der hübsche Lustgarten und der Berliner Dom sowie die wichtigsten Museen im Zentrum der Stadt. Hierzu gehören das Bode-Museum, das Alte und das Neue Museum, die Alte Nationalgalerie und das beeindruckende Pergamonmuseum, das für seine einzigartige Antikensammlung berühmt ist und Scharen von Kunstliebhabern aus aller Welt anzieht.

**Bode-Museum**
*Weithin sichtbar krönt die Kuppel die westliche Rundung des Gebäudes an der Inselspitze.* ❿

**Über die Eisenbahnbrücke** rollt auch der S-Bahn-Verkehr.

SPREE

★ **Pergamonmuseum**
*Berühmt ist das Museum für seine sorgsam rekonstruierten Baudenkmäler aus antiken Städten, insbesondere die Friese des Pergamonaltars.* ❾

AM KUPFER-GRABEN

KUPFERGRABEN

BODESTRASSE

| 0 Meter | 100 |
|---|---|

**Alte Nationalgalerie**
*Vor dem Gebäude steht das von Alexander Calandrelli entworfene Reiterstandbild Friedrich Wilhelms IV.* ❼

**Neues Museum**
*Nach dem Wiederaufbau sind hier seit Oktober 2009 die Sammlung des Ägyptischen Museums und ein Teil des Museums für Vor- und Frühgeschichte zu sehen.* ❽

## NICHT VERSÄUMEN

★ Altes Museum

★ Berliner Dom

★ Pergamonmuseum

## LEGENDE

– – – Routenempfehlung

### ★ Altes Museum
*Über den Ecken des Hauptgebäudes stehen Castor und Pollux, in der griechischen Mythologie auch als Dioskuren bekannt.* **6**

**ZUR ORIENTIERUNG**
*Siehe Stadtplan, Karten 7 und 16*

### Lustgarten
*Als man 1882 diese 70 Tonnen schwere Granitschale im Lustgarten aufstellte, war sie weltweit die größte ihrer Art.* **5**

### ★ Berliner Dom
*Die neobarocke Innengestaltung – teils in extravaganter Ausführung – stammt aus dem 19. Jahrhundert.* **4**

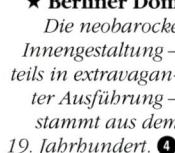

### Schlossbrücke
*Zu DDR-Zeiten war sie nach Marx und Engels benannt. Sie wird von eindrucksvollen Statuen aus Carrara-Marmor flankiert.* **3**

### Schlossplatz
*Bei Grabungsarbeiten hat man die Keller des abgerissenen Stadtschlosses teilweise freigelegt.* **1**

**Stadtplan** *siehe Seiten 300–323*

## Schlossplatz ❶

**Stadtplan** 7 B3, 16 F3. Ⓢ *Hacke-scher Markt.* 🚌 *100, 200.*
**www**.kunsthalle-berlin.com

Der Schlossplatz war einst Standort des riesigen Stadtschlosses. Zuerst stand an dieser Stelle jedoch die 1451 fertiggestellte und noch befestigte Residenz der Kurfürsten von Brandenburg. Mitte des 16. Jahrhunderts gab Kurfürst Friedrich III. (der spätere König Friedrich I.) ein Schloss als reines Wohnge-bäude in Auftrag. Die Arbei-ten an dem dreigeschossigen Barockbau mit zwei Innen-höfen dauerten von 1698 bis 1716 und beschäftigten erst Andreas Schlüter, dann Jo-hann Eosander von Göthe und Martin Heinrich Böhme.

Bis zur Abschaffung der Monarchie, also annähernd 500 Jahre lang, regierten von hier aus die Hohenzollern (*siehe S. 19f*). Im Krieg war das Schloss teilweise ausge-brannt. Nach 1945 restaurierte man es provisorisch und nutz-te es als Museum. Auch starke Proteste konnten den Abriss 1950/51 nicht verhindern. Der Platz wurde von der DDR-Regierung in Marx-Engels-Platz umgetauft.

Übrig geblieben ist heute nur das triumphale Portal, das einst dem Lustgarten zu-gewandte Fassade schmückte. 1964 wurde es in den Neubau des Staatsratsgebäudes südlich des Schlossplatzes integriert.

**Das Portal des Stadtschlosses im ehemaligen Staatsratsgebäude**

Das künftige Hum-boldt-Forum auf dem Schlossplatz wird die alte Schlossfassade er-halten. Dahinter soll ein Gebäudeensemble u. a. für die Sammlungen des außereuropäischen Kunst der Stiftung Preußischer Kulturbesitz (*siehe S. 178*) sowie ein neues Wissenschaftsmuseum entstehen. Bis zum Baubeginn wird seit Herbst 2008 in der so-genannten Temporären Kunsthalle Berlin zeitgenössi-sche Kunst ausgestellt.

## Staatsratsgebäude ❷

**Stadtplan** 7 B3, 16 F2. Ⓢ *Alexan-derplatz.* 🚌 *100, 200, 348.*

Der frühere Sitz des Staats-rates der DDR wurde 1964 errichtet. Trotz mehrfa-cher Umgestaltung wurden die Skulpturen des berühm-ten Dresdner Bildhauers Balthasar Permoser bewahrt. Doch weniger der Hochach-tung vor den Kunstwerken als ihr propagandistischer Wert war der DDR-Führung Grund für den Erhalt: Vom Balkon über dem Portal hatte Karl Liebknecht 1918 die Republik ausgerufen.

Von 2003 bis 2005 wurde das Gebäude saniert. Seit 2006 wird es von zwei pri-vaten Hochschulen genutzt.

Das Staatsratsgebäude ist das einzige noch erhaltene Gebäude der DDR-Staats-macht am Schlossplatz, die anderen wurden abgerissen. Zu den betroffenen Bauten gehört auch der Palast der Republik. Das damals größte Prestigeobjekt der DDR war Sitz der Volkskammer. Sein Abriss Ende 2008 war bis zuletzt umstritten.

## Schlossbrücke ❸

**Stadtplan** 7 B3, 16 E2. Ⓢ *Hacke-scher Markt.* 🚌 *100, 200.*

Die Schlossbrücke, eine der schönsten Berliner Brücken, verbindet den Schlossplatz mit der Straße Unter den Linden. Die 1824

**Skulpturen der Schlossbrücke**

von Karl Friedrich Schinkel erbaute Brücke besitzt Pfeiler aus rotem Granit. Seit 1853 zieren sie Statuen aus weißem Carrara-Marmor, die auf Szenen der grie-chischen Mytholo-gie anspielen: Göttinnen wie Iris, Nike und Athene stellen sich als Schutzpatroninnen junger Krieger dar. Im schmiedeeisernen Gelän-der finden sich Darstellungen von Meerestieren.

## Berliner Dom ❹

*Siehe S. 76 f.*

## Lustgarten ❺

**Stadtplan** 7 B3, 16 E2. Ⓢ *Hacke-scher Markt.* 🚌 *100, 200.*

Die Gartenanlagen vor dem Alten Museum sehen aus, als würden sie schon ewig bestehen. De facto entstanden sie erst 1998/99.

Bis ins späte 16. Jahrhun-dert diente das Areal als Kräu-ter- und Gemüsegarten für das Stadtschloss. Unter dem Großen Kurfürsten (1620–1688) wurde ein Lustgarten angelegt. Doch der »Soldaten-könig« Friedrich Wilhelm I. (1688–1740) ließ ihn in einen Exerzierplatz umwandeln und alle Statuen, Brunnen und exotischen Pflanzen entfer-nen. Nach der Errichtung des Alten Museums durfte Peter Joseph Lenné den Platz in einen Park umgestalten. 1834 wurde er um die von Christian Gottlieb Cantian nach einem Schinkel-Entwurf gefertigte Schale aus Granit bereichert. Die 70 Tonnen schwere Scha-le mit sieben Metern Durch-messer sollte eigentlich in der Rotunde des Museums aufge-stellt werden. Wegen des enormen Gewichts musste man jedoch darauf verzich-ten. Nach 1933 wurde der Lustgar-ten planiert, gepflastert und bis 1989 als Paradeplatz ge-nutzt. Seine heutige Gestalt erhielt er in Anlehnung an Lennés Entwurf.

# Altes Museum ❻

Mit diesem Entwurf gelang Karl Friedrich Schinkel einer der schönsten klassizistischen Museumsbauten der Welt. Eindrucksvoll ist schon der 87 Meter hohe Portikus, der von 18 ionischen Säulen getragen wird. Bei seiner Eröffnung 1830 war er einer der ersten Bauten in Europa, die als Museum konzipiert worden waren. Seit 1998 beherbergt das Alte Museum die einzigartige Antikensammlung mit Kunstwerken des griechischen und römischen Altertums. Das Herzstück der Kollektion, die Kunst der Etrusker, wird nach der Sanierung des Gebäudes wieder gezeigt.

**INFOBOX**

Am Lustgarten (Bodestraße 1–3). **Stadtplan** 7 B3. 📞 20 90 55 77. Ⓢ Hackescher Markt. 🚌 100, 200. ⭕ tägl. 10–18 Uhr (Do bis 22 Uhr). 📷 🅿 🔓 www.smb.spk-berlin.de

**Amphore des Andokides**
*Darstellungen von Ringkämpfen waren ein beliebtes Motiv in der Antike.*

**Kopf des Perikles**
*Dieser Kopf ist eine Kopie der Skulptur von Kresilas, die einst am Eingang zur Athener Akropolis stand.*

**Treppenhaus**

**Die riesigen Kolonnaden** dominieren die Vorderfront des Hauses.

**Haupteingang**

**Mosaik aus der Hadriansvilla** (um 117–138)
*Das farbenfrohe Mosaik stellt eine Kampfszene eines Kentauren mit Löwen und Tigern dar. Es stammt aus der Villa Hadrians in Tivoli nahe Rom.*

**Die majestätische Rotunde** schmücken eine Reihe von Statuen und ein Ring von Säulen. Bei seinem Entwurf lehnte sich Schinkel an das römische Pantheon an.

**KURZFÜHRER**
*Im Obergeschoss sind griechische und römische Funde zu sehen. Die Schatzkammer findet man zentral im Erdgeschoss. Hier ist auch Platz für Sonderausstellungen.*

**LEGENDE**

| | |
|---|---|
| 🟨 | Griechische und römische Funde |
| ⬜ | Schatzkammer |

# Berliner Dom **4**

A n der Stelle einer barocken Domkirche (Entwurf von Johann Boumann d. Ä.) erbaute Julius Raschdorff auf Wunsch von Kaiser Wilhelm II. zwischen 1894 und 1905 diese evangelische Kirche im Stil der Hochrenaissance. Sie diente den Hohenzollern als Hofkirche und Mausoleum. Mit seiner 75 Meter hohen, kupfergedeckten Kuppel war der Dom, der dem Petersdom in Rom nachempfunden ist, der größte protestantische Bau Deutschlands. Er wurde im Zweiten Weltkrieg stark beschädigt und 1975–93 wiederaufgebaut. Heute präsentiert er sich in etwas schlichterer Form und ohne das Mausoleum, das einst an die nördlichen Mauern des Doms grenzte.

**Wappen Friedrichs III.**

Phil. d. Grossm.

**Figuren der Apostel**

**Philipp der Großmütige**
*Vier Standbilder zeigen Reformatoren und der Reformation wohlgesinnte Fürsten. Diese Statue des hessischen Landgrafen Philipp des Großmütigen schuf Walter Schott.*

**★ Kircheninneres**
*Das prunkvolle Innere der Kirche zeigt, dass der Berliner Dom auch Repräsentationszwecke erfüllen sollte.*

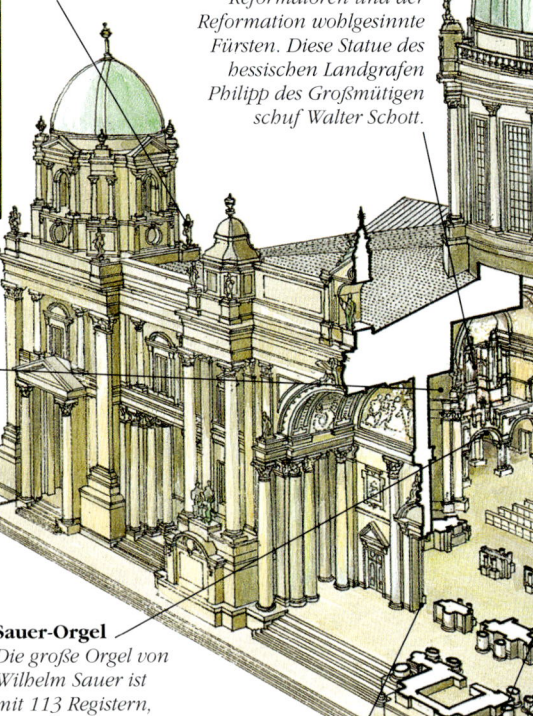

**Sauer-Orgel**
*Die große Orgel von Wilhelm Sauer ist mit 113 Registern, vier Manualen und über 7000 Pfeifen ausgestattet.*

**Haupteingang**

**★ Hohenzollern-Sarkophage**
*Die Krypta der Hohenzollern liegt verborgen unter der Kirche. Sie enthält 100 reich dekorierte Sarkophage, darunter denjenigen von Prinz Friedrich Ludwig.*

### Die vier Evangelisten
*In den Apsiden-kuppeln über den kleineren Emporen befinden sich die Mosaiken der vier Evangelisten nach Entwürfen von Woldemar Friedrich.*

**INFOBOX**

Am Lustgarten. **Stadtplan** 7 B3, 16 F2. ☎ 20 26 91 19. Ⓢ Hackescher Markt. 🚌 100, 200. ⏰ Mo–Sa 9–20 Uhr (im Winter bis 19 Uhr), So 12–20 Uhr. 🚫 ♿ ✝ So. **www**.berliner-dom.de

### Auferstehung
*Eines der Buntglasfenster von Anton von Werner im Chor der Predigtkirche des Doms stellt die Auferstehung Jesu dar.*

**Der Altartisch**, der schon im alten Dom stand, ist ein Werk von Friedrich August Stüler aus dem Jahr 1820.

### Kanzel
*Die prunkvolle neobarocke Kanzel ist typisch für die hier verwendete Ornamentik des frühen 20. Jahrhunderts.*

### ★ Sarkophage Friedrichs I. und Gattin
*Beide Sarkophage wurden von Andreas Schlüter gestaltet. Auf dem Grabmal Sophie Charlottes ist eine Allegorie des Todes.*

**NICHT VERSÄUMEN**

★ Hohenzollern-Sarkophage

★ Kircheninneres

★ Sarkophage Friedrichs I. und Gattin

Alte Nationalgalerie: Arnold Böcklins *Toteninsel* von 1883

## Alte Nationalgalerie ❼

Bodestraße 1–3. **Stadtplan** 7 B2, 16 E1. ☎ *20 90 55 77.* Ⓢ *Hackescher Markt, Friedrichstr.* 🚌 *100, 200.* 🚊 *M1, 12, M4, M5.* ◯ *Di–So 10–18 Uhr (Do bis 22 Uhr).* 📷
**www**.alte-nationalgalerie.de

D ie Nationalgalerie wurde zwischen 1867 und 1876 errichtet. In seinen Plänen griff Friedrich August Stüler die Skizzen Friedrich Wilhelms IV. auf. Der Bau erhebt sich über einem massiven Sockel. Hinauf führt eine große Freitreppe, an deren Ende das Reiterstandbild Friedrich Wilhelms IV. steht, eine Arbeit von Alexander Calandrelli aus dem Jahr 1886. Dem Gebäude vorgelagert ist eine Reihe von Säulen, die oben in Halbsäulen münden. Entsprechend der Nutzung wählte man die Schmuckelemente: Das Tympanon ziert Germania als Schutzpatronin der Kunst, darüber thronen die Allegorien der Künste.
Ursprünglich war das Haus als Ausstellungsort für die Sammlung moderner Kunst ausersehen, die sich bis 1861 in der Akademie der Künste *(siehe S. 133)* befand. Nach dem Zweiten Weltkrieg wurde die Sammlung aufgeteilt. Einiges davon konnte in der eigens zu diesem Zweck errichteten Neuen Nationalgalerie

*(siehe S. 126)* ausgestellt werden. Das alte Haus erhielt den Namen Alte Nationalgalerie.
Nach der Wiedervereinigung konnten die modernen Bestände zusammengeführt werden. Die jüngeren Werke sind nun in der Neuen Nationalgalerie ausgestellt, die des 19. Jahrhunderts am älteren Ort. Die derzeitige Sammlung umfasst Werke von Adolf von Menzel, Wilhelm Leibl, Max Liebermann und Arnold Böcklin sowie Bilder der Nazarener und der französischen Impressionisten. Auch zahlreiche Skulpturen sind vertreten, so Werke von Christian Daniel Rauch, Johann Gottfried Schadow und Reinhold Begas.
Zwei Ausstellungsräume zeigen Bilder der deutschen Romantik, z.B. von Caspar David Friedrich, Karl Friedrich Schinkel und Karl Blechen.

## Neues Museum ❽

Bodestraße 1–3. **Stadtplan** 7 B2, 16 E2. Ⓢ *Hackescher Markt, Friedrichstraße.* 🚌 *100, 200.* 🚊 *M1, M4, M5, 12.* ◯ *tel. erfragen unter: 20 90 55 77.*

D as Neue Museum auf der Museumsinsel entstand, als das alte die Bestände nicht mehr fassen konnte. Der Bau wurde zwischen 1841 und

1859 nach einem Entwurf von Friedrich August Stüler errichtet. Bis zum Zweiten Weltkrieg beherbergte er antike Funde, zumeist aus dem alten Ägypten. Die Dekoration der hohen Räume trug zu einer würdevollen Präsentation der Schätze bei, etwa die Wandbilder zur Weltgeschichte von Kaulbach.
1945 wurde das Gebäude so stark zerbombt, dass sein Wiederaufbau lange fraglich blieb. Die Wiederherstellung begann 1999 nach den Plänen von David Chipperfield.
Nach dem Ende der Arbeiten im Frühjahr 2009 zog hier wieder das Ägyptische Museum ein, zudem fand das Museum für Vor- und Frühgeschichte, das lange Zeit in einem Provisorium im Schloss Charlottenburg untergebracht war *(siehe S. 163)*, hier seinen endgültigen Platz. Das Museum wurde im Oktober 2009 wieder der Öffentlichkeit zugänglich gemacht.

**Statue an der Fassade des Neuen Museums**

## Pergamonmuseum ❾

*Siehe S. 80–83.*

## Bode-Museum ⓾

Monbijoubrücke (Bodestraße 1–3). **Stadtplan** 7 A2, 16 D1/E1. ☎ 20 90 55 77. Ⓢ Hackescher Markt, Friedrichstraße. 🚌 100, 200. ◯ tägl. 10–18 Uhr (Do bis 22 Uhr). ♿

Zwischen 1897 und 1904 wurde auf der Insel der vierte Museumsbau errichtet. Ernst von Ihne passte den Grundriss der keilförmigen Inselspitze an. Bei der Innengestaltung beriet ihn der Kunsthistoriker und damalige Direktor der staatlichen Museen, Wilhelm von Bode. Die Bestände waren nicht systematisch geordnet, enthielten aber diverse alte Meister. Nach dem Zweiten Weltkrieg änderte man den ursprünglichen Namen, Kaiser-Friedrich-Museum, in Bode-Museum um. Im Bestreben, die Sammlungen der Stadt neu zu ordnen, fasste man alle Gemälde im Kulturforum (siehe S. 114f) zusammen. Die ägyptischen Kunstschätze und die Papyrussammlung wurden in das Ägyptische Museum gebracht und sind derzeit im Alten Museum (siehe S. 75) zu sehen.

Nach der Restaurierung sind hier seit Oktober 2006 das Münzkabinett, die Skulpturensammlung (mit Werken von Tilman Riemenschneider, Donatello, Gianlorenzo Bernini und Antonio Canova), das Museum für Byzantinische Kunst und Werke der Gemäldegalerie untergebracht. Die Kopie des Reiterstandbilds des Großen Kurfürsten steht nun im Treppenhaus.

## Marstall ⓫

Schlossplatz/Breite Straße 36–37. **Stadtplan** 7 B3/C3/C4, 16 F3. Ⓤ Spittelmarkt. 🚌 147, M48.

Der riesige Komplex südlich des Schlossplatzes, zwischen Breiter Straße und Spree, diente einst als Marstall für die königlichen Rösser. Die Mauern des Flügels an der Breiten Straße stammen noch aus dem Jahr 1669. Er entstand nach den Plänen von Michael Matthias Smids und ist das einzige Überbleibsel aus dem frühen Barock. Erst viel später, zwischen 1898 und 1901, fügte man die beiden Flügel entlang dem Schlossplatz und der Spree hinzu. Dieser Entwurf von Ernst von Ihne trägt deutlich barocke Züge, vermutlich weil Ihne ihn nach den um 1700 entstandenen Skizzen von Jean de Bodt formte.

## Ribbeckhaus ⓬

Breite Straße 35. **Stadtplan** 7 C4. Ⓤ Spittelmarkt. 🚌 147, M48.

Vier gleiche, sehr malerische Giebel krönen den einzigen Renaissance-Bau in Berlins Mitte. Hans Georg von Ribbeck, Rat am kurfürstlichen Hof, ließ ihn 1624 erbauen, verkaufte ihn aber bald darauf an Anna Sophie von Braunschweig, die 1629 den Architekten Balthasar Benzelt mit dem Umbau beauftragte. Nach deren Tod 1659 fiel das Haus an ihren

Das Ribbeckhaus, der einzige Renaissance-Bau in Berlin-Mitte

Neffen, den Kurfürsten Friedrich Wilhelm. Als Besitz der Krone diente das Gebäude später als Verwaltungssitz. Ein kaiserlicher Erlass sorgte dafür, dass auch bei seiner Aufstockung die schönen Giebel erhalten blieben.

Interessant ist das reich geschmückte Portal mit dem Wappen der ersten Eigentümer: von Ribbeck und seiner Gemahlin Katharina von Brösicke. Das Original wurde allerdings 1960 durch eine Kopie ersetzt. Sehenswert sind auch die originalen schmiedeeisernen Fenstergitter im Erdgeschoss.

## Historischer Hafen ⓭

Märkisches Ufer. **Stadtplan** 8 D4. ☎ 21 47 32 57. Ⓤ Märkisches Ufer. Ⓢ Jannowitzbrücke. 🚌 265. ◯ Mai–Okt: Di–Fr 14–18 Uhr, Sa, So 11–18 Uhr. ♿ **www**.historischer-hafen-berlin.de

Am südlichen Ende der Museuminsel, der sogenannten Fischerinsel, und gegenüber dem Märkischen Ufer liegen mehrere alte Spreeschiffe, darunter Last- und Schleppkähne aus dem ausgehenden 19. Jahrhundert. Die Wasserfahrzeuge sind Teil eines Freilichtmuseums, das sich früher im Humboldthafen befand. Eines der Boote wird im Sommer als Café genutzt, ein anderes, die Renate-Angelika, dient jetzt als kleines Museum zur Geschichte der Binnenschifffahrt.

Das von Ernst von Ihne entworfene Bode-Museum

# Pergamonmuseum ❾

Das Pergamonmuseum wurde zwischen 1910 und 1930 nach Plänen von Alfred Messel und Ludwig Hoffmann gebaut. Es enthält eine der berühmtesten Antikensammlungen Europas und verdankt seinen Namen dem großartigen Pergamonaltar gleich hinter dem Eingang. Die Bestände gehen auf die reichen Funde zurück, die deutsche Archäologen zu Beginn des 20. Jahrhunderts aus dem Nahen Osten mitgebracht haben. Sie gliedern sich in die Abteilungen Antikensammlung (griechische und römische Exponate), Vorderasiatisches Museum und Museum für Islamische Kunst.

**★ Pergamonaltar**
*(180–160 v. Chr.)*
*Szene des Altarfrieses mit der Göttin Athene im Kampf der Götter gegen die Giganten.*

Ober-
geschoss

Wechselaus-
stellungen

**Römisches Mosaik**
*(2. oder 3. Jh. n. Chr.)*
*Das antike Mosaik stammt aus Gerasa im heutigen Jordanien.*

**Athene**
*Die Darstellung der Göttin Athene ist eine von vielen weltbekannten Skulpturen des Museums.*

Erdgeschoss

Haupteingang

**Assyrischer Palast**
*Teile der restaurierten Räume aus dem Palast der assyrischen Könige stammen aus dem 9. Jahrhundert v. Chr.*

### Aleppo-Zimmer
*(1601–1603)*
*Zimmer mit prächtiger Wandverkleidung aus dem Haus einer syrischen Kaufmannsfamilie.*

## KURZFÜHRER
*Der Mitteltrakt des Erdgeschosses beherbergt monumentale Rekonstruktionen antiker Kunstschätze, der linke Flügel Stücke aus der griechischen und römischen Antike. Im rechten Flügel befinden sich Exponate aus Vorderasien. Im Obergeschoss desselben ist das Museum für Islamische Kunst.*

**INFOBOX**

Bodestraße 1–3 (Eingang Am Kupfergraben). **Stadtplan** 7 A2/B2, 16 E1/E2. 20 90 55 77. Hackescher Markt, Friedrichstraße. 100, 200. tägl. 10–18 Uhr (Do bis 22 Uhr). 1. Jan, Di nach Ostern und Pfingsten, 24., 25., 31. Dez. ohne Blitz. **www**.smb.spk-berlin.de

### Fassade des Palasts von Mschatta *(8. Jh. n. Chr.)*
*Fragment aus der Südfassade des Palasts von Mschatta im heutigen Jordanien – ein Geschenk des osmanischen Sultans Abd al-Hamid II. an Kaiser Wilhelm II.*

### ★ Markttor von Milet
*(um 120 n. Chr.)*
*Das fast 29 Meter hohe Tor stand während der römischen Kaiserzeit am Eingang des Markts von Milet in Kleinasien.*

### ★ Ischtar-Tor aus Babylon
*(604– 562 v. Chr.)*
*Das Tor und die Prozessionsstraße aus dem antiken Babylon sind mit den ursprünglichen Fayencen erhalten.*

### NICHT VERSÄUMEN

★ Ischtar-Tor aus Babylon

★ Markttor von Milet

★ Pergamonaltar

### LEGENDE

Antikensammlung

Vorderasiatisches Museum

Museum für Islamische Kunst

Kein Ausstellungsbereich

# Pergamonmuseum: Sammlungen

**D**as 1930 eröffnete Museum ist der jüngste der Ausstellungsbauten auf der Museumsinsel und zweifellos eine der größten Sehenswürdigkeiten Berlins. In Europa war es der erste Bau, den man eigens für architektonische Großexponate konstruiert hatte. Der Umfang seiner Sammlungen basiert auf der Fülle von Ausgrabungen durch deutsche Archäologen gegen Ende des 19. Jahrhunderts. Die komplette Neugestaltung und Erweiterung, der das Museum derzeit unterzogen wird, wird voraussichtlich 2010 abgeschlossen sein.

**Vogelskulptur aus Mesopotamien**

**Die griechische Göttin Persephone aus Tarentum (5. Jh. v. Chr.)**

**Eingangshalle des Tempels der Athene von Nikephoros, Kopie (2. Jh. v. Chr.)**

## ANTIKENSAMMLUNG

**D**ie ersten Berliner Sammlungen griechischer und römischer Funde wurden im 17. Jahrhundert zusammengetragen. 1830 machte man die im Lauf der Zeit rasch gewachsenen Bestände erstmals der Öffentlichkeit zugänglich, zunächst im Alten Museum *(siehe S. 75)*, ab 1930 im eigens dafür errichteten Pergamonmuseum. Das

Glanzstück der Sammlung ist der riesige Pergamonaltar aus dem antiken Pergamon in Kleinasien, dem heutigen Bergama an der türkischen Westküste. Der sorgfältig restaurierte Altar war Teil eines weit größeren Bauwerks, dessen Umfang sich an einem ausgestellten Modell erahnen lässt. Vermutlich ließ ihn König Eumenes 180 v. Chr. zu Ehren von Zeus und Athene und als Dank für einen gewonnenen Krieg errichten. Als der Archäologe Carl Humann das Kunstwerk entdeckte, war es in schlechtem Zustand. Nach zähen Verhandlungen erhielt er die Erlaubnis, große Teile des Fundes nach Berlin zu bringen. Dort wurde dann die Vorderfront des Gebäudes mit dem sogenannten kleinen Fries restauriert, der einst im Tempelinneren angebracht war.

Der große Fries, der einst an der Basis der Säulenreihen verlief, schmückt heute, nach seiner Wiederherstellung, die Innenwände der Museumshalle. Er zeigt Szenen aus der Schlacht der Götter gegen die Giganten. Der kleine Fries enthält Darstellungen von Telephos, dem mutmaßlichen

Gründer der Stadt und Sohn des Herakles. Nebenbei erzählt der Fries wohl auch vom Streben der Herrscher, sich in einer illustren Ahnenreihe zu sehen.

Ein weiterer Fund aus dem antiken Pergamon sind Fragmente des Athenetempels. Darüber hinaus enthält die Sammlung hervorragende griechische Skulpturen, teils als Originale, teils als römische Kopien, und etliche griechische Götterstatuen aus Milet, Samos und Naxos sowie viele Schätze griechischer Keramik.

Ein Beispiel der römischen Architektur ist das in seiner ganzen Größe aufgebaute Markttor von Milet (um 120 n. Chr.). Ungeachtet der Zugehörigkeit zum Römischen Reich pflegten die Mileter einen hellenistischen Baustil. Deutsche Archäologen entdeckten die Ruinen und brachten sie nach Berlin, wo sie 1903 restauriert wurden. Zu den Ausstellungsstücken gehören auch einige farbenprächtige römische Mosaiken.

**Szenen der Medea-Sage auf einem römischen Sarkophag (2. Jh. n. Chr.)**

Aus dem 2. Jahrhundert n.Chr. stammt auch ein riesiger Marmorsarkophag, der mit Flachreliefs der Sage von Medea geschmückt ist.

**Fayencerelief aus dem Palast von Darius I. in der persischen Hauptstadt Susa**

## VORDERASIATISCHES MUSEUM

Den Grundstock des Vorderasiatischen Museums bildeten ursprünglich einzelne Stücke aus privaten Sammlungen. Ab 1880 wurden bei Ausgrabungen weitere Funde zutage gefördert. Fortan zählte die königliche Sammlung zu einer der bedeutendsten ihrer Art. Zu sehen sind Bauwerke, Skulpturen und Schmuckstücke aus Babylonien, Persien und Assyrien.

Zu den bedeutendsten Exponaten zählen das Ischtar-Tor und die Prozessionsstraße. Sie wurden zur Zeit Nebukadnezars II. (604–562 v.Chr.) in Babylon erbaut. Im Urzustand war die Straße etwa 180 Meter lang. Bei der Rekonstruktion mussten etliche Mauersteine durch Repliken ersetzt werden. Original sind jedoch die heiligen Löwen der Göttin Ischtar, der Herrscherin des Himmels, Göttin der Liebe und Beschützerin der Krieger. Obwohl auch so von beeindruckender Größe, konnte für die Ausstellung nur ein Teil der Anlage rekonstruiert werden. Eine Ahnung von ihren ursprünglichen Ausmaßen

erhält man anhand des Modells. In der Halle steht lediglich das innere Tor, flankiert von zwei Türmen. Es ist mit Darstellungen von Drachen und Stieren geschmückt, Emblemen von Marduk, dem Schutzgott Babylons, und Adad, dem Gott des Sturms.

Zudem enthält die Sammlung Funde aus Persien, Syrien und Palästina, darunter die gigantische Basaltskulptur des Vogels von Tell Halaf und ein Fayencerelief eines Speerträgers aus dem Palast von Darius I. in Susa. Auch die Spuren anderer Völker Mesopotamiens fehlen nicht. So gibt es Kunstwerke der Assyrer und der Kassiten sowie Funde aus dem Land Sumer (4. Jh. v. Chr.).

## MUSEUM FÜR ISLAMISCHE KUNST

Die Geschichte des Museums für Islamische Kunst begann 1904, als Wilhelm von Bode seine große Sammlung orientalischer Teppiche stiftete. Auch das 45 Meter lange Fragment eines jordanischen Wüstenpalasts brachte er 1903 nach Berlin. Die Fassade mit ihren kunstvollen Kalksteinreliefs war 1903 ein Geschenk des osmanischen Sultans Abd al-Hamid II. an Kaiser Wilhelm II. Besagter Palast gilt als Teil eines Festungs- und Wohnkomplexes aus der Zeit der Omaijaden (661–750) und wurde vermutlich für den Kalifen al-Walid II. erbaut.

Ein weiteres sehenswertes Exponat ist ein sogenannter Mihrab (13. Jh.), die in allen Moscheen nach Mekka gerichtete Gebetsnische. Er

**Prächtiger Mihrab aus einer Moschee in Kaschan (1226)**

stammt aus dem persischen Kaschan, das berühmt ist für seine kostbaren Keramiken. So sind die Fliesen dieses Mihrab in gleißenden Metalltönen gehalten und verleihen ihm eine Pracht wie sonst nur das Funkeln von Saphiren und Gold.

Bemerkenswert ist auch die Sammlung von Teppichen aus Persien, Kleinasien, Ägypten und dem Kaukasus. Dazu zählen ein anatolischer Teppich (15. Jh.) mit Drachen- und Phönixmotiven und einer der ältesten erhaltenen Teppiche aus der Türkei des 14. Jahrhunderts.

In weiteren Sälen sind u.a. Miniaturgemälde und Gebrauchsgegenstände zu besichtigen. Ein wunderschönes Beispiel für die Architektur des Osmanischen Reiches ist das sogenannte Aleppo-Zimmer (17. Jh.), ein Empfangssaal mit kostbaren Holzpaneelen, der einst zum Haus eines christlichen Kaufmanns im syrischen Aleppo gehörte.

**Teppich (17. Jh.) mit Blumenmotiven aus Westanatolien**

Das Märkische Museum im Stil eines mittelalterlichen Klosters

# Märkisches Museum ⑭

Am Köllnischen Park 5. **Stadtplan** 8 D4. **C** 30 86 62 15. **U** *Märkisches Museum, Jannowitzbrücke.* **S** *Jannowitzbrücke.* 🚌 *147.* **O** *Di, Do, Sa, So 10–18, Mi 12–20 Uhr.* 🎦 *Vorführung mechanischer Musikinstrumente So 15 Uhr.* **www**.stadtmuseum.de

Das Museum ist ein Komplex von architektonischen Versatzstücken, das am ehesten einem mittelalterlichen Kloster gleicht. Es wurde zwischen 1899 und 1908 erbaut, um der Sammlung zur Geschichte Berlins und Brandenburgs (von den ersten Siedlern bis zur Gegenwart) Platz zu bieten. Beim Entwurf lehnte sich Ludwig Hoffmann an die gotischen Ziegelbauten des Brandenburger Umlands an, vor allem an das Wittstocker Schloss und die Katharinenkirche in Brandenburg. Die Rolandstatue in der Eingangshalle ist die Kopie des in der Stadt Brandenburg stehenden Originals (15. Jh.). Das Portal ist eine Nachbildung des Eingangs zu dem 1931 abgerissenen Schloss der Kurfürsten von Brandenburg. Auch zu sehen: ein Pferdekopf der Schadow'schen Quadriga, wie er auch das Brandenburger Tor *(siehe S. 67)* ziert.

Ein weiterer Ausstellungsteil ist dem Berliner Theater zwischen 1730 und 1933 gewidmet. Gezeigt werden Plakate, alte Programmhefte und Requisiten. In einer der Galerien stößt man auf originelle mechanische Musikinstrumente, die bei bestimmten Führungen auch lautstark erklingen. Das Märkische Museum ist Teil des Berliner Stadtmu-

seums. Wer mehr über die Geschichte der Stadt erfahren will, sollte sich auch die Nikolaikirche *(siehe S. 90f)* und das Ephraim-Palais *(siehe S. 91)* ansehen.

Umgeben ist das Museum vom Köllnischen Park, in dem auch einige Braunbären als beliebte Berliner Wappentiere zu bestaunen sind sowie eine Skulptur von Heinrich Zille.

# Märkisches Ufer ⑮

**Stadtplan** 8 D4. **U** *Märkisches Museum.* **S** *Jannowitzbrücke.* 🚌 *265.*

An dieser einst »Neukölln am Ufer« genannten Promenade an der Spree stellt sich Berlin noch so dar, wie es im 18. oder 19. Jahrhundert ausgesehen haben mag. Acht historische Häuser wurden hier sorgfältig restauriert. Die neobarocken Häuser Nr. 16 und Nr. 18 mit dem Namen Otto-Nagel-Haus beherbergten ein kleines Museum, das Otto Nagel gewidmet war, einem bei den DDR-Oberen sehr beliebten Maler.

Heute sind die beiden Gebäude Sitz des Fotoarchivs der Staatlichen Museen von

Berlin. Wegen einer ganzen Reihe von malerischen Gartencafés und schicken Restaurants ist das Märkische Ufer bei Besuchern ausgesprochen beliebt.

Das klassizistische Äußere des Ermeler-Hauses

# Ermeler-Haus ⑯

Märkisches Ufer 10. **Stadtplan** 7 C4. **U** *Märkisches Museum.* **S** *Jannowitzbrücke.* 🚌 *265.*

Das Ermeler-Haus am Märkischen Ufer ist mit seiner wohlproportionierten Fassade eines der schönsten herrschaftlichen Häuser der Stadt. Es war einst Wohnsitz von Wilhelm Ferdinand Ermeler, einem Berliner Kaufmann, der durch Handel und Verkauf von Tabak zu beträchtlichem Wohlstand gelangt war.

Ursprünglich stand das Haus auf der gegenüberliegenden Fischerinsel (Breite Straße 11), doch 1968 trug man es ab, um es am jetzigen Standort neu aufzubauen. 1825 war das Innere des Hauses nach den Wünschen

Lastkähne am Märkischen Ufer

Ermelers neu gestaltet worden, so mit einem Fries mit Bildern zum Tabakhandel. Bei der Restaurierung konnten ein Großteil der Fassade, das Rokoko-Mobiliar von 1760 und das sehenswerte Treppenhaus (18. Jh.) wiederhergestellt werden.

Von der Rückseite her ist das Haus an ein Hotel angebunden. Die Räume in der ersten Etage werden für Veranstaltungen genutzt.

## Gertrauden-brücke ⑰

Stadtplan 7 B4, 16 F4. U Spittelmarkt. 🚌 147, M48.

Die sehenswerte Brücke verbindet die Fischerinsel an der Stelle mit dem Spittelmarkt, an der einst das Gertraudenkrankenhaus stand. Sie wurde 1894 nach einem Entwurf von Otto Stahn erbaut. In ihrer Mitte steht die Bronzestatue der Schutzpatronin des Krankenhauses, die heilige Gertraud, eine Arbeit von Rudolf Siemering. Gertraud war eine Mystikerin (13. Jh.) und ist hier als Benediktinerinnen-äbtissin dargestellt. Sie beugt sich über einen armen Jungen und reicht ihm eine Lilie (Symbol der Jungfräulichkeit), einen Spinnrocken (Zeichen der Fürsorge für die Armen) und ein Gefäß mit Wein (Symbol der Liebe). Die Mäuse am Sockel sind eine Anspielung darauf, dass die Heilige auch Schutzpatronin der Äcker und Gräber ist.

**Statue der heiligen Gertraud**

## Nicolaihaus ⑱

Brüderstraße 13. Stadtplan 7 B4, 16 F4. ☏ 24 00 21 62. U Spittelmarkt. 🚌 147, M48. ⬤ für die Öffentlichkeit. ♿

Das um 1710 gebaute Nicolaihaus ist ein schönes Stück Barockarchitektur mit einem schmucken, original

erhaltenen Treppenhaus. Bekannt geworden ist das Haus durch seinen Besitzer, den Verleger, Schriftsteller und Kritiker Friedrich Nicolai (1733–1811). Er erwarb das Haus 1788 und ließ es von Carl Friedrich Zelter im klassizistischen Stil umbauen. Er nutzte es als Buchhandlung, machte es aber auch zum Treffpunkt der Berliner Gelehrten.

Als eine der bedeutendsten Persönlichkeiten der Aufklärung in Berlin unterstützte Nicolai den jüdischen Philosophen Moses Mendelssohn (*siehe S. 102*) und den Schriftsteller Gotthold Ephraim Lessing (1729–1781). Ferner verkehrten bei ihm so berühmte literaturbegeisterte Besucher wie Johann Gottfried Schadow, Karl Wilhelm Ramler und Daniel Chodowiecki, an die eine Gedenktafel am Haus erinnert.

Zwischen 1905 und 1935 diente der Bau als Lessing-Museum. Heute kann man im hinteren Flügel ein Treppenhaus besichtigen, das aus dem 1935 abgerissenen Weydinger-Haus stammt. Bevor es 1970 ins Nicolai-Haus gebracht wurde, befand es sich im nahen Ermeler-Haus (*siehe S. 84f*).

**Ausstellung, Märkisches Museum**

## Galgenhaus ⑲

Brüderstraße 10. Stadtplan 7 B4, 16 F4. ☏ 240 02 162. U Spittelmarkt. 🚌 147, M48. ⬤ nur zu Veranstaltungen. ♿

Das Galgenhaus wurde um 1700 als Pfarrhaus der inzwischen abgerissenen Kirche St. Peter errichtet. Der Sage nach soll vor dem Gebäude einst ein unschuldiges Mädchen gehenkt worden sein. Wegen der um 1805 vorgenommenen Umbauten im klassizistischen Stil findet man lediglich das Eingangsportal und einen der Räume im Erdgeschoss im barocken Urzustand vor.

Heute ist im Galgenhaus ein stadtgeschichtliches Archiv untergebracht. Anhand von historischen Fotos von Gebäuden und Denkmälern werden hier die Veränderungen des Stadtbilds im Lauf der Jahrhunderte gezeigt.

### CÖLLN

Von dem einstigen Dorf Cölln am südlichen Ende der Museumsinsel, auch Fischerinsel genannt, ist heute nichts mehr zu sehen. Restlos verschwunden ist auch die mittelalterliche Pfarrkirche St. Peter. Bis 1939 war Cölln noch ein Arbeiterquartier mit verwinkelten Gassen und somit ein sehr ursprüngliches Stück Berlin. In den 1960er Jahren trug man fast alles Alte ab und setzte an seine Stelle Hochhäuser in Plattenbauweise. Einige wenige historische Häuser wie das Ermeler-Haus (*siehe S. 84f*) ließ man an anderen Standorten wieder aufstellen. Von der einstigen Idylle ist heute nichts mehr zu spüren.

**Kupferstich des alten Cölln**

# ÖSTLICH DES ZENTRUMS

Dieses Gebiet gehört zur historischen Mitte Berlins. Die Siedlung Berlin am östlichen Spreeufer wurde im 13. Jahrhundert erstmals urkundlich erwähnt und wuchs mit dem benachbarten Cölln zusammen. Einige Spuren aus der Frühzeit der Stadt sind noch erhalten, so die Marienkirche, das älteste Gotteshaus. Im Lauf der Zeit entwickelte sich Berlin zu einem Handelsplatz, und die Einwohnerzahl wuchs. Doch die Alt-

**Drehorgelspieler an der Gerichtslaube**

stadt, nämlich das Nikolaiviertel, überdauerte bis zum Zweiten Weltkrieg. Die DDR-Regierung ersetzte nördlich davon die Wohn- und Kaufhäuser durch einen Platz, das Marx-Engels-Forum, und ließ außerdem den Fernsehturm errichten. Mit dem Konzept zur Wiederherstellung des Nikolaiviertels erntete sie allerdings Kritik: Der Wiederaufbau geschah zwar unter Wahrung der alten Proportionen, doch nicht der originalen Standorte.

## SEHENSWÜRDIGKEITEN AUF EINEN BLICK

### Kirchen
Franziskanerkirche ⑮
Heiliggeistkapelle ⑩
*Marienkirche S. 94f* ⑪
Nikolaikirche ③
Parochialkirche ⑰

### Historische Gebäude
Ephraim-Palais ⑥
Gaststätte »Zur letzten Instanz« ⑱
Gerichtslaube ⑦
Knoblauchhaus ④
Palais Podewils ⑯
Palais Schwerin und Münze ⑤
»Rotes Rathaus« ①
Stadtgericht ⑭
Stadtmauer ⑲

### Weitere Sehenswürdigkeiten
Alexanderplatz ⑬
DDR Museum ⑳
*Fernsehturm S. 93* ⑫

Marx-Engels-Forum ⑧
Neptunbrunnen ⑨
Nikolaiviertel ②

### LEGENDE
▦ Detailkarte *Siehe S. 88f*
🅱 Bahnhof
Ⓢ S-Bahn-Station
Ⓤ U-Bahn-Station

0 Meter          400

### ANFAHRT
Man erreicht den Stadtteil mit den S-Bahn-Linien 5, 7 und 9 über die Bahnhöfe Hackescher Markt, Alexanderplatz oder Jannowitzbrücke. Der Alexanderplatz ist Umsteigebahnhof für die U-Bahn-Linien 2, 5 und 8. Die Busse 100 und 200 fahren entlang der Karl-Liebknecht-Straße, der Bus M48 entlang der Grunerstraße.

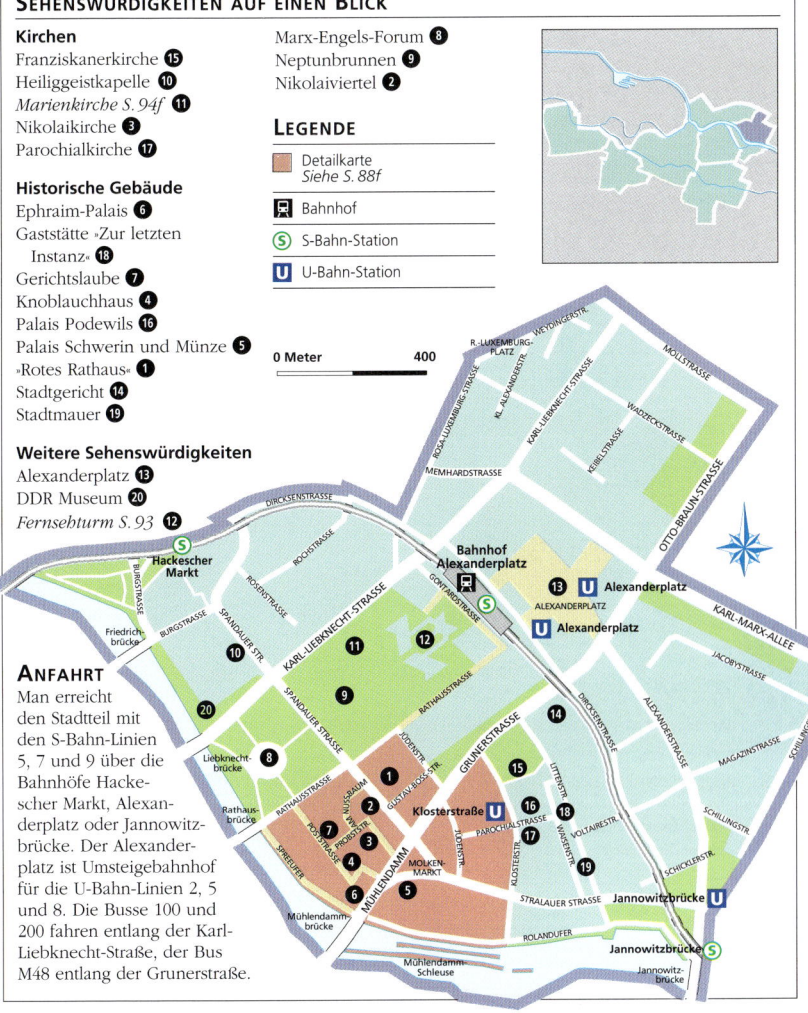

◁ **Detail des Neptunbrunnens** *(siehe S. 92)*

# Im Detail: Nikolaiviertel

**Nikolaikirche**
*Heute dient die Kirche als Museum. Ihr Mobiliar wurde in die Ausstellung mitein- bezogen.* ❸

D as Nikolaiviertel verdankt seinen Namen der Nikolaikirche, deren Türme den ganzen Stadtteil überragen. Durchzogen wird das Viertel von Gassen mit zahl- reichen beliebten Restaurants, winzi- gen Souvenirläden und kleinen Muse- en. In früheren Zeiten war dies das Quartier vieler Schriftsteller und Künst- ler, heute dominieren Besucher das Bild, die sich bei ihren Sightseeing- Touren eine Pause gönnen. Beinahe in jedem Haus gibt es ein Restaurant, eine Gaststube oder ein Café. Bis spät in die Nacht herrscht hier an jedem Wochentag reger Betrieb.

**Bär an der Fassade des »Roten Rathauses«**

**Gerichtslaube**
*Die Nachbildung eines mittelalterli- chen Gerichtsgebäu- des beherbergt heute Restaurants.* ❼

POSTSTRASSE

SPREEUFER

**Der heilige Georg als Drachentöter**
*Dieses Standbild zierte einst den Hof des Stadtschlosses.*

0 Meter    75

**Knoblauchhaus**
*Der Salon im Bieder- meierstil befindet sich im Obergeschoss des Knob- lauchhauses, eines der wenigen Gebäude im Viertel, die den Zweiten Weltkrieg überstanden.* ❹

**★ Ephraim-Palais**
*Von außen besticht das Palais durch seine elegante Fassa- de, innen durch die stilvoll geschwungene Wendeltreppe und die Balustrade.* ❻

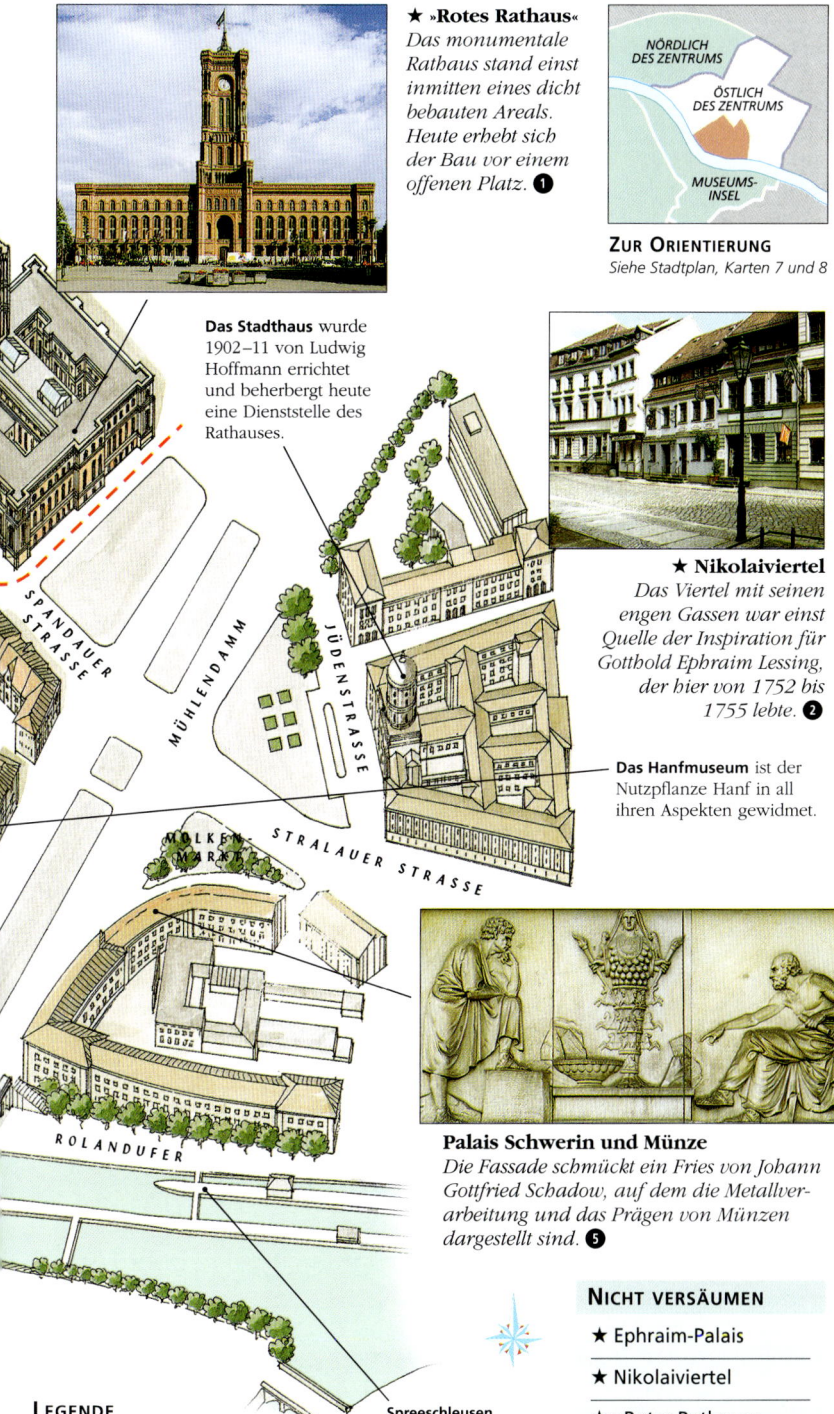

★ »Rotes Rathaus«
*Das monumentale Rathaus stand einst inmitten eines dicht bebauten Areals. Heute erhebt sich der Bau vor einem offenen Platz.* ❶

NÖRDLICH DES ZENTRUMS

ÖSTLICH DES ZENTRUMS

MUSEUMS-INSEL

**ZUR ORIENTIERUNG**
*Siehe Stadtplan, Karten 7 und 8*

**Das Stadthaus** wurde 1902–11 von Ludwig Hoffmann errichtet und beherbergt heute eine Dienststelle des Rathauses.

SPANDAUER STRASSE

MÜHLENDAMM

JÜDENSTRASSE

MOLKEN-MARKT

STRALAUER STRASSE

ROLANDUFER

★ Nikolaiviertel
*Das Viertel mit seinen engen Gassen war einst Quelle der Inspiration für Gotthold Ephraim Lessing, der hier von 1752 bis 1755 lebte.* ❷

**Das Hanfmuseum** ist der Nutzpflanze Hanf in all ihren Aspekten gewidmet.

**Palais Schwerin und Münze**
*Die Fassade schmückt ein Fries von Johann Gottfried Schadow, auf dem die Metallverarbeitung und das Prägen von Münzen dargestellt sind.* ❺

**NICHT VERSÄUMEN**

★ Ephraim-Palais

★ Nikolaiviertel

★ »Rotes Rathaus«

**LEGENDE**
– – – Routenempfehlung

Spreeschleusen

**Stadtplan** *siehe Seiten 300–323*

Die rote Ziegelfassade gab dem
»Roten Rathaus« seinen Namen

## »Rotes Rathaus« ❶

Rathausstraße 15. **Stadtplan** 7 C3.
📞 90 26 0. 🇺 🇸 *Alexanderplatz.*
🇺 *Klosterstraße.* 🚌 *100, M48, 200.*
⭕ *Mo–Fr 9–18 Uhr.*

V on diesem imposanten
Backsteinbau aus wird
Berlin regiert. Bis ins 19. Jahrhundert stand hier ein be-
scheideneres Gebäude, das
der Metropole jedoch bald
nicht mehr genügte.

Das jetzige Rathaus basiert
auf den Plänen von Hermann
Friedrich Waesemann. Die
Bauarbeiten dauerten von
1861 bis 1869. Waesemann
ließ sich von den Palästen der
italienischen Renaissance
inspirieren, doch für den
Turm stand der Glockenturm
der Kathedrale im französischen Laon Pate. Sein Mauerwerk aus roten Ziegeln verlieh
ihm seinen Namen – entge-
gen anderslautenden Meinun-
gen nicht die politische Cou-
leur des Bürgermeisters.

1879 wurde die gesamte
Fassade mit einem bemer-
kenswerten Fries eingefasst.
*Die steinerne Chronik* enthält
Szenen aus der Geschichte
der Stadt und zeigt den wirtschaftlichen und wissenschaftlichen Aufschwung.

Im Zweiten Weltkrieg wur-
de das Rathaus schwer be-
schädigt. Nach dem Wiederaufbau 1951–58 wurde es Sitz
des Ostberliner Magistrats.
Sitz des westlichen Stadtpar-
laments wurde das Rathaus
Schöneberg *(siehe S. 177).*
Nach der Wiedervereinigung
konnte der Regierende Bür-

germeister mit seinen Senato-
ren ins »Rote Rathaus« einzie-
hen. Vor dem Bau stehen die
Skulpturen Fritz Kremers aus
dem Jahr 1958. Sie symbolisieren Berliner beim Wiederaufbau der Stadt.

## Nikolaiviertel ❷

Nikolaikirchplatz. **Stadtplan** 7 C3.
🇺 🇸 *Alexanderplatz.* 🇺 *Kloster-
straße.* 🚌 *100, M48, 200.* ⭕ *Di–
So 10–18 Uhr.* ♿ *Mi frei.* ♿

B ei Berlinern und Besu-
chern gleichermaßen be-
liebt ist ein kleines Areal am
Spreeufer: das Nikolaiviertel.
Vor dem Zweiten Weltkrieg
standen hier noch einige der
ältesten Häuser der Stadt. Der
Wiederaufbau des im Krieg
zerstörten Viertels durch die
DDR-Oberen ist ein umstrit-
tener Versuch, ein mittelalterliches Städtchen neu erstehen
zu lassen, denn außer zwei
restaurierten Häusern handelt
es sich bei dem Ensemble
durchweg um Repliken der
historischen Gebäude.

In den engen Gässchen
werben zahlreiche kleine
Läden, Cafés, Kneipen und
Restaurants um die Gunst
der Besucher. Eines der beliebtesten Lokale ist das
Wirtshaus »Zum Nussbaum«.
Das Original von 1507, das
einst auf der Fischerinsel
stand, wurde zerstört und
später an der Ecke Am
Nussbaum/Propststraße
wiederaufgebaut.

Innenansicht der Nikolaikirche,
einer der ältesten Kirchen Berlins

## Nikolaikirche ❸

Nikolaikirchplatz. **Stadtplan** 7 C3.
📞 240 02 00. 🇺 🇸 *Alexanderplatz.* 🇺 *Klosterstraße.* 🚌 *100,
M48, 200.* ⭕ *tel. erfragen.* ♿

D ie Nikolaikirche ist das
älteste Gotteshaus Ber-
lins. Der erste Kirchenbau
entstand schon 1230 an dieser
Stelle, zu der Zeit, als Berlin
das Stadtrecht erhielt. Von
dieser Urkirche ist heute noch
der mächtige Natursteinsockel
zu sehen. Der übrige Bau mit
den Zwillingstürmen lässt sich
auf etwa 1300 datieren. Der
Chorraum wurde 1402 an-
gefügt, Mitte des 15. Jahrhunderts wurde das Schiff fertiggestellt. Das Ergebnis war
eine wunderschöne gotische
Hallenkirche in Ziegelbauweise, ergänzt um einen Chor mit
Chorumgang und mehreren
niedrigeren Radialkapellen.

Häuser am Spreeufer im Nikolaiviertel

Im Rahmen der Restaurierung, die Hermann Blankenstein 1877 durchführte, wurde das Innere von manchen Barockelementen befreit. Außen erneuerte man die Türme.

Nach der Bombardierung 1945 blieb von der Kirche nur eine Ruine. Erst 1987 wurde sie wiederaufgebaut und dient jetzt als Ausstellungsraum des Stadtmuseums mit Exponaten zur Berliner Geschichte. An der Westwand befindet sich das von Andreas Schlüter geschaffene Portal. Sein vergoldetes Relief zeigt den Goldschmied Daniel Männlich mit Frau. Nach umfangreicher Renovierung bis Dezember 2009 erstrahlt die Kirche heute in neuem Glanz.

## Knoblauchhaus ❹

Poststraße 23. **Stadtplan** 7 C3.
📞 24 00 20. 🇺 🇸 Alexanderplatz.
🇺 Klosterstraße. 🚌 100, M48, 200.
🕐 Di, Do–So 10–18 Uhr,
Mi 12–20 Uhr.

Das kleine Bürgerhaus hat als einziges Gebäude im Nikolaiviertel den Zweiten Weltkrieg schadlos überstanden. Es wurde 1759 für die Familie Knoblauch gebaut, zu deren Mitgliedern auch der berühmte Architekt Eduard Knoblauch gehörte. Eines von Knoblauchs Werken ist die Neue Synagoge (siehe S. 102).

Seine jetzige Gestalt gewann das Haus 1835, als man die Fassade im klassizistischen Stil erneuerte. Im Erdgeschoss befindet sich ein Weinlokal, die Obergeschosse werden als Museum genutzt. Im ersten Stock kann man eine typische bürgerliche Wohnung (19. Jh.) sowie einen reizenden Biedermeier-Salon besichtigen.

## Palais Schwerin und Münze ❺

Molkenmarkt 1–3. **Stadtplan** 7 C4.
🇺 🇸 Alexanderplatz. 🇺 Klosterstraße. 🚌 M48. 📷

Recht unterschiedlich ist die Geschichte dieser benachbarten Häuser. Das ältere der beiden (Nr. 2) wurde 1704 von Jean de Bodt für

Herausragendes Beispiel des deutschen Barock: das Ephraim-Palais

den Minister Otto von Schwerin erbaut. Die eleganten Fenstergesimse, das hölzerne Treppenhaus sowie das kunstvolle Familienwappen derer von Schwerin überdauerten spätere Modernisierungsarbeiten unbeschadet.

Gleich daneben steht die 1936 erbaute Münze. Die Fassade ziert eine Replik des Frieses der alten Münze, eines klassizistischen Gebäudes, das einst am Werderschen Markt stand. Das Original stammt von Johann Gottfried Schadow nach einem Entwurf von Friedrich Gilly.

## Ephraim-Palais ❻

Poststraße 16. **Stadtplan** 7 C3.
📞 24 00 20. 🇺 🇸 Alexanderplatz.
🇺 Klosterstraße. 🚌 M48. 🕐 Di,
Do–So 10–18 Uhr, Mi 12–20 Uhr.
📷 1. Mi im Monat frei.

Das Ephraim-Palais halten sehr viele Einheimische – nicht nur die unmittelbaren Anwohner – für die schönste Ecke der ganzen Stadt. Gemeint ist die Ecke Poststraße/Mühlendamm mit dem Eingangsportal.

Fertiggestellt wurde der Barockbau im Jahr 1766 von Friedrich Wilhelm Diterichs für Nathan Veitel Heinrich Ephraim, den Hofjuwelier und Bankier Friedrichs des Großen.

Als 1935 die Mühlendammbrücke erweitert wurde, trug man das Palais vollständig ab. Dies geschah wohl auch aufgrund der Tatsache, dass der Hausherr jüdischer Abstammung war. Nummerierte Teile der Fassade wurden im Westteil der Stadt eingelagert und 1983 in die historische Mitte verbracht, wo man sie bei der Rekonstruktion des Bauwerks, einige Meter weiter westlich, verwendete.

Der erste Stock des Gebäudes wird von einer von Andreas Schlüter entworfenen barocken Decke geprägt, die einstmals das 1889 abgerissene Schloss Wartenberg schmückte.

Derzeit dient das Ephraim-Palais als Ausstellungsort des Stadtmuseums. Zu sehen sind Wechselausstellungen mit Arbeiten bekannter und weniger bekannter Berliner Maler bzw. Ausstellungen zur Kulturgeschichte der Stadt.

Fries an der Fassade der Münze

## Gerichtslaube ❼

Poststraße 28. **Stadtplan** 7 C3.
**☎** 241 56 97. **U** **Ⓢ** *Alexander-platz.* **U** *Klosterstraße.* **🚌** *M48.*

Das kleine Gebäude mit seinen Spitzbogen hat eine bewegte Geschichte. Es wurde um 1280 an der Spandauer Straße als Teil des Rathauses erbaut. Der ursprüngliche Bau war eingeschossig. Seine Gewölbe wurden von einem Mittelpfeiler gestützt. Er war nach drei Seiten offen und grenzte an die Querseite des Rathauses. 1485 wurde er aufgestockt, um einen Saal zu schaffen, den man Mitte des 16. Jahrhunderts mit wundervollen Kreuzgewölben versah.

Arnold Nering baute ihn 1692 im Barockstil um. Die Bogen ließ er unverändert. Im Jahr 1868 ließ man ihn vollständig abreißen, um den Neubau des »Roten Rathauses« Platz zu schaffen *(siehe S. 90).* Die barocken Gebäudeteile sind unwiederbringlich verloren, doch die gotischen Bogen und das Obergeschoss schaffte man in den Schlosspark von Babelsberg *(siehe S. 210f),* in dem sie als eigenständiges Gebäude zusammengefügt wurden. Bei den Wiederaufbauarbeiten zum Nikolaiviertel beschloss man auch, das Gerichtsgebäude wiedererstehen zu lassen. Was man jetzt hier sieht, ist ein Nachbau des Originals an anderer Stelle. Seine Räume dienen heute als Restaurant mit regionaler Küche.

## Marx-Engels-Forum ❽

**Stadtplan** 7 C3, 16 F2. **Ⓢ** *Hackescher Markt, Alexanderplatz.* **🚌** *100, M48, 200.*

Der zugige, leere Platz hat monumentale Ausmaße: Er reicht vom Fernsehturm bis zum Spreeufer, und sein Name wirkt nicht ganz passend, denn um ein Forum handelt es sich hier nicht. Bar jeder Einfassung liegt der grüne Platz da. Der einzige Blickfang sind die Statuen von Karl Marx und Friedrich Engels. Marx sitzt, Engels

**Karl Marx und Friedrich Engels auf dem Marx-Engels-Forum**

steht daneben und betrachtet scheinbar den Fernsehturm. Der Schöpfer der 1986 aufgestellten Skulpturen ist Ludwig Engelhardt. Am Sockel erkennt man Reliefs, die betitelt sind mit *Die alte Ordnung* (Rückseite), *Die Weltrevolution seit Karl Marx bis zum heutigen Tage* (Vorderseite) und *Die Würde und Schönheit freier Menschen* (beide Seiten).

## Neptunbrunnen ❾

Spandauer Straße (Rathausvorplatz). **Stadtplan** 7 C3. **Ⓢ** *Hackescher Markt, Alexanderplatz.* **🚌** *100, M48, 200.*

Der großartige Brunnen mit seinen vielen Kaskaden ist ein Schmuckstück in der Sichtachse vor dem »Roten Rathaus«. Er wurde 1886 von Reinhold Begas geschaffen und stand ursprünglich vor der Südseite des Stadtschlosses *(siehe S. 74).* 1969 stellte man ihn an seinem jetzigen Standort auf.

Begas ließ sich bei seinem neobarocken Meisterwerk von den römischen Brunnen

**Neptun umringt von Personifizierungen deutscher Flüsse**

Berninis und vom Latony-Brunnen in Versailles inspirieren. In dynamischer Pose steht Neptun mit dem Dreizack in der Mitte des Brunnens, umgeben von Allegorien der damaligen vier größten deutschen Flüsse: Rhein, Weichsel, Oder und Elbe.

Die Ausdruckskraft und Naturtreue der Komposition mit einer gewissen Liebe für Details wie die schönen bronzenen Fische, Krebse, Schnecken sowie die Fischernetze sind höchst bemerkenswert.

**Ansicht der Heiliggeistkapelle von der Spandauer Straße aus**

## Heiliggeist-kapelle ❿

Spandauer Straße 1. **Stadtplan** 7 B2, 16 F2. **Ⓢ** *Hackescher Markt.* **🚌** *100, M48, 200.*

Der gotische Bau ist die einzige erhaltene Kapelle eines Berliner Hospitals. Sie wurde als Teil eines Spitals in der zweiten Hälfte des 13. Jahrhunderts erbaut, doch schon im 15. Jahrhundert wurde ein Umbau erforderlich. Das Hospital riss man 1825 ab, die Kirche verschonte man. 1906 integrierte man sie in eine Handelshochschule, die die Architekten Cremer und Wolffenstein entwarfen.

Die Kapelle ist ein schönes Beispiel gotischer Ziegelbauweise. Der Innenraum besitzt ein sternförmiges Gewölbe (15. Jh.). Die Stützpfeiler weisen Halbstatuen von Propheten und Engeln auf.

## Marienkirche ⓫

*Siehe S. 94 f.*

# Fernsehturm

D er von den Berlinern auch »Telespargel« oder »Zahnstocher« genannte Fernsehturm ist mit seinen 365 Metern bis heute das höchste Gebäude der Stadt. Der Turm wurde 1965–69 nach den Plänen eines Teams errichtet, zu dem u. a. Fritz Dieter und Günter Franke gehörten. Schwedische Experten standen ihnen beratend zur Seite. Die erste Idee zu einem riesigen Turm hatte bereits Hermann Henselmann, der Architekt der realsozialistischen Karl-Marx-Allee.

**INFOBOX**

Panoramastraße 1A. **Stadtplan** 7 C2. 📞 242 33 33. Ⓢ Ⓤ Alexanderplatz. 🚌 100, M48, 200. 🕐 März–Okt: tägl. 9–24 Uhr; Nov–Feb: tägl. 10–24 Uhr. **www**.tv-turm.de

**Die Fernsehantenne** ist fast in der ganzen Stadt zu sehen.

**Aussichtsplattform**
*203 Meter über dem Erdboden befindet sich in der stahlverkleideten Kugel die Aussichtsplattform.*

**Sende-Parabolantennen**

**Fernsehturm**
*Die schlanke Silhouette des Turms ist von fast jedem Punkt in Berlin sichtbar. Die Kassenschalter und Fahrstuhleingänge befinden sich am Fuß des Turms.*

**Die Metallkugel** ist mit Stahlplatten verkleidet.

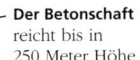

**Der Betonschaft** reicht bis in 250 Meter Höhe.

**Im Inneren des Betonschafts** bringen zwei Aufzüge die Besucher zum Café und zur Aussichtsplattform.

**Die Aufzüge** sind klein, daher bilden sich unten oft lange Warteschlangen.

**Telecafé**
*Eine der Attraktionen des Turms ist das sich drehende Panoramacafé. Eine ganze Umdrehung dauert etwa eine halbe Stunde.*

**Aussicht vom Turm**
*An klaren Tagen sieht man von hier aus die ganze Stadt. Manchmal reicht die Sicht 40 Kilometer weit.*

# Marienkirche ⓫

D ie Marienkirche wurde in der zweiten Hälfte des
13. Jahrhunderts errichtet. Die Bauarbeiten begannen um 1270 und dauerten bis ins frühe 14. Jahrhundert.
Bei der Rekonstruktion, die 1380 nach einer Feuersbrunst
nötig wurde, veränderte man die Form nur wenig. Erst
im 15. Jahrhundert erhielt die Kirche mit dem Aufbau des
neuen Kirchturms eine völlig andere Silhouette. 1790
krönte Carl Gotthard Langhans den Turm mit einer Kuppel. Bis vor dem Krieg stand die Kirche inmitten
von Häusern. Heute ragt sie einsam im Schatten
des Fernsehturms auf. Der frühgotische Hallen-
bau mit seinen reichen Verzierungen ist einer
der interessantesten Sakralbauten der Stadt.

**Turm**
*Barocke und neo-
gotische Stilmerk-
male sind in dieser
Turmspitze vereint.*

**Kreuzigung**
*Das manieristische
Gemälde (1562)
des Gekreuzigten
mit Moses und
Johannes dem Täu-
fer an seiner Seite
ist das Werk von
Michael Ribenstein.*

**Totentanz** heißt
das 22 Meter
lange Fresko
aus dem
Jahr 1485.

**Altarbild**
*Der Mittelteil des
Altarbilds zeigt drei
namentlich nicht
bekannte Mönche.*

### NICHT VERSÄUMEN

★ Kanzel

★ Taufbecken

**Haupt-
eingang**

### ★ Kanzel

Das Meisterwerk aus
Alabaster stellte Andreas
Schlüter 1703 fertig. Es
steht vor dem dritten
Pfeiler. Die Kanzel ist
mit Reliefs verziert, die
Johannes den Täufer
und Allegorien der
Tugenden darstellen.

**INFOBOX**

Karl-Liebknecht-Straße 8. **Stadtplan** 7 C2. 📞 242 44 67.
Ⓢ Ⓤ Alexanderplatz. 🚌 100,
M48, 200. ◯ Apr–Sep: tägl.
10–21 Uhr; Okt–März: tägl.
10–18 Uhr. 🎵 tägl. 14 Uhr.

### Grab der Familie von Röbel

Vermutlich aus dem
Jahr 1630 stammt
dieses im Stil des
Manierismus reich
verzierte Grab von
Ehrenreich und
Anna von Röbel.

### Hauptaltar

Um 1762 schuf Andreas Krüger
diesen Barockaltar. Die Gemälde
wie Die Abnahme vom Kreuz im
Mittelteil sowie Jesus auf dem
Ölberg und Der ungläubige
Thomas links und rechts davon
sind Werke von Christian Bernhard Rode.

### ★ Taufbecken

Den Fuß des gotischen Taufbeckens
von 1437 bilden drei schwarze Drachen. Seine Außenwand schmücken
die Muttergottes, Jesus und die Apostel.

Das überwältigend schöne Treppenhaus des Stadtgerichts

## Alexanderplatz ⓑ

**Stadtplan** 8 D2. Ⓤ Ⓢ *Alexanderplatz.* 🚌 *100, M48, 200.*

Der Alexanderplatz, kurz »Alex«, kann auf eine wechselvolle Geschichte zurückblicken, auch wenn davon heute kaum noch etwas zu spüren ist. Als er noch Ochsenmarkt hieß, war er Vieh- und Wollmarkt. Später, als Zar Alexander I. die Stadt besuchte, wurde er ihm zu Ehren umgetauft. Zu jener Zeit erhoben sich darauf die großzügigen Kolonnaden, die Carl von Gontard *(siehe S. 176)* entworfen hatte.

Im Lauf der Jahre säumten ihn immer mehr Geschäftshäuser, eine Markthalle und eine Stadtbahn kamen hinzu. Der »Alex« wurde einer der lebhaftesten Plätze. Die Atmosphäre hektischer Betriebsamkeit hielt Alfred Döblin (1878–1957) im Roman *Berlin Alexanderplatz* fest.

1929 unternahm man den Versuch einer Umgestaltung. Tatsächlich wurden nur zwei Gebäude errichtet, die allerdings bis heute hier stehen: das Alexanderhaus und das Berolinahaus, beide von Peter Behrens entworfen.

Fast die gesamte übrige Bebauung fiel dem Zweiten Weltkrieg zum Opfer. Heute präsentiert sich der Platz mit der zehn Meter hohen Weltzeituhr karg, umgeben von 1960er-Jahre-Bauten, darunter dem Forum Hotel Berlin und dem Fernsehturm *(siehe S. 93).* Die Neugestaltung des Platzes nach einem Entwurf von Hans Kohlhoff soll im Jahr 2013 fertiggestellt sein. Seit März 2009 schließt das Geschäftsgebäude »die mitte« den Nordosten des »Alex« ab. Südöstlich des Platzes steht seit 2007 das riesige Einkaufszentrum Alexa.

## Stadtgericht ⓒ

**Littenstraße** 13–17. **Stadtplan** 8 D3. Ⓤ Ⓢ *Alexanderplatz.* Ⓤ *Klosterstraße.* 🚌 *M48.*

Der riesige Bau erstreckt sich äußerlich abweisend entlang der Littenstraße, doch innen offenbart er sich als architektonisches Meisterstück der Wiener Schule. Bei seiner Errichtung 1896–1905 war das Stadtgericht nach dem Stadtschloss *(siehe S. 74)* das größte Gebäude Berlins. Der Entwurf zu dem neobarocken Bau stammt von Paul Thoe-

mer und Rudolf Mönnich, seine endgültige Form gab ihm der Baumeister Otto Schmalz. Der labyrinthartige Komplex mit seinen elf Innenhöfen wurde 1969 teilweise abgetragen. Was bestehen blieb, ist eine Besichtigung wert, vor allem die Treppenaufgänge in Form sich überschneidender Ellipsen. Das Treppenhaus steht für Sezessionsarchitektur vom Feinsten.

## Franziskaner-kirche ⓓ

Klosterstraße 74. **Stadtplan** 8 D3. Ⓤ *Klosterstraße.* 🚌 *M48.*

Die malerische Ruine inmitten einer Grünanlage ist das Überbleibsel einer frühgotischen Klosterkirche. Franziskaner ließen sich im frühen 13. Jahrhundert in Berlin nieder. Zwischen 1250 und 1265 erbauten sie hier eine Kirche und ein Kloster, das fast unverändert bis 1945 überdauerte. Die Kirche bestand aus einer dreischiffigen Basilika, die durch einen Chorraum verlängert wurde. Dieser öffnete sich in einen siebeneckigen Anbau, den man um 1300 hinzufügte. Nach der Reformation übernahmen Protestanten die Kirche. Aus dem Kloster wurde ein berühmtes Gymnasium, zu dessen Schülern Persönlichkeiten wie Otto von Bismarck und Karl Friedrich Schinkel gehörten.

Das alte Kloster wurde im Zweiten Weltkrieg so stark beschädigt, dass nur der Ab-

Die imposante Ruine der Franziskanerkirche

riss blieb. Die Kirchenruine wurde gesichert und ist nun ein Ausstellungsort für moderne Kunst. Die korinthischen Kapitelle auf dem Rasen nebenan stammen aus einem Portal des Stadtschlosses.

**Außenansicht des mehrmals restaurierten Palais Podewils**

# Palais Podewils ⑯

Klosterstraße 68–70. **Stadtplan** 8 D3. Ⓤ Klosterstraße. 🚌 M48.

Etwas zurückgesetzt von der Straße liegt das bezaubernde barocke Palais Podewils, das zwischen 1701 und 1704 für Jean de Bodt erbaut wurde. Den Namen verdankt es seinem zweiten Besitzer, einem Minister namens von Podewils, der es 1732 erwarb. Nach dem Zweiten Weltkrieg musste das Haus zweimal restauriert werden: erst 1954, dann wegen eines Brandes 1966. Doch alle diese Unbilden konnten der Fassade nichts von ihrer strengen Schönheit nehmen. Das Innere des Palais jedoch wurde heutigen Bedürfnissen entsprechend völlig umgebaut. Bis 2007 diente es als Veranstaltungsort, seine künftige Nutzung ist derzeit unklar.

# Parochialkirche ⑰

Klosterstraße 66/67. **Stadtplan** 8 D3. 📞 247 59 10. Ⓤ Klosterstraße. 🚌 M48. ⏰ Mo–Fr 12–16 Uhr.

Vor dem Zweiten Weltkrieg galt der Bau als schönste Barockkirche Berlins. Der ursprüngliche Entwurf stammt von Johann Arnold Nering, der sie als Ensemble von vier Kapellen mit einem Turm in der Mitte konzipierte. Der Bau begann 1695. Als die fast schon fertiggestellten Gewölbe zusammenbrachen, musste man eine neue Konstruktion entwerfen. Anstelle des zentralen Turms errichtete man nun den Turm über einer angegliederten Vorhalle. 1703 war der Bau endlich fertig, doch schon 1713/14 wurde er von Jean de Bodt erweitert, um darin noch ein Glockenspiel unterzubringen.

Der Zweite Weltkrieg wirkte sich verheerend auf das Gotteshaus aus: Das Kircheninnere wurde nahezu völlig verwüstet, der Glockenturm war eingestürzt. Mittlerweile ist das Gebäude stabilisiert und die Fassade wiederhergestellt.

# Gaststätte »Zur letzten Instanz« ⑱

Waisenstraße 16. **Stadtplan** 8 D3. Ⓤ Klosterstraße. 🚌 M48. **www**.zurletzteninstanz.de

Die kleine Straße an der Rückseite der Parochialkirche führt direkt zu einer kleinen Gaststätte namens »Zur letzten Instanz«. Das Wirtshaus befindet sich in einem der vier malerischen Häuser, die als letzte von der Zeile geblieben sind, welche einst die Stadtmauer säumte. Ihre Geschichte reicht bis ins Mittelalter zurück. In ihrer heutigen Form stehen sie erst seit dem 18. Jahrhundert da – allerdings mussten sie nach dem Zweiten Weltkrieg fast vollständig rekonstruiert werden. Im Rahmen dieser Arbeiten gelangte eine Rokoko-Wendeltreppe in eines der Häuser, die man bei Abrissarbeiten auf der Fischerinsel gefunden und hierhergerettet hatte.

Als die Gaststätte im Jahr 1621 öffnete, war sie eine Schankwirtschaft. Die Stammkundschaft bestand lange Zeit meist nur aus Anwälten. Heute ist »Zur letzten Instanz« eines der berühmtesten historischen Lokale Berlins und beliebt bei Menschen aller Berufe (siehe S. 238). Viele Erinnerungsstücke tragen zur Attraktivität des Lokals bei.

**Medaillon auf einem Eckstein der Parochialkirche**

# Stadtmauer ⑲

Waisenstraße. **Stadtplan** 8 D3. Ⓤ Ⓢ Alexanderplatz. Ⓤ Klosterstraße. 🚌 M48.

Die Stadtmauer wurde Ende des 13. Jahrhunderts errichtet und im 14. Jahrhundert verstärkt. Nachdem sie im 18. Jahrhundert ihre strategische Bedeutung verloren hatte, riss man sie weitgehend ab.

# DDR Museum ⑳

Karl-Liebknecht-Straße 1. **Stadtplan** 7 B3, 16 F2. 📞 847 12 37 31. Ⓢ Hackescher Markt. 🚌 100, M48, 200. ⏰ tägl. 10–20 Uhr (Sa bis 22 Uhr). 🖥 **www**.ddr-museum.de

Das Museum dokumentiert die Alltagskultur in der DDR. Die Exponate reichen vom FDJ-Hemd über den Trabi bis zu Abhörgeräten der Stasi. Anfassen der Objekte ist ausdrücklich erlaubt.

**Reste der Berliner Stadtmauer**

# Nördlich des Zentrums

Das Gebiet nordwestlich des Alexanderplatzes, zwischen Friedrich-straße und Karl-Liebknecht-Straße, heißt Spandauer Vorstadt, weil eine seiner Hauptstraßen, die Oranienburger Straße, die Verbindung nach Spandau war. Der östliche Teil des Areals wird Scheunenviertel genannt. 1672 hatte der Große Kurfürst erkannt, dass die Strohscheunen eine Brandgefahr darstellten, und sie vor die Stadttore verbannt. Von da an entwickelte sich das Gebiet zur Zuflucht für viele jüdische Flüchtlinge aus Osteuropa. Im Lauf des 19. Jahrhunderts wurde es auch zum Viertel wohlhabender Juden. Insbesondere in den 1920er Jahren zog es Künstler, Schriftsteller und politische Aktivisten an. Läden, Handwerksbetriebe, Krankenhäuser und Wohnhäuser für Arbeiter sorgten für reges Leben. Nach dem Zweiten Weltkrieg war das Viertel lange Zeit dem Verfall preisgegeben. Heute ist es »in«, hier zu wohnen. Renovierte Wohnhäuser, repräsentative Bauwerke und schicke Lokale finden sich neben verfallenden Mietshäusern, schäbigen Hinterhöfen und eingerüsteten Altbauten. Vor allem abends ist die Gegend zum Ausgehen beliebt.

**Detail am Postfuhramt**

## SEHENSWÜRDIGKEITEN AUF EINEN BLICK

**Straßen und Parks**
Alte und Neue
  Schönhauser Straße ⑩
Monbijoupark ④
Oranienburger Straße ③
Sophienstraße ⑨

**Kirchen und Synagogen**
Neue Synagoge ①
Sophienkirche ⑧

**Theater**
Berliner Ensemble (BE) ⑬
Deutsches Theater ⑭
Friedrichstadtpalast ⑫
Volksbühne ⑪

**Museen und Sammlungen**
Brecht-Weigel-Gedenkstätte ⑰
Centrum Judaicum ②

*Hamburger Bahnhof
  S. 110f* ⑲
Museum für Naturkunde ⑱

**Friedhöfe**
Alter Jüdischer Friedhof ⑦
*Dorotheenstädtischer Friedhof
  S. 106f* ⑯

**Weitere Sehenswürdigkeiten**
Charité ⑮
Gedenkstätte Große
  Hamburger Straße ⑥
Hackesche Höfe ⑤

**ANFAHRT**
Man erreicht das Areal über die S-Bahnhöfe Hauptbahnhof, Friedrichstraße und Hackescher Markt (Linien 3, 5, 7 und 9); die S-Bahnen 1 und 2 halten Oranienburger Straße. Die U-Bahn-Linie 6 führt zum Oranienburger Tor, Linie 8 zur Weinmeisterstraße, Linie 2 zum Rosa-Luxemburg-Platz.

**LEGENDE**

| | |
|---|---|
| | Detailkarte *Siehe S. 100f* |
| U | U-Bahn-Station |
| S | S-Bahn-Station |
| | Tramhaltestelle |
| | Bushaltestelle |
| | Bahnhof |
| i | Information |

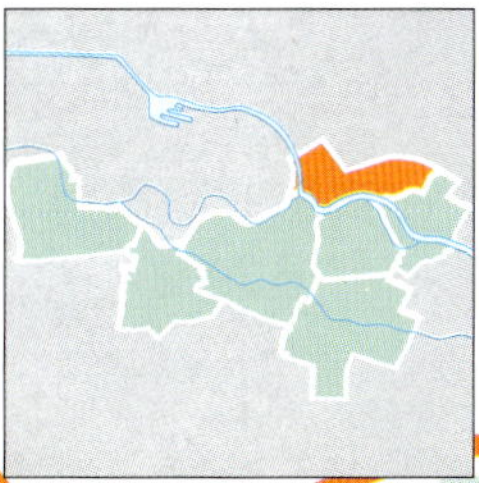

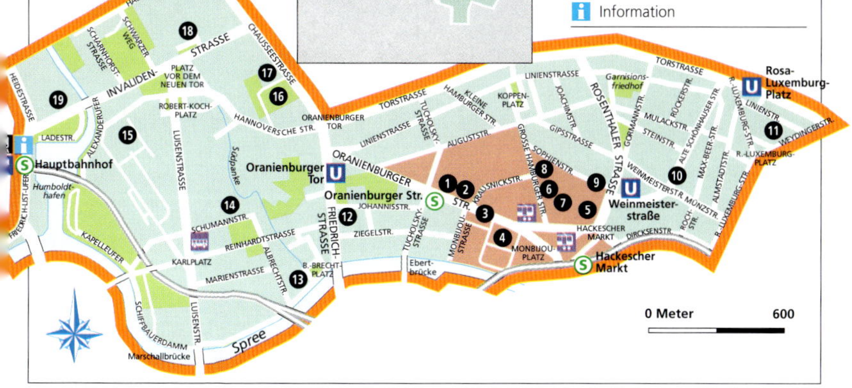

◁ **Der erste der Hackeschen Höfe** *(siehe S. 103)*

# Im Detail: Scheunenviertel

Bis zum Zweiten Weltkrieg war das Scheunenviertel der Mittelpunkt des jüdischen Lebens, das seit dem 19. Jahrhundert eine Blüte erfuhr. Ein Symbol der Gleichberechtigung sollte die Neue Synagoge sein, die 1866 im Beisein des Reichskanzlers Otto von Bismarck eingeweiht wurde. Nach den Pogromen und Verwüstungen während des Dritten Reichs erlebt das Viertel seit dem Fall der Mauer wieder einen fulminanten Aufstieg. In den neuen Szene-Bars und Cafés tummeln sich die Gäste. Nirgends im Osten Berlins ist das Nachtleben aufregender.

**★ Neue Synagoge**
*Nicht nur die goldene Kuppel erstrahlt wieder in neuem Glanz. Endlich kann das Gebäude auch wieder genutzt werden.* ❶

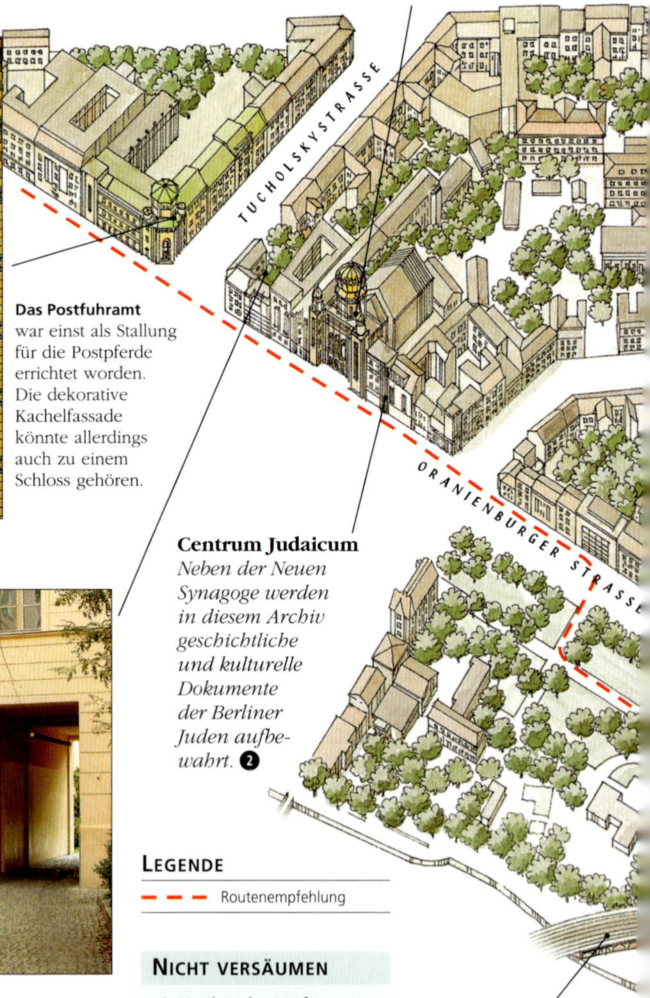

**Das Postfuhramt**
war einst als Stallung für die Postpferde errichtet worden. Die dekorative Kachelfassade könnte allerdings auch zu einem Schloss gehören.

**Centrum Judaicum**
*Neben der Neuen Synagoge werden in diesem Archiv geschichtliche und kulturelle Dokumente der Berliner Juden aufbewahrt.* ❷

TUCHOLSKYSTRASSE

ORANIENBURGER STRASSE

**Heckmann-Höfe**
*Die liebevoll restaurierten Innenhöfe, die elegantesten Berlins, beherbergen Restaurants und exklusive Boutiquen.*

### LEGENDE

--- --- --- Routenempfehlung

### NICHT VERSÄUMEN

★ Hackesche Höfe

★ Neue Synagoge

**S-Bahn-Linie**

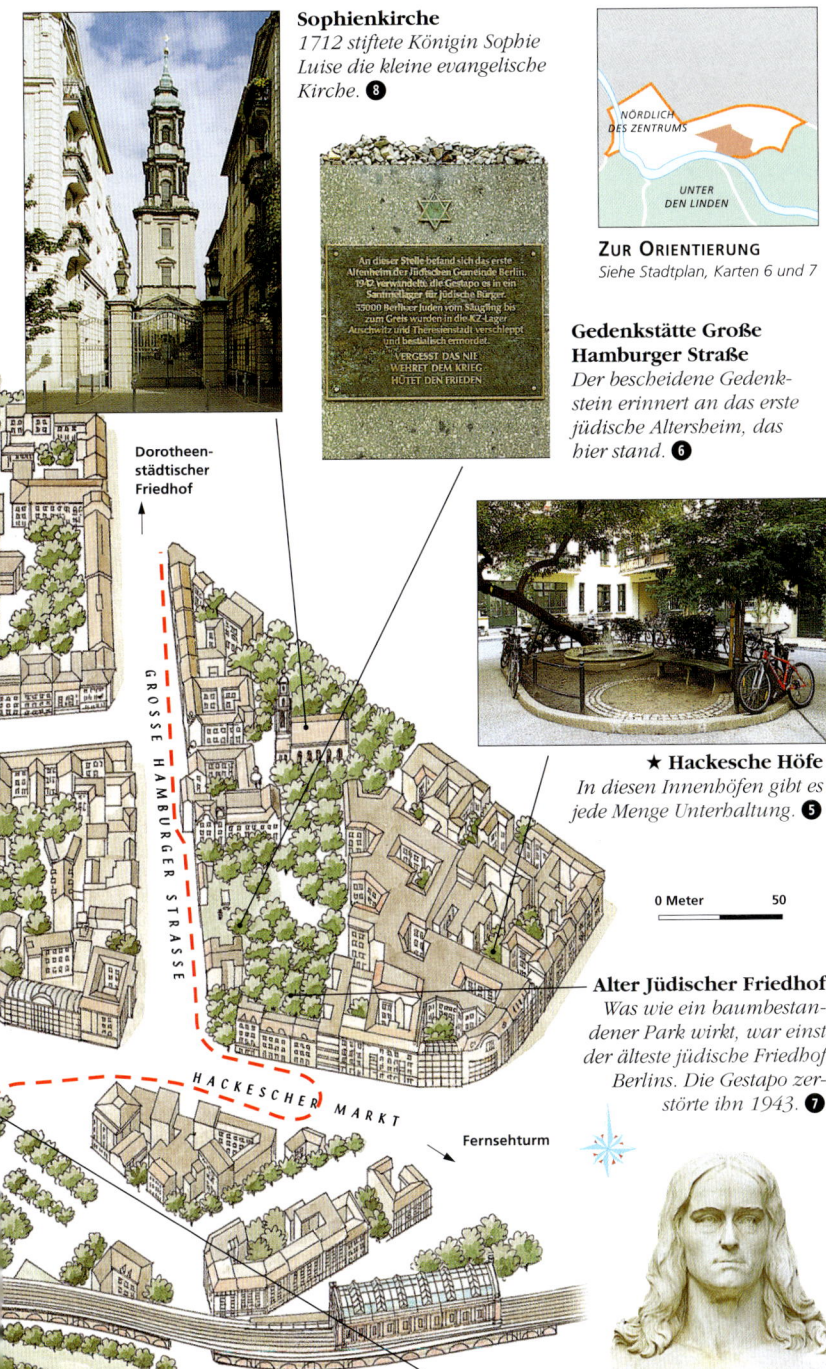

### Sophienkirche
*1712 stiftete Königin Sophie Luise die kleine evangelische Kirche.* ❽

### Gedenkstätte Große Hamburger Straße
*Der bescheidene Gedenkstein erinnert an das erste jüdische Altersheim, das hier stand.* ❻

An dieser Stelle befand sich das erste Altenheim der Jüdischen Gemeinde Berlin. 1942 verwandelte die Gestapo es in ein Sammellager für Jüdische Bürger. 55000 Berliner Juden vom Säugling bis zum Greis wurden in die KZ-Lager Auschwitz und Theresienstadt verschleppt und bestialisch ermordet.

VERGESST DAS NIE
WEHRET DEM KRIEG
HÜTET DEN FRIEDEN

**ZUR ORIENTIERUNG**
*Siehe Stadtplan, Karten 6 und 7*

NÖRDLICH DES ZENTRUMS

UNTER DEN LINDEN

Dorotheen-städtischer Friedhof

GROSSE HAMBURGER STRASSE

HACKESCHER MARKT

Fernsehturm

★ **Hackesche Höfe**
*In diesen Innenhöfen gibt es jede Menge Unterhaltung.* ❺

0 Meter          50

**Alter Jüdischer Friedhof**
*Was wie ein baumbestandener Park wirkt, war einst der älteste jüdische Friedhof Berlins. Die Gestapo zerstörte ihn 1943.* ❼

### Monbijoupark
*Im einstigen Park des Schlosses Monbijou steht die Marmorbüste des Dichters Adelbert von Chamisso.* ❹

**Stadtplan** *siehe Seiten 300–323*

# Neue Synagoge ●

Oranienburger Straße 30. **Stadtplan**
7 A1. 📞 *88 02 83 16.* Ⓢ *Oranien-*
*burger Straße.* 🚋 *M1, M6.* 🕐 *Öff-*
*nungszeiten variieren; meist So–Do*
*10–18 Uhr, Fr 10–14 Uhr.* 📷
🔵 *jüdische Feiertage.* 📷
**www**.cjudaicum.de

**M**it dem Bau der Neuen
Synagoge begann Edu-
ard Knoblauch 1859, im Jahr
1866 wurde sie eingeweiht.
Der Entwurf stellte eine geni-
ale Lösung für ein asymme-
trisches Grundstück dar. Die
schmale Fassade wird von
zwei Türmen flankiert und
von einer mächtigen vergoldeten Kuppel über der runden Vorhalle gekrönt. Von der
Halle aus erschließen sich
kleinere Räume, ein Vorraum
sowie ein kleiner und ein
großer Gebetssaal. Über die
Treppenhäuser in den beiden
Türmen gelangte man zu den
Emporen und dem Haupt-
schiff, die beide 3000 Gläubi-
gen Platz boten. Die kühne
Stahlkonstruktion der Emporen und des Dachs war eine
Meisterleistung damaliger
Ingenieurskunst.

Das Gebäude mit der golde-
nen Kuppel war Berlins stol-
zeste Synagoge, doch in der
Pogromnacht von 1938 *(siehe
S.28f)* wurde sie teilweise
zerstört. Weiteren Schaden
nahm sie dann 1943 durch die
Bombenangriffe der Alliierten.
Ihr vorläufiges Ende war der
Abriss im Jahr 1958.

1988 begann man mit ihrem
Wiederaufbau, 1995 wurde
sie wieder eingeweiht. Ein
Teil des Fassadentrakts dient
heute dem Centrum Judaicum
als Ausstellungsfläche.

Centrum Judaicum, eine Forschungsstelle zum Judentum

# Centrum Judaicum ●

Oranienburger Straße 28–30.
**Stadtplan** 7A1. 📞 *88 02 83 16.*
Ⓢ *Oranienburger Straße.* 🚋 *M1,*
*M6.* 🕐 *So, Mo 10–20 (Winter bis*
*18 Uhr), Di–Do 10–18 Uhr, Fr 10–*
*14 Uhr (Apr–Sep: bis 17 Uhr).* 📷
🔵 *jüdische Feiertage.* 📷
**www**.cjudaicum.de

**D**er Eingang zum Centrum
Judaicum ist schon allein
wegen der ständigen Polizei-
präsenz kaum zu übersehen.
Alle Besucher müssen sich
einer Sicherheitsüberprüfung
unterziehen und werden vom
Wachpersonal mit dem Metall-
detektor untersucht. Das Zentrum befindet sich in den
Räumen des ehemaligen Re-
präsentantensaals der jüdischen Gemeinde und enthält
eine Bibliothek, ein Archiv
und ein Forschungszentrum
zur Geschichte und Kultur der
Berliner Juden.

Die Ausstellungsräume ne-
ben dem Zentrum zeigen Exponate mit Bezug zur jüdischen Gemeinde, auch zu

Moses Mendelssohn, dem
herausragenden jüdischen
Denker und Sozialreformer.
Rechts vom Zentrum serviert
das Restaurant Kadima ko-
schere Gerichte *(siehe S.238)*.

# Oranienburger Straße ●

**Stadtplan** 6 F1, 7 A1/B2. Ⓢ *Orani-*
*enburger Straße, Hackescher Markt.*
🚋 *M1, M6.* 🚌 *157.*

**D**ie Oranienburger Straße
ist inzwischen für ihr
Nachtleben berühmt. Men-
schen allen Alters amüsieren
sich in den zahlreichen Cafés,
Restaurants und Bars. Seit
Langem ist dieses Areal auch
Mittelpunkt alternativer Le-
bensweisen und Standort
des öffentlich geförderten
Kulturzentrums Tacheles. Die
Zukunft des Tacheles bleibt
ungewiss, sicherlich überdau-
ern aber viele der profilierten
Galerien rundum. Beim Spaziergang durch das Viertel
lohnt sich auch ein Blick auf
so interessante Gebäude wie
das in der Oranienburger

**Neue Synagoge mit der prächtigen
Kuppel**

## MOSES MENDELSSOHN (1729–1786)

Der Philosoph Moses Mendelssohn kam
1743 nach Berlin. Er war der prominen-
teste Anwalt für die Bürgerrechte von
Juden. Etwa 50 Jahre später wurden
der ersten jüdischen Familie die Bürgerrechte zugesprochen, doch erst
mit dem Erlass von 1812 gewährte
Preußen allen Juden volle Rechte.
Gotthold Ephraim Lessing setzte dem Gelehrten und
Großvater des Komponisten Felix Mendelssohn Bartholdy in seinem Drama *Nathan der Weise* ein Denkmal.

Straße 71–72. Dieses ist das Haus, das Christian Friedrich Becherer 1789 für die Großloge der Freimaurer Deutschlands errichtete.

## Monbijoupark ❹

Oranienburger Straße. **Stadtplan** 7 B2. Ⓢ *Oranienburger Straße, Hackescher Markt.* 🚋 *M1, M6.*

**M**itten im Park zwischen Oranienburger Straße und Spree stand einst das Schlösschen Monbijou. Das im Zweiten Weltkrieg stark zerbombte Gebäude wurde 1960 abgerissen. Geblieben sind eine gepflegte Grünfläche in dem dichten Häusermeer und eine Marmorbüste des Dichters Adelbert von Chamisso. Im Sommer warten eine Strandbar und ein Freibad für Kinder auf Gäste.

## Hackesche Höfe ❺

Rosenthaler Straße 40–41. **Stadtplan** 7 B2. Ⓢ *Hackescher Markt.* 🚋 *M1, M6.*

**Z**wischen Oranienburger und Rosenthaler Straße erstrecken sich bis zur Sophienstraße die Hackeschen Höfe. Der Gebäudekomplex aus dem frühen 20. Jahrhundert umschließt neun aneinandergereihte Höfe. Mit etwa 10 000 Quadratmetern ist er einer der größten Europas. Der Komplex mit den harmonisch proportionierten Fassaden wurde von Kurt Berndt und August

**Überraschende Pracht im Hinterhof: die Hackeschen Höfe**

Endell, zwei führenden Architekten des deutschen Jugendstils, 1906/07 erbaut.

Nach der Restaurierung erstrahlen die im Zweiten Weltkrieg beschädigten Gebäude wieder im alten Glanz. Besonders attraktiv ist der erste Hof: Vom Sockel bis zur Traufe bilden glasierte Ziegel geometrische Ornamente in leuchtenden Farben.

Lokale, Bars, Galerien und Läden laden zum Besuch ein. In den Obergeschossen der Häuser befinden sich Büros und Wohnungen. Das Hackesche Hoftheater widmet sich der Pantomime. Bei zahlreichen Berlinern genießen die Hackeschen Höfe mittlerweile Kultstatus.

Neben den Hackeschen Höfen befindet sich in der Rosenthaler Straße 39 das Anne Frank Zentrum (Tel. 288 86 56 00) mit einer Ausstellung zur Lebensgeschichte des jüdischen Mädchens.

## Gedenkstätte Große Hamburger Straße ❻

Große Hamburger Straße. **Stadtplan** 7 B1. Ⓢ *Hackescher Markt.* 🚋 *M1, M6.*

**B**is kurz vor dem Zweiten Weltkrieg war die Hamburger Straße eine der wichtigsten im jüdischen Viertel. Hier gab es mehrere jüdische Schulen, den ältesten jüdischen Friedhof der Stadt und ein jüdisches Altersheim. Im Zweiten Weltkrieg musste dieses Heim als Sammellager für Tausende von Juden herhalten, die auf ihren Abtransport in die Konzentrationslager Auschwitz und Theresienstadt warteten. Das Haus wurde später zerstört. Auf dem Platz steht heute ein Denkmal für die Opfer des Holocaust: Eine Gruppe von Juden sieht ihrer Vernichtung entgegen. Daneben befindet sich eine Gedenktafel.

Nahebei, in der Großen Hamburger Straße 27, steht eine jüdische Schule, deren Vorläufer Moses Mendelssohn 1778 gegründet hatte. 1906 entstand ein neuer Schulbau, der seit seiner Wiedereröffnung 1993 als Gymnasium dient.

Am Standort des im Zweiten Weltkrieg zerstörten Hauses Nr. 15/16 erinnert die Installation *Das fehlende Haus* von Christian Boltanski an die einstigen Einwohner. Eine Plakette führt ihre Namen und Berufe auf.

**Die Gedenkstätte Große Hamburger Straße erinnert an die jüdischen Opfer des Holocaust**

# Alter Jüdischer Friedhof ❼

Große Hamburger Straße.
**Stadtplan** 7 B2. Ⓢ Hackescher Markt. 🚊 M1, M6.

Als man den 1672 gegründeten Friedhof 1827 für überfüllt erklärte, hatten dort an die 12 000 jüdische Berliner ihre letzte Ruhestätte gefunden. Danach bestattete man die Juden auf den Friedhöfen an der Schönhauser Allee und in der Herbert-Baum-Straße. 1943 zerstörten die Nationalsozialisten den Alten Jüdischen Friedhof und verwandelten ihn in einen Park. Die letzten Zeugnisse des Friedhofs sind einige barocke Grabsteine (Masebas), die in die alte Umfassungsmauer eingelassen sind. Eine neue Maseba haben Mitglieder der jüdischen Gemeinde 1990 auf dem Grab von Moses Mendelssohn *(siehe S. 102)* errichtet.

**Grabstein von Moses Mendelssohn**

# Sophienkirche ❽

Große Hamburger Straße 29. **Stadtplan** 7 B1. 📞 308 79 20. Ⓢ Hackescher Markt. Ⓤ Weinmeisterstraße. 🕐 Mai–Sep: Mi 15–18 Uhr, Sa 15–17 Uhr. ⛪ So 10 Uhr. **www**.sophien.de

Ein schmaler Durchgang und ein Tor führen zu der kleinen Barockkirche, die Königin Sophie Luise 1712 als

Viele Häuser in der Sophienstraße stammen aus dem 18. Jahrhundert

erste protestantische Pfarrkirche in der Spandauer Vorstadt *(siehe S. 99)* gestiftet hatte. Zwischen 1729 und 1735 erhielt sie den von Johann Friedrich Grael entworfenen Westturm, der im Zweiten Weltkrieg nicht beschädigt wurde und somit Berlins einziger originaler Barockturm ist.

Obwohl die Kirche 1892 umgebaut wurde, um einem neuen Pfarrhaus Platz zu bieten, hat sie ihren barocken Charakter bewahrt. Ein Teil der Innenausstattung stammt noch aus dem 18. Jahrhundert, so auch die Kanzel und das Taufbecken. Auf dem kleinen Friedhof vor der Kirche sind noch einige alte Grabsteine zu sehen, deren älteste aus dem 18. Jahrhundert stammen.

# Sophienstraße ❾

**Stadtplan** 7 B1. **Sammlung Hoffmann** Sophienstraße 21. 📞 28 49 91 21. Ⓢ Hackescher Markt. Ⓤ Weinmeisterstraße. 🕐 Sa 11–16 Uhr nach Vereinbarung. 🖥 **www**.sammlung-hoffmann.de

Das Areal um die Sophien- und die Gipsstraße wurde erst Ende des 17. Jahrhunderts besiedelt, später war die Sophienstraße gar die Hauptstraße der Spandauer Vorstadt. In den 1980er Jahren wurde hier grundlegend

saniert. Die Häuserblocks zählten zu den ersten in Ostberlin, bei denen man auf großflächigen Kahlschlag zugunsten aufwendiger Restaurierung verzichtete. Heute findet man in den Gebäuden aus dem 18. Jahrhundert viele Werkstätten und Ateliers, gemütliche Kneipen, Boutiquen und interessante Galerien.

Ein Haus mit sehr bewegter Geschichte ist das in der Sophienstraße 18. Das Gebäude stammt aus dem Jahr 1852, doch seine gemauerten Torbogen sind das Ergebnis von größeren Umbaumaßnahmen. Für diese erteilte der Handwerksverein Joseph Franckel und Theodor Kampfmeyer 1904 den Auftrag. Der 1844 gegründete Handwerksverein konnte seinen neuen Sitz 1905 beziehen. Am 14. November 1918 fand hier das erste Treffen des Spartakusbunds *(siehe S. 132)* statt, aus dem später die Kommunistische Partei Deutschlands hervorgehen sollte.

Der Haupteingang des Hauses Sophienstraße 21 führt direkt zu einer Flucht von Innenhöfen, die bis zur Gipsstraße reichen. In einem der Höfe ist eine private Galerie für moderne Kunst untergebracht, die **Sammlung Hoffmann**. Man erreicht die Sammlung durch hell erleuchtete Torwege.

**Innenansicht der Sophienkirche mit Kanzel (18. Jh.)**

# Alte und Neue Schönhauser Straße ❿

Stadtplan 7 B1/C1. Ⓢ *Hackescher Markt*. Ⓤ *Weinmeisterstraße*. 🚋 *M2*.

Die Alte Schönhauser Straße ist eine der ältesten Straßen der Spandauer Vorstadt. Sie verläuft vom Stadtzentrum bis nach Pankow und Schönhausen. Im 18. und 19. Jahrhundert war sie eine der bevorzugten Wohngegenden für wohlhabende Kaufleute. Abträglich für das Renommee war jedoch die Nähe zu den etwas westlich gelegenen Quartieren der armen Leute im Scheunenviertel *(siehe S. 100–103)*.

Lange Zeit war die bunte Mischung aus Kneipen, kleinen Fabriken, Handwerksbetrieben und Läden das Markenzeichen des Kiezes an der Alten Schönhauser Straße. Kleine Einzelhändler überlebten hier länger als im Rest der Stadt, und bis vor Kurzem strömten die alten Häuser noch etwas vom Flair der Vorkriegszeit aus.

Seit dem Fall der Mauer aber hat sich einiges verändert. So manches Haus wurde schon restauriert, viele alte Geschäfte mussten schicken Läden, Restaurants und Bars weichen. Überall in diesem Bezirk findet sich Altes neben Neuem in unmittelbarer Nachbarschaft.

**Neorenaissance-Fassade in der Neuen Schönhauser Straße**

Ein markantes Beispiel ist die Schönhauser Straße 14. Das interessante Haus aus dem Jahr 1891 baute Alfred Messel im Stil der Neorenaissance. In der ersten Etage befand sich der erste öffentliche Lesesaal Berlins, im Parterre wurde das sogenannte Volkskaffeehaus mit nach Geschlechtern getrennten Räumen betrieben. Hier bekamen die Armen aus der Nachbarschaft einen Teller Suppe und eine Tasse Kaffee-Ersatz umsonst.

Heute residiert in den weitläufigen Räumen im Erdgeschoss eine schicker Modeladen mit edlem Ambiente.

# Volksbühne ⓫

Rosa-Luxemburg-Platz. **Stadtplan** 8 D1. 📞 *24 06 55*. Ⓤ *Rosa-Luxemburg-Platz*. 🚋 *M2, M8*. **www**.volksbuehne-berlin.de

Das Anfang der 1920er Jahre gegründete Theater verdankt seine Existenz den 100 000 Mitgliedern einer Theatergesellschaft. Den ursprünglichen Bau errichtete Oskar Kaufmann 1913/14, als sich das Scheunenviertel im Umbruch befand. Während der 1920er Jahre wurde das Theater unter der Leitung von Erwin Piscator (1893–1966) berühmt, bevor dieser seine eigene Bühne gründete und schließlich emigrierte.

Das im Krieg zerstörte Theater wurde Anfang der 1950er Jahre nach Plänen von Hans Richter wiederaufgebaut. Heute gilt das Theater mit seinem Intendanten Frank Castorf als eine der aufregendsten Bühnen Berlins.

**Die auffällige Fassade des Friedrichstadtpalasts**

# Friedrichstadtpalast ⓬

Friedrichstraße 107. **Stadtplan** 6 F2. 📞 *23 26 23 26*. Ⓤ *Oranienburger Tor*. Ⓢ *Oranienburger Straße, Friedrichstraße*. 🚌 *147*. 🚋 *12, M1*. **www**.friedrichstadtpalast.de

Viele bunte Glasbausteine und ein Emblem aus pinkfarbenen Neonröhren machen die Fassade des Friedrichstadtpalasts zum Blickfang. Der Anfang der 1980er Jahre gebaute Theaterkomplex unterhält die Besucher mit Revuen und Varietés. Fast 2000 Zuschauern Platz bietet das Theater, das je nach Bedarf auch als Zirkusarena, Schwimmbecken oder Eisbahn genutzt werden kann. Eine weitere riesige Bühne ist mit allen technischen Finessen ausgestattet. Des Weiteren gibt es ein Cabaret-Theater für 240 Zuschauer.

Der alte und heiß geliebte Friedrichstadtpalast war im Krieg schwer beschädigt worden und wurde abgerissen, um der jetzigen Version Platz zu schaffen.

Der alte Bau war als Markthalle konzipiert und dann zur Zirkusarena umgewandelt worden. 1918 entstand hier das Große Schauspielhaus, das am 28. November 1919 mit einer unvergesslichen Produktion von Max Reinhardt *(siehe S. 108)* eröffnete: der *Orestie* des Aischylos.

Das Gebäude selbst war legendär. Die Hauptkuppel wurde von einem Säulenwald getragen und von einem Stalaktitenkranz gesäumt. Der Zuschauerraum bot insgesamt 5000 Besuchern Platz.

# Dorotheenstädtischer Friedhof 16

D er 1762 angelegte Friedhof ist die letzte Ruhestätte vieler berühmter Berliner. Zwischen 1814 und 1826 wurde er erweitert, doch nach der Verlängerung der Hannoverschen Straße verkaufte man den südlichen Teil des Geländes, die Gräber wurden verlegt. Viele der Grabmale sind Kunstwerke aus den Werkstätten der bekanntesten Berliner Architekten wie Karl Friedrich Schinkel *(siehe S. 187)* oder Johann Gottfried Schadow. Von der Straße aus führt zwischen der Mauer des Französischen Friedhofs und der Brecht-Weigel-Gedenkstätte *(siehe S. 109)* ein kleiner Pfad zu dieser baumbestandenen Oase der Ruhe.

**Kopie des Schadow'schen Standbilds von Martin Luther**

★ **Johann Gottfried Schadow** (1764–1850)
*Schadow schuf die berühmte Quadriga auf dem Brandenburger Tor.*

**Friedrich August Stüler** (1800–1865)
*Die im Zweiten Weltkrieg beschädigte Grabstätte des berühmten Architekten wurde in farbenfroher postmoderner Manier wieder aufgebaut.*

**Heinrich Mann**
(1871–1950)
*Der berühmte Schriftsteller starb in Kalifornien, doch er wurde in Berlin begraben. Die Büste schuf Gustav Seitz.*

**Bertolt Brecht** (1898–1956)
*Das Grab markiert ein unbehauener Stein. Neben Brecht ruht seine Frau Helene Weigel.*

**Hermann Wentzel** (1820–1889)
*Der Architekt entwarf seinen Grabstein selbst; die Ausführung übernahm Fritz Schaper.*

**Haupteingang**

### Friedrich Hoffmann
(1818–1900)
*Der Ingenieur wurde vor allem durch die Erfindung des Ringofens berühmt. Sein Grabmal ist von einer Reihe gekachelter Kolonnaden eingefasst.*

**INFOBOX**

Chausseestraße 126. **Stadtplan** 6 F1. 🅄 *Zinnowitzer Straße, Oranienburger Tor.* 🚊 *12, M6.* ☎ *461 72 79.* 📠 *832 51 01.* ⏰ *Jan, Dez: 8–16 Uhr; Feb, Nov: 8–17 Uhr; März, Okt: 8–18 Uhr; Apr, Sep: 8–19 Uhr; Mai–Aug: 8–20 Uhr.*

### ★ Karl Friedrich Schinkel
(1781–1841)
*Zu Lebzeiten war Schinkel der berühmteste Architekt Deutschlands. Die von ihm geschaffenen Gebäude waren zu ihrer Zeit stilprägend.*

### Georg Wilhelm Friedrich Hegel
(1770–1831)
*Er war der berühmteste Philosoph der deutschen Aufklärung und lange Jahre Lehrer an der Berliner (heute Humboldt-) Universität.*

**BIRKENALLEE**

**Das Standbild Luthers**
ist eine Kopie der Schadow'schen Statue.

**Kapelle**

### Johann Gottlieb Fichte
(1762–1814)
*Fichte war der erste Rektor der Berliner Universität und einer der herausragenden Köpfe des Deutschen Idealismus.*

**NICHT VERSÄUMEN**

★ Schadow-Grabmal

★ Schinkel-Grabmal

0 Meter      20

**Denkmal Bertolt Brechts
vor dem Berliner Ensemble**

# Berliner
# Ensemble (BE) ⑬

Bertolt-Brecht-Platz 1. **Stadtplan**
6 F2. **⌂** 28 40 80, 28 40 81 55. **Ⓢ**
**Ⓤ** *Friedrichstraße.* 🚌 147. 🚋 12,
M1. **www**.berliner-ensemble.de

Das von Heinrich Seeling 1891/92 im Stil des Neobarock erbaute Haus war Schauplatz vieler entscheidender Momente der Berliner Kulturgeschichte. Zunächst verschaffte es sich unter dem Namen »Theater am Schiffbauerdamm« durch bedeutende Aufführungen großes Prestige. 1895 wurden *Die Weber* von Gerhart Hauptmann aufgeführt. Später fiel es durch denkwürdige Inszenierungen Max Reinhardts auf. Für Shakespeares *Sommernachtstraum* 1905 kamen erstmals eine Drehbühne und echte Bäume zum Einsatz. 1928 fand die Premiere von Brechts *Dreigroschenoper* statt.

Das Gebäude wurde im Krieg zerstört und später – in etwas schlichterer Form – wiederaufgebaut. Vollständig erhalten ist jedoch die Innenausstattung einschließlich der Dekorationen von Ernst Westphal. Nach 1954 gelangte das Theater mit dem heimgekehrten Brecht als Intendanten und seiner Frau, der Schauspielerin Helene Weigel, erneut zu Weltruhm. Im November 1954 feierte man den Umzug vom bisherigen Domizil des Berliner Ensembles, dem Deutschen Theater, in das neue Haus. Es war der Tag der Premiere des *Kaukasischen Kreidekreises*, den Brecht 1947 verfasst hatte. Nach Brechts Tod führte Helene Weigel das Haus in der Brecht'schen Tradition weiter.

# Deutsches
# Theater ⑭

Schumannstraße 13A. **Stadtplan**
6 E2. **⌂** 28 44 12 25 (oder -21).
**Kammerspiele Ⓤ** *Oranienburger
Tor.* 🚌 147. (Siehe S. 262f.)
**www**.deutschestheater.de

Das Gebäude wurde 1850 nach einem Entwurf von Eduard Titz gebaut und als Friedrich-Wilhelmstädtisches Theater eröffnet. Nach dem Umbau von 1883 wurde es unter dem Namen »Deutsches Theater« wiedereröffnet. Unter dem nächsten Leiter, Otto Brahm, wurde es berühmt. Max Reinhardt begann hier seine Karriere als Schauspieler und war 1905–33 Leiter. Auf

seine Initiative hin wurde die Fassade umgestaltet und 1906 das angrenzende Casino zur Spielstätte der **Kammerspiele** umgebaut. Damals war der Saal im Obergeschoss mit einem Fries von Edvard Munch geschmückt, der sich heute in der Neuen Nationalgalerie befindet.

Ein weiterer großer Name ist mit der Geschichte des Theaters verbunden: Brecht schrieb bis 1933 Stücke für das Haus. Nach seiner Rückkehr ließ er als Leiter des BE auch hier seine Stücke spielen, beginnend mit *Mutter Courage und ihre Kinder*. 2008 wurde das Deutsche Theater als »Theater des Jahres« ausgezeichnet.

**Die elegante Fassade des
Deutschen Theaters (19. Jh.)**

# Charité ⑮

Schumannstraße 20–21. **Stadtplan**
6 E1/E2. **⌂** 450 50. **Ⓤ** *Oranienburger Tor.* 🚌 147. 🕐 *Di, Do–So
10–17 Uhr, Mi 10–19 Uhr.*
**www**.charite.de

Ein riesiger Komplex beherbergt die Charité. Sie wurde 1710 gegründet und 1810 nach Gründung der Humboldt-Universität *(siehe S. 60 f)* an diese angebunden. Damit ist sie die älteste Universitätsklinik Deutschlands. Die frühesten Gebäudeteile entstanden in den 1830er Jahren. Im Lauf der Zeit wirkten hier viele berühmte Mediziner, etwa Rudolf Virchow und Robert Koch.

1899 ließ Virchow gleich neben dem Pathologischen Institut das Museum für Pathologie errichten. Die Sammlung bestand aus über 23 000 Exponaten und war auch der Öffentlichkeit zugänglich. Auch wenn sie im Zweiten Weltkrieg stark dezimiert wurden – die verblie-

## MAX REINHARDT (1873–1943)

Der Schauspieler und Regisseur Max Reinhardt wurde in den 1920er Jahren als einer der größten Theaterreformer des 20. Jahrhunderts berühmt. Er arbeitete zunächst als Schauspieler am Deutschen Theater, ab 1905 als dessen Leiter. Er gründete nicht nur die Kammerspiele, sondern produzierte Stücke für das Theater am Schiffbauerdamm (das spätere Berliner Ensemble) und den späteren Friedrichstadtpalast, der von Hans Poelzig eigens für ihn umgebaut wurde. Seine experimentellen Inszenierungen klassischer und moderner Stücke brachten ihm weltweites Renommee ein. Wegen seiner jüdischen Abstammung musste er 1933 in die USA emigrieren, wo er 1943 starb.

benen Stücke werden seit 1999 wieder im restaurierten, sogenannten Medizinhistorischen Museum gezeigt.

## Dorotheenstädtischer Friedhof **16**

*Siehe S. 106 f.*

## Brecht-Weigel-Gedenkstätte **17**

Chausseestraße 125. 283 05 70 44. **Stadtplan** 6 E1. Zinnowitzer Straße, Oranienburger Tor. 12, M6. Di, Mi, Fr 10–11.30, Do 10–12, 17–18.30 Uhr, Sa 9.30–13.30, So 11–18 Uhr. obligatorisch (alle 30 Min., So stündlich). Mo, Feiertage. www.adk.de

Skelett eines Brachiosaurus im Museum für Naturkunde

**B**ertolt Brecht war einer der größten Dramatiker des 20. Jahrhunderts. Seit den 1920er Jahren bis zu seiner Emigration 1933 lebte er in Berlin. Seine politische Einstellung machte ihn nach dem Zweiten Weltkrieg für die Regierung der jungen DDR attraktiv. Angelockt von dem Versprechen, ein eigenes Theater führen zu dürfen, kam er 1948 mit seiner Frau, der Schauspielerin Helene Weigel, zurück in die Stadt. Bis zu seinem Tod konzentrierte er sich auf die Produktion eigener Stücke.

Im Jahr 1953 zog er in die erste Etage des Hauses Chausseestraße 125, wo er bis zu seinem Tod 1956 lebte. Begraben wurde er auf dem Dorotheenstädtischen Friedhof *(siehe S. 106f)*.

Seine Frau Helene Weigel bewohnte das zweite Obergeschoss, nach Brechts Tod zog sie ins Erdgeschoss. Im zweiten Stock des Hauses gründete sie das Brecht-Archiv.

## Museum für Naturkunde **18**

Invalidenstraße 43. **Stadtplan** 6 E1. 20 93 85 91. Zinnowitzer Straße. Di–Fr 9.30–17 Uhr, Sa, So, Feiertage 10–18 Uhr. www.museum.hu-berlin.de

**M**it seinen über 60 Millionen Exponaten ist dieses Naturkundemuseum eines der größten der Welt. Es ist in einem 1883–89 im Stil der Neorenaissance errichteten

Gebäude untergebracht, das man speziell für diese Sammlung konzipierte. Unbeschadet mehrerer An- und Umbauten strömt es immer noch den Geist klassischer Gelehrsamkeit aus.

Das Glanzstück des Hauses ist das weltweit größte Skelett eines Dinosauriers im verglasten Innenhof. Den 23 Meter langen und zwölf Meter hohen Koloss grub eine deutsche Expedition 1909 in Tansania aus. Ergänzt wird die faszinierende Ausstellung durch sechs rekonstruierte Saurierskelette und die Replik eines versteinerten Archäopteryx, dem entwicklungsgeschichtlichen Bindeglied zwischen Reptilien und Vögeln.

In den angrenzenden Räumen sind umfassende Sammlungen von Muscheln und Schmetterlingen sowie präparierten Vögeln und Säugetieren zu sehen. Beliebt sind die Dioramen: Schaustücke, die man vor der Nachbildung ihres natürlichen Lebensraums in Szene gesetzt hat. Der Gorilla Bobby steht in der Gunst kleiner Besucher ganz vorn. Das Tier wurde 1928 im Alter von zwei Jahren in den Berliner Zoo gebracht und lebte dort bis 1935.

Zudem verfügt das Museum über eine eindrucksvolle Sammlung von Mineralien und Meteoritenstücken.

Das Arbeitszimmer in Bert Brechts ehemaliger Wohnung

# Hamburger Bahnhof ⓳

Das Museum für Gegenwart fand sein Domizil im ehemaligen Hamburger Bahnhof, einem klassizistischen Bau. Nach 1945 wurden hier Exponate des Verkehrsmuseums eingelagert. Erst nach Vollendung der Umbauarbeiten unter Josef Paul Kleihues wurde der Bau 1996 der Öffentlichkeit zugänglich gemacht. Die Neoninstallationen an der Fassade schuf Dan Flavin. Zu sehen ist die Sammlung von Erich Marx, die durch Werke zeitgenössischer Kunst aus der Neuen Nationalgalerie und seit 2004 durch die Flick-Sammlung in der angrenzenden Rieck-Halle ergänzt wird. Der Hamburger Bahnhof zählt damit zu den bedeutendsten Sammlungen moderner Kunst in Europa.

**★ Richtkräfte** *(1974–77)*
*Joseph Beuys verstand seine Kunst als Mittel zur Manifestierung von Gedanken.*

**Ohne Titel** *(1983)*
*Eine exemplarische Arbeit Anselm Kiefers – viele seiner Werke sind eine Auseinandersetzung mit der deutschen Geschichte.*

## KURZFÜHRER

*Das Haus hat eine Ausstellungsfläche von über 10 000 Quadratmetern. Im Westflügel befinden sich die Werke von Beuys, in der Haupthalle ausgewählte Installationen. In der Rieck-Halle sind wechselnde Exponate aus der Flick-Sammlung zu sehen.*

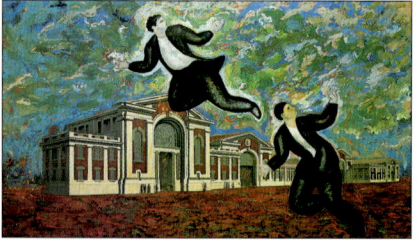

**Genova** *(1980)*
*Das Gemälde von Sandro Chia komponiert Gegensätze wie einen detailgenau gezeichneten Renaissance-Palast, einen farbenfrohen, bewegten Himmel und zwei schwebende Figuren.*

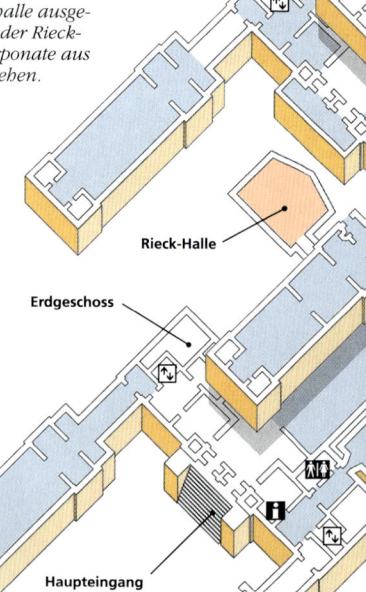

Erster Stock

Rieck-Halle

Erdgeschoss

Haupteingang

**Ohne Titel** *(1983)*
*Keith Harings Arbeiten beschränken sich auf einfachste Ausdrucksmittel und machen Anleihen bei Graffiti, Comics und Holzschnitten.*

**Ohne Titel** (1990)
In den 1980er Jahren kehrte Cy Twombly wieder zu seiner Vorliebe für Pink zurück und ließ sich von der Natur und den alten Meistern inspirieren.

**INFOBOX**

Invalidenstraße 50–51. **Stadt-plan** 6 D1. 🅤 🅢 Hauptbahnhof. 🚌 TXL, 245. ☎ 39 78 34 11. ⏰ Di–Fr 10–18 Uhr, Sa 11–20 Uhr, So 11–18 Uhr. ⬤ 1. Jan, Di nach Ostern und Pfingsten, 24., 25., 31. Dez. 🎫 ♿ 🚻 🎒 📷 🖼 www.hamburgerbahnhof.de

**Bourgeois Bust – Jeff and Ilona** (1991)
Jeff Koons' Marmorbüste im Stil des Rokoko stellt ihn selbst mit seiner damaligen Frau Ilona, besser bekannt als »La Cicciolina«, dar: eine gewollt prätentiöse und schrille Skulptur.

Zweiter Stock

**Not wanting to say anything about Marcel** (1969)
Die Arbeit fertigte John Cage nach dem Tod seines Freundes, des berühmten Künstlers Marcel Duchamp.

★ **Mao** (1973)
Mit dem bekannten Porträt erhob Andy Warhol den kommunistischen Staatsmann einst zur Pop-Ikone.

**First Time Painting** (1961)
Das Werk Robert Rauschenbergs entstand in der Zeit, als der Künstler mit John Cage am Black Mountain College zusammenarbeitete.

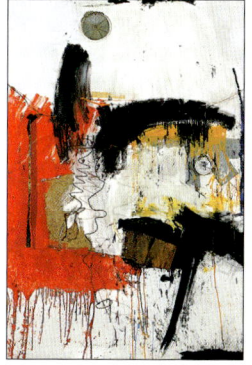

**LEGENDE**

▢ Ausstellungsfläche

▢ Flick-Sammlung

**NICHT VERSÄUMEN**

★ Mao

★ Richtkräfte

# TIERGARTEN

Das ehemalige Jagdrevier wurde im 18. Jahrhundert in einen Park umgewandelt. Im 19. Jahrhundert entstanden viele Gebäude am Potsdamer Platz, von denen die meisten während des Zweiten Weltkriegs zerstört wurden. Danach veränderte die Teilung der Stadt den Charakter des Areals völlig. Der Tiergarten endete an der Westseite der Mauer und kam erst mit dem Bau des Kulturforums und des Hansaviertels zu neuen Ehren. Das Areal um den Potsdamer Platz fiel an Ostberlin und war lange Zeit ungenutztes Niemandsland. Nach der Wiedervereinigung wurde es Schauplatz einer interessanten Stadtplanung. Mit den Regierungsbauten rund um das Reichstagsgebäude liegt der Tiergarten jetzt wieder im Zentrum der Stadt.

**Statue, Straße des 17. Juni**

## SEHENSWÜRDIGKEITEN AUF EINEN BLICK

**Museen und Sammlungen**
Bauhaus-Archiv 14
Bendlerblock (Gedenkstätte Deutscher Widerstand) 12
*Gemäldegalerie S. 122–125* 8
Kunstbibliothek 6
*Kunstgewerbemuseum S. 118–121* 4
Kupferstichkabinett 5
Musikinstrumenten-Museum 2
Neue Nationalgalerie 9

**Viertel, Plätze und Parks**
Diplomatenviertel 15
Großer Stern 17
Hansaviertel 19
*Potsdamer Platz S. 128–131* 10
Regierungsviertel 22
Tiergarten 16

**Historische Gebäude**
Haus der Kulturen der Welt 21
Philharmonie und Kammermusiksaal 3
Reichstagsgebäude 23
St.-Matthäus-Kirche 7
Schloss Bellevue 20
Shell-Haus 11
Staatsbibliothek 1
Villa von der Heydt 13

**Denkmäler**
Siegessäule 18
Sowjetisches Ehrenmal 24

◁ **Eine der idyllischen Wasserflächen im Tiergarten**

# Im Detail: Um das Kulturforum

**Skulptur von Henry Moore**

Erstmals erwog man 1956, in Westberlin ein neues Kulturzentrum zu schaffen. Den Anfang bildete 1963 das innovative Gebäude der Berliner Philharmonie, gebaut nach Plänen von Hans Scharoun. Die meisten anderen Projekte des Kulturforums wurden zwischen 1961 und 1987 realisiert. Manche Entwürfe stammten von so prominenten Architekten wie Ludwig Mies van der Rohe. Heute streben jedes Jahr Millionen von Besuchern in das neue Kulturforum.

**★ Kunstgewerbe-museum**
*Zur Sammlung gehört dieser Humpen mit reichen Verzierungen aus Silber und Elfenbein, entstanden um 1640 in einer Augsburger Werkstatt.* 4

**Kupferstichkabinett**
*Zur umfangreichen Sammlung von Zeichnungen und Drucken gehört auch das Porträt von Albrecht Dürers Mutter.* 5

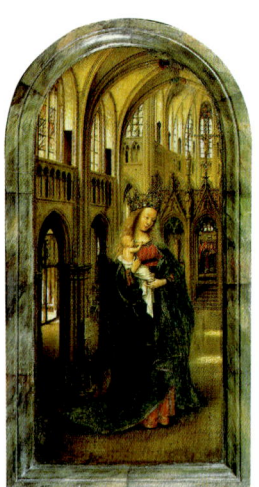

**★ Gemäldegalerie**
*Zu den bedeutendsten Werken alter Meister gehört die* Madonna in der Kirche *(um 1425) von Jan van Eyck.* 8

**Kunstbibliothek**
*Die Kunstbibliothek enthält eine reiche Sammlung von Kunstbänden, Grafiken und Zeichnungen. Etliche sind in den Ausstellungsräumen zu sehen.* 6

**NICHT VERSÄUMEN**

★ Gemäldegalerie

★ Kunstgewerbe-museum

★ Philharmonie

REICHPIETSCHUFER

LANDWEHRKANAL

**Neue Nationalgalerie**
*Skulpturen von Henry Moore und Alexander Calder stehen vor dem modernen Bau von Ludwig Mies van der Rohe.* 9

**LEGENDE**
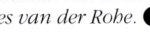 Routenempfehlung

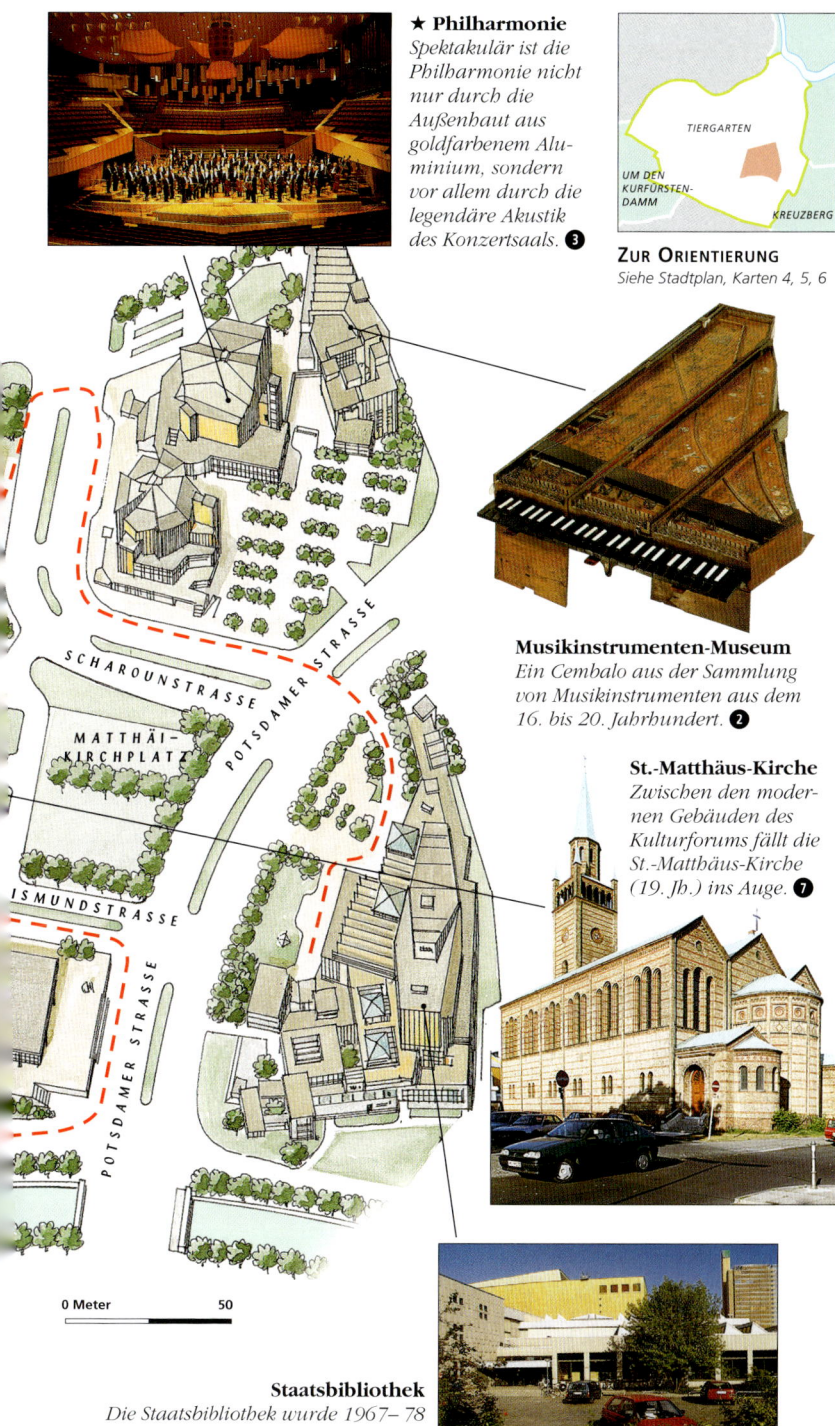

### ★ Philharmonie

*Spektakulär ist die Philharmonie nicht nur durch die Außenhaut aus goldfarbenem Aluminium, sondern vor allem durch die legendäre Akustik des Konzertsaals.* ❸

**ZUR ORIENTIERUNG**
*Siehe Stadtplan, Karten 4, 5, 6*

### Musikinstrumenten-Museum

*Ein Cembalo aus der Sammlung von Musikinstrumenten aus dem 16. bis 20. Jahrhundert.* ❷

### St.-Matthäus-Kirche

*Zwischen den modernen Gebäuden des Kulturforums fällt die St.-Matthäus-Kirche (19. Jh.) ins Auge.* ❼

### Staatsbibliothek

*Die Staatsbibliothek wurde 1967–78 nach Plänen von Hans Scharoun und Edgar Wisniewski erbaut.* ❶

**Stadtplan** *siehe Seiten 300–323*

**Großer Lesesaal der Staatsbibliothek**

# Staats- bibliothek ❶

Potsdamer Straße 33. **Stadtplan** 6 D5. 🚋 26 60. Ⓢ Ⓤ *Potsdamer Platz.* 🚌 *M48, 200, M29.* ⭕ *Mo–Fr 9–21 Uhr, Sa 9–19 Uhr.*

**B**eeindruckend steht es da, das zerklüftete Gebäude mit den golden glänzenden Fassaden- und Dachteilen, das die Berliner salopp »Stabi« nennen. Erforderlich wurde der Bau nach dem Zweiten Weltkrieg, um jene Bestände der alten Staatsbibliothek unterzubringen, die im Westteil der Stadt verblieben waren. Heute beherbergt das Gebäude eine der größten Bibliotheken Europas.

Errichtet wurde der Bau 1967–78 nach den Plänen von Hans Scharoun und Edgar Wisniewski. Ziel und Zweck der Nutzung bestimmten bei der Konzeption die äußere Form. In den Magazinen lagern etwa fünf Millionen Bände und eine wertvolle Manuskriptsammlung. Der riesige Lesesaal erstreckt sich als offener Bereich über mehrere Ebenen und Zonen. Die Geräuschkulisse ist dank der Teppichböden gedämpft, sodass es sich in Ruhe und angenehmer Atmosphäre arbeiten lässt.

Das Haus wurde formell wieder mit der Staatsbibliothek Unter den Linden *(siehe S. 61)* vereinigt.

# Musikinstrumenten- Museum ❷

Tiergartenstraße 1. **Stadtplan** 6 D5. 🚋 25 48 11 78. Ⓢ Ⓤ *Potsdamer Platz.* Ⓤ *Mendelssohn-Bartholdy-Park.* 🚌 *M48, 200.* ⭕ *Di–Fr 9–17 Uhr (Do bis 22 Uhr), Sa, So 10–17 Uhr.* **Wurlitzerorgel-Vorführungen** Sa 12 Uhr. 📷 ♿ 🚻 ⛱

**E**twas versteckt hinter dem Gebäude der Philharmonie liegt das 1979–84 nach Plänen von Hans Scharoun und Edgar Wisniewski errichtete Musikinstrumenten-Museum. Unter seinem Dach befindet sich eine Sammlung von über 750 Instrumenten, die seit 1888 zusammengetragen wurde. Sehr anschaulich wird die Entwicklung der einzelnen Instrumente vom 16. Jahrhundert bis zu ihrer heutigen Form vermittelt. Zu bestaunen sind etwa ein Cembalo von Jean Marius, das sich einst im Besitz Friedrichs des Großen befand, sowie Violinen von Amati und Stradivari.

Einzigartig ist ein Instrument aus der Stummfilmzeit, eine **Wurlitzerorgel** von 1929. Jeden Samstag zieht sie Scharen von Besuchern an, wenn sie ihr immenses Repertoire an Registern aufbietet und gar die Geräusche von Lokomotiven imitiert. An Wochentagen kann man sich den Klang der Exponate vom Band anhören. Zum Museum gehören ferner ein Archiv und eine öffentliche Bibliothek.

# Philharmonie und Kammer- musiksaal ❸

Herbert-von-Karajan-Str. 1. **Stadtplan** 6 D5. 🚋 254 88-999. Ⓤ Ⓢ *Potsdamer Platz.* Ⓤ *Mendelssohn-Bartholdy-Park.* 🚌 *M48, 200.* **www**.berliner-philharmoniker.de

**D**ie Spielstätte der berühmten Berliner Philharmoniker gehört zu den kühnsten Meisterstücken der europäischen Nachkriegsarchitektur. Die zwischen 1960 und 1963 nach Entwürfen von Hans Scharoun gebaute Philharmonie sollte bahnbrechend für die moderne Gestaltung von Konzertsälen sein. In der Mitte des fünfeckigen Saals befindet sich das Orchesterpodium. Darüber erheben sich, über den unteren Ecken versetzt, die Emporen für die Zuhörer. Den inneren Aufbau spiegelt auch das Dach wider, denn es erinnert an

**Die spektakuläre Fassade der Philharmonie und des Kammermusiksaals**

ein Zirkuszelt. Die Außenhaut aus golden schimmerndem Aluminium erhielt der Bau erst zwischen 1978 und 1981.

Die Berliner Philharmoniker wurden im Jahr 1882 gegründet. Das Orchester hatte so illustre Dirigenten wie Hans von Bülow, Wilhelm Furtwängler, Herbert von Karajan (der es von 1955 bis zu seinem Tod 1989 leitete) und Claudio Abbado. Seit 2002 ist Simon Rattle Chefdirigent der Philharmoniker.

Seinen weltweiten Ruf verdankt das Orchester nicht nur seinen hervorragenden Konzerten, sondern auch seinen auflagenstarken Plattenproduktionen.

Zwischen 1984 und 1988 fügte Edgar Wisniewski den Kammermusiksaal an. Er orientierte sich dabei an den Skizzen Scharouns. Der angegliederte Bau rundet das Ensemble ästhetisch ab, indem er die zeltähnliche Dachstruktur der Philharmonie aufnimmt.

## Kunstgewerbemuseum ❹

*Siehe S. 118–121.*

## Kupferstichkabinett ❺

Matthäikirchplatz 8. **Stadtplan** 5 C5. 📞 266 29 51. Ⓢ Ⓤ *Potsdamer Platz.* Ⓤ *Mendelssohn-Bartholdy-Park.* 🚌 *M48, 200.* **Ausstellung** *Di–Fr 10–18 Uhr, Sa, So 11–18 Uhr.*
🖼️ ♿ 🏛️ 📷 🚫
**www.**kupferstichkabinett.de

Das Museum am Kulturforum beherbergt seit 1994 die zusammengeführten Kupferstichsammlungen aus dem Ost- und dem Westteil der Stadt. Die ersten Stiche hatte bereits der Große Kurfürst ab 1652 zusammengetragen. Der Öffentlichkeit ist die Sammlung seit 1831 zugänglich. Trotz mancher Verluste im letzten Krieg ist der Bestand riesig. Er umfasst 2000 Druckplatten, über 520 000 Drucke und mindestens 80 000 Zeichnungen und Aquarelle. Leider kann jeweils nur ein Teil der Schätze ausgestellt werden.

**Edvard Munchs** *Mädchen am Strand* **(kolorierte Lithografie)**

So verfügt das Museum nicht über eine Dauerausstellung, sondern nur über wechselnde kleine Ausstellungen. Wer sich jedoch für bestimmte Objekte interessiert, kann sich diese – nach rechtzeitiger Vereinbarung – vom Magazin in die Galerie holen lassen.

Zu den Beständen gehören Werke aller bedeutenden Künstler vom Mittelalter bis zur Neuzeit. Umfangreich vertreten sind die Arbeiten von Botticelli (darunter seine Illustrationen zur *Göttlichen Komödie*), Dürer, Rembrandt und den holländischen Meistern, Watteau, Goya, Daumier und von den Vertretern der Künstlergruppe »Die Brücke«.

## Kunstbibliothek ❻

Matthäikirchplatz 6. **Stadtplan** 5 C5. 📞 266 29 51. Ⓢ Ⓤ *Potsdamer Platz.* Ⓤ *Mendelssohn-Bartholdy-Park.* 🚌 *M48, 200, M29.* **Ausstellungen** *Di–Fr 10–18 Uhr, Sa, So 11–18 Uhr.* **Bibliothek** *Mo–Fr 9–20 Uhr (Lesesaal; Studiensaal bis 16 Uhr).* 🖼️

Die Kunstbibliothek umfasst nicht nur 400 000 publizierte Bände über die Bildenden Künste, sondern auch eine riesige Sammlung von Kunst- und Werbeplakaten sowie eine Reihe von Designstücken. Sehenswert sind zudem die Ausstellung zur Geschichte der Mode sowie eine umfangreiche Sammlung zur Architektur. Zu dieser gehören auch ca. 30 000 Origi-

nalpläne und Zeichnungen von Architekten wie Balthasar Neumann, Erich Mendelsohn und Paul Wallot.

Die Ausstellungen sind im Lesesaal und den Studios zu sehen, ein weiterer Teil kann in den Galerien der Bibliothek besichtigt werden.

## St.-Matthäus-Kirche ❼

Matthäikirchplatz. **Stadtplan** 5 C5. 📞 262 12 02. Ⓢ Ⓤ *Potsdamer Platz.* Ⓤ *Mendelssohn-Bartholdy-Park.* 🚌 *M48, 200, M29.* ⏰ *Di–So 12–18 Uhr und während der Messe.*

Die St.-Matthäus-Kirche stand einst mitten auf einem kleinen Platz und war von Wohnhäusern umgeben. Nach dem Zweiten Weltkrieg wurde sie wiederaufgebaut. Heute steht die Kirche im Zentrum der Gebäude des Kulturforums.

Der Sakralbau wurde zwischen 1844 und 1846 nach einem Entwurf von Friedrich August Stüler und Hermann Wentzel im neoromanischen Stil errichtet. Jedes der drei Kirchenschiffe besitzt ein Satteldach. Den östlichen Abschluss der Schiffe bilden halbkreisförmige Apsiden. Die Kirchenfassade ist mit roten und gelben Klinkersteinen kontrastreich gestaltet. Inmitten des Ensembles von ultramoderner, extravaganter Architektur am Kulturforum wirkt diese Kirche aus dem 19. Jahrhundert mit ihrem schlanken Turm fast als Kuriosum.

**Die St.-Matthäus-Kirche mit ihrem kontrastreichen Mauerwerk**

# Kunstgewerbemuseum ❹

**Figur aus Meißner Porzellan**

Das Kunstgewerbemuseum beher-bergt Kunstgegenstände vieler Handwerksberufe von der Zeit des Mittelalters bis zur Neuzeit. Stark vertreten sind Gold- und andere Schmiedearbeiten sowie Expo-nate aus dem Mittelalter. Zu den kostbarsten Schätzen gehören die Goldschmiedearbeiten aus dem Kirchenschatz von Enger bei Her-ford und der Welfenschatz von Braunschweig. Besonders stolz ist man auf die Sammlung von Silberschmiedearbeiten der Spätgotik und Re-naissance, zu der das Lüneburger Ratssilber gehört. Sehenswert sind auch die italienischen Majoliken, die Beispiele deutscher, französischer und italienischer Glaskunst sowie kostbares Porzellan und Möbelstücke.

★ **Reliquienschrein mit Kuppel**
*(1175–80)*
*Der tempelartige Schrein ist Teil des Braunschweiger Welfen-schatzes. Seine Figuren sind aus Walrossbein geschnitzt.*

**Minneteppich** *(um 1430)*
*Berühmt sind die Motive zur mittelalterlichen Minne. Umgeben von Fabelwesen, unterhalten sich Liebes-paare über Themen wie Un-treue, nachzulesen auf den Bändern, die sie halten.*

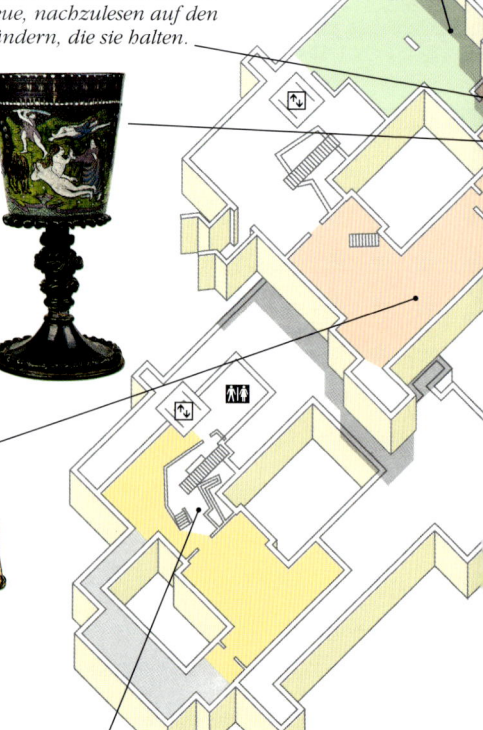

**Haupt-eingang**

★ **Kelch** *(um 1480)*
*Den gotischen Kelch, ein Beispiel venezianischer Glaskunst, zieren Darstellungen von Adam und Eva.*

**Lüneburger Löwe** *(1540)*
*Der Silberkrug in Löwengestalt ist Teil des Lüneburger Ratssilbers. Er stammt aus der Werkstatt von Joachim Worm.*

**Untergeschoss**

## INFOBOX

Herbert-von-Karajan-Straße 10.
**Stadtplan** 6 D5. 📞 266 29 51.
🚇 Ⓢ Potsdamer Platz.
🚇 Mendelssohn-Bartholdy-Park.
🚌 M48, 200. 🕐 Di–Fr
10–18 Uhr, Sa, So 11–18 Uhr.
⬤ Di nach Ostern und
Pfingsten, 24., 25., 31. Dez.
♿ 🅿 ✈ 🚫 👫 📷
**www**.smb.spk-berlin.de/kgm

**Kandelaber** *(1900)*
*Ein bedeutendes Beispiel
des Jugendstils aus
Elfenbein, Silber und
Onyx: Es stammt von
den belgischen Künst-
lern Egide Rombaux
und Frans Hoosemans.*

**Zweiter Stock**

**Brautkleid** *(um 1780)*
*Das Rokoko-Brautkleid
aus Brokat mit Spitzen-
kragen und -ärmeln
gehörte der Breslauerin
Eleonor Schuster.*

**Erster Stock**

**★ Harlekingruppe** *(um 1740)*
*Die filigranen dekorativen
Figuren aus Meißner Porzellan
sind nur einer der Höhepunkte
aus der Barockabteilung und
dem Kuriositätenkabinett im
zweiten Stock.*

**Erdgeschoss**

## LEGENDE

- 🟩 Mittelalter
- 🟧 Renaissance
- 🟩 Barock
- 🟪 Klassizismus, Jugendstil
- 🟨 20. Jahrhundert
- ⬜ Wechselausstellungen

## KURZFÜHRER

*Der Eingang zum Museum
und der Informationsstand
befinden sich im ersten
Stock. Im Souterrain ist die
Ausstellung zeitgenössischen
Designs, im Erdgeschoss
sind Exponate aus Mittel-
alter und Renaissance, im
zweiten Stock solche von
der Renaissance bis zum
Jugendstil zu sehen.*

## NICHT VERSÄUMEN

★ Harlekingruppe

★ Kelch

★ Reliquienschrein
mit Kuppel

# Kunstgewerbemuseum: Sammlungen

**B**ei seiner Eröffnung im Jahr 1867 war das Kunstgewerbemuseum das erste seiner Art in Deutschland. Anfangs hatte man die Sammlung im Martin-Gropius-Bau *(siehe S. 140)* untergebracht, später, von 1919 bis 1939, im Stadtschloss *(siehe S. 74)*, danach in Schloss Charlottenburg *(siehe S. 160f)*. Das heutige Domizil wurde zwischen 1978 und 1985 von Rolf Gutbrod erbaut. Ein Teil der Kollektion ist im Schloss Köpenick zu sehen *(siehe S. 175)*.

**Anhänger mit Christus-Darstellung**

## MITTELALTER

**E**ine große Rolle in dieser Sammlung spielt die religiöse Kunst. Ein Reliquienschrein aus dem 8. Jahrhundert in Form einer Börse (jenes Behältnisses, in dem bei katholischen Messen das weiße Leinentuch aufbewahrt wird, auf dem Brot und Wein dargeboten werden) stammt aus dem Kirchenschatz von Enger in Westfalen. Weitere Reliquienschreine, viele davon in Form eines Kreuzes, datieren aus dem 11. und 12. Jahrhundert. Zwei der interessantesten sind das Heinrichskreuz, ein Geschenk Kaiser Heinrichs II. an das Münster von Basel, und das Welfenkreuz aus dem Welfenschatz von Braunschweig. Aus demselben Schatz kommt auch ein wunderschöner Reliquienschrein mit Kuppel in Form eines kleinen Tempels und ein tragbares Altarbild. Diese Emailarbeit fertigte Eilbertus von Köln um 1150.

Zu den Schaustücken aus der Gotik (12.–16. Jh.) gehört das St.-Georgs-Reliquiar aus Elbing, das um 1480 entstanden ist. An Zeugnissen weltlicher Kunst aus dieser Zeit sind diverse Schatullen, Gefäße, ein Spiegel, ein Ritteramulett und der berühmte Minneteppich zu sehen. Auf diesem Teppich sind Liebesszenen abgebildet. Das Kunstwerk war jedoch nicht nur Dekoration, sondern schützte als Wandbehang vor Zugluft.

## RENAISSANCE

**U**mfangreich ist die Sammlung von Renaissance-Kunst. Besonders wertvoll sind die italienischen Majoliken, feine Tonerzeugnisse mit einer Glasur aus Metalloxiden, die im 15. Jahrhundert aus Mallorca in die Toskana gelangten. Das 16. Jahrhundert war eine Blütezeit der Fayencetechnik. Einige der gezeigten Stücke wurden in den Werkstätten in Faenza, Urbino und Siena gebrannt. Sehenswert sind ferner die venezianischen Glasstücke aus dem 15. und 16. Jahrhundert, Porzellan aus Limoges sowie erlesene Möbel und Wandteppiche. Das Glanzstück der Sammlung ist das Lüneburger Ratssilber mit seinen 32 reich verzierten Bechern, Schalen und Krügen, welches das Museum 1874 erworben hat.

**Reliquienkreuz (11. Jh.)**

Die Meisterschaft, zu der es die Lüneburger Silberschmiede mit diesem vergoldeten Tafelsilber (einige Stücke mit fantasievollen Löwengestalten) brachten, ist immer noch verblüffend. Doch auch die Stücke von Nürnberger Handwerksmeistern wie Wenzel Jamnitzer und seinem Neffen Christoph erstaunen.

Dank der Kunstkammern (Kuriositätenkabinette), die im 16. Jahrhundert in Mode kamen, umfasst die Sammlung auch naturalistische und exotische Stücke aus anderen Kulturen sowie ungewöhnliche Gebrauchsgegenstände. Auch sehenswert: die Teile des Pommer'schen Kunstschranks, die für Herzog Philipp II. von Pommern-Stettin hergestellt wurden, oder die Uhren aus dem 17. Jahrhundert und die wissenschaftlichen Instrumente.

## BAROCK

**Z**u den Schätzen aus der Zeit des Barock gehört eine überaus erlesene Sammlung deutscher und böhmischer Glaskunst. Einige Stücke bestehen aus sogenanntem Rubinglas, einem Herstellungsverfahren, das Johann Kunckel im 17. Jahrhundert erfunden hat.

Zur umfangreichen Kollektion von Keramik aus dem 18. Jahrhundert gehören u. a. viele deutsche Fayencen, darunter lustig verzierte Krüge und Humpen. Die Porzellanabteilung beginnt mit etlichen Stücken, die Johann Friedrich

*Der Triumph der Liebe, ein Wandteppich aus dem 16. Jahrhundert*

**Intarsienarbeiten (um 1610–17) des Pommer'schen Kunstschranks**

Böttger, Pionier der europäischen Porzellanherstellung, mit Ehrenfried Walther von Tschirnhaus geschaffen hat.

Außer einigen der feinsten Porzellanstücke aus anderen Manufakturen Europas spielt natürlich die Präsentation von Meißner Porzellan eine bedeutende Rolle. Zu sehen sind u.a. Werke von Johann Joachim Kändler, einem der größten Meister aus Meißen. Natürlich sind auch Schaustücke aus der Königlichen Porzellan-Manufaktur *(siehe S. 133)* vertreten. Sie wurde bekannt für ihr Porzellan mit Berliner Stadtansichten.

Ergänzt wird die Sammlung durch Beispiele der im Europa des 18. Jahrhunderts so beliebten Chinoiserien. Besonders beeindruckt der im chinesischen Stil gehaltene Raum, der einst für den Palazzo Graneri in Turin vorgesehen war.

## KLASSIZISMUS UND JUGENDSTIL

Nahezu erschöpfend ist die Sammlung von Kunstgegenständen aus dem späten 18. und frühen 19. Jahrhundert mit ihrem Porzellan aus den berühmtesten Werkstätten Europas und Russlands, dem französischen und deutschen Tafelsilber, der Glaskunst und den Möbeln.

Der Klassizismus war im 19. Jahrhundert die prägende Stilrichtung in Mitteleuropa, wie sich an den vielen Exponaten dieser Abteilung unschwer erkennen lässt. Von den überragenden Fertigkeiten der Wiener Handwerker zeugen die hier vorhandenen Beispiele ihrer Glaserzeugnisse und Schmuckstücke.

Besonders interessant sind auch die Möbelstücke aus Pappmaschee. Diese ungewöhnliche Technik wurde in England um 1850 entwickelt: Man fertigte einen Holz- oder Drahtrahmen, der mit zahlreichen Lagen aus eingeweichtem Papier ummantelt wurde. Bewundernswert sind die Beispiele ausgefeilter Maltechniken und Intarsien aus Perlmutt.

Der Jugendstil (zwischen 1890 und 1910) ist mit vielen Beispielen vertreten. Hierzu

**Barockuhr (1739) von Johann Gottlieb Graupner**

gehören Werke von Henry van de Velde und Eugène Gaillard – etliche dieser Stücke haben bei den damals aufkommenden Weltausstellungen Aufsehen erregt. Ebenfalls nicht entgehen lassen sollte man sich die Vasen der französischen Meister Émile Gallé und Louis Tiffany sowie die erlesenen und legendären Schmuckstücke von René Lalique.

Äußerst originell sind zwei Möbelstücke aus dem Jahr 1885, die der exzentrische italienische Designer Carlo Bugatti entwarf. In Anlehnung an die islamische Kunst verwendete Bugatti kostbare Hölzer für wertvolle Intarsienarbeiten.

## DAS 20. JAHRHUNDERT

Zwischen dem Ersten und dem Zweiten Weltkrieg gab es eine Reihe gegenläufiger Stilrichtungen. Während einige Künstler in der Tradition des 19. Jahrhunderts weiterarbeiteten, entwickelten andere neue Perspektiven für Formen und Dekors. In dieser Abteilung stehen Stücke, die genau diese Tendenzen verkörpern, doch der Schwerpunkt liegt auf Art déco. Bemerkenswert sind daher ein kleines Teeservice aus Porzellan von Gertrud Kant und ein silbernes Kaffeeservice mit Elfenbeinintarsien von Jean Puiforcat.

**Jugendstil-Vase (1900) von Émile Gallé**

Die Sammlung des 20. Jahrhunderts konnte seit 1945 ständig erweitert werden. Mit weiteren Ankäufen sollen die Stilrichtungen künftig noch deutlicher illustriert werden. Bereits heute sind eine Reihe dekorativer Keramiken, seltene Möbel und Gebrauchsgegenstände sowie eine faszinierende Sammlung von Uhren und Radios zu sehen.

# Gemäldegalerie ➑

D as Außergewöhnliche an diesem Museum ist die durchweg hohe Qualität der Bilder. Im Gegensatz zu anderen Sammlungen wurden die Stücke von Experten zusammengetragen, die seit dem Gründungsjahr 1830 systematisch Beispiele aller großen europäischen Schulen aufkauften. Einst gehörten die Bilder zu den Beständen des Alten Museums *(siehe S. 75).* 1904

*Frau mit Flügelhaube von Rogier van der Weyden*

wurden sie als eigenständige Sammlung ins Bode-Museum *(siehe S. 79)* gebracht. 1945, nach der Teilung Berlins, blieb ein Teil davon im Bode-Museum, die meisten Bilder wurden jedoch in die Dahlemer Museen *(siehe S. 178f)* überführt. Nach der Wiedervereinigung konnte man die Bestände in dem neuen Gebäude am Kulturforum zusammenführen.

★ *Amor als Sieger (1602)*
*In Anlehnung an* Omnia vincit Amor *von Vergil malte Caravaggio einen Liebesgott, der die Symbole von Kultur, Ruhm, Wissen und Macht mit Füßen tritt.*

*Madonna mit dem Kind und singenden Engeln (um 1477)*
*Madonnenbilder zählten zu den Lieblingsmotiven Sandro Botticellis. Hier ist die Muttergottes mit dem Kind von Lilien tragenden Engeln umgeben.*

**Eingangs-rotunde**

*Geburt Christi (um 1480)*
*Das wundervolle Altarbild von Martin Schongauer ist eines der wenigen erhaltenen Beispiele seiner Kirchenbilder.*

*Bildnis Hieronymus Holzschuhers (1529)*
*Ein liebevoll gestaltetes Porträt des Nürnberger Bürgermeisters und Freundes von Dürer.*

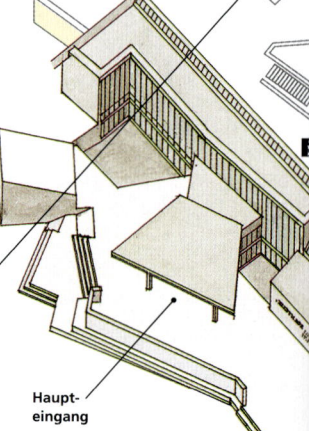

**Haupteingang**

### Das Glas Wein
*(um 1658–61)*
*Geschickt komponierte*
*Jan Vermeer die Szene*
*mit einer jungen Frau,*
*die mit einem jungen*
*Mann Wein trinkt,*
*und spielt damit de-*
*zent auf den Beginn*
*einer Beziehung an.*

## INFOBOX

Matthäikirchplatz 4–6.
**Stadtplan** 5 C5. 📞 *266 42 34*
*01.* Ⓢ Ⓤ *Potsdamer Platz.*
🚌 *M29, M41, M48, M85, 200,*
*347.* 🕐 *Di–So 10–18 Uhr (Do*
*bis 22 Uhr).* ⚫ *Di nach Ostern*
*und Pfingsten, 1. Mai, 24., 25.,*
*31. Dez.* 🖼 🎧 🍴 🎫 🛗♿ ♿
🚫 📷
www.gemaeldegalerie-berlin.de

### Die französische Komödie
*Das Gegenstück zu diesem*
*Gemälde ist* Die italienische
Komödie *(siehe S. 23). Beide*
*Werke stammen von Antoine*
*Watteau (1684–1721).*

### ★ Bildnis der Hendrickje
### Stoffels *(1656/57)*
*Bei dem Porträt seiner Geliebten*
*Hendrickje Stoffels zeigt Rembrandt*
*einmal mehr, wie stark er sich auf*
*das Sujet konzentriert, ohne sich*
*um den Hintergrund zu kümmern.*

## LEGENDE

🟨 Deutsche Malerei
des 13. bis 16. Jahrhunderts

🟪 Deutsche und französische
Malerei (14.–16. Jh.)

🟨 Flämische und niederländische
Malerei des 17. Jahrhunderts

⬜ Französische, englische und
deutsche Malerei (18. Jh.)

🟩 Italienische Malerei (17./18. Jh.),
deutsche, französische und
spanische Malerei (17. Jh.)

⬜ Italienische Malerei (13.–16. Jh.)

🟥 Miniaturen (16.–18. Jh.)

⬜ Digitale Galerie

⬛ Kein Ausstellungsbereich

## KURZFÜHRER
*Die rund 1000 Meisterwerke sind nach*
*Herkunftsland und Periode geordnet.*
*Ergänzt wird die Sammlung durch die*
*etwa 400 Exponate der Studiengalerie im*
*Sockelgeschoss und die digitale Galerie.*

## NICHT VERSÄUMEN

★ Amor als Sieger

★ Bildnis der
Hendrickje Stoffels

★ Niederländische
Sprichwörter

### ★ Niederländische Sprichwörter *(1559)*
*Mehr als hundert Sprichwörter illustrierte*
*Pieter Bruegel d. Ä. auf diesem Gemälde.*

# Gemäldegalerie: Sammlungen

Das von Heinz Hilmer und Christoph Sattler entworfene moderne Gebäude der Gemäldegalerie bietet mit seiner Ausstellungsfläche einen adäquaten Rahmen für die Bilder. Diffuses Tageslicht von oben lässt die Kunstwerke optimal zur Geltung kommen. Die mit lichtabsorbierendem Stoff verkleideten Wände schaffen den idealen Hintergrund. Die große Halle in der Mitte erlaubt dem Besucher nach den Besichtigungen eine Verschnaufpause und erzeugt mit ihrer futuristischen Brunneninstallation von Walter de Maria eine Atmosphäre für meditative Momente.

**Malle Babbe** (um 1629/30) von **Frans Hals**

**Bildnis des Kaufmanns Georg Gisze** (1532), Hans Holbein d. J.

## DEUTSCHE MALEREI

Die deutsche Malerei ist auf mehrere Säle verteilt. Die erste Gruppe umfasst Gemälde vom 13. bis zum 16. Jahrhundert. Ein rechteckiges Altarbild aus Westfalen (13. Jh.) ist Bestandteil einer Gruppe von religiösen Darstellungen. Zu weiteren Werken mit religiösen Themen gehören die aus dem 15. Jahrhundert stammenden Seitentafeln des Hans Multscher zugeschriebenen Wurzacher Altars, die anschaulich die Leiden Christi sowie das Leben der Jungfrau Maria darstellen. Eine Rarität ist die *Geburt Christi* von Martin Schongauer, der vor allem als Zeichner gilt, aber einer der bedeutendsten Maler des ausgehenden 15. Jahrhunderts war.

Albrecht Dürer war einer der herausragenden Renaissance-Maler Europas. Zu seinen hier ausgestellten Werken gehören die 1506 während eines Italien-Besuchs gemalte *Madonna mit dem Zeisig* sowie zwei spätere Porträts Nürnberger Persönlichkeiten.

Gezeigt werden auch Bilder von Hans Süss von Kulmbach, Hans Baldung, gen. Grien, und Albrecht Altdorfer. Zu den vielen Werken von Lucas Cranach d. Ä. gehört *Der Jungbrunnen*, dem alte Frauen jung und schön entsteigen. Ein weiteres großartiges Gemälde in dieser Abteilung ist das Porträt des Danziger Kaufmanns Georg Gisze, das Hans Holbein d. J. malte, als beide Männer in London lebten.

Gemälde aus dem 17. und 18. Jahrhundert, darunter Arbeiten von Adam Elsheimer und Johann Heinrich Tischbein, sind an anderen Stellen zu sehen.

## NIEDERLÄNDISCHE UND FLÄMISCHE MALEREI

Diesen Ausstellungsteil leiten beeindruckende Gemälde von Jan van Eyck ein. Außer seinen präzise ausgeführten Porträts ist hier die berühmte *Madonna in der Kirche* zu besichtigen.

Auch die Werke von Petrus Christus und von Rogier van der Weyden zählen zu den Klassikern. Unter den Bildern von Hugo van der Goes ist *Die Anbetung der Könige*, einst Mittelstück eines Triptychons, das wertvollste.

Die Abteilung enthält vier Werke von Hans Memling sowie das kleine Bild *Maria mit dem Kind*, gemalt von Michel Sittow, einem seiner Schüler. Auch sind mehrere Bilder von Gerard David, Jan Gossaert und Joos van Cleve zu besichtigen. Ausschau halten sollte man nach einem kleinen Bild von Hieronymus Bosch mit dem Titel *Johannes auf Patmos*.

Zu den bemerkenswerten Gemälden dieser Abteilung gehören die *Niederländischen Sprichwörter* von Pieter Bruegel d. Ä. Um die Meisterschaft und den Humor dieses Werks voll zu würdigen, sollte man auf einer dazugehörigen Tafel die Erklärungen zu den etwa hundert hier dargestellten Sprichwörtern lesen. In der großen Sammlung flämischer Gemälde ist die barocke

**Holländische Landschaft mit Raubzug** (1656), Salomon van Ruysdael

Vitalität der Gemälde zu bestaunen – vor allem in Bildern von Peter Paul Rubens, Jacob Jordaens, Jan Bruegel und Frans Snyders. Die Porträts von Anthonis van Dyck, der vielschichtige, psychologisch aufschlussreiche Studien fertigte, zeigen den Künstler auf der Höhe seines Schaffens.

Der Saal mit den Bildern niederländischer Maler des 17. Jahrhunderts exponiert die wahrscheinlich kostbarsten Stücke des Museums. Zu ihnen gehören die Porträts von Frans Hals, die seine außergewöhnliche Begabung besonders klar veranschaulichen. Ein herausragendes Beispiel seiner vielfältigen Fähigkeiten ist *Malle Babbe* (um 1629/30), ein Porträt der »törichten Babette« von Haarlem.

Die Werke von Jan Vermeer und Rembrandt erwecken das größte Interesse. Zu Rembrandts Werken gehören *Simson und Delila*, *Susanna und die beiden Alten* sowie *Joseph und Potiphars Frau*. Auch *Der Mann mit dem Goldhelm* wurde ursprünglich Rembrandt zugeschrieben. Mit der Radiokarbonmethode konnte jedoch festgestellt werden, dass das Bild von Schülern seines Ateliers stammt – ein Beleg seiner Fähigkeiten als Lehrer.

*Der Zeichner* (1737) von
**Jean Baptiste Siméon Chardin**

## FRANZÖSISCHE, ENGLISCHE UND SPANISCHE MALEREI

F ranzösische Kunst ist auf mehrere Säle verteilt. Gemälde aus dem 15. und 16. Jahrhundert werden neben der niederländischen Malerei aus dieser Zeit gezeigt. Die ältesten

Werke datieren vom frühen 15. Jahrhundert. Die *Madonna mit Engeln* (um 1410) gehört zu den ältesten noch erhalten gebliebenen Kunstwerken, die auf Leinwand gemalt sind. Eine der wertvollsten französischen Arbeiten ist Jean Fouquets *Étienne Chevalier mit dem heiligen Stephanus*, die die linke Hälfte des Diptychons aus der Kirche von Melun bildet und zu den wenigen Gemälden Fouquets gehört, die nicht als Miniaturen ausgeführt wurden.

Nicolas Poussin als Beförderer der klassischen Tradition sowie Claude Lorrain, berühmt für seine Landschaften, vertreten die französische Malerei des 17. Jahrhunderts. Die des 18. Jahrhunderts ist durch Antoine Watteau, Jean Baptiste Siméon Chardin und François Boucher repräsentiert.

Werke spanischer und englischer Maler sind rar. Dennoch finden sich ein Porträt von Velázquez sowie einige Porträts von Joshua Reynolds und Thomas Gainsborough.

*Lady Sunderlin* (1786) von
**Joshua Reynolds**

*Venus mit dem Orgelspieler* (1550–52) von Tizian

## ITALIENISCHE MALEREI

D ie Abteilung italienischer Gemälde ist recht umfassend. Man findet beispielgebende Werke von Meistern des 14. Jahrhunderts, darunter *Die Grablegung Mariä* und Teile der *Szenen aus dem Leben des heiligen Humilitas* von Pietro Lorenzetti. Die Gemälde von Piero della Francesca, Fra Angelico, Masaccio, Andrea del Verrocchio, Sandro Botticelli und Antonio del Pollaiuolo repräsentieren das 15. Jahrhundert. Hier sind auch noch Spätwerke von Raffael zu finden, darunter die *Madonna Colonna* und die *Madonna Terranuova*, die er um 1505 gemalt hat. Ebenso sind Werke des venezianischen Renaissance-Malers Giovanni Bellini zu sehen.

Die venezianische Schule ist gut vertreten. Giorgiones *Bildnis eines jungen Mannes* ist eine kraftvolle Studie. Des Weiteren hängen hier Tizians *Venus mit dem Orgelspieler* und Tintorettos *Maria mit dem Kind*. Es lohnt sich, Vergleiche anzustellen zwischen Caravaggios *Amor als Sieger* mit seiner ausgesprochen menschlichen Sexualität und der spirituellen Orthodoxie von Giovanni Bagliones *Der himmlische Amor besiegt den irdischen Amor*. Bei aller Stilähnlichkeit der Gemälde zeugen sie doch von entgegengesetzten Weltanschauungen. Kardinal Giustiniani, dessen Bruder Caravaggios umstrittenes Gemälde besaß, gab eines bei Baglione in Auftrag. Arbeiten von Tiepolo, Guardi und Canaletto vertreten exemplarisch die venezianische Malerei des 18. Jahrhunderts.

Karl Schmidt-Rottluffs *Bauernhof in Daugart* (1910), Neue Nationalgalerie

# Neue Nationalgalerie ❾

Potsdamer Straße 50. **Stadtplan** 5 C5. ☎ 266 42 32 60. Ⓤ Ⓢ *Potsdamer Platz.* 🚌 M29, M41, M48, 200. ◯ Di, Mi, So 10–18, Do 10–22, Fr, Sa 10–20 Uhr. ♿ **www**.neue-nationalgalerie.de

Die Sammlung moderner Kunst in der Neuen Nationalgalerie hat eine bewegte Geschichte. Der Kern der Sammlung bestand aus 262 Gemälden (darunter Werke von C. D. Friedrich und K. F. Schinkel), die der schwedische Konsul und Bankier J. H. W. Wagener dem Kronprinzen Wilhelm 1861 vermachte – mit der Bitte um »geeignete Räumlichkeiten«. 1876 wurde auf der Museumsinsel die Nationalgalerie eröffnet. Zu dieser Sammlung kamen auch Werke von Manet, Monet, Renoir und Cézanne – zur Entrüstung des Kaisers.

Im Zug der 1937 beginnenden »kulturellen Säuberungen« beschlagnahmten die Nationalsozialisten einen Großteil der Sammlung. Nach dem Zweiten Weltkrieg entschloss sich die Stadt Berlin dazu, die Sammlung wieder zu vervollständigen, und veranlasste den Bau eines passenden Gebäudes in Westberlin. Damit betraut wurde der ehemalige Beauftragte für moderne Architektur, der damals bereits 75-jährige Mies van der Rohe.

Das Ergebnis war das erste Museum in einem Komplex, der später als Kulturforum bekannt werden sollte.

Die Neue Nationalgalerie ist ein auffällig minimalistisches Gebäude: Die Halle aus Glas wird von einem flachen Stahldach bedeckt, das auf acht Pfeilern ruht. Die ständige Sammlung befindet sich im Untergeschoss, die große Eingangshalle ist Sonderausstellungen vorbehalten.

Die Sammlung umfasst im Wesentlichen Kunst aus dem 20. Jahrhundert, beginnt jedoch bereits mit Künstlern des späten 19. Jahrhunderts wie etwa Edvard Munch, Ferdinand Hodler und Oskar Kokoschka. Auch Werke der deutschen Künstlerbewegung »Die Brücke« sind durch Ernst Ludwig Kirchner (vor allem sein Gemälde »Potsdamer Platz«) und Karl Schmidt-Rottluff gut vertreten.

**Eindrucksvolles Fassadenensemble des Shell-Hauses**

Neben Werken der Bauhaus-Künstler Paul Klee und Wassily Kandinsky finden sich auch Exponate eines krassen Realismus, etwa von Otto Dix und George Grosz. Zu den Kernstücken gehören elf Gemälde von Max Beckmann, doch auch berühmte Künstler anderer europäischer Länder sind vertreten: Pablo Picasso und Ferdinand Léger sowie die Surrealisten Giorgio de Chirico, Salvador Dalí, René Magritte und Max Ernst. Die Nachkriegskunst wird u. a. durch Werke von Barnett Newman und Frank Stella repräsentiert. Im Skulpturengarten findet sich ebenfalls eine Vielzahl bedeutender figürlicher und abstrakter Werke.

Nach der Wiedervereinigung wurden der Sammlung einige neue Stücke hinzugefügt. Die neuesten Kunstwerke werden im »Hamburger Bahnhof« *(siehe S. 110f)* ausgestellt, der in ein beeindruckendes Museum umgewandelt worden ist.

# Potsdamer Platz ❿

*Siehe S. 128–131.*

# Shell-Haus ⓫

Reichpietschufer 60–62. **Stadtplan** 5 C5. Ⓤ *Mendelssohn-Bartholdy-Park.* 🚌 M29.

Das Shell-Haus ist ein Kleinod der klassischen Moderne. Es entstand 1930/31 nach Plänen von Emil Fahrenkamp und gehörte zu den ersten Stahlskelettbauten Berlins. Der auffälligste Trakt zieht sich im Zickzack am Landwehrkanal entlang. Auch in der Vertikalen ist das Bürogebäude gestuft: von traditionellen fünf Geschossen bis zu imposanten zehn an der Kreuzung Stauffenbergstraße. Nach schweren Kriegsschäden wurde es langwierig restauriert. Die ausgewogenen Proportionen, die durchgehenden Fensterbänder mit abgerundeten Ecken weisen es als herausragendes Architekturbeispiel der Weimarer Republik aus.

Das ehemalige Reichsmarineamt – heute Teil des Bendlerblocks

# Bendlerblock (Gedenkstätte Deutscher Widerstand) ⓬

Stauffenbergstraße 13–14. **Stadtplan** 5 B5/C5. 🕿 26 99 50 00.
Ⓤ Kurfürstenstraße, Potsdamer
Platz. 🚌 M29, M48. 🕐 Mo–Fr 9–
18 Uhr (Do bis 20 Uhr), Sa, So 10–
18 Uhr. 🕐 1. Jan, 24.–26., 31. Dez.
🖱 www.gdw-berlin.de

Der heute als Bendlerblock
bekannte Komplex aus
den 1930er Jahren besteht aus
einer Reihe Erweiterungsbauten zum Reichsmarineamt.
Während des Zweiten Welt-
kriegs dienten die Gebäude
als Hauptquartier der Wehrmacht. Dort plante auch eine
Gruppe von Offizieren ihr
Attentat auf Hitler. Nachdem
der Anschlag am 20. Juli 1944
fehlgeschlagen war, wurden
Claus Schenk Graf von Stauffenberg als Anführer und die
anderen Beteiligten sofort ver-
haftet. Die meisten von ihnen
wurden im Gefängnis Plötzensee (siehe S. 186) hingerichtet.
General Ludwig Beck wurde

zu einem Selbstmordversuch
gezwungen, der allerdings
fehlschlug. Zusammen mit
Stauffenberg, Friedrich
Olbricht, Werner von Haeften
und Ritter Mertz von Quirn-
heim wurde er schließlich im
Hof des Bendlerblocks er-
schossen.
  Im Hof erinnert ein 1953
von Richard Scheibe geschaffenes Denkmal an die Ereignisse. Im Obergeschoss des
Hauses befindet sich eine
sehenswerte Ausstellung zum
deutschen Widerstand gegen
das Nazi-Regime.

# Villa von der Heydt ⓭

Von-der-Heydt-Straße 18.
**Stadtplan** 11 B1. Ⓤ Nollendorfplatz. 🚌 87, M29.

Die Villa aus der Zeit des
späten Klassizismus ist
eines der wenigen Beispiele
jener Ära, in der der südliche
Tiergarten zu den nobelsten
Wohngegenden der Stadt
gehörte.
  Der Bau entstand 1860/61
nach Plänen von Hermann
Ende und G. A. Linke. Umge-
ben wird er von gepflegten
Parkanlagen, in deren Mitte
die Büsten von Christian
Daniel Rauch und Alexander
von Humboldt stehen. Ur-
sprünglich säumten die von
Reinhold Begas geschaffenen
Büsten die Siegesallee im
Tiergarten. 1967, nach ihrer
Restaurierung, wurde die Villa
Sitz der Stiftung Preußischer
Kulturbesitz, eines der ein-
flussreichsten Kulturgremien
Deutschlands.

Die unverwechselbare Fassade
des Bauhaus-Archivs

# Bauhaus-Archiv ⓮

Klingelhöferstraße 14. **Stadtplan**
11 A1. 🕿 254 00 20. Ⓤ Nollendorfplatz. 🚌 100, M29. 🕐 Mi–Mo
10–17 Uhr. 🖱 Schulklassen nach
Anmeldung frei. 🚻 🖱 🖱 🖱
🖱 www.bauhaus.de

Kaum eine Schule übte auf
Architektur und Design
des 20. Jahrhunderts größeren
Einfluss aus als das Bauhaus.
Die Künstlergruppe unter-
nahm den Versuch, Kunst und
technischen Fortschritt in har-
monischer, ästhetisch anspre-
chender Weise zu verbinden.
1919 von Walter Gropius in
Weimar gegründet, verlegte
das Bauhaus 1925 seinen Sitz
nach Dessau. Viele Architekten und Künstler ließen sich
von seinen Ideen inspirieren.
Zu den Lehrern gehörten Ludwig Mies van der Rohe, Paul
Klee, Wassily Kandinsky,
Theo van Doesburg und
László Moholy-Nagy. 1932
zog die Schule nach Berlin,
1933 wurde sie geschlossen.
  Nach dem Krieg hatte das
Bauhaus-Archiv seinen Sitz in
Darmstadt. Ein Domizil, das
Walter Gropius 1964 für das
Archiv konzipierte, wurde zu
seinen Lebzeiten nicht mehr
verwirklicht. 1971 zog das
Archiv nach Berlin. Es galt,
den Gropius-Entwurf an den
neuen Standort anzupassen.
Mit der Umsetzung beauftragte man Alexander Cvijanovic,
der 1971–78 das weiße Haus
mit seinen gläsernen Dach-
giebeln realisierte. Heute beherbergt es das Archiv, die
Bibliothek und Ausstellungen.

Klassizistische Fassade der noblen Villa von der Heydt

# Potsdamer Platz ⑩

Um das pulsierende Leben des neuen Berlin zu spüren, gibt es kaum einen besseren Ort als den Potsdamer Platz. Er war einst der belebteste Platz in ganz Europa und stand in den wilden 1920er Jahren im Mittelpunkt der Unterhaltungsindustrie, bevor er im Zweiten Weltkrieg in Schutt und Asche gebombt wurde. Nach dem Krieg ließ man den Platz zunächst unbebaut. Heute, nach der Wiedervereinigung und der folgenden Aufbauphase, erinnert der Platz an den berühmten Phönix aus der Asche: Der einstige Mittelpunkt der Stadt ist erneut ein dynamisches Zentrum geworden, ein Juwel moderner Architektur, das ein Ensemble von Bauwerken so berühmter Architekten wie Renzo Piano, Helmut Jahn und Arata Isozaki vereint.

**Blick auf den modernen Potsdamer Platz**

### Beisheim Center
Lenné-, Bellevue- und Ebertstraße
Otto Beisheim, der Gründer und Besitzer der Metro-Kette, ließ sich auf dem Potsdamer Platz ein Monument aus Glas und Stahl errichten: das Beisheim Center. Es wurde im Januar 2004 fertiggestellt und beherbergt in den beiden eleganten Hochhaustürmen mehrere Luxusapartments. Das teuerste davon – wahrscheinlich das teuerste Apartment ganz Berlins – ist für etwa fünf Millionen Dollar verkauft worden: an eine in die USA ausgewanderte Berlinerin, die in ihre Heimatstadt zurückkehren wollte. Zudem gehören zum Beisheim Center ein luxuriöses Ritz-Carlton und ein elegantes Marriott-Hotel.

Das Gebäude ist von dem Berliner Architekturbüro Hilmer, Sattler & Albrecht entworfen worden, einige Gebäudeteile stammen von David Chipperfield. Der kleine Wolkenkratzer mit seinen 19 Geschossen stellt eine moderne Interpretation des Rockefeller Center in New York dar.

### Filmmuseum Berlin / Deutsche Kinemathek
Potsdamer Straße 2 (im Sony Center).
📞 30 09 030. 🕐 Di – So 10 – 18 Uhr (Do bis 20 Uhr). 🚫 🚫 🚫
www.filmmuseum-berlin.de
Passend für eine Stadt, die für ihre Filmindustrie berühmt war, entführt das Filmmuseum Berlin seine Besucher hinter die Kulissen Hollywoods und der historischen Ufa-Filmstudios (Ufa = Universum Film AG). Das Museum liegt im

**Fassade des Filmmuseums Berlin**

Sony Center. Es dokumentiert die Entwicklung des Kinos von den Stummfilmklassikern bis hin zu neuesten Science-Fiction-Produktionen. Der Hauptakzent liegt jedoch auf deutschen Filmen aus der Ufa-Zeit der 1920er Jahre, als Deutschlands führende Produktionsfirma einen Kassenknüller nach dem anderen in den Babelsberger Filmstudios (*siehe S. 205*) produzierte. Berühmte Filme wie *Das Cabinet des Dr. Caligari* (Regie: Robert Wiene) oder *M* und *Metropolis* (Regie: Fritz Lang) werden im Museum mit Kostümen, Skizzen vom Set, Originaldrehbüchern, Modellen und Fotos präsentiert.

Die Ära des Dritten Reichs ist besonders interessant. Im Museum gibt es neben Ausstellungsstücken, die den Gebrauch von Propaganda im Film zum Thema haben, zahlreiche Zeugnisse aus dem Leben und der Arbeit des in Auschwitz gestorbenen Kurt Gerron.

Zum Bestand des Museums gehören einige Besitzstücke der in Berlin geborenen Diva Marlene Dietrich (1901–1992): Kleider, Korrespondenz und alle ihre Koffer. Witzig ist das winzige Zigarettenetui, das ihr Regisseur Josef von Sternberg (1894–1969) schenkte. In dem Etui befindet sich die Inschrift: »Für Marlene Dietrich, die einzigartige Frau, Mutter und Schauspielerin«. Ausgestellt werden zudem einige persönliche Gegenstände anderer deutscher Film- und Fernsehstars, z. B. von Heinz Rühmann und Hans Albers.

Am 31. Mai 2006 wurde das **Fernsehmuseum** der Stiftung Deutsche Kinemathek im Filmhaus am Potsdamer Platz eröffnet.

**Die Arkaden, eines der beliebtesten Einkaufszentren von Berlin**

### Potsdamer Platz Arkaden

Alte Potsdamer Straße 7. **C** *25 59 270.* ○ *Mo – Sa 10 – 21 Uhr.*

**CinemaxX** Potsdamer Straße 5. **C** *Programminfo: 25 92 21 11; Karten: 01805 24 63 62 99.* 🖭

Der Unterhaltungs- und Einkaufskomplex ist bei Besuchern sehr beliebt. Er umfasst etwa 140 Geschäfte, Restaurants und Boutiquen. Im Untergeschoss befinden sich eine kulinarische Meile mit zahlreichen preiswerten Möglichkeiten zum Essengehen sowie mehrere Delikatessenläden. Berlins größtes Kino,

das **CinemaxX**, ist ganz in der Nähe. Es verfügt über 19 Leinwände und fasst bis zu 3500 Besucher. Dort werden die aktuellen Hollywood-Streifen und viele fremdsprachige Filme gezeigt.

### Theater am Potsdamer Platz

Marlene-Dietrich-Platz 1. **C** *25 92 90, 01805 44 44 (Tickets).* ○ *tägl. ab 20 Uhr.* 🖭 **Spielbank Berlin** Marlene-Dietrich-Platz 1. **C** *25 59 90.* ○ *tägl. 15 – 3 Uhr.* 🖭

Die größte Musicalbühne Berlins (früher: Stella Musical Theater) liegt am nach Mar-

lene Dietrich benannten Platz im modernen Theater, das Renzo Piano als Teil des DaimlerChrysler-Gebäudes entwarf. Lange Zeit lief dort die deutsche Version des renommierten Broadway-Musicals *Cats*. Nach der Übernahme von Stella Entertainment durch das Unternehmen Stage Holding geht die Erfolgsstory mit Musicals wie *Dirty Dancing* weiter.

Im Untergeschoss des Gebäudes liegen der exklusive Adagio-Nachtclub und das beliebteste Spielcasino der Stadt, die **Spielbank Berlin**. Neben Roulette und Black Jack kann man hier auch an Automaten spielen, die sich über ein ganzes Stockwerk erstrecken.

Die Front des Gebäudes ziert eine Skulptur des amerikanischen Künstlers Jeff Koons, die blau metallic schimmernde, blasenähnliche *Balloon Flower*. Der

**Balloon Flower von Jeff Koons**

Gebäudekomplex ist jedes Jahr im Februar Schauplatz der weltberühmten Berlinale (*siehe S. 51*).

---

## POTSDAMER PLATZ

Der Potsdamer Platz ist im Jahr 1831 aus einer Grünanlage entstanden. Er ist nach dem Potsdamer Tor benannt, das an der Ostseite des heutigen Platzes liegt. Dank des Bahnhofs gleichen Namens, von dem aus der erste Zug der Stadt im Jahr 1838 seine Jungfernfahrt unternahm, entwickelte sich der Platz rasch zum Hauptverkehrszentrum. Später machten ihn U-Bahnen und 31 Straßenbahn- und Buslinien zum wahren Verkehrsknotenpunkt. Zu Beginn des 20. Jahrhunderts war der Platz Mittelpunkt des berühmt-berüchtigten Berliner Nachtlebens mit solch legendären Unterhaltungsetablissements wie dem Haus Vaterland und dem Café Josty (hier trafen sich schon während der Kaiserzeit Künstler wie Theodor Fonta-

ne und der Maler Adolf von Menzel). Auch einige Luxushotels siedelten sich dort an. 1923 erfolgte die erste deutsche Radioübertragung aus dem Vox-Haus. Während der letzten Luftschlacht um Berlin, im April 1945, wurde der Platz durch die Bomben der Alliierten beinahe vollständig zerstört. Es entstand eine offene Fläche im Schatten der Mauer, auf der Besucher von hohen Aussichtsplattformen in den Osten spähen konnten. Die Wiederbebauung begann 1992: Der Potsdamer Platz wurde eine der größten Baustellen Europas, in die mittlerweile Investitionen von über 25 Milliarden Euro geflossen sind.

**Verkehrsknotenpunkt: der Potsdamer Platz in den 1930er Jahren**

## Sony Center

Potsdamer Straße 2. ◖ 24 Std.
Das Sony Center wurde von
dem deutsch-amerikanischen
Architekten Helmut Jahn entworfen und ist der aufregends-
te neue Gebäudekomplex in
ganz Berlin. Der glitzernde
Bau aus Stahl und Glas entstand 1996–2000 und hat eine
Gesamtfläche von 4013 Quadratmetern.

Mittelpunkt der Piazza –
nun einer der beliebtesten
Plätze Berlins – sind mehrere
einfallsreiche Springbrunnen
unter einem hohen, zeltarti-
gen und teilweise offenen
Dach. Der Platz ist von den
Büros der europäischen
Hauptniederlassungen der
Firma Sony sowie von Apart-
mentkomplexen, Restaurants
und Cafés umgeben. Des
Weiteren finden sich hier der
»Sony Style Store« und andere
Geschäfte. Auch das Cinestar
(siehe S. 264f), ein Multiplex-
Kino mit acht Leinwänden,
und das Filmmuseum Berlin
(siehe S. 128) sind hier untergebracht. Im hinteren Teil des
Gebäudes liegt das blau über-
wölbte IMAX-Kino, in dem
wissenschaftliche und Natur-
filme auf einer eindrucksvollen 360-Grad-Leinwand
gezeigt werden.

Im Inneren des Sony Center
befindet sich der kleine, aber
großartige **Kaisersaal**, ein
historisches Juwel mit einer
glitzernden Glasfassade. Der
Speisesaal war einst Teil des
Grand Hotel Esplanade, das
im Berlin der Vorkriegsjahre
ein Muster an Luxus und
Eleganz war und im Zweiten
Weltkrieg fast völlig zerstört
wurde. Heute ist im Kaisersaal

Das Innere der Kuppel des Sony Center, entworfen von Helmut Jahn

ein Restaurant mit Gourmet-
küche untergebracht. Hinzu
kommen eine Lounge-Bar
und das Restaurant Lutter &
Wegner.

Als das Gelände Anfang der
1990er Jahre an Sony verkauft
wurde, galt die Auflage, Saal,
Treppen, Bäder und einige
andere Räume zu restaurieren und sie
in das Sony Center
zu integrieren. Das
historische Ensemble
war ursprünglich
46 Meter entfernt und
wurde 1996 auf Luft-
kissen an seinen jet-
zigen Standort ver-
setzt. Mittelpunkt des
restaurierten Kaiser-
saals ist ein histori-
sches Porträt von Kai-
ser Wilhelm II., dem
letzten deutschen Kaiser, dessen Besuche im Hotel dem
Saal seinen Namen gaben,
obwohl er nie dort speiste.

Ampelnachbildung,
DaimlerChrysler
Quartier

## DaimlerChrysler Quartier

Nahe Alte Potsdamer Straße.
**Aussichtsplattform Panorama-
punkt** Potsdamer Platz 1. ◖ 25 29
43 72. ◖ tägl. 11–20 Uhr. ⌨
Der riesige Komplex entstand
zwischen 1993 und 1998 und
umfasst 19 moderne Gebäu-
de, von denen jedes in einem
anderen Stil gehalten
ist. Konzipiert wur-
den sie von den
Architekten Renzo
Piano und Chris-
toph Kohlbecker.
Der hohe Block aus
roten Backsteinen
und seine Schwes-
tergebäude auf der
gegenüberliegen-
den Seite der Alten
Potsdamer Straße
markieren den Be-
ginn dieses Stadt-
viertels und sind von dem
Berliner Architekten Hans
Kollhoff entworfen worden.
Der Wolkenkratzer auf der
westlichen Seite wird von
einer ca. 103 Meter hohen
Aussichtsplattform gekrönt,
die – wenig überraschend –
**Panoramapunkt** heißt. Von
hier aus hat man eine atem-
beraubende Aussicht. Man
erreicht die Plattform über
Europas schnellsten Aufzug.

Der grüne Ampelpfeiler vor
dem DaimlerChrysler Quartier
ist eine Nachbildung der ersten automatischen Ampel Berlins, die 1924 an genau dieser
Stelle stand. Vor dem Zweiten
Weltkrieg war der Potsdamer
Platz Europas verkehrsreichste
Kreuzung.

Glasfassade des Kaisersaals (Teil des Sony Center)

Am südlichen Ende des Platzes liegt ein weiterer hoher Gebäudekomplex, das **Debis-Center**. Hier war früher die mit Software handelnde Tochtergesellschaft von DaimlerChrysler untergebracht. Der in Gelb und Grün gehaltene Wolkenkratzer ist 90 Meter hoch und verfügt über 22 Etagen, gekrönt von einem grünen Würfel. Auch dieses Gebäude entwarfen Renzo Piano und Hans Kollhoff *(siehe S. 45)*. Den Innenhof ziert die Skulptur *Meta-Maxi* von Jean Tinguely. Sie wird von 16 Motoren angetrieben und will ein Symbol sein für das immerwährende Vergehen der Zeit.

Für den gesamten Komplex sind diverse Kunstwerke in Auftrag gegeben worden, die meisten stehen auf öffentlich zugänglichem Grund und können besichtigt werden.

**Der rote Backstein-Bürokomplex des DaimlerChrysler-Hauses**

## Leipziger Platz

Der kleinere Leipziger Platz schließt sich östlich an den Potsdamer Platz an. Die Neubebauung dieses weiteren historischen Orts wird noch mehrere Jahre in Anspruch nehmen. Der ursprünglich achteckige Platz ist zwischen 1732 und 1734 entstanden und wurde später nach der Völkerschlacht von Leipzig benannt, bei der Napoléon 1813 seine erste große Niederlage erlitt. Im 19. Jahrhundert verwandelten Karl Friedrich Schinkel (1781–1841) und Peter Joseph Lenné (1789–1866) den schmucklosen Platz in ein architektonisches Kleinod, mit Gärten, die von einigen der elegantesten Berliner Stadtpaläste und -villen umgeben sind.

Zu Beginn des 20. Jahrhunderts wurde aus der Gegend – vor allem durch das 1905 entstandene Kaufhaus Wertheim von Alfred Messel (1853–1909) – eine der Haupteinkaufsstraßen im Berlin der Vorkriegsjahre.

Leider gibt es heute keine Überbleibsel aus dieser Zeit. Die neuen Gebäude haben überwiegend moderne Fassaden, jedoch nur eine Höhe von maximal 35 Metern – dieselbe Höhe, die auch die Originalgebäude hatten. Verschiedene Geschäfte und Restaurants sowie die kanadische Botschaft und eine Reihe weiterer internationaler Büros befinden sich in den neuen Gebäuden.

**Rauschenbergs Skulptur** *Riding Bikes;* **im Hintergrund das Haus Huth**

## Haus Huth

Alte Potsdamer Straße 5.
☎ 25 94 14 20. ⏰ tägl. 11–18 Uhr.
**Sammlung DaimlerChrysler Contemporary** ⏰ wie Haus Huth.
⏰ tägl. 18 Uhr.

Das einzige historische Gebäude auf dem Potsdamer Platz, das den Zweiten Weltkrieg unbeschadet überstanden hat, ist das kalksteinfarbene und graue Haus Huth, das heute ein Teil der Potsdamer Platz Arkaden *(siehe S. 129)* ist. Es war einst ein berühmtes Restaurant und eines der ersten Gebäude der Stadt, die über ein Stahlskelett verfügten. Es wurde 1912 von den Architekten Conrad Heidenreich und Paul Michel entworfen. Nach dem Krieg stand es auf dem riesigen nackten Platz ganz allein. Heute ist hier die **Sammlung DaimlerChrysler Contemporary** untergebracht, eine kleine Ausstellung von Kunstwerken aus dem 20. Jahrhundert, darunter auch die neuesten Stücke der modernen Kunstsammlung des Unternehmens. Sie präsentiert überwiegend abstrakte Arbeiten deutscher und internationaler Künstler.

Hier liegen auch die DaimlerChrysler-Büros, das Restaurant Diekmann, ein kleines Café sowie eines der vier Berliner Lutter & Wegner-Restaurants.

Den besten Blick auf das Haus hat man von der Südseite, wo in einem Wasserbecken Robert Rauschenbergs *Riding Bikes* stehen.

**Das historische Haus Huth, Alte Potsdamer Straße 5**

# Diplomaten-viertel ⑮

**Stadtplan** 4 F5, 5 A5/B5/C5. Ⓤ
*Nollendorfplatz.* 🚌 *100, 187, 200.*

Auch wenn einzelne Bot-schaften in dem Areal zwischen Stauffenbergstraße und Lichtensteinallee schon um 1918 gebaut wurden, ent-stand das Gros der ausländi-schen Vertretungen doch im Dritten Reich. Erst 1938–43 errichtete man die massigen Vertretungen der sogenannten Achsenmächte Italien und Japan. Die Pläne stammten von verschiedenen Architek-ten, gemeinsam war ihnen die damals gängige faschistische Interpretation des klassizisti-schen Erbes. Der düstere Monumentalstil von Albert Speer hatte sich durchgesetzt.

Viele der Gebäude über-standen den Bombenhagel der Kriegstage nicht. Inzwi-schen ist entlang der Tiergar-tenstraße ein neues Diplo-matenviertel erstanden. Die österreichische Botschaft von Hans Hollein liegt an der Kreuzung Stauffenbergstraße. Gleich nebenan sind die Ver-tretungen der Türkei und der Republik Südafrika. In der Tiergartenstraße 21–23 ist die alte italienische Botschaft noch erhalten. Daneben steht der Nachbau der ersten japa-nischen Vertretung. Zwischen Klingelhöferstraße und Rauch-straße erhebt sich die neue und eindrucksvolle Komplex der fünf nordischen Botschaf-ten. Seit Ende 1999 residieren hier der norwegische, der schwedische, der dänische, der finnische und der islän-dische Botschafter.

# Tiergarten ⑯

**Stadtplan** 4 E4, 5 A3, 6 D3. Ⓢ *Tier-garten, Bellevue.* 🚌 *100, 187, 200.*

Mitten zwischen dem öst-lichen und dem west-lichen Zentrum liegt der größ-te Park Berlins: der Tiergarten mit 200 Hektar Fläche. Das ehemalige kurfürstliche Jagd-revier wurde in den 1830er Jahren von Peter Joseph Lenné als Park angelegt. Über einen halben Kilometer lang

**Eine beschauliche Ecke im Tiergarten**

war die Siegesallee im Osten des Parks, die man dort Ende des 19. Jahrhunderts anlegte und dicht mit den Statuen von Monarchen und anderen Staatsmännern säumte.

Nach dem Zweiten Welt-krieg bestand der Tiergarten zu weiten Teilen aus Bomben-kratern, auch die Siegesallee war schwer mitgenommen. Einige der beschädigten Sta-tuen sind heute im Lapidarium *(siehe S. 144)* zu sehen. Dank der Wiederaufforstung ist der Tiergarten heute ein weitläu-figes, idyllisches Parkgelände. An manchen Wegen stehen Statuen, z.B. die von Goethe und Wagner.

An den Ufern des Neuen Sees und des Landwehrkanals erinnern Denkmäler an die ermordeten Führer des Sparta-kusbunds, Rosa Luxemburg und Karl Liebknecht *(siehe S. 28)*. Am östlichen Ende des Tiergartens, gegenüber dem Holocaust-Mahnmal, erinnert seit 2008 ein Denkmal an die im Nationalsozialismus ver-folgten Homosexuellen.

# Großer Stern ⑰

**Stadtplan** 5 A4. Ⓤ *Hansaplatz.*
Ⓢ *Bellevue.* 🚌 *100, 187.*

Sternförmig laufen fünf große Straßen auf den Platz im Zentrum des Tier-gartens zu. In der Mitte ragt die monumentale Siegessäule empor. Um den Platz sieht man diverse Denkmäler, die in den 1930er Jahren vom nahen Reichstagsgebäude *(siehe S. 134f)* hierher ver-bracht wurden. Etwa gleich-

zeitig verbreiterte man die Straße des 17. Juni ungefähr auf das Doppelte, erweiterte die Spuren für den Kreisver-kehr auf 200 Meter Durch-messer und entfernte viele der bis dahin vorhandenen Standbilder.

Am nördlichen Rand des Sterns steht das Standbild des Reichskanzlers Otto von Bismarck, umgeben von alle-gorischen Figuren des Bild-hauers Reinhold Begas. An den anderen Kreissegmenten präsentieren sich einige Sta-tuen deutscher Feldherren wie diejenige des Feldmar-schalls Helmuth von Moltke (1800–1891), der Oberbe-fehlshaber des preußischen Generalstabs zwischen 1858 und 1888 war.

**Das Denkmal zu Ehren Otto von Bismarcks am Großen Stern**

# Siegessäule ⑱

Großer Stern. **Stadtplan** 5 A4.
📞 *391 29 61.* Ⓤ *Hansaplatz.*
Ⓢ *Bellevue.* 🚌 *100, 187.* ⬤
*Apr–Okt: tägl. 9.30–18.30 Uhr;
Nov–März: tägl. 9.30–17 Uhr.* 📷

Die Siegessäule wurde nach dem Entwurf von Johann Heinrich Strack zum Gedenken an den Sieg im

Deutsch-Dänischen Krieg im Jahr 1864 errichtet. Nach den Siegen über Österreich (1866) und Frankreich (1871) krönte man sie mit einer vergoldeten Viktoria von Friedrich Drake, im Volksmund auch »Goldelse« genannt. Ursprünglich stand die Säule vor dem Reichstagsgebäude, doch 1938 platzierten sie die Nationalsozialisten an dem jetzigen Standort.

Den Granitsockel zieren Szenen aus Schlachten. Weiter oben erinnert ein Mosaikfries von Anton von Werner an die Reichsgründung von 1871. Von der Aussichtsplattform hat man einen großartigen Ausblick auf Berlin. Seit Herbst 2009 wird das Denkmal für die Dauer von zwei Jahren restauriert.

**Siegessäule**

# Hansaviertel ⓳

**Stadtplan** 4 E3/E4/F3. Ⓤ *Hansaplatz.* Ⓢ *Bellevue.* 🚌 *123, 343.* **Akademie der Künste** Hanseatenweg 10 bzw. Pariser Platz 4. 📞 20 05 72 00. ⭘ *Di–So 11–20 Uhr.* 📷

**D**as Wohnviertel westlich von Schloss Bellevue birgt interessante Beispiele

## KÖNIGLICHE PORZELLAN-MANUFAKTUR

Die 1763 gegründete Königliche Porzellan-Manufaktur stellte recht bald Erzeugnisse von höchster künstlerischer Qualität her und trat damit in Konkurrenz zu den Meißner Manufakturen. Die Berliner Manufaktur ist vor allem durch ihre Vasen und Teller mit den hübschen Stadtansichten berühmt. Im Ephraim-Palais *(siehe S. 91)*, im Kunstgewerbemuseum *(siehe S. 118–121)* und auch im Belvedere von Schloss Charlottenburg *(siehe S. 160f)* können umfangreiche Sammlungen mit dem Markenzeichen KPM besichtigt werden. Auch bei den heutigen Werkstätten in der Wegelystraße 1 mit ihren Ausstellungen an unverkäuflichen, aber auch zum Verkauf stehenden Stücken lohnt sich ein Besuch.

**Vase mit einer Ansicht des Gendarmenmarkts**

moderner Architektur, die im Rahmen der Bauausstellung »Interbau 1957« errichtet wurden. Wo die Bomben der Alliierten im Zweiten Weltkrieg fast alles zerstört hatten, entstanden inmitten von Grünanlagen 36 Wohnbauten, ausgewählt aus den 45 Entwürfen weltbekannter Architekten. Zu den hier tätigen Großmeistern der Architektur gehörten z. B. Walter Gropius (Händelallee 3–9), Alvar Aalto (Klopstockstraße 30–32) und Oscar Niemeyer (Altonaer Str. 4–14). Für die nötige Infrastruktur sorgen eine Schule, ein Einkaufszentrum und zwei Kirchen.

1960 erhielt die **Akademie der Künste** am Hanseatenweg 10 ein neues Domizil. Der von Werner Düttmann entworfene Bau sah einen Konzertsaal, Ausstellungsräume, ein Archiv und eine Bibliothek vor. Vor dem Gebäude befindet sich die Skulptur *Die Liegende* von Henry Moore. Die Akademie der Künste bezog im Frühjahr 2005 ihr neues Gebäude am Pariser Platz 4.

# Schloss Bellevue ⓴

Spreeweg 1. **Stadtplan** 5 A3. Ⓢ *Bellevue.* 🚌 *100, 187.* 🚫 *für die Öffentlichkeit.*

**D**as stattliche Schloss mit der klassizistischen Fassade ist heute der erste Amtssitz des Bundespräsidenten. Der 1785–90 nach Plänen von Philipp Daniel Boumann für den preußischen Prinzen August Ferdinand errichtete Bau diente den Hohenzollern bis 1861 als Residenz. 1935 wurde er zum völkerkundlichen Museum umgebaut. Nach erneuten Umbauten nutzte ihn das nationalsozialistische Regime ab 1938 als Gästehaus. Nach dem Krieg wurde er restauriert und erhielt den glanzvollen Ballsaal zurück, den Carl Gotthard Langhans entworfen hatte. Dem im Stil des späten 18. Jahrhunderts gestalteten Park fehlen seit dem Krieg die malerischen Gartenpavillons. Seit Anfang 2006 ist Bellevue nach umfassenden Sanierungsarbeiten wieder als Amtssitz in Gebrauch.

**Schloss Bellevue mit seiner imposanten Fassade, heute erster Amtssitz des Bundespräsidenten**

**Haus der Kulturen der Welt, bekannt als »Schwangere Auster«**

## Haus der Kulturen der Welt 🉑

John-Foster-Dulles-Allee 10. **Stadtplan** 5 C3. 🕿 39 78 71 75.
🚇 🚉 Brandenburger Tor. 🚌 100.
⬜ **Ausstellungen** Di–So 10–21 Uhr.
🖳 www.hkw.de

Man kann sich der Wirkung des Baus nicht entziehen. Treffsicher nennen die Berliner die frühere Kongresshalle »Schwangere Auster«. Der Bau entstand 1956/57 nach einem Entwurf des amerikanischen Architekten Hugh Stubbins als Beitrag der USA zur Bauausstellung »Interbau 1957«, bei der auch die Wohnhäuser im Hansaviertel entstanden. Die zum Teil durch amerikanische Institutionen finanzierte Kongresshalle wurde im Kalten Krieg zum Symbol für die Freiheit und Modernität Westberlins, vor allem als architektonischer Kontrast zu den Monumentalbauten, die die DDR an der Karl-Marx-Allee errichten ließ (siehe S. 172). Technisch war der Entwurf jedoch nicht ausgereift. Dass die Konstruktion den Witterungsbedingungen nicht standhalten konnte, zeigte sich 1980, als das Dach teilweise einstürzte.

Nach der Wiedereröffnung 1989 wurde der Bau einer neuen Nutzung zugeführt. Heute ist er ein Forum für die Kulturen der Welt mit vielen Veranstaltungen. Im Sommer ist zudem der Biergarten direkt an der Spree beliebt.

Der schwarze Turm ein kurzes Stück weiter östlich wurde 1987 zur 750-Jahr-Feier errich-

tet. Im Turm hängt das größte Glockenspiel Europas mit über 60 Glocken (es erklingt um 12 und 18 Uhr).

## Regierungsviertel 🉒

**Stadtplan** 6 D2/E2. 🚇 🚉 Brandenburger Tor. 🚌 100, 123.

Das ehrgeizige Konzept von Axel Schultes und Charlotte Frank für ein Regierungsviertel im 21. Jahrhundert hatte den ersten Preis im Architekturwettbewerb von 1992 gewonnen. Die Bauarbeiten dauerten von 1997 bis 2003. Der großartige Entwurf basiert auf einer rechteckigen Anlage, die sich über den Spreebogen nördlich des Reichstagsgebäudes erstreckt.

Die Pläne für einzelne Gebäude, die von weiteren Architekten stammen, wurden der Gesamtplanung angepasst. Dominiert wird das Viertel vom Kanzleramt, das ebenfalls nach den Entwürfen von Schultes und Frank gebaut wurde.

Die Bürogebäude des Bundestages sind das Werk von Stephan Braunfels. Die Dorotheenblöcke wurden von einem Konsortium von fünf Architekten gestaltet. Das Projekt wird ergänzt durch ein modernes Transportsystem mit einem Straßentunnel unter dem Tiergarten und dem 2006 eröffneten **Hauptbahnhof**. Die Entwürfe für den größten Kreuzungsbahnhof Europas stammen von Meinhard von Gerkan, Oswald Mathias Ungers und Max Dudler.

## Reichstagsgebäude 🉓

Platz der Republik. **Stadtplan** 6 D3/E3. 🚇 🚉 Brandenburger Tor. 🚌 100, 123. 🕿 22 73 21 52. **Kuppel** ⬜ tägl. 8–24 Uhr (letzter Einlass 22 Uhr). **Versammlungssaal** ⬜ nach Vereinbarung. 🖳 12 Uhr. ● 1. Jan, 24., 26., 31. Dez. www.bundestag.de

Das zwischen 1884 und 1894 errichtete Reichstagsgebäude war ursprünglich als Symbol der Macht des im Jahr 1871 gegründeten Deutschen Reichs konzipiert worden. Der im Stil der Neorenaissance von Paul Wallot gestaltete Bau spiegelt ein Selbstbewusstsein wider, das seinerzeit durch die französischen Reparationszahlungen beflügelt wurde. Diese Gelder investierte man u. a. in dieses Gebäude.

Während des Ersten Weltkriegs fügte man an der Fassade die Inschrift »Dem deutschen Volke« hinzu. Für das Volk hatte das Reichstagsgebäude einen Symbolwert. Für die weitere Geschichte spielte es eine große Rolle.

**Bundeskanzleramt, die offizielle Adresse des Bundeskanzlers**

Reichstagsgebäude mit der von Norman Foster entworfenen Kuppel

1918 rief Philipp Scheidemann von hier die Republik aus. Das nächste Mal machte der Bau durch den Brand von sich reden, der in der Nacht vom 27. auf den 28. Februar 1933 die Haupthalle zerstörte. Die Nazis beschuldigten die Kommunisten der Brandstiftung – der Brand markiert den Beginn der Machtergreifung der Nazis.

Im Zweiten Weltkrieg war an eine Restaurierung nicht zu denken. Doch welche Symbolik das Reichstagsgebäude über Deutschlands Grenzen hinaus hatte, wird beim Anblick des Fotos vom Mai 1945 deutlich, auf denen die sowjetische Flagge auf dem Gebäude zu sehen ist, als Sinnbild der deutschen Kapitulation.

Beim Wiederaufbau zwischen 1957 und 1972 verzichtete man auf die Rekonstruktion der Kuppel und der vielen Schmuckelemente an der Fassade. Sowohl für einzelne Sitzungen des Bundestags als auch als Kulisse für große Festivals und Rockkonzerte stand das Reichstagsgebäude danach im Blickpunkt der Öffentlichkeit, sehr zum Ärger der DDR-Regierung.

Am 2. Dezember 1990 fand hier die erste Sitzung des neu gewählten Bundestags nach der Wende statt. Am 23. Juni 1995 ließen Christo und seine Frau Jeanne-Claude das gesamte Gebäude mit Stoffbahnen verhüllen.

Die jüngste Restaurierung stammt von Norman Foster. Das Ergebnis ist ein modernes Gebäude, gekrönt von einer Glaskuppel.

## Sowjetisches Ehrenmal ㉔

Straße des 17. Juni. **Stadtplan** 6 D3.
Ⓤ Ⓢ *Brandenburger Tor.* 🚌*100, 123.*

Das riesige Denkmal nahe dem Brandenburger Tor wurde am 7. November 1945, dem Jahrestag der Oktoberrevolution, eingeweiht. Es wird von zwei Panzern flankiert, den ersten, die im Mai 1945 auf Berliner Gebiet vordrangen. Es soll an die über 300 000 sowjetischen Soldaten erinnern, die im Zweiten Weltkrieg in Deutschland umkamen.

Die große Säule wurde aus Marmorquadern der gerade abgerissenen Reichskanzlei erbaut. Die Säule selbst ist ein Entwurf von Nikolai Sergijewski, die Statue darauf, ein bronzener Sowjetsoldat, ein Werk von Lew Kerbel.

Hinter dem Denkmal fanden an die 2500 Rotarmisten ihre letzte Ruhestätte. Das Gelände lag zwar im britischen Sektor, bildete aber eine Art extraterritoriale Enklave, zu der die im Ostteil der Stadt stationierten sowjetischen Soldaten Zugang hatten.

Statue eines Sowjetsoldaten auf dem sowjetischen Ehrenmal

## BERLINS BRÜCKEN

Auch wenn der Zweite Weltkrieg große Schäden an den Berliner Brücken hinterließ, gibt es vieles, was auch heute noch einen Blick lohnt. An den Ufern der Spree und ihren Kanälen kann man eine recht typische Architektur beobachten. Viele der Brücken wurden von namhaften Architekten gebaut und von berühmten Bildhauern verziert. Am bekanntesten ist wohl die Schlossbrücke von Karl Friedrich Schinkel *(siehe S. 74).* Nicht weit davon, am Kupfergrabenkanal, liegt die Schleusenbrücke (1914), deren Reliefs von den ältesten Berliner Brücken und Schleusen berichten. Die nächste Brücke in südlicher Richtung ist die 1798 erbaute Jungfernbrücke, die letzte Zugbrücke Berlins. In gleicher Richtung folgt dann die Gertraudenbrücke *(siehe S. 85).* An der Weidendammer Brücke überquert die Friedrichstraße die Spree. Auf dieser Brücke verlobte sich 1845 Theodor Fontane. Ein Adlermotiv ziert ihre Balustrade. Am Regierungsviertel überspannt die Moltkebrücke (1886–91) die Spree. Die Brücke wird von einem Greif bewacht, der ein Schild mit dem preußischen Adler führt, während Engel in Rüstung die Laternen halten. Auf den Brückenbogen sieht man Porträts berühmter Persönlichkeiten.

**Ein Bär als Schmuckelement der Liebknechtbrücke**

# KREUZBERG

Kreuzbergs Entwicklung begann im späten 19. Jahrhundert. Damals war es großteils Arbeiterbezirk. Nach dem Zweiten Weltkrieg waren viele der Gebäude der Gegend völlig heruntergekommen. Wer konnte, zog weg. Zurück blieb eine Mischung aus Künstlern, Ausländern und einer vielfältigen Subkultur. Heute ist der Bezirk von Gegensätzen geprägt, etwa

Detail an der Fassade
des Martin-Gropius-Baus

von schäbigen Altbauten neben neuen schicken Apartmentblocks. In einigen der Häuserzeilen dominieren türkische Bewohner, in anderen einkommensstarke junge Mieter. Attraktiv wird der Kiez durch seine Restaurants und türkischen Märkte, Clubs, Bars, Kinos, Theater und Galerien. Dieses Kapitel stellt lediglich einen Teil des Bezirks Kreuzberg vor.

## SEHENSWÜRDIGKEITEN AUF EINEN BLICK

### Museen und Sammlungen
Berlinische Galerie **5**
Checkpoint Charlie **4**
Deutsches Technikmuseum
  Berlin **9**
*Jüdisches Museum*
  *S. 142f* **6**
Lapidarium **8**
Martin-Gropius-Bau **2**
Topographie des Terrors **3**

### Historische Gebäude
Anhalter Bahnhof **1**
Flughafen
  Tempelhof **13**
Riehmers
  Hofgarten **11**

### Plätze, Parks und Friedhöfe
Friedhöfe vor dem
  Halleschen Tor **10**
Mehringplatz **7**
Viktoriapark **12**

0 Meter          800

## ANFAHRT
Die U-Bahn-Linie 6 durchquert den Bezirk in Nord-Süd-Richtung. Stationen sind Kochstraße, Hallesches Tor, Mehringdamm und Platz der Luftbrücke. In Ost-West-Richtung verlaufen die Linien 1 und 7.

### LEGENDE
Detailkarte
*Siehe S. 138f*

**U** U-Bahn-Station

**S** S-Bahn-Station

Bushaltestelle

◁ **Wasserfall im Viktoriapark, Kreuzberg** *(siehe S. 145)*

# Im Detail: Mehringplatz und Friedrichstraße

Das Gebiet nördlich des Mehringplatzes zählt zu den ältesten Teilen Kreuzbergs. Der früher Rondell genannte Platz wurde 1734 zusammen mit dem Oktogon (Leipziger Platz) und dem Karree (Pariser Platz) im Rahmen des Erweiterungsprojekts der Friedrichstadt angelegt. Durch den Zweiten Weltkrieg änderte sich das Gesicht des Areals völlig. In neuerer Zeit wurden hier moderne Großprojekte wie die Friedrichstadtpassagen realisiert, ein Komplex aus Läden, Apartments, Büros, Galerien und Restaurants. Nur wenige Altbauten künden noch vom vergangenen Glanz.

**★ Checkpoint Charlie**
*Ein nachgebauter Kontrollschalter steht am Standort des berühmt-berüchtigten Kontrollpunkts.* ❹

**Topographie des Terrors**
*Eine beeindruckende Ausstellung zu den Verbrechen der Nationalsozialisten ist auf dem ehemaligen Gelände der Gestapo und des Hauptquartiers der SS zu sehen.* ❸

KOCHSTRASSE

FRIEDRICHSTRASSE

WILHELMSTRASSE

PUTTKAMERSTRASSE

HEDEMANNSTRAS

**Martin-Gropius-Bau**
*Das großartige Neorenaissance-Gebäude diente einst als Kunstgewerbemuseum (siehe S. 118–121).* ❷

0 Meter          150

Deutsches
Technikmuseum
Berlin

**Haus am Checkpoint Charlie**
*Schmetterlinge an der Wand weisen den Weg zum Museumseingang.*

**NICHT VERSÄUMEN**

★ Checkpoint Charlie

★ Jüdisches Museum

### Springerhaus
*Der neue Komplex mit Lokalen und Läden befindet sich beim Springer-Hochhaus, das kurz nach dem Bau der Mauer als politisches Statement auf Westberliner Seite hochgezogen wurde.*

UNTER DEN LINDEN

TIERGARTEN

KREUZBERG

**ZUR ORIENTIERUNG**
*Siehe Stadtplan, Karten 12, 13*

Märkisches Museum

RUDI-DUTSCHKE-STRASSE

CHARLOTTENSTRASSE

MARKGRAFENSTRASSE

BESSELSTRASSE

FRIEDRICHSTRASSE

FRANZ-KLÜHS-STRASSE

### ★ Jüdisches Museum
*Was wie Risse in der Fassade scheint, sind Fenster – frappierende Effekte am metallverkleideten Bau des Architekten Daniel Libeskind.* **6**

### Mehringplatz
*Das einstige Rondell war lange Jahre als Belle-Alliance-Platz bekannt. Der im Zweiten Weltkrieg völlig zerstörte Platz wurde später von Hans Scharoun unter Berücksichtigung der alten Proportionen wiederaufgebaut.* **7**

### LEGENDE
‑ ‑ ‑ Routenempfehlung

**Stadtplan** *siehe Seiten 300–323*

# Anhalter Bahnhof ❶

Askanischer Platz 6–7. **Stadtplan** 12 E1. Ⓢ *Anhalter Bahnhof.* 🚌 *M29, M41.*

Von Berlins einst größtem und Europas zweitgrößtem Bahnhof existiert heute nur noch ein winziges Fragment. Die ehrgeizige Anlage wurde im Jahr 1880 von Franz Schwechten entworfen. Der Bahnhof sollte der eleganteste in ganz Europa sein. Man beabsichtigte, Staatsbesucher des Deutschen Kaiserreichs angemessen zu empfangen. Bei der Namensgebung bezog man sich auf die historische Region Anhalt in Mitteldeutschland. Zu den berühmtesten Besuchern des Bahnhofs gehörten der italienische König Umberto und der russische Zar Nikolaus. Der Bahnhof wurde 1943 geschlossen, nachdem sein Dach bei Bombenangriffen zerstört worden war.

Heute steht lediglich das Eingangstor, von beschädigten Skulpturen und einem Loch »geschmückt«, in dem sich früher eine große elektrische Uhr befand. Ansonsten gibt es nur noch Fragmente der einst prächtigen Fassade. Auf dem großen Grundstück hinter dem Anhalter Bahnhof befindet sich das Tempodrom *(siehe S. 268f)*.

# Martin-Gropius-Bau ❷

Stresemannstraße 110. **Stadtplan** 12 E1. 📞 *25 48 60.* 🕐 *Mi–Mo 10–20 Uhr.* Ⓤ Ⓢ *Potsdamer Platz.* 🚌 *M29, M41.* **www.** gropiusbau.de

Der Martin-Gropius-Bau war ursprünglich als Sitz eines Kunst- und Handwerksmuseums geplant. Er wurde von Martin Gropius und Heino Schmieden entworfen und 1881 errichtet. Das Gebäude erinnert an einen Palazzo aus der Zeit der italienischen Renaissance. Es verfügt über einen großartigen verglasten Innenhof, einen eindrucksvollen Vorhof und ungewöhnliche, reich verzierte

Topographie des Terrors: Dokumentationszentrum der NS-Gewalt

Außenseiten. Zwischen den Fenstern sind die Wappen mehrerer deutscher Städte angebracht, innerhalb der Friese sind auf Reliefs Künste und Handwerk dargestellt. Zwischen den Fenstern des obersten Geschosses befinden sich schöne Mosaiken mit allegorischen Darstellungen der Kulturen verschiedener Zeitalter und Länder.

Seit 1922 beherbergte der Martin-Gropius-Bau das Ethnologische Museum, doch nach dem Zweiten Weltkrieg wurde das Gebäude nicht wiederaufgebaut. Bis in die 1970er Jahre hinein wurden die Ruinen von den Plänen einer Stadtautobahn bedroht, aber 1978 begann man mit dem Wiederaufbau der Anlage, der von den Architekten Winnetou Kampmann und Ute Weström geleitet wurde. Nach weiteren Renovierungsarbeiten im Jahr 1999 sind in dem Gebäude nun wechselnde Kunst-, Fotografie- und Architekturausstellungen zu sehen.

Allegorisches Mosaik am Martin-Gropius-Bau

# Topographie des Terrors ❸

Niederkirchnerstraße 8. **Stadtplan** 6 F5, 12 F1. 📞 *25 48 67 03.* Ⓤ Ⓢ *Potsdamer Platz.* Ⓤ *Kochstraße.* 🚌 *M29.* 🕐 *Mai–Sep: tägl. 10–20 Uhr; Okt–Apr: tägl. 10–18 Uhr.* **www.** topographie.de

Kaum eine Adresse war im Dritten Reich so unmittelbar mit dem Grauen verknüpft wie die Prinz-Albrecht-Straße in Berlin. 1934 lagen drei der schrecklichsten Nazi-Abteilungen in einem Häuserblock zwischen Stresemann-, Wilhelm-, Anhalter und Prinz-Albrecht-Straße (heute Niederkirchnerstraße): die Dienststellen des Reichsführers SS, des Sicherheitsdienstes (SD) und der Gestapo.

Der klassizistische Prinz-Albrecht-Palast in der Wilhelmstraße 102 wurde zum Hauptquartier Reinhard Heydrichs und des Sicherheitsdienstes (SD) des Dritten Reichs. Die Kunst- und Handwerksschule in der Prinz-Albrecht-Straße 8 wurde vom Leiter der Gestapo, Heinrich Müller, besetzt, das Hotel Prinz Albrecht in der Prinz-Albrecht-Straße 9 wurde zum Hauptquartier der Schutzstaffel (SS), mit Heinrich Himmler an der Spitze. In diesen Gebäuden wurden nicht nur die Entscheidungen über die Behandlung der Bevölkerung in den besetzten Gebieten gefällt – hier wurde auch der Völkermord an den europäischen Juden geplant.

Nach dem Zweiten Weltkrieg wurden alle drei Gebäude abgerissen. 1986/87 legte man schließlich die Kellergewölbe mit den Folterzellen frei und machte sie zum Teil einer gleichermaßen informativen wie erschütternden Ausstellung über den nationalsozialistischen Terror.

Ein noch erhaltenes Stück der Berliner Mauer verläuft entlang der Niederkirchnerstraße am Ausstellungsgelände vorbei.

# Checkpoint Charlie ❹

Friedrichstr. 43–45. **Stadtplan** 7 A5. 🄲 253 72 50. 🅄 *Kochstraße*. 🚌 **M29. Haus am Checkpoint Charlie** 🄾 *tägl. 9–22 Uhr.* 🖰 www.*mauer-museum.com*

Nur wenige Menschen dürften sich daran erinnern, dass die Übergänge zwischen dem sowjetischen und dem amerikanischen Sektor einst nach dem internationalen phonetischen Alphabet benannt wurden: A wie Alpha, B wie Bravo und eben C wie Charlie. Und wenige Dinge zeugen heute noch von diesem Kontrollpunkt, an dem sich viel Dramatisches ereignete, so der Aufmarsch russischer und amerikanischer Panzer im Jahr 1961.

Zwischen 1961 und 1990 war Checkpoint Charlie für Ausländer die einzige Übergangsmöglichkeit von Ostnach Westberlin. Checkpoint Charlie wurde zum Symbol sowohl der Freiheit als auch des Eingesperrtseins der Ostdeutschen, denen vom DDR-Regime das Recht auf Reisefreiheit verwehrt wurde.

1990 wurde der Übergang in Anwesenheit der Außenminister der Besatzungsmächte USA, Großbritannien, Frankreich und Sowjetunion offiziell geschlossen. Heute gibt es weder Tore noch Barrieren noch Stacheldraht. Stattdessen steht hier der originalgetreue Nachbau des alten Kontrollschalters – mit Sandsackbarrieren und dem berühmten Schild »You are leaving the American Sector«. In der Friedrichstraße hängen

**Nachbau des Kontrollschalters am Checkpoint Charlie**

zwei riesige Fotografien eines amerikanischen und eines russischen Soldaten, Teil einer bekannten Fotoserie des Berliner Künstlers Frank Thiel. Seine Porträts von vier alliierten Soldaten entstanden anlässlich des Abzugs der Alliierten aus der Stadt.

Geblieben ist ein alter Wachturm, dessen Besichtigung sich ebenso wie die des **Hauses am Checkpoint Charlie** lohnt. Viele Exponate sind beredte Zeugnisse von den Grenzkonflikten des Kalten Kriegs und des Mauerbaus. Hochinteressant sind die Exponate, die an die Flucht von DDR-Bürgern in den Westen erinnern. Mit Einfallsreichtum und Mut hatten die Menschen Fahrzeuge und Koffer für die Flucht präpariert.

Eine Ausstellung mit dem Titel »Von Gandhi bis Lech Walesa« ist der Geschichte des gewaltfreien Widerstands in totalitären Staaten gewidmet.

# Berlinische Galerie ❺

Alte Jakobstraße 124–128. **Stadtplan** 7 C5. 🄲 78 90 26 00. 🅄 *Kochstraße*. 🚌 265. 🄾 *Mi–Mo 10–18 Uhr.* 🖰 www.*berlinischegalerie.de*

Die Berlinische Galerie ist das städtische Museum für moderne Kunst, Design und Architektur. Die Wechselausstellungen des Hauses sind themenbezogen und zeigen jeweils unterschiedliche Exponate aus der riesigen Sammlung deutscher, osteuropäischer und russischer Malerei. Gleiches gilt für die Exponate der Fotografie-, Grafik- und Architektursammlung.

Besonders bemerkenswert ist die 5000 Werke umfassende Sammlung von Bildern, die alle Hauptstilrichtungen vom späten 19. Jahrhundert bis heute abdeckt – mit Arbeiten von Max Liebermann, Otto Dix, Georg Baselitz, Alexander Rodtschenko, Iwan Puni und Via Lewandowsky.

Bei der Sammlung von Zeichnungen, Drucken und Plakaten sind die Berliner Dadaisten George Grosz, Hannah Höch und Werner Heldt gut vertreten, ebenso Ernst Ludwig Kirchner und Hanns Schimansky.

Die Architektursammlung besitzt auch Zeichnungen und Modelle von Bauten, die niemals errichtet wurden. Es ist faszinierend zu sehen, wie man die Stadt auch hätte gestalten können. Ein Beispiel hierfür ist die expressionistische Sternkirche, die Otto Bartning 1922 entwarf.

**Kühn Malvessis** *Letter Field* **vor der Berlinischen Galerie**

# Jüdisches Museum ❻

Das Jüdische Museum ist ein aufregendes Beispiel für die Architektur des 20. Jahrhunderts. Entworfen wurde es von Daniel Libeskind, einem Amerikaner polnisch-jüdischer Abstammung. Grundriss, Form und Stil des Gebäudes sind Teil eines Programms, das die Geschichte und die Kultur der jüdischen Gemeinschaft in Deutschland und den Widerhall des Holocaust verdeutlichen soll. Die Ausstellung vereint zahlreiche Artefakte wie Bücher und Fotografien, die die Erinnerung an den jüdischen Alltag zum Leben erwecken. Die langen, schmalen Galerien mit ihren abschüssigen Böden und den scharfen Zickzack-Ecken sollen ein Gefühl der Entwurzelung hervorrufen. Dazwischen finden sich leere Räume, die die Leerstellen versinnbildlichen, die die Zerstörung des jüdischen Lebens hinterlassen hat.

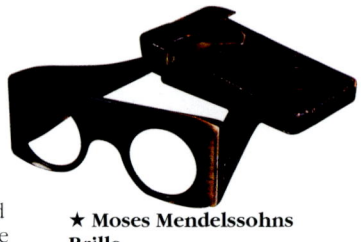

**★ Moses Mendelssohns Brille**
*Diese Brille ist im Bereich »Moses Mendelssohn und die Aufklärung« ausgestellt. Thema ist der Kampf des Philosophen für religiöse Toleranz in einer Zeit, in der Juden keinerlei Bürgerrechte besaßen.*

No. 1 SCHLEMIEL 3

Darwinistisches.

Wie sich der Chanukaleuchler des Ziegenfellhändlers **Cohn** in Pinne zum Christbaum des Kommerzienrats **Conrad** in der Tiergartenstraße (Berlin W.) entwickelte.

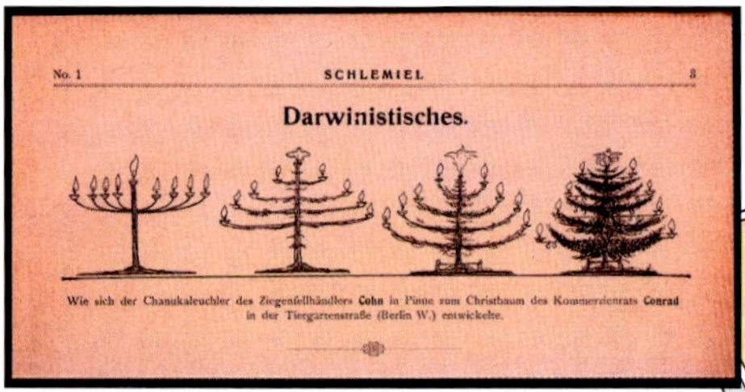

**»Darwinistisches«** (1904)
*Die Karikatur aus der Zeitschrift* Schlemiel *nimmt die Assimilationsbemühungen vieler Juden aufs Korn: Der Hanuka-Leuchter mutiert zum Weihnachtsbaum.*

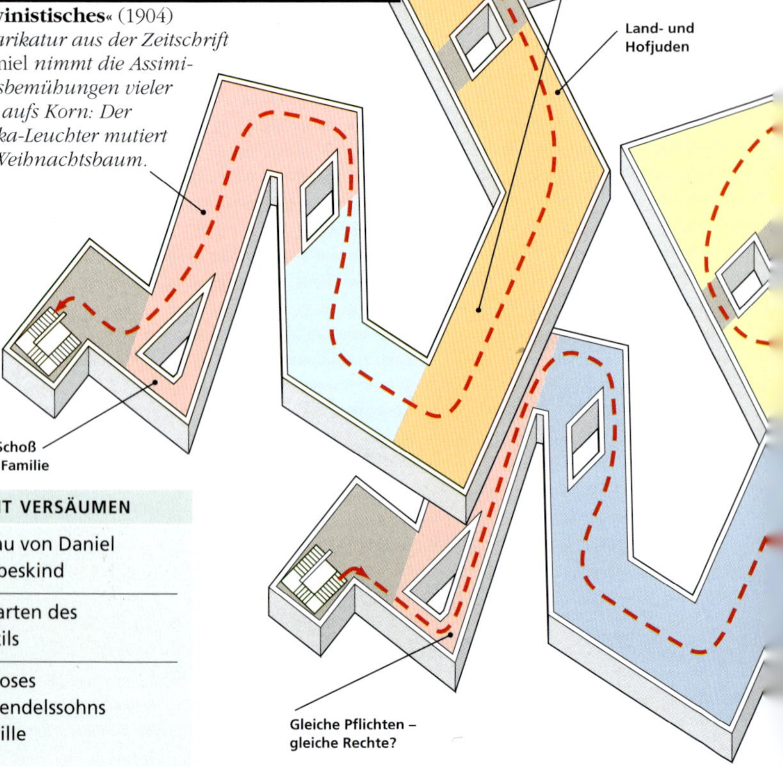

Land- und Hofjuden
Im Schoß der Familie
Gleiche Pflichten – gleiche Rechte?

**Nicht versäumen**

- ★ Bau von Daniel Libeskind
- ★ Garten des Exils
- ★ Moses Mendelssohns Brille

## KURZFÜHRER

*Von der Berlinischen Galerie kommt man über eine Treppe zum unterirdischen Ausgangspunkt der Ausstellung, die in 14 Bereiche eingeteilt ist. Sie führen den Besucher durch die Geschichte der deutschen Juden und der jüdischen Kultur von den Anfängen über das Mittelalter bis heute.*

### INFOBOX

Lindenstraße 9–14. **Stadtplan** 13 A2. 🅲 25 99 33 00. 🆄 Hallesches Tor, Kochstraße. 🚌 M29, M41, 248. ⭘ Mo 10–22 Uhr, Di–So 10–20 Uhr. ⬤ jüdische Feiertage, 24. Dez. 🎟️🎫 Sa, So 11, 14 Uhr. 🍴 ♿ **www**.jmberlin.de

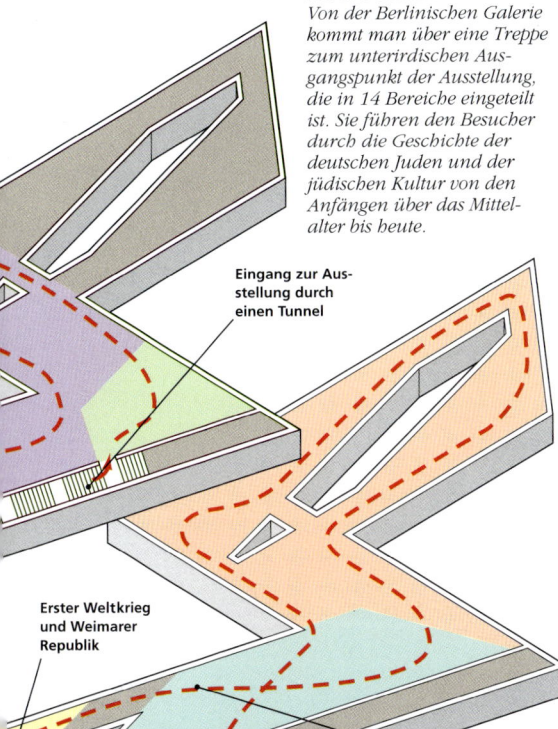

**Eingang zur Ausstellung durch einen Tunnel**

**Erster Weltkrieg und Weimarer Republik**

**Verfolgung – Widerstand – Vernichtung**

**Ausgang**

**Ost und West**

★ **Bau von Daniel Libeskind**
*Die zinkverkleidete, gezackte Struktur des Museums erinnert an einen zerbrochenen Davidstern. Das Design des Baus zog schon in den zwei Jahren vor Ausstellungseröffnung über 350 000 Besucher an.*

### Elektrisches Bügeleisen, AEG

*Das Bügeleisen stammt von einer der größten deutschen Elektrofirmen, gegründet von Emil Rathenau. Dieser Teil der Sammlung stellt die wichtige Position der Juden in Handel und Industrie im späten 19. und frühen 20. Jahrhundert dar.*

### LEGENDE

| | |
|---|---|
| 🟩 | Anfänge |
| 🟪 | Mittelalter |
| 🟧 | 1500–1800 |
| ⬜ | Tradition und Veränderung |
| 🟥 | 1850–1933 |
| 🟦 | Modernes Judentum |
| 🟨 | 1914–1933 |
| 🟦 | 1933–1945 |
| 🟧 | Gegenwart |
| ⬛ | Kein Ausstellungsbereich |
| ┄┄ | Routenempfehlung |

★ **Garten des Exils**
*Der Garten besteht aus 48 schiefen Säulen, die die Gründung des Staates Israel 1948 symbolisieren. Die zusätzliche 49. Säule steht für Berlin.*

**Allegorie des Friedens von Albert Wolff auf dem Mehringplatz**

## Mehringplatz ➐

**Stadtplan** 13 A2. Ⓤ *Mehringplatz.*

Der Platz wurde in den 1730er Jahren konzipiert. Der alte Name Rondell ergibt einen Sinn, wenn man sich vergegenwärtigt, dass einst die Wilhelm-, die Friedrich- und die Lindenstraße hier zusammentrafen.

Die Anlage des Platzes entwarf Philipp Gerlach, in den 1840er Jahren vervollständigte Peter Joseph Lenné die Gestaltung. In der Mitte steht die Friedenssäule von Christian Gottlieb Cantian als Denkmal für die Befreiungskriege 1813–15. Die Säule wird von einer von Christian Daniel Rauch geschaffenen Viktoria gekrönt. In den 1870er Jahren stellte man zwei weitere Skulpturen auf: die Allegorie des Friedens von Albert Wolff und die der Geschichte, verkörpert durch die Muse Clio, von Ferdinand Hartzer. Im 19. und frühen 20. Jahrhundert war die Gegend bevorzugter Wohnsitz von Politikern, Diplomaten und Adligen. Die heutige Bebauung lässt dies allerdings nicht einmal mehr erahnen.

## Lapidarium ➑

Hallesches Ufer 78. **Stadtplan** 12 E2. 🅒 25 48 63 05. ⭘ nach Vereinbarung. Ⓤ *Mendelssohn-Bartholdy-Park.*

Das heutige Lapidarium war früher ein Pumpwerk. Der Bau mit seinem orientalisch anmutenden Schornstein wurde zwischen 1873 und 1876 nach einem

Entwurf von Hermann Blankenstein gebaut. Die alten dampfbetriebenen Pumpen kann man noch besichtigen.

Im Lapidarium sind zahllose Skulpturen ausgestellt. Wenn die Originale gerade der Restaurierung bedürfen, sind sie als Kopie zu sehen. Fast alle Statuen, die einst die Siegesallee zierten, sind hier untergebracht. Dicht beieinander stehen Feldherren und Monarchen in ihren Roben und Rüstungen und wirken kaum weniger majestätisch, wenn ihnen ein Arm oder Bein fehlt.

## Deutsches Technikmuseum Berlin ➒

Trebbiner Straße 9. **Stadtplan** 12 E2. 🅒 90 25 40. Ⓤ *Möckernbrücke, Gleisdreieck.* ⭘ *Di–Fr 9–17.30 Uhr, Sa, So 10–18 Uhr.* 🅖 🈂 www.dtmb.de

Das Technikmuseum wurde 1982 eröffnet, um an die 100 kleine Sammlungen unter einem Dach zu präsentieren. Es befindet sich auf dem Betriebsgelände des ehemaligen Anhalter Güterbahnhofs. Der Museumspark beherbergt zwei Windmühlen, eine Wassermühle, einen Wasserturm, eine Schmiede und eine historische Brauerei.

Besonders interessant sind die Dutzende von Lokomotiven und Eisenbahnwaggons aus verschiedenen Epochen, die in zwei historischen Lokschuppen stehen. Andere Ausstellungsstücke sind der Geschichte der Papierherstellung, der Druck-, Web- und

Elektrotechnik und der Computertechnologie gewidmet. Luft- und Schifffahrt werden im Museumsneubau präsentiert. Die Abteilung »Spektrum« ist wegen der Experimente bei Kindern beliebt.

## Friedhöfe vor dem Halleschen Tor ➓

Mehringdamm, Blücher-, Baruther und Zossener Straße. **Stadtplan** 13 A3. Ⓤ *Mehringdamm.* 🚌 140, 341, M19. ⭘ *tägl. 8–20 Uhr (Jan, Dez: bis 16; Feb, Nov: bis 17; März, Okt: bis 18; April, Sep: bis 19 Uhr).*

Direkt vor den Stadttoren wurden 1735 vier neue Friedhöfe angelegt. Zahlreiche berühmte Persönlichkeiten haben hier ihre letzte Ruhe gefunden, manches der prächtigen Grabmale wurde von einem namhaften Berliner Künstler geschaffen. Hier liegen u. a. der Komponist Felix Mendelssohn Bartholdy, die Architekten Gilly und Langhans, der Porträtmaler Pesne und der Dichter E. T. A. Hoffmann begraben.

## Riehmers Hofgarten ⓫

Yorckstraße 83–86, Großbeerenstraße 56–57 und Hagelberger Straße 9–12. **Stadtplan** 12 F4. Ⓤ *Mehringdamm.* 🚌 341.

Riehmers Hofgarten ist ein Komplex von mehr als 20 noblen Gründerzeithäusern, die nach ihrem Bauherrn Wilhelm Riehmer be-

**Grabmal auf den Friedhöfen vor dem Halleschen Tor**

**Fassadendetail von Riehmers Hofgarten**

nannt wurden. Riehmer, selbst Architekt, und sein Kollege Otto Mrosk gestalteten das Ensemble zwischen Yorck-, Hagelberger und Großbeerenstraße wohlproportioniert um einen idyllischen Hofgarten. Nicht nur die Straßenfassade im Stil der Renaissance, auch die Hoffront aller Häuser ist reich verziert.

Häuser, Hofanlage und Privatstraße wurden umfassend restauriert und durch Cafés und Lokale neu belebt. Neben Riehmers Hofgarten steht die von Max Hasak entworfene Fassadenkirche St. Bonifatius. Gleich nebenan erkennt man einen ähnlichen Gebäudekomplex im neogotischen Stil.

Wer jetzt echtes Kreuzberger Ambiente sucht, hat es von hier nicht mehr weit. Im Gebiet um die Bergmannstraße wurde die gesamte Bausubstanz aus der Zeit um 1900 originalgetreu restauriert. Zur einladenden Atmosphäre tragen auch die alten Gaslaternen, die Fußgängerzone sowie Bars und Galerien bei. Nicht weniger attraktiv ist der Marheinekeplatz mit der alten Markthalle.

## Viktoriapark ⓬

**Stadtplan** 12 E4/E5/F5. Ⓤ *Platz der Luftbrücke.* 🚌 *140, 341.*

Der weitläufige Park mit dem großen künstlichen Wasserfall, vielen Spazierwegen und einem als »Berg« bezeichneten Hügel wurde 1888–94 von Hermann Mächtig angelegt. Oben auf dem Hügel steht ein neogotisches Denkmal, das an die Befreiungskriege und den preußi-

schen Sieg über die napoleonischen Truppen erinnert. Karl Friedrich Schinkel schuf es 1817–21. Der gusseiserne Turm ist reich verziert. Die Nischen an seinem Sockel schmücken zwölf allegorische Skulpturen von Christian Daniel Rauch, Friedrich Tieck und Ludwig Wichmann. Jede Figur steht für eine Schlacht und eine Persönlichkeit – teils Feldherren, teils Monarchen.

## Flughafen Tempelhof ⓭

Platz der Luftbrücke. **Stadtplan** 12 F5. Ⓤ *Platz der Luftbrücke.* 🚌 *104, 184, 341.*

Der Flughafen Tempelhof am südlichen Rand von Kreuzberg war einst der größte Deutschlands. Angelegt wurde er 1923, erweitert im Dritten Reich. Das Flughafengebäude ist typisch für den Architekturstil des Dritten Reichs. Die Erweiterungsbauten entwarf Ernst Sagebiel. 1939 wurden sie fertiggestellt. 1951 baute man vor dem Hauptgebäude das Luftbrückendenkmal. Es erinnert an die sowjetische Blockade und die Luftbrücke, die sie überwand. Die drei Zacken der »Hungerharke« symbolisieren die drei Luftkorridore. Nach langem Hin und Her und einem gescheiterten Volksbegehren zur Erhaltung des Flughafens wurde der Flugbetrieb am 31. Oktober 2008 endgültig eingestellt.

## DIE BLOCKADE BERLINS (1948/49)

Nach zunehmenden Spannungen zwischen der späteren DDR und Westberlin schnitten die Sowjetbehörden am 24. Juni 1948 alle Zufahrtswege nach Berlin ab. Um die Versorgung der Bevölkerung sicherzustellen, ordnete US-General Lucius Clay die Einrichtung einer Luftbrücke an. Britische und amerikanische Flugzeuge brachten mit 212 612 Flügen 2,3 Millionen Tonnen Versorgungsgüter in die Stadt. Im April 1949, als die Intervalle am kürzesten waren, landete alle 63 Sekunden ein Flugzeug. Die Blockade konnte im Mai 1949 beendet werden. 70 Flieger und acht Personen des Bodenpersonals hatten dabei ihr Leben lassen müssen.

**Ein »Rosinenbomber« der Alliierten während der Blockade**

# UM DEN KURFÜRSTENDAMM

Die Gegend um den Kurfürstendamm (kurz Ku'damm) wurde erst im 19. Jahrhundert richtig erschlossen. Am Ku'damm baute man luxuriöse Gebäude. Am Breitscheidplatz und am Wittenbergplatz eröffneten in dichter Folge Hotels und Kaufhäuser. Nach dem Zweiten Weltkrieg und der Teilung der Stadt war die alte Mitte für die Westberliner nicht mehr zugänglich – stattdessen sollte der Kurfürstendamm die Rolle der City übernehmen. Die schlimmsten Bombenschäden hatte man rasch beseitigt. Bald siedelten sich an der Flaniermeile auch Firmenzentralen an. Die Straße wurde zum »Schaufenster des Westens«. Nach der Wende strömten viele Besucher nach Berlin-Mitte. Doch der Kurfürstendamm und seine Umgebung sind dabei, sich von diesem Umbruch zu erholen.

Skulptur am Jüdischen Gemeindehaus

## SEHENSWÜRDIGKEITEN AUF EINEN BLICK

**Museen**
Käthe-Kollwitz-Museum ⑩
Newton-Sammlung ⑥

**Straßen und Plätze**
Fasanenstraße ⑨
Kurfürstendamm ④
Savignyplatz ⑪
Tauentzienstraße ⑭

**Park**
Zoologischer Garten ①

**Historische Gebäude**
Europa-Center ②
Jüdisches Gemeindehaus ⑧
KaDeWe ⑮
*Kaiser-Wilhelm-Gedächtnis-Kirche S. 152f* ③
Ludwig-Erhard-Haus ⑤
Technische Universität ⑬
Theater des Westens ⑦
Universität der Künste ⑫

**LEGENDE**

Detailkarte *Siehe S. 148 f*
🚉 Bahnhof
Ⓢ S-Bahn-Station
Ⓤ U-Bahn-Station
🚌 Bushaltestelle
ℹ️ Information

## ANFAHRT

Die S-Bahnen 5, 7, 9 und 75 und die U-Bahnen 1, 2, 3 und 9 verkehren hier. Am Zoologischen Garten ist ein Busbahnhof.

◁ Königlicher Standartenträger auf einem Mosaik der Kaiser-Wilhelm-Gedächtnis-Kirche *(siehe S.152f)*

# Im Detail: Breitscheidplatz und Ku'damm

Das Areal am östlichen Ende des Ku'damms, vor allem um die Tauentzienstraße, ist die alte City von Westberlin. Vor 30 Jahren war dies ein ultramodernes Viertel mit vielen Kaufhäusern, das Besucher aus aller Welt anzog. Trotz starker Konkurrenz durch die Arkaden am Potsdamer Platz und die Friedrichstraße strömen heute wieder Massen von einkaufslustigen Menschen durch die Gegend. Unübertroffen sind das rege Treiben auf dem Breitscheidplatz und in der Tauentzienstraße, die Exklusivität des Kaufhauses KaDeWe und die Auswahl an eleganten Läden in der Fasanenstraße.

**Kant-Dreieck**
*Markant und kubisch steht der Bau von Josef Paul Kleihues auf dem Eckgrundstück: Das »Segel« auf dem Dach ist sein Markenzeichen.*

**Jüdisches Gemeindehaus**
*Einige Fragmente der alten Synagoge sind in die moderne Fassade integriert worden.* ❽

**Das Literaturhaus** beherbergt ein Café und einen guten Buchladen.

**Käthe-Kollwitz-Museum**
*Das Museum hat sein Domizil in einer herrlichen Villa in der Fasanenstraße.* ❿

**Fasanenstraße**
*Einige exklusive Läden residieren in dieser ruhigen Seitenstraße.* ❾

**Kurfürstendamm**
*Ein Bummel über den Ku'damm ist ein Muss für jeden Besucher.* ❹

## NICHT VERSÄUMEN

- ★ Kaiser-Wilhelm-Gedächtnis-Kirche
- ★ Zoologischer Garten

## LEGENDE

 — — — Routenempfehlung

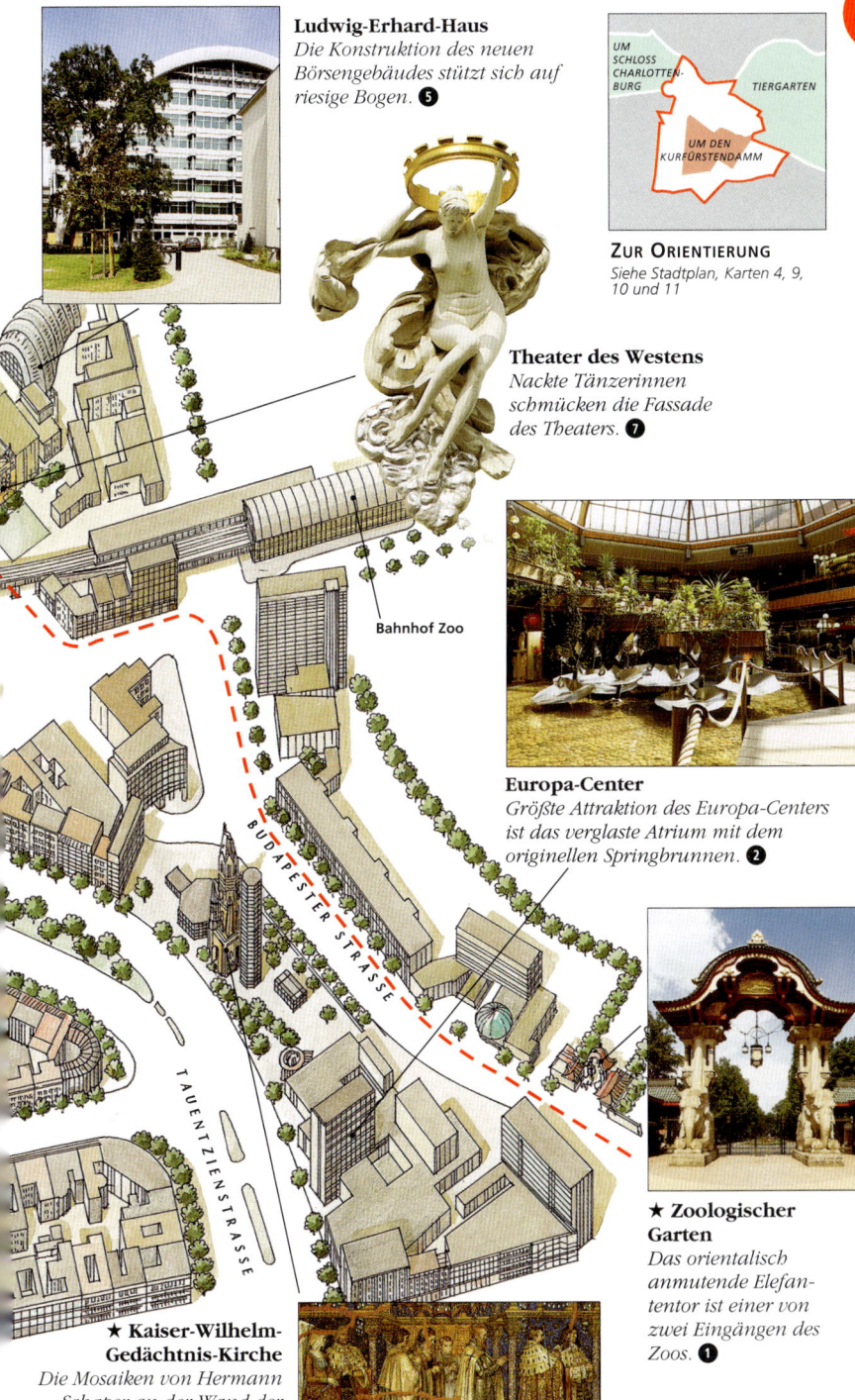

**Ludwig-Erhard-Haus**
*Die Konstruktion des neuen Börsengebäudes stützt sich auf riesige Bogen.* ❺

**ZUR ORIENTIERUNG**
*Siehe Stadtplan, Karten 4, 9, 10 und 11*

**Theater des Westens**
*Nackte Tänzerinnen schmücken die Fassade des Theaters.* ❼

Bahnhof Zoo

**Europa-Center**
*Größte Attraktion des Europa-Centers ist das verglaste Atrium mit dem originellen Springbrunnen.* ❷

**★ Zoologischer Garten**
*Das orientalisch anmutende Elefantentor ist einer von zwei Eingängen des Zoos.* ❶

**★ Kaiser-Wilhelm-Gedächtnis-Kirche**
*Die Mosaiken von Hermann Schaper an der Wand der Gedächtnishalle überstanden den Krieg unbeschadet.* ❸

0 Meter      400

**Stadtplan** *siehe Seiten 300–323*

**Besucherliebling des Zoos: Pandabär Bao-Bao**

# Zoologischer Garten ❶

Hardenbergplatz 8 oder Budapester Straße 34. **Stadtplan** 4 E5, 10 E1. 📞 25 40 10. Ⓢ Ⓤ *Zoologischer Garten.* 🚌 100, 109, 110, M45, M49, 200, 204, 245, 249, X9, X10, X34, X46. 🕐 Jan – 20. März, 26. Okt – 30. Dez: 9 – 17 Uhr; 21. März – 14. Sep: 9 – 19 Uhr; 15. Sep – 25. Okt: 9 – 18 Uhr. 🖳 www.zoo-berlin.de

Der Zoologische Garten ist Teil des Tiergartengeländes. Er wurde 1844 eröffnet und ist einer der ältesten Zoos Deutschlands. Hinein gelangt man durch zwei Tore: das Löwentor an der Hardenbergstraße und das fantasievolle orientalische Elefantentor an der Budapester Straße.

Man braucht mindestens einen Tag, um alles zu sehen. Nicht versäumen sollte man aber das Affenhaus mit der Gorillafamilie und das Nachttierhaus, in dem lichtscheue Tiere hinter Glasscheiben durch Terrarien huschen. Beeindruckend ist das Flusspferdbecken, in dem die Kolosse gemächlich durchs

Wasser tauchen. In einem der größten Aquarien Europas schuf man Biotope für Haie, Piranhas und die Tierwelt der Korallenriffe. In einem Raum mit tropischen Pflanzen werden Krokodile gehalten. In der Beliebtheitsskala ganz oben steht neben den Jungtieren der Eisbär Knut, der im Dezember 2006 in dem Zoo das Licht der Welt erblickte.

# Europa-Center ❷

Breitscheidplatz. **Stadtplan** 10 E1. Ⓢ Ⓤ *Zoologischer Garten.* 🚌 109, 110, X10, X29.

Das Europa-Center steht an der Stelle des früheren Romanischen Cafés, jenes berühmten Treffpunkts für Literaten und Dadaisten der 1920er Jahre. Das heutige Gebäude wurde 1965 eingeweiht und war seinerzeit in Deutschland einer der größten Komplexe dieser Art. Helmut Hentrich und Hubert Petschnigg entwarfen es als Ensemble von mehreren Gebäuden, die sich als Einkaufszentrum mit Restaurants und Bars um das Hotel Palace Berlin *(siehe S. 226)* und den 22-stöckigen Büroturm gruppieren. Über 100 Geschäfte laden zum Einkauf und einige fantasievolle Brunnen zum Verweilen ein. An einem davon befindet sich die »Wasseruhr« von Bernard Gitton. Sekunden, Minuten und Stunden werden hier durch gläserne Röhren und Kugeln angezeigt, die sich mit einer grünen Flüssigkeit füllen.

Auch das politische Cabaret »Die Stachelschweine« hat hier sein Domizil sowie Berlins größte Tourismusinformationsstelle *(siehe S. 278f).*

# Kaiser-Wilhelm-Gedächtnis-Kirche ❸

*Siehe S. 152 f.*

# Kurfürstendamm ❹

**Stadtplan** 9 A2/B2/C3, 10 D1. Ⓤ *Kurfürstendamm.* 🚌 109, 204, 249.

Der Kurfürstendamm ist noch immer eine der elegantesten Flaniermeilen Berlins. Der Boulevard wurde ab 1880 auf der alten Trasse angelegt, die zum Grunewald führte. Rasch entstand eine geschlossene Bebauung aus großbürgerlichen Wohn- und Geschäftshäusern und noblen Hotels. Zwischen den beiden Weltkriegen traf sich in den Cafés am Ku'damm alles, was in der Welt der Literaten, Geschäftsleute und Maler Rang und Namen hatte.

Nach dem Zweiten Weltkrieg wurden etliche beschädigte Häuser durch moderne Gebäude ersetzt, was den Charakter der Straße allerdings nicht grundlegend veränderte. Elegante Geschäfte und Cafés mit Terrassen machen den Kurfürstendamm auch heute noch zum beliebten Treffpunkt.

# Ludwig-Erhard-Haus ❺

Fasanenstraße 83/84. **Stadtplan** 4 D5. Ⓢ Ⓤ *Zoologischer Garten.* 🚌 109, 110, M19, M29.

Das markante Stück moderner Architektur, entworfen von Nicholas Grimshaw und 1998 fertiggestellt, beherbergt die Berliner Börse und die Industrie- und Handelskammer. Man hat die Konstruktion mit einem Gürteltier verglichen, mit einem riesigen Skelett oder dem Rippenmuster einer Muschel.

Die Konstruktion ruht auf 15 ellipsenförmigen Bogen, die über das Dach und die gläsernen Fronten hinausragen. Die hierin eingehängten Geschosse bedürfen keiner weiterer Stützen mehr.

**Weltkugel als Brunnen vor dem Europa-Center**

## Newton-Sammlung 6

Jebensstraße 2. **Stadtplan** 4 D5.
📞 *31 86 48 56.* Ⓢ Ⓤ *Zoologischer
Garten.* ⭕ *Di–So 10–18 Uhr
(Do bis 22 Uhr).* ♿ 🚫
**www**.helmut-newton.de

Der Fotograf Helmut New-
ton (1931–2004) ver-
machte sein Lebenswerk seiner Geburtsstadt Berlin. Hier
erhielt er auch seine fotografische Ausbildung. Später avancierte er mit seinen Aktfoto-
grafien und den Porträts der
Reichen und Berühmten zum
bekanntesten Fotografen des
20. Jahrhunderts.

Zu sehen sind ausgewählte
fotografische Arbeiten von
Newton, einschließlich der
frühen Modefotos, der Akt-
fotos, der Selbstporträts und
der Landschaftsbilder. Der
Bestand des Museums soll
über die Arbeiten von Helmut Newton hinaus ständig
erweitert werden.

Theater des Westens an der
Kantstraße

## Theater des Westens 7

Kantstraße 9–12. **Stadtplan** 10 D1.
📞 *(01805) 44 44.* Ⓢ Ⓤ *Zoologischer Garten.* 🚌 *M49.*
**www**.stage-entertainment.de

Das Theater des Westens
wurde 1895/96 von Bern-
hard Sehring erbaut und ist
wohl eines der malerischsten
Theater Berlins. Verschiedene
Elemente des Neoklassizismus, des Palladianismus und
des Jugendstils prägen die
Fassade. Das Innere gestaltete
man glanzvoll im Stil des
Neobarock, während die hinteren Gebäudeteile, in denen

sich die Bühne befindet, der
Neogotik huldigen, originell
verziert mit riesigen Schach-
figuren.

Von Beginn an war dieses
Haus das Domizil der leichten
Muse. Operetten und Varietés
wurden hier aufgeführt, im
Wechsel mit Revuen, Musicals
und Cabaretabenden. Welt-
stars sind hier aufgetreten,
etwa Josephine Baker, die
1926 mit ihrem »Bananentanz«
Furore machte. Direkt daneben liegen das renommierte
Kino Delphi und der Jazzclub
Quasimodo *(siehe S. 268f).*

## Jüdisches Gemeindehaus 8

Fasanenstraße 79/80. **Stadtplan**
10 D1. Ⓤ *Uhlandstraße, Kurfürstendamm.* 🚌 *M19, M29.*

Das Jüdische Gemeinde-
haus ist Sitz der jüdischen
Gemeinde von Berlin und
wurde genau dort erbaut, wo
bis zum 9. November 1938,
der »Reichskristallnacht«
*(siehe S. 29),* die Synagoge
gestanden hatte.

Die alte Synagoge war 1912
von Ehrenfried Hessel im
römisch-byzantinischen Stil
erbaut worden. Ihre Ruinen
blieben von 1938 bis 1957
stehen, erst dann riss man sie
ab. Das jetzige Gebäude ent-

Eingang zum Jüdischen
Gemeindehaus

stand 1957–59 nach den Plänen von Dieter Knoblauch
und Heinz Heise. Vom Vor-
gängerbau sind nur das Portal
und einige Schmuckelemente
an der Fassade erhalten.

Innen befinden sich Büro-
räume, eine Schule, ein ko-
scheres Restaurant namens
Arche Noah und ein Gebets-
raum, in den Licht durch
drei Glaskuppeln dringt. An
die Rückseite schließen ein
Innenhof und eine Gedenk-
stätte an. Vor dem Gebäude
steht eine anrührende Skulptur: eine zerbrochene Thora-
rolle (das heilige Gesetzbuch
der Juden).

### DER DEUTSCHE FILM

Die 1920er Jahre waren eine
Blütezeit der Kunst, und im
Zug des Expressionismus ge-
langte der deutsche Film zu
Weltruhm. Einen Meilenstein
stellte im Jahr 1912 die Eröffnung der Ufa-Studios in Babelsberg *(siehe S. 205)* dar.
Sie wurden zum Zentrum der
europäischen Filmindustrie
und standen lange im Wettstreit mit Hollywood. Viele
Meisterwerke der Filmkunst
wurden hier gedreht, z. B. *Das
Cabinet des Dr. Caligari* (1920) von Robert Wiene, Ernst
Lubitschs *Madame Dubarry* (1919) mit Pola Negri und
*Nosferatu* (1922) von Friedrich Murnau. Auch Fritz Langs
*Dr. Mabuse* (1922) und der futuristische Film *Metropolis*
(1927) entstanden in Babelsberg. Im April 1930 produzier-
ten die Studios den Welterfolg *Der blaue Engel* von Josef
von Sternberg mit Marlene Dietrich in der Hauptrolle. Nach
der Machtübernahme Hitlers gingen viele Regisseure und
Schauspieler in die Emigration.

Marlene Dietrich als Lola in
*Der blaue Engel*

# Kaiser-Wilhelm-Gedächtnis-Kirche ❸

Die Gedächtniskirche gehört zu den Wahrzeichen der Stadt. Der Platz davor ist stets von einer großen Menge von Straßenhändlern und -musikanten bevölkert. Der alte Bau wurde von Franz Schwechten im neoromanischen Stil entworfen und 1895 geweiht. Nach den Bombenangriffen von 1943 blieb davon nur noch eine Ruine, die man bis auf den massiven Turm abräumte. Das Erdgeschoss des Turms dient heute als Gedenkhalle, in der die Geschichte der Kirche dokumentiert wird. Die originalen Deckenmosaiken, Marmorreliefs und manche Objekte der Liturgie sind dort zu besichtigen. 1961 errichtete Egon Eiermann ein neues achteckiges Kirchenschiff und einen frei stehenden Glockenturm.

**Kaisermosaik**
*Das leuchtende Mosaik stellt Kaiser Heinrich I. auf seinem Thron dar.*

**Glockenturm**
*Der neue sechseckige Glockenturm steht dort, wo sich früher das Hauptschiff befand.*

Fensterrose

**Originalmosaiken**
*Einige originale Mosaiken zieren noch Wände und Decken nahe dem Treppenhaus. Hier sind die preußischen Herzöge zu sehen.*

**Hauptaltar**
*Der großformatige Christus ist eine Arbeit von Karl Hemmeter.*

**Als Gitter** schließt die Betonstruktur die blauen Fensterscheiben ein.

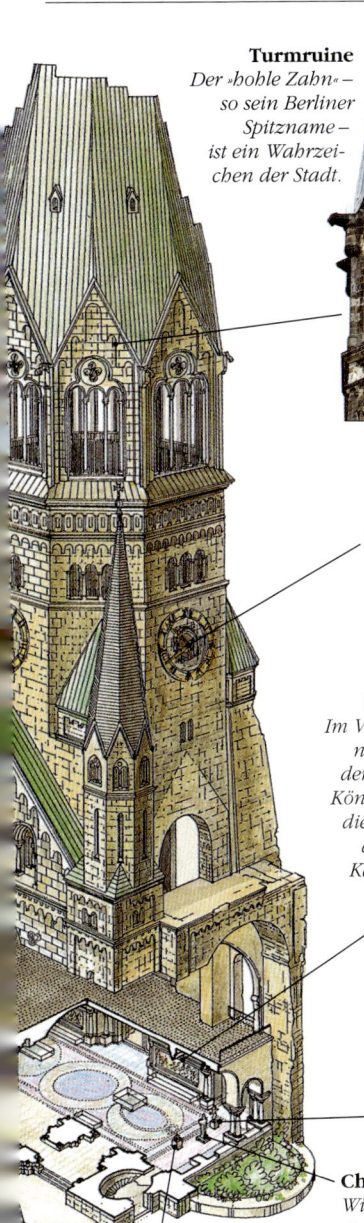

### Turmruine
*Der »hohle Zahn« –
so sein Berliner
Spitzname –
ist ein Wahrzei-
chen der Stadt.*

### INFOBOX

Breitscheidplatz. **Stadtplan**
10 D1. 📞 218 50 23.
Ⓢ Ⓤ *Zoologischer Garten.*
Ⓤ *Kurfürstendamm.* 🚌 *100,
200.* ⭕ **Kirche** *tägl. 9–19 Uhr.*
**Gedenkhalle** *Mo–Sa 10–
16 Uhr.* 🕐 *So 10, 18 Uhr.* 📷
www.gedaechtniskirche.com

### Turmuhr
*Klassisch und klar
im Stil: die Turmuhr.*

### ★ Mosaik der Hohenzollern
*Im Vestibül erstrahlt
noch das Mosaik
der Hohenzollern.
Königin Luise führt
die Familie an. In
der Bildmitte ist
Kaiser Wilhelm I.
zu sehen.*

### Orthodoxes Kreuz
*Das Kreuz ist ein Geschenk
russisch-orthodoxer Bischöfe
zum Gedenken an die Opfer
des Nationalsozialismus.*

### Christusfigur
*Wie durch ein Wunder über-
stand die große Skulptur von
Hermann Schaper den Krieg.
Früher hatte sie den Altar
geschmückt.*

**Haupt-
eingang**

### ★ Coventry-Kreuz
*Das bescheidene Kreuz wurde aus
Nägeln geschmiedet, die man in
der Asche der Kathedrale von
Coventry nach dem deutschen
Bombardement von 1940 fand.*

### NICHT VERSÄUMEN

★ Coventry-Kreuz

★ Mosaik der
Hohenzollern

**Fasanenstraße – eine der elegantesten Straßen in Berlin**

## Fasanenstraße ❾

**Stadtplan** 9 C2/C3, 10 D1/D2.
Ⓤ *Uhlandstraße*. 🚌 *109, 110, M45, 249, M19, M29.*

D er diskrete Charme der Fasanenstraße, insbesondere im Teil zwischen der Lietzenburger Straße und dem Kurfürstendamm, ist sicher ein Grund dafür, dass sich hier Designerläden angesiedelt haben. Sorgfältig restaurierte Häuser, Villen mit Gärten sowie elegante Auslagen von Juwelieren, Galerien und Modeboutiquen laden zum Einkaufsbummel ein.

Besondere Beachtung verdienen die Häuser Nr. 23–25, das sogenannte Wintergarten-Ensemble. Nr. 23 stammt aus dem Jahr 1889. Die Villa mitten in einem Garten beherbergt das Literaturhaus, in dem interessante Lesungen und Ausstellungen stattfinden. Im Wintergarten gibt es ein Café. Nr. 24 ist Sitz des Käthe-Kollwitz-Museums. In Nr. 25, von Hans Grisebach 1892 erbaut, befinden sich ein Auktionshaus und eine Galerie.

## Käthe-Kollwitz-Museum ❿

Fasanenstraße 24. **Stadtplan** 9 C2.
📞 *882 52 10.* Ⓤ *Uhlandstraße, Kurfürstendamm.* 🚌 *109, 110, 249.*
🕐 *tägl. 11–18 Uhr.* 📷 📶
**www.kaethe-kollwitz.de**

D ie kleine Privatsammlung bietet die Gelegenheit, sich mit dem Werk von Käthe Kollwitz (1867–1945) vertraut zu machen. Die in Königsberg geborene Künstlerin heiratete

einen Arzt, der im Arbeiterbezirk Prenzlauer Berg praktizierte. Ihre Werke stellen realistisch die sozialen Probleme ebenso wie menschliche Tragödien und großes Leid dar. Nach dem Verlust eines Sohnes und eines Enkels in den beiden Weltkriegen machte sie die Mutterschaft und den Krieg zu ihren Hauptthemen.

Das Museum stellt ihr Werk, einschließlich der Zeichnungen und Skulpturen, sowie persönliche Dokumente wie Briefe und Fotografien aus.

***Mutter und Kind* von Käthe Kollwitz**

## Savignyplatz ⓫

**Stadtplan** 9 C1. Ⓢ *Savignyplatz.*
🚌 *M49.*

D er Platz wird auf seiner Südseite von einer Eisenbahnüberführung begrenzt. Tagsüber bietet er kaum Interessantes – außer gepflegten Grünflächen und freundlichen Cafés ist hier wenig zu entdecken. Bei Nacht erwacht

die Gegend allerdings zu mediterran anmutendem Leben. Die zahlreichen Cafés und Restaurants füllen sich. Vor allem im Sommer verwandeln sich der Platz und die angrenzenden Straßen in ein riesiges Freiluftcafé.

Aus allen Teilen der Stadt kommen die Menschen hierher, um die beliebten Cafés und Restaurants wie Zwiebelfisch, Dicke Wirtin oder XII Apostel *(siehe S. 240)* zu besuchen. Die Arkaden des Viadukts bergen etliche weitere Cafés, Bars und den großen Buchladen Bücherbogen *(siehe S. 254)*.

## Universität der Künste ⓬

Hardenbergstraße 32/33 u. Fasanenstraße 1b. **Stadtplan** 4 D5.
Ⓢ *Zoologischer Garten.* Ⓤ *Ernst-Reuter-Platz.* 🚌 *M45, 245.*
**www.udk-berlin.de**

U rsprünglich hieß die bereits 1696 gegründete Universität der Künste Preußische Akademie der Künste. Sie setzte die lange Tradition der Künstlerausbildung in Berlin fort und wurde von Persönlichkeiten wie Gottfried Schadow oder Anton von Werner geleitet. Das Ergebnis einiger Reformen zwischen 1875 und 1882 gipfelte in der Aufteilung der Akademie in zwei getrennte Hochschulen. Für diese wurden in der Hardenbergstraße und in der Fasanenstraße Gebäudekomplexe errichtet. Die neobarocken Bauten entstanden 1898–1902 nach Plänen von Heinrich Kayser und Karl von Großheim.

Den Zweiten Weltkrieg überstanden hier nur zwei Gebäude mit Schmuckfassaden. Einst war die Hardenbergstraße Sitz der Hochschule für bildende Künste, während in der Fasanenstraße die Hochschule für Musik und darstellende Kunst untergebracht war. Der große Konzertsaal allerdings fiel dem Bombenhagel der Alliierten zum Opfer.

Erst 1953–55 wurde der neue Konzertsaal nach dem Entwurf von Paul Baumgarten

Flachrelief an der Fassade der Hochschule der Künste

erbaut. In dem burgähnlichen Gebäude in der Hardenberg-straße 36 befindet sich die Schule für religiöse Musik, die heute der Hochschule der Künste angegliedert ist.

# Technische Universität ⓭

Straße des 17. Juni 135. **Stadtplan** 3 C4. 🅄 *Ernst-Reuter-Platz.* 🚌 M45, 245, X9. **www.tu-berlin.de**

Das riesige Areal östlich des Ernst-Reuter-Platzes – entlang der Straße des 17. Juni – ist von den Gebäuden der Technischen Universität besetzt. 1879 wurde die Universität, der Zusammenschluss der Gewerbeakademie mit der renommierten Bauakademie, gegründet. Die Technische Universität ist unterteilt in fünf verschiedene Lehrbereiche, die alle seit 1884 in einem Neorenaissance-Bauwerk, entworfen von Richard Lucae, Friedrich Hitzig und Julius Raschdorff, untergebracht sind. Nach dem Zweiten Weltkrieg wurde der vordere Gebäudeflügel als flacher Häuserblock wieder-errichtet, der rückwärtige Flügel und die drei Innenhöfe sind erhalten geblieben.

Es lohnt sich, entlang der Straße des 17. Juni in Richtung der Kolonnade des Charlottenburger Tors (1908) zu gehen. Die Kolonnade ist geschmückt mit Figuren von Friedrich und Sophie Charlotte, die ein Modell von Schloss Charlottenburg *(siehe S. 160f)* in ihren Händen halten. Jenseits des Tors rechter Hand auf der Insel sieht man ein ungewöhnliches Gebäude mit einem gigantischen rosaroten Schornstein – ein Zentrum zur Erforschung der Einflusses der Wasserströmung auf seetaugliche Schiffe.

# Tauentzienstraße ⓮

**Stadtplan** 10 E1. 🅄 *Wittenbergplatz.* 🚌 100, 200, M19, M29.

Die Straße ist ein wichtiges Geschäftszentrum in diesem Teil Berlins. Die Läden sind nicht so teuer und elegant wie am Kurfürstendamm, doch genau das ist der Grund für die große Anziehungskraft auf Besucher. Einen Höhepunkt stellt die Fassade des Kaufhauses Peek & Cloppenburg dar. Die Wände des Gebäudes, entworfen von Gottfried Böhm, sind bedeckt von transparenten, leicht abgeschrägten, gewellten »Schürzen«.

Weitere interessante Details sind das große Blumenbeet und die Skulptur *Berlin*. Das Werk von Brigitte und Martin Matschinsky-Denninghoff wurde im Jahr 1987 aus Anlass der 750-Jahr-Feier der Stadt an der Marburger Straße aufgestellt.

# KaDeWe ⓯

Tauentzienstraße 21–24. **Stadtplan** 10 E2. 🅄 *Wittenbergplatz.* 🚊 212 10. 🚌 100, 200, M19, M29. 🕐 Mo–Do 10–20 Uhr, Fr 10–21 Uhr, Sa 9.30–20 Uhr. **www**.kadewe.de

Das Kaufhaus des Westens (kurz: KaDeWe) ist das größte Kaufhaus auf dem europäischen Kontinent. Es wurde 1906/07 nach Entwürfen von Emil Schaudt erbaut und mehrfach vergrößert. Das KaDeWe gilt seit seiner Gründung als Berlins exklusivstes Kaufhaus, bekannt durch den Werbeslogan: »In unserem Laden ist der Kunde König und der König Kunde.«

Nach dem Zweiten Weltkrieg wuchs das KaDeWe rasch zum Symbol für den wirtschaftlichen Erfolg Westberlins. Hier können Sie einfach alles kaufen – Hauptattraktion ist die Delikatessenabteilung mit der wohl größten Auswahl in Europa. Exotische Früchte und Gemüse, lebende Fische und Meeresfrüchte, 100 verschiedene Teesorten, über 2400 Weine und viele andere gastronomische Highlights erfreuen Auge, Nase und Gaumen. Das Restaurant Silberterrasse lädt zu einem Essen in aller Ruhe ein, bevor man sich wieder ins Getümmel stürzt.

Die Skulptur *Berlin* symbolisiert die früher geteilte Stadt

# Um Schloss Charlottenburg

Mit ihrem üppigen Grün und den stattlichen Bauwerken aus dem späten 19. Jahrhundert gehört die Gegend um Schloss Charlottenburg zu den reizvollsten Stadtteilen. Das einstige Dörfchen Lietzow gewann an Bedeutung, als Kurfürst Friedrich III. (der spätere König Friedrich I.) hier Ende des 17. Jahrhunderts ein Sommerrefugium für seine Frau errichten ließ *(siehe S. 21)*. Das Schloss hieß zunächst Lützen-

*Urne in Schloss Charlottenburg*

burg. Nach dem Tod von Königin Sophie Charlotte wurde es in Charlottenburg umbenannt. Im 18. Jahrhundert erhielt Charlottenburg Stadtrecht und stellte lange Zeit einen von Reichen bewohnten unabhängigen Verwaltungsbezirk dar. 1920 wurde es offiziell Teil von Berlin. Trotz Krieg und Teilung hat der zentrale Bereich dieses traditionsreichen Berliner Stadtteils seinen historischen Charakter unübersehbar bewahrt.

## Sehenswürdigkeiten auf einen Blick

### Museen und Sammlungen
Bröhan-Museum ⑪
Museum für Vor- und Frühgeschichte ⑤
Neuer Flügel ③
Sammlung Berggruen ⑩
Sammlung Scharf-Gerstenberg ⑨

### Historische Gebäude
Belvedere ⑧
Luisenkirche ⑬
Mausoleum ⑦

Neuer Pavillon (Schinkel-Pavillon) ④
*Schloss Charlottenburg S. 160f* ①
Villen der Schlossstraße ⑫

### Park
Schlosspark ⑥

### Anfahrt
Man erreicht das Schloss mit den Bussen 109, M45 und 309, mit der U-Bahn 7 bis Richard-Wagner-Platz, der U-Bahn 2 bis Sophie-Charlotte-Platz oder mit den S-Bahnen 41, 42 und 46 bis Westend.

### Denkmal
Reiterdenkmal des Großen Kurfürsten ②

### Legende

- ▮ Detailkarte *Siehe S. 158 f*
- Ⓤ U-Bahn-Station
- Ⓢ S-Bahn-Station
- 🚏 Bushaltestelle

0 Meter ——— 600

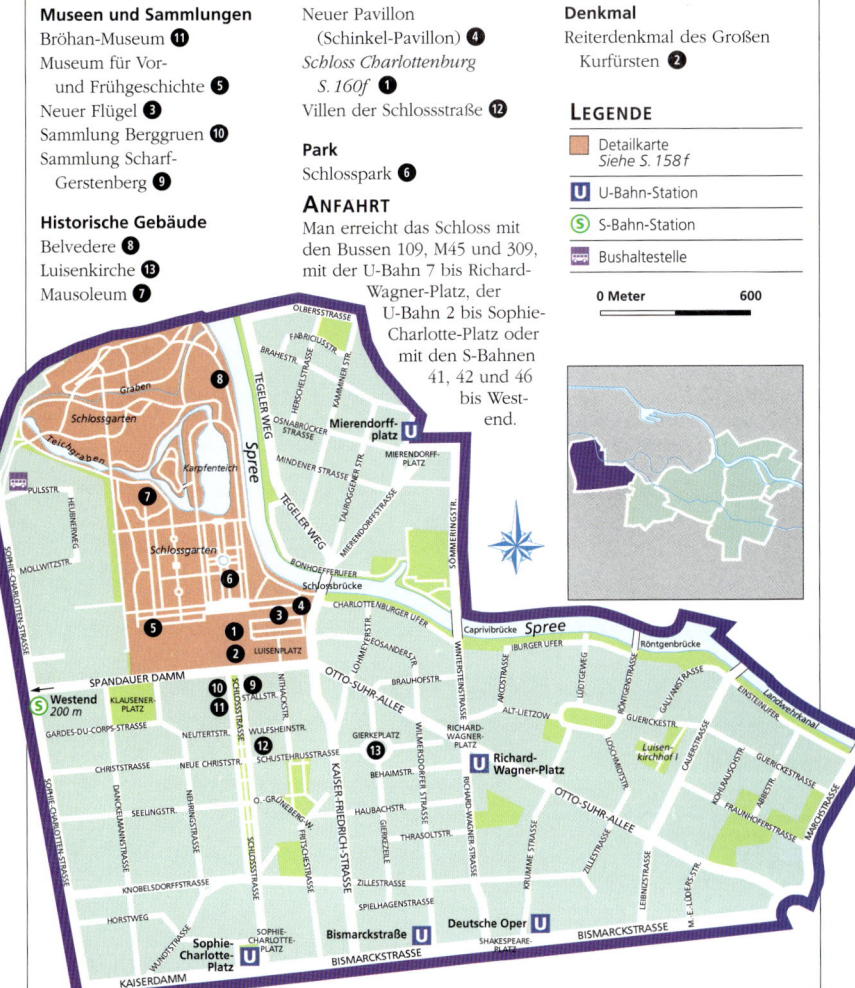

# Im Detail: Schlosspark

**Detail des Haupttors**

Der Schlosspark gehört zu den idyllischsten Grünanlagen Berlins. Besuchermagnete sind der nach dem Krieg originalgetreu rekonstruierte prunkvolle Barockkomplex sowie die umliegenden Bauten mit erlesener Innenausstattung, in denen einst preußische Adlige lebten. In den einzelnen Flügeln des Schlosses und seinen Pavillons werden interessante Ausstellungen gezeigt. Nach einem Spaziergang durch den herrlichen Park lädt die Kleine Orangerie zu einer Rast ein.

**★ Schloss Charlottenburg**
*Der Mittelteil des Schlosses heißt zu Ehren der Architekten, die das Gebäude schufen, Nering-Eosander-Bau.* ❶

**Museum für Vor- und Frühgeschichte**
*Die Sammlung (siehe S. 78) war bis 2009 in dem von C. G. Langhans errichteten, einst als Hoftheater benutzten Pavillon untergebracht.* ❺

**Reiterdenkmal des Großen Kurfürsten**
*Das Denkmal des Großen Kurfürsten stiftete sein Sohn, König Friedrich I. Entworfen hat es Andreas Schlüter.* ❷

Kleine Orangerie

**Neuer Flügel**
*Der neue Flügel des Palasts beherbergte einst die königliche Sammlung; heute werden hier Wechselausstellungen präsentiert.* ❸

**LEGENDE**

- - - Routenempfehlung

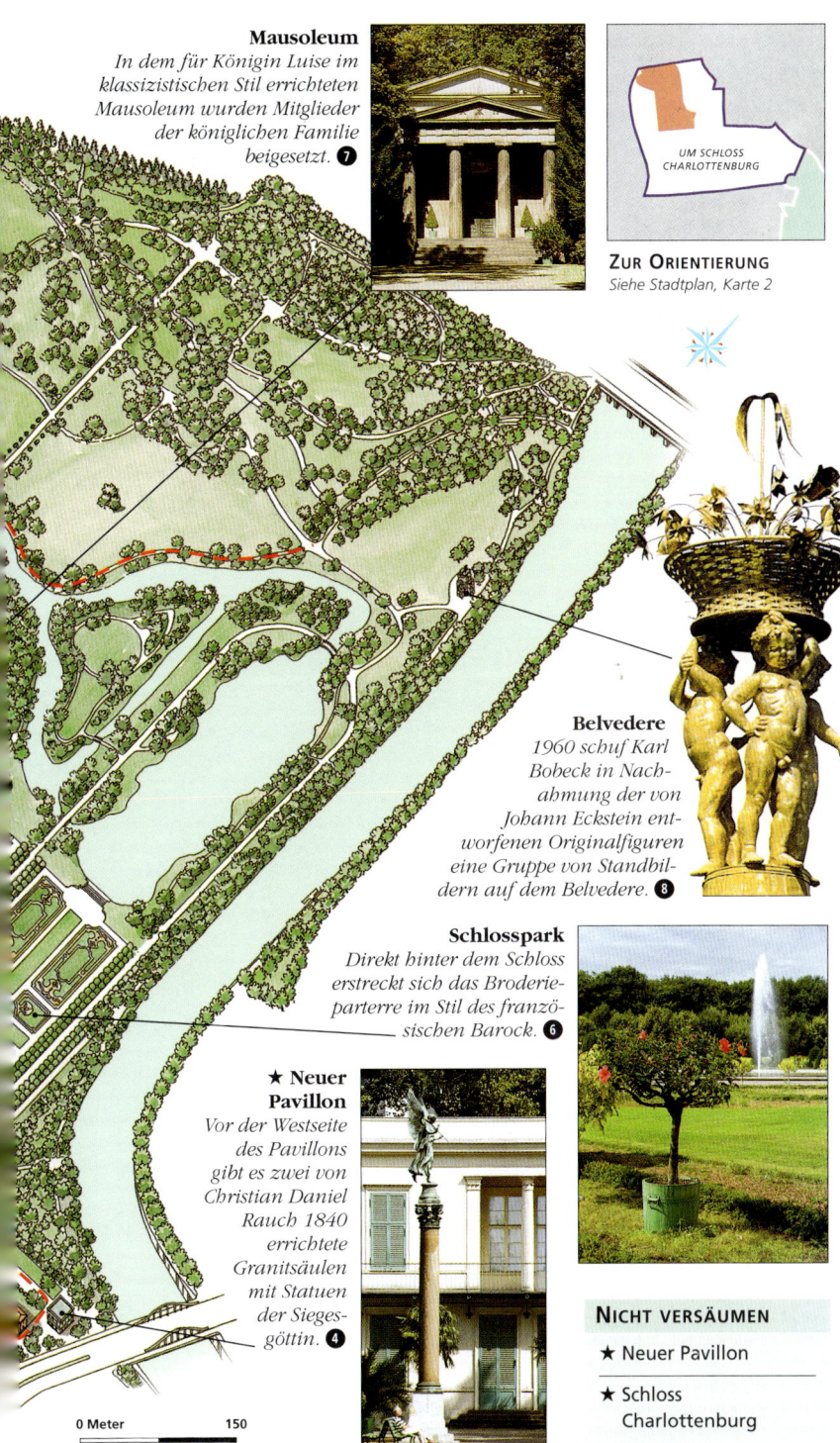

**Mausoleum**
In dem für Königin Luise im klassizistischen Stil errichteten Mausoleum wurden Mitglieder der königlichen Familie beigesetzt. **7**

**ZUR ORIENTIERUNG**
Siehe Stadtplan, Karte 2

UM SCHLOSS CHARLOTTENBURG

**Belvedere**
1960 schuf Karl Bobeck in Nachahmung der von Johann Eckstein entworfenen Originalfiguren eine Gruppe von Standbildern auf dem Belvedere. **8**

**Schlosspark**
Direkt hinter dem Schloss erstreckt sich das Broderieparterre im Stil des französischen Barock. **6**

**★ Neuer Pavillon**
Vor der Westseite des Pavillons gibt es zwei von Christian Daniel Rauch 1840 errichtete Granitsäulen mit Statuen der Siegesgöttin. **4**

0 Meter                150

**NICHT VERSÄUMEN**

★ Neuer Pavillon

★ Schloss Charlottenburg

**Stadtplan** siehe Seiten 300–323

# Schloss Charlottenburg ●

Das Charlottenburger Schloss war als Sommerresidenz für Sophie Charlotte, die Gemahlin des Kurfürsten Friedrich III., gedacht. Der Bau begann 1695 nach einem Entwurf von Johann Arnold Nering. Zwischen 1701 und 1713 erweiterte es Johann Friedrich Eosander durch die Krönung mit einer Kuppel und den Ausbau des Flügels mit der Orangerie. Weitere Anbauten ließ Friedrich der Große 1740–47 mit dem Neuen Flügel, entworfen von Georg Wenzeslaus von Knobelsdorff, vornehmen. Nach dem Zweiten Weltkrieg wurde das Schloss wiederhergestellt. Seine prächtigen Interieurs sind einmalig in Berlin.

**KURZFÜHRER**
*Im Erdgeschoss des Hauptgebäudes gibt es nur Führungen. Obergeschoss und Neuer Flügel mit den Privatgemächern von Friedrich dem Großen können ohne Führung besichtigt werden.*

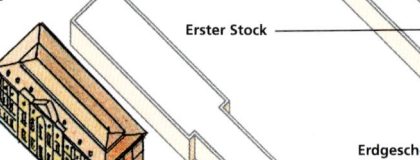

Erster Stock

Erdgeschoss

★ **Porzellankabinett**
*In der prächtigen Galerie mit ihren verspiegelten Wänden ist japanisches und chinesisches Porzellan ausgestellt.*

**Schlosskapelle**
*Nur Teile der Kanzel sind im Original erhalten. Alles Übrige – Möbel und Ausstattungen, auch die prunkvolle Königsloge – sind Nachbildungen.*

Haupt-
eingang

**Fassade**
*Der von Johann Arnold Nering errichtete Mittelteil des Schlosses ist der älteste des Gebäudes.*

**Kuppelturm**
*Der große barocke Kuppelturm des Schlosses schließt die Blickachse von der Schlossstraße aus ab.*

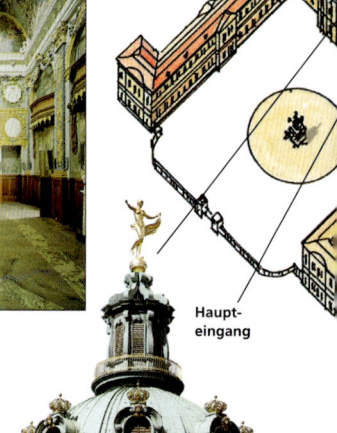

**Fortuna**
*Anstelle des während des
Zweiten Weltkriegs zerstörten
Standbilds krönt nun ein
neues von Richard Scheibe
das Schloss.*

**INFOBOX**

Spandauer Damm 10–22.
**Stadtplan 2 E2. Altes Schloss
(Nering-Eosander-Bau)**
32 09 11. Richard-Wag-
ner-Platz, Sophie-Charlotte-Platz.
Westend. 109, M45, 309.
*Apr–Okt: Di–So 10–18 Uhr;
Nov–März: Di–So 10–17 Uhr.
Erdgeschoss nur mit Führung.*
**Neuer Flügel (Knobelsdorff-
Flügel)** *Apr–Okt: Mi–Mo
10–18 Uhr; Nov–März: Mi–Mo
10–17 Uhr.* www.spsg.de

**LEGENDE**

- Offizielle Empfangsräume
- Räume von Sophie-Charlotte
- Neuer Flügel oder Knobelsdorff-Flügel (Ausstellungen)
- Sommerwohnung von Friedrich Wilhelm II.
- Mecklenburgische Wohnung
- Räume von Friedrich Wilhelm IV.
- Sommerwohnung von Friedrich Wilhelm II.
- Räume Friedrichs des Großen

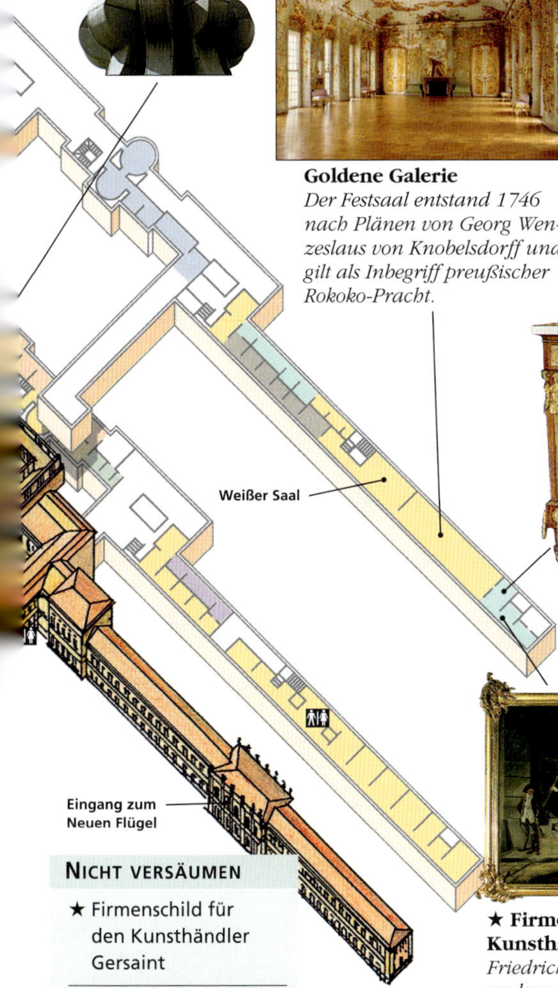

**Goldene Galerie**
*Der Festsaal entstand 1746
nach Plänen von Georg Wenzeslaus von Knobelsdorff und
gilt als Inbegriff preußischer
Rokoko-Pracht.*

**Weißer Saal**

**Eingang zum
Neuen Flügel**

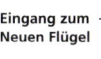

**Neuer Flügel**
*Im Neuen Flügel befinden
sich elegante Wohnräume
und erlesene Möbel von
Friedrich Wilhelm II.*

**NICHT VERSÄUMEN**

★ Firmenschild für
den Kunsthändler
Gersaint
───────────
★ Porzellankabinett

★ **Firmenschild für den
Kunsthändler Gersaint** *(1720)
Friedrich der Große kaufte dieses und
andere dekorative Gemälde von Antoine Watteau für seine Sammlung.*

**Das Reiterdenkmal des Großen Kurfürsten vor Schloss Charlottenburg**

# Reiterdenkmal des Großen Kurfürsten ❷

Spandauer Damm 10–22. **Stadtplan** 2 E2. Ⓤ *Richard-Wagner-Platz, Sophie-Charlotte-Platz.* Ⓢ *Westend.* 🚌 *109, M45, 309.*

Das Reiterdenkmal des Großen Kurfürsten (Friedrich Wilhelm I.) ist das schönste in Berlin. Auftraggeber war sein Sohn, Kurfürst Friedrich III. (der spätere König Friedrich I.). Nach einem Entwurf von Andreas Schlüter sollte die Bronze in einem Stück gegossen werden. Begonnen wurde die Arbeit 1696, abgeschlossen jedoch erst 1703. Anfänglich stand das Denkmal neben dem früheren Stadtschloss an der Langen Brücke (heute Rathausbrücke). Im Zweiten Weltkrieg sollte es ausgelagert werden, doch – Ironie des Schicksals – der Lastkahn sank mit seiner tonnenschweren Fracht im Tegeler Hafen. 1949 wurde das Denkmal geborgen und im Ehrenhof von Schloss Charlottenburg aufgestellt. Der Originalsockel war in Ostberlin verschollen, und so wurde eine Kopie gefertigt. Den Originalsockel stellte man später im Bode-Museum aus, versehen mit einer Kopie des Standbilds.

Das Denkmal zeigt den Großen Kurfürsten als Krieger in antiker Rüstung (wenn auch mit Perücke aus dem 17. Jahrhundert) auf einem Pferd, über die an den Denkmalssockel angeketteten Sklaven triumphierend. Den Sockel schmücken allegorische Reliefs. Darauf umgeben Symbolfiguren (Geschichte, Frieden und Spree) das Königtum bzw. schützen es durch Verkörperungen des Glaubens, der Tapferkeit (in Gestalt von Mucius Scaevola) und der Stärke (Herkules).

# Neuer Flügel ❸

Spandauer Damm 10–22. **Stadtplan** 2 E2. 📞 *32 09 14 40.* Ⓤ *Richard-Wagner-Platz, Sophie-Charlotte-Platz.* Ⓢ *Westend.* 🚌 *109, M45, 309.* 🕐 *Apr–Okt: Mi–Mo 10–18 Uhr; Nov–März: Mi–Mo 10–17 Uhr.*

Der zwischen 1740 und 1747 errichtete Neue Flügel des Schlosses Charlottenburg beherbergte einst die beliebte Galerie der Romantik. Der größte Teil dieser Sammlung romantischer Gemälde wird inzwischen jedoch wieder in der Alten Nationalgalerie (*siehe S. 78*)

gezeigt, die anderen Gemälde sind im Neuen Pavillon untergebracht. Im Neuen Flügel befinden sich die Privatgemächer Friedrichs des Großen. Zu sehen sind von ihm erworbene Gemälde sowie Kuriositäten wie eine Sammlung von Schnupftabaksdosen. Zudem werden hier Wechselausstellungen zu Geschichte und Kunst gezeigt.

# Neuer Pavillon (Schinkel-Pavillon) ❹

Spandauer Damm 10–22 (Schlosspark Charlottenburg). **Stadtplan** 2 F2. 📞 *32 09 14 43.* Ⓤ *Richard-Wagner-Platz, Sophie-Charlotte-Platz.* Ⓢ *Westend.* 🚌 *109, M45, 309.* 🕐 *tel. erfragen.* ♿

Der reizvolle Pavillon im klassizistischen Stil wurde für Friedrich Wilhelm III. und seine zweite Frau, die Fürstin von Liegnitz, gebaut. Während eines Besuchs in Neapel hatte der König in der Villa Reale del Chiatamone gewohnt und war von ihr derartig beeindruckt gewesen, dass er Karl Friedrich Schinkel beauftragte, etwas Ähnliches zu bauen. Fertig wurde der Pavillon zum Geburtstag des Königs am 3. August 1825.

Schinkel schuf einen zweistöckigen Kubus mit zentralem Treppenhaus und symmetrisch liegenden Räumen. Säulengestützte Loggien im Erdgeschoss brachten Abwechslung in die Fassade. Ein Balkon führt rund ums Haus.

**Der einer neapolitanischen Villa nachempfundene Neue Pavillon**

Die im Pavillon gezeigten Gegenstände offenbaren den einstigen Glanz und die Atmosphäre der aristokratischen Interieurs mit Bildern und Skulpturen. Das wertvollste Bild ist eine Berlin-Ansicht (1834), die Eduard Gaertner vom Dach der Friedrichswerderschen Kirche *(siehe S. 63)* aus gemalt hat.

Kürzlich wurde die Gemäldesammlung durch Bilder aus der ehemaligen Galerie der Romantik erweitert. Sie enthält nun Landschaften von Caspar David Friedrich und verschiedene Werke des Malers und Architekten Friedrich Schinkel.

**Urne (800 v. Chr.), Museum für Vor- und Frühgeschichte**

# Museum für Vor- und Frühgeschichte ❺

*Die Sammlung wurde zum Oktober 2009 in das Neue Museum (siehe S. 78) auf der Museumsinsel in Berlin-Mitte integriert.*

Der klassizistische Pavillon entstand 1787–91 nach einem Entwurf von Carl Gotthard Langhans. Er wurde dem Flügel mit der Orangerie an die Seite gesetzt und als Hoftheater genutzt. Seit 1960 war in dem Gebäude das Museum für Vor- und Frühgeschichte untergebracht. Seine Sammlung war bereits 1830 gegründet worden. Sie dokumentiert die Entwicklung früher Kulturen und Zivilisationen. Mithilfe von Dioramen, Schädeln und Töpferwaren, Werkzeugen, Waffen und Schmuckstücken wird die Entwicklung der Menschheit von vorgeschichtlicher Zeit bis zum Mit-

telalter dargestellt. Archäologische Funde zeigen die Entwicklung bei den Kelten, Germanen, Slawen, Balten und Sumerern.

Berühmt sind die 1881 dem Museum von Heinrich Schliemann vermachten Grabungsfunde aus Troja. Sie enthalten Werkzeuge und Töpfergegenstände sowie den Schatz des Priamos. Einige Ausstellungsstücke sind Nachbildungen, da die Originale nach dem Zweiten Weltkrieg verschollen waren (viele befinden sich heute im Moskauer Puschkin-Museum). Die Sammlung zog im Herbst 2009 zurück ins Neue Museum *(siehe S. 78)* auf der Museumsinsel.

# Schlosspark ❻

Spandauer Damm 10–22 (Schloss Charlottenburg). **Stadtplan** 2 D1. **U** *Richard-Wagner-Platz, Sophie-Charlotte-Platz.* **S** *Westend.* 🚌 *109, M45, 309.*

Der Park von Schloss Charlottenburg *(siehe S. 160f)* mit seinen leicht geschwungenen Kieswegen ist bei den Berlinern als Naherholungsgebiet sehr beliebt. Er ist weitgehend das Ergebnis von Wiederaufbauarbeiten nach dem Zweiten Weltkrieg. Um die Flächen so vielseitig und originalgetreu wie möglich zu gestalten, dienten Drucke aus dem 18. Jahrhundert als Vorgaben.

Gleich hinter dem Schloss liegt ein im französischen Stil gestalteter Barockgarten mit Blumenbeeten, sorgfältig beschnittenen Sträuchern und Springbrunnen mit Nachbildungen antiker Skulpturen. Etwas weiter vom Schloss ent-

fernt, hinter dem runden Karpfenteich, erstreckt sich ein Landschaftsgarten im englischen Stil, dessen ursprüngliche Gestaltung zwischen 1819 und 1828 auf den renommierten Landschaftsarchitekten Peter Joseph Lenné zurückgeht.

# Mausoleum ❼

Spandauer Damm 10–22 (Schlosspark Charlottenburg). **Stadtplan** 2 D2. 📞 *320 94 46.* **U** *Richard-Wagner-Platz, Sophie-Charlotte-Platz.* **S** *Westend.* 🚌 *109, M45, 309.* 🕐 *Apr–Okt: Di–So 10–18 Uhr, Nov–März: Di–So 12–17 Uhr.* 📷

Königin Luise, die Gemahlin von Friedrich Wilhelm III., wurde in dem Gebäude inmitten des Schlossparks zur letzten Ruhe gebettet. Geschaffen hat es Karl Friedrich Schinkel im Stil eines dorischen Tempels.

Nach dem ursprünglichen Entwurf stand der Sarkophag in der Krypta, der Grabstein (von Christian Daniel Rauch) dagegen in der Mitte des Mausoleums. Nach dem Tod von Friedrich Wilhelm III. 1840 wurde das Mausoleum umgebaut, eine Apsis hinzugefügt, das Grabmal für die Königin zur Seite gerückt und somit Platz geschaffen für das ebenfalls von Rauch entworfene Grabmal ihres Gatten. Auch die Fürstin von Liegnitz, zweite Gattin des Königs, ist in der Krypta des Mausoleums begraben, jedoch ohne Grabmal. Zwischen 1890 und 1894 wurden auch die Grabmale von Kaiser Wilhelm I. und seiner Gattin, Augusta von Sachsen-Weimar, in der Krypta aufgestellt.

**Der im französischen Stil angelegte Garten im Schlosspark**

**Geschwungene Fassade des Belvedere**

# Belvedere ❽

Spandauer Damm (Schlosspark Charlottenburg). **Stadtplan** 2 E1.
📞 32 09 14 45. 🚇 Richard-Wagner-Platz, Sophie-Charlotte-Platz.
Ⓢ Westend. 🚌 109, M45, 309.
🕐 Apr – Okt: Di – So 10 – 18 Uhr; Nov – März: Di – So 12 – 16 Uhr. 🖼

Das reizende Belvedere, ein 1788 von Carl Gotthard Langhans geschaffenes Sommerhaus im Schlosspark, diente Friedrich Wilhelm II. als Teehäuschen sowie in Kriegszeiten als Wachturm. Barocke und klassizistische Elemente sind hier vermischt. Der Architekt gab dem Gebäude einen ovalen Mittelbau mit vier erkerförmigen Vorsprüngen. Gekrönt wird es von einer niedrigen Kuppel mit drei Cherubim, die einen Blumenkorb tragen.

Das Sommerhaus wurde im Zweiten Weltkrieg zerstört. Zwischen 1956 und 1960 wurde es wiederaufgebaut. Heute dient es als Ausstellungsort. Gezeigt wird eine große Porzellansammlung aus der Königlichen Porzellan-Manufaktur (siehe S. 133) mit wertvollen Exponaten vom späten Rokoko bis hin zum späten Biedermeier, darunter auch einige hervorragende Einzelstücke.

# Sammlung Scharf-Gerstenberg ❾

Schlossstraße 70. **Stadtplan** 2 E3.
📞 34 35 73 15. 🚇 Richard-Wagner-Platz, Sophie-Charlotte-Platz. 🚌 109, M45, 309. 🕐 Di – So 10 – 18 Uhr. 🖼

Die zwei Eckbauten zu beiden Seiten der Schlossstraße waren als Kasernengebäude für die Offiziere der königlichen Garde gedacht. Friedrich August Stüler schuf sie 1851 – 59, angeregt durch einen Entwurf von König Friedrich Wilhelm IV.

Der Eckbau im Osten schließt sich an ein Stall-

**Gemälde von Odilon Redon in der Sammlung Scharf-Gerstenberg**

gebäude an und beherbergte die Sammlung des Ägyptischen Museums mit ihren zahlreichen Skulpturen, Sarkophagen, Wandgemälden und Architekturfragmenten aus verschiedenen Epochen. Seit 2005 wurde die Sammlung im Alten Museum (siehe S. 75) gezeigt. Nach dem Ende der Umbauarbeiten im Neuen Museum (siehe S. 78) fand das Ägyptische Museum dort eine neue Heimstätte.

Seit der Auslagerung dieses Bestands beherbergt der östliche Eckbau die Sammlung Scharf-Gerstenberg. Unter dem Titel »Surreale Welt« präsentiert sie auf drei Etagen Gemälde, Skulpturen und Arbeiten auf Papier vieler surrealistischer Künstler, darunter Goya, Piranesi und Redon, sowie Werke jüngeren Datums von Dalí, Magritte, Max Ernst und Dubuffet. Mit mehr als 250 Objekten wird die Geschichte der fantastischen Kunst nachgezeichnet. Erweitert wird das Spektrum durch ein Filmprogramm, das surrealistische Filme u. a. von Luis Buñuel und Salvador Dalí umfasst.

# Sammlung Berggruen ❿

Schlossstraße 1. **Stadtplan** 2 E3.
📞 32 69 58 15. 🚇 Richard-Wagner-Platz, Sophie-Charlotte-Platz.
Ⓢ Westend. 🚌 109, M45, 309.
🕐 Di – So 10 – 18 Uhr. 🔲 ♿ 🔲

Die ausgezeichnete Sammlung von Kunstobjekten vom Ende des 19. und aus der ersten Hälfte des 20. Jahrhunderts trug Heinz Berggruen zusammen. Der gebürtige Berliner emigrierte 1936 in die USA. Er verbrachte die meiste Zeit seines Lebens in Paris, stellte jedoch seine Sammlung seiner Geburtsstadt zur Verfügung. Seit 1996 ist sie im westlichen Eckbau in den frei gewordenen Räumen der heute in Mitte befindlichen Antikensammlung (siehe S. 75) zu sehen.

Die Ausstellungssäle wurden nach Entwürfen des Architekturbüros Hilmer & Sattler, das auch die Gemäldegalerie gestaltet hat, umge-

Picassos *Kopf einer Frau mit buntem Hut* (1939), Sammlung Berggruen

## DER GROSSE KURFÜRST (1620–1688)

Der Große Kurfürst Friedrich Wilhelm gehört zu den berühmtesten Vertretern der Hohenzollern. 1640 wurde er Kurfürst von Brandenburg (das 1618 gegründete Brandenburg-Preußen unterstand der polnischen Krone). Der Kurfürst sah eine seiner Aufgaben darin, das Gebiet nach den Zerstörungen des Dreißigjährigen Krieges wiederaufzubauen *(siehe S. 20 f)*. 1660 wurde Preußen von Polen unabhängig. Unter seiner Regierung blühte Berlin auf. Holländische Kaufleute, Hugenotten aus Frankreich und Juden aus Wien, die Verfolgungen in ihren Ländern entgehen wollten, ließen sich nach dem Edikt von Potsdam (1685) in Berlin nieder.

baut. Besonders bekannt ist die Sammlung wegen der Zeichnungen und Gouachen von Picasso. Sie beginnt mit Frühwerken von 1897 und endet mit einem Werk von 1972. Zudem enthält sie über 60 Arbeiten von Paul Klee und mehr als 20 von Henri Matisse sowie Werke anderer bedeutender Künstler wie van Gogh, Braque oder Cézanne. Ergänzt wird diese illustre Sammlung durch Skulpturen von Henri Laurens und Alberto Giacometti.

## Bröhan-Museum **11**

Schloßstraße 1a. **Stadtplan** 2 E3. 32 69 06 00. **U** Richard-Wagner-Platz, Sophie-Charlotte-Platz. **S** Westend. 109, M45, 309. Di–So 10–18 Uhr. 24., 31. Dez.

Ein Gebäude im Stil des späten Klassizismus, das wie dasjenige für die Sammlung Berggruen früher als Kasernenbau diente, beherbergt ein kleines, interessantes Spezialmuseum. Die Objekte hat Karl H. Bröhan, der seit 1966 Jugendstil- und Artdéco-Kunstwerke sammelte, zusammengetragen. Vertreten sind vor allem Bilder Berliner Jugendstil-Künstler wie Karl Hagemeister und Hans Baluschek, zudem Werke des skandinavischen Jugendstils. Außer der Malerei sind Beispiele verschiedener Kunstformen und Kunstgewerbe wie Möbel, Keramiken, Glas-

erzeugnisse, Silberarbeiten und Textilien zu besichtigen. Oft sind die Kunstwerke hier als Raumensembles präsentiert. Gezeigt werden u. a. Möbel von Guimard, Gaillard, van de Velde und Hoffmann, Glasarbeiten von Émile Gallé und Porzellan aus renommierten Fertigungsstätten Europas.

## Villen der Schlossstraße **12**

Schloßstraße 65–67. **Stadtplan** 2 E3. **U** Sophie-Charlotte-Platz. M45, 309.

Viele historische Gebäude, die einst die Schlossstraße zierten, gibt es nicht mehr. Aufgrund tadelloser Restaurierung einiger weniger Villen bekommt der Besucher dennoch ein Gefühl für die Atmosphäre, die hier Ende des 19. Jahrhunderts geherrscht haben muss. Lohnenswert ist ein Spaziergang, um sich drei der restaurierten Villen anzusehen – Nr. 65, Nr. 66 und vor allem Nr. 67, die 1873 im klassizistischen Stil nach einem Entwurf von G. Töbelmann entstand. Sie wurde nach dem Zweiten Weltkrieg restauriert, um ihren einstigen Glanz wiederzugeben. Der Vorgarten, typisches Merkmal dieser Gegend, erhielt sein ursprüngliches Aussehen erst 1986 wieder, nach

Art-déco-Vase, Bröhan-Museum

der Restaurierung der Gärten mehrerer anderer Villen.

Biegt man nach links in die Schustehrusstraße ab, stößt man auf ein Schulgebäude (Nr. 43), das direkt an die Villa Oppenheim anschließt. Ein anderes Schulgebäude in der Nithackstraße hat ebenfalls überdauert. Es wurde 1913/14 mit schönen Terrakottaverzierungen gebaut.

## Luisenkirche **13**

Gierkeplatz. **Stadtplan** 2 F3. 341 90 61. **U** Richard-Wagner-Platz, Sophie-Charlotte-Platz. 101. So vorm. zu Gottesdiensten.

Die kleine, schlichte Kirche wurde mehrfach umgestaltet und restauriert. Nach Plänen von Philipp Gerlach wurde sie 1713–16 von Martin Böhme gebaut. Die barocken Stilelemente wurden im Rahmen des von Karl Friedrich Schinkel zwischen 1823 und 1826 vorgenommenen Umbaus entfernt. Danach benannte man die Kirche zum Gedenken an die 1810 verstorbene Königin Luise in Luisenkirche um. Die umfassendsten Restaurierungsarbeiten erfuhr sie nach den Zerstörungen des Zweiten Weltkriegs.

Die Kirche hat einen kreuzförmigen Grundriss und einen Turm an der Vorderseite. Bei der Innenausstattung handelt es sich nicht um Originale: Die prächtigen farbigen Glasfenster entstanden erst 1956.

# ABSTECHER

**Wappen auf der Oberbaumbrücke**

**B**erlin ist riesig und infolge seiner Geschichte absolut einmalig. Bis 1920 bestand es nur aus den Bezirken, die heute Mitte, Tiergarten, Wedding, Prenzlauer Berg, Friedrichshain und Kreuzberg bilden, und war von Satellitenstädten und Dörfern umgeben, die jahrelang eine eigene Entwicklung durchliefen. Sie besaßen eigene Verwaltungen, Pfarrkirchen und sogar eine eigene Architektur.

Durch umfassende Verwaltungsreformen wurden 1920 sieben Satellitenstädte sowie 59 Gemeinden und 27 Landgüter eingemeindet. Dadurch entstand auf etwa 900 Quadratkilometern eine völlig neue Stadt mit einer damals auf 3,8 Millionen Menschen angewachsenen Bevölkerung.

So erhielten auch kleine, im Mittelalter gegründete Städte wie Spandau Hauptstadtcharakter. Privatgüter und Schlösser wie Britz und Niederschön-hausen wurden der Stadt einverleibt, ebenso alte Dörfer wie Marienfelde mit seiner Pfarrkirche (13. Jh.). Auch Wohnsiedlungen in Vororten mit Luxusvillen kamen zu Berlin.

In den letzten hundert Jahren haben viele dieser Gebiete ihr Gesicht verändert. Es entstanden moderne Wohnsiedlungen und Industriezentren, wenn auch der Charakter einzelner Areale unverändert blieb. Durch diese Vielfalt hat man bei einem Aufenthalt in Berlin das Gefühl, als besuche man gleichzeitig mehrere Städte. Mit der S-Bahn gelangt man in kurzer Zeit aus dem Hauptstadtzentrum des 21. Jahrhunderts zu den ausgedehnten Wäldern des Grunewalds oder an den Wannsee. Bei Tagesausflügen kann man die Villen in Dahlem, Spandau mit seiner Renaissance-Zitadelle und die riesige gotische Nikolaikirche erkunden.

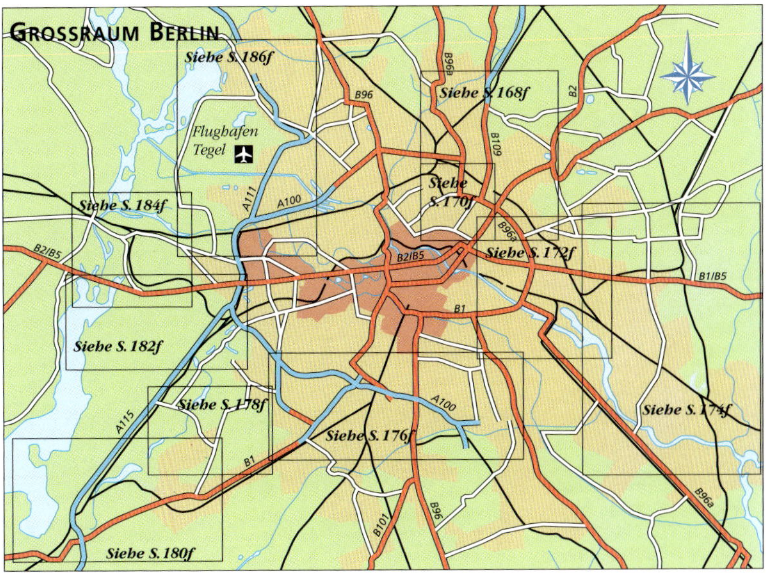

GROSSRAUM BERLIN

Siehe S. 186f

Siehe S. 168f

Flughafen Tegel ✈

Siehe S. 184f

Siehe S. 170f

B96

B96

B2

B109

A111

A100

B2/B5

B2/B5

Siehe S. 172f

B1/B5

B1

Siehe S. 182f

A115

Siehe S. 178f

A100

Siehe S. 174f

Siehe S. 176f

B1

B1(3)

B96

B96a

Siehe S. 180f

## LEGENDE

| | | |
|---|---|---|
| ▨ Zentrum von Berlin | — Autobahn | — Eisenbahn |
| ▨ Großraum Berlin | — Hauptstraße | |
| ✈ Internationaler Flughafen | = Nebenstraße | 0 Kilometer   3 |

◁ **Der einladende Botanische Garten im Südwesten Berlins** (*siehe S. 177*)

# Berlins Nordosten

Der Nordosten von Berlin birgt noch ein Stück der originalen Berliner Mauer zum Gedenken an die Teilung Berlins. Weiter nach Osten hin liegt Prenzlauer Berg, wo sich eine sehr kreative Szene gebildet und das alte Arbeiterviertel zum »In«-Stadtteil gemacht hat. Im Südteil von Pankow steht das Barockschloss Niederschönhausen. Von hier aus lohnt sich ein Besuch des Bezirks Weißensee, in dem sich einer der größten jüdischen Friedhöfe Europas befindet.

## SEHENSWÜRDIGKEITEN

Gedenkstätte Berliner Mauer ④
Jüdischer Friedhof Weißensee ②
Sachsenhausen/Museum ⑤
Schloss Niederschönhausen ①
Zeiss-Großplanetarium ③

## LEGENDE

▢ Berlin Zentrum
— Hauptstraße
— Nebenstraße
Ⓢ S-Bahn
Ⓤ U-Bahn
— Eisenbahn

0 Kilometer          1

In den folgenden 100 Jahren gehörte das Gebäude der preußischen Königsfamilie und wurde auch von der Fürstin von Liegnitz nach dem Tod von König Friedrich Wilhelm III. bewohnt.

Nach dem Zweiten Weltkrieg war das Schloss Amtssitz des DDR-Präsidenten Wilhelm Pieck. 1990 fanden hier die Gespräche am runden Tisch statt. Auch der deutsch-deutsche Einigungsvertrag wurde hier am 3. Oktober 1990 unterzeichnet. Nehmen Sie sich Zeit für einen Spaziergang durch den ausgedehnten Park, der bis heute seinen in den 1820er Jahren von Peter Joseph Lenné geprägten Charme besitzt.

## Jüdischer Friedhof Weißensee ②

Herbert-Baum-Straße 45. ☎ 925 33 30. Ⓢ Greifswalder Straße, dann 🚊 M4. ◻ So – Do 8 – 16 Uhr (im Sommer bis 17 Uhr), Fr 8 – 14.30 Uhr.

Auf dem weitläufigen jüdischen Friedhof ruhen über 115 000 Berliner, von denen viele Opfer nationalsozialistischer Verfolgung waren. Errichtet wurde das Gräberfeld 1880 nach einem Entwurf von Hugo Licht.

Am Haupteingang befindet sich eine Gedenkstätte für die Opfer des Holocaust. Auf Tafeln sind in schier endloser Reihe die Namen der Konzentrationslager aufgeführt, in die die Juden verschleppt wurden. Auf dem Friedhof sind bekannte Vertreter des einstigen jüdischen Kultur- und Wirtschaftslebens Berlins beigesetzt, darunter der Verleger Samuel Fischer und der Hotelier Berthold Kempinski. Einige Grabmale sind hervorragende Kunstwerke, etwa das von Ludwig Hoffmann für die Familie Panowsky geschaffene oder das kubistische Grabmal für Albert Mendel, das von Walter Gropius stammt.

1999 wurde der Friedhof von antisemitischen Tätern geschändet. Über 100 Grabsteine wurden umgestürzt, einige mit Hakenkreuzen beschmiert.

## Schloss Niederschönhausen ①

Ossietzkystraße. Ⓢ Pankow. 🚊 M1. 🚌 107, 150, 250, 255. **Schloss** ● für die Öffentlichkeit. **Park** ◻ tägl. 8 – 20 Uhr.

Das in einem ausgedehnten und malerischen Park gelegene Herrenhaus gehörte im 17. Jahrhundert der Familie Dohna. 1691 wurde Kurfürst Friedrich III. Eigentümer des Landguts. Für ihn entwarf Johann Arnold Nering das Schloss. 1704 wurde es nach einem Entwurf von Johann Friedrich Eosander ausgebaut, u.a. wurden Seitenflügel angefügt. Im Schloss wohnte zwischen 1740 und 1797 Kö-

nigin Elisabeth Christine, Gattin Friedrichs des Großen. 1763 nahm der Architekt Johann Boumann weitere ausgedehnte Umbauten am Schloss vor.

**Teil der Gartenseite von Schloss Niederschönhausen**

Die silbrige Kuppel des Zeiss-Großplanetariums

# Zeiss-Groß-planetarium ❸

Prenzlauer Allee 80 (Ernst-Thälmann-Park). 📞 421 84 50. Ⓢ *Prenzlauer Allee.* 🕐 *Di–Do 9–12, Fr 19–21, Sa 14.30–21, So 13.30–17 Uhr.* 🖥 **www**.astw.de

Schon von Weitem erkennt man die silbrige Kuppel des Planetariums. Es steht am Rand eines Parks, der den Namen des im August 1944 im Konzentrationslager Buchenwald ermordeten Kommunistenführers Ernst Thälmann trägt. Im Foyer ist eine Ausstellung von unterschied-lichsten optischen Geräten: allesamt Erzeugnisse der Zeiss-Werke in Jena.

# Gedenkstätte Berliner Mauer ❹

Bernauer Straße 111. Ⓢ *Nordbahn-hof.* Ⓤ *Bernauer Straße.* 🚌 *245.* **Dokumentationszentrum** 📞 *464 10 30.* 🕐 *Juni–Okt: Di–So 9.30–19 Uhr; Nov–Mai: Di–So 10–17 Uhr.* 🖥 *Sa, So 14 Uhr.* **www**.berliner-mauer-dokumentationszentrum.de

Die Regierung der DDR beschloss in der Nacht vom 12. auf den 13. August 1961 die Schließung ihrer Grenze rund um die West-sektoren Berlins. Anfangs waren es Stacheldrahtrollen, an deren Stelle bald eine vier Meter hohe Mauer trat, ge-schützt durch eine zweite Mauer aus armiertem Beton, um ein Erklimmen zu ver-hindern.
Entlang der Mauer verlief der »Todesstreifen«, kontrol-liert von Soldaten mit schar-fen Hunden. Dort, wo die Grenze direkt an Häusern vorbei oder sogar mitten durch Häuser hindurch ver-lief, mussten die Mieter aus-ziehen, die Fenster wurden zugemauert. Entlang der Grenze zu Westberlin befan-den sich 293 Beobachtungs-türme und 57 Bunker.
Am 9. November 1989 »fiel« die Mauer, nachdem der sow-jetische Staats- und Partei-chef Michail Gorbatschow den Druck auf die DDR-Führung zunehmend verstärkt hatte. Beim Abbruch waren mehr als eine Million Tonnen Geröll zu entfernen. Er dauerte meh-rere Monate.
Nur kurze Abschnitte der Mauer stehen noch. Einer be-findet sich an der Bernauer Straße zwischen Acker- und Bergstraße und ist heute offi-zielle Gedenkstätte.
Während der 28-jährigen Geschichte der Mauer schaff-ten es etwa 5000 Menschen, in den Westteil der Stadt zu fliehen. Über 200 Menschen bezahlten ihren Fluchtversuch mit dem Leben.

# Sachsenhausen/ Museum ❺

Straße der Nationen 22, Oranien-burg. 📞 *(03301) 20 00.* Ⓢ *Ora-nienburg, dann* 🚌 *804.* 🕐 *15. März–14. Okt: tägl. 8.30–18 Uhr; 15. Okt–14. März: tägl. 8.30–16.30 Uhr.* 🖥 **www**.stiftung-bg.de

Das Konzentrationslager Sachsenhausen wurde 1936 von den Nazis errichtet und am 22. April 1945 von russischen und polnischen Einheiten der Roten Armee befreit. Während seiner neun-jährigen Existenz waren annä-hernd 200 000 Menschen hier interniert. Als die sowjetische Armee nach Sachsenhausen kam, fand sie noch etwa 3000 Menschen lebend vor, meist Frauen und Kranke.
Ein Schild am Eisentor zum Eingang des Lagers trägt die Aufschrift »Arbeit macht frei«. Tatsächlich wurden einige frühe Gefangene freigelassen, als sie beweisen konnten, dass sie sich zu »guten deut-schen Bürgern« entwickelt hatten. Ab 1939 wurden kaum noch Gefangene begnadigt. Schätzungen zufolge starben hier über 30 000 Menschen.
Heute ist Sachsenhausen Gedenkstätte und Museum. Die ehemalige Krankensta-tion etwa konzentriert sich auf das Thema »Medizin und Rassismus während des Nazi-Regimes«. Weitere Exponate dokumentieren das Leben der Gefangenen sowie die Geschichte des Lagers in den Jahren zwischen 1945 und 1950, als dort unter rus-sischer Leitung ehemalige NSDAP-Funktionäre und an-dere politisch »Unerwünschte« inhaftiert waren.

Der alte Eingang zum Lager Sachsenhausen

# Prenzlauer Berg

Der Prenzlauer Berg war früher eines der ärmsten und bevölkerungsreichsten Arbeiterviertel von Berlin. Heute wohnen in den Häusern aus dem 19. Jahrhundert Studenten, junge Familien, Künstler und eine steigende Anzahl von Neuberlinern, die die günstigen Wohnraum suchen. Schon in sozialistischen Zeiten war das Viertel für seine unabhängige Kunstszene bekannt gewesen. Dies merkt man auch heute noch am Kollwitzplatz sowie entlang der restaurierten Husemannstraße und der Kastanienallee.

### SEHENSWÜRDIGKEITEN

Gethsemanekirche ⑧
Jüdischer Friedhof ④
Kollwitzplatz ①
Kulturbrauerei ⑤
Prater ⑥
Synagoge Rykestraße ②
Wasserturm ③
Zionskirche ⑦

### LEGENDE

━━━ Hauptstraße
═══ Nebenstraße
Ⓢ S-Bahn-Station
Ⓤ U-Bahn-Station
──┼── Eisenbahn

0 Meter          750

## Kollwitzplatz ①

Ⓤ *Senefelderplatz.*

Der begrünte Platz ist nach der Grafikerin und Bildhauerin Käthe Kollwitz (1867–1945) benannt, die einst in der Nähe wohnte. Hier bezog die engagierte Künstlerin ihre Inspiration, um das harte Alltagsleben der Arbeiterklasse darzustellen, die in den überfüllten Miethäusern lebte. Eine ihrer Skulpturen ziert den Platz, auf dem sich das Nachtleben des Viertels abspielt. Dort und auch in den nahen Straßen gibt es Bars, Restaurants und Geschäfte. Die Werke der Künstlerin sind im Käthe-Kollwitz-Museum *(siehe S. 154)* ausgestellt.

## Synagoge Rykestraße ②

Rykestraße 53. ☎ 88 02 83 16. Ⓤ *Senefelderplatz.* ✆ *(obligatorisch)* Do 14, 16 Uhr, So 13, 15 Uhr. **www**.synagoge-rykestrasse.de

Die Synagoge erinnert an das einstige jüdische Leben in Berlin. Das rote Backsteingebäude wurde 1904 erbaut und besitzt ein dreischiffiges Inneres mit vielen maurischen Stilelementen. Allein der Tatsache, dass die Synagoge in einem eng bebauten Wohngebiet steht, ist es zu verdanken, dass sie in der Pogromnacht des 9. November 1938 von den SA-Trupps nicht zerstört wurde. Seit Abschluss der Restau-

rierung im Jahr 2007 erstrahlt sie wieder in altem Glanz. Gäste sind beim Gottesdienst herzlich willkommen.

## Wasserturm ③

Knaackstraße/Belforter Straße
Ⓤ *Senefelderplatz.*

Das heimliche Wahrzeichen des Viertels ist der 30 Meter hohe Wasserturm auf dem ehemaligen Mühlenhügel im Herzen des Prenzlauer Bergs. Hier standen die für die Gegend einst typischen Windmühlen. Der auffällige, aus Backstein errichtete Wasserturm wurde 1874 von Wilhelm Vollhering erbaut und diente dem ersten Fließend-Wasser-System des Landes als Reservoir. Später wurde der Turm in einen Apartmentkomplex umgebaut.

In den 1930er Jahren war im Keller des Gebäudes ein »wildes Konzentrationslager« untergebracht – ein improvisiertes Gefängnis, in dem die SA politische Gegner gefangen hielt und folterte. An diese dunkle Vergangenheit erinnert eine Gedenktafel.

Der große Wasserturm, der über der Knaackstraße aufragt

## Jüdischer Friedhof ④

Schönhauser Allee 22–25. ☎ 441 98 24. Ⓤ *Senefelderplatz.* ⬭ *Apr–Sep: Mo–Do 7.30–17, Fr 7.30– 14.30, So 8–17 Uhr; Okt–März: Mo–Do 7.30–16, Fr 7.30–14.30, So 8–16 Uhr.* ● *jüdische Feiertage.*

Der kleine jüdische Friedhof liegt hinter dicken Mauern in der Schönhauser Allee versteckt. Seine friedvol-

**Grabsteine auf dem Jüdischen Friedhof**

le Atmosphäre mit der üppigen Bepflanzung zwischen den Gräbern lockt viele Spaziergänger an. Der Friedhof wurde 1827 angelegt, obwohl der älteste Grabstein sogar auf das 14. Jahrhundert datiert ist. Nach dem Jüdischen Friedhof Weißensee *(siehe S. 168)* ist dies der zweitgrößte in Berlin.

Hier ruhen viele prominente Berliner, darunter der Maler Max Liebermann (1847–1935), der Komponist und Dirigent der Staatsoper Giacomo Meyerbeer (1791–1864) und der Schriftsteller David Friedländer (1750–1834).

## Kulturbrauerei ❺

Schönhauser Allee 36–39. ☏ 44 31 51 51. Ⓤ *Eberswalder Straße.* 🚊 *12, M1, M10.* **Sammlung Industrielle Gestaltung** ◐ *je nach Ausstellung unterschiedlich; bitte telefonisch erfragen.*

Das große neogotische Industriegebäude mit seinem rotgelben Mauerwerk war die berühmteste Brauerei Berlins. Die ehemalige Schultheiss-Brauerei erbaute Franz Schwechten 1889–92. Der weitläufige Gebäudekomplex umfasst mehrere Innenhöfe und ist in ein Kultur- und Unterhaltungszentrum mit Theatern, Restaurants, Cafés, einem Kino und mehreren Ateliers umgewandelt worden. In diesem Komplex befindet sich auch die **Sammlung Industrielle Gestaltung**, die in Wechselausstellungen ostdeutsches Produktdesign präsentiert.

## Prater ❻

Kastanienallee 7–9. ☏ 448 56 88. Ⓤ *Eberswalder Straße.* 🚊 *12, M1.*

Der Prater ist seit über einem Jahrhundert eine der bekanntesten Berliner Unterhaltungsinstitutionen. Das Gebäude mit dem ruhigen Innenhof wurde in den 1840er Jahren errichtet und zum größten Biergarten der Stadt *(siehe S. 249)* umgebaut. Nun ist es ein Restaurant, zudem finden Theateraufführungen und Konzerte statt.

## Zionskirche ❼

Zionskirchplatz 1. ☏ 449 21 91. Ⓤ *Senefelderplatz, Rosenthaler Platz.* 🚊 *M1, 12.* ◐ *Mo 20–22 Uhr, Di, Mi, Fr 11–17 Uhr, Do 10–20 Uhr.*

Die protestantische Kirche wurde 1866–73 erbaut – eigentlich eine Oase der Ruhe in dem sehr lebhaften Viertel. Doch sowohl das Gotteshaus als auch der Platz davor waren immer schon Zentren der politischen Opposition. Während des Dritten Reichs versammelten sich Regimegegner in der Kirche. In DDR-Zeiten wurde hier eine »alternative Umweltbibliothek« als Informations- und Dokumentationszentrum eingerichtet. Die Kirche spielte mit dem Engagement verschiedener oppositioneller Gruppen in den Jahren 1989/90 eine entscheidende Rolle bei der Auflösung der DDR und der Wiedervereinigung.

**Turm der Kulturbrauerei**

## Gethsemanekirche ❽

Stargader Straße 77. ☏ 44 57 745. Ⓤ Ⓢ *Schönhauser Allee.* 🔓 *So 11 Uhr.*

Die malerische Gegend um die neogotische Kirche aus rotem Backstein gehört zu den ursprünglichsten Vierteln, die man in Berlin finden kann. Die Nachbarschaft wird bis heute durch die protestantische Gethsemanekirche aus dem Jahr 1890 geprägt. Kaiser Wilhelm II. ließ die Kirche neben einigen anderen errichten, um das religiöse Leben der überwiegend sozialdemokratischen Arbeiterklasse am Prenzlauer Berg und in anderen Vierteln anzuregen. Das Gebäude wurde von August Orth (1828–1901) entworfen, der zu den wichtigsten Kirchen- und Bahnhofsarchitekten seiner Zeit zählte.

Die protestantische Gemeinde hier ist stolz auf ihre Bürgerrechtsbewegungen. Unter ihrem Schutz fanden 1933 bis 1945 gegen das Nazi-Regime gerichtete politische Treffen statt. Die Gethsemanekirche selbst diente im Oktober 1989 als Versammlungsort friedlicher Demonstrationen. Am 2. Oktober 1989 wurde die in der Kirche betende Gemeinde von Polizeikräften des ostdeutschen Geheimdienstes angegriffen.

Heute ist der Platz an der Kirche von restaurierten Gebäuden umgeben, in denen sich zahlreiche Restaurants, Cafés sowie reizende kleine Läden und Boutiquen befinden.

**Eingang zum roten Backsteingebäude der Gethsemanekirche**

# Friedrichshain und Treptow

**B**eide Bezirke befinden sich östlich des Zentrums und bieten ausgezeichnete Möglichkeiten zu Spaziergängen, um einige Überreste aus Berlins jüngster Geschichte zu besichtigen, darunter die Karl-Marx-Allee mit ihrer realsozialistischen Architektur als Vorzeige-Avenue der DDR, ebenso das sowjetische Ehrenmal im Treptower Park als Ausdruck des sowjetischen Nationalismus. Einen Kontrast dazu liefern die Mauer, die East Side Gallery und der trostlos wirkende Wachturm an der einstigen innerdeutschen Grenze als Reminiszenz an eine weniger schöne Vergangenheit.

In seiner Geschichte erfuhr der Park mehrfach Umgestaltungen. Beispielsweise wurden dort während des Zweiten Weltkriegs zwei große Bunker gebaut, die man nach dem Krieg zuschüttete.

Zwischen 1969 und 1973 entstand im Park ein Sport-und-Spiel-Bereich. Dennoch ist noch viel Platz für geruhsame Spaziergänge.

**Dekoration des sozialistischen Realismus, Karl-Marx-Allee**

## SEHENSWÜRDIGKEITEN

East Side Gallery ❸
Karl-Marx-Allee ❷
Molecule Man ❼
Museum der verbotenen Kunst ❺
Oberbaumbrücke ❹
Treptower Park ❻
Volkspark Friedrichshain ❶

## LEGENDE

━━━ Hauptstraße
━━━ Nebenstraße
Ⓢ S-Bahn-Station
Ⓤ U-Bahn-Station
━━━ Eisenbahn

0 Kilometer         1

## Karl-Marx-Allee ❷

**Stadtplan** 8 F3. Ⓤ *Strausberger Platz, Weberwiese.*

**D**er zwischen Strausberger Platz und Frankfurter Tor gelegene Teil der Karl-Marx-Allee ist ein riesiges Freilichtmuseum der Architektur des sozialistischen Realismus. Die in Richtung Polen und Moskau führende Straße bekam 1949 den Namen Stalinallee und sollte die Paradestraße der DDR werden. Sie wurde auf 90 Meter verbreitert. In den folgenden zehn Jahren entstanden hier riesige Wohnblocks mit einer Reihe von Läden. Die Stadtplaner vermochten es, drei Prinzipien architektonischer Gestaltung miteinander zu verbinden. Nach dem Motto »national in der Form, sozialistisch im Inhalt« benutzten sie die in der Sowjetunion als Zuckerbäckerstil bekannte Bauweise, knüpften aber bei der Arbeit an Berliner Traditionen an. Dadurch findet man sowohl Elemente, die von den Berliner Architekten Schinkel und Gontard entlehnt wurden, als auch Motive von Meißner Porzellan.

Die Bauten der 1961 in Karl-Marx-Allee umbenannten Straße gelten jetzt als historische Denkmäler. Sie wurden neu verputzt, heruntergekommene Gebäudeteile wurden nach und nach restauriert.

## Volkspark Friedrichshain ❶

Am Friedrichshain/Friedenstraße
**Stadtplan** 8 F1. 🚌 200, 240.
🚋 M4.

**D**er große Parkkomplex im Bezirk Friedrichshain mit seinen beschaulichen Ecken war einer der ersten öffentlichen Parks Berlins, der in den 1840er Jahren nach einem Entwurf von Peter Joseph Lenné als Alternative zum Tiergarten für die Bewohner der östlichen Bezirke der Stadt geschaffen wurde.

Seine größte Attraktion ist der zwischen 1902 und 1913 von Ludwig Hoffmann gebaute Märchenbrunnen, ein beeindruckendes, neobarockes Bauwerk mit Springbrunnen aus Tivoli-Stein sowie Darstellungen von Schildkröten und

anderen Tieren. Rings um die Springbrunnen stehen bekannte Gestalten aus den Märchen der Brüder Grimm.

**Neobarocker Märchenbrunnen im Volkspark Friedrichshain**

## East Side Gallery ❸

Mühlenstraße. Ⓢ Ⓤ Ostbahnhof.
🚌 347.

Seit 1990 kennt man den 1300 Meter langen Mauerabschnitt an der Mühlenstraße zwischen Ostbahnhof und Oberbaumbrücke als East Side Gallery. 118 Künstler aus 21 Ländern zeigen hier eine riesige Graffiti-Ausstellung, die der schottische Künstler Chris MacLean organisiert hat. 2009 wurde die Gallery aufwendig saniert.

## Oberbaumbrücke ❹

Ⓢ Ⓤ Warschauer Straße.
Ⓤ Schlesisches Tor. 🚌 265, 347.

Die schmucke Brücke über die Spree wurde 1894–96 nach einem Entwurf von Otto Stahn gebaut. Jetzt besteht sie aus Stahlbeton, während die Bogen mit roten Ziegeln bedeckt sind. Besonders malerisch ist eine neogotische Bogenreihe, auf der die U-Bahn fährt. Den Mittelbogen der Brücke markieren zwei mit Zinnen versehene Türme.

Etwa zwölf Jahre vor der Wiedervereinigung schloss man die Brücke für den Verkehr, da auf ihr die Grenze zwischen dem Ostbezirk Friedrichshain und dem Westbezirk Kreuzberg verlief. Nur Fußgänger mit entsprechenden Ausweisen durften sie benutzen. Seit der Wiedervereinigung und nach der Renovierung ist sie zugänglich.

**Bogen der Oberbaumbrücke im neogotischen Stil**

## Museum der verbotenen Kunst ❺

Im Schlesischen Busch (Puschkinallee/Schlesische Straße). Ⓤ Schlesisches Tor. Ⓢ Treptower Park. 🚌 265. ⬜ Apr–Okt: Sa, So 12–18 Uhr.

In einem Parkgelände nahe der einstigen Berliner Mauer steht der letzte übrig gebliebene Wachturm der Grenzanlagen, die Ost- und Westberlin voneinander trennten. Im Erdgeschoss befindet sich ein kleines Museum mit Arbeiten von Künstlern, die in der DDR geächtet waren.

Der Bereich darüber ist noch so erhalten, wie er seinerzeit war, als die Grenzwachen hier zur Beobachtung der verschiedenen Kontrollpunkte entlang der Mauer benutzten.

**Museum der verbotenen Kunst im letzten verbliebenen Wachturm**

## Treptower Park ❻

Archenhold-Sternwarte, Alt-Treptow 1.
Ⓢ Treptower Park. 🚌 166, 265.
**Archenhold-Sternwarte** 📞 534 80 80. 🎦 Mi–So 14–16.30 Uhr.

Der Park in Treptow wurde ab 1876 von Johann Gustav Meyer angelegt. 1919 versammelten Karl Liebknecht, Wilhelm Pieck und Rosa Luxemburg 150 000 streikende Arbeiter an diesem Ort.

Bekannt ist der Park jedoch vor allem wegen des Denkmals für die Rote Armee. Es wurde zwischen 1947 und 1949 errichtet und steht auf der letzten Ruhestätte von 5000 Sowjetsoldaten, die 1945

**Denkmal zu Ehren der Roten Armee im Treptower Park**

in der Schlacht um Berlin fielen. Die eindrucksvolle Gedenkstätte nimmt eine Fläche von zehn Hektar ein.

Am Ende des Parks liegt die 1896 erbaute **Archenhold-Sternwarte**. 1909 wurde sie Standort für das Observatorium, in dem Albert Einstein 1915 einen Vortrag über die Relativitätstheorie hielt. Hier findet man das längste Linsenfernrohr der Welt (21 m) und ein kleines Planetarium.

Außer dem Park gibt es in diesem Bezirk noch den Plänterwald. Das Spreeufer bietet ideale Möglichkeiten zu Spaziergängen. Auf der Spree kann man Fahrten in Ruder- oder Tretbooten machen.

Anfang des 19. Jahrhunderts strömten die Berliner am Wochenende zur Spree, um sich zu amüsieren. Doch von den Lokalen und Restaurants gibt es nur noch ein historisches Gebäude, den auf das 17. Jahrhundert zurückgehenden Zenner.

## Molecule Man ❼

Zobelstraße bzw. Elsenbrücke.
Ⓢ Treptower Park. 🚌 166, 265.

Die beeindruckende Skulptur des amerikanischen Bildhauers Jonathan Borofsky steht seit 1999 mitten in der Spree und ragt 30 Meter auf. An dem Standort zwischen Treptow, Friedrichshain und Kreuzberg symbolisiert das von Löchern durchsetzte Aluminiumgebilde dreier männlicher Figuren das Überwinden gesellschaftlicher Grenzen und das Ziel der Einheit. Auch von der Oberbaumbrücke hat man einen tollen Blick auf das Kunstwerk.

# Berlins Osten

B ei einem Ausflug nach Lichtenberg und Hohenschönhausen sind erschütternde Dokumentations-
stätten über die Tätigkeit des Staatssicherheitsdienstes
der DDR zu besichtigen. Man kann hier aber auch
durch den Tierpark am Barockschloss Friedrichsfelde
schlendern oder in Köpenick, das noch die Atmosphäre
einer preußischen Kleinstadt bewahrt hat, einen gemütlichen Spaziergang machen.

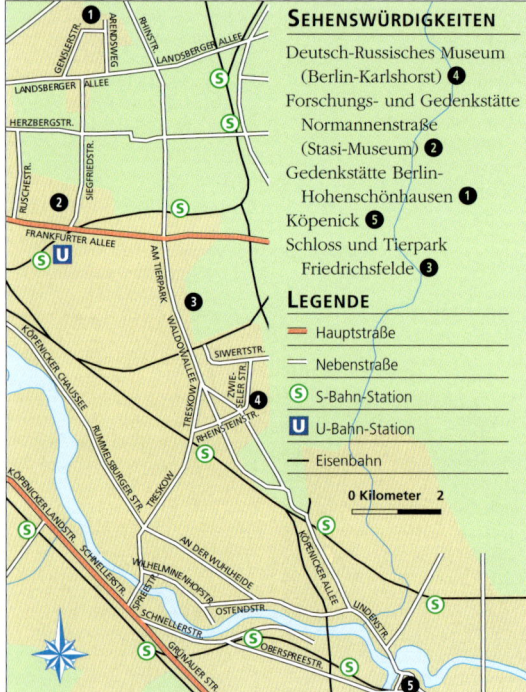

## SEHENSWÜRDIGKEITEN

Deutsch-Russisches Museum
(Berlin-Karlshorst) ❹
Forschungs- und Gedenkstätte
Normannenstraße
(Stasi-Museum) ❷
Gedenkstätte Berlin-
Hohenschönhausen ❶
Köpenick ❺
Schloss und Tierpark
Friedrichsfelde ❸

## LEGENDE

━━ Hauptstraße
═══ Nebenstraße
Ⓢ S-Bahn-Station
Ⓤ U-Bahn-Station
━━ Eisenbahn

0 Kilometer    2

# Gedenkstätte Berlin-Hohen-schönhausen ❶

Genslerstraße 66. ☎ 98 60 82 30.
Ⓢ Landsberger Allee, dann 🚋 M5,
M6. 🚌 256. ◯ nur Führungen. 📷
tägl. 11 und 13 Uhr (März–Dez zu-
sätzl. 15 Uhr), Sa, So stündlich zw. 10
und 16 Uhr. www.stiftung-hsh.de

D as Museum entstand 1995
im früheren Stasi-Gefäng-
nis, das Teil eines riesigen,
1938 erbauten Komplexes
war. Die russische Besatzungs-
macht richtete hier im Mai
1945 ein Durchgangslager ein,
in dem sie Kriegsverbrecher
internierte, die dann nach Si-
birien gebracht wurden. Bald

kamen auch politisch Ver-
dächtige hinzu. Über 20 000
Menschen wurden in diesem
Gefängnis festgehalten.
 Ab 1946 richtete der russische Geheimdienst KGB hier
eine Haftanstalt ein, die er im
Jahr 1951 der Stasi zur Nutzung übergab.
 Bei einem Besuch kann
man die Arrestzellen und
Verhörräume sehen, von
denen zwei keine Fenster
haben und mit Gummi ausge-
kleidet sind. In den Kellern
befanden sich mehrere als
»Unterseeboot« bezeichnete
Zellen ohne Tageslicht für
die »gefährlichsten« Verdäch-
tigen. Die beklemmende
Atmosphäre ist heute noch
deutlich spürbar.

# Forschungs- und Gedenkstätte Normannenstraße (Stasi-Museum) ❷

Ruschestraße 103 (Haus 1).
☎ 553 68 54. Ⓤ Magdalenen-
straße. ◯ Mo–Fr 11–18 Uhr, Sa, So
14–18 Uhr. 📷

Z u DDR-Zeiten befand sich
in dem riesigen Gebäude-
komplex an der Ruschestraße
das Innenministerium, in dem
die berüchtigte Staatssicher-
heit ihre Zentrale hatte. Die
»Leistungen« der Stasi bei der
flächendeckenden Bespitze-
lung ihrer eigenen Bürger
waren einmalig im Ostblock.
 Seit 1990 ist in einem der
Gebäude ein Museum mit
Fotografien und Dokumenten
über die Tätigkeit der Stasi
untergebracht. Zu besichtigen
sind ein Modell der Zentrale
sowie Gerätschaften zum
Abhören und Bespitzeln von
Bürgern, die im Verdacht
standen, dem Regime negativ
gesonnen zu sein. Auch zu
sehen: das Büro des berüch-
tigten Stasi-Chefs Erich Mielke. Für Millionen ostdeutscher
Bürger ist Mielke die Personi-
fizierung des Überwachungs-
staates, unter dem sie Jahr-
zehnte litten.

**Das Büro von Stasi-Chef Mielke
im Stasi-Museum**

# Schloss u. Tierpark Friedrichsfelde ❸

Am Tierpark 125. ☎ 66 63 50 35.
Ⓤ Tierpark. 🚋 27, M17. **Schloss**
◯ nur Führungen: Di–So 13, 14, 15,
16 Uhr. **Tierpark** ☎ 51 53 10. ◯
Jan – 20. März, 26. Okt–31. Dez: tägl.
9–16 Uhr; 21. März–14. Sep: 9–18
Uhr; 15. Sep–25. Okt: 9–17 Uhr. 📷

D as Barockschloss wurde
um 1695 für den Hollän-
der Benjamin Raule nach

**Die Fassade von Schloss Friedrichsfelde**

einem Entwurf von Johann Arnold Nering erbaut. Es erlebte in der Folge einige Renovierungen. 1719 wurde es von Martin Heinrich Böhme neu gestaltet. Die 1786 nach Plänen von Peter Biron erfolgte zweite Renovierung verlieh dem Schloss sein heutiges Aussehen. Die harmonischen Proportionen sind typisch für den Übergang vom Barock zum Klassizismus. In den 1970er Jahren wurde der Bau restauriert. Er beherbergt ein Museum für Inneneinrichtung mit Stücken des 18. und 19. Jahrhunderts. Der Park wurde 1957 zum Ostberliner Tierpark umgestaltet.

## Deutsch-Russisches Museum (Berlin-Karlshorst) ❹

Zwieseler Straße 4/Rheinsteinstraße.
**C** 50 15 08 10. **S** Karlshorst.
**🚋** 27, M17. **🚌** 396.
**◯** Di–So 10–18 Uhr.
**www**.museum-karlshorst.de

Das Gebäude entstand in den 1930er Jahren als Wehrmachtscasino. In der Nacht des 8. Mai 1945 unterzeichneten hier Hitlers Stellvertreter, Großadmiral Karl Dönitz, Feldmarschall Wilhelm Keitel, Admiral Hans-Georg von Friedeburg und General Hans-Jürgen Stumpff die bedingungslose Kapitulation der deutschen Wehrmacht. Zu sehen sind der Raum der Unterzeichnung, das Büro von Marschall Schukow sowie eine Ausstellung über den Zweiten Weltkrieg.

## Köpenick ❺

**Kunstgewerbemuseum** **C** 65 66 17 49. **S** Spindlersfeld, dann 🚌 167. **S** Köpenick, dann 🚋 164.
**◯** Di–So 10–18 Uhr.

Köpenick ist älter als Berlin. Bereits im 9. Jahrhundert befand sich auf dieser Insel eine befestigte Siedlung, die Kopanica hieß. Sie wurde von Elbslawen bewohnt, die im 12. Jahrhundert Krieg gegen Albrecht den Bären aus dem brandenburgischen Askaniergeschlecht führten (siehe S. 19). Ende des 12. Jahrhunderts gehörte Köpenick dem Markgrafen von Brandenburg. Um 1240 wurde eine Burg gebaut, um die sich eine Stadt entwickelte. Im Lauf der Jahre verlor sie jedoch im Vergleich zum aufstrebenden Berlin (bzw. Cölln) an Bedeutung. Handwerker ließen sich hier nieder, ebenso nach 1685 zahlreiche Hugenotten.

**Rekonstruiertes Zimmer aus dem Jahr 1548 im Köpenicker Kunstgewerbemuseum**

Im 19. Jahrhundert wurde Köpenick Industriegebiet. Trotz der Kriegszerstörungen behielt es seinen historischen Charakter. Kirchen aus dem 13. Jahrhundert gibt es allerdings nicht mehr. An ihre Stelle traten zwischen 1838 und 1841 Gebäude im Stil Schinkels. Dennoch lohnt es sich, durch die Altstadt zu schlendern. Am Marktplatz und in den angrenzenden Straßen, wie Alt-Köpenick und Grünstraße, stehen noch schlichte, an das 18. Jahrhundert erinnernde Häuser neben Gebäuden vom Ende des 19. Jahrhunderts.

In der Straße Alt-Köpenick steht das große, zwischen 1901 und 1904 von Hans Schütte und Hugo Kinzer im Stil märkischer Backsteingotik erbaute Rathaus. Hier verhaftete am 16. Oktober 1906 der Schuster Wilhelm Voigt in Hauptmannsuniform den Bürgermeister und beschlagnahmte die Stadtkasse.

Dieser Vorfall regte Carl Zuckmayer zu seiner noch heute überaus beliebten Komödie *Der Hauptmann von Köpenick* an.

Köpenicks größte Attraktion ist das zwischen 1677 und 1681 nach einem Entwurf des holländischen Architekten Rutger van Langervelt für den Thronfolger Friedrich (den späteren König Friedrich I.) erbaute Schloss auf der Insel im Südteil der Stadt. Nach einem Entwurf von Johann Arnold Nering sollte das dreigeschossige Barockgebäude ausgebaut werden. Doch bis 1693 wurde nur ein Teil der Ausbauarbeiten abgeschlossen – die Kapelle, das Eingangstor und ein kleiner Galerieflügel.

Im Mai 2004 machte das **Kunstgewerbemuseum** *(siehe S. 118–121)* im Köpenicker Schloss einige Renaissance- und Barockzimmer mit wertvollem Mobiliar der Öffentlichkeit zugänglich.

**Teil der neogotischen Fassade des Rathauses**

# Berlins Süden

Ein Ausflug nach Britz bietet Gelegenheit zur Besichtigung von Schloss Britz, einem der letzten Gutshäuser in den Randbezirken Berlins. Damit verbinden lässt sich der Besuch des Rathauses Schöneberg, vor dem Präsident Kennedy seine berühmte Rede gehalten hat, oder der Besuch des Grabs von Marlene Dietrich. Ein halber Tag im Botanischen Garten begeistert alle, die Spaziergänge durch gepflegte Gartenanlagen schätzen.

**Klassizistische Königs-kolonnaden am Kleistpark**

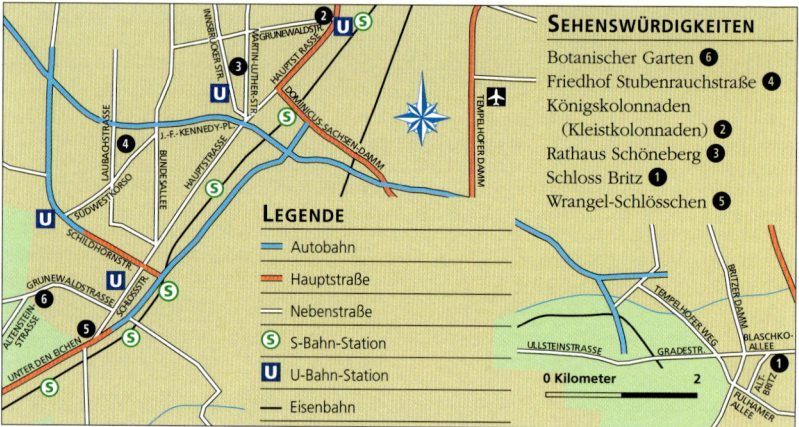

## SEHENSWÜRDIGKEITEN

Botanischer Garten **6**
Friedhof Stubenrauchstraße **4**
Königskolonnaden
  (Kleistkolonnaden) **2**
Rathaus Schöneberg **3**
Schloss Britz **1**
Wrangel-Schlösschen **5**

### LEGENDE

—— Autobahn
—— Hauptstraße
—— Nebenstraße
Ⓢ S-Bahn-Station
Ⓤ U-Bahn-Station
—— Eisenbahn

0 Kilometer                    2

## Schloss Britz **1**

Alt-Britz 73. 📞 60 97 92 30.
Ⓤ *Parchimer Allee.* 🚌 *M46.*
🕐 *Di–Fr 10–16 Uhr, Sa, So 11–18 Uhr.* 📷 *obligatorisch.*

Schloss Britz wurde 1706 für Sigismund von Erlach als kleines Gutshaus errichtet und 1880–83 nach den Plänen von Carl Busse auf seine jetzige Größe erweitert. Der einstöckige Palast mit klassizistischer Fassade ist zur Gartenseite hin mit barocken Statuen und einem Turmaufbau geschmückt. Ein Teil der Räume wird als Museum genutzt, andere für Konzerte und Wechselausstellungen.

Interessant ist die üppige Ausstattung mit Möbeln aus der Gründerzeit, den Jahren nach der Reichsgründung von 1871. Alle Innenräume sind in bestem Zustand, doch auch der Garten verdient nähere Betrachtung. Dort steht die Büste von Rüdiger von Ilgen, einem früheren Eigentümer. Diese Statue stand einst auf der Siegesallee im Tiergarten.

An das Schloss grenzt die Hufeisensiedlung, eine Wohnsiedlung, die in den späten 1920er Jahren nach Entwürfen von Bruno Taut und Bruno Schneidereit in dem Bestreben errichtet wurde, vielen Berlinern zu erschwinglichen Wohnungen zu verhelfen.

## Königskolonnaden (Kleistkolonnaden) **2**

Potsdamer Straße. **Stadtplan** 11 B4.
Ⓤ *Kleistpark.* 🚌 *M48, 187.*

Einige Meter nördlich des U-Bahnhofs Kleistpark erscheinen inmitten der sonst eher nichtssagenden Architektur der Potsdamer Straße die Kleistkolonnaden. Die Säulengänge aus Sandstein fassen den dahinterliegenden Park ein und beeindrucken durch schöne Barockskulpturen. Sie wurden von Carl von Gontard entworfen und 1770–80 an der Königsstraße nahe dem Alexanderplatz errichtet. 1910 mussten die Kolonnaden dem zunehmenden Verkehr weichen und wurden am heutigen Standort wiederaufgebaut.

Das dahinterliegende Kammergericht wurde 1909–13 erbaut. Im Dritten Reich war es Sitz des Volksgerichtshofs, vor dem auch die Beteiligten des Hitler-Attentats vom 20. Juli 1944 verurteilt wurden *(siehe S. 127)*.

**Schloss Britz mit seiner klassizistischen Fassade**

# Rathaus Schöneberg ❸

John-F.-Kennedy-Platz. ☎ 78 77 07
50, -18. Ⓤ *Rathaus Schöneberg*. **Ausstellung** ◯ tägl. 10–18 Uhr. ☐ ♿

**B**eeindruckend steht es da,
das 1911–14 errichtete
Schöneberger Rathaus mit
dem großen Turm. 1920
wurde Schöneberg nach Berlin eingemeindet. Von 1948
bis 1990 diente das Gebäude
als Rathaus für Westberlin und
Sitz des Senats. Am 26. Juni
1963 hielt hier John F. Kennedy seine berühmte Rede.
Über 300 000 Menschen hörten sein Bekenntnis zur Stadt
und die unvergesslichen
Worte »Ich bin ein Berliner«.
   An einen anderen bedeutenden Staatsmann erinnert
die Willy-Brandt-Dauerausstellung im Rathaus, in der
der persönliche und politische
Werdegang Brandts anschaulich gemacht wird.

**Rathaus Schöneberg, vor dem
John F. Kennedy seine Rede hielt**

# Friedhof Stubenrauchstraße ❹

Stubenrauchstraße/Südwestkorso.
Ⓢ Ⓤ *Bundesplatz*. 🚌 101.

**D**er kleine Friedhof im
Schatten der Stadtautobahn rückte 1993 ins Blickfeld
der Öffentlichkeit, da er zur
letzten Ruhestätte von Marlene Dietrich wurde. Die Dietrich, 1901 als Maria Magdalena von Losch in Berlin geboren, wuchs in der Schöneberger Leberstraße 65 auf. Anfangs schlug sie sich mit kleinen Rollen durch, bis sie 1929
von Josef von Sternberg für

**Die gepflegten Anlagen des Botanischen Gartens**

die Hauptrolle in *Der blaue
Engel* entdeckt wurde. Mit
diesem Film nach Heinrich
Manns *Professor Unrat* begann ihre Hollywoodkarriere.
Nach der Rolle der Lola erlangte sie in weiteren Rollen
bald Weltruhm. Nur einmal
noch sang sie in Berlin: 1960
bei einem Konzert im Titania-Palast. Obwohl sie in Paris
lebte, wollte sie in ihrer Geburtsstadt bestattet werden.

# Wrangel-Schlösschen ❺

Schlossstraße 48. ☎ 902 99 39 24.
Ⓤ *Rathaus Steglitz*. 🚌 M48, 170,
283, 380.

**D**er Name des klassizistischen Schlösschens geht
auf Feldmarschall Wrangel
zurück. Der Fassade nach
könnte es aus der Mitte des
19. Jahrhunderts stammen,
doch es wurde bereits 1804
nach einem Entwurf von
Heinrich Gentz errichtet. Die
klaren Proportionen machen
es zu einem Meisterwerk des
Klassizismus. Heute dient es
als Steglitzer Kulturzentrum.

# Botanischer Garten ❻

Unter den Eichen 5–10 und Königin-Luise-Straße 6–8. ☎ 83 85 01 00.
Ⓤ *Dahlem-Dorf*. Ⓢ *Botanischer
Garten*. 🚌 101, M48. ◯ Nov–Jan:
tägl. 9–16 Uhr; Feb: 9–17 Uhr; März,
Okt: 9–18 Uhr; Apr, Aug: 9–20 Uhr;
Mai–Juli: 9–21 Uhr; Sep: 9–19 Uhr.
**Museum** ◯ tägl. 10–18 Uhr. 🖾
**www**.botanischer-garten-berlin.de

**D**er Botanische Garten ist
einer der schönsten und
beschaulichsten Orte in Berlin. Das weitläufige Gelände
wurde Ende des 19. Jahrhunderts auf sanften Hügeln und
um malerische Teiche herum
angelegt. Von besonderem Interesse ist das 25 Meter hohe
Große Tropenhaus (Anfang
20. Jh.) von Alfred Koerner.
Die neueren Gewächshäuser
entstanden 1984–87 nach
einem Entwurf von Engelbert
Kremser. Viele Besucher zieht
es zu den Orchideen- und
Kakteenpflanzungen. Nahe
dem Eingang Königin-Luise-Platz befindet sich das **Botanische Museum** mit einer außergewöhnlichen Sammlung an
Pflanzenpräparaten.

## DORFKIRCHEN

Bei der Erweiterung Berlins im Jahr 1920 verleibte sich die
Stadt 59 Gemeinden ein, von denen einige älter waren als
sie selbst. Während die kleinen Häuschen der städtischen
Architektur weichen mussten, sind über 50 alte Pfarrkirchen erhalten geblieben. Die schönsten davon stammen
aus dem 13. Jahrhundert und stehen im Süden Berlins, in
der Britzer Backbergstraße, in Alt-Buckow oder in Alt-Mariendorf. Die älteste Pfarrkirche von allen steht in Alt-Marienfelde.

**St.-Annen-Kirche, Dahlem**        **Wittenau**        **Marienfelde**

# Dahlem

Dahlem wurde 1275 erstmals urkundlich erwähnt und war bis zum 19. Jahrhundert ein kleines Dorf mit einigen Landgütern. Anfang des 20. Jahrhunderts wurde es ein wohlhabender Vorort mit Villen und einigen Museen, zu denen Bruno Paul die Entwürfe schuf, behielt jedoch seine gotische Pfarrkirche und sein Herrenhaus. Mit der Gründung der Freien Universität und der Fertigstellung des Museumskomplexes wurde der Bezirk nach dem Zweiten Weltkrieg ein Zentrum der Kultur. An der Grenze zwischen Dahlem und Steglitz erstreckt sich der Botanische Garten *(siehe S. 177)*.

### SEHENSWÜRDIGKEITEN

Brücke-Museum **5**
Domäne Dahlem **3**
Freie Universität **6**
Museum Europäischer Kulturen **2**
Museumszentrum Dahlem **1**
St.-Annen-Kirche **4**

### LEGENDE

Hauptstraße
Nebenstraße
**S** S-Bahn-Station
**U** U-Bahn-Station
Eisenbahn

## Museumszentrum Dahlem **1**

Lansstraße 8. **8** 830 14 38.
**U** *Dahlem-Dorf.* 110, X11, X83.
**Museum für Asiatische Kunst, Museum Europäischer Kulturen, Ethnologisches Museum** *(früher Museum für Völkerkunde).* Di–Fr 10–18 Uhr, Sa, So 11–18 Uhr.

Dahlems erste Museen entstanden bereits zwischen 1914 und 1923. Da viele Sammlungen nach dem Zweiten Weltkrieg verstreut waren, wurde hier ein buntes Gemisch von Kunst und Kunsterzeugnissen ausgestellt. In den 1960er Jahren erfolgte ein weiterer Ausbau der Museen. In Konkurrenz zu Ostberlins Museumsinsel entstand in Dahlem ein neues Museumszentrum.

Mit der Wiedervereinigung 1990 ergab sich die Möglichkeit, die Sammlungen wieder zusammenzuführen und neu zu ordnen. Gemälde kamen ins Kulturforum *(siehe S. 114f)*, Skulpturen ins Bode-Museum *(siehe S. 79)*.

Dahlem hat drei Museen: Das Ethnologische Museum mit seinem riesigen Bestand umfasst eine Abteilung zur Kunst Afrikas und eine Nordamerika-Ausstellung sowie Sammlungen zur Musikethnologie. Das Museum für Asiati-

**Japanischer Holzschnitt aus dem Museum für Asiatische Kunst**

sche Kunst vereint seit 2006 das Museum für Ostasiatische Kunst und das Museum für Indische Kunst unter diesem Namen. Das Museum zeigt eine der weltweit bedeutendsten Sammlungen von Kunstwerken des indo-asiatischen Kulturraums vom 4. Jahrtausend v. Chr. bis in die Gegenwart. Schwerpunkte sind u. a. die Kunst entlang der Seidenroute und frühe indische Skulpturen. Künftig werden diese Sammlungen in den neuen Humboldt-Forum *(siehe S. 74)* in Berlin-Mitte unter einem Dach gezeigt werden.

**Ostpreußischer Teppich im Museum Europäischer Kulturen**

## Museum Europäischer Kulturen **2**

Arnimallee 25. **8** 83 90 12 87.
**U** *Dahlem-Dorf.* 110, X11, X83.
voraussichtlich bis September 2010 wg. Renovierung.

Das auf Volkskunst und Kulturen Europas spezialisierte Volkskundemuseum dokumentiert das Alltagsleben europäischer Völker. Es zeigt auf lange Dauer angelegte Wechselausstellungen, oft in Zusammenarbeit mit Museen anderer europäischer Länder. Zu sehen sind Tongeschirr, Kostüme, Schmuck, Spielsachen und Werkzeuge.

## Domäne Dahlem **3**

Königin-Luise-Straße 49. **8** 666 30 00. **U** *Dahlem-Dorf.* 110, X11, X83. Mi–Mo 10–18 Uhr. *Museum.* **www**.domaene-dahlem.de

Das Herrenhaus mit Landgut ist eine spezielle Oase des Landlebens in Berlin. Das Barockhaus wurde um 1680 für Cuno Johann von Wilmersdorff gebaut und hat noch seinen ursprünglichen Charakter bewahrt.

**Landgut und Museum zugleich: die Domäne Dahlem**

Die Domäne Dahlem ist Teil des Stadtmuseums Berlin. Sie ist reich mit Möbelstücken aus ihrer Entstehungszeit bestückt. In den Bauernhäusern (19. Jh.) wird eine Sammlung landwirtschaftlicher Geräte gezeigt. Zu besichtigen ist auch eine große Kollektion verschiedener Bienenstöcke.

Das Museum ist zugleich ein bewirtschaftetes Landgut mit Garten, Werkstätten und Tieren. Hier werden auch Feste und Märkte mit Vorführungen bäuerlicher Tätigkeiten veranstaltet. Wer will, kann sich zeigen lassen, wie nach traditioneller Manier Pferde beschlagen und Kühe gemolken werden.

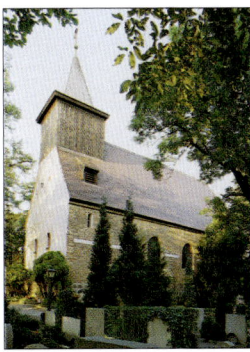

**Die gotische St.-Annen-Kirche aus dem 14. Jahrhundert**

## St.-Annen-Kirche ❹

Königin-Luise-Straße/Pacelliallee.
📞 841 70 50. Ⓤ Dahlem-Dorf.
🚌 83, 110. 🕐 Sa 11–13 Uhr.

Auf einem kleinen baumreichen Friedhof steht die gotische St.-Annen-Kirche aus dem 14. Jahrhundert. Anfangs hatte sie nur ein schlichtes Dach. Im 15. Jahrhundert kam die Kanzel hinzu, im 17. Jahrhundert die Gewölbedecke, und im 18. Jahrhundert erbaute man den Turm.

In der Kirche zeigen Wandmalereien (14. Jh.) Szenen aus dem Leben der heiligen Anna. Ausgestellt sind auch sakrale Kunstgegenstände sowie *Die Kreuzigung* (15. Jh.), elf spätgotische Heiligenfiguren und eine Barockkanzel (17. Jh.).

## Brücke-Museum ❺

Bussardsteig 9. 📞 831 20 29. 📠
115, X10. 🕐 Mi–Mo 11–17 Uhr. ♿

Eines der interessantesten Museen mit Kunstwerken des 20. Jahrhunderts liegt etwas abseits an einer Straße mit schönen Villen. Das vornehme, funktionalistische Gebäude wurde 1966/67 von Werner Düttmann erbaut. Das Museum beherbergt eine Ausstellung deutscher expressionistischer Malerei. Die als »Brücke« bekannt gewordene Künstlergruppe entstand 1905 und war nach 1910 in Berlin ansässig. Zu den Mitgliedern gehörten Karl Schmidt-Rottluff, Emil Nolde, Max Pechstein, Ernst Ludwig Kirchner und Erich Heckel. Den Grundstock der Sammlung bilden fast 80 Werke von Schmidt-Rottluff, die 1964 der Stadt vermacht wurden. Durch Spenden und Ankäufe wuchs die Sammlung schnell. Gezeigt werden noch andere Kunstwerke aus der Zeit der 1913 aufgelösten Gruppe, Bilder aus späteren Schaffensperioden dieser Maler sowie Arbeiten anderer, eng mit ihnen verbundener Künstler.

Am nahen Käuzchensteig 8 befindet sich der Hauptsitz der Stiftung im einstigen Atelier des Bildhauers Bernhard Heiliger. In dem an das Brücke-Museum angrenzenden Garten sind seine Metallskulpturen zu sehen.

**Skulptur von Bernhard Heiliger vor dem Brücke-Museum**

## Freie Universität ❻

Henry-Ford-Bau, Garystraße 35–39.
Ⓤ Thielplatz. 🚌 101, X11.

Gegründet wurde die Universität am 4. Dezember 1948 auf Initiative einer Gruppe von Akademiemitgliedern und Persönlichkeiten des öffentlichen Lebens unter Leitung von Ernst Reuter. Es war eine Reaktion auf die an der Humboldt-Universität im sowjetischen Sektor eingeführten Beschränkungen und ein weiterer Ausdruck der Rivalität zwischen beiden Stadthälften. Anfänglich war die neue Universität in gemieteten Gebäuden untergebracht. Erst die Ford-Stiftung ermöglichte die Errichtung des Henry-Ford-Baus mit Sitz des Rektors, Hörsaal und Bibliothek. Das von Franz Heinrich Sobotka und Gustav Müller entworfene, 1951–54 errichtete Gebäude zeichnet sich durch elegante Proportionen aus.

**Henry-Ford-Bau, Bibliothek der Freien Universität und Sitz des Rektors**

# Zehlendorf

Da fast halb Zehlendorf aus Wäldern, Flüssen und Seen besteht und im Bezirk eine ländliche Atmosphäre herrscht, kann man kaum glauben, dass dieser Stadtteil nur 20 Minuten vom hektischen Zentrum entfernt liegt. Überall findet man hier Villen sowie kleine Siedlungen, in denen das Leben gemächlich abläuft. Lohnenswert ist ein Spaziergang *(siehe S. 208–211)*, um sich die wunderschönen Sommerhäuser am See, die königlichen Parks, die Pfaueninsel und Klein-Glienicke am Rand des Bezirks anzusehen.

**Rekonstruierte mittelalterliche Siedlung im Museumsdorf Düppel**

## SEHENSWÜRDIGKEITEN

AlliiertenMuseum ❷
Grabstätte von Heinrich
 von Kleist ❺
Haus der Wannsee-Konferenz ❼
Museumsdorf Düppel ❸
Onkel Toms Hütte ❶
Strandbad Wannsee ❹
Villenkolonie Alsen ❻

Großer Wannsee

### LEGENDE

▬ Autobahn
▬ Hauptstraße
— Nebenstraße
Ⓢ S-Bahn-Station
Ⓤ U-Bahn-Station
— Eisenbahn

0 Kilometer 1

## Onkel Toms Hütte ❶

Argentinische Allee.
Ⓤ Onkel-Toms-Hütte.

Die Wohnsiedlung gehört zu den interessantesten Leistungen urbaner Architektur der Weimarer Republik. Sie entstand 1926–32 nach einem Entwurf von Bruno

**Die 1926–32 errichtete Siedlung Onkel Toms Hütte**

Taut, Hugo Häring und Otto Rudolf Salvisberg. Das Anliegen der Architekten war es, durch den Bau großer Siedlungen, in denen man angenehm und preiswert wohnen konnte, den Wohnungsmangel Berlins zu beheben. Mit diesem Zehlendorfer Projekt übernahmen sie das englische Gartenstadtkonzept. Das Ergebnis ist eine von 15 000 Menschen bewohnte riesige Wohnsiedlung mit Ein- und Mehrfamilienhäusern im Grünen nahe dem Grunewald.

## AlliiertenMuseum ❷

Clayallee 135. 🕿 818 19 90.
Ⓢ Zehlendorf, dann 🚌 115, 183.
Ⓤ Oskar-Helene-Heim. 🕐 Do–Di 10–18 Uhr. 📷 auf Anfrage.

Mitten im ehemaligen amerikanischen Militärsektor von Berlin liegt das AlliiertenMuseum, das neben den Ausstellungsräumen auch Freiflächen umfasst. Eine faszinierende Sammlung alltäg-

licher Gegenstände, militärischer Erinnerungsstücke sowie Fotografien und Filme veranschaulichen das Leben während des Kalten Kriegs und die Geschichte Berlins zwischen 1945 und 1994.

## Museumsdorf Düppel ❸

Clauertstraße 11. 🕿 802 66 99.
Ⓢ Mexikoplatz. Ⓤ Krumme Lanke, dann 🚌 118, 629. 🕐 15. März– Anfang Okt: Do 15–19 Uhr, So 10– 17 Uhr. 📷 www.dueppel.de

Ein Besuch dieses Dorfes ist eine Reise in die Vergangenheit. Wo einst eine in den 1940er Jahren entdeckte Siedlung aus dem 13. Jahrhundert gestanden hatte, wurde ein mittelalterliches Dorf neu aufgebaut, in dem Gärten gepflegt, Felder bestellt und wie früher Schafe und Schweine in Ställen und Koben gehalten werden. Sonntags werden Handwerkstechniken vorgeführt. Man kann zusehen, wie Kochtöpfe und Werkzeuge hergestellt werden, Wolle gesponnen wird und wie Körbe geflochten werden.

## Strandbad Wannsee ❹

Wannseebadweg. Ⓢ *Nikolassee.* 🚌 *218.*

Der idyllisch am Rand des Grunewalds gelegene riesige Wannsee gehört zu den Haupterholungsgebieten der Berliner. Hier kann man Wassersport betreiben, eine Rundfahrt auf dem See unternehmen, baden oder einfach am Ufer entspannen.

Der südöstliche Bereich des Sees ist am besten erschlossen. In der Nähe des S-Bahnhofs Wannsee befinden sich Yachthäfen und Anlegestellen, weiter nördlich liegt einer der größten Binnenstrände Europas – das Strandbad Wannsee. Es besteht seit Anfang des 20. Jahrhunderts und wurde 1929/30 durch den Bau eines Komplexes von Umkleideräumen, Geschäften und Cafés auf künstlich angelegten Terrassen weiterentwickelt.

An Sommertagen ist der Strand von sonnenhungrigen Berlinern bevölkert, während Scharen von Yachten auf dem See kreuzen. Angenehm ist auch ein Spaziergang auf der Insel Schwanenwerder mit ihren vornehmen Villen, von denen die in der Inselstraße 24 – 26 für den Verleger Axel Springer gebaut wurde.

## Grabstätte von Heinrich von Kleist ❺

Bismarckstraße (bei Nr. 3). Ⓢ *Wannsee.* 🚌 *114, 118, 316, 318, 620.*

Eine schmale Straße führt von der Königstraße an der S-Bahn-Überführung zur Stelle, an der der Dichter Heinrich von Kleist Selbstmord beging. Am 21. November 1811 erschoss er seine Gefährtin Henriette Vogel und anschließend sich selbst. Beide sind hier bestattet. Ein Stein markiert die Stelle. Literaturfreunde bringen Blumen und zünden Kerzen an.

## Villenkolonie Alsen ❻

Am Großen Wannsee. Ⓢ *Wannsee,* dann 🚌 *114.*

Zahlreiche prächtige Villen bilden die älteste Berliner Strandkolonie. Die Häuser zählen zu den schönsten der Stadt, nicht nur wegen der idyllischen Uferlage, sondern auch wegen der besonderen Architektur. Bei einem Spaziergang sollte man sich die als Haus Springer bekannte Villa Am Großen Wannsee 39 – 41 ansehen. Alfred Messel entwarf sie 1901 mit einem modern anmutenden Schindeldach. Die Villa in der Colomierstraße 3 entwarf Paul Baumgarten 1909 für Max Liebermann, der viele Sommer lang hier malte.

**Die Fassade des Hauses der Wannsee-Konferenz**

## Haus der Wannsee-Konferenz ❼

Am Großen Wannsee 56 – 58. 📞 805 00 10. Ⓢ *Wannsee,* dann 🚌 *114.* 🕐 *tägl. 10 – 18 Uhr.* *www.ghwk.de*

Eines der schönsten unter all den Gebäuden der Villenkolonie Alsen hat eine schreckliche Vergangenheit. Die Villa wurde 1914/15 von Paul Baumgarten für den Geschäftsmann Ernst Marlier entworfen. Sie entstand im Stil eines kleinen neobarocken Palais mit elegantem Portikus. 1940 verkaufte Friedrich Minou, ihr nächster Besitzer, sie an die SS und den SD.

Am 20. Januar 1942 kam hier Reinhard Heydrich mit 17 Staatssekretären aus Ministerien, SS-Leuten u. a., darunter auch Adolf Eichmann, zusammen. Diskutiert wurde die organisatorische »Endlösung der Judenfrage«. Die Pläne zur Deportation von Millionen Juden umfassten ganz Europa, darunter auch neutrale Staaten.

Seit 1992, dem 50. Jahrestag der Konferenz, bestehen hier ein Museum und eine Gedenkstätte. Eine Ausstellung zeigt die Geschichte des Holocaust 1933 – 45 sowie erschütternde Dokumente und Fotografien aus Gettos und Vernichtungslagern. Aus Sicherheitsgründen ist das Tor zur Villa verschlossen. Um in den Park zu gelangen, muss man sich über eine Sprechanlage anmelden.

**Anlegestelle für Fahrten auf dem Wannsee**

# Berlins Westen

Westlich von Charlottenburg, jenseits der Autobahn, liegt ein Gebiet, in dem vor allem der Funkturm, das Internationale Congress Centrum und das Messegelände ins Auge fallen. Nach dem Zweiten Weltkrieg entstand hier eine Wohnsiedlung mit Villen, von denen eine dem Bildhauer Georg Kolbe gehörte. In ihr befindet sich jetzt ein Museum mit seinen Arbeiten. In der Nähe hat der SFB in einem riesigen Bau seine Aufnahmestudios. Hinter dessen unscheinbarer Fassade verbirgt sich eines der schönsten Art-déco-Interieurs Berlins.

**Futuristisches Exterior des Internationalen Congress Centrums**

## LEGENDE

| | |
|---|---|
| ═══ | Autobahn |
| ─── | Hauptstraße |
| ─── | Nebenstraße |
| Ⓢ | S-Bahn-Station |
| Ⓤ | U-Bahn-Station |
| ─── | Eisenbahn |

## SEHENSWÜRDIGKEITEN

Funkturm ❹
Georg-Kolbe-Museum ❻
Grunewaldturm ❶
Haus des Rundfunks ❺
Internationales
  Congress Centrum ❷
Messegelände ❸

## Grunewaldturm ❶

Havelchaussee 61. 🚌 218.

Der neogotische Turm auf dem Karlsberg, einem 55 Meter hohen Hügel am linken Ufer der Havel, ist das hervorstechendste Bauwerk in dieser Gegend. Derartige Türme wurden im 19. Jahrhundert zum Gedenken an wichtige Ereignisse und Personen gebaut.

Der Grunewaldturm entstand 1897 zur Erinnerung an Wilhelm I. Anfänglich hieß der 56 Meter hohe Bau Kaiser-Wilhelm-Turm. Er wurde von Franz Schwechten entworfen und besteht aus verziertem rotem Backstein. Vor dem Grün der Bäume fällt der rote Turm besonders ins Auge.

Derzeit dient der Turm als Observatorium. Von seiner Spitze hat man einen herrlichen Ausblick. Es lohnt sich also, die 204 Stufen zu erklimmen. Am Fuß des Turms befindet sich ein beliebtes Ausflugsrestaurant. In der Kuppelhalle des oberen Teils huldigt ein Marmorstandbild von Ludwig Mansel dem Kaiser Wilhelm I.

**Der neogotische Grunewaldturm aus rotem Backstein**

## Internationales Congress Centrum ❷

Messedamm 19. Ⓢ Messe Nord. Ⓤ Kaiserdamm. 🚌 139, 218, X34, X49.

Das silbrige futuristische Bauwerk steht wie auf einer Halbinsel und wird auf beiden Seiten von einem beständigen Strom dahinrasender Autos umtost. Das Internationale Congress Centrum (ICC) markierte eine Etappe in der Auseinandersetzung zwischen Ost- und Westberlin: Es war die Erwiderung auf den Palast der Republik im Osten.

Das 1975–79 nach einem Entwurf von Ralf Schüler und Ursulina Schüler-Witte errichtete Bauwerk präsentiert sich als Konglomerat kantiger Aluminiumelemente, die seine wohldurchdachte Konstruktion geschickt verbrämen. Aus Schallschutzgründen liegt der Konferenzbereich von den Konzertsälen getrennt. Es ist weltweit eines der modernsten Gebäude seiner Art mit dem neuesten elektronischen Sicherheitssystem. Ebenso perfekt sind die Einrichtungen zur Koordinierung der Menschenmassen, die sich zu Tagungen und Konferenzen einfinden. In über 80 Räumen und Sälen können Veranstaltungen stattfinden, angefangen von Konzerten für 5000

Zuhörer bis zu Künstlerwork-shops. Vor dem Hauptein-gang des ICC steht die Groß-plastik *Alexander der Große vor Ekbatana* von dem fran-zösischen Bildhauer Jean Ipoustéguy (geb. 1920).

**Monumentalfassade der Ehrenhalle auf dem Messegelände**

## Messegelände ❸

Hammarskjöldplatz. Ⓢ *Messe Nord.* Ⓤ *Kaiserdamm.* 🚌 *104, 139, X49.*

Südlich des Hammarskjöld-platzes stehen auf über 160 000 Quadratmetern Pavil-lons mit riesigen Ausstellungs-hallen. Viele der internatio-nalen Veranstaltungen, darunter die Grüne Woche, gehören zu den größten ihrer Art in Euro-pa. Dennoch werden die Aus-stellungsflächen ständig er-weitert und auf den neuesten Stand gebracht.

Schon vor dem Ersten Welt-krieg entstanden hier Ausstel-lungshallen, von denen aller-dings nichts geblieben ist. Der älteste Teil ist der **Funkturm** mit den ihn umgebenden Pavillons. Das riesige Bau-werk davor – die Ehrenhalle – wurde 1936 nach einem Ent-wurf von Richard Ermisch errichtet und gehört zu den wenigen im Architekturstil des Faschismus entworfenen, noch erhaltenen Bauten in Berlin.

Die am hinteren Teil der Hallen geradlinig in Richtung Nikolassee verlaufende Auto-bahn ist die 1921 erbaute be-rühmte Avus, Deutschlands erste Autobahn, ursprünglich für Rennen ausgerichtet. Hier wurde vor dem Zweiten Welt-krieg der Geschwindigkeits-weltrekord gebrochen. Jetzt ist sie ein Teil des Berliner Autobahnsystems.

## Funkturm ❹

Hammarskjöldplatz. 📞 *303 80.* Ⓢ *Messe Nord.* Ⓤ *Kaiserdamm.* 🚌 *104, 139, 218, X34, X49.* **Aussichtsplattform** ⭕ *tägl. 10–21 Uhr.*

Der an den Eiffelturm erin-nernde Funkturm gehört zu den Wahrzeichen Berlins. Er wurde 1924 nach einem Entwurf von Heinrich Strau-mer erbaut und sollte erst ein 150 Meter hoher Funkmast werden. Heutzutage dient er auch für die Kontrolle des Luftverkehrs. Die Aussichts-plattform in 125 Meter Höhe bietet einen herrlichen Aus-blick. Man kann auch im 55 Meter hoch gelegenen Restaurant speisen.

## Haus des Rundfunks ❺

Masurenallee 8–14. Ⓢ *Messe Nord.* Ⓤ *Theodor-Heuss-Platz.* 🚌 *104, X34, X49.*

Hinter der monotonen Zie-gelfassade des Gebäudes liegen Räumlichkeiten von verblüffender Schönheit. 1929/30 entstand das riesige Haus nach einem Entwurf von Hans Poelzig. Das Sende-gebäude ist dreieckig und hat drei Studioflügel, die strahlen-förmig von der fünfgeschos-sigen zentralen Haupthalle ausgehen. Die in spektakulä-rer Weise von oben beleuch-teten, beeindruckend klaren Art-déco-Interieurs erfahren

**Klare Formen: das Art-déco-Foyer im Haus des Rundfunks**

durch die geometrisch ange-ordneten Balkonreihen und große achteckige Hängelam-pen eine spezielle Akzentu-ierung. Die Innenausstattung gehört zu den schönsten Ergebnissen der Architektur um 1930 in Berlin.

**Springbrunnen im Garten der Villa des Bildhauers Georg Kolbe**

## Georg-Kolbe-Museum ❻

Sensburger Allee 25. 📞 *304 21 44.* Ⓢ *Heerstraße.* 🚌 *X49, 218, S75.* ⭕ *Di–So 10–17 Uhr.* **www**.*georg-kolbe-museum.de*

Georg Kolbe (1877–1947), erst als Maler, später als Bildhauer tätig, vermachte das Haus, in dem er fast sein gan-zes Leben lang gewohnt und gearbeitet hatte, der Stadt Berlin. Es wurde 1928/29 von dem schweizerischen Archi-tekten Ernst Rentsch im funk-tionalistischen Stil erbaut. We-nige Jahre später erweiterte es der Architekt Paul Linder und gab ihm mit den zur großen Halle hin offenen Räumen eine altmodische Prägung.

Kolbe hinterließ der Stadt auch 180 seiner Skulpturen sowie seine Kunstsammlung mit Werken des expressionis-tischen Malers Ernst Ludwig Kirchner und des Bildhauers Wilhelm Lehmbruck. Beim Museumsbesuch lernt man nicht nur Kolbes Arbeiten kennen, sondern kann auch sein Haus und sein Atelier besichtigen.

# Charlottenburg und Spandau

**B**eim Besuch dieses Teils der Stadt kommt man am pompösen Olympiastadion, das an römische Monumentalbauten erinnert, kaum vorbei. Das Le-Corbusier-Haus in der Nähe galt einst als Modell für den Wohnungsbau der Zukunft. Das historische Spandau hat hübsche mittelalterliche Straßen, eine gut erhaltene Renaissance-Zitadelle und originale Fachwerkhäuser, deren Besichtigung genauso lohnenswert ist wie die der gotischen Nikolaikirche.

unterbringen, dazu Dienstleistungs- und Versorgungseinrichtungen wie Post, Läden, eine Sporthalle und einen Kindergarten. Das Ergebnis entsprach nicht ganz den Erwartungen von Le Corbusier: Neue Bauvorschriften führten entgegen den ursprünglichen Plänen zu neuen Proportionen des Baus.

**LEGENDE**

**SEHENSWÜRDIGKEITEN**

Le-Corbusier-Haus ❶
Olympiastadion ❷
Spandau ❸

━━ Hauptstraße

━━ Nebenstraße

Ⓢ S-Bahn-Station

Ⓤ U-Bahn-Station

━━ Eisenbahn

0 Kilometer 1

Standbilder zweier Athleten
im Olympiastadion

## Olympiastadion ❷

Olympischer Platz. 📞 25 00 23 22. Ⓤ Ⓢ Olympiastadion. 🚌 218. **Ausstellung** ⬜ Sommer: tägl. 9–20 Uhr, Winter: tägl. 10–16 Uhr (außer Spieltage). 🖼
**www**.olympiastadion-berlin.de

**D**as einst als Reichssportfeld bekannte Olympiastadion entstand für die Olympischen Spiele 1936. Werner March entwarf es im nationalsozialistischen Architekturstil. Westlich liegen das Maifeld und die Waldbühne (Open-Air-Bühne mit 20 000 Plätzen). Das Maifeld diente als Aufmarschfeld, umgeben von Tribünen und dem 77 Meter hohen Glockenturm. Nördlich davon gibt es mehrere Sportplätze und Schwimmbecken. Der Komplex lieferte nicht nur die Infrastruktur für die Olympischen Spiele, sondern diente Adolf Hitler auch als Kulisse für Auftritte. Die vier Jahre dauernden Renovierungsarbeiten wurden 2004 abgeschlossen. Bei der Fußball-WM 2006 fand hier das Finale statt.

## Le-Corbusier-Haus ❶

Flatowallee 16. Ⓢ Olympiastadion. 🚌 218.

**A**uf einem Hügel in der Nähe des Olympiastadions liegt das Le-Corbusier-Haus, der Beitrag des französischen Architekten zur Bauausstellung »Interbau 1957« (siehe S. 133). Nach dem Zweiten Weltkrieg herrschte vor allem in den durch Bomben zerstörten Städten Wohnungsmangel. Mit seinem Entwurf für eine von ihm so genannte unité d'habitation (Wohneinheit) versuchte Le Corbusier (1887–1965) zur Lösung beizutragen. Drei solcher Komplexe wurden gebaut.

In dem Berliner Entwurf wollte Le Corbusier über 500 zweigeschossige Wohnungen

Le-Corbusier-Haus

**Hauptschiff der gotischen Nikolaikirche in Spandau**

# Spandau ❸

**Zitadelle Spandau** Am Juliusturm. 🄲 354 94 40. Ⓤ *Zitadelle.* ◯ tägl. 10–17 Uhr. 📷

Spandau gehört zu den ältesten Stadtteilen Berlins und konnte sein charakteristisches Stadtbild über die Jahrhunderte hinweg wahren. Urkundlich bezeugt wird Spandau schon im 8. Jahrhundert, Stadtrecht erhielt es erst 1232. Den schlimmsten Zerstörungen im Zweiten Weltkrieg ist es entgangen, sodass noch viel zu besichtigen ist.

Das Herz der Stadt bildet ein Netz mittelalterlicher Straßen mit einem idyllisch gelegenen Marktplatz und zahlreichen originalen Fachwerkhäusern. Im Norden Spandaus stehen noch Teile der Stadtmauer aus dem 15. Jahrhundert. Die großartige gotische Kirche St. Nikolai in der Stadtmitte stammt ebenfalls aus dem 15. Jahrhundert. Sie besitzt viele Kunstschätze, so beispielsweise einen steinernen Renaissance-Altar aus dem ausgehenden 16. Jahrhundert, eine ursprünglich für die Potsdamer Schlosskirche geschaffene Barockkanzel (um 1700), ein gotisches bronzenes Taufbecken (1398) sowie zahlreiche Epitaphe.

**Schwarzer Preußenadler mit Krone**

Die erste Burg entstand im 12. Jahrhundert dort, wo sich heute die **Zitadelle Spandau** befindet. Geblieben ist davon nur der 36 Meter hohe Juliusturm. 1560 begann hier der Bau eines Forts nach Plänen von Francesco Chiaramella da Gandino. Die Fertigstellung dauerte 30 Jahre. Die Bauleitung hatte Architekt Rochus Guerrini, Graf zu Lynar. Obwohl die Zitadelle über ein Gefängnis verfügte, saß Rudolf Heß, Spandaus berüchtigtster Gefangener, nach seiner Verurteilung in den Nürnberger Prozessen 1946 im nahen Militärgefängnis ein. 1987 beging Heß Selbstmord, das Gefängnis wurde abgerissen.

**Wappen der Hohenzollern über dem Haupttor der Zitadelle**

## ZITADELLE SPANDAU

Die großartige Zitadelle (16. Jh.) mit ihren perfekten Proportionen steht an der Stelle, an der Spree und Havel zusammenfließen. Sowohl die Hauptzitadelle als auch die Anbauten aus dem 19. Jahrhundert sind in ausgezeichnetem Zustand. 1874 ließ Otto von Bismarck, der »Eiserne Kanzler« *(siehe S. 24f),* das Gold des Reichskriegsschatzes hierherbringen, wo es bis 1919 blieb. Derzeit befinden sich in der Zitadelle ein Heimatmuseum und auf dem Juliusturm eine Aussichtsterrasse.

### LEGENDE

Bastion Brandenburg ②
Bastion König ⑤
Bastion Königin ⑥
Bastion Kronprinz ①
Haupttor ④
Juliusturm ⑦
Palast ③
Ravelin Schweinekopf ⑧

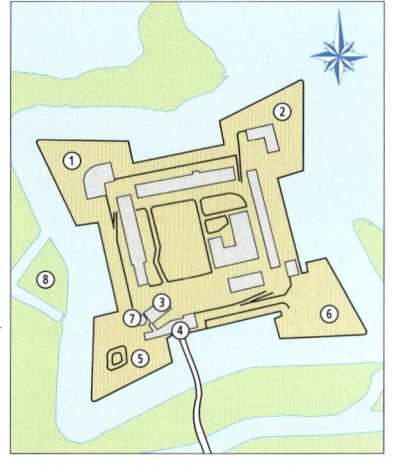

# Berlins Nordwesten

Unweit des Tiergartens liegen die von Peter Behrens entworfene AEG-Turbinenhalle sowie die Gedenkstätte Plötzensee für die wegen angeblicher Vergehen gegen das Dritte Reich Hingerichteten. Weiter nordwestlich, in Tegel, befinden sich außer dem Flughafen das malerische Schloss Tegel und das IBA-Viertel, eine farbenfrohe Wohnsiedlung. Durchaus lohnend sind ein Schiffsausflug nach Tegel und eine Besichtigungsfahrt durch dieses Gebiet sowie ein Besuch in Spandau in Verbindung mit einer Havelrundfahrt.

**SEHENSWÜRDIGKEITEN**

AEG-Turbinenhalle **1**
Gedenkstätte Plötzensee **2**
IBA-Viertel in Tegel **3**
Schloss Tegel **4**
Villa Borsig **5**

*Tegeler See*

**LEGENDE**

Berlin Zentrum
Autobahn
Nebenstraße
**U** U-Bahn-Station
Eisenbahn

0 Kilometer 1

Flughafen Berlin Tegel

## AEG-Turbinenhalle **1**

Huttenstraße 12–16. **U** *Turmstraße, dann* 🚌 *M27.*

Das Gebäude gehört zu den Lehrbeispielen für die moderne Architektur des frühen 20. Jahrhunderts. Der Bau wurde 1909 von der AEG in Auftrag gegeben. Peter Behrens entwarf ihn in Zusammenarbeit mit Karl Bernhard. Die riesige Turbinenhalle mit den enorm großen Fenstern gehört zu den ersten Bauwerken, die keinerlei Schmuck- oder überhaupt Elemente aus früheren Architekturstilen enthielten. Sie erstreckt sich 123 Meter entlang der Berlichingenstraße. Das Wichtigste am Entwurf für die Halle war das klare Profil. Die beim Bau benutzten Materialien präsentieren sich alle direkt. Man verzichtete auf jegliche Verkleidung.

## Gedenkstätte Plötzensee **2**

Hüttigpfad. 📞 *344 32 26.* **U** *Jakob-Kaiser-Platz, dann* 🚌 *123.* 🕐 *März–Okt: 9–17 Uhr; Nov–Feb: 9–16 Uhr.* **www**.gedenkstaette-ploetzensee.de

Eine schmale Straße führt vom Saatwinkler Damm dorthin, wo etwa 3000 Menschen wegen »Verbrechen gegen das Dritte Reich« zum Tod durch den Strang verurteilt und hingerichtet wurden. Die Gedenkstätte ist eine Ziegelbaracke, in der noch immer die eisernen Haken zu sehen sind, an denen die Opfer erhängt wurden. Die Hauptbeteiligten des misslungenen Attentats vom 20. Juli 1944 auf Hitler wurden im Bendlerblock *(siehe S. 127)* hingerichtet, die übrigen hier. Auch Helmuth James Graf von Moltke, ein führender Vertreter der deutschen Widerstandsbewegung, wurde hier umgebracht. Er hatte den Kreisauer Kreis ins Leben gerufen, eine Bewegung, in der sich eine Gruppe vorwiegend Konservativer gegen Hitler zusammenschloss.

**Denkmal für die Opfer der Konzentrationslager, Plötzensee**

## IBA-Viertel in Tegel **3**

Karolinenstraße und Am Tegeler Hafen. **U** *Alt-Tegel.*

Der Komplex am Südrand des Tegeler Hafens ist ein Muss für Liebhaber moderner und vor allem postmoderner Architektur. Er entstand im

Auch der Park lohnt einen Besuch. An seiner Westgrenze liegt das von Schinkel entworfene Familiengrab der Humboldts mit der Nachbildung einer herrlichen Skulptur von Bertel Thorwaldsen, deren Original im Schloss steht.

Die elegante klassizistische Fassade von Schloss Tegel

Rahmen der 1987 durchgeführten Internationalen Bauausstellung (IBA). Mehr als 30 Architekten beteiligten sich an dem Projekt, vor allem Charles Moore, John Ruble und Buzz Yudell. Innerhalb des Komplexes steht die Humboldt-Bibliothek. 1997 wurde vor ihr ein Denkmal für die großen Wissenschaftler Wilhelm und Alexander von Humboldt errichtet.

In der Straße Am Tegeler Hafen befindet sich eine große Wohnsiedlung, in der jede Wohnanlage von einem anderen Architekten entworfen wurde. Daher gleicht kein Bau dem anderen. Beispielsweise erinnert das von Stanley Tigerman entworfene Haus Nr. 8 an einen in der hanseatischen Architektur beliebten Stil, während das von Paolo Portoghesi entworfene Haus Nr. 10 aussieht, als sei es der Länge nach in zwei Teile gespalten.

Nach Norden hin grenzt das IBA-Viertel an das Hotel Sorat, ein weiteres modernes Gebäude, das um den erhalten gebliebenen Teil einer alten, einst zum Humboldt-Viertel gehörenden Windmühle herumgebaut worden ist.

## Schloss Tegel ❹

Adelheidallee 19–21. ☎ 434 31 56.
Ⓤ Alt-Tegel. 🚌 124, 133, 222.
Ⓧ Das Schloss ist derzeit wegen Renovierung geschlossen, das Ende der Arbeiten ist nicht abzusehen.

Die Anlage gehört zu den interessantesten Schlössern in Berlin. Im 16. Jahrhundert befand sich dort bereits ein Herrenhaus, das in der zweiten Hälfte des 17. Jahrhunderts zu einem Jagdschloss für Kurfürst Friedrich Wilhelm umgebaut wurde. 1766 wurde die Familie Humboldt Eigentümerin des Grundstücks. Zwischen 1820 und 1824 gestaltete Karl Friedrich Schinkel das Schloss durchgreifend um. Genauso sieht es heute noch aus.

Wunderschöne Flachreliefs schmücken die Fassaden im Obergeschoss der Türme. Sie wurden von Christian Daniel Rauch entworfen und stellen antike Windgötter dar. Einige der von Schinkel konzipierten prachtvollen Interieurs sind noch erhalten, ebenso mehrere Relikte einer einst großen Sammlung antiker Skulpturen. Das Schloss gehört auch heute noch Nachfahren der Familie Humboldt. Montags sind geführte Besichtigungen möglich.

## Villa Borsig ❺

Reiherwerder. Ⓤ Alt-Tegel. 🚌 124, 133, 222, dann 15 Minuten zu Fuß weiter.

Die Villa steht auf einer in den Tegeler See hineinragenden Halbinsel und erinnert an Schloss Sanssouci in Potsdam. Sie wurde jedoch viel später, von 1911 bis 1913, erbaut. Entworfen haben sie Alfred Salinger und Eugen Schmohl für die Familie Borsig, die zu den reichsten Industriellenfamilien in Berlin gehörte. Besonders hübsch wirkt die Villa, wenn man sie bei einer Bootsrundfahrt vom See aus betrachtet.

Die Gartenansicht der schlossähnlichen Villa Borsig

## KARL FRIEDRICH SCHINKEL (1781–1841)

Schinkel gehört zu den berühmtesten deutschen Architekten. Er hatte enormen Einfluss auf Preußens nachfolgende Architektengeneration – noch heute ist sein Werk ein wesentliches Element in Berlins Architekturlandschaft. Schinkel absolvierte die Berliner Bauakademie und bekleidete viele Jahre eine hohe Stellung im preußischen Bauministerium. Mit genialer Stilsicherheit produzierte er sowohl klassizistische als auch neogotische Pläne. In Berlin und Potsdam entwarf er Dutzende Bauwerke: Schlösser, öffentliche Bauten und Kirchen, von denen viele heute noch stehen. Auch als Maler war Schinkel begabt: Er entwarf u.a. eine Bühnendekoration für das Opernhaus Unter den Linden. Bewundern kann man seine Bilder im Neuen Pavillon bei Schloss Charlottenburg.

Treppenaufgang zu Schloss Sanssouci (siehe S. 200f) ▷

# AUSFLÜGE

# POTSDAM

Potsdam hat 150 000 Einwohner, ist Brandenburgs Hauptstadt und grenzt praktisch an Berlin. Erstmals erwähnt wurde Potsdam 993. Im 17. Jahrhundert, zur Zeit des Großen Kurfürsten *(siehe S.20)*, und dann wieder im 18. Jahrhundert erlebte die Stadt Blütezeiten. Im Zweiten Weltkrieg litt Potsdam erheblich, insbesondere in den Nächten des 14. und 15. April 1945, als die Alliierten das Zentrum bombardierten. Heute gehört Potsdam zu

**Skulptur im Park Sanssouci**

Deutschlands interessantesten Städten. Zahlreiche Besucher kommen, um den Park von Sanssouci und Bauwerke wie das Marmorpalais und Schloss Cecilienhof zu besichtigen. Lohnenswert ist auch ein Spaziergang im Neuen Garten und in der Altstadt. Die russische Kolonie Alexandrowka, das Holländische Viertel, der Filmpark Babelsberg mit den Studios und der Park Babelsberg *(siehe S.210f)* gehören ebenfalls zu Potsdams Attraktionen.

## SEHENSWÜRDIGKEITEN AUF EINEN BLICK

### Historische Gebäude
Altes Rathaus ㉑
Bildergalerie ⑪
Chinesisches Teehaus ⑥
Communs ③
Historische Mühle ⑫
Marmorpalais ⑯
Neue Kammern ⑨
*Neues Palais S.194f* ①
Orangerie ⑦
Römische Bäder ⑤
Schloss Cecilienhof ⑮
Schloss Charlottenhof ④
*Schloss Sanssouci S.200f* ⑩
Wasserwerk
  Sanssouci ㉔

### Historische Viertel
Alexandrowka ⑬
Holländisches Viertel ⑰

### Kirchen
Französische Kirche ⑲
Friedenskirche ⑧
Nikolaikirche ⑳
Peter-und-Paul-Kirche ⑱

### Filmpark
Filmpark Babelsberg ㉖

### Parks und Gärten
Neuer Garten ⑭
Park Sanssouci ②
Telegrafenberg ㉕

### Museen
Marstall (Filmmuseum) ㉒
Potsdam-Museum ㉓

## LEGENDE

Detailkarte
*Siehe S. 192 f*

Bahnhof

Ⓢ S-Bahn-Station

0 Meter      750

## ANFAHRT
Mit der S7 kommt man von Berlin nach Potsdam. Vom Potsdamer Bahnhof fährt Bus 606 zum Neuen Palais, die Trams 94, 96 und X98 fahren zum Zentrum. Bus 695 verkehrt zwischen Sanssouci und Neuem Garten.

◁ **Kreuzgang mit Kolonnaden an der Friedenskirche**

# Im Detail: Park Sanssouci

Der 287 Hektar große Schlosspark gehört zu Europas schönsten Gartenanlagen. Als erstes Bauwerk entstand 1745–47 an der Stelle eines Obstgartens das Schloss Sanssouci, die Sommerresidenz Friedrichs des Großen. Im Lauf der Jahre wurde Park Sanssouci durch kleinere Schlösser und Pavillons beträchtlich erweitert. Wer den Park vollständig kennenlernen möchte, sollte mindestens einen Tag einplanen.

**Blumenschmuck im Park Sanssouci**

**Communs**
*Die beiden durch Kolonnaden und Triumphbogen verbundenen Backsteinbauten werden heute von der Universität genutzt.* ❸

**★ Neues Palais**
*Eine große Kuppel krönt den imposanten, zwischen 1763 und 1769 errichteten Barockbau.* ❶

**Römische Bäder**
*Eine malerische Gruppe von Bauten ist um einen Garten mit fantasievoller Bepflanzung angeordnet.* ❺

0 Meter          200

**NICHT VERSÄUMEN**

★ Neues Palais

★ Schloss Sanssouci

**Schloss Charlottenhof**
*Im Zeltzimmer des Schlosses (1826–29) wohnte der Forscher Alexander von Humboldt bei seinen Aufenthalten in Sanssouci.* ❹

### Park Sanssouci

*Der ausgedehnte Park besteht aus mehreren Einzelanlagen wie dem Sizilianischen und dem Nordischen Garten sowie dem Lustgarten.* ❷

### Orangerie

*Das Palais im Stil der Neorenaissance ist das größte im Park und entstand Mitte des 19. Jahrhunderts als Logis für ausländische Königsfamilien und Gäste.* ❼

### Neue Kammern

*Das Rokoko-Bauwerk war einst die Orangerie von Schloss Sanssouci, wurde jedoch zum Gästehaus umgebaut.* ❾

### ★ Schloss Sanssouci

*Über einen terrassenförmig angelegten Weinberg gelangt man zu Schloss Sanssouci, dem ältesten Gebäude in der Parkanlage.* ❿

### Bildergalerie

*Der 1755–64 errichtete Bau beherbergt eine Gemäldegalerie. Sie ist Deutschlands ältestes zu diesem Zweck erbautes Museumsgebäude.* ⓫

### Chinesisches Teehaus

*Der im Stil des Rokoko erbaute Pavillon mit den goldenen Figurengruppen beherbergt eine Sammlung mit ostasiatischem Porzellan.* ❻

### Friedenskirche

*Die neoromanische Friedenskirche entstand nach dem Vorbild der Basilika San Clemente in Rom.* ❽

# Neues Palais ❶

Der imposante Barockpalast am Ende der Hauptallee von Park Sanssouci wurde auf Wunsch Friedrichs des Großen erbaut. Die ersten Pläne erstellte Georg Wenzeslaus von Knobelsdorff 1750, doch die Bauarbeiten begannen erst 1763, nach dem Siebenjährigen Krieg *(siehe S. 21)*, nach Entwürfen von Johann Gottfried Büring, Jean Laurent Le Geay und Carl von Gontard. Das Ergebnis war ein riesiges zweigeschossiges Bauwerk mit Hunderten von Skulpturen und über 200 reich ausgestatteten Räumen – das Neue Palais ist eines der schönsten Schlösser Deutschlands.

**Schränkchen aus dem Arbeitszimmer**

**Fassade**
*Zum Neuen Palais gelangt man durch das von einem Wachhäuschen flankierte Tor an der Westfassade.*

**Arbeitszimmer**
*Das Rokoko-Arbeitszimmer gehörte zu den Privaträumen Friedrichs des Großen.*

**Das Schlosstheater**, von Johann Christian Hoppenhaupt entworfen, wurde 1768 fertiggestellt.

**Obere Galerie**
*Zum Rokoko-Interieur gehört ein Parkett aus verschiedenen Hölzern.*

---

**NICHT VERSÄUMEN**

★ Grottensaal

---

★ Marmorsaal

## Figuren auf der Kuppel
*Drei Nymphen tragen die vergoldete Königskrone auf der Kuppel des Neuen Palais.*

**Flachreliefs** auf dem dreieckigen Giebelfeld zeigen Figuren aus der griechischen Mythologie, etwa Minerva, die Musen und Pegasus.

**INFOBOX**

Park Sanssouci. ☎ (0331) 969 43 61. ⬜ 605, 606, 695.
◔ Apr–Okt: Mi–Mo 10–18 Uhr; Nov–März: Mi–Mo 10–17 Uhr (Besichtigung nur im Rahmen von Führungen). ♿ 🗺

### ★ Marmorsaal
*Marmorverkleidungen an den Wänden, Gemälde und Deckenfresken schmücken den großen Ballsaal.*

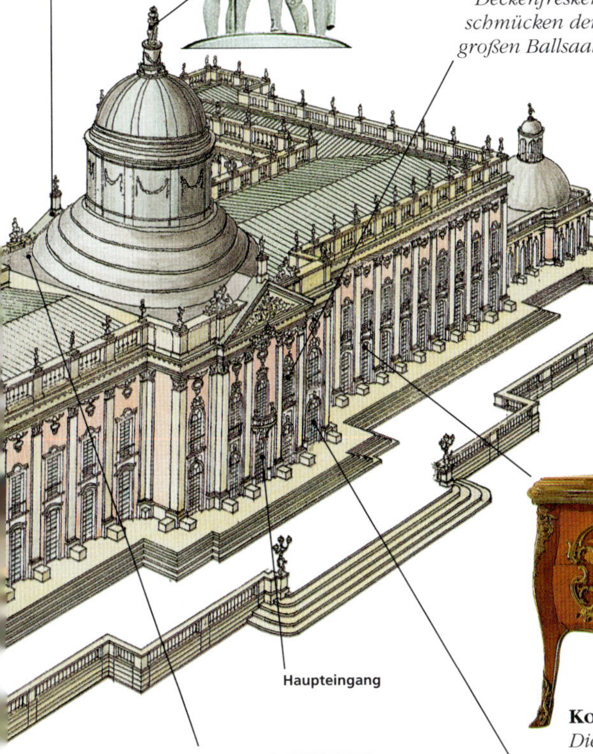

**Haupteingang**

### Kommode
*Die um 1765 von Johann Friedrich Spindler entworfene Rokoko-Kommode steht im Roten Zimmer.*

### Oberes Vestibül
*Den eleganten Saal entwarf Carl von Gontard. Die Wände sind aus hellrotem Stuckmarmor. Die Deckenbemalung zeigt Venus und die Grazien.*

### ★ Grottensaal
*Halbedelsteine, Kristalle, Fossilien, Muscheln und Schneckenhäuser schmücken die Wände dieses Saals im ungewöhnlichen Grottenstil.*

## Park Sanssouci ❷

Schopenhauerstraße/Zur historischen
Mühle. 🚌 612, 614, 695.
www.park-sanssouci.de

Der 287 Hektar große Park
wurde 1725 dort ange-
legt, wo sich einst ein Obst-
garten befand. Zu einem ausgedehnten Landschaftspark
wurde er jedoch erst mit Beginn der Bauarbeiten an
Schloss Sanssouci *(siehe
S. 200f)*. Heute besteht er aus
kleinen Gärten, die in verschiedenen Epochen entstanden. Jeder von ihnen ist in
seinem ursprünglichen Stil
erhalten geblieben. Am Fuß
von Schloss Sanssouci befindet sich der älteste Teil des
Parks mit dem Holländischen
Garten, mehreren Springbrunnen und dem im französi-
schen Stil gehaltenen Lustgarten mit Rosenbeeten. Der
Mitte des 19. Jahrhunderts
von Ludwig Persius geschaffene Marlygarten liegt an der
Friedenskirche.

Der Ostteil des Parks heißt
Rehgarten und ist ein von
Peter Joseph Lenné land-
schaftlich schön gestalteter
Garten im englischen Stil.
Dort befanden sich früher die
herrschaftlichen Jagdgründe.
Der Park erstreckt sich bis
zum Neuen Palais. Im Süden
liegt rund um das kleine
Schloss der ebenfalls von
Lenné entworfene Park Char-
lottenhof. Im Nordteil des
Parks nahe der Orangerie fin-
den sich der Nordische Gar-
ten und der Paradiesgarten.

Die unterschiedlichen Gar-
tenstile machen einen Spaziergang unterhaltsam. Des
Weiteren bieten sich dem
Besucher Skulpturen, Säulen,
Obelisken und Grotten dar.
Schön sind auch die Baum-
gruppen und die Ausblicke,
die sich ganz plötzlich auftun.

## Communs ❸

Am Neuen Palais. 🚌 605, 606, 695.

Hierbei handelt es sich um
zwei durch halbkreisför-
mige Kolonnaden miteinander
verbundene zweigeschossige
Bauwerke. Bedenkt man, dass
sich in ihnen die Wohnräume
für die Diener sowie die
Schlossküchen befanden,
machen sie einen recht vornehmen Eindruck. Ihr eigent-
licher Zweck war, Sichtschutz
vor den Äckern hinter dem
Schlosspark zu bieten.

Carl von Gontard erbaute
die Communs 1766–69 nach
einem Entwurf von Jean Lau-

**Vornehme Fassade der Communs**

rent Le Geay. Die vornehmen
Gebäude umschließt ein
ebenso eleganter Hof. Die im
Südbau gelegene Küche ver-
band ein unterirdischer Gang
mit dem Neuen Palais. Im
Nordbau wohnte die Diener-
schaft der Gäste des Königs.
Heute befinden sich in den
Communs die Büroräume
des Rektors der Potsdamer
Universität.

## Schloss Charlottenhof ❹

Geschwister-Scholl-Straße (Park
Charlottenhof). 📞 (0331) 969
42 28. 🚌 605, 606. 🚋 91.
🅞 Mai–Okt: Di–So 10–17 Uhr.

Das 1829 von Karl Fried-
rich Schinkel und Ludwig
Persius für den Thronfolger
und späteren König Friedrich
Wilhelm IV. entworfene kleine klassizistische Schloss liegt
in der südlichen Verlängerung von Park Sanssouci, hat
nur ein Stockwerk und wurde im Stil einer römischen
Villa errichtet. Der Portikus
im hinteren Teil des Schlosses
führt auf eine Gartenterrasse
hinaus.

Einige von Schinkel ent-
worfene Wandmalereien im
sogenannten pompejischen
Stil sind noch vorhanden.
Zudem gibt es eine sehenswerte Sammlung italienischer
Stiche. Am interessantesten
ist jedoch der einem Zelt
ähnliche, blau-weiß gestreif-
te Humboldtsaal, auch Zelt-
saal genannt. Ein von Peter
Joseph Lenné malerisch gestalteter Landschaftspark umgibt das gesamte Schloss.

**Eine der vielen Skulpturen im Park Sanssouci**

## Römische Bäder ❺

Lennéstraße (Park Charlottenhof).
📞 *(0331) 969 42 25.* 🚌 *605, 606,
610.* 🚋 *94.* ⭕ *Mai–Okt: Di–So
10–18 Uhr.*

Die an einem See gelegene malerische Gruppe von Pavillons bildet die Römischen Bäder, die eigentlich als Logis für die Gäste des Königs dienten. Karl Friedrich Schinkel entwarf sie zwischen 1829 und 1840 in Zusammenarbeit mit Ludwig Persius.

An der Vorderseite befindet sich das Gärtnerhaus, das an einen asymmetrisch gestalteten niedrigen Turm im Stil einer italienischen Renaissance-Villa angrenzt. Links im Hintergrund erstreckt sich der einstige Badepavillon, der heute für Wechselausstellungen genutzt wird. Alle Pavillons sind um einen inneren Garten mit fantasievoller Bepflanzung angeordnet. Bei näherem Hinsehen stellt sich allerdings heraus, dass es sich bei vielen dieser farbenfrohen Pflanzen um Gemüsebeete handelt.

**Wasserquelle, Römische Bäder**

## Chinesisches Teehaus ❻

Ökonomieweg (Rehgarten). 📞
*(0331) 969 42 25.* 🚌 *695.* 🚋 *94,
96.* ⭕ *Mai–Okt: Di–So 10–18 Uhr.*

Schon von fern sieht man den vergoldeten Pavillon des Chinesischen Teehauses glitzern. Chinesische Kunst war zur Zeit des Rokoko sehr beliebt. Man trug chinesische

**Das Chinesische Teehaus mit
seinen goldenen Figuren**

Seide, Zimmer wurden mit chinesischen Tapeten verziert, Möbel lackiert, Getränke in chinesischem Porzellan serviert, und in den Gärten baute man chinesische Pavillons.

Das Teehaus im Park Sanssouci entstand zwischen 1754 und 1756 nach einem Entwurf von Johann Gottfried Büring. Um den runden Hauptraum schließen sich in gleichen Abständen zueinander drei Kabinette an, die durch Vorhallen miteinander verbunden sind. Die Gartenseiten zieren Ornamente und vergoldete Figuren – Rokoko-Adaptionen chinesischer Edelleute. Ursprünglich diente das chinesische Teehaus als Teesalon und sommerliches Speisezimmer. Heute beherbergt es eine sehenswerte Sammlung ostasiatischen Porzellans.

## Orangerie ❼

Maulbeerallee (Nordischer Garten).
📞 *(0331) 969 42 80.* 🚌 *695.*
⭕ *Apr: Sa, So 10–18 Uhr; Mai–Okt:
Di–So 10–18 Uhr.* **Aussichtsterras-
se** ⭕ *Apr: Sa, So 10–18 Uhr;
Mai–Okt: Di–So 10–18 Uhr.*

Die den Park überragende Orangerie im Stil der italienischen Renaissance wird von einer Kolonnade gekrönt. Sie wurde zwischen 1851 und 1860 von Friedrich August Stüler auf Anregung und unter Anleitung von Friedrich Wilhelm IV. nicht nur für Pflanzen, sondern auch für Gäste des Hofs erbaut. Der Entwurf stützte sich teilweise auf Pläne von Ludwig Persius. Die Orangerie war Gästeresidenz der Schwester des Kö-

nigs und ihres Gatten, des Zaren Nikolaus I. Die Zimmer waren rund um den nach dem Regiasaal im Vatikan entworfenen Raffaelsaal angeordnet und enthielten Nachbildungen von Werken Raffaels.

Es lohnt sich, die Aussichtsterrasse zu besteigen. Von hier oben bietet sich ein wunderschöner Blick auf Potsdam.

## Friedenskirche ❽

Allee nach Sanssouci (Marlygarten).
📞 *(0331) 97 40 09.* 🚌 *612, 695.*
🚋 *94, 96.* ⭕ *Mo–Sa 11–16 Uhr,
So 12–16 Uhr.*

Unweit von Schloss Sanssouci steht die 1848 vollendete Friedenskirche, zu der 1845 König Friedrich Wilhelm IV. den Grundstein legte. Entworfen wurde sie von Ludwig Persius, Friedrich August Stüler und Ludwig Hesse, Vorbild war die Basilika San Clemente in Rom.

Das aus dem 12. Jahrhundert stammende wunderschöne byzantinische Mosaik der Apsiswölbung, das früher Teil einer Kirche auf der Insel Murano bei Venedig war, stellt Christus als Weltenrichter dar.

Neben der Kirche finden sich ein von Säulengängen umschlossenes Atrium sowie ein Mausoleum mit den Grabmalen von Friedrich Wilhelm I., Friedrich Wilhelm IV. und Kaiser Friedrich III.

**Im Stil der Renaissance gehalten:
Treppenaufgang zur Orangerie**

## Neue Kammern ❾

Zur historischen Mühle (Lustgarten).
📞 (0331) 969 42 02. 🚌 695, X15.
🕐 Apr: Sa, So 10–18 Uhr; Mai–Okt: Di–So 10–18 Uhr. ♿ 📷

Die Neuen Kammern stellen das architektonische Gegenstück zur Bildergalerie dar. Sie enthalten üppig dekorierte Festsäle und Apartments. Ursprünglich wurden sie 1747 nach einem Entwurf von Georg Wenzeslaus von Knobelsdorff als Orangerie angelegt. Im Jahr 1777 ordnete Friedrich der Große an, das Gebäude zu einem Gästehaus umzugestalten. Der Architekt Georg Christian Unger ließ das elegante Barockexterieur weitgehend unangetastet und konzentrierte sich mehr auf die Umgestaltung des Interieurs. Er baute nicht nur luxuriöse Gästesuiten, sondern auch vier prächtige Säle, von denen der Ovidsaal mit seinen reichen Reliefs und Marmorböden der schönste ist. Das Innendekor ist Rokoko im Stil Friedrichs des Großen. Auch eine Sammlung von Figurinen aus Meißner Porzellan kann dort bestaunt werden.

## Schloss Sanssouci ❿

Siehe S. 200 f.

**Detail von Caravaggios Gemälde**
*Der ungläubige Thomas*

## Bildergalerie ⓫

Zur historischen Mühle. 📞 (0331) 969 41 81. 🚌 612, 614, 695.
🕐 Apr–Okt: Di–So 10–18 Uhr. 📷

Die Bildergalerie neben Schloss Sanssouci war seinerzeit die erste speziell zu diesem Zweck errichtete Galerie in Deutschland. Sie entstand 1755–64 nach einem Entwurf von Johann Gottfried Büring im Auftrag Friedrichs II. An der Gartenfassade finden sich allegorische Darstellungen der Künste, der Bildung und des Handwerks, über den Fenstern die Köpfe berühmter Künstler.

Die Galerie zeigt Barockbilder, die einst Friedrich dem Großen gehörten – ein weiterer Teil der Sammlung ist in der Berliner Gemäldegalerie (*siehe S. 122–125*) zu finden.

Sehenswert sind Caravaggios *Der ungläubige Thomas*, Guido Renis *Der Tod der Kleopatra* sowie die Bilder von Rubens und van Dyck.

## Historische Mühle ⓬

Zur historischen Mühle. 📞 (0331) 969 42 84. 🚌 612, 614, 695. 🕐 Apr–Okt: tägl. 10–18 Uhr; Nov–März: Sa, So 10–16 Uhr. ⬤ Dez. 📷

Eine Mühle stand hier seit Beginn des 18. Jahrhunderts, auch wenn die jetzige eine Rekonstruktion von 1993 ist. Die alte Windmühle, heißt es, soll so laut gewesen sein, dass Friedrich der Große ihren Abriss befahl. Ein Gericht gab jedoch dem Müller recht – die Mühle durfte nicht angetastet werden. 1790 wurde eine neue Windmühle gebaut, die bis 1945 dort stand. Heute befindet sich hier ein Museum für mechanische Windmühlen.

## Alexandrowka ⓭

Russische Kolonie/Puschkinallee.
🚋 90, 92, 95. 🚌 604, 609, 638, 639. 🕐 Di–So 10–18 Uhr.

Ein Abstecher nach Alexandrowka führt den Besucher in die Welt von Puschkins Erzählungen. Die reich mit Schnitzmotiven verzierten

**Holzhaus im russischen Stil in Alexandrowka**

Blockhäuser, umgeben von
Gärten, bilden eine malerische Wohnsiedlung. Sie sehen
wie die Bilderbuchausgabe
traditioneller russischer Häuser aus und entstanden 1826
unter Leitung des deutschen
Militärarchitekten Snethlage.
Darin wohnen sollten die
Mitglieder eines russischen
Chors, der 1812 zur Unterhaltung der Truppen zusammen-
gestellt wurde und aus russischen Kriegsgefangenen
bestand, die auf der Seite
Napoléons gekämpft hatten.
Als Preußen und Russen 1815
ihre Streitkräfte vereinten, ver-
blieb der Chor bei Friedrich
Wilhelm III.

Peter Joseph Lenné war ver-
antwortlich für die Gestaltung
der Siedlung, die den Namen
Alexandrowka nach Zar Alexander I. erhielt, dem Ehe-
mann von Louise von Baden.
Die Siedlung ist in Form eines
Andreaskreuzes in einem
Oval angelegt. Insgesamt wurden hier zwölf Häuser erbaut
sowie ein Seitengebäude, in
dem sich jetzt ein kleines
Museum befindet. In eini-
gen Wohnungen leben noch
Nachkommen der Chormit-
glieder. Nördlich der Siedlung
steht die russisch-orthodoxe
Alexander-Newski-Kirche
(1829).

**Orange aus dem Marmorpalais
im Neuen Garten**

## Neuer Garten ⑭

Am Neuen Garten.  692.

Am Heiligen See, an dem
sich einst Weingärten be-
fanden, wurde 1787–91 ein
Park angelegt. Ursprünglich
wurde er von Johann August
Eyserbeck d. J. nach Instruk-
tionen Friedrich Wilhelms II.
landschaftlich gestaltet. Die
heutige Gartenanlage entwarf
Peter Joseph Lenné 1816.

**Schloss Cecilienhof, die Sommerresidenz der Hohenzollern**

Es handelt sich um einen
Park im Stil der Romantik mit
Pavillons und Skulpturen. Das
reizvolle Marmorpalais steht
an einem See. Im Nordteil
befindet sich Schloss Cecilienhof (frühes 20. Jh.). Die Gar-
tenhäuser – das Weiße, das
Braune, das Rote und das
Grüne Haus –, das Eishaus
und die 1794 fertiggestellte
Bibliothek in Form eines
gotischen Turms können
besichtigt werden.

## Schloss Cecilienhof ⑮

Am Neuen Garten. ☎ (0331) 969 42
44. 🚌 692. ◯ Apr–Okt: Di–So 10–
18 Uhr; Nov–März: Di–So 10–17 Uhr.

Das Schloss spielte in der
Geschichte eine kurze,
aber wichtige Rolle, denn hier
fand 1945 die Potsdamer Konferenz statt. Es wurde 1914–17
errichtet und gehört zu den
letzten Schlossbauten der
Hohenzollern-Dynastie. Paul
Schultze-Naumburg errichtete
es im englischen Landhaus-
Stil. Das lang gestreckte asym-
metrische Gebäude hat Bal-
ken, die teils ein schönes
Fischgrätenmuster bilden. Ba-
rockreliefs schmücken die zu
den Höfen führenden Durch-
gänge am Pförtnerhaus.

Im Schloss wohnte die
Familie Hohenzollern nach
ihrem Sturz bis Februar 1945.
Heute ist das Schloss ein
Luxushotel mit Restaurant –
genau der richtige Ort für
Menschen, die sich gern in
geschichtsträchtigem Am-
biente inmitten von gepflegten Strauchrabatten entspannen möchten. Die meisten der
während der Potsdamer Konferenz benutzten Möbel sind
noch zu besichtigen.

### DIE POTSDAMER KONFERENZ (1945)

Am 17. Juli 1945 kamen die Regierungschefs Großbritanniens
(Winston Churchill, später Clement Attlee), der USA (Harry
Truman) und der Sowjetunion (Iossif Stalin) in Schloss Cecilienhof zusammen, um ihre zuvor in Jalta getroffenen Entscheidungen zu bekräftigen. Ziel beider Konferenzen war
es, die politischen Konsequenzen des Zweiten Weltkriegs
in einem Vertragswerk festzuschreiben. Beschlossen wurde u. a. die Auflösung der NSDAP, die Entmilitarisierung
Deutschlands, die Bestrafung der Kriegsverbrecher und die
Höhe der Reparationszahlungen. Außerdem wurden die
deutschen Grenzen
neu festgelegt und
die Aussiedlung
von Deutschen aus
Polen vereinbart.
Die Konferenz war
entscheidend für
die neue politische
Machtverteilung in
Europa für die
nächsten 45 Jahre.

**Attlee, Truman und Stalin in Cecilienhof**

# Schloss Sanssouci ⑩

Das französische Wort »Sanssouci« heißt »ohne Sorge« und ist bezeichnend für die Extravaganz des 1745–47 errichteten Rokoko-Schlosses. Die von Friedrich dem Großen selbst angefertigten Originalentwürfe setzte Georg Wenzeslaus von Knobelsdorff um. Die Pläne zu den prunkvollen Interieurs stammen von Knobelsdorff und Johann August Nahl. Der König fühlte sich wohl in diesem Schloss und wollte deshalb hier, in der Nähe des Grabs seiner italienischen Windhunde, beigesetzt werden. Bestattet wurde er jedoch in der Potsdamer Garnisonskirche. 1991 erfüllte man ihm dann seinen letzten Wunsch.

**Bacchantin**
*Friedrich Christian Glume schuf die männlichen und weiblichen Bacchanten an der Fassade.*

**Die Kolonnade** eröffnet den Durchblick auf den Ruinenberg.

**Die Flügel** wurden 1841/42 an das Gebäude angebaut.

**Voltaire-Zimmer**
*Naturalistische Darstellungen von Vögeln, Blumen und Obst zieren dieses im Damenflügel gelegene Zimmer.*

**Flachkuppel**
*Verspielte Barockskulpturen umgeben das grünspanbedeckte Kuppeldach des Marmorsaals.*

**Marmorsaal**
*Den imposanten Marmorsaal schmücken Säulenpaare aus Carrara-Marmor. Friedrich der Große wollte, dass dieser Saal an das Pantheon in Rom erinnert.*

## NICHT VERSÄUMEN

★ *Fêtes galantes* von Antoine Watteau

★ Konzertzimmer

**Laube**
*Mit Sonnenmotiven geschmückte malerische Lauben und Pergolen vervollständigen das Schloss.*

**INFOBOX**

Park Sanssouci. ☎ (0331) 969 42 02. 🚌 612, 614, 695.
⏱ Apr–Okt: Di–So 10–18 Uhr; Nov–März: Di–So 10–17 Uhr.
📷 obligatorisch. **Damenflügel** Mai–Okt: Sa, So 10–18 Uhr.
**Schlossküche** Apr–Okt: Di–So 10–18 Uhr. 📷 obligatorisch (begrenztes Kartenkontingent).

★ *Fêtes galantes* (um 1715)
*Wahre Juwele im Schloss sind die reizvollen Gemälde von Antoine Watteau, der zu den Lieblingskünstlern Friedrichs des Großen gehörte.*

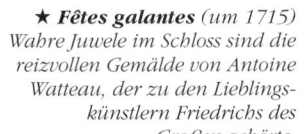

**Weimar-Urne**
*Die klassizistische Urne (1785) aus der Königlichen Porzellan-Manufaktur in Berlin (siehe S. 133) ist eine Nachbildung der Urne, die der Herzogin von Weimar überreicht wurde.*

★ **Konzertzimmer**
*Gemälde mit Motiven aus der griechischen Mythologie von Antoine Pesne schmücken die Wände.*

**Bibliothek**
*Etwa 2100 Bücher enthält die Bibliothek Friedrichs des Großen. Das Zedernpaneel schafft eine Atmosphäre der Behaglichkeit.*

## Marmorpalais **⓰**

Am Ufer des Heiligen Sees (Neuer Garten). **☎** *(0331) 969 42 46.* **🚌** *692.* **◻** *Mai–Okt: Di–So 10–18 Uhr; Nov–Apr: Sa, So, Feiertage 10–16 Uhr.*

An dem See im Neuen Garten *(siehe S. 199)*, in einem Park nordöstlich des Zentrums, liegt das Marmorpalais, das seinen Namen der mit schlesischem Marmor geschmückten Fassade verdankt. Es ist ein schönes Beispiel für die Architektur des frühen Klassizismus.

Der quadratische Hauptblock entstand auf die Initiative von König Friedrich Wilhelm II. Das Originalgebäude wurde 1791 nach einem Entwurf von Carl von Gontard unter Leitung von Carl Gotthard Langhans fertiggestellt. Das Bauwerk hatte kleine Räume rund um das zentrale Treppenhaus. Es erwies sich jedoch als zu klein, sodass 1797 Ausbauten in Angriff genommen wurden. Es kamen noch ein Stockwerk sowie zwei verlängernde Flügel hinzu, wodurch das Marmorpalais den Charakter einer Villa im Stil Palladios erhielt.

Der Hauptteil enthält klassizistische Möbel (18. Jh.), u. a. aus den Werkstätten von Roentgen, und Porzellan der englischen Firma Wedgwood. Die Innenausstattung der Flügel stammt aus den 1840er Jahren. Der Konzertsaal im rechten Flügel ist sehr schön. 1797 starb König Friedrich Wilhelm II. in diesem Palais.

**Marmorpalais mit Schmuckelementen aus Marmor**

**Historischer Bezirk »Holländisches Viertel«**

## Holländisches Viertel **⓱**

Friedrich-Ebert-/Kurfürsten-/Hebbel-/Gutenbergstr. **🚌** *605, 639.* **🚋** *92.*

Genauso beeindruckend wie das russische Viertel Alexandrowka *(siehe S. 198f)* ist das bei Besuchern beliebte Holländische Viertel mit seinen Läden, Galerien, Cafés und Bierkellern, insbesondere entlang der Mittelstraße.

Anfang des 18. Jahrhunderts kamen holländische Arbeiter nach Potsdam. Friedrich Wilhelm I. hatte sie ins Land geladen. Von 1733 bis 1742 wurde nach den Plänen von Johann Boumann eine Siedlung für sie gebaut: Sie umfasst 134 Giebelhäuser und ist in vier Gruppen angeordnet. Die Häuser bestehen aus kleinen roten Ziegelsteinen, die mit Steinmetz- und Stuckarbeiten verziert waren. Die meisten Häuser sind zweistöckig und haben hübsche Giebel und Dächer.

## Peter-und-Paul-Kirche **⓲**

Am Bassin. **☎** *(0331) 230 79 90.* **🚌** *605, 639.* **🚋** *92.* **◻** *tägl. 10–16 Uhr.* **◻** *So 10 Uhr.*

Die Kirche (19. Jh.) war die erste große katholische Kirche, die Friedrich Wilhelm IV. in Potsdam bauen ließ. Die ersten Entwürfe waren von Friedrich August Stüler, die endgültige Version schuf Wilhelm Salzenberg. Das Gotteshaus wurde 1870 im neoromanischen Stil und in Form eines Kreuzes errich-

tet. Der schlanke Turm ist eine Nachbildung des Glockenturms von San Zeno Maggiore in Verona. Im Kircheninneren kann man drei schöne Gemälde von Antoine Pesne bewundern.

**Säulenportikus der Französischen Kirche**

## Französische Kirche **⓳**

Am Bassin. **☎** *(0331) 29 12 19.* **🚌** *605, 639.* **🚋** *92.* **◻** *März–Okt: tägl. 13.30–17 Uhr.*

Die an das Pantheon in Rom erinnernde Kirche wurde 1752 für die Hugenotten gebaut. Nach ihrer Vertreibung aus Frankreich konnten sie sich 1685 in Preußen niederlassen *(siehe S. 21)*. Diejenigen, die in Potsdam heimisch wurden, besuchten zunächst andere Kirchen. Erst spät wurde die Französische Kirche für sie gebaut.

Johann Boumann entwarf sie in Form einer Ellipse. Wie beim römischen Vorbild prägt ein großer Säulenportikus die Fassade. Die Seitennischen, die das Eingangsportal flankieren, sind mit den Allegorien des Glaubens und des

Wissens geschmückt. Die auf Entwürfe von Karl Friedrich Schinkel zurückgehende Innenausstattung stammt aus den 1830er Jahren.

# Nikolaikirche ❷⓿

Am Alten Markt. ☎ *(0331) 270 86 02.* 🚌 *605.* 🚊 *92, 94.* 🕐 *Mo–Sa 9–19, So 11.30–19 Uhr.*

Die im Stil des späten Klassizismus errichtete Kirche ist zweifellos die schönste in Potsdam. Sie wurde 1826 von Karl Friedrich Schinkel entworfen, Ludwig Persius beaufsichtigte die 1830 begonnenen Bauarbeiten. Der Grundriss der Kirche ist ein griechisches Kreuz.

Den Innenraum überwölbt eine mächtige Kuppel. Erst in den 1840er Jahren wurde beschlossen, die Kirche mit einer großen Kuppel zu krönen, die von einem Säulentambour gestützt wird. Schinkel hatte dies bereits zu Beginn des Projekts ins Auge gefasst, doch wurde es nicht in die Anordnungen des Königs aufgenommen.

Anfangs sollte die Kuppel von einer Holzstruktur gestützt werden. Bei der Errichtung 1843–48 benutzte man jedoch Eisen. Der Entwurf dazu stammte von Persius und Friedrich August Stüler. Innenausstattung und Möblierung der Kirche stammen aus den 1850er Jahren. Dabei griff man zum Teil auf die Entwürfe Schinkels zurück.

Vor der Kirche steht ein zwischen 1753 und 1755 nach einem Entwurf des preußischen Architekten Georg Wenzeslaus von Knobelsdorff errichteter Obelisk, den ursprünglich Porträtmedaillons preußischer Herrscher zierten. Während der Restaurierungsarbeiten nach dem Zweiten Weltkrieg wurden diese jedoch durch Porträts berühmter preußischer Architekten ersetzt.

# Altes Rathaus ❷⓿

Am Alten Markt. 🚌 *605.* 🚊 *92, 94.*

Der aparte Bau mit seinen Säulengängen steht an der Ostseite des Alten Markts. Er wurde von Johann Boumann entworfen und 1753 auf dem Gelände eines Gebäudes errichtet, das früher einem ähnlichen Zweck diente. Das Obergeschoss mit seinem dekorativen attischen Dach ist mit dem Wappen von Potsdam und mit allegorischen Skulpturen geschmückt. Auf dem kleinen Turm stehen zwei vergoldete Atlasfiguren, von denen jede eine Erdkugel auf den Schultern trägt. Augenblicklich dient das Alte Rathaus als Kulturzentrum. Das Innere des Nachbargebäudes aus der Mitte des 18. Jahrhunderts ist ebenfalls renoviert worden. Ein verglaster Gang verbindet die beiden Bauwerke.

Das Potsdamer Königspalais, ein massives Gebäude mit drei Flügeln, stand eine Zeit lang auf der Westseite des Alten Markts, auf der sich auch ein eleganter Hof und ein von einem Turm gekrönter großartiger Torweg befanden. Das Palais wurde 1662 auf Initiative des Großen Kurfürsten auf dem Gelände eines früheren Schlosses gebaut. In den Jahren darauf wurde es für Mitglieder der königlichen Familie, darunter auch Friedrich den Großen, erweitert und modernisiert. Nach einem Bombenangriff 1945 wurde es beschädigt. 1960 beschloss die DDR-Regierung, die Überreste abzureißen.

**Atlas am Alten Rathaus**

## POTSDAMS STADTTORE

1722 wurde rund um Potsdam eine Mauer gebaut, die allerdings nicht der Verteidigung diente, sondern Kriminelle und fahnenflüchtige Soldaten zurückhalten sollte. Als 1733 die Grenzen der Stadt erweitert wurden, umschloss die Mauer auch die neuen Bezirke. Es gab insgesamt fünf Stadttore, von denen noch drei bestehen. Das aus dem Jahr 1733 stammende Jägertor ist in seiner ursprünglichen Form erhalten. Es hat massive Pfeiler und wird von einer Skulpturengruppe gekrönt, in der Hunde einen Hirsch anfallen. Das Nauener Tor wurde 1755 von Johann Gottfried Büring neu entworfen und ist eines der frühesten Beispiele für Neogotik außerhalb Großbritanniens. Besonders beeindruckend ist das 1770 im Stil des Klassizismus zum Gedenken an den Sieg im Siebenjährigen Krieg *(siehe S. 21)* wiederaufgebaute Brandenburger Tor. Seine Schöpfer Gontard und Unger gaben ihm die Gestalt eines antiken Triumphbogens. Gekrönt wird es von verschiedenen Skulpturengruppen, die u. a. Gestalten aus der griechischen Mythologie wie Herkules und Mars darstellen.

**Die imposante Nikolaikirche mit ihrer grün verwitterten Kuppel**

**Nauener Tor**      **Jägertor**

**Brandenburger Tor**

**Der stattliche Marstall (Filmmuseum)**

# Marstall (Filmmuseum) ㉒

Breite Straße. ☎ (0331) 271 81 12.
◷ tägl. 10–18 Uhr. ♿ 🚌 605.
🚋 90, 92, 93, 96, X98.
**www**.filmmuseum-potsdam.de

Das einst als Pferdestall ge-nutzte Barockgebäude ist das einzige Überbleibsel einer früheren königlichen Resi-denz. Es entstand 1714 nach Umgestaltung der 1685 von Johann Arnold Nering gebau-ten Orangerie. 1746 wurde es erweitert und nach einem Entwurf von Knobelsdorff nochmals umgestaltet. Wäh-rend des Zweiten Weltkriegs erlitt es starke Beschädigun-gen. 1977 wurde das Gebäu-de restauriert und zu einem Filmmuseum umgebaut.

Das Museum veranstaltet Ausstellungen und doku-mentiert die Geschichte und Arbeit der Babelsberger Stu-dios, der ersten deutschen Filmstudios. Zu den Expona-ten gehören u. a. alte Projek-toren, Kameras sowie Requisi-ten aus berühmten deutschen (Stumm-)Filmen.

# Potsdam-Museum ㉓

Benkertstraße 3. ☎ (0331) 289 68 03. 🚌 695, X15. ◷ Di–So 10–18 Uhr. ♿

Das Museum zeigt Ausstel-lungsstücke aus Naturwis-senschaften und Geschichte, darunter auch eine Darstel-lung der Geografie und Natur des Havelbeckens. Im Haupt-gebäude wird Potsdams Ge-schichte bis 1900 dokumen-tiert. Ihre Fortsetzung findet die Ausstellung in den zwei etwas kleineren, 1769 von Georg Christian Unger erbau-

ten Hiller-Brandt-Häusern, die eine Nachbildung von Inigo Jones' Banqueting House in London sind.

**Cherubim als Schmuckwerk am Potsdam-Museum**

# Wasserwerk Sanssouci ㉔

Breite Straße. ☎ (0331) 969 42 02.
◷ 15. Mai–15. Okt: Sa, So 10–17 Uhr. 🚌 605, 606. 🚋 94, 96. ♿

Obwohl sich Potsdam einst einer russischen und einer holländischen Kolonie rühmen konnte, entstand die »Moschee« nicht für eine isla-mische Gemeinschaft, son-dern als Verkleidung der Dampfpumpe für die Spring-brunnen im Park Sanssouci. Das Gebäude im maurischen Stil mit schlankem Minarett und orientalischer Kuppel geht auf einen Entwurf (1842) von Ludwig Persius zurück. Die Kuppel dient keinem besonderen Zweck. Innerhalb des Minaretts befindet sich ein Schornstein. Bei einem Besuch kann man die alte Dampfpumpe, ein Erzeugnis der Firma Borsig, besichtigen.

# Telegrafenberg ㉕

Albert-Einstein-Straße. Ⓢ Potsdam Hauptbahnhof. **Einsteinturm**
🆔 (0331) 29 17 41. ◷ nur nach Vereinbarung. 📷 obligatorisch.

Die Gebäude auf dem Telegrafenberg gelten als bedeutende Bauwerke des 20. Jahrhunderts und faszinie-ren viele Bewunderer moder-ner Architektur. Die Anhöhe bekam ihren Namen 1832, als hier eine Telegrafenstation errichtet wurde, die Berlin und Koblenz miteinander ver-band. Verschiedene Bildungs-einrichtungen waren Ende des 19. Jahrhunderts hier untergebracht, darunter das Institut für Astrophysik, für das der Komplex aus gelben Ziegelsteinen errichtet wurde.

Leicht gewundene Wege führen zu einer malerischen Lichtung, wo sich der Blick auf den kleinen Einsteinturm ergibt. Der zur Beobachtung des Sonnensystems entworfe-ne Turm sollte Informationen zur Untermauerung von Ein-steins Relativitätstheorie lie-fern. Erbaut wurde er 1920 von Erich Mendelsohn. Er gilt als eines der schönsten Bei-spiele deutscher expressio-nistischer Architektur. Sein beeindruckendes Erschei-nungsbild sollte zeigen, was mit armiertem Beton erreicht werden kann. Die Kosten für die komplizierte Formgebung schränkten jedoch den Einsatz von Beton ein. Der Gebäude-teil über dem ersten Geschoss ist aus verputzten Ziegeln.

**Das im maurischen Stil erbaute Wasserwerk mit Minarett**

# Filmpark Babelsberg ㉖

Der Themenpark entstand auf dem Studiogelände, auf dem 1912 Deutschlands erste Filme gedreht wurden. Ab 1917 gehörte es der Ufa, die berühmte Stummfilme wie *Metropolis* produzierte *(siehe S. 151)*. In der DDR-Zeit war dies der Wirkungsort der DEFA. Die Studios arbeiten nach wie vor. Ein Teil des Komplexes ist Besuchern zugänglich. Man kann Filmsets, Spezial-effekte und Stuntshows sehen. Nebenan wurde 2006 die Mitmach-Welt »Exploratorium Potsdam« eröffnet.

**INFOBOX**

August-Bebel-Str. 26–53
(Eingang Großbeerenstraße).
☎ (0331) 721 27 50. Ⓢ Babelsberg, dann 🚌 690. ⬜ Mitte
März–Okt: tägl. 10–18 Uhr. ♿
www.filmpark.de

**Sandmännchen**
*Das Sandmännchen, hier in seiner ostdeutschen Version, ist seit 1959 der Liebling aller Kinder.*

**Simulatorfahrt**

**Welt des Horrors**
*Ein Trip durch verwunschene Gebäude und gruselige Friedhöfe. Mit Gänse-haut-Garantie.*

**U-Boot »Boomer«**

**»Oh wie schön ist Panama« – Janoschs Traum**
*Eine Bootsfahrt entführt in die Welt vom kleinen Tiger und seinem Freund, dem kleinen Bären.*

**Abenteuer-Restaurant**
*Essen in einer mittelalterlichen Burg, die für den Film* Prinz Eisenherz *errichtet wurde.*

**Haupt-eingang**

**Stuntshow**
Die Babelsberger Stunt-Crew zeigt täglich, welche atemberau-benden Aktionen sie beherrscht.

# DREI SPAZIERGÄNGE

**B**erlin besitzt viele reizvolle Parks, Gärten, Seen und Denkmäler, die man am besten auf Spaziergängen erleben kann. Die in diesem Kapitel vorgeschlagenen drei Spaziergänge bieten Entspannung abseits der Hektik des Stadtzentrums. Der erste führt zur Pfaueninsel, die gegen Ende des 18. Jahrhunderts in einen romantischen Park im englischen Stil mit Gartenpavillons und einem entzückenden Schloss umgestaltet wurde. Nach dem Besuch der Insel kann man einen Abstecher nach Nikolskoe machen, einer Datscha im russischen Stil, die für Zar Nikolaus I. und seine Frau, die Tochter von König Friedrich Wilhelm III., gebaut wurde.

Der zweite Spaziergang beginnt in Berlin und führt erst in den Park von

**Statue in Glienicke**

Glienicke, der in den 1820er Jahren für Karl von Preußen angelegt wurde. Weiter geht es über die einstige Grenze zwischen Westberlin und der früheren DDR in ein heute zu Potsdam gehörendes Gebiet. Dort kann man den Park von Babelsberg (aus der Zeit der Romantik) sowie das von Karl Friedrich Schinkel entworfene neogotische Palais besuchen.

Auf dem dritten Spaziergang gelangt man erst durch ein vornehmes Villenviertel vom Ende des 19. Jahrhunderts und dann durch den Grunewald zum Grunewaldsee. Von hier aus kann man bis zum Brücke-Museum weiterspazieren.

Da es bei den drei Spaziergängen zuweilen auch ungepflasterte Straßen gibt, sollte man passendes Schuhwerk tragen.

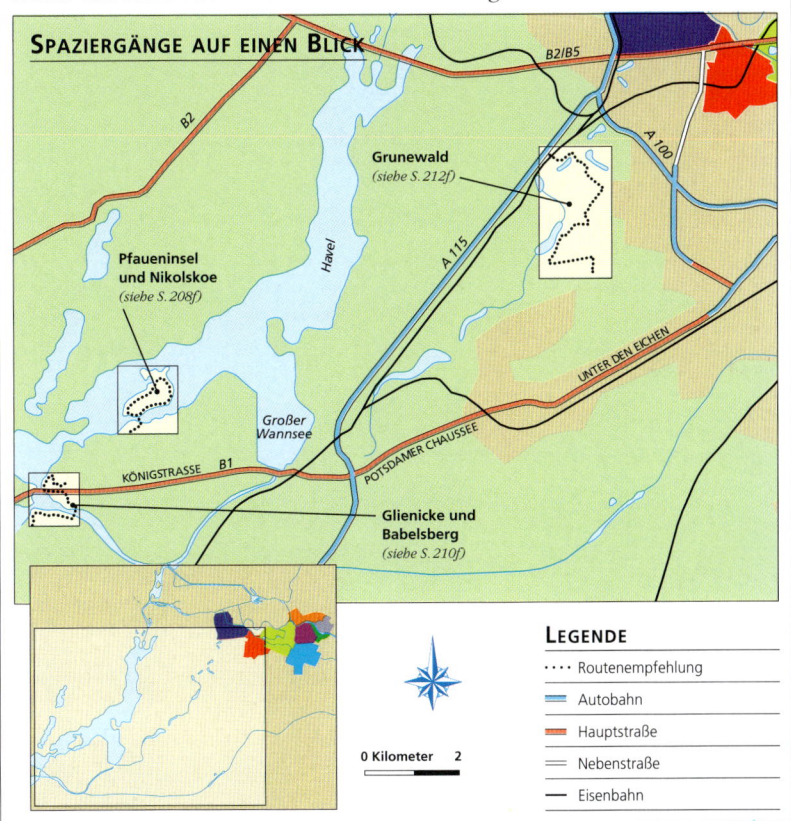

### SPAZIERGÄNGE AUF EINEN BLICK

**Grunewald** (siehe S. 212f)

**Pfaueninsel und Nikolskoe** (siehe S. 208f)

**Glienicke und Babelsberg** (siehe S. 210f)

Großer Wannsee

KÖNIGSTRASSE  B1

POTSDAMER CHAUSSEE

Havel

0 Kilometer 2

### LEGENDE

···· Routenempfehlung
— Autobahn
— Hauptstraße
= Nebenstraße
— Eisenbahn

◁ **Malerischer Winkel im neogotischen Babelsberger Schloss** (siehe S. 211)

# Pfaueninsel und Nikolskoe

Bei der Pfaueninsel handelt es sich um einen idyllischen Park, der 1795 angelegt wurde und jetzt Naturschutzgebiet ist. Seine heute zu besichtigende endgültige Form ist das Werk des berühmten Landschaftsarchitekten Peter Joseph Lenné. Auf diesem Spaziergang sind mehrere interessante Sehenswürdigkeiten zu entdecken, auch die Pfauen, nach denen die Insel benannt ist. Danach kann man sich nach Nikolskoe aufmachen. Dort befindet sich eines der besten Restaurants mit typischer Berliner Küche: das Blockhaus Nikolskoe (siehe S. 242).

**Statue beim Kleinen Palais**

**Der Jacobsbrunnen in Form einer malerischen Ruine**

**Farbenprächtiger Pfau auf der Pfaueninsel**

## Auf der Pfaueninsel

An der Anlegestelle ① besteigt man eine kleine Fähre, die einen in wenigen Minuten auf die Insel bringt. Nach Verlassen der Fähre wendet man sich nach links, wo ein Weg am Rand der Insel langsam ansteigend zur Kastellanswohnung ② und dann zu dem aus dem Jahr 1830 stammenden Schweizerhaus führt, in dem einst der Gärtner wohnte. Weiter geht es zu einer großen Lichtung mit einem malerischen Blumengarten und dahinter zu dem kleinen romantischen Schloss Pfaueninsel ③, das

**Das von J. G. Brendel entworfene neogotische Schloss Pfaueninsel**

1794–97 nach einem Entwurf von Johann Gottlieb Brendel für Friedrich Wilhelm II. und seine Geliebte Wilhelmine Encke (die spätere Gräfin Lichtenau) errichtet wurde. Das Schloss ist aus Holz, seine versteckte Fassade ist wie die Ruine eines mittelalterlichen Schlosses gestaltet. Sie ist auch vom Neuen Garten in Potsdam aus zu sehen. Die gusseiserne Brücke zwischen den Türmen entstand 1807. In den Sommermonaten kann man das Schloss besuchen und hier Mobiliar aus dem 18. und 19. Jahrhundert bewundern.

Nach der Schlossbesichtigung geht es weiter am Rand der Insel entlang, links vorbei am Küchenhaus ④, das ganz im Grün versinkt. Biegt man an der nächsten Kreuzung leicht nach rechts ab, gelangt man immer tiefer in das Inselinnere. Man passiert den in Form einer altertümlichen Ruine gebauten Jacobsbrunnen ⑤, überquert eine Wiese und gelangt zu einem kleinen Wäldchen,

in dem sich das Kavaliershaus ⑥ mit der von Karl Friedrich Schinkel entworfenen Fassade eines spätgotischen Danziger Patrizierhauses befindet. Es diente als Unterkunft für den königlichen Haushalt.

**LEGENDE**

••• Routenempfehlung

– – Fährroute

⚓ Fähranlegestelle

0 Meter    200

Von hier aus geht es zu einer großen Lichtung. Zur Linken ist die entfernt gelegene Parschenkessel-Bucht ⑦ zu bewundern. Auf den abgestorbenen Bäumen haben Kormorane ihren Nistplatz gefunden. Der Pfad zur

*Havel*

Linken führt weiter zur neogotischen Meierei ⑧ und zum Holländischen Haus ⑨ von 1802, das als Kuhstall diente. Die Meierei soll die künstliche Ruine einer mittelalterlichen Abtei darstellen. Von hier aus geht es weiter am See entlang nach Süden, von wo aus sich ein herrlicher Ausblick bietet. Zur Rechten ist am Waldrand der Luisentempel ⑩ in Form eines griechischen Tempels zu erkennen. Sein Sandstein-

**Gäste auf der Terrasse des Blockhauses Nikolskoe im Sommer**

portikus wurde 1829 vom Mausoleum im Schlosspark Charlottenburg *(siehe S. 163)* hierhergebracht. Weiter führt der Pfad am Rand des Sees entlang. Zur Rechten erblickt man inmitten der Bäume einen Stein, der an den Alchimisten Johannes Kunckel erinnert, der im 17. Jahrhundert auf der Pfaueninsel lebte. Beim Versuch, Gold zu machen, entdeckte er, wie man rubinrotes Glas herstellen kann. Durch den Wald kommt man an der gotischen Brücke ⑪ vorbei. Rechts führt ein Weg hinauf zum Hügel des Vogelhauses ⑫, in dem bunte Papageien und Fasanen ihr Zuhause haben. Von hier aus geht es zu der großen Säule eines 1824 von Martin Friedrich Rabe entworfenen Brunnens ⑬ und schließlich zum Landesteg, vorbei an der Handelsgärtnerei.

### Von der Anlegestelle nach Nikolskoe
Zurück auf dem Festland, geht es rechts nach Süden. An der Weggabelung hält man

**ROUTENINFOS**

*Start:* Anlegestelle für die Fähre zur Pfaueninsel.
*Länge:* 4,4 km.
*Dauer:* 2–3 Stunden.
*Anfahrt:* Bus 218 vom S-Bahnhof Wannsee oder Fähre vom Wannsee oder von Potsdam.
*Rasten:* Auf der Pfaueninsel gibt es keine Cafés oder Restaurants. Nahe der Anlegestelle auf dem Festland befindet sich das Wirtshaus zur Pfaueninsel mit einem Biergarten. In Nikolskoe gibt es ein Restaurant mit Terrasse, das Blockhaus Nikolskoe.

sich links und benutzt einen leicht ansteigenden Pfad. Er führt zur Kirche St. Peter und Paul ⑭, die sich über einer großen Terrasse erhebt. Von hier kann man den herrlichen Blick auf die Pfaueninsel genießen. Die kleine Kirche wurde zwischen 1834 und 1837 nach einem Entwurf von Friedrich August Stüler erbaut. Sie hat einen Turm mit einer zwiebelförmigen Kuppel als Anspielung auf die russisch-orthodoxe Sakralarchitektur. Weiter gelangt man zum Blockhaus Nikolskoe ⑮, einer Holzdatscha im russischen Stil, die 1819 vom Architekten Snethlage errichtet wurde, der auch die Siedlung Alexandrowka in Potsdam schuf. Die Datscha war ein Geschenk von König Friedrich Wilhelm III. an seine Tochter und seinen Schwiegersohn, den späteren Zaren Nikolaus I. Nach dem Brand von 1985 wurde sie wiederaufgebaut und beherbergt heute ein Restaurant. In der Nähe ist eine Bushaltestelle, von der aus der Bus 316 zum S-Bahnhof Wannsee fährt.

**Mit der kleinen Fähre auf der Havel kann man zur Pfaueninsel übersetzen**

# Glienicke und Babelsberg

**Greif in Glienicke**

**A**uf diesem Spaziergang sind die Schlossanlagen Glienicke und Babelsberg zu besichtigen. In der Mitte des 19. Jahrhunderts wurden sie für Mitglieder der königlichen Familie angelegt. Die Gebäude von Glienicke entwarfen Schinkel, Persius und von Arnim im klassizistischen Stil. Peter Joseph Lenné schuf den reizenden Park, in dem sie stehen. Babelsberg besitzt einen romantischeren Park, den Hermann von Pückler-Muskau seiner Vollendung zugeführt hat. Mit seinen hoheitsvollen neogotischen Pavillons strahlt er eine ganz andere Atmosphäre aus.

**Mosaik vom Klosterhof im Park von Glienicke**

### Rund um Glienicke

Der Spaziergang beginnt am Haupttor zum Park, in dessen südlichem Teil geradezu mediterranes Ambiente vorherrscht. Bald erblickt man zur Linken das Stibadium ①, einen von Ludwig Persius entworfenen überdachten Pavillon. Ganz in der Nähe kann man den imposanten Löwenbrunnen ② mit seinen vergoldeten Figuren bewundern. Der Brunnen steht auf der Achse des Schlosses ③, das 1825 nach einem Entwurf von

**Die wiederaufgebaute gotische Gerichtslaube**

Karl Friedrich Schinkel für Carl von Preußen erbaut wurde. Im Sommer kann das Schlösschen täglich außer montags zwischen 10 und 18 Uhr besichtigt werden. Außer dem symmetrischen klassizistischen Gebäude gibt es in unregelmäßiger Folge mehrere Gebäude rings um einen Hof mit Veranda sowie eine Pergola und Häuser für die Bediensteten. Am Schloss vorbei erreicht man die von Schinkel entworfenen Remisen ④. Heute befindet sich dort ein Restaurant (siehe S. 243).

Jenseits der Remisen stehen die von Persius erbaute Orangerie ⑤ sowie Gewächshäuser. Ein Pfad führt in Richtung See, doch auf dem Weg lohnt es sich, einen Abstecher nach rechts zum Klosterhof ⑥ zu machen, dem historisierenden Nachbau eines Klosters mit Pavillons, der ebenfalls von Persius stammt. Die Mauern der Gebäude enthalten zahlreiche byzantinische und romanische Fragmente aus Italien. In Richtung Norden erstreckt sich dann ein zweiter »wilder« Teil des Parks, der

an eine Alpenlandschaft erinnern soll. Hier findet man künstliche Wasserfälle, Stege über das Wasser und Jagdhütten. Man kann dann wieder zum See zurück- und zum Casino ⑦ hinaufgehen, das einst als Gästehaus diente. Von hier aus erreicht man entlang dem See die Große Neugierde ⑧, einen kreisrunden Bau, dessen Dach auf dorischen Säulen ruht. Er imitiert das Athener Lysikrates-Denkmal (334 v. Chr.). Von hier hat man einen schönen Blick über die Havel hinüber zur Glienicker Brücke ⑨, die zu DDR-Zeiten paradoxer-

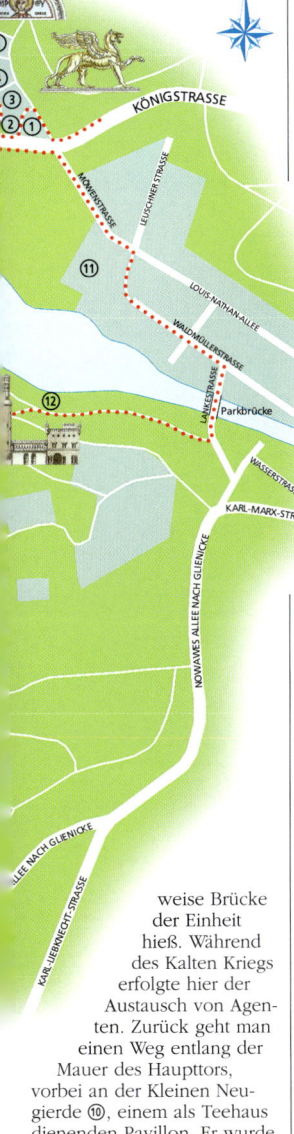

weise Brücke der Einheit hieß. Während des Kalten Kriegs erfolgte hier der Austausch von Agenten. Zurück geht man einen Weg entlang der Mauer des Haupttors, vorbei an der Kleinen Neugierde ⑩, einem als Teehaus dienenden Pavillon. Er wurde in Form eines antiken Tempels erbaut, seine Mauern enthalten römische und byzantinische Fragmente.

0 Meter    300

## LEGENDE

• • • Routenempfehlung

⚓ Fähranlegestelle

### Von Glienicke nach Babelsberg

Außerhalb des Parks wechselt man zur anderen Seite der Potsdamer Chaussee und geht weiter die Möwenstraße entlang, vorbei am massiven Gebäude des Jagdschlosses Glienicke ⑪ zur Rechten, das auf dem Gelände einer Jagdhütte errichtet wurde. Sein neomanieristisches Äußeres ist das Ergebnis eines umfassenden Umgestaltungsprozesses, den Albert Geyer 1889 durchführte. Augenblicklich beherbergt es ein internationales Begegnungszentrum sowie eine Akademie der Volkskunst. Am Jagdschloss vorbei, biegt man nach rechts in die Waldmüllerstraße, dann wieder rechts in die Lankestraße, die zur Brücke zwischen Glienicke und Babelsberg führt.

### Schloss Babelsberg

Von der Brücke aus wendet man sich nach rechts zum von Persius entworfenen Maschinenhaus ⑫, das wie eine mittelalterliche Burg aussieht, mit einem großen Turm, der den Schornstein verdeckt. Dann geht es weiter nach Schloss Babelsberg ⑬, das Karl Friedrich Schinkel für den späteren Kaiser Wilhelm I. entwarf. Es wurde zwischen 1833 und 1835 im neogotischen Stil erbaut und zeigt den Einfluss der englischen Architektur auf Schinkel. Das verwinkelte Bauwerk mit sei-

Der zwischen 1853 und 1856 erbaute Flatowturm in Babelsberg

nen vielen Türmen und Erkerfenstern gehört zu Schinkels größten Werken. Es kann besichtigt werden.

Von hier aus kommt man an der Havel entlang zum sogenannten Kleinen Schloss ⑭, ebenfalls im neogotischen Stil erbaut, jedoch viel kleiner. Hier residierten einst die Hofdamen. Jetzt befindet sich dort ein Café.

Nun kehrt man wieder zur Havel zurück, biegt nach links zum Marstall ⑮ ab und kommt dann zur Gerichtslaube ⑯, dem Fragment eines gotischen Gerichtsgebäudes. Zuletzt ist der Flatowturm ⑰ zu besichtigen, ein zwischen 1853 und 1856 errichtetes neogotisches Bauwerk, von dem aus sich ein herrlicher Blick auf die Umgebung bietet. Der Parkausgang liegt an der Grenzstraße, an der man nach links abbiegt, um die Haltestelle für den Bus 694 zur S-Bahn-Station Babelsberg zu erreichen.

## ROUTENINFOS

**Start:** Bushaltestelle in Glienicke.
**Länge:** 4,2 km.
**Dauer:** 3 Stunden.
**Anfahrt:** Bus 316 ab S-Bahn-Station Wannsee oder Fähre vom Wannsee oder von Potsdam.
**Rasten:** Café im Park Babelsberg; Restaurant in Glienicke.
**Schloss Babelsberg**
🕐 Apr–Okt: Di–So 10–18 Uhr; Info 📞 (0331) 969 42 50.

Das von Karl Friedrich Schinkel entworfene Schloss Babelsberg

# Grunewald

Der Spaziergang führt zunächst durch eine der vornehmsten Wohngegenden Berlins, die ab 1889 entstand. Einst wohnten hier Politiker, Unternehmer, Künstler und Akademiker. Nun dienen einige Villen als Sitz von akademischen Instituten. Der Weg durchquert den Wald, gelangt zu einer kleinen Jagdhütte und erreicht am Rand des Grunewalds schließlich eine elegante Villensiedlung, in der sich das Brücke-Museum befindet.

Vornehme Villa in der Winkler Straße 11

## Vom Bahnhof Grunewald zur Hagenstraße

Von der S-Bahn-Station Grunewald folgt man den Zeichen Richtung »Grunewald (Ort)«. Sehenswert ist schon der S-Bahnhof ①, ein malerisches Fachwerkgebäude von 1889. Er hat eine dunkle Vergangenheit – von hier wurden Berliner Juden in die Vernichtungslager transportiert. Vom Bahnhofsplatz geht man die nach links abbiegende Winkler Straße hinunter, vorbei an schönen Villen. Das im klassizistischen Stil errichtete Haus Nr. 15 ② von 1899 bewohnte einst der Architekt Ewald Becher. Nr. 11 auf derselben Seite ist eine Villa ③ aus dem Jahr 1906, entworfen von Hermann Muthesius, der den Stil englischer Landhäuser nach Deutschland brachte. Haus Nr. 12 rechts nennt sich Villa Maren (1897) ④ und ist ein schönes Beispiel der Neorenaissance im Stil eines italienischen Palazzos mit Sgraffito-Verzierungen. Die Villa Nr. 8–10 ⑤ aus dem Jahr 1902 weist kostbare Steinmetzarbeiten mit fächer-

Fensterrose, Grunewald-Kirche

förmigen Verzierungen im Stil der deutschen Renaissance auf. An der Villa biegt man in den Hasensprung ein. Er führt über die mit Darstellungen laufender Hasen geschmückte Brücke, die den Dianasee vom Königssee trennt.

Man erreicht nun die Königsallee, biegt kurz nach links ab, bevor man sofort rechts in die Lassenstraße geht und dann wieder rechts in die Bismarckallee. Diese führt zu einem kleinen Platz, an dem die zwischen 1902 und 1904 gebaute neogotische Grunewald-Kirche ⑥ zu bewundern ist. Weiter geht es nach links in die Furtwänglerstraße mit der Villa Nr. 15 ⑦, ein gelungenes Beispiel süddeutscher Landhausarchitektur. Dann biegt man rechts in die Hubertusbader Straße ab, in der in Nr. 25 eine Villa mit klassizistischen Motiven ⑧ überlebt hat. Sie ist das Werk Arnold Hartmanns aus dem Jahr 1896. Von ihm stammt auch die Villa auf dem See-

bergsteig 23 ⑨, deren Fassade mit Jugendstil-Motiven verziert ist. Man folgt dann der Hubertusbader Straße bis zur Hagenstraße.

## Von der Hagenstraße zum Brücke-Museum

Über die Hagenstraße geht es zum Wildpfad. Von dort biegt man links in die Waldmeisterstraße ab, die an einem Zaun entlangführt, hinter dem Privatgrundstücke liegen. Man biegt dann rechts in den Eichhörnchensteig ein, dessen Baumbestand immer dichter wird, sodass die Straße sich in

einen Waldweg verwandelt. Nach den Privatgrundstücken kommt eine sanft nach rechts abbiegende Straße, der man bis zum Grunewaldsee hinab folgt. Biegen Sie dann nach links ab, und begeben Sie sich zum Jagdschloss Grunewald ⑩ am Rand des Sees. Es ist eines der ältesten erhaltenen Wohngebäude in Berlin. Errichtet wurde es 1542 für den Kurfürsten Joachim II. 1700 wurde es im Barockstil umgebaut. Man geht durch ein Tor und kommt auf einen Hof, an dessen drei Seiten Wirtschaftsgebäude stehen. Das kleine Schloss birgt Berlins einzigen Renaissance-Saal. Nach umfassenden Renovierungsarbeiten ist das Jagdschloss seit 2009 wieder zugänglich. Gegenüber sind in einem Jagdmuseum historische Waffen und Ausrüstungsgegenstände zu besichtigen.

Vom Jagdschloss aus geht man weiter am See entlang zum Forsthaus Paulsborn ⑪, das 1905 nach einem Entwurf von Friedrich Wilhelm Göhre errichtet wurde. Es ist im Stil einer Jagdhütte gehalten und beherbergt ein sehr gutes Restaurant *(siehe S. 243)*. Im Sommer stehen Tische im Garten.

Von Paulsborn kehrt man zum Jagdschloss Grunewald zurück. An der Kreuzung empfiehlt es sich, die Haupt-

**Die Haushaltsgebäude der Jagdhütte im Grunewald**

**Schmuckelement in der Toni-Lessler-Straße 23**

straße mit dem Hinweisschild »Wilmersdorf« zu benutzen. Diese Straße führt durch den Wald und kommt an der Pücklerstraße wieder heraus. Vorbei an modernen Villen geht man anschließend geradeaus und biegt dann rechts in den Fohlenweg ein, danach geht es wieder rechts in den Bussardsteig. An dessen Ende befindet sich das Brücke-Museum ⑫ mit Gemälden des deutschen Expressionismus *(siehe S. 179)*.

Lohnenswert ist auch ein Blick auf eine Ausstellung von Skulpturen von Bernhard Heiliger im Garten der Villa Käuzchensteig 8. Von hier aus geht es weiter zur Clayallee, wo Busse der Linie 115 zur U-Bahn-Station Oskar-Helene-Heim fahren.

**Restaurant im Forsthaus Paulsborn beim Jagdschloss Grunewald**

## ROUTENINFOS

*Start:* S-Bahnhof Grunewald.
*Länge:* 3 km.
*Dauer:* 2,5–3 Stunden.
*Anfahrt:* S-Bahn 7.
*Museum:* Jagdschloss Grunewald.
☎ 813 35 97.
🕐 Di–So 10–18 Uhr (Nov–März: Sa, So, Feiertage 10–16 Uhr).
*Rasten:* In Grunewald selbst gibt es viele Cafés und Restaurants. In der Nähe des Jagdschlosses Grunewald befindet sich das hübsche Restaurant im Forsthaus Paulsborn.

### Map labels

GNEISTSTR.
INWEDLEWEG
MANNSTR
Königssee
KÖNIGSALLEE
HERTHASTRASSE
BISMARCKALLEE
Herthasee
HEBERTSTRASSE
SCHLEINITZSTR.
HERTHASTRASSE
HUBERTUSALLEE
Bismarckbrücke
Hubertussee
LASSENSTR.
DELBRÜCKSTRASSE
KALLEE
⑥
WERNERSTRASSE
LASSENSTRASSE
RICHARD-STRAUSS-STRASSE
FURTWÄNGLERSTR.
JAGLERSTR.
JOSEPH-JOACHIM-PLATZ
STR
LEO-BLECH-PLATZ
TONI-LESSLER-STR.
⑦
DACHSBERG
⑧
HUBERTUSBACHER STRASSE
⑨
TEPLITZER STRASSE
BRAUNASTR.
KNAUSSTRASSE
HUBERTUSSTR.
TAUNUSSTR.
REUTERPFAD
KRONBERGER STR.
WALDPFAD
HAGENSTRASSE
KÖNIGSMARCKSTRASSE
BERNADOTTESTRASSE
WALDMEISTERSTR.
HOHENZOLLERNDAMM
DÖRNCHENSTEG
MORGENROTHSTRASSE
REHKITZSTEIG
FRISCHLINGSSTEIG
WILDENTENSTEIG
GOLDFINKWEG
FISCHOTTERSTEIG
BIBERSTEIG
JUCHWEG
PÜCKLERSTR.
cklerteich ⑫
FOHLENWEG
BUSSARDSTEIG
KÄUZCHENSTEIG
CLAYALLEE

0 Meter 400

## LEGENDE

• • • Routenempfehlung

Ⓢ S-Bahn-Station

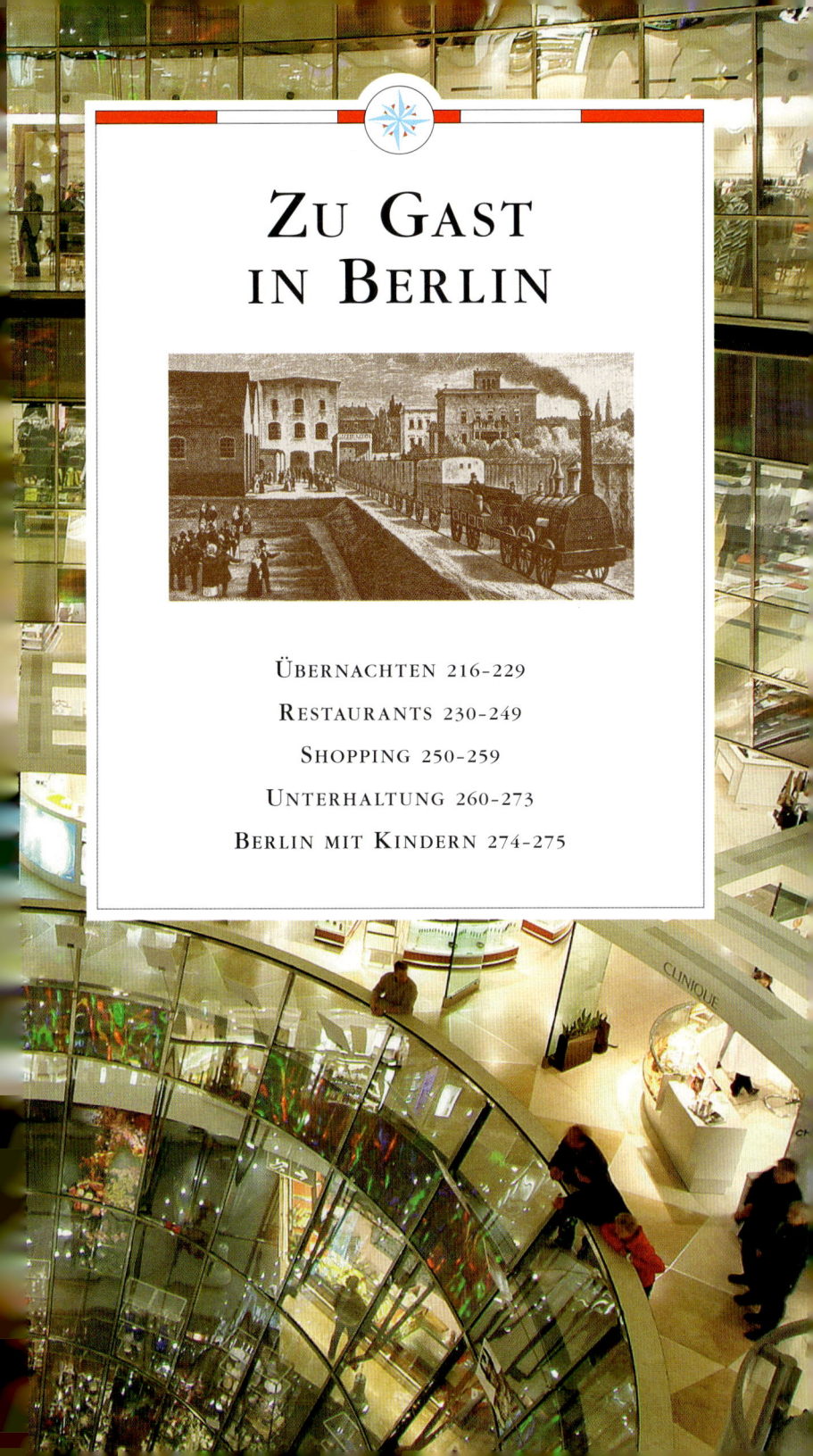

# ZU GAST IN BERLIN

# ÜBERNACHTEN

Groß ist die Auswahl an Hotels in Berlin, und bestimmt ist für jedes Budget etwas dabei. Viele Häuser der oberen Kategorie gehören zu internationalen Ketten, doch selbst in zentraler Lage gibt es Zimmer zu moderaten Preisen. Im Ostteil der Stadt haben in den letzten Jahren viele neue Hotels mit gutem Standard eröffnet. Wer es sich leisten kann, steigt in den Luxushotels in Berlin-Mitte, vor allem nahe der Straße Unter den Linden, ab. Einige preisgünstigere Hotels im Westteil der Stadt sind etwas renovierungsbedürftig. Die Gegend um den Grunewald ist beschaulich und gepflegt und daher für ruhebedürftige Gäste geeignet. In diesem Kapitel finden Sie eine Liste der besten Berliner Hotels. Eine detaillierte Beschreibung folgt auf den Seiten 220–229. Informationen über weitere Übernachtungsmöglichkeiten finden Sie auf Seite 218f.

**Elegante Lobby des Hotel Adlon**
*(siehe S. 220)*

## HOTELSUCHE

In einigen Gegenden Berlins stehen die Hotels dicht an dicht. Meist sind dann mindestens ein Luxushotel und mehrere preisgünstigere Häuser dabei. In Charlottenburg, rund um den Kurfürstendamm und in der Tauentzienstraße liegen bekannte Hotels wie das Kempinski, das Savoy, das Palace Berlin und das Steigenberger. Bei der Auswahl ist zu beachten, dass dieser Stadtteil Berlins im Krieg schwer unter Bombenschäden gelitten hat und diese Hotels meist Neubauten sind. Hotels in Altbauten wie der Brandenburger Hof sind eher die Ausnahme. Auf günstige Hotels und Pensionen stößt man in den Seitenstraßen, doch es empfiehlt sich, die Zimmer vorher zu besichtigen. Weitere gute Hotels gibt es im Bezirk Tiergarten.

Mittlerweile konzentrieren sich die meisten Luxushotels in der neuen Mitte Berlins: Entweder wurden alte Häuser aufwendig renoviert und aufgewertet, oder aber man schuf neue glitzernde Top-Hotels. Die nobelsten von ihnen, das Adlon, das Regent und das Hotel de Rome, liegen alle im Westteil des Bezirks Mitte und an oder nahe der Straße Unter den Linden. Östlich davon, um den Alexanderplatz, gibt es viele preiswertere Zimmer mit gutem Standard.

Jenseits des Trubels der City findet man in Grunewald mit Sicherheit ein erholsames Refugium. Es gibt dort das luxuriöse Schlosshotel Berlin und hübsche kleine Hotels und Pensionen, manche davon in Villen.

Wer nicht auf eine zentrale Lage Wert legt, kann sich in Neukölln umtun. In der Nähe des Treptower Parks befindet sich das gigantisch wirkende Estrel, das größte Hotel in Deutschland.

## HOTELPREISE

Hotelpreise in Berlin sind weitgehend saisonunabhängig. Zu Zeiten von größerem Besucherandrang, etwa bei Messen, steigen sie jedoch. Etliche Luxushotels bieten günstigere Wochenendtarife an. Auch wer aufs Geratewohl an der Rezeption erscheint, kann mitunter einen Sonderpreis aushandeln. Ebenso kann man bei längeren Aufenthalten Rabatte bekommen.

## ZUSÄTZLICHE KOSTEN

Natürlich verstehen sich die Übernachtungspreise inklusive Mehrwertsteuer. Für Sonderleistungen, etwa wenn das Gepäck aufs Zimmer gebracht wird oder Theaterkarten gebucht werden, sind Trinkgelder üblich.

Eine rühmliche Ausnahme stellen die Häuser der Dorint-Kette dar: Sie bieten eine

**Pool im Hotel de Rome** *(siehe S. 220)*

◁ **Galeries Lafayette, Friedrichstraße** *(siehe S. 258f)*

**Künstlerisch gestaltetes Zimmer im Künstlerheim Luise** *(siehe S. 222)*

ganze Reihe von Extras (z. B. Fahrradverleih) ohne jeglichen Aufpreis an.

Für das Frühstück in Hotels gibt es keine Faustregel. Am besten erfragt man bei der Reservierung, ob es im Preis eingeschlossen ist. Oft wird ein Frühstücksbüfett angeboten. Die überwiegende Zahl an Hotels verfügt über hauseigene Parkplätze. Die Kosten dafür sind allerdings relativ hoch. Auch über die Telefongebühren sollte man unterrichtet sein, ehe man vom Zimmer aus telefoniert. Der Inhalt der Minibar ist meist ebenfalls recht teuer. Gleiches gilt für die Benutzung von Pay-TV-Sendern. Falls Sie Reiseschecks einlösen wollen, sollten Sie sich vorab nach dem Wechselkurs erkundigen.

## AUSSTATTUNG

Zu einer einheitlichen Kategorisierung der Hotels, etwa nach Sternen, konnte man bisher nicht durchringen. Meist aber lässt sich der Standard ungefähr am Preis abschätzen. Luxushotels bieten natürlich maximalen Service für teures Geld.

Bei kleinen Hotels ist das Frühstück meist inklusive, dafür haben sie oft kein Restaurant, und der Service ist begrenzt. Wenn Sie längere Zeit bleiben wollen, sollten Sie ein Aparthotel in Betracht ziehen. Dort übernachten Sie in kleinen Apartments, die mit einer Einbauküche ausgestattet sind.

## SPAS UND WELLNESS

Viele der teureren Hotels sind mit ausgedehnten und nach den neuesten Standards eingerichteten Wellness-Bereichen ausgestattet, wozu auch eine Saunalandschaft gehört. Die meisten dieser Hotels bieten ihren Gästen auch ein umfassendes Fitness-Center. Zum Angebot von Luxushotels zählen u. a. auch Massagen, Beauty-Treatments und Entspannungsbehandlungen aller Art. Zu berücksichtigen ist, dass die Saunen gemischtgeschlechtlich sind und es üblich ist, nur mit einem Handtuch oder gar nicht bekleidet zu sein. Das Tragen von Badebekleidung wird in finnischen Saunen oder in Whirlpools von vielen anderen Gästen sogar als unhygienisch angesehen. Zur besonderen Etikette in den

**Konferenzraum in der Villa Kastania** *(siehe S. 229)*

Spa-Einrichtungen gehört natürlich auch, dass man sich ruhig verhält, sodass andere Gäste nicht durch zu laute Unterhaltung gestört werden. Sehr beliebt in den Saunen sind Aufgüsse mit erlesenen Düften. Selbstverständlich stehen zwischen den Saunagängen ausgedehnte Ruheräume zur Verfügung.

Zu den Hotels mit den am besten ausgestatteten Wellness-Bereichen gehören vor allem das Grand Hyatt, das Hotel de Rome und das Inter-Continental.

## RESERVIERUNG

Zimmerreservierungen sind per Post, Telefon oder Fax möglich. Bei vielen Häusern können Sie außerdem über das Internet Zimmer buchen. Vor allem bei der Online-Recherche nach einem Hotelzimmer können Sie viel Zeit sparen. Ein sehr hilfreicher Dienst, der vielfältige Informationen bietet, ist **Berlin Tourismus Marketing** *(siehe S. 219)*, den Sie per Telefon, Fax oder Internet erreichen und so Zimmer in jedem Teil Berlins buchen können. Der Service zeigt Ihnen tagesaktuelle Angebote von ungefähr 350 Hotels und Pensionen. Bei der Reservierung eines Zimmers sollten Sie Ihre Kreditkartennummer zur Hand haben.

Wenn Sie bereits in der Stadt sind und noch ein Zimmer suchen, empfiehlt sich der Gang zu einer der großen Tourismus-Informationsstellen der Stadt, am besten zu den Büros am **Neuen Kranzler Eck**, am **Brandenburger Tor**, am **Hauptbahnhof** oder im **ALEXA Shopping Center** *(siehe S. 219)*.

## PRIVATUNTERKÜNFTE

Private Zimmervermietung hat sich in Berlin nie in großem Stil durchgesetzt, doch manche private Übernachtungsmöglichkeit findet man in Wohngegenden etwas abseits vom Stadtzentrum. Informationen darüber erhält man über die Tourismus-Information und ähnliche Stellen *(siehe S. 219)*.

Die luxuriöse Lounge im Hotel Kempinski *(siehe S. 226)*

## MIT KINDERN REISEN

Mit Kindern nach Berlin zu reisen ist kein Problem. Fast alle Hotels halten Kinderbetten bereit. Meist werden bei der Übernachtung mit Kleinkindern keine Aufschläge berechnet. Bei größeren Kindern muss man allerdings mit Zuschlägen rechnen. Die besseren Hotels sorgen innerhalb weniger Stunden für Babysitter. In vielen Restaurants sind Kinderstühle vorhanden, die Köche bereiten auch Kinderportionen zu.

Die weitläufige Lobby im Marriott Hotel *(siehe S. 222)*

## BEHINDERTE REISENDE

Fast alle Hotels der oberen Kategorie sind auf die Übernachtung behinderter Gäste eingestellt – mindestens ein Eingang ist über eine Rampe zugänglich, entsprechende Bäder sind vorhanden. Leider ist die Situation bei den Hotels der mittleren und der preiswerten Kategorie nicht so gut. Entsprechen-de Einrichtungen haben dort noch nicht Einzug gehalten. Zudem liegen die Hotels oft in höheren Etagen, und Altbauten haben zuweilen keinen Lift. Das **Hotel Mondial** *(siehe S. 226)* nahe dem Kurfürstendamm wird speziell für behinderte Gäste empfohlen: Seine Ausstattung ist in vieler Hinsicht rollstuhlgerecht. Bis zu 22 Zimmer bieten geeignete Übernachtungsmöglichkeiten.

## KAUTION

Viele Berliner Hotels verlangen entweder bei der Reservierung oder beim Einchecken eine Kaution. Bei der telefonischen Reservierung genügt meist die Angabe Ihrer Kreditkartennummer.

Sollten Sie dies aus Angst vor Missbrauch nicht wünschen, so werden Sie eventuell gebeten, 20 bis 40 Prozent einer Übernachtung zu überweisen bzw. in bar zu hinterlegen. Die Kaution wird natürlich bei der Endabrechnung berücksichtigt.

Kleine Hotels und Pensionen verlangen unter Umständen eine Vorauszahlung in Höhe einer Übernachtung.

## JUGENDHERBERGEN

Völlig problemlos ist die preisgünstige Übernachtung in einer der Berliner Jugendherbergen. Der **DJH – Landesverband Berlin-Brandenburg** gehört dem Dachverband der International Youth Hostels Association an und gewährt allen Mitgliedern Rabatte. Der Mitgliedsbeitrag ist meist nicht hoch. Gegebenenfalls kann man den obligatorischen Beitrag auch nur für die Zeit des Aufenthalts entrichten. Der Verband unterhält in mehreren Stadtbezirken Häuser. Daneben bieten auch unabhängige Betreiber Unterkünfte für Jugendliche und Studenten an.

Die meisten Jugendherbergen haben Mehrbettzimmer mit Stockbetten oder Schlafsäle. Meist gibt es pro Etage ein Bad und eine Küche, die gemeinsam genutzt werden müssen. Die meisten Herbergen haben einen Speisesaal, in dem man das Frühstück und eine warme Mahlzeit einnehmen kann. Manche der Jugendherbergen sind tagsüber geschlossen.

## CAMPING

Da sich das Campen größer Beliebtheit erfreut, kann der **Deutsche Camping Club** mit einem großen Angebot an Campingplätzen in Berlin und Umgebung aufwarten. Auch über Plätze, die

Die beleuchtete Fassade des Westin Grand *(siehe S. 220)*

nicht in diesem Verband organisiert sind, wird man Sie dort ausführlich informieren.

Die Campingplätze öffnen meist Anfang April und schließen Ende Oktober – mit Ausnahme der Plätze in Kladow im Bezirk Spandau und am Krossinsee in Köpenick, die ganzjährig geöffnet sind. Viele Menschen, die bei ihrem Berlin-Aufenthalt campen, sind jüngere Leute. Das gilt vor allem am Christopher-Street-Day-Wochenende im Juni (siehe S. 49) und in den warmen Sommermonaten. Dann ist es auf den Campingplätzen voll und laut.

Die großzügige Lobby im Hotel Palace *(siehe S. 226)*

## GRUPPENREISEN FÜR JUGENDLICHE

Berlin verfügt über ein großes Angebot an Übernachtungsmöglichkeiten für jugendliche Besuchergruppen. Die meisten darunter sind Jugendherbergen oder Wohnheime in den Außenbezirken der Stadt. Diese wurden nicht nur für auswärtige Besucher eingerichtet, sondern auch für Westberliner Kinder, die sich zu Zeiten der geteilten Stadt nicht einfach im Umland erholen konnten und ihre Ferien stattdessen im Grunewald verbrachten. Auskünfte zu Gruppenreisen für Jugendliche erteilen **Berlin Tourismus Marketing** *(siehe S. 217 und unten)* und die größeren Tourismus-Informationsstellen der Stadt, etwa das Büro im Europa-Center.

## AUF EINEN BLICK

### INFORMATION/ RESERVIERUNG

**Berlin Tourismus Marketing**
Am Karlsbad 11, 10785 Berlin. **Stadtplan** 12 D1.
☎ 25 00 25. www.
berlin-tourist-information.
de

**Tourismus-Information Neues Kranzler Eck**
Kurfürstendamm 21. **Stadtplan** 10 D1.
◯ Mo–Sa 10–20 Uhr, So 10–18 Uhr.

**ALEXA Shopping Center**
Nahe Alexanderplatz/ Grunerstraße 20. **Stadtplan** 8 D2.
◯ Mo–Sa 10–20 Uhr.

**Brandenburger Tor**
Pariser Platz, südl. Gebäude.
**Stadtplan** 6 E3, 15 A3.
◯ tägl. 10–19 Uhr.

**Hauptbahnhof**
Europaplatz 1, Erdgeschoss, nördlicher Eingang.
**Stadtplan** 6 D1.
◯ tägl. 8–22 Uhr.

**Potsdam Tourismus Service**
Brandenburger Str. 3, 14467 Potsdam.
☎ (0331) 27 55 80.
◯ Apr–Okt: Mo–Fr 9.30–18 Uhr, Sa, So 9.30–16 Uhr; Nov–März: Mo–Fr 10–18 Uhr, Sa, So 9.30–14 Uhr. www.
potsdamtourismus.de

### BEHINDERTE REISENDE

**Berliner Behindertenverband**
Jägerstraße 63d, 10117 Berlin-Mitte.
☎ 204 38 47.
www.bbv-ev.de

**Behindertenbeauftragter des Landes Berlin**
Oranienstraße 106, 10997 Berlin.
☎ 90 28 29 17.
www.berlin.de/lb/behi

### JUGENDHERBERGEN

**DJH – Landesverband Berlin-Brandenburg**
Schulstraße 9, 14482 Potsdam.
☎ (0331) 264 95 20.

**Jugendgästehaus**
Nikolsburger Straße 2–4, 10717 Berlin.
**Stadtplan** 10 D3.
☎ 873 01 88/89.
www.jugendgaestehaus-central.de

**Jugendherberge Ernst Reuter**
Hermsdorfer Damm 48–50, 13467 Berlin.
☎ 404 16 10.
FAX 404 59 72.

**Jugendherberge Berlin/am Wannsee**
Badeweg 1, 14129 Berlin.
☎ 803 20 34. www.djh-berlin-brandenburg.de

### CAMPING

**Deutscher Camping Club**
Kladower Damm 207–213, 14089 Berlin.
**Stadtplan** 10 E3/F3.
☎ 218 60 71.
www.camping-club.de

**DCC-Campingplatz Berlin-Kladow (Spandau)**
Krampnitzer Weg 111–117, 14089 Berlin.
☎ 365 27 97.

### SONSTIGE STELLEN

**Bed & Breakfast in Berlin**
☎ 746 14 46.
FAX 44 05 05 83.

**Coming Home**
☎ 21 79 800.
FAX 21 79 80 21.
www.coming-home.org

**Erste Mitwohnzentrale**
Sybelstraße 53, 10629 Berlin. **Stadtplan** 9 A2.
☎ 324 30 31.
www.mitwohn.com

**Fine and Mine**
Neue Schönhauser Str. 20, 10178 Berlin.
**Stadtplan** 7 C2.
☎ 23 55 120.
FAX 23 55 12 12.
www.fineandmine.de

**Wohnwitz**
Holsteinische Straße 55, 10717 Berlin-Wilmersdorf.
**Stadtplan** 9 C4/C5.
☎ 861 82 22/ 861 91 92. FAX 861 82 72.
www.wohnwitz.com

**Stadtplan** siehe Seiten 300–323

# Hotelauswahl

Die folgenden Hotels wurden wegen ihrer Ausstattung und ihres Preis-Leistungs-Verhältnisses ausgewählt und nach Stadtvierteln aufgeführt. Hotels einer Preiskategorie sind alphabetisch gelistet. Bitte beachten Sie, dass viele der angeführten Hotels auch über ein gutes Hotelrestaurant verfügen.

## UNTER DEN LINDEN

### NH Heinrich Heine
€€

*Heinrich-Heine-Platz 11, 10179* 278 040 FAX *278 047 80* **Zimmer** *38*     **Stadtplan** *14 D1*

Obwohl es nahe zu Unter den Linden und zum historischen Nikolaiviertel liegt, ist dieses Suiten-Hotel ein kleiner Geheimtipp. Die modernen Zimmer haben alle eine Küche und eine kleine Büro-Ecke. Sie bieten zudem CD-Spieler und Wireless LAN. **www.nh-hotels.com**

### Berlin Hilton
€€€

*Mohrenstraße 30, 10117* 202 30 FAX *202 342 69* **Zimmer** *591*     **Stadtplan** *7 A4, 16 D4*

Das Hotel liegt beim Gendarmenmarkt mit Ausblick auf das Konzerthaus und die beiden Dome von den nach vorn gehenden Zimmern. Die Zimmer sind geräumig und schön möbliert. Die beiden Hotelrestaurants zeichnen sich durch hohes Niveau aus. **www.hilton.com**

### Hotel Gendarm
€€€

*Charlottenstraße 61, 10117* 206 06 60 FAX *206 066 66* **Zimmer** *27*     **Stadtplan** *7 A4*

Das Gendarm ist eines der besten und beliebtesten kleineren Hotels in Berlin. Mit seinem ausgezeichneten Service, der großartigen Lage in der Nähe des Gendarmenmarkts und den stilvoll eingerichteten Zimmern ist es ein ernst zu nehmender Konkurrent für die umliegenden Fünf-Sterne-Hotels. **www.hotel-gendarm-berlin.de**

### Mandala Suites
€€€

*Friedrichstraße 185–190, 10117* 202 920 FAX *202 929 20* **Zimmer** *81*     **Stadtplan** *6 F4, 15 C4*

Das Hotel bietet nur Suiten, deren Preise sich nach der Zimmergröße und der Dauer des Aufenthalts richten. Der umfangreiche Service umfasst auch einen Fahrradverleih. Ideal für einen Aufenthalt von mindestens einer Woche, dann sind die Preise pro Nacht günstig. **www.themandala.de**

### Maritim ProArte Hotel Berlin
€€€

*Friedrichstraße 151, 10117* 203 35 FAX *20 33 40 90* **Zimmer** *403*     **Stadtplan** *6 F3, 15 C2*

Obwohl es sich um ein Business-Hotel handelt, machen es seine zentrale Lage und die hervorragende Ausstattung zu einem attraktiven Haus. In dem ultramodernen Gebäude finden auch Kunstausstellungen statt. Die verschwenderisch eingerichteten Zimmer in drei Preiskategorien haben Marmor- und Granitbäder. **www.maritim.de**

### Westin Grand
€€€€

*Friedrichstraße 158–164, 10117* 202 70 FAX *202 733 62* **Zimmer** *358*     **Stadtplan** *6 F3, 15 C3*

Das Hotel vom Ende des 19. Jahrhunderts präsentiert sich im Empire- und Sezessionsstil. Vor allem die Eingangshalle mit einem großen Atrium und einer atemberaubenden Treppe ist beeindruckend. Das Haus liegt günstig in Bezug auf viele Sehenswürdigkeiten und zahlreiche gute Lokale und Cafés. **www.westin-grand.de**

### Hotel Adlon
€€€€€

*Unter den Linden 77, 10117* 226 10 FAX *226 122 22* **Zimmer** *386*     **Stadtplan** *6 E3, 15 A3*

Das Luxushotel am Brandenburger Tor wurde 1997 eröffnet und führt die Tradition des Vorgängerbaus fort, der im Zweiten Weltkrieg zerstört wurde. Im Innern finden sich Marmor, Leder und edle Hölzer. Der Service ist perfekt. Es gibt spezielle Zimmer für Allergiker. **www.hotel-adlon.com**

### Hotel de Rome
€€€€€

*Behrenstraße 37, 10117* 460 60 90 FAX *460 60 92 000* **Zimmer** *146*     **Stadtplan** *7 A4*

Das Haus zählt zu den neuen Sternen am Himmel der Berliner Luxushotels. Hinter der Fassade eines früheren Bankgebäudes verbirgt sich ein Schmuckstück in bester Lage – unweit von Unter den Linden, Friedrichstraße und vielen weiteren Sehenswürdigkeiten. Einige Zimmer haben Blick auf die Staatsoper. **www.hotelderome.com**

### The Regent Berlin
€€€€€

*Charlottenstraße 49, 10117* 203 38 FAX *20 33 61 19* **Zimmer** *195*     **Stadtplan** *7 A4, 16 D3*

Eines der besten Berliner Hotels: Das Regent nahe am Gendarmenmarkt besitzt eine beeindruckende Fassade und eine üppige neobarocke Inneneinrichtung. Die luxuriösen Zimmer unterteilen sich in drei Preiskategorien. Der Service lässt keinen Wunsch unerfüllt. Das Restaurant bietet köstliche leichte Küche. **www.theregentberlin.com**

## Sofitel Berlin Gendarmenmarkt

*Charlottenstraße 50–52, 10117* 📞 *203 750* FAX *203 751 00* **Zimmer** *92*  **Stadtplan** *7 A4, 16 D4*

Das Haus bietet exquisit möblierte Zimmer und einen in allen Bereichen exzellenten Service. Auch die Lage – nahe am Gendarmenmarkt, nicht weit von Unter den Linden – ist ein Plus. Das Restaurant Aigner im Basement ist für gute österreichische Küche bekannt. **www.sofitel.com**

# MUSEUMSINSEL

## Derag Residenz Hotel Henriette

*Neue Rossstraße 13, 10179* 📞 *246 009 00* FAX *246 009 40* **Zimmer** *54*  **Stadtplan** *8 C5*

Das gemütliche Henriette ist das hübscheste – und das unbekannteste – der Berliner Derag-Hotels. Obwohl es erst kürzlich errichtet wurde, besitzt es ein elegantes, quasi-historisches Flair, wozu die Eichenmöbel und die kostbaren Teppiche und Betten beitragen. Der Service ist zudem ganz hervorragend. **www.deraghotels.de**

## Art'otel Berlin Mitte

*Wallstraße 70–73, 10179* 📞 *240 622 22* FAX *240 622 22* **Zimmer** *109*  **Stadtplan** *7 C4*

Das elegante Hotel mit Aussicht auf die Spree ist preisgünstig und ein populärer Ort in Berlin-Mitte. Die Einrichtung ist einfach, aber modern. Im Sommer gibt es ein Café auf einem Boot auf der Spree. Die Klientel des Hauses ist jung und kulturbeflissen. **www.artotel.de**

## DeragHotel Großer Kurfürst

*Neue Roßstraße 11–12, 10179* 📞 *246 000* FAX *246 003 00* **Zimmer** *144*  **Stadtplan** *7 C4*

Gutes Hotel der mittleren Preisklasse mit moderner Ausstattung, das nahe der U-Bahn-Station Märkisches Museum liegt. In der beeindruckenden Halle steht eine Skulptur des Großen Kurfürsten. Der Service des Hauses beinhaltet kostenlosen öffentlichen Transport bzw. Fahrradverleih. **www.deraghotels.de**

## Radisson SAS Hotel Berlin

*Karl-Liebknecht-Straße 3, 10178* 📞 *238 280* FAX *238 28 10* **Zimmer** *427*  **Stadtplan** *7 B3, 16 F2*

Das 2004 eröffnete Radisson ist eines der Highlights der Hotelkette. Es ist um den AquaDom, ein riesiges zylindrisches Aquarium, herumgebaut. Die Standardzimmer schauen auf dieses Atrium, die teureren Zimmer und die Suiten auf den Dom und den Alexanderplatz. Alle Zimmer haben Fünf-Sterne-Standard. **www.radissonsas.com**

# ÖSTLICH DES ZENTRUMS

## Alexander Plaza Berlin

*Rosenstraße 1, 10178* 📞 *240 010* FAX *240 017 77* **Zimmer** *92*  **Stadtplan** *7 B2, 16 F1*

Das 1997 eröffnete Qualitätshotel in einem Gebäude aus dem 19. Jahrhundert liegt nahe der S-Bahn-Station Hackescher Markt. Die großen, hellen Zimmer bieten eine faszinierende Mischung aus Stuckdecken, Glas und Stahl. Alle Zimmer haben Schallschutzfenster. Hübsch: die Bar in der Lobby und das Café. **www.alexander-plaza.de**

## Park Inn Berlin Alexanderplatz

*Alexanderplatz 8, 10178* 📞 *238 90* FAX *238 943 05* **Zimmer** *1012*  **Stadtplan** *8 D2*

Der 37 Stockwerke hohe Bau wurde zu DDR-Zeiten errichtet und ist – trotz Modernisierung – unschön. Nach einer kompletten Innenerneuerung sind die Standardzimmer modern mit komfortablen Betten. Sie bieten einen hervorragenden Blick auf Berlin. Es gibt ein Casino im obersten Stock und mehrere Lokale. **www.parkinn.de**

# NÖRDLICH DES ZENTRUMS

## Hotel am Scheunenviertel

*Oranienburger Straße 38, 10117* 📞 *282 21 25* FAX *282 11 15* **Zimmer** *18*  **Stadtplan** *7 A1, 16 E1*

Das kleine, familiengeführte Hotel liegt mitten im alten jüdischen Viertel nahe der Synagoge – ein idealer Ausgangspunkt, um Berlin-Mitte und Prenzlauer Berg zu erkunden. Die Zimmer sind klein, aber sauber. Hier trifft man meist auf junge, kunstinteressierte Gäste aus aller Herren Länder. **www.hotelas.com**

## Märkischer Hof

*Linienstraße 133, 10115* 📞 *282 71 55* FAX *282 43 31* **Zimmer** *20*  **Stadtplan** *6 F1*

Ein verstecktes Hotel mit Familienatmosphäre. Das Haus stammt aus dem 19. Jahrhundert. Die Zimmer wurden allerdings kürzlich neu eingerichtet. Sie haben trotz des günstigen Preises einen hohen Standard – alle sind mit Bad und TV. Die Dreibettzimmer sind besonders günstig. **www.maerkischer-hof-berlin.de**

**Stadtplan** *siehe Seiten 300–323*

## Flower's Boardinghouse Berlin    🔲 P    €€
*Mulackstraße 1, 10119* ☎ *28 04 53 06* FAX *28 04 53 08* **Zimmer** *21*    **Stadtplan** *7 C1*

Das Flower's Boardinghouse bietet hübsche helle Ein- und Zwei-Zimmer-Apartments mit allen modernen Annehmlichkeiten. Sie müssen für mindestens zwei Nächte gebucht werden; Frühstück ist inbegriffen. Es gibt auch eine Küche. Ideal, wenn man sich länger in Berlin aufhalten will. **www.flowersberlin.de**

## MitArt Pension    🔲 P 🍴    €€
*Linienstraße 139, 10115* ☎ *283 904 30* FAX *283 904 32* **Zimmer** *30*    **Stadtplan** *6 F1*

Das trendige Hotel liegt nahe dem alternativen Kulturzentrum Tacheles und besitzt kleine, ruhige Zimmer, die mit Originalbildern geschmückt sind. Im Basement befindet sich eine kleine Kunstgalerie. Zum Frühstück gibt es Produkte aus ökologischem Anbau. Das Nachtleben von Berlin-Mitte tobt gleich um die Ecke. **www.mitart.de**

## NH Berlin-Friedrichstraße    🔲 P 🍴 ♨ 🛁 🖥    €€
*Friedrichstraße 96, 10117* ☎ *206 26 60* FAX *206 266 999* **Zimmer** *262*    **Stadtplan** *6 F3*

Am nördlichen Ende der Friedrichstraße, nahe dem Hackeschen Markt und Unter den Linden, stößt man auf dieses schmucke Designhotel. Die recht großen Zimmer verfügen über komfortable Betten. Das Haus besitzt auch ein Wellness-Center mit einem türkischen Bad sowie ein italienisches Restaurant. **www.nh-hotels.de**

## Artist Riverside Hotel & Spa    🔲 🍴    €€€
*Friedrichstraße 106, 10117* ☎ *284 900* FAX *284 90 49* **Zimmer** *40*    **Stadtplan** *6 F3*

Das Haus (19. Jh.) bezeichnet sich selbst als »tolles Hotel«. Die individuell eingerichteten Räume sind mit geschmackvollen Jugendstil-Antiquitäten bestückt. Fragen Sie nach dem größten und schönsten Zimmer (dem Wedding), das ein Wasserbett hat. **www.great-hotel.com**

## Hackescher Markt    🔲 P 🏠    €€€
*Große Präsidentenstraße 8, 10178* ☎ *280 030* FAX *280 031 11* **Zimmer** *32*    **Stadtplan** *7 B2, 16 F1*

Das hübsche Hotel von 1998 liegt sehr schön gegenüber den Hackeschen Höfen. Die Zimmer sind elegant möbliert und besitzen edle Badezimmer mit Fußbodenheizung. Das Restaurant Mags offeriert französische Küche. Das absolute Highlight ist allerdings der Innenhof, wo das Frühstück serviert wird. **www.loock-hotels.com**

## Hotel Albrechtshof    🔲 P    €€€
*Albrechtstraße 8, 10117* ☎ *308 860* FAX *308 861 00* **Zimmer** *100*    **Stadtplan** *6 F2, 15 B1*

Das charmante Hotel nahe der Spree ist ein restaurierter Altbau (19. Jh.). Das Haus besitzt eine Bar, ein Restaurant, einen Festsaal und – eine Kapelle. An Wochenenden kann man günstiger übernachten. In allen öffentlichen Bereichen gibt es einen Internet-Zugang. Der Service ist hier besonders herzlich. **www.hotel-albrechtshof.de**

## Hotel Künstlerheim Luise    🔲 P    €€€
*Luisenstraße 19, 10117* ☎ *284 480* FAX *284 484 48* **Zimmer** *50*    **Stadtplan** *6 E2*

Wie der Name »Künstlerheim« schon sagt: In den individuell eingerichteten Zimmern, die von Künstlern gestaltet wurden, steigen auch gern Künstler ab. Das Gebäude aus dem frühen 19. Jahrhundert liegt nur ein paar Schritte vom Scheunenviertel entfernt und bietet sehr persönlichen Service. **www.luise-berlin.com**

## Sol Meliá Hotel Berlin    🔲 P 🍴 🖥    €€€
*Friedrichstraße 103, 10117* ☎ *206 079 00* FAX *206 790 444* **Zimmer** *364*    **Stadtplan** *6 F2*

Das von Spaniern geführte Hotel ist der ideale Ausgangspunkt für eine Erkundung des Museumsviertels, der Prachtstraße Unter den Linden und des Hackeschen Marktes. Das Sol Meliá bietet helle, modern eingerichtete Zimmer und perfekten Service. In einem der Restaurants wird spanische Küche offeriert. **www.meliaberlin.com**

# TIERGARTEN

## Hotel Berlin, Berlin    🔲 P 🍴 🖥    €€
*Lützowplatz 17, 10785* ☎ *260 50* FAX *260 527 16* **Zimmer** *701*    **Stadtplan** *11 A1*

Das ruhige Hotel ist eines der größten der Stadt und bei US-Besuchern beliebt. Es liegt nahe dem Tiergarten und besitzt große, moderne Zimmer, einen Wellness-Bereich mit Sauna sowie eine große Sportbar. Einziger Nachteil: Es fehlt ein nettes Restaurant. **www.hotel-berlin-berlin.de**

## Grand Hotel Esplanade Berlin    🔲 P 🍴 ♨ 🛁 🖥    €€€
*Lützowufer 15, 10785* ☎ *254 780* FAX *254 788 222* **Zimmer** *391*    **Stadtplan** *11 A1*

Ein modernes, luxuriöses Etablissement am Landwehrkanal. Die elegant ausgestatteten Zimmer ziehen eine prominente Klientel an. Harry's New York Bar ist stadtbekannt, und das Restaurant Harlekin gehört zu den Top-Adressen Berlins. Das Hotel bietet auch Bootsfahrten auf der Spree an. **www.esplanade.de**

## Berlin Marriott Hotel    🔲 P 🍴 ♨ 🛁 🖥    €€€€
*Inge-Beisheim-Platz 1, 10785* ☎ *220 000* FAX *220 001 000* **Zimmer** *379*    **Stadtplan** *6 D5*

Das Marriott im Beisheim Center beim Potsdamer Platz ist ein elegantes Vier-Sterne-Hotel mit großem Atrium. Die geräumigen Zimmer bieten eine hübsche Aussicht auf den Tiergarten und das Regierungsviertel. Beim nahen Ritz-Carlton zahlt man allerdings für die gleiche Aussicht um einiges weniger. **www.marriott.de**

---

**Preiskategorien** *siehe S. 220* **Zeichenerklärung** *siehe hintere Umschlagklappe*

### Inter-Continental Berlin
*Budapester Straße 2, 10787* **☎** *260 20* **FAX** *260 226 00* **Zimmer** *584*  €€€€  **Stadtplan** *10 F1*

Das neu renovierte Hotel liegt beim Zoologischen Garten. Der massive Bau mit der Glaskuppel über der Lobby ist kaum zu übersehen. Das Inter-Continental bietet große Zimmer in verschiedenen Preiskategorien. Im Swimmingpool und im Salon kann man sich gut entspannen. **www.interconti.com**

### The Mandala Potsdamer Platz
*Potsdamer Straße 3, 10785* **☎** *590 050 000* **FAX** *590 052 000* **Zimmer** *165*  €€€€  **Stadtplan** *6 D5*

Das Vier-Sterne-Suiten-Hotel beim Sony Center ist ein perfekter Ausgangspunkt für die Besichtigung sowohl des Ost- als auch des Westteils der Stadt. Die Räume sind elegant möbliert mit Schreibtischen, CD-Player und TV-Groß-bildschirmen. Alle Suiten haben Einbauküchen. Der Service ist exzellent. **www.madison-berlin.de**

### Sofitel Berlin Schweizerhof
*Budapester Straße 25, 10787* **☎** *269 60* **FAX** *269 610 00* **Zimmer** *384*  €€€€  **Stadtplan** *10 F1*

Das Luxushotel wurde 1999 eröffnet. Es besitzt eine elegante Fassade und bietet schön möblierte Zimmer, zwei Restaurants, einen Festsaal und ein Konferenzzentrum. Der Swimmingpool auf dem Dach und das Fitness-Center gehören zu den schönsten in Berlin. **www.schweizerhof.com**

### Grand Hyatt Berlin
*Marlene-Dietrich-Platz 2, 10785* **☎** *255 312 34* **FAX** *255 312 35* **Zimmer** *342*  €€€€€  **Stadtplan** *6 D5*

Eines der modernsten und schönsten Berliner Hotels. Das Hyatt liegt nahe Potsdamer Platz und Kulturforum. Es gibt das hippe Restaurant Vox, eine Sushi-Bar und ein Bistro mit Cocktailbar. Im Februar ist es Quartier für die Gäste der Berlinale und zieht Stars und Fans gleichermaßen an. **www.berlin.grand.hyatt.com**

### Ritz-Carlton Berlin
*Potsdamer Platz 3, 10785* **☎** *337 777* **FAX** *337 775 555* **Zimmer** *302*  €€€€€  **Stadtplan** *6 E5*

Die moderne Fassade des luxuriösen Ritz-Carlton erinnert an das New Yorker Rockefeller Center. Die Lobby mit den Marmorsäulen und dem Blattgold ist beeindruckend; Gleiches gilt für die Bar The Curtain Club und die Brasserie Desbrosses. Die Zimmer im Stil des preußischen Neoklassizismus sind elegant eingerichtet. **www.ritzcarlton.com**

## KREUZBERG

### Hotel am Anhalter Bahnhof
*Stresemannstraße 36, 10963* **☎** *251 03 42* **FAX** *251 48 97* **Zimmer** *42*  €  **Stadtplan** *12 E1*

Das kleine, sehr freundliche Hotel residiert in einem Altbauhaus. Die niedrigen Preise gelten nur für die Zimmer ohne Bad; Zimmer mit Bad sind teurer, dafür liegen diese auch ruhig zum Innenhof hin, nach vorne ist es deutlich lauter. **www.hotel-anhalter-bahnhof.de**

### Hotel Transit
*Hagelberger Straße 53–54, 10965* **☎** *789 04 70* **FAX** *789 047 77* **Zimmer** *50*  €  **Stadtplan** *12 E4*

Die Berlin-Ausgabe des berühmten Pariser Namensgebers ist eine Art Kreuzberger »Sleep-in«, das einer privaten Jugendherberge ähnelt und in zwei Lofts untergebracht ist. Jedes Zimmer hat ein modernes Bad, wobei die Mehr-bettzimmer preisgünstiger sind. Die Einzelzimmer sind hübsch, groß und hell. **www.hotel-transit.de**

### Jugendgästehaus der DSJ
*Franz-Künstler-Straße 10, 10969* **☎** *615 10 07* **FAX** *614 011 50* **Zimmer** *133*  €  **Stadtplan** *13 B2*

Die angenehme Jugendherberge liegt im Zentrum von Kreuzberg. Die Mehrbettzimmer (drei bis fünf Gäste) haben kein Bad; die Duschen befinden sich auf dem Gang. Betten im Schlafsaal sind am günstigsten. Bei Studenten ist das Jugendgästehaus sehr beliebt. **www.gaestehaus-berlin.de**

### Pension Kreuzberg
*Großbeerenstraße 64, 10963* **☎** *251 13 62* **FAX** *251 06 38* **Zimmer** *12*  €  **Stadtplan** *12 F3*

Das kleine Haus ist eine der Kreuzberger Pensionen, die einen persönlich-herzlichen Service bieten. Die Eigentümerin Angelika Dehner berät Sie auch in Sightseeing-Fragen. Das Frühstück ist hervorragend. Von der Pension aus können Sie sich direkt ins Kreuzberger Nachtleben stürzen. **www.pension-kreuzberg.de**

### Relexa Hotel Stuttgarter Hof
*Anhalter Straße 9, 10963* **☎** *264 830* **FAX** *264 839 00* **Zimmer** *206*  €€  **Stadtplan** *12 F1*

Das Gebäude des gut geführten Qualitätshotels stammt von 1907. Es liegt hinter dem Potsdamer Platz und bietet moderne, gut geschnittene Zimmer, das Restaurant Boulevard und einen bezaubernden, begrünten Innenhof. Ein perfekter Ausgangspunkt für Kreuzberg und Berlin-Mitte. **www.relexa-hotels.de**

### Hotel Riehmers Hofgarten
*Yorckstraße 83, 10965* **☎** *780 988 00* **FAX** *780 988 08* **Zimmer** *23*  €€€  **Stadtplan** *12 F4*

Ein neogotischer roter Ziegelbau (19. Jh.) beherbergt eines der hübschesten Hotels der Stadt. Die Zimmer sind, ob-wohl spärlich möbliert, behaglich-elegant; einige gehen zum Innenhof hin. Unbedingt empfehlenswert: die deutsche Küche im Restaurant E. T. A. Hoffmann. **www.hotel-riehmers-hofgarten.de**

**Stadtplan** *siehe Seiten 300–323*

## Mövenpick Hotel Berlin 🖼 🅿 🍴 ⚒ 📺 📋 €€€

*Schöneberger Straße 3, 10963* 📞 *230 060* FAX *230 061 99* **Zimmer** *243*     **Stadtplan** *12 E1*

Das neue Mövenpick ist ein sehr hübsches Hotel, das man in Kreuzberg nicht unbedingt erwartet. Die geräumigen Designzimmer haben alle einen modernen Büroarbeitsplatz mit CD-Player, TV etc. Die Luxuszimmer unter dem Dach sind ausgesprochen behaglich. **www.moevenpick-berlin.com**

## UM DEN KURFÜRSTENDAMM

### A & O Hostel am Zoo 🔼 €

*Joachimstaler Straße 1–3, 10623* 📞 *809 47 53 00* FAX *809 47 53 90* **Zimmer** *550*     **Stadtplan** *10 D1*

Das Hostel liegt in einem ehemaligen ALDI-Supermarkt und ist bei jungen Reisenden, die eine billige Übernachtung suchen, sehr beliebt. Das Gebäude steht direkt gegenüber dem Bahnhof Zoo und bietet Kombis (etwa Übernachtung mit Club-Wochenende) an, was bei der jungen Klientel gut ankommt. **www.aohostels.com**

### Hotel Berolina 🔼 🅿 €

*Rankestraße 35, 10789* 📞 *23 63 96 82* FAX *23 63 96 83* **Zimmer** *40*     **Stadtplan** *10 E1*

Das Berolina sticht durch seine knallgelbe Fassade sofort ins Auge. Es liegt gleich neben der Kaiser-Wilhelm-Gedächtnis-Kirche. Die einfachen, aber angenehmen Zimmer werden von jungen Reisenden aus aller Welt belegt. Die Doppelzimmer sind etwas aufwendiger eingerichtet. **www.berolinahotels.de**

### Hotel Boulevard 🔼 €

*Kurfürstendamm 12, 10719* 📞 *884 250* FAX *884 254 50* **Zimmer** *57*     **Stadtplan** *10 D1*

Mit der Lage am Kurfürstendamm ist das Hotel eine gute Wahl für Reisende, die am liebsten direkt im Zentrum logieren. Alle Sehenswürdigkeiten des Westteils der Stadt liegen quasi um die Ecke. Das Frühstück wird auf der Dachterrasse serviert, von wo aus man direkt auf den Ku'damm hinuntersieht. **www.ahc-hotels.com**

### Hotel Charlot 🔼 €

*Giesebrechtstraße 17, 10629* 📞 *327 96 60* FAX *327 966 66* **Zimmer** *42*     **Stadtplan** *9 A2*

Das kleine Hotel in einer ruhigen Nebenstraße liegt in einer sehr schönen Ecke von Charlottenburg. Es ist ein echtes Schnäppchen für Gruppen und junge Reisende. Die Zimmer sind klein, aber angenehm eingerichtet. Das Frühstücksbüfett gibt es in einem Raum mit altehrwürdigem Berliner Flair. **www.hotel-charlot.de**

### Hotel-Pension Elite 🔼 €

*Rankestraße 9, 10789* 📞 *881 53 08* FAX *882 54 22* **Zimmer** *14*     **Stadtplan** *10 E1*

Die kleine Pension an der ruhigen Rankestraße, ganz in der Nähe des Breitscheidplatzes, besitzt spätklassizistische Räume, die elegant möbliert sind. Einige Zimmer haben ein eigenes Bad; die billigeren teilen sich allerdings die Badezimmer. **www.hotel-pension-elite-berlin.de**

### Hotel-Pension Funk 🔼 🅿 🚹 €

*Fasanenstraße 69, 10719* 📞 *882 71 93* FAX *883 33 29* **Zimmer** *14*     **Stadtplan** *10 D2*

Das Haus ist eine der altehrwürdigen Berliner Pensionen, was man an der Einrichtung mit schweren Vorhängen, Teppichen und Möbeln aus allen Stilepochen unschwer erkennt. Filmfans können in dem Apartment übernachten, das einst der legendären Asta Nielsen gehörte. **www.hotel-pensionfunk.de**

### Art Nouveau Hotel 🔼 🅿 🚹 €€

*Leibnizstraße 59, 10629* 📞 *327 74 40* FAX *327 744 40* **Zimmer** *14*     **Stadtplan** *9 B1*

Die Hotelpension liegt etwas versteckt in einem Gebäude aus dem 19. Jahrhundert. Die hohen und individuell eingerichteten Räume haben Stuckdecken, enthalten aber auch moderne Möbel wie Futon-Betten. Stammgäste schwärmen für das »Gelbe Zimmer«. **www.hotelartnouveau.de**

### Hotel Askanischer Hof 🔼 🚹 €€

*Kurfürstendamm 53, 10707* 📞 *881 80 33* FAX *881 72 06* **Zimmer** *16*     **Stadtplan** *9 B2*

Das Hotel überstand als eines der wenigen unbeschadet den Zweiten Weltkrieg. Das Innere ist im Stil der 1920er Jahre dekoriert. Die Zimmer sind hübsch und komfortabel; einige haben Himmelbetten. Franz Kafka und Arthur Miller stiegen hier schon ab. Angenehm: die kleine intime Hotelbar. **www.askanischer-hof.de**

### Hotel Astoria 🔼 🅿 🚹 €€

*Fasanenstraße 2, 10623* 📞 *312 40 67* FAX *312 50 27* **Zimmer** *32*     **Stadtplan** *4 D5*

Seit drei Generationen in einer Hand: Das familiäre Hotel liegt in einem Gebäude aus dem 19. Jahrhundert und gilt als das beste seiner Art in Berlin. Die Räume sind angenehm eingerichtet. Das Fehlen eines Hotelrestaurants wird durch die Nähe zum Savignyplatz wettgemacht. **www.hotelastoria.de**

### Belmondo am Kurfürstendamm 🔼 €€

*Joachimstaler Straße 39–40, 10623* 📞 *889 110* FAX *889 111 50* **Zimmer** *138*     **Stadtplan** *10 D1*

Das Hotel liegt an einer der belebtesten Ecken des Kurfürstendamms. Es besitzt eine beeindruckende Lobby; im Vergleich dazu sind die Zimmer etwas enttäuschend. Gleichwohl ist das Haus eine preisgünstige Alternative zu den benachbarten teureren Hotels. **www.ahc-hotels.com**

**Preiskategorien** *siehe S. 220* **Zeichenerklärung** *siehe hintere Umschlagklappe*

## Hotel Garni Hardenberg Berlin

*Joachimstaler Straße 39–40, 10623* **C** *882 30 71* **FAX** *881 51 70* **Zimmer** *42*      **Stadtplan** *10 D1*

Das kleine, familiengeführte Hotel eignet sich für Besucher, denen eine lautere Ecke im Zentrum Berlins nichts ausmacht und die auch die etwas altmodische Einrichtung der großen Zimmer nicht stört. Zum Ausgleich sind Frühstücksbüfett und Service bestens – und die Preise in dieser Lage unschlagbar. **www.hotel-hardenberg.com**

## Hotel Gates

*Knesebeckstraße 8–9, 10623* **C** *311 060* **FAX** *312 20 60* **Zimmer** *104*      **Stadtplan** *3 C5*

Das Art-Hotel hat unterschiedliche Preise und Standards. Es gibt originale moderne Kunst in den Zimmern, zudem in jedem Zimmer ein stilvolles Bad, Minibar und TV. Die Lage im schönsten Teil von Charlottenburg ist ein Plus, und der Ku'damm ist nur ein paar Schritte entfernt. **www.hotel-gates.com**

## Hotel Pension Augusta

*Fasanenstraße 22, 10719* **C** *883 50 28* **FAX** *882 47 79* **Zimmer** *47*      **Stadtplan** *10 D1*

Die preisgünstige Hotelpension liegt im Herzen Berlins. Die Zimmer des Altbaus (19. Jh.) sind groß und ruhig. Einige Zimmer haben kein Bad und sind daher entsprechend billiger. Das Haus hat kein eigenes Restaurant, doch in dieser Gegend gibt es jede Menge Lokale. **www.hotel-augusta.de**

## Hotel Pension Dittberner

*Wielandstraße 26, 10707* **C** *881 64 85* **FAX** *885 40 46* **Zimmer** *22*      **Stadtplan** *3 B5*

Dies ist eine der charmanten, altmodischen Pensionen, wie sie einst typisch für Berlin waren – mit persönlichem Service im Ambiente aus dem 19. Jahrhundert. Die Zimmer sind groß, die Möbel etwas »angestaubt«. Doch für die Lage gleich beim Ku'damm und für das Flair von Alt-Berlin ist das in Ordnung. **www.hotel-dittberner.de**

## Ku'Damm 101 Hotel

*Kurfürstendamm 101, 10711* **C** *520 05 50* **FAX** *520 055 555* **Zimmer** *170*      **Stadtplan** *9 A2*

Das Designhotel liegt an einem eleganten Abschnitt des Ku'damms. Es besticht durch klare Formen, sparsame Möblierung, abstrakte Gemälde sowie viel Glas, Stahl und Holz. Jedes Zimmer besitzt Wireless LAN und einen Schreibtisch. Vom Frühstücksraum im obersten Stock genießt man den Blick auf Berlin. **www.kudamm101.com**

## Propeller Island City Lodge

*Albrecht-Achilles-Straße 58, 10709* **C** *891 90 16* **FAX** *891 87 21* **Zimmer** *30*

Das Propeller liegt in einem Altbau in einer ruhigen Seitenstraße beim Kurfürstendamm. Bekannt ist es als Art-Hotel: Die Zimmer sind unterschiedlich nach bestimmten Themen gestaltet und mit Kunstwerken ausgestattet. Wer einen unvergesslichen Eindruck mitnehmen will, sollte hier absteigen. **www.propeller-island.de**

## Remter

*Marburger Straße 17, 10789* **C** *235 08 80* **FAX** *213 86 12* **Zimmer** *31*      **Stadtplan** *10 E1*

Das angenehme, ruhige Hotel liegt für Besucher ideal – ganz in der Nähe der Kaiser-Wilhelm-Gedächtnis-Kirche. Die Zimmerpreise gehören zwar nicht zu den billigsten in Berlin, doch angesichts der zentralen Lage muss man sie unter die Kategorie »preisgünstig« einordnen. **www.hotel-remter.de**

## Alsterhof

*Augsburger Straße 5, 10789* **C** *212 420* **FAX** *278 39 49* **Zimmer** *200*      **Stadtplan** *10 E2*

Das Haus ist für Nichtraucher empfehlenswert, da es Nichtraucher-Zimmer und auch einen Nichtraucher-Frühstücksraum anbietet. Im Sommer wird im hübschen, mit Kastanien bestandenen Innenhof Kaffee serviert. Es gibt zudem einen kleinen Wellness- und Fitness-Bereich. **www.alsterhof.com**

## Art'otel Berlin Kudamm

*Joachimstaler Straße 29, 10719* **C** *884 470* **FAX** *884 477 00* **Zimmer** *133*      **Stadtplan** *10 D2*

Das Sorat Art'otel kann man schon von Weitem am Diskuswerfer, einer Skulptur der Fassade, erkennen. Das Design des Hauses ist modern und farbenfroh; jedes Zimmer ist ein Unikat. Das Hotel ist eigentlich ein Gesamtkunstwerk. Der Service ist zudem ausgezeichnet. **www.artotels.de**

## Bleibtreu Hotel

*Bleibtreustraße 31, 10707* **C** *884 740* **FAX** *884 744 44* **Zimmer** *60*      **Stadtplan** *9 B2*

Das Hotel liegt in einem renovierten Gebäude (19. Jh.) in der ruhigen Charlottenburger Straße. Im Innern dominieren naturbelassene Materialien. Die Speisen des Restaurants basieren auf ökologischen Produkten von den Bauernhöfen um Berlin. Hübsch im Sommer: der begrünte Innenhof. **www.bleibtreu.com**

## Crowne Plaza Berlin City

*Nürnberger Straße 65, 10787* **C** *210 070* **FAX** *213 20 09* **Zimmer** *423*      **Stadtplan** *10 E2*

Das luxuriöse Hotel mit angenehmer Atmosphäre liegt in der Nähe von Kaiser-Wilhelm-Gedächtnis-Kirche und Tauentzienstraße. Es bietet einen Swimmingpool, ein gutes Restaurant und große Zimmer mit allen modernen Annehmlichkeiten. Es gibt spezielle Kombi-Angebote (etwa Wochenende mit Sightseeing). **www.cp-berlin.com**

## Ellington Hotel Berlin

*Nürnberger Straße 50–55, 10719* **C** *683 150* **FAX** *683 155 555* **Zimmer** *285*      **Stadtplan** *10 E2*

Das Ellington Hotel ist in einem Gebäude untergebracht, das in den 1920er Jahren im Bauhaus-Stil erbaut wurde. Es liegt nur wenige Minuten vom Kurfürstendamm entfernt. Die Zimmer sind kleiner als in vielen anderen Hotels der Stadt, doch die Einrichtung und der Service lassen keine Wünsche offen. **www.ellingtonhotel.de**

**Stadtplan** *siehe Seiten 300–323*

## Hecker's Hotel
*Grolmanstraße 35, 10623* 🛈 *889 00* 🗔 *889 02 60* **Zimmer** *69*     **Stadtplan** *9 C1*

Das dezente Haus mitten in der City legt auf die persönliche Betreuung seiner Gäste großen Wert. Die einfache Fassade des Hotels versteckt ein edles Innenleben. Die Einrichtung ist im Stil von Frank Lloyd Wright gehalten – mit viel zeitgenössischer Kunst. **www.heckers-hotel.com**

## Hotel am Zoo
*Kurfürstendamm 25, 10719* 🛈 *884 370* 🗔 *884 377 10* **Zimmer** *136*     **Stadtplan** *10 D1*

Das kleine, aber elegante Haus bietet eine Mischung aus modernem Management und großen ruhigen, zeitlos möblierten Zimmern in einem der wenigen grandiosen Altbauhäuser am Kurfürstendamm. Näher an der Flanier-meile können Sie fast nicht wohnen. **www.hotelzoo.de**

## Hotel Mondial
*Kurfürstendamm 47, 10707* 🛈 *884 110* 🗔 *884 111 50* **Zimmer** *75*     **Stadtplan** *9 B2*

Die Lage des angenehmen Hotels beim George-Grosz-Platz mit seinen Restaurants ist großartig. Das Haus bietet hervorragenden Service in freundlicher Atmosphäre. Ein weiteres Plus: Ein Viertel der Zimmer sind behinderten-gerecht ausgestattet. **www.hotel-mondial.com**

## Hotel Residenz Berlin
*Meinekestraße 9, 10719* 🛈 *884 430* 🗔 *882 47 26* **Zimmer** *77*     **Stadtplan** *10 D2*

Das einladende Hotel in einem frisch renovierten Altbau (19. Jh.) liegt in einer Seitenstraße des Kurfürstendamms. Das Angebot reicht von noblen Suiten bis zu Apartments mit Einbauküche – Frühstücksbüfett eingeschlossen. Wer länger bleibt, kann Sonderkonditionen aushandeln. **www.hotel-residenz.com**

## NH Hotel
*Grolmanstraße 41–43, 10623* 🛈 *884 260* 🗔 *884 265 00* **Zimmer** *167*     **Stadtplan** *9 C1*

Das freundliche, moderne Hotel bietet für große Gäste einige Zimmer mit extralangen Betten an. Es besitzt eine Dachterrasse. Im Sommer wird das Frühstück auch im Innenhof serviert. Verlangen Sie bei der Buchung nach einem ruhigen Zimmer zum Innenhof. **www.nh-hotels.com**

## Sorat Hotel Ambassador Berlin
*Bayreuther Straße 42–43, 10787* 🛈 *219 020* 🗔 *219 023 80* **Zimmer** *218*     **Stadtplan** *10 F1*

Das Komforthotel liegt nahe dem Wittenbergplatz. Es ist funktional eingerichtet. Die großen Zimmer sind traditionell möbliert und haben Schallschutzfenster. Das rustikale Hotelrestaurant bietet auch Tagesmenüs und ein Büfett im schwedischen Stil an. **www.sorat-hotels.com**

## Swissôtel Berlin
*Augsburger Straße 44, 10789* 🛈 *220 100* 🗔 *220 102 222* **Zimmer** *316*     **Stadtplan** *10 D1*

Das First-Class-Hotel am Ku'damm liegt in einem beeindruckenden Gebäude an einer belebten Straßenkreuzung der Flaniermeile – perfekt für Sightseeing. Die in brauner Farbtönung gehaltenen Zimmer sind groß und haben komfor-table Lounge-Chairs, dicke Teppiche und Vorhänge. **www.berlin.swissotel.com**

## Art'otel City Center West
*Lietzenburger Straße 85, 10719* 🛈 *887 77 70* 🗔 *887 777 777* **Zimmer** *91*     **Stadtplan** *10 D2*

Gleich beim Kurfürstendamm befindet sich eines der Top-Designhotels in Deutschland – voller Andy-Warhol-Repro-duktionen. Die Zimmer sind individuell gestaltet und mit Designmöbeln ausgestattet. Ideal für alle, die farbenfrohes Design schätzen und direkt in der City wohnen wollen. **www.artotels.com**

## Hotel Brandenburger Hof
*Eislebener Straße 14, 10789* 🛈 *214 050* 🗔 *214 051 00* **Zimmer** *72*     **Stadtplan** *10 E2*

Familiäre Atmosphäre, hervorragender Service und ruhige, luxuriöse Zimmer machen den Brandenburger Hof zu einem der edelsten Hotels der Stadt – von Michelin empfohlen. Das beeindruckende Gebäude ist renoviert worden. Die Zimmer sind mit Bauhaus-Möbeln ausgestattet. **www.brandenburger-hof.com**

## Hotel Palace Berlin
*Budapester Straße 45, 10789* 🛈 *250 20* 🗔 *250 21 119* **Zimmer** *282*     **Stadtplan** *10 E1*

Außen eher unscheinbar, innen bezaubernd – das Palace ist ein Haus von diskreter Eleganz. Die prominenten Gäste, etwa Julia Roberts oder Isabella Rossellini, schätzen die intime Atmosphäre. Von einfachen Doppelzimmern bis hin zu Präsidentensuiten ist hier alles zu haben. **www.palace.de**

## Hotel Steigenberger Berlin
*Los-Angeles-Platz, 10789* 🛈 *212 70* 🗔 *212 71 17* **Zimmer** *397*     **Stadtplan** *10 E2*

Das zentral gelegene Hotel bietet sowohl hübsche, kürzlich neu möblierte Zimmer als auch verschiedene Arten von Apartments an. Zudem gibt es einen Swimmingpool, eine Sauna mit Massagebehandlungen und eine Bar. Das Hotelrestaurant Berliner Stube bietet exzellente Berliner Küche. **www.berlin.steigenberger.de**

## Kempinski Hotel Bristol Berlin
*Kurfürstendamm 27, 10719* 🛈 *884 340* 🗔 *883 60 75* **Zimmer** *301*     **Stadtplan** *10 D1*

Der Klassiker der Berliner Hotels: Das Kempinski wurde in den 1990er Jahren restauriert, besitzt aber noch ein ori-ginalgetreues Interieur. Die Luxuszimmer bieten allen Komfort – 18 davon sind behindertengerecht. Das bekannte Restaurant des Hauses, der Kempinski-Grill, serviert internationale Küche. **www.kempinskiberlin.de**

**Preiskategorien** *siehe S. 220* **Zeichenerklärung** *siehe hintere Umschlagklappe*

## Savoy Hotel                                                                                                    €€€€

*Fasanenstraße 9–10, 10623* 311 030 FAX *310 33 33* **Zimmer** *125*                                          **Stadtplan** *10 D1*

Das Savoy gehört zu den schönsten Berliner Hotels. Die eleganten Zimmer und die freundliche Atmosphäre ziehen eine exklusive Klientel an. Von den Suiten im sechsten Stock hat man einen schönen Ausblick. Zu den Annehmlichkeiten zählen Babysitting, Organisation von Theaterkarten – und eine Zigarrenbar. **www.hotel-savoy.com**

## Hotel Concorde Berlin                                                                                          €€€€€

*Augsburger Straße 41, 10789* 800 99 90 FAX *800 999 99* **Zimmer** *311*                                      **Stadtplan** *10 D1*

Das Concorde ist eine gute Wahl für Gäste, die sich so richtig verwöhnen lassen wollen. Die Zimmer sind geräumig und komfortabel eingerichtet, viele bieten Aussicht auf den Kurfürstendamm. Der Service des Hauses ist perfekt, das französische Restaurant ist einen Besuch wert. **www.hotelconcordeberlin.com**

# UM SCHLOSS CHARLOTTENBURG

## Art Hotel Charlottenburger Hof                                                                                €€

*Stuttgarter Platz 14, 10627* 329 070 FAX *323 37 23* **Zimmer** *46*                                          **Stadtplan** *9 A1*

Für alle, die die besondere Berlin-Erfahrung suchen: Der Charlottenburger Hof ist der geglückte Versuch, die Tradition der Berliner Pensionen wieder zu beleben. Die vorwiegend jungen Gäste lieben die individuell gestalteten Zimmer, in denen Drucke von Mondrian hängen. Das Personal ist sehr hilfsbereit. **www.charlottenburger-hof.de**

## Comfort Hotel an der Oper                                                                                      €€€

*Bismarckstraße 100, 10625* 315 830 FAX *315 831 09* **Zimmer** *49*                                           **Stadtplan** *3 A4*

Einige Zimmer des Hotels nahe der Oper in Charlottenburg liegen zwar an der lauten Bismarckstraße, doch sie haben Schallschutzfenster. Die pastellfarbenen Zimmer sind groß und praktisch eingerichtet. Es gibt einen Frühstücksraum für Nichtraucher; das italienische Restaurant bietet mediterrane Küche. **www.hotel-an-der-oper.de**

## Hotel Econtel Berlin                                                                                           €€€

*Sömmeringstraße 24–26, 10589* 346 810 FAX *346 811 63* **Zimmer** *205*                                       **Stadtplan** *3 A2*

Das große gastfreundliche Hotel ist bei Familien recht beliebt. Es gibt Babysitterdienste sowie kindergerechte und große Familienapartments – alle geschmackvoll und funktional eingerichtet. Ein weiterer Pluspunkt ist die ruhige Lage. **www.econtel.de**

## Schlossparkhotel                                                                                               €€€

*Heubnerweg 2a, 14059* 326 90 30 FAX *326 903 600* **Zimmer** *40*                                             **Stadtplan** *2 D2*

Das moderne Hotel gehört zu einer Privatklinik. Es ist klein und angenehm und gehört zur Komfortklasse. Die Lage nahe der Gärten des Schlossparks Charlottenburg macht es zum einzigen City-Hotel in grüner Umgebung. Fragen Sie nach einem Zimmer mit Balkon in Richtung der Schlossgärten. **www.schlossparkhotel.de**

# ABSTECHER

## KREUZBERG: Die Fabrik                                                                                          €

*Schlesische Straße 18, 10997* 611 71 16 FAX *618 29 74* **Zimmer** *45*

Die Jugendherberge liegt in einem alten Fabrikgebäude mitten in Kreuzberg. Die Zimmer sind schlicht; die Bäder müssen mit anderen Gästen geteilt werden. Doch die entspannte Atmosphäre ist das Plus des Hauses. Das Angebot umfasst Einzelzimmer, Doppelzimmer und Schlafsäle. **www.diefabrik.com**

## PRENZLAUER BERG: Holiday Inn Berlin City Center East                                                           €

*Prenzlauer Allee 169, 10409* 446 610 FAX *446 616 61* **Zimmer** *123*

Das Hotel bezeichnet sich selbst als Art-Hotel – und in der Tat kann man hier einige Kunstwerke finden. Gleichwohl ist das Holiday Inn in erster Linie ein Business-Hotel mit günstigen Preisen. Die Zimmer sind sauber und komfortabel. An den Wochenenden gibt es Sondertarife. **www.hi-berlin.com**

## CHARLOTTENBURG: Berlin Excelsior Hotel S.A.                                                                    €€

*Hardenbergstraße 14, 10623* 315 50 FAX *315 510 02* **Zimmer** *316*                                          **Stadtplan** *3 C5*

Das einstige First-Class-Hotel strahlt immer noch ein spezielles Flair aus, doch der erstklassige Service und die entsprechenden Annehmlichkeiten fehlen. Gleichwohl: Die großen, stilvoll eingerichteten Zimmer mit Blick auf den entfernten Steinplatz sind einladend. Studentenkneipen und Cafés liegen in Gehnähe. **www.hotel-excelsior.de**

## FRIEDRICHSHAIN: Eastern Comfort                                                                                €€

*Mühlenstraße 73–75, 10243* 667 63 806 FAX *667 63 805* **Zimmer** *24*

Das Eastern Comfort ist vielleicht das ungewöhnlichste Hotel der Stadt. Es handelt sich dabei um ein altes, akribisch rekonstruiertes Hausboot, das in der Spree in Friedrichshain vor Anker liegt. Zimmer gibt es in drei Größen und Klassen, die teuersten sind auf dem Oberdeck. **www.eastern-comfort.com**

**Stadtplan** *siehe Seiten 300–323*

## FRIEDRICHSHAIN: East-Side Hotel          P ⅰ          €€
*Mühlenstraße 6, 10243* C *293 833* FAX *293 835 55* **Zimmer** *36*                    *Stadtplan 8 F5*

Das East-Side Hotel liegt gegenüber der East-Side-Gallery *(siehe S. 173)*. Das Gebäude diente früher als Unterkunft für Arbeiter. Das komfortable Hotel mit familiärer Atmosphäre wurde 1996 eröffnet und bietet große helle Zimmer mit moderner Ausstattung und geräumigen Bädern. **www.eastsidecityhotel.de**

## ZEHLENDORF: Forsthaus Paulsborn          ⅰ          €€
*Am Grunewaldsee/Hüttenweg 90, 14193* C *818 19 10* FAX *818 191 50* **Zimmer** *10*

Die Lage des Hotels mitten im Grunewald macht ein Auto unabdingbar. Bleiglasfenster und ein offener Kamin in der Lobby tragen zum nostalgisch-rustikalen Ambiente der früheren Jagdhütte bei. Das Restaurant bietet Fleisch- und Wildgerichte vom Grill. Die Zimmer sind im Landhaus-Stil eingerichtet. **www.forsthaus-paulsborn.de**

## WILMERSDORF: Frauenhotel Artemisia          €€
*Brandenburgische Straße 18, 10707* C *873 89 05* FAX *861 86 53* **Zimmer** *12*

Das Artemisia nimmt nur weibliche Gäste auf. Hier übernachten oft Geschäftsfrauen (Männer haben Zutritt im Konferenzraum). Die hübschen Zimmer werden von Grünpflanzen geziert. Bei einigen Zimmern teilen sich Gäste ein Bad. Das Hotel hat eine kleine Kunstgalerie. Frühstück gibt es auf der Terrasse. **www.artemisia-berlin.com**

## PRENZLAUER BERG: Hotel-Pension Kastanienhof          ⅱ P          €€
*Kastanienallee 65, 10119* C *44 30 50* FAX *443 051 11* **Zimmer** *35*

Der Kastanienhof ist eine preisgünstige Pension, die in einem restaurierten Berliner Mietshaus liegt. Sie ist der ideale Ausgangspunkt für die Clubszene am Prenzlauer Berg. Die Zimmer sind recht hübsch und mit Fön, Minibar und Safe ausgestattet. **www.kastanienhof.biz**

## RAHNSDORF: Hotel Müggelsee Berlin          ⅱ P ⅰ ⅶ ⊟          €€
*Müggelheimer Damm 145, 12559* C *658 820* FAX *658 822 63* **Zimmer** *176*

Das exzellente Hotel liegt fernab vom Trubel der Stadt. Eingebettet in die grüne Umgebung des Müggelsees in Köpenick, ermöglicht es einen ganz entspannten Aufenthalt. Die geräumigen Zimmer der drei Etagen des Hauses sind unterschiedlich eingerichtet: italienisch, asiatisch und deutsch. **www.hotel-mueggelsee-berlin.de**

## SCHÖNEBERG: Hotel Schöneberg          ⅱ P          €€
*Hauptstraße 135, 10827* C *780 96 60* FAX *780 966 20* **Zimmer** *31*

Das Drei-Sterne-Hotel liegt zwar abseits der Sehenswürdigkeiten, doch das hübsche Ambiente und die günstigen Preise sind ein Argument. Das Jugendstil-Gebäude bietet Zimmer in drei Preiskategorien an, die aber alle groß und mit Möbeln aus den 1920er Jahren eingerichtet sind. Freundlicher Service. **www.hotelschoeneberg.de**

## TIERGARTEN: Hotel Sylter Hof Berlin          ⅱ P ⅰ ⊟          €€
*Kurfürstenstraße 114–116, 10787* C *212 00* FAX *212 02 00* **Zimmer** *178*                    *Stadtplan 10 F1*

Früher gehörte der Sylter Hof zur ersten Hotelriege, und er macht seinem Namen immer noch Ehre. Wenn man das Hotel betritt, glaubt man sich in die 1960er Jahre versetzt. Doch wenn Sie die Zimmer sehen, werden Sie angenehm überrascht sein: komfortable Möblierung, edle Bäder und u.a. Wireless LAN. **www.sylterhof-berlin.de**

## PRENZLAUER BERG: Jurine          ⅱ P          €€
*Schwedter Straße 15, 10119* C *443 29 90* FAX *443 299 99* **Zimmer** *53*

Das kleine Hotel liegt beim Senefelderplatz im Bezirk Prenzlauer Berg und ganz in der Nähe der U-Bahn-Station, sodass man schnell in die City gelangt. Die Zimmer wurden kürzlich umgestaltet und besitzen einen hohen Komfort. Besonders hübsch: der begrünte Hotelgarten hinter dem Haus. **www.hotel-jurine.de**

## LICHTERFELDE: Villa Toscana          P          €€
*Bahnhofstraße 19, 12207* C *768 92 70* FAX *773 44 88* **Zimmer** *16*

Das ruhige Hotel ist in einer Villa im italienischen Stil (19. Jh.) situiert. Es ist eher für Gäste mit eigenem Auto empfehlenswert, da es weitab vom Zentrum und auch weiter weg von S- und U-Bahn-Stationen liegt. Die Zimmer sind hübsch möbliert und besitzen elegante Bäder. **www.villa-toscana.de**

## NEUKÖLLN: Estrel Hotel & Convention Center          ⅱ P ⅰ ≋ ⅹ ⅶ ⊟          €€€
*Sonnenallee 225, 12057* C *683 10* FAX *683 123 45* **Zimmer** *1125*                    *Stadtplan 14 F5*

Das größte Hotel Europas wurde 1994 eröffnet und ist Gastgeber großer Konferenzen. Es ist aber auch bei ganz normalen Besuchern beliebt, da es eine gute S-Bahn-Anbindung zur City besitzt. Im Sommer kann man im Garten am Kanal ein Bier genießen. Pluspunkte sind die moderaten Preise und der perfekte Service. **www.estrel.com**

## MITTE: Honigmond          ⅱ P ⅰ          €€€
*Tieckstraße 12, 10115* C *284 45 50* FAX *284 455 11* **Zimmer** *60*                    *Stadtplan 6 F1*

Das Honigmond liegt ideal, um Berlin-Mitte und die Kunstszene am Prenzlauer Berg zu erkunden. In dem früheren Mietshaus gibt es individuell eingerichtete Zimmer – einige mit Parkett und Himmelbetten. Andere Zimmer, die sich um den Innenhof gruppieren, entzücken mit Einrichtung im Stil eines Sommerhauses. **www.honigmond.de**

## KREUZBERG: Hotel Luisenhof          ⅱ P ⅹ          €€€
*Köpenicker Straße 92, 10179* C *246 28 10* FAX *246 28 160* **Zimmer** *27*                    *Stadtplan 8 D5*

Das Luisenhof nahe dem Märkischen Museum hat sein Domizil im ältesten Gebäude dieser Gegend. Das Haus von 1882 wurde von Grund auf renoviert und ist nun ein charmantes Hotel mit hübschen Zimmern und einem netten Restaurant im Keller. Die Luisensuite ist zwar nicht billig, aber ihr Geld wert. **www.luisenhof.de**

**Preiskategorien** *siehe S. 220* **Zeichenerklärung** *siehe hintere Umschlagklappe*

## CHARLOTTENBURG: Hotel Seehof Berlin

*Lietzenseeufer 11, 14057* **C** *320 020* **FAX** *320 022 51* **Zimmer** *75*                 **Stadtplan** *2 D5*

Das empfehlenswerte Hotel liegt nur zehn Minuten vom Messegelände entfernt. Äußerlich recht modern, überraschen die großen, stilvoll eingerichteten Zimmer. Das Hotelrestaurant Au Lac bietet einen wundervollen Blick auf den Lietzensee. **www.hotel-seehof-berlin.de**

## MOABIT: Hotel Spreebogen Berlin

*Alt-Moabit 99, 10559* **C** *399 200* **FAX** *399 209 99* **Zimmer** *224*                 **Stadtplan** *4 F1*

Das Haus liegt sehr schön an der Spree und unweit des Tiergartens mit dem Regierungsviertel. Das Gebäude war einst eine Molkerei. Einige der eleganten Zimmer bieten Spreeblick. Das Hotel besitzt eine eigene Yacht für Fahrten auf dem Fluss. Im Sommer ist die große Terrasse des Restaurants geöffnet. **www.hotel-spreebogen.de.com**

## WESTEND: Villa Kastania

*Kastanienallee 20, 14052* **C** *300 00 20* **FAX** *300 002 10* **Zimmer** *45*                 **Stadtplan** *1 A5*

Der Service des freundlichen Hauses zeugt von einem hohen Standard. Die Villa Kastania liegt in einer ruhige Straße, ein paar Gehminuten vom Messegelände entfernt und mit guten Anschlüssen ins Zentrum. Alle Zimmer besitzen einen Balkon, die Standardzimmer zudem eine Einbauküche. **www.villakastania.com**

## MITTE: Lux 11

*Rosa-Luxemburg-Str. 9–13, 10178* **C** *936 28 00* **FAX** *93 62 80 80* **Zimmer** *120*

Elegant und schnörkellos präsentiert sich das Hotel im Herzen des Szenenviertels Mitte. Die hellen, mit allen Komfortmerkmalen ausgestatteten Zimmer und Apartments sind in einem erstklassig restaurierten Mietshaus des 19. Jahrhundert untergebracht. Das asiatische Restaurant Shiro i Shiro ist ebenfalls eine gute Wahl. **www.lux-eleven.com**

## LICHTERFELDE: Schlosshotel im Grunewald

*Brahmsstraße 10, 14193* **C** *895 840* **FAX** *895 848 00* **Zimmer** *54*

Das exklusivste und wohl teuerste Berliner Hotel liegt in einem Schlösschen, das 1912 für Walter von Pannwitz, den Hofadvokaten des Kaisers, errichtet wurde. Das Interieur stammt von Karl Lagerfeld. Die Lobby mit ihrer kunstvollen Kassettendecke ist atemberaubend schön. **www.schlosshotelberlin.com**

# AUSFLÜGE

## Clarion Collection Art'otel Potsdam

*Zeppelinstraße 136, 14471* **C** *0331 981 50* **FAX** *0331 981 55 55* **Zimmer** *123*

Ein Teil der Zimmer des Luxushotels an der Havel befindet sich in einem alten Getreidespeicher (19. Jh.) mit schönen Decken, restaurierten Holzbalken und ausgestattet mit Designmöbeln. Die Zimmer im neuen Trakt besitzen Balkone zur Havel hin. **www.artotel-potsdam.com**

## Hotel am Luisenplatz

*Luisenplatz 5, 14471 Potsdam* **C** *0331 97 19 00* **FAX** *0331 971 90 19* **Zimmer** *38*

An Potsdams hübschestem Platz liegt dieses Vier-Sterne-Hotel, das geschmackvoll in warmen Braun- und Blautönen gehalten ist. Die Zimmer sind geräumig und bieten allen modernen Komfort. Die Suiten sind noch hübscher und kosten nur 20 Euro mehr. **www.hotel-luisenplatz.de**

## NH Voltaire Potsdam

*Friedrich-Ebert-Straße 88, 14467* **C** *0331 231 70* **FAX** *0331 231 71 00* **Zimmer** *143*

Das Spitzenhotel mit Restaurant und Bar liegt im Zentrum Potsdams, in der Nähe des berühmten Holländischen Viertels. Die ansprechend möblierten, eleganten Zimmer haben eine individuelle Farbgebung. Der moderne Trakt des Hauses besitzt eine Verbindung zum barocken Palais. **www.nh-hotels.com**

## Steigenberger MAXX Hotel Sanssouci

*Allee nach Sanssouci, 14471 Potsdam* **C** *0331 909 10* **FAX** *0331 909 19 09* **Zimmer** *137*

Das Haus bietet allen Komfort, den man von einem Steigenberger Hotel erwartet. Die ruhigen Zimmer sind mit Hollywood-Themen der 1940er und 1950er Jahre dekoriert und mit Möbeln im Landhaus-Stil ausgestattet. Es gibt zudem ein Hotelrestaurant und eine Bar. **www.potsdam.steigenberger.de**

## Zur Bleiche Resort & Spa

*Bleichestraße 16, 03096 Burg im Spreewald* **C** *03560 36 20* **FAX** *03560 360 292* **Zimmer** *91*

Wer nach einem anstrengenden Tag in der City entspannen will, ist in diesem exklusiven Wellness-Hotel in einem historischen Landhaus richtig. Die Zimmer variieren von rustikal bis elegant. Die Wellness- und Fitness-Angebote sind fantastisch. Das Hotelrestaurant gehört zu den besten in Ostdeutschland. **www.hotel-zur-bleiche.com**

## Relexa Schlosshotel Cecilienhof

*Neuer Garten, 14469* **C** *0331 370 50* **FAX** *0331 292 498* **Zimmer** *41*

Der Ort für Geschichtsbewusste: Das Hotel im britischen Landhaus-Stil liegt im Schloss Cecilienhof. Abends, wenn die Tagesausflügler das Feld geräumt haben, können Hotelgäste im Park spazieren gehen oder eine Bootsfahrt auf dem See machen. Das Hotelrestaurant wartet mit exquisiter regionaler Küche auf. **www.relexa-hotels.de**

**Stadtplan** *siehe Seiten 300–323*

# RESTAURANTS

Berlin ist kosmopolitisch – entsprechend groß ist das kulinarische Angebot in der Stadt. Man kann u. a. griechisch, indisch, chinesisch, kambodschanisch, thailändisch, türkisch oder etwa auch elsässisch speisen. In jüngster Zeit eröffneten vermehrt Lokale berühmter Köche, die sich einem hohen europäischen Standard und internationalen Gerichten verschrieben haben. Daneben bietet natürlich eine Vielzahl von Lokalen einheimische Küche. Letztere ist meist sehr reichhaltig und herz-

**Schild des Forsthauses Paulsborn**

haft – und sie kommt in großen Portionen daher. Wo immer Sie sich in Berlin gerade befinden: Jeder Stadtteil hat seine Restaurants, Cafés und Bars, alle ganz unterschiedlich in Stil und Preis.

Einige der besten Lokale Berlins sind auf den Seiten 236–243 beschrieben. Auswahlkriterien waren die Qualität der Speisen und die Frage, was man als Gegenwert für seine Zeche bekommt. Die Tipps auf den Seiten 244–249 sind für den kleinen Hunger und für den Durst gedacht.

legt, trifft sich neuerdings am Kollwitzplatz am Prenzlauer Berg. Trotz allem, was sich im Ostteil der Stadt getan hat, gehören die Kreuzberger Restaurants (vor allem diejenigen in der Oranienstraße) nach wie vor zu den Lokalen, in denen immer etwas los ist. Die Qualität unterliegt dort kaum Schwankungen, und das Angebot ist stets recht vielfältig.

## ESSEN IN BERLIN

Ganz gleich, wo Sie frühstücken gehen – das Angebot ist immer sehr reichhaltig. Meist besteht es aus Eiern, Wurst und Schinken sowie diversen Käsesorten. Sonntags gibt es in vielen Cafés und Lokalen Brunch. Die Büfetts sind in der Regel bis etwa 14 Uhr geöffnet. Zur Mittagszeit dürfte es nirgends

schwer sein, einen frischen Salat oder eine Suppe zu bekommen. Viele Restaurants locken mittags mit günstigen Tagesmenüs.

Die Möglichkeiten für das Abendessen sind schier unbegrenzt. Wem der Sinn nach einheimischer Küche steht, entscheidet sich vielleicht für ein herzhaftes Eisbein oder eine Kartoffelsuppe (siehe S. 232f). Liebhaber der italienischen Küche haben die Wahl zwischen guten Pizzerien und feiner italienischer Küche, spezialisiert nach Regionen. Fans der asiatischen Küche steht eine ganze Reihe von Lokalen im Bezirk Prenzlauer Berg und am Savignyplatz offen.

Eine große Bereicherung ist die zunehmende Zahl mexikanischer Lokale, vor allem um die Oranienburger Straße und in Kreuzberg. Recht gut

**Das elegante Ambiente des Margaux** *(siehe S. 236)*

## RESTAURANTAUSWAHL

Gute Restaurants und Cafés findet man zwar überall in Berlin, doch die besten Gourmet-Tempel sind nicht selten in den exklusiven Hotels zu Hause, so das **Facil** im Mandala *(siehe S. 223)*, das **Fischers Fritz** im Regent *(siehe S. 220)* oder die Restaurants von Tim Raue im Adlon *(siehe S. 220)*. Ähnlich noble Lokale liegen oft in ruhigen Wohngebieten, weiter weg vom Zentrum, etwa das **Margaux** *(siehe S. 236)*. Die größte Anzahl von guten Restaurants befindet sich in bekannten Gegenden. Im Westteil der Stadt ist das der Savignyplatz.

Zunehmend gut gekocht wird auch an der Oranienburger Straße. Wer jung ist und Wert auf Szenepublikum

**Vor dem Oxymoron** *(siehe S. 237)* **in den Hackeschen Höfen**

Vor dem Dressler, Unter den
Linden *(siehe S. 236)*

und vor allem preiswert sind
griechische Restaurants.

Auch wenn sich für Vegetarier auf fast jeder Speisekarte
einige Gericht finden lassen,
gibt es natürlich eine Anzahl
von Lokalen, deren Angebot
völlig oder wenigstens ten-
denziell fleischfrei ist. Sie sind
in der Restaurantliste *(siehe
S. 236– 243)* gekennzeichnet.

## PREISE UND TRINKGELD

Orientierung bietet die
Speisekarte inklusive
Preisangaben neben dem Eingang des Lokals. Man sollte
beachten, dass es mancherorts ein Drei-Gänge-Menü
(ohne alkoholische Getränke)
bereits für 15 Euro gibt, der
Preis in der City aber oft auf
20 bis 25 Euro steigt. In Lokalen der Spitzenklasse muss
man für ein Menü leicht über
80 Euro berappen.

Ähnlich sind die Preis-
schwankungen bei alkoho-
lischen Getränken. Bier ist
eigentlich am günstigsten. Die
Preise verstehen sich immer
inklusive Steuer und Service,
meist aber wird die Rechnung
aufgerundet. In den besseren
Lokalen sind etwa zehn Prozent Trinkgeld üblich.

## ÖFFNUNGSZEITEN

Normalerweise öffnen
Cafés um 9 Uhr und
Restaurants um 12 Uhr. Letztere oft schließen oft zwischen
15 und 18 Uhr. Dafür wird
man in manchen Lokalen
noch sehr spät bedient, mitunter bis 2 oder 3 Uhr nachts.

Manche der besten und teuersten Restaurants öffnen nur
abends und legen einen
Ruhetag in der Woche ein.

## RESERVIERUNG

Für gehobenere Restaurants
ist eine Reservierung nötig.
Für sehr beliebte Lokale ist
dies auch zu empfehlen. Bei
der Mehrzahl der Restaurants
sind Reservierungen nur an
den lebhaftesten Tagen, nämlich freitags und samstags,
erforderlich. Wer sich ohne
Voranmeldung zu einem
Essen entschließt, ergattert
sicher in jenen Gegenden
noch einen Platz, in denen
Lokale dicht an dicht liegen.

## BEHINDERTE REISENDE

Um sicherzugehen, sollte
man sich bei der Reser-
vierung erkundigen, ob der
Zugang behindertengerecht
ist. Zu beachten ist ferner,
dass die Toiletten mancher
Restaurants im Souterrain
oder im Obergeschoss liegen
oder nur durch einen schmalen Korridor erreichbar sind.

## MIT KINDERN ESSEN

In den meisten Restaurants
sind Kinder willkommen, in
den Lokalen der oberen Kategorie mit Einschränkung. In
praktisch allen Restaurants
gibt es Hochstühle und Kin-
dergerichte, vor allem zur
Mittagszeit. Manche Lokale
haben sogar eine Kinderkarte
mit extra kleinen Portionen.
Auch in Kneipen und Bars
haben Kinder Zutritt.

## SPEISEKARTE

In einfacheren Lokalen ist
die Speisekarte oft handge-
schrieben, manchmal ist eine
Schiefertafel beschriftet. Das
muss kein Nachteil sein – die
Kellner beraten Sie gern.
Misstrauen Sie eher den vor-
gedruckten Speisekarten der
Gastronomieketten: Lieblos
zubereitete Produkte sind hier
die Regel. Als Ergänzung der
Standardgerichte bieten viele
Restaurants ein Tagesmenü
oder andere spezielle Tagesgerichte, meist mit markt-
frischen Zutaten, an.

Stilvoll: Bocca di Bacco *(siehe S. 236)*

## RAUCHEN

Seit dem 1. Januar 2008 gilt
in Berlin ein generelles
Rauchverbot in Restaurants,
Cafés, Kneipen und Bars.
Manche Läden bieten ihren
Gästen ein separates Raucher-
zimmer, ansonsten müssen
Raucher für eine Zigarette
vor die Tür gehen.

Das edle Interieur des Facil *(siehe S. 239)*

# Berliner Küche

Um seine Sinne zu schärfen, muss man in Berlin nur durch die Lebensmittel- oder Bauernmärkte schlendern, oder man geht in die alten Markthallen und die kleinen Delikatessenläden. In Berlin gibt es ganz ausgezeichnete Backwaren. Frisches Gemüse wird überall angeboten. Die Süßwasserfische aus den Flüssen und Seen der Region glitzern auf ihren Eisbetten. Beliebt sind die heimischen Fische Zander, Aal und Forelle sowie Flusskrebse. Die Klassiker des schnellen Snacks, Currywurst oder Thüringer, sind am besten, wenn sie aus den traditionellen deutschen Metzgereien stammen.

Harzer Roller und Emmentaler

Wildpilze – am besten frisch aus der Region

## BERLINS HERZHAFTES KULINARISCHES ERBE

Weder Berlin noch das ländliche Brandenburg waren historisch gesehen je eine Gourmet-Hochburg. Die Hohenzollern konzentrierten sich eher auf das Militär denn auf Kultur und Küche. Doch die Kurfürsten waren hervorragende Jäger, und Wildgerichte (Wildschwein, Hase, Wildente und -gans oder Fasan) waren und sind Bestandteil der Berliner Küche. Im 19. Jahrhundert präferierten sowohl die wohlhabenderen Preußen als auch die Arbeiter einfaches, herzhaftes Essen – nicht nur weil Berlin damals eine vergleichsweise arme Stadt war, sondern auch wegen der langen und harten Winter und des generell kühlen Landklimas.

## BROT UND KARTOFFELN

Es gibt in Berlin eine große Auswahl an Brot- und Brötchensorten. Einige davon sind Berliner Erfindungen, so die dunklen knusprigen herzhaften *Schusterjungen* oder die hellen *Schrippen*.

Der großflächige Anbau der Kartoffel in Preußen wurde von Friedrich dem Großen vehement gefördert. Kartoffelgerichte sind eine

Kürbiskernbrötchen

Berliner Landbrot

Laugenbrötchen

Graubrot

Brötchen oder »Schrippe«

Eine kleine Auswahl von Brotsorten und Brötchen

## REGIONALE GERICHTE UND SPEZIALITÄTEN

In Berlin kennt man viele Zubereitungsarten von Schweinefleisch, das ein beliebtes Hauptgericht ist. Beim *Kasseler*, das der Berliner Metzger Cassel im späten 19. Jahrhundert erfand, wird das Fleisch zunächst gepökelt und geräuchert. Das gekochte Kasseler wird dann mit Sauerkraut, Kartoffelbrei und Senf serviert. Das traditionelle *Eisbein* wird ebenfalls mit Sauerkraut und Kartoffeln und zudem mit einer Portion Erbsenpüree gegessen. Die *Currywurst* – angeblich eine Erfindung der Imbissbesitzerin Hedwig Mueller nach Kriegsende – gibt es mit Curry und Ketchup sowie mit einem Brötchen. In manchen Bezirken droht ihr allerdings der Kebab den Rang abzulaufen.

**Zanderfilet** *(Havelzander) wird sautiert oder frittiert und oft in Zwiebelsauce sowie mit Kartoffelbrei serviert.*

**Wurstauslage in einer Berliner Metzgerei**

## BERLINER HAUTE-CUISINE-REVOLUTION

Mit der Wiedervereinigung der Stadt kam ein frischer gastronomischer Schub nach Berlin. Es entstanden Sterne- und Gourmet-Restaurants. Viele Lokale bieten durchaus Berliner Küche an, allerdings nun mit ökologischem oder exotischem Touch. Die Wildpilze der Mark Brandenburg, etwa *Pfifferlinge* oder *Steinpilze*, werden zu kreativen Gerichten verarbeitet. Die klassischen Beilagen wie Sauerkraut, Kohl und Rote Bete werden zu Mittelmeerfischen gereicht bzw. mit asiatischen Gewürzen »veredelt«.

### BERLINER KÜCHE

**Restaurants:** Altes Zollhaus (S. 240), Leibniz-Klause (S. 241), Reinhards (S. 238), Lorenz-Adlon-Gourmet (S. 236), Zur letzten Instanz (S. 238), Dressler (S. 236).

**Shopping:** Markthalle am Marheinekeplatz; Türkischer Markt, Maybachufer; KaDeWe, Lebensmittelabteilung (S. 258); Delikatessengeschäft Rogacki (S. 259); Butter Lindner (Feinkostladen-Kette).

**Imbisse:** Konnopke (unter den Gleisen, U-Bahn-Station Eberswalder Straße, Prenzlauer Berg); Ku'damm 195 Imbiss, Kurfürstendamm; Bio-Currywurstbude am Wittenbergplatz, Charlottenburg (gegenüber KaDeWe).

häufige Beilage zu Fisch und Fleisch. Nach wie vor auf vielen Speisekarten zu finden: *Kartoffelsuppe.*

## BRANDENBURGS EINFLUSS

Die Berliner Lokale entdeckten eigentlich erst nach dem Fall der Mauer das kulinarische Erbe der Mark Brandenburg, eine plötzlich wieder zugängliche Region rund um die Stadt mit dichten Wäldern, Flüssen und Seen. Mittlerweile haben die frischen Produkte, die das Umland bietet, Einzug in die Berliner Küche gehalten. Alte Rezepte wurden wieder ausgegraben. Fischgerichte, etwa Zander, oder Wildgerichte, etwa Wildschwein und Wildente, stehen nun öfter auf der Speisekarte. Die berühmte Brandenburger Landente wird mit Äpfeln,

Zwiebeln und Kräutern gefüllt. Dann wird sie mit einer Honig-Öl-Mischung (für eine besonders knusprige Kruste) bestrichen und langsam gebraten. Voilà: eines der Lieblingsgerichte der Köche und ihrer Gäste.

**Frisches Marktgemüse aus der Mark Brandenburg**

**Kasseler,** *gepökeltes und geräuchertes Schweinefleisch, gibt es mit Sauerkraut und Kartoffelbrei.*

**Berliner Leber** *wird auf einem Bett aus Kartoffelbrei mit gebratenen Zwiebelringen und Apfelscheiben serviert.*

**Brandenburger Landente** *schmeckt am besten mit Rotkohl und Klößen (oder aber Kartoffelbrei).*

# Berliner Getränke

**B**ei den Getränken unterscheidet sich Berlin nicht vom Rest der Republik: Auch hier ist Bier unter den alkoholischen Getränken die Nummer eins. In und um die Hauptstadt gibt es so gut wie keine Weinbaugebiete, die meisten Weine kommen aus südlichen (Bundes-)Ländern. Beliebt ist der Korn, manchmal auch als Kräuterschnaps, oder der Kräuterlikör, vor allem nach deftigen Mahlzeiten.

Etikett der Engelhardt-Brauerei

## PILS

**W**ie überall in Deutschland trinkt man Bier zu jeder Gelegenheit und ist stolz auf seine Qualität. Die bekanntesten Berliner Brauereien sind Schultheiss, Berliner Kindl, Berliner Pils und Engelhardt, was nicht heißt, dass Bier aus anderen Brauereien weniger beliebt ist. Wer nicht nur irgendein Bier will, sondern etwas Lokalkolorit dazu, sollte den Besuch einer Altberliner Kneipe nicht versäumen. Wenn der Mann hinter dem Tresen sich fünf Minuten Zeit nimmt, es in dünnem Strahl ins hohe Glas zapft und mehrmals wartet, bis sich der Schaum gesetzt hat, dann weiß man: Das wird ein gepflegtes Pils. Pils ist eine der beliebtesten, aber bei Weitem nicht die einzige Biersorte, die hier ausgeschenkt wird.

Berliner Pils von drei Brauereien

## WEITERE BIERE

**N**eben Pils und Export gibt es eine ganze Palette hochprozentiger Biere. Viele kleine Brauereien sorgen für eine große Vielfalt von Biersorten. Steigender Beliebtheit erfreut sich beispielsweise das süßlich-würzige Schwarzbier, dessen Alkoholgehalt deutlich über vier Prozent liegt. Erfrischender ist sicher ein Weizenbier, serviert im hohen Halbliter-Glas, garniert mit der obligatorischen Zitronenscheibe. Zu den starken Sorten gehört natürlich das Bockbier; der kräftige Gerstentrunk ist als Maibock nur im Mai erhältlich.

Die Brezel – auch in Berlin zum Bier beliebt

Bockbier der Brauerei Schultheiss

## BERLINER WEISSE MIT SCHUSS

**D**iese Berliner Spezialität ist ein leichtes, junges Weizenbier, das in der Flasche nachgären muss. Solo verspricht es keinen Hochgenuss. Es schmeckt eigentlich nur wässrig und säuerlich, doch mit Himbeersirup wird es zum fruchtigen Erfrischungsgetränk. Die zweite Variante – mit Waldmeistersirup – verwandelt es in eine hellgrüne, leicht medizinisch schmeckende Brause, ein vor allem bei Besuchern beliebtes Erfrischungsgetränk an einem heißen Sommertag.

Berliner Weiße, ein leichtes Weizenbier

Berliner Weiße mit einem Schuss Himbeer- oder Waldmeistersirup

## Wein

Weinbau in nennenswertem Umfang gibt es in Berlin nicht. Man greift meist auf Weine aus den südlichen Bundesländern zurück. Weit oben auf der Beliebtheitsskala steht der Riesling, geschätzt werden aber auch die edleren Varianten, etwa die Spitzenweine aus dem Rheingau. Aufgrund der klimatischen Bedingungen werden in Deutschland (noch) mehr weiße als rote Weine produziert. Statt der französischen Bezeichnung *Appellation d'Origine Contrôlée* gelten die deutschen Qualitätsstandards Tafelwein, Qualitätswein und Qualitätswein mit Prädikat. Letztere dürfen nicht verschnitten sein. Daneben hat man die Wahl zwischen trocken, halbtrocken und lieblich. Wer einen belebenden Tropfen schätzt, sollte vielleicht eine der zahlreichen deutschen Sektsorten probieren. In praktisch allen Berliner Restaurants und Kneipen findet man daneben auch Weine aus Italien, Frankreich oder Spanien auf der Karte.

**Bocksbeutel mit Prädikat**

**Riesling von Schloss Vollrads**

## Andere alkoholische Getränke

Zu sehr deftiger Kost, vor allem zu Schweinefleisch, sind ein Korn im Allgemeinen und ein Weizen-Doppelkorn im Besonderen recht beliebt. Populär sind auch Weinbrände und Kräuterliköre wie Kümmerling, Jägermeister und der Berliner Kaulsdorfer Kräuterlikör. In jeder richtigen Kneipe gibt es auch ostpreußische Spezialitäten wie den Honiglikör Bärenfang und das Danziger Goldwasser mit seinen Flöckchen aus Blattgold, hergestellt nach einem Geheimrezept aus dem 16. Jahrhundert.

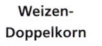

**Weizen-Doppelkorn**      **Kräuterlikör**      **Jägermeister (Magenbitter)**

## Alkoholfreie Getränke

Natürlich kann man das Berliner Leitungswasser bedenkenlos trinken, doch bei Tisch bestellt man in der Regel nur Mineralwasser – mit oder ohne Kohlensäure. Wer es süßer mag, ordert vielleicht eine Limonade. Auch die üblichen europäischen und amerikanischen Softdrinks gibt es hier natürlich. Die gesündere Alternative sind die zahlreichen angebotenen Fruchtsäfte. Als Erfrischungsgetränk steht im Sommer die Apfelschorle an erster Stelle.

**Apfelschorle**

## Kaffee und Tee

Kaffee erfreut sich unveränderter Beliebtheit und ist in diversen Varianten erhältlich. Man findet noch den Filterkaffee, der in Kännchen oder Tassen serviert wird, zusammen mit Kondensmilch und Zucker. Mittlerweile dominieren allerdings Espresso und Cappuccino ebenso wie die vielen »flavoured« Kaffeesorten der Coffeeshop-Ketten. Auch Teetrinker kommen fast immer auf ihre Kosten, sofern sie sich auf Schwarz-, Pfefferminz- oder Kamillentee beschränken. Tee wird auch in Berlin mit Zitrone oder auf Wunsch mit Milch serviert.

**Pfefferminze und Kamille: die häufigsten Kräutertees**

# Restaurantauswahl

**PREISKATEGORIEN**
Die Preise gelten für ein Drei-Gänge-
Menü (ohne alkoholische Getränke)
pro Person, inkl. Service und Steuer:

€ unter 25 Euro
€€ 25–35 Euro
€€€ 35–45 Euro
€€€€ 45–55 Euro
€€€€€ über 55 Euro

Die im Folgenden aufgeführten Restaurants wurden aufgrund ihres Preis-Leistungs-Verhältnisses, der Qualität ihrer Küche und der Inneneinrichtung ausgewählt. Sie sind nach Stadtvierteln und innerhalb der Preiskategorien alphabetisch geordnet. Informationen zu Cafés und Bars finden Sie auf den Seiten 244–249.

## Unter den Linden

### XII Apostel
*Georgenstraße 2 (S-Bahn-Bogen 177–180), 10117* 201 02 22 — €
*Stadtplan 7 A2, 16 D2*

Das Lokal liegt malerisch in einem alten S-Bahn-Bogen nahe der Museumsinsel. Serviert wird italienische Küche. Die dünnen, knusprigen Pizzavariationen kommen frisch aus einem Steinofen und sind nach den zwölf Aposteln benannt. Ironischerweise ist die Pizza Judas die gehaltvollste.

### Borchardt
*Französische Straße 47, 10117* 818 862 62 — €€€
*Stadtplan 6 F4, 15 C3*

Eines der wenigen Berliner Restaurants im wilhelminischen Stil mit Marmorsäulen, Mosaiken und gemustertem Boden. Gutes Essen, etwa französisches *steak et frites*, zu angemessenen Preisen. Am Wochenende wird es voll. Deshalb sollten Sie rechtzeitig reservieren.

### Dressler
*Unter den Linden 39, 10117* 204 44 22 — €€€
*Stadtplan 6 E4, 15 A3*

Dressler ist das perfekte Lokal für ein Abendessen vor oder nach dem Theater. Das Brasserie-ähnliche Restaurant serviert deutsche und französische Gerichte in einem Art-déco-Speisesaal. Hier gibt es während der Saison das beste Seafood der Hauptstadt. Im Winter schmeckt wärmendes klassisch-deutsches Essen, etwa Ente mit Klößen.

### Lutter & Wegner
*Charlottenstraße 56, 10117* 202 95 40 — €€€
*Stadtplan 7 A4*

Dies war das erste Lokal, das die Gourmet-Szene im historischen Zentrum im Ostteil der Stadt wiederbelebt hat. Traditionell für seine Schaumweine bekannt, serviert das Lokal heute köstliche deutsch-österreichische Küche. Das riesige Wiener Schnitzel mit Kartoffelsalat ist erstklassig. Gleiches gilt für Enten- und Gänsegerichte im Winter.

### Schinkel-Klause im Opernpalais
*Unter den Linden 5, 10117* 202 684 50 — €€€
*Stadtplan 7 A3, 16 E3*

Das Restaurant im Kronprinzenpalais (nahe der Oper) empfiehlt sich vor allem, wenn man vor oder nach dem Opernbesuch schön essen gehen möchte. Die Küche bietet deutsche und internationale Gerichte mit Schwerpunkt Fisch, etwa Havelzander in Senfsauce mit Bratkartoffeln.

### Bocca di Bacco
*Friedrichstraße 167–168, 10117* 206 728 28 — €€€€
*Stadtplan 7 A4, 16 D3*

Das elegante Bocca, einer der ältesten und traditionsreichsten Italiener Berlins, ist ein Hangout der Reichen und Schönen. Tom Hanks und Spielberg pflegen hier zu Berlinale-Zeiten zu essen. Lorenzo Pizzetti wird beim Gault Millau mit 14 Punkten geführt und entzückt seine Gäste mit der besten Pasta und dem besten Fisch außerhalb Italiens.

### Lorenz-Adlon-Gourmet
*Unter den Linden 77, 10117* 226 119 60 — €€€€€
*Stadtplan 6 E4, 15 A3*

Das Hotelrestaurant macht seinem Haus, dem Adlon, alle Ehre. Vom Tag der Eröffnung an gehörte es zu den Top-Adressen der Stadt. Unter der Leitung des neuen Küchenchefs Thomas Neeser hat das Lorenz-Adlon seinen Platz ganz oben in der Berliner Esskultur bestätigt. Angeboten wird eine leichte Variante der Nouvelle Cuisine. *So, Mo.*

### Margaux
*Unter den Linden 78, 10117* 226 526 11 — €€€€€
*Stadtplan 6 E4, 15 A3*

Das gestylte und urbane Margaux repräsentiert das neue Berlin besser als jedes andere Gourmet-Restaurant, obwohl es unter dem neuen Management etwas abgefallen ist. Serviert wird nach wie vor klassische französische Küche, kreativ verfeinert. Die Weinkarte ist überwältigend. Mittags gibt es preisgünstige Menüs. *So.*

### Parioli
*Behrenstraße 537, 10117* 460 60 90 — €€€€€
*Stadtplan 7 A4*

Das angenehme, überaus stilvolle Restaurant befindet sich im Hotel de Rome, dem neuen Luxushotel in Berlin. Zur Begrüßung gibt es verschiedene Brotsorten mit exzellentem Speiseöl. Pasta- und Risottogerichte sind Spezialitäten des Hauses. Im Sommer wird das Essen auf der kleinen Terrasse serviert.

**Zeichenerklärung** *siehe hintere Umschlagklappe*

### Vau
€€€€€

*Jägerstraße 54–55, 10117* 📞 *202 97 30*   ***Stadtplan** 6 F4, 15 C4*

Das elegante, gleichwohl unprätentiöse Interieur ist bemerkenswert. Schöpfer der exzellenten österreichischen und französisch inspirierten Gerichte ist der Berliner Starkoch Kolja Kleeberg. Der Service ist ausgesprochen zuvorkommend und berät gerne bei der Weinauswahl. Zur Mittagszeit kann man im kleinen Innenhof essen.

## MUSEUMSINSEL

### Brauhaus Georgbräu
🚶 ♿   €€

*Spreeufer 4, 10178* 📞 *242 42 44*   ***Stadtplan** 7 C3*

Auf den ersten Blick sieht das Lokal wie eine Touristenfalle aus – große Tische, große Speisesäle und Unmengen von Menschen. Doch hier gibt es gute »Schweinereien«. Wenn Sie Würste nicht sonderlich mögen, sollten Sie den »Brauhausknüller« probieren: Eisbein mit Erbsenpüree, Kartoffeln und Sauerkraut – und einem kalten Bier.

### HEat
🅿 🚶 ♿   €€

*Karl-Liebknecht-Straße 3, 10178* 📞 *23 82 80*   ***Stadtplan** 7 B2, 16 F2*

Das HEat ist Berlins neuestes Lokal mit Fusionküche. Es bringt eine Mischung aus asiatischer, indischer und Mittelmeerküche auf den Tisch. Das Lokal hat mittags geöffnet und serviert dann leichte Gerichte, oft Fisch und Salat. Im Sommer ist ein Tisch auf der Terrasse über dem Spreekanal einer der hübschesten Plätze in Berlin-Mitte.

### Ermeler-Haus Factory & Bar
€€€€

*Wallstr. 70, 10179* 📞 *24 06 20*   ***Stadtplan** 7 C4*

Hier gibt es gute regionale Küche mit mediterranem Touch. Das Restaurant in einem stilvoll gestalteten Keller ist Teil des Gastronomie-Angebots des Art'otel. Wenn man nach einem Rinderbraten mit Bratkartoffeln und grünen Bohnen oder einem Salat mit gefülltem Kaninchenrücken gesättigt ist, kann man einen Cocktail an der Bar nehmen.

## ÖSTLICH DES ZENTRUMS

### Blaues Band
🅿 🚶   €

*Alte Schönhauser Straße 7/8, 10119* 📞 *283 850 99*   ***Stadtplan** 7 C1*

Trotz der Lage in Mitte ist das Blaue Band sogar manchen Berlinern unbekannt. Das Ambiente des Lokals ist freundlich-entspannt – das Essen ist köstlich. Oft werden regionale Spezialitäten angeboten. Vor allem die deutschen Gerichte sind hier hervorragend. Während der Saison gibt es Spargel, zur Winterzeit Enten- und Gänsebraten.

### Brauhaus Mitte
🚶 ♿   €

*Karl-Liebknecht-Straße 13, 10178* 📞 *308 789 89*   ***Stadtplan** 7 C2*

Das Brauhaus befindet sich gegenüber vom Alexanderplatz. Die traditionelle Berliner Kneipe ist ideal, um sich nach einer Shopping- oder Sightseeing-Tour bei einem Bier zu entspannen. Auf der Speisekarte stehen deftige, aber schmackhafte Gerichte, darunter Buletten oder Eisbein mit Sauerkraut und Erbsenpüree.

### Monsieur Vuong
🚶 ♿   €

*Alte Schönhauser Straße 46, 10119* 📞 *308 726 43*   ***Stadtplan** 7 C1*

Das kleine vietnamesische Restaurant ist derzeit der Renner bei den Jungen und Schönen in Berlin-Mitte. Es bietet preiswerte, leckere asiatische und andere vietnamesische Gerichte an, vor allem köstliche Suppen und Vorspeisen. Monsieur Vuong, dessen Schwarz-Weiß-Foto im Lokal hängt, ist der Vater des derzeitigen Besitzers Doug Vuong.

### Lebensmittel in Mitte
🍴 🅿 🚶   €€

*Rochstraße 2, 10178* 📞 *27 59 61 30*   ***Stadtplan** 7 C2*

Was auf den ersten Blick wirkt wie ein spärlich ausgestatteter Laden für Lebensmittel (die es in der Tat zu kaufen gibt – von Salat bis Brot), entpuppt sich als veritables bayerisches Speiselokal. Der Schweinebraten ist köstlich, der Mittagstisch – Leberkäs mit Kartoffelsalat, Weißwürste und anderes mehr – ist deftig. Sehr empfehlenswert.

### Oxymoron
€€

*Rosenthaler Straße 40–41, 10178* 📞 *283 918 86*   ***Stadtplan** 7 B2*

Das hippe Restaurant besitzt ein auffälliges rot-goldenes Dekor, das an einen Salon des 19. Jahrhunderts erinnert. Auf der Karte stehen hauptsächlich mediterrane und leichte deutsche Gerichte. Mittags kann man im Innenhof – dem schönsten der Hackeschen Höfe – sitzen und sich ein kleines preisgünstiges Gericht schmecken lassen.

### Zum Nussbaum
€€

*Am Nussbaum 3, 10178* 📞 *242 30 95*   ***Stadtplan** 7 C3*

Das Lokal im Nikolaiviertel liegt in einem rekonstruierten Landgasthof aus dem 16. Jahrhundert und bietet Berliner Küchenfreuden, etwa Eisbein, Rollmops und Buletten. Im Sommer kann man im Garten sitzen und eines der regionalen Biere genießen, die in großer Auswahl angeboten werden.

**Stadtplan** *siehe Seiten 300–323*

## Zur letzten Instanz     P    €€

*Waisenstraße 16, 10179* C *242 55 28*     **Stadtplan 8 D3**

Berlins ältestes Restaurant geht bis auf das Jahr 1621 zurück. Von jeher trafen sich hier Anwälte nach den Verhandlungen im nahen Gericht. Heute werden nahezu alle Staatsoberhäupter hierhergeführt. Auf der Karte steht Deftig-Traditionelles wie Eisbein und Rindsroulade. Dazu gibt es deutsches Bier. ● *So.*

## Reinhards     €€€

*Poststraße 28, 10178* C *238 42 95*     **Stadtplan 7 C3**

Das Lokal ist im Stil der 1920er Jahre gestaltet und bietet hervorragendes Essen. Testen Sie unbedingt die Spezialität des Hauses »Das Geheimnis aus dem Kaiserhof« – bestehend aus einem saftigen Steak mit einer Sauce, die angeblich seinerzeit für Max Liebermann kreiert worden ist.

# Nördlich des Zentrums

## Kamala     €

*Oranienburger Straße 69, 10117* C *283 27 97*     **Stadtplan 7 A1**

Das kleine, einfache Lokal überrascht mit promptem Service und der Qualität der Gerichte. Auf der Karte finden sich die Thai-Standards, die aber hervorragend gewürzt sind. Vor allem die Suppen sind ausgesprochen delikat. Das Kamala ist Teil der Mao-Thai-Kette. Die Gruppe betreibt die vier besten thailändischen Restaurants in Berlin.

## Yosoy     €

*Rosenthaler Straße 37, 10787* C *283 912 13*     **Stadtplan 7 B2**

Das hübsche, preiswerte Lokal wartet mit der großen Auswahl an spanischen Gerichten und Weinen auf. Die Tapas – 20 Sorten werden hinter Glas präsentiert – sind köstlich. Empfehlenswert ist die Yosoy-Tapasplatte, eine Zusammenstellung der besten Tapas für ganze 7,50 Euro.

## Hackescher Hof     €€

*Rosenthaler Straße 40–41, 10178* C *283 52 93*     **Stadtplan 7 B2**

Das Café-Restaurant, das sich in Bar und Kneipe sowie einen Speisesaal unterteilt, ist recht beliebt. Vormittags gibt es Frühstück, mittags preiswerte Menüs und abends italienische Gerichte. Das Essen schmeckt, und die Gerichte werden kreativ variiert. Da im Sommer alle draußen sitzen wollen, sollten Sie reservieren.

## Kellerrestaurant im Brecht-Haus     €€

*Chausseestraße 125, 10115* C *282 38 43*     **Stadtplan 6 E1**

Das Restaurant liegt im Kellergeschoss des ehemaligen Wohnhauses von Bertolt Brecht. Hier werden dementsprechend Gerichte serviert, wie sie Brecht liebte – und wie sie Helene Weigel für ihren berühmten Mann zu kochen pflegte. Empfehlenswert ist insbesondere der Tafelspitz.

## Nolle     €€

*Georgenstraße, S-Bahn-Bogen Nr. 203, 10117* C *208 26 55*     **Stadtplan 7 A3**

Das Nolle ist hübsch im Stil der 1920er Jahre eingerichtet und liegt etwas versteckt unterhalb der S-Bahn-Gleise. Das viele Grün der Pflanzen macht den Platz angenehm; das elegante Tischdekor und Kerzenlicht bieten das perfekte Ambiente für das Essen – deutsche und internationale Gerichte. Beeindruckend ist die Auswahl an Schnitzeln.

## Orange     €€

*Oranienburger Straße 23, 10117* C *283 852 42*     **Stadtplan 7 A1**

Man sitzt hier angenehm in einer Art Café-Restaurant. Zu essen gibt es italienische und internationale Gerichte – vom üppigen Drei-Gänge-Menü bis zum Snack. Das Orange ist ein guter Ausgangspunkt für eine Tour durch das Scheunenviertel. Besonders erwähnenswert ist die große Frühstücksauswahl.

## Ganymed     €€€

*Schiffbauerdamm 5, 10117* C *285 990 46*     **Stadtplan 6 F2, 15 C1**

Das qualitativ gute Restaurant liegt an einer hübschen Ecke. Es hat einen kleinen Garten, kann auf die Spree blicken. Der Küchenchef hat ein Händchen für Fisch, einschließlich Berliner Fischgerichte. Es gibt aber auch traditionell Französisches wie etwa Steak Tartare, Schnecken in Weißweinsauce und guten Käse.

## Shiro i Shiro     €€€

*Rosa-Luxemburg-Straße 11, 10178* C *970 047 90*     **Stadtplan 7 C2**

Der neue Favorit unter den asiatischen Restaurants in Berlin wird von einem Brüderpaar betrieben. Shiro i Shiro (»Weißer Palast«) ist sehr elegant, zu den Spezialitäten des Hauses gehören japanische Gerichte wie *sushi* und *sashimi*. Eine Reservierung ist dringend anzuraten«.

## Kadima     €€€

*Oranienburger Straße 28, 10117* C *275 942 51*     **Stadtplan 6 D3**

Das Kadima ist die beste Wahl für Genießer russisch-jüdischer Küche, die hier durch einige israelische Spezialitäten erweitert wird. Das Lokal im Herzen des alten jüdischen Viertels ist im Stil der Kaffeehäuser der 1920er Jahre gestaltet. Zu den Delikatessen gehören *borschtsch* und Räucherfisch. Gute Auswahl an israelischen Weinen.

**Preiskategorien** *siehe S. 236* **Zeichenerklärung** *siehe hintere Umschlagklappe*

### Weinbar Rutz €€€€
*Chausseestraße 8, 10115* ☎ *24 62 87 61* **Stadtplan** *6 E1*

Spätestens seit dem ersten Michelin-Stern 2008 zählt die Weinbar Rutz zu den besten Gourmet-Adressen in Berlin. Die Gerichte sind knackig-frisch und innovativ, deutsche Traditionen verbinden sich mit internationalen Einflüssen. Exzellent ist aber auch die gigantische Weinauswahl mit erstklassigen Tropfen aus aller Welt.

## TIERGARTEN

### Desbrosses €€€
*Potsdamer Platz 3 (im Beisheim Center), 10785* ☎ *337 776 400* **Stadtplan** *6 D5*

Desbrosses ist in einem authentischen französischen Brasserie-Stil eingerichtet. Dunkel vertäfelte Wände, komfortable Lederbänke, Bistro-Stühle, die einsehbare Küche und die Musik von Edith Piaf machen das französische Flair fast vollkommen. Ein Muss ist die Seafood-Platte.

### Käfer im Bundestag €€€
*Reichstag, Platz der Republik, 10557* ☎ *226 29 90* **Stadtplan** *6 D3*

Dank seiner Lage – oben im Reichstag nahe der Kuppel – ist dies ein beliebtes Restaurant in Berlin-Mitte. Die deutschen Gerichte sind kreativ zubereitet. Der Service ist ausgezeichnet, was angesichts des Besitzers, des Catering-Unternehmers Michael Käfer, kein Wunder ist. Um hier zu Mittag zu essen, sollten Sie reservieren.

### Midtown Grill €€€
*Ebertstraße 3, 10785* ☎ *220 006 410* **Stadtplan** *6 E5*

Im amerikanischen Showgrill sind Steak und frischer Fisch angesagt. Während Sie aufs Essen warten, können Sie dem Treiben in der offenen Küche zusehen, Wein genießen (beste Weinkarte mit Weinen aus Übersee in Berlin) und den Jazzklängen lauschen. Der Service ist sehr freundlich, bei vollem Haus aber manchmal etwas überfordert.

### Oktogon Fusion Restaurant €€€
*Leipziger Platz 10, 10117* ☎ *206 428 64* **Stadtplan** *6 E5*

Küche und Service sind hier eigentlich auf dem Niveau von Sterne-Restaurants, gleichwohl sind die Preise noch bezahlbar. Das Menü liest sich wie eine Weltreise in vier Gängen: chinesische Dim Sum, türkische Falafel, exotisch-französische Wachteln mit indischen Linsen, schottisches Lachsfilet in Thai-Marinade.

### Facil €€€€€
*Potsdamer Straße 3, 10785* ☎ *590 051 234* **Stadtplan** *6 D5*

Deutschlands bestes Michelin-Sterne-Restaurant. Das Facil entzückt sowohl Designliebhaber als auch Gourmets. Das Sieben-Gänge-Menü mit deutschen und französischen Speisen ist ein Fest für die Sinne. Das Essen wird in einer eleganten Speisehalle mit Glasdach serviert. Im Sommer ist die Front zum Garten hin geöffnet. ● *Sa, So.*

### Hugos €€€€€
*Budapester Straße 2, 10787* ☎ *260 212 63* **Stadtplan** *10 F1*

Das kürzlich eröffnete Restaurant im obersten Stock des Hotels Inter-Continental gehört zu den Top-Adressen. Die außergewöhnlichen französischen und internationalen Gerichte besitzen einen Touch neuer deutscher Küche. Vor allem die Seafood-Kreationen sind Meisterwerke. Reservierung erforderlich. ● *So.*

### Vox €€€€€
*Marlene-Dietrich-Platz 2, 10785* ☎ *25 53 17 72* **Stadtplan** *6 D5*

Der Gourmet-Tempel des Grand Hyatt gehört mit zu den besten. Das leichte, exquisite Essen entspringt asiatisch-internationaler Fusionküche mit einem gewissen Schwerpunkt auf Sushi und französisch-italienischen Gerichten. Das Vox besaß die erste Showküche Berlins – und sie ist immer noch eine Attraktion. Reservierung erforderlich.

## KREUZBERG

### Hasir €
*Adalbertstraße 10, 10999* ☎ *614 23 73* **Stadtplan** *14 E2*

Das Hasir ist eines der ältesten türkischen Restaurants der Stadt – jetzt Teil der Kette gleichen Namens. Das Stammhaus in der Adalbertstraße serviert eines der besten türkisch-arabischen Menüs in Berlin. Abgesehen von den verschiedenen Kebab-Gerichten sind die Suppen außergewöhnlich gut.

### Defne €€
*Planufer 92c, 10967* ☎ *817 971 11* **Stadtplan** *14 D3*

Dieser anheimelnde Ort wurde zu Berlins bestem türkischem Lokal gewählt – wahrscheinlich weil er sich so sehr von seinen »Kollegen« unterscheidet. Hier kommen wirklich frische, leicht modernisierte Versionen traditioneller Fleisch- und Fischgerichte auf den Tisch. Im Sommer lädt die Gartenterrasse mit Blick auf den Kanal ein.

**Stadtplan** *siehe Seiten 300–323*

## Osteria Nr. 1 €€

*Kreuzbergstraße 71, 10965* 📞 *786 91 62*     **Stadtplan 12 E4**

Die Osteria war eine der ersten in Berlin und avancierte schnell zum angesagtesten italienischen Lokal der Stadt. Diese Zeiten sind vorbei, doch isst man hier noch immer gute Pizzakreationen aus dem Holzofen. Hauptgerichte wie Kaninchen oder Lamm sind hervorragend; Gleiches gilt für die Salate und die Pasta.

## E. T. A. Hoffmann 🏃 ♿ €€€

*Yorckstraße 83, 10965* 📞 *780 988 09*     **Stadtplan 12 F4**

Früher war das Lokal der Newcomer der Berliner Gourmet-Szene, nun wurde es unter neuer Leitung wiedereröffnet. Der junge Koch Thomas Kurt erfindet hier deutsche Küche neu. Im Sommer gibt es leichte Fischgerichte, die sorgfältig mit Saucen und Gemüse komponiert werden. Im Winter genießt man herzhaftere Wildgerichte. ● *Di.*

## Sale E Tabacchi 🅿 🏃 €€€

*Kochstraße 18, 10969* 📞 *252 11 55*     **Stadtplan 13 A1**

Das Sale E Tabacchi bietet ausgezeichnetes italienisches Essen (und kommt dabei fast ganz ohne Pizza-Angebote aus) in einem dunklen gemütlichen Kreuzberger Lokal. Im Sommer ist der Innenhof überfüllt; man trifft auf Politiker und auf die Journalisten der nahen Zeitungsverlage. Mittags empfiehlt sich das preiswerte Drei-Gänge-Menü.

## Altes Zollhaus €€€€

*Carl-Herz-Ufer 30, 10961* 📞 *692 33 00*     **Stadtplan 13 B3**

Das Restaurant liegt malerisch direkt am Landwehrkanal in einem ehemaligen Zollhaus. Hier regiert die neue deutsche Küche: Traditionelle Gerichte werden variiert und kommen ohne die üppigen Saucen aus. Während der Pilzsaison gibt es wohlschmeckende Gerichte mit Wildpilzen. ● *So, Mo.*

# UM DEN KURFÜRSTENDAMM

## Ali Baba 🏃 ♿ €

*Bleibtreustraße 45, 10623* 📞 *881 13 50*     **Stadtplan 9 B1**

Ali Baba ist das Lieblingslokal der Berliner Studenten. Die kleine, sehr preiswerte Pizzeria hat bis in die Morgenstunden geöffnet und serviert meist nur zwei Arten von Pizzaschnitten – mit Käse oder mit Salami. Diese beiden und auch die anderen Pizzavariationen vom Holzkohlenofen sind frisch, gut und billig. Keine Reservierungen.

## Good Friends €

*Kantstraße 30, 10623* 📞 *313 26 59*     **Stadtplan 9 B1**

Jeden Abend ist es hier gerammelt voll. Ein Mix aus Besuchern, Studenten und Einheimischen genießt die kantonesischen Gerichte und die anderen orientalischen Delikatessen des Good Friends. Das Interieur ist etwas heruntergekommen, der Service nicht gerade freundlich und der Lärmpegel zu hoch – doch das Essen ist fantastisch.

## Marché €

*Kurfürstendamm 14, 10719* 📞 *882 75 78*     **Stadtplan 10 D1**

Das Selbstbedienungsrestaurant unter der Schirmherrschaft von Mövenpick ist wie geschaffen, wenn man nach dem Besuch der Kaiser-Wilhelm-Gedächtnis-Kirche Hunger hat. Zur Auswahl stehen Fleisch- und Fischgerichte, viele Desserts, Salate, Bier und Wein. Alles wird frisch zubereitet angeboten. Übrigens: Die hübscheren Tische gibt es oben.

## XII Apostel 💳 🅿 🏃 €

*Bleibtreustraße 49, 10623* 📞 *312 14 33*     **Stadtplan 9 B1**

Fast 24 Stunden am Tag wird hier italienisches Essen serviert – und fast immer ist es voll. Auf der Karte finden sich jede Menge Pasta- und Pizzavarianten; Letztere kommen vom Holzkohlenofen. Man kann im Speisesaal oder unter einem Zelt essen oder im Sommer draußen vor der Tür. Abends sind Reservierungen unerlässlich.

## Café Einstein €€

*Kurfürstenstraße 58, 10785* 📞 *261 50 96*     **Stadtplan 11 A2**

Das Einstein logiert in der eleganten Villa, die einst dem Ufa-Star Henny Porten gehörte. Die Kellner sind nach alter Kaffeehausart gekleidet (Weste, Fliege und lange Schürze), das feine Wiener Essen hat Flair. Die traditionell zubereiteten Gerichte sind alle hervorragend, doch das Wiener Schnitzel und das Gulasch sind außergewöhnlich.

## El Borriquito 💳 🏃 ♿ 🎵 €€

*Wielandstraße 6, 10625* 📞 *312 99 29*     **Stadtplan 9 B1**

Das kleine Lokal ist mit spanischen Memorabilien vollgestellt. Die spanischen Bedienungen sind charmant. Empfehlenswert sind die Fleisch- und Fischgerichte. Besonders gut ist geschmortes Lamm. Fast jede Nacht kann man einem Gitarrenspieler zuhören. Im Sommer stehen einige Tische auf der Straße.

## Hamlet €€

*Uhlandstraße 47, 10719* 📞 *882 13 61*     **Stadtplan 9 C3**

Lassen Sie sich vom Namen nicht irritieren: Die Karte bietet hauptsächlich französische und einige wenige orientalische Gerichte an – keine englischen oder dänischen. Gut sind hier Couscous-Gerichte, frische Salate, Lammcurrys und die Steaks. Die Atmosphäre des Hamlet ist freundlich-jovial; viele der Gäste wohnen in der Nachbarschaft.

**Preiskategorien** *siehe S. 236* **Zeichenerklärung** *siehe hintere Umschlagklappe*

## Leibniz-Klause

*Leibnizstraße 46, 10629* ☎ *323 70 68*                **Stadtplan** *6 D5*

Das Restaurant serviert ausschließlich Berliner Gerichte – und diese sind gut. Es ist noch eines jener wenigen altehrwürdigen Lokale im Viertel, in denen man für sein Geld riesige Portionen bekommt. Immer auf der Karte: Eisbein, Berliner Leber, Havelzander, Wurst und Sauerbraten mit Grünkohl oder Sauerkraut.

## Lubitsch

*Bleibtreustraße 47, 10623* ☎ *882 37 56*                **Stadtplan** *9 B1*

Das beliebte Restaurant liegt in der belebtesten Straße nahe am Savignyplatz. Auf der Speisekarte findet sich ein großes Angebot an deutschen und internationalen Gerichten. Mittags gibt es preiswerte Menüs und Tagesgerichte. Auch für das Abendessen sollte man beim Menü-Angebot zugreifen.

## Moon Thai

*Knesebeckstraße 15, 10625* ☎ *312 90 42*                **Stadtplan** *3 C5*

Viele Besucher gehen an dem freundlichen Thai-Lokal vorbei. So findet man an den Tischen meist einen Mix aus Studenten, Künstlern und Charlottenburger Bohemiens vor. Sie alle schätzen die scharfen roten oder grünen Thai-Currys, die würzigen Appetizer und den aufmerksamen Service.

## Nu

*Schlüterstraße 55, 10629* ☎ *887 098 11*                **Stadtplan** *9 B1*

Einheimische schätzen das Nu als eines der besten Fusion-Restaurants im Westen der Stadt. Die thailändischen, chinesischen, vietnamesischen und anderen Gerichte werden auf riesigen Tabletts serviert. Das Ambiente zieht eine junge Klientel an. An Wochenenden legt ein DJ sanfte Lounge Music auf.

## Austeria Brasserie

*Kurfürstendamm 184, 10719* ☎ *881 84 61*                **Stadtplan** *9 B2*

Die Austeria Brasserie ist ein gutes Fischrestaurant. Mittags trifft man hier vor allem auf Leute, die auf dem oder in der Nähe des Ku'damms arbeiten. Das Essen trägt die Handschrift der leichten französischen Küche. In warmen Sommernächten sind die vier Tische auf der Terrasse hervorragend geeignet, um Leute zu beobachten.

## Cassambalis Taverna

*Grolmanstraße 35, 10623* ☎ *885 47 47*                **Stadtplan** *9 C1*

Das Cassambalis erweckt den Eindruck einer gehobeneren griechischen Taverne: Ein großer Büfett-Tisch dominiert das Lokal. Es gibt allerdings nicht nur griechische und türkische Spezialitäten, sondern auch italienische Gerichte wie hausgemachte Pasta, Fisch und Rindfleisch sowie diverse Salate.

## Florian

*Grolmanstraße 52, 10623* ☎ *313 91 84*                **Stadtplan** *3 C5*

Das Angebot des Restaurants, das ein Hangout von Filmemachern, Schauspielern und Journalisten ist, richtet sich nach der Saison. Die besten Gerichte kann man hier wahrscheinlich während der Spargel- und Pilzsaison essen. Bemerkenswert ist das große, exzellente Weinangebot. Reservierung erforderlich.

## Francucci's

*Kurfürstendamm 90, 10711* ☎ *323 33 18*                **Stadtplan** *9 A2*

Ein wahrer Geheimtipp unter Berlinern mitten am Ku'damm. Hier wird feinste Küche aus der Toskana serviert. Zu den Spezialitäten gehören unwiderstehliche Pastagerichte, Fleischgerichte wie Wildschwein sowie Pizza. Alles wird ganz nach Wunsch des Gastes zubereitet.

## Kashmir Palace

*Marburger Straße 14, 10789* ☎ *214 28 40*                **Stadtplan** *10 E1*

Dieser Inder offeriert authentisches, nicht übermäßig scharfes Essen nach alten königlichen Rezepten. Der Küchenchef verwendet für die Gerichte nur ganz frische Produkte und seltene Gewürze, die er aus Indien importiert. Besonders köstlich sind die Tandoori-Kreationen, die frisch aus dem Tandoori-Ofen kommen.

## Kuchi

*Kantstraße 30, 10623* ☎ *315 078 15*                **Stadtplan** *9 B1*

Das Kuchi ist eines der besten japanischen Restaurants in Berlin. Hier isst man exzellente *sushi* und andere asiatische Speisen. Die unprätentiöse Einrichtung und das freundliche Personal machen das Lokal zu einem Ort für ein Dinner for two. Die Dim Sum vom Drehband und die Probierportionen sind köstlich. Reservierung meist erforderlich.

## Ottenthal

*Kantstraße 153, 10623* ☎ *313 31 62*                **Stadtplan** *10 D1*

Das einfache Dekor des Lokals wird von einer Kirchenglocke aus dem österreichischen Ottenthal beherrscht, als Hintergrundmusik läuft gerne Mozart. Hier wird die feine österreichische Küche gepflegt. Traumhaft sind die Süßspeisen. Die Weinkarte umfasst über 150 Weine aus der Alpenregion. Reservierung erforderlich.

## Paris Bar

*Kantstraße 152, 10623* ☎ *313 80 52*                **Stadtplan** *9 C1*

Der legendäre Treffpunkt für Künstler und Politiker ist nicht ganz billig. Dafür ist das Essen auch ausgezeichnet – etwa Gerichte wie Blutwurst mit Kartoffeln. Sie sollten im Voraus reservieren. Falls es länger dauert, bis Ihr Tisch frei wird, können Sie in der benachbarten Le Nouveau Bar du Paris einen Drink nehmen.

**Stadtplan** *siehe Seiten 300 – 323*

## Bacco €€€€
*Marburger Straße 5, 10789* 211 86 87        *Stadtplan 10 E1*

Das intime Restaurant mit der modernen Einrichtung serviert wunderbar schmeckende toskanische Gerichte. Es ist ein ruhigerer und entspannterer Ableger des berühmteren und hochpreisigen Bocca di Bacco in Berlin-Mitte. Auch hier ist es nicht billig, und die Portionen sind klein; doch die Qualität wiegt das auf.

## Zing €€€€
*Grolmanstraße 21, 10623* 375 91 339        *Stadtplan 9 C1*

Das asiatische Restaurant bietet Fusionküche (überwiegend Gerichte aus China und Thailand) in eleganter, entspannter Atmosphäre. Alle Gerichte werden aus frischesten Zutaten zubereitet, viele Gerichte sind sehr scharf. Favoriten sind die Vorspeisen für zwei Personen und *tsao chicken*. Im Sommer speist man auf der Terrasse.

## Die Quadriga €€€€€
*Eislebener Straße 14, 10789* 214 050        *Stadtplan 10 E1*

Das Gourmet-Restaurant des Brandenburger Hofs ist ein Lokal mit hohem Standard. Es serviert außergewöhnliche französische Küche und bietet perfekten Service. Küchenchef Bobby Bräuer liebt frische Produkte aus Frankreich und erfindet mit viel Sorgfalt traditionelle und internationale Gerichte neu. Reservieren Sie einige Zeit im Voraus.

## First Floor €€€€€
*Budapester Straße 45, 10787* 250 210 20        *Stadtplan 10 E1*

Ein elegantes Restaurant der neuen deutschen Küche für höchste Ansprüche, geleitet vom Berliner Sterne-Koch Matthias Buchholz. Angeboten werden sowohl traditionellere Gerichte als auch unvergleichliche Kreationen mit Fisch, Langusten und Trüffeln. Die Speisekarte wechselt je nach Saison. Reservierung unabdingbar. *So, Mo.*

# UM SCHLOSS CHARLOTTENBURG

## Le Piaf €€
*Schlossstraße 60, 14059* 342 20 40        *Stadtplan 2 E3*

Das kleine französische Restaurant mit Bistro ist typisch für das Schlossviertel. Zu essen gibt es elsässische und traditionell-französische Gerichte, die freundliche Bedienungen oder M. Claude Trendel, der Besitzer, servieren. Im Sommer speist man in dem hübschen, schattigen Biergarten vor dem Restaurant. *mittags; So, Mo.*

## Ana e Bruno €€€€€
*Sophie-Charlotten-Straße 101, 14059* 325 71 10        *Stadtplan 2 D3*

Wenige Italiener in Berlin können sich mit diesem Lokal messen. Die elegante Einrichtung schafft den richtigen Rahmen, um die herausragenden Kreationen der Küche, etwa gebratenen Stör, zu genießen. Die Damenkarte enthält keine Preise, dafür die Kalorienangaben pro Gericht. *So, Mo.*

# ABSTECHER

## PRENZLAUER BERG: Die Schule €
*Kastanienallee 82, 10435* 780 089 550

»Die Schule« ist Teil des GLS Campus Berlin, einer Sprachenschule, die jährlich von ca. 3000 Sprachstudenten besucht wird. Das Konzept aus Campus, Restaurant und Hotel ist in Deutschland einzigartig. Das Flair ist international, die Küche mediterran angehaucht. Trotz guter Qualität der Speisen sind die Preise moderat.

## ZEHLENDORF: Blockhaus Nikolskoe €€
*Nikolskoer Weg 15, 14109* 805 29 14

Das Restaurant logiert in einer alten Datscha, die der preußische König Friedrich Wilhelm III. für seine Tochter und deren Gatten, Zar Nikolas I., errichten ließ. Von der Terrasse des Lokals blickt man auf den See. Die Fisch- und Wildgerichte sind besonders empfehlenswert. Auf der Karte stehen auch deutsche Gerichte und leckere Kuchen.

## GRUNEWALD: Merhaba €€
*Wissmannstraße 32, 12049* 692 17 13

Das charmante Restaurant hat Zulauf aus der ganzen Stadt. Türkische und deutsche Berliner treffen sich hier und genießen das gute Essen. Auch wenn man keinen großen Hunger hat, kann man den leckeren Vorspeisen kaum widerstehen. Im Sommer kann man draußen essen. Am Freitag und Samstag gibt es Bauchtanz.

## PRENZLAUER BERG: Nocti Vagus €€
*Saarbrücker Straße 36–38, 10405* 747 491 23

»Sinnlichkeit und Gaumenfreuden im Dunkeln« ist das Motto im Nocti Vagus. Ein Abend im Dunkelrestaurant ist zweifellos eine unvergessliche Erfahrung. Schweinefilet in Lavendel-Pflaumenragout oder gefüllter Kürbis auf Rote-Bete-Tagliatelle sind auch ohne Anblick ein Genuss. Blinde Menschen bilden die perfekt eingespielte Service-Crew.

## SCHÖNEBERG: Pranzo e Cena €€

*Goltzstraße 32, 10781* **☎** *217 35 14* **Stadtplan** *11 A3*

Die Pizzeria in einem netten Berliner Wirtshaus alten Stils ist ein Treffpunkt der Schöneberger. Die Auswahl an hausgemachter Pasta ist beeindruckend. Wer sich nicht entscheiden kann, probiert Tris di Pasta, eine Kombination von drei Gerichten. Gute Weinkarte mit deutschen und italienischen Weinen. Reservierung erforderlich.

## PRENZLAUER BERG: Restauration 1900 €€

*Husemannstraße 1, 10435* **☎** *442 24 94*

Dieses Traditionslokal besitzt einen einfachen Speisesaal mit einer fantastischen historischen Theke und diversen anderen Antiquitäten. Hier dominiert die leichte Küche; vor allem für Vegetarier gibt es eine große Auswahl an Gerichten. Allein der Blick von der Sommerterrasse ist einen Besuch wert.

## ZEHLENDORF: Waldhaus €€

*Onkel-Tom-Straße 50, 14169* **☎** *813 75 75*

Das ist genau der richtige Ort, um einen lauen Sommerabend zu verbringen. Das Waldhaus ist für seine Grillgerichte bekannt. Im Winter stehen meist traditionelle und herzhaftere Berliner Gerichte auf der Karte, etwa Ente, Gans und Wild. Das Wildbret stammt aus den Wäldern um Berlin.

## ZEHLENDORF: Wirtshaus Moorlake €€

*Moorlakeweg 6, 14109* **☎** *805 58 09*

Das historische Wirtshaus am Ufer der Havel serviert deutsche Küche. Alle Wildgerichte auf der Karte schmecken hervorragend, doch besonders empfehlenswert ist das Hirschgout mit Preiselbeeren und Butterspätzle. Auch eine Sünde wert: der Grillteller »Moorlake« mit Schweinefilet und Sauce béarnaise.

## WILMERSDORF: Bieberbau €€€

*Durlacher Straße 15, 10715* **☎** *853 23 90*

Die beiden Betreiber Max Stoll und Stephan Garkisch wandelten den einst legendären Nachtclub in ein brillantes Gourmet-Lokal um. Fans der Berliner Küche finden hier Eisbein und Berliner Leber, allerdings serviert mit exquisiten Salaten und Pommery-Kartoffeln (anstelle von Sauerkraut und Erbsenpüree). Reservierung empfohlen.

## GRUNEWALD: Diekmann im Chalet Suisse €€€

*Clayallee 99, 14195* **☎** *832 63 62*

Nach einem Spaziergang durch den Grunewald bietet sich dieses Lokal im Stil eines Schweizer Chalets, das jetzt zur Diekmann-Gruppe gehört, für eine Pause an. Der Service des Hauses ist exzellent. Auch die Speisekarte mit deutschen und Schweizer Gerichten ist fantasievoller geworden. Die *crème brûlée* ist ein Traum.

## GRUNEWALD: Forsthaus Paulsborn €€€

*Hüttenweg 90, 14195* **☎** *818 19 10*

Das hervorragende Restaurant ist im Erdgeschoss eines ehemaligen Jagdhauses mitten im Grunewald untergebracht. Im Sommer kann man im Garten sitzen. Das Essen im Forsthaus ist ein Hochgenuss. An den Wochenenden wird Brunch angeboten. Nachmittags gibt es hausgemachte Kuchen und Gebäck. ● *Mo.*

## GRUNEWALD: Grunewaldturm €€€

*Havelchaussee 61, 14193* **☎** *300 07 30*

Einen Ausflug in den Grunewald kann man gut mit der Einkehr in dieses Lokal verbinden. Die Karte offeriert Wildgerichte und andere herzhafte Speisen. Man kann aber auch einen heimischen Flussbarsch verzehren. Das Mittag- oder Abendessen hier mit Blick auf den Wannsee ist die Krönung eines Tages im Freien.

## WEDDING: Maxwell €€€

*Bergstraße 22, 10115* **☎** *280 71 21*

Das renommierte und beliebte Restaurant serviert gleichbleibend gute Berliner und deutsche Küche mit mediterranem Touch. Das Maxwell garantiert eine entspannte und ruhige Atmosphäre. Das Personal ist freundlich und hilfsbereit. Mittags gibt es ein preisgünstiges Menü; ein Wermutstropfen ist der Mangel an preiswerten Weinen.

## PRENZLAUER BERG: Pasternak €€€

*Knaackstraße 22–24, 10405* **☎** *441 33 99*

Hier gibt es Lehnstühle und Sofas sowie Essen nach Sankt Petersburger Art. Eine Mischung von exilierten Russen, deutschen Studenten und Künstlern trägt zur fröhlichen Atmosphäre im Pasternak bei. Die Gerichte sind deftig und umfassen Borschtsch, Blinis und Bœuf Stroganoff. Zum Brunch wird Wodka und Kaviar serviert.

## ZEHLENDORF: Remise im Schloss Glienicke €€€€

*Königstraße 36 (Glienicke), 14109* **☎** *805 40 00*

Wer außerhalb der City gepflegt speisen möchte, sollte hier einkehren. Das Restaurant wird nun von Franz Raneburger, einem der bekanntesten Berliner Küchenchefs, geführt und bietet exzellente deutsche Küche, etwa Zander, Langusten und Wildgerichte – alles fantasievoll zubereitet. Das Lokal empfiehlt sich für ein Mittagessen. ● *Mo, Di.*

## GRUNEWALD: Vivaldi €€€€€

*Brahmsstraße 10, 14193* **☎** *895 845 20*

Das luxuriöse Vivaldi ist das Restaurant des Schlosshotels. Das Interieur mit Holzvertäfelung, Blattgold und Lüstern stammt von Karl Lagerfeld. Wegen häufiger Wechsel im Hotelmanagement hat das Restaurant seinen Gourmet-Status verloren, doch man erhält hier noch immer exquisite französische Küche. Reservierung erforderlich. ● *Di, Mi.*

**Stadtplan** *siehe Seiten 300–323*

# Cafés und Snackbars

Für eilige Esser gibt es natürlich viel mehr als die allgegenwärtigen Hamburger, Pommes frites und Pizzas der internationalen Ketten. Dafür sorgen unzählige Imbissbuden mit typischer regionaler Kost. Etwas gediegener sind freilich die lukullischen Kleinigkeiten, die man in vielen Cafés in der City erhält. Schnell stillt man seinen Hunger aber immer noch mit einer typischen Berliner Currywurst an einem Imbissstand – und den finden Sie bestimmt gleich an der nächsten Ecke.

## IMBISSBUDEN UND SNACKBARS

Die klassische Imbissbude besteht aus einem kleinen Kiosk, manchmal auf Rädern, an dem Getränke, Currywurst und Pommes frites mit Ketchup, Mayonnaise oder beidem verkauft werden. Die Currywurst wird immer noch als Berliner Spezialität gehandelt. Sie ist eine in Scheiben geschnittene Bratwurst mit einer würzigen roten Sauce, mit Curry und scharfem Paprikapulver bestreut, serviert auf einem Pappteller mit Plastikgabel. Meist stehen solche Buden zentral an U- oder S-Bahnhöfen, belebten Straßen oder Kreuzungen. Am **Ku'damm 195** und bei **Konnopke** lohnt sich ein Versuch, denn dort ist die Sauce noch hausgemacht und die Wurst nicht lieblos in billigem Ketchup ertränkt.

Verschiedene Würste findet man natürlich fast überall, besonders häufig Frankfurter Würstchen (Wiener) und die etwas dickere Bockwurst. Der Berliner Name für Frikadellen ist Bulette.

Leider gibt es kaum Imbisse, die Speisen aus anderen Gegenden Deutschlands anbieten. Eine löbliche Ausnahme ist **Weizmann** unter einem S-Bahn-Bogen nahe der Station Bellevue. Die schwäbischen Spätzle in Berlin-Mitte sind sicher eine Bereicherung. Bei **Leo Bettini** gibt es Knödel und Nudelgerichte.

## SPEZIALITÄTEN AUS ALLER WELT

Berlins traditionelle Spezialitäten bekommen zusehends Konkurrenz aus anderen Ländern. An jeder Ecke gibt es ein türkisches Lokal, das Döner Kebab verkauft. Der typische Kebab besteht aus einem Viertel Fladenbrot, das mit fein geschnittenem warmem Fleisch, Salat, Zwiebeln, Gurke und Tomate gefüllt ist und durch eine aromatische Joghurtsauce saftig wird. Naturgemäß erhält man den besten Kebab dort, wo die Stadt besonders türkisch ist, nämlich in Kreuzberg – was nicht heißen soll, dass man die Döner in anderen Bezirken durchweg verschmähen muss. Eine gute Adresse ist das **Kebab** oder eines der vielen anderen Lokale um das Kottbusser Tor oder in der Oranienstraße.

Arabische Falafeln, die es auch überall in der Stadt gibt, dürften eine willkommene Abwechslung für Vegetarier sein. Die panierten und frittierten Bällchen bestehen aus einem Kichererbsenteig, angereichert mit Petersilie oder Koriander. Das Ganze wird in einer Tasche aus Fladenbrot mit Joghurtsauce serviert. Wirklich köstlich sind sie in der Gegend um den Winterfeldtplatz, etwa bei **Habibi**, **Dada Falafel** sowie bei **Baharat Falafel** oder **Hasir** im Ostteil der Stadt.

Leichte, würzige thailändische Küche können Sie bei **Fish & Vegetables** in der Goltzstraße ausprobieren. Für die Fans thailändischer Gerichte ist auch die **Pagode** in der Kreuzberger Bergmannstraße einen Besuch wert.

Um die koreanische Küche kennenzulernen, lenken Sie Ihre Schritte zum **Korea-Haus** in der Danziger Straße, in dem die Auswahl an Gerichten schier überwältigend ist.

Beim **Vietnam Imbiss** können Sie vietnamesisches Essen probieren.

Auch an indischen Restaurants fehlt es nicht – etliche finden Sie in der Grolmanstraße und um den Savignyplatz, so auch das überaus empfehlenswerte **Briganti**.

Berlins japanische Restaurants gehören in aller Regel zur gehobenen Gastronomie, Sushi und Suppen sind dort wirklich ausgezeichnet. Zu den besten gehören **Sushi Bar Ishin**, **Sasaya**, **FUKU Sushi** und **Musashi**.

## LEICHTE SNACKS

Weniger Exotisches erwartet Sie an den U- und S-Bahnhöfen und in den Einkaufsstraßen, wo überall knusprige Schinken- oder Käsebaguettes verkauft werden. Plötzlichen Hungerattacken begegnen Sie am einfachsten in einer Bäckerei, die meistens leckere Croissants und duftende Brötchen oder frische Brezeln anbieten. Während der Mittagszeit können Sie in einer der beliebten **Nordsee**-Filialen Platz nehmen. Hier wie im nobleren **Let's Go Sylt** können Sie sich Ihren Imbiss auch mitnehmen. An vielen Sandwich-Theken erhalten Sie neben Baguettes und Brötchen auch Quiches o. Ä. Falls das Ihrem Geschmack entspricht, wenden Sie sich etwa an **Fressco**.

Als Liebhaber von Bagels werden Sie bei **Bagels & Bialys** in der Rosenthaler Straße oder bei **Salomon Luna Bagels** in der Joachimstaler Straße fündig, doch die Entscheidung zwischen den vielen möglichen Füllungen könnte etwas Zeit kosten.

Mancherorts hat man sich stark auf ganz bestimmte kulinarische Vorlieben eingestellt. Bei **Soup-Kultur** und **Intersoup** gibt es nur Suppen – die scharf, exotisch, kalt, würzig oder mild sind. Knoblauchfans können ins **Knofel** im Bezirk Prenzlauer Berg gehen. **Diekmann im Haus Huth** ist ein exzellentes Bistro im Haus Huth, den einzigen alten Gebäude am ultramodernen Potsdamer Platz. Nicht zu vergessen sind auch das **Deli 31** und das **Deli Street**. Eine weitere Abhilfe gegen den Hunger bietet eine Pizzeria mit Selbstbedienung wie **Piccola Italia**. Im **La Focacceria** belegt man Ihnen den dünnen Teig nach Ihren Wünschen.

## ESSEN IN EINKAUFSZENTREN

Wer gern einkauft, hat oft seine liebe Not mit der Zeit. Sehr hilfreich sind da einige Einrichtungen in Einkaufszentren, die auf schnellen Service setzen. Auf besonders stilvolle Art ist das im **KaDeWe** gelungen. Weil dieses riesige Kaufhaus in keinem Reiseführer fehlt, ist auch sein Selbstbedienungsrestaurant in der siebten Etage sehr beliebt. Wenn Sie dann noch einen Platz mit Aussicht auf den Wittenbergplatz ergattern, macht Ihr Einkaufsbummel gleich doppelt Spaß.

Genauso lebhaft geht es in der Friedrichstraße, in den schicken **Galeries Lafayette**, zu. Im Tiefgeschoss finden Sie ebenfalls ein Café mit Selbstbedienung. Beim Bummel durch die Boutiquen im Quartier 205 können Sie sich in der Bio-Insel an Spezialitäten aus ökologischem Anbau laben oder im **E33** eine Tasse Kaffee oder Tee trinken.

Auch in den **Arkaden** am Potsdamer Platz gibt es viele Bars und Cafés, die für das leibliche Wohl sorgen. Ins Auge fallen eine Filiale von Salomon Bagels, der Asia Pavillon mit seinem orientalischen Flair oder auch das Pomme de Terre. In Letzterem kommt die Kartoffel in Dutzenden von Varianten und mit ebenso vielen Füllungen auf den Teller. Müde Shopping-Bummler können sich im **Wiener Café** eine Pause oder im **Caffè e Gelato** einen Eisbecher gönnen.

## ESSEN IN MUSEEN

Zahlreiche Museen in Berlin verfügen über Cafés oder Bistros. Das **Café im Zeughaus** im Deutschen Historischen Museum bietet zum leckeren Frühstück auch einen Blick auf die Spree. In der Snackbar **Liebermanns** im Jüdischen Museum gibt es jüdische Gerichte, im **Bistro Sarah Wiener** beim Brandenburger Tor leckere Kuchen. Zu den renommiertesten Art Cafés zählt das **Café Dix** in der Berlinischen Galerie.

## CAFÉS

Groß ist die Auswahl an Cafés, die einen leichten Imbiss oder guten Kuchen für jeden Geldbeutel bieten. Im Allgemeinen haben sie von 9 oder 10 Uhr morgens bis spätabends geöffnet. Frühstück bekommen Sie à la carte oder am Büfett. Zur Mittagszeit gibt es neben kompletten Gerichten auch noch manches aus der Frühstücksauswahl. Meist haben Sie die Wahl zwischen mehreren Salaten, herzhaften Eintöpfen und ein paar warmen Gerichten. Diese liegen meist bei erschwinglichen zehn Euro. Unübersehbar ist natürlich immer die riesige Auswahl an Desserts, Eis, Kuchen und alkoholischen Getränken.

Nahe der Technischen Universität finden Sie das **Café Hardenberg**, das gern von Studenten besucht wird, in der Kantstraße das **Schwarze Café**, das rund um die Uhr geöffnet hat. Am Savignyplatz bietet sich ein kurzer Stopp im **Café Aedes** an, das zwei Filialen besitzt, eine davon bei der Architekturgalerie und die andere im zweiten Hinterhof der Hackeschen Höfe. Das **Café am Neuen See** liegt am Ufer desselben im Tiergarten. Die **Patisserie Buchwald** im Hansaviertel wartet mit Baumkuchen auf.

Ein gutes Renommee haben sich das bezaubernde **Café Wintergarten im Literaturhaus** in der Fasanenstraße und das Wiener Kaffeehaus **Café Einstein** erworben. Letzteres serviert frischen Kaffee aus eigener Rösterei. Das Stammhaus hat eine Dependance in Mitte, Unter den Linden, die mit ihren leckeren Kuchen mit dem **Opernpalais** wetteifert (*siehe S. 258*).

Beim Bummel in der Gegend um den Checkpoint Charlie machen Sie vielleicht im **Sale e Tabacchi**, einem exzellenten italienischen Lokal in der Rudi-Dutschke-Straße, halt oder gleich nebenan im tazpresso, dem Café im Verlagshaus der Berliner Tageszeitung *taz*.

Einen kleinen Mittagsimbiss oder einen Kaffee bekommen Sie in zahllosen Lokalen rund um die Alte und die Neue Schönhauser Allee. Abends strömen dorthin die Besucher, die Wert auf gute Musik und gutes Bier legen. Sie können ins rauchige, doch interessante **Die Eins** gehen oder ins **Café Cinema** mit reichlich Dekor aus alten Filmen.

Interessant wird es sicher, wenn Sie sich abends in den Bezirk Prenzlauer Berg aufmachen. »In« sind dort das **Anita Wronski** und das Tantalus. In beiden gibt es ausgezeichnete Pfannkuchen. Wenn Sie es etwas gemütlicher mögen, werden Sie sich im **Chagall** bei Kaminfeuer und russischen Balladen sicher wohlfühlen. An heißen Tagen genießt man beispielsweise auf der Terrasse des **November** oder des **Seeblick** ein gutes Essen.

Ebenfalls zu empfehlen sind die Cafés **Atlantic**, **Café Berio**, **Keyser Soze**, Rathauscafé, **Telecafé**, Voltaire, und **Café Savigny**, die alle gleichbleibend gutes Essen mit wechselnder Auswahl servieren.

## KAFFEEBARS UND TEESALONS

Im Vergleich zu anderen Städten sind in Berlin Kaffeebars erst im Kommen – die Eduscho- und Tchibo-Filialen einmal ausgenommen. Eine gute Adresse ist **Barcomi's**, eine Kaffeebar im amerikanischen Stil mit eigener Rösterei und einer großen Auswahl an Sorten. Mehr Stärkung als Kaffee und Muffins verheißt **Barcomi's Deli**, in dem man sich sein Sandwich selbst zusammenstellen kann.

Eine Tasse guten Tee können Sie in der **Tadschikischen Teestube** und im **TTT – Tee, Tea, Thé** trinken, und das bei einer riesigen Auswahl an Teesorten. Als Raucher verordnet man Ihnen dort allerdings Enthaltsamkeit. Auch im **Mittendrin** können Sie unter vielen Teesorten wählen.

# AUF EINEN BLICK

## IMBISSBUDEN UND SNACKBARS

### Konnopke
Schönhauser Allee 44a
(U-Bahnhof Eberswalder
Str.). **442 77 65.**
Mo–Fr 6–20 Uhr, Sa
12–19 Uhr.

### Ku'damm 195
Kurfürstendamm 195.
**Stadtplan** 9 B2.
Mo–Fr 18–1 Uhr,
Sa, So 17–7 Uhr.

### Leo Bettini
Mulackstraße 33.
**Stadtplan** 7 C1.
Mo–Do 9.30–21 Uhr,
Sa 12–21 Uhr.

### Weizmann
Lüneburger Straße 390.
**Stadtplan** 5 A3.
**394 20 57.**
tägl. 6–21 Uhr.

## SPEZIALITÄTEN AUS ALLER WELT

### Baharat Falafel
Winterfeldtstraße 37.
**Stadtplan** 11 B3.
**216 83 01.**
tägl. 11–2 Uhr.

### Briganti
Wielandstraße 15.
**Stadtplan** 9 B1.
**323 53 62.**
Di–Fr 11–19 Uhr,
Sa 10–16 Uhr.

### Cat Food Sushi Bar
Körterstraße 8.
**Stadtplan** 13 C4.
**693 02 27.**
tägl. 6–24 Uhr.

### Dada Falafel
Linienstraße 132.
**Stadtplan** 6 F1.
**27 59 69 27.**
So–Mi 10–2 Uhr,
Do–Sa 10–3 Uhr.

### Fish & Vegetables
Goltzstraße 32.
**Stadtplan** 11 A3.
**215 74 55.**
tägl. 12–22 Uhr.

### FUKU Sushi
Rosenthaler Straße 61.
**Stadtplan** 7 B1.
**28 38 77 83.**
Mo–Fr 12–23 Uhr,
Sa, So 18–23 Uhr.

### Habibi
Goltzstraße 24.
**Stadtplan** 11 A3.
**215 33 32.**
So–Do 11–3 Uhr,
Fr, Sa 11–5 Uhr.

### Hasir
Oranienburger Straße 4.
**Stadtplan** 7 B2.
**28 04 16 16.**
tägl. 11.30–1 Uhr.

### Kebab
Goltzstraße 37a.
**Stadtplan** 11 A3/A4.
tägl. 10–23 Uhr.

### Korea-Haus
Danziger Straße 195.
**423 34 41.**
tägl. 12–22 Uhr.

### Musashi
Kottbusser Damm 102.
**Stadtplan** 14 E3. **693
20 42.** Mo–Sa 12–
22.30 Uhr, So 19–22 Uhr.

### Pagode
Bergmannstraße 88.
**Stadtplan** 13 A4.
**691 26 40.**
tägl. 12–24 Uhr.

### Sasaya
Lychener Straße 50.
**44 71 77 21.**
Do–Di 12–15,
18–22.30 Uhr.

### Sushi-Bar
Friedrichstraße 115.
**Stadtplan** 6 F1.
**88 11 671.**
tägl. 11–23 Uhr.

### Sushi Bar Ishin
Schlossstraße 101.
**Stadtplan** 2 E4.
**797 10 49.**
Mo–Sa 11–20 Uhr.

### Sushi Imbiss
Pariser Straße 44.
**Stadtplan** 9 B2.
**881 27 90.**
Mo–Sa 12–24 Uhr,
So 16–23 Uhr.

### Vietnam Imbiss
Damaschkestraße 30.
**324 93 44.**
Mo–Sa 12–21 Uhr.

## LEICHTE SNACKS

### Bagels & Bialys
Rosenthaler Straße 46–48.
**Stadtplan** 7 B2.
**283 65 46.**
24 Stunden tägl.

### Deli 31
Bleibtreustraße 31.
**Stadtplan** 9 B2.
**88 47 46 02.**
Mo–Sa 8–21 Uhr,
So 8–20 Uhr.

### Deli Street
Chausseestraße 4.
**Stadtplan** 6 F1.
**28 09 28 33.**
Mo–Fr 9–17 Uhr.

### Diekmann im Haus Huth
Alte Potsdamer Str. 5.
**Stadtplan** 6 D5.
**25 29 75 24.**
tägl. 12–1 Uhr.

### Fressco
Zossener Straße 24.
**Stadtplan** 13 A4.
**69 40 16 13.**
Di–So 17.30–1 Uhr.

### Intersoup
Schliemannstraße 31.
**Stadtplan** 6 F1.
**23 27 30 45.**
tägl. 17–24 Uhr.

### Knofel
Wichertstraße 33.
**447 67 17.**
Mo–Do 18 Uhr bis
spät, Fr 14 Uhr bis spät,
Sa, So 13 Uhr bis spät.

### La Focacceria
Fehrbelliner Straße 24.
**Stadtplan** 6 F1.
**44 03 27 71.**
tägl. 11–23 Uhr.

### Nordsee
Spandauer Straße 4.
**Stadtplan** 7 C3, 16 F2.
**24 26 881.**
tägl. 10–20 Uhr.

### Piccola Italia
Oranienburger Straße 6.
**Stadtplan** 7 B2.
**283 58 43.**
Mo–Do 11–1 Uhr,
Fr, Sa 11–3 Uhr.

### Salomon Luna Bagels
Joachimstaler Straße 13.
**Stadtplan** 10 D2.
**88 70 26 17.**
Mo–Sa 9–20 Uhr.

### Soup-Kultur
Kurfürstendamm 224.
**Stadtplan** 10 D1.
**88 62 92 82.**
Mo–Sa 12–
19.30 Uhr.

## ESSEN IN EINKAUFS-ZENTREN

### E33
Friedrichstadtpassage,
Friedrichstraße 67.
**Stadtplan** 6 F4, 15 C4.
**20 94 50 20.**
tägl. 8–20 Uhr.

### Galeries Lafayette
Französische Straße 23.
**Stadtplan** 6 F4, 15 C3.
**20 94 80.**
Mo–Sa 10–20 Uhr.

### KaDeWe
Tauentzienstraße 21–24.
**Stadtplan** 10 E1.
Mo–Fr 10–20 Uhr,
Sa 9.30–20 Uhr.

### Karstadt
Kurfürstendamm 231.
**Stadtplan** 10 D1.
**880 030.**
Mo–Do, Sa 10–
20 Uhr, Fr 10–21 Uhr.

### Potsdamer Platz Arkaden
Alte Potsdamer Straße 7.
**Stadtplan** 6 D5.
Mo–Sa 10–21 Uhr.

## ESSEN IN MUSEEN

### Bistro Sarah Wiener
Akademie der Künste,
Pariser Platz 4. **Stadtplan**
6 E3. tägl. 10–18 Uhr.

### Café Dix
Berlinische Galerie,
Alte Jakobstraße 128.
**Stadtplan** 7 C5.
Mi–Mo 10–19 Uhr.

### Café im Zeughaus
Deutsches Historisches
Museum,
Unter den Linden 2.
**Stadtplan** 7 A3, 16 E2.
tägl. 10–18 Uhr.

### Liebermanns
Jüdisches Museum, Lin-
denstraße 9–14. **Stadt-
plan** 13 A2. tägl. 12–
20 Uhr (Mo bis 22 Uhr).

## CAFÉS

### Anita Wronski
Knaackstraße 26–28.
442 84 83.
tägl. 9–2 Uhr.

### Atlantic
Bergmannstr. 100. **Stadtplan** 12 F4. 691 92 92. tägl. 9–2 Uhr.

### Buchwald
Bartningallee 29.
**Stadtplan** 4 F2.
391 59 31.
Mo–Sa 9–18 Uhr,
So 10–18 Uhr.

### Café Aedes
Savignyplatz (Arkade unter der S-Bahn-Brücke).
**Stadtplan** 9 C1.
31 50 95 35.
Mo–Fr 8–24 Uhr,
Sa, So 9–24 Uhr.
Rosenthaler Straße 40–41 (Hackesche Höfe, zweiter Hof).
**Stadtplan** 7 B2.
28 58 275.
tägl. 11–24 Uhr.

### Café am Neuen See
Lichtensteinallee 2.
**Stadtplan** 4 F5. 254 49 30. Apr–Nov: tägl. 10–23 Uhr; Dez–März: Mo–Fr 10–22 Uhr, Sa, So 10–23 Uhr.

### Café Berio
Maaßenstraße 7.
**Stadtplan** 11 A2.
216 19 46.
So–Do 8–24 Uhr,
Fr, Sa 8–1 Uhr.

### Café Cinema
Rosenthaler Straße 39.
**Stadtplan** 7 B2.
280 64 15.
tägl. 12–2 Uhr.

### Café Einstein
Kurfürstenstraße 58.
**Stadtplan** 11 A2.
261 50 96.
tägl. 8–1 Uhr.
Unter den Linden 42.
**Stadtplan** 6 F3, 15 C3.
204 36 32.
tägl. 7–22 Uhr.

### Café Hardenberg
Hardenbergstraße 10.
**Stadtplan** 3 C5.
312 26 44.
tägl. 9–1 Uhr.

### Café Lebensart
Unter den Linden 69–73.
**Stadtplan** 6 E3, 15 B3.
229 00 18.
Mo–Fr 8–21 Uhr,
Sa, So 10–24 Uhr.

### Café Möhring
Charlottenstraße 55.
**Stadtplan** 7 A4.
20 30 92 240.
tägl. 8–24 Uhr.

### Café Savigny
Grolmanstraße 51.
**Stadtplan** 3 C5, 9 C1.
312 81 95.
tägl. 9–1 Uhr.

### Café Ständige Vertretung
Schiffbauerdamm 8.
**Stadtplan** 6 E3.
282 39 65.
tägl. 10–1 Uhr.

### Café Tomasa
Motzstraße 60.
**Stadtplan** 10 F3.
Mo–Fr 8–1 Uhr, Sa 9–2 Uhr, So 9–1 Uhr.

### Café Wintergarten im Literaturhaus
Fasanenstraße 23.
**Stadtplan** 10 D1.
882 54 14.
tägl. 9.30–1 Uhr.

### Catherine's
Im Dussmann-Haus, Friedrichstraße 90.
**Stadtplan** 6 F3.
20 25 15 55.
Mo–Sa 11–22 Uhr.

### Chagall
Kollwitzstraße 2.
441 58 81.
Mo–Sa 11 Uhr bis spät.

### Die Eins
Wilhelmstraße 67A (Eingang Reichstagufer).
**Stadtplan** 6 E3.
22 48 98 88.
Mo–Sa 9–24 Uhr,
So 10–24 Uhr.

### Eckstein
Pappelallee 73.
441 99 60.
tägl. 9–1 Uhr.

### Filmbühne am Steinplatz
Hardenbergstraße 12.
**Stadtplan** 4 D5.
312 65 89.
tägl. 9–1 Uhr.

### Kaffeestube am Nikolaiplatz
Poststraße 19.
**Stadtplan** 7 C3.
242 71 20.
tägl. 9–24 Uhr.

### Keyser Soze
Tucholskystraße 33.
**Stadtplan** 7 A1.
28 59 94 89.
tägl. 8–3 Uhr.

### Kleine Orangerie
Spandauer Damm 20.
**Stadtplan** 2 E3.
322 20 21.
tägl. 9–21 Uhr (im Winter 10–20 Uhr).

### Let's Go Sylt
Kurfürstendamm 212.
**Stadtplan** 9 C2.
88 68 28 00.
Mo–Sa 11–24 Uhr.

### November
Husemannstraße 15.
442 84 25.
Mo–Fr 10–2 Uhr, Sa, So 9–2 Uhr.

### Opernpalais
Unter den Linden 5.
**Stadtplan** 7 A3, 16 E3.
20 26 83.
tägl. 8–24 Uhr.

### Sale e Tabacchi
Kochstraße 18.
252 11 55.
tägl. 10–2 Uhr.

### Schwarzes Café
Kantstraße 148.
**Stadtplan** 9 C1.
313 80 38.
24 Stunden tägl.

### Seeblick
Rykestraße 14.
442 92 26.
tägl. 8–2 Uhr.

### Telecafé
Alexanderplatz (Fernsehturm).
**Stadtplan** 8 D2.
242 33 33.
tägl. 10–24 Uhr.

## KAFFEEBARS UND TEESALONS

### Balzac Coffee
Hardenbergstraße 4–5.
**Stadtplan** 3 C5.
Friedrichstraße 125.
**Stadtplan** 6 F4, 15 C4.
Mo–Fr 7.30–20 Uhr, So 9–18.30 Uhr.

### Barcomi's
Bergmannstraße 21.
**Stadtplan** 13 A5.
694 81 38.
Mo–Sa 8–21 Uhr, So 9–21 Uhr.

### Barcomi's Deli
Sophienstraße 21 (2. Hof).
**Stadtplan** 7 B1.
28 59 83 63.
Mo–Sa 9–21 Uhr, So 10–21 Uhr.

### Cafézeit
Kurfürstendamm 200
**Stadtplan** 9 C2.
88 25 814.
Mo–Sa 8–24 Uhr, So 9–22 Uhr.

### Einstein Coffeeshop
Friedrichstraße 166.
**Stadtplan** 6 F4.
93 93 64 44.
Mo–Fr 7–20.30 Uhr, Sa 7.30–20.30 Uhr, So 9–18 Uhr.
Friedrichstraße 185.
**Stadtplan** 6 F4.
93 93 64 34.
Mo–Sa 7.30–20.30 Uhr, So 9–20 Uhr.
Savignyplatz 5.
**Stadtplan** 9 C1.
Mo–Fr 7.30–20 Uhr, Sa 9–20 Uhr, So 9–18 Uhr.

### Mittendrin
Sophienstraße 19.
**Stadtplan** 7 B1.
28 49 77 40.
Di–Do 12–23 Uhr, Fr, Sa 12–1 Uhr, So 14–20 Uhr.

### Tadschikische Teestube
Am Festungsgraben 1.
**Stadtplan** 7 A3, 16 E2.
204 11 12.
Mo–Fr 17–24 Uhr, Sa, So 15–24 Uhr.

### TTT – Tee, Tea, Thé
Goltzstraße 2.
**Stadtplan** 11 A4.
21 75 22 40.
Mo–Sa 9–24 Uhr, So 10–24 Uhr.

**Stadtplan** siehe Seiten 300–323

# Kneipen, Biergärten und Bars

Wer vermag schon haarscharf zu bestimmen, was die Bar vom Weinlokal, das Pub von der Bierstube und diese wieder von der Kneipe unterscheidet? Gemeinsam ist ihnen allen, dass es dort hauptsächlich um alkoholische Getränke geht, auch wenn zusätzlich Speisen auf der Karte stehen. Fast alle diese Lokale haben vom späten Nachmittag oder frühen Abend bis spät in die Nacht oder frühmorgens geöffnet, vorausgesetzt, die Gäste sind zahlreich und ausdauernd genug.

## KNEIPEN

Die Kneipe ist im weitesten Sinn des Wortes ein gemütliches Bierlokal, was nicht ausschließt, dass andere Getränke und kleine Speisen auf der Karte stehen. Die typische Altberliner Kneipe hat gedämpftes Licht, dunkle Wandvertäfelungen, einen großen Schanktresen, auf dem sich auch Essbares wie Buletten (Frikadellen), Soleier, Rollmöpse und Wurstwaren befinden können.

Diese traditionelle Schankwirtschaft ist in der City fast ausgestorben. Wer sich auf ihre Spuren begibt, wird aber in weniger zentralen Bezirken wie Moabit, Kreuzberg, Prenzlauer Berg oder Neukölln fündig. Zu den beliebtesten Kneipen gehören **Zur Kneipe** und **Ranke 2** sowie mehrere Etablissements in Mitte rund ums Nikolaiviertel, z.B. **Zum Nussbaum**.

Jede Kneipe hat ihren eigenen Charakter. Zunehmend setzen die Wirte aber auf modernes, innovatives Interieur oder eine internationale Speisekarte mit italienischem, französischem oder orientalischem Einschlag. Auch versucht man immer öfter, einen Mix aus Kneipe, Bar, Lounge und Biergarten zu schaffen – exemplarisch zu studieren am **Reingold** in Mitte.

Am Savignyplatz können Sie sich in der **Dicken Wirtin** an einem herzhaften Eintopf stärken. Kneipen, in denen Sie auch Szene-Publikum antreffen, liegen meist in Kreuzberg oder Prenzlauer Berg, vor allem um den Kollwitzplatz, wo sich viele Lokale konzentrieren.

In der **Ankerklause** am Landwehrkanal treffen sich viele Studenten, linke Systemanalytiker und politische Aktivisten auf ein Bier, tanzen und verbessern die Welt – zumindest in der Theorie.

## BIERGÄRTEN

Der Vorzug von Biergärten sind die Sitzplätze im Freien. Im Sommer strömen die unterschiedlichsten Besucher in die kleinen und großen Lokale, die bisweilen in Grünanlagen oder am Seeufer liegen. Abgesehen vom üblichen Angebot an Speisen und Getränken locken sie oft mit Spezialitäten vom Grill. Im **Golgatha** oder **Schleusenkrug** können Sie diese Atmosphäre sogar in der City erleben. Sollten Sie den Bezirk Prenzlauer Berg erkunden, kehren Sie vielleicht im **Prater** ein. Nach einem ausgedehnten Besichtigungsprogramm oder sportlichen Aktivitäten auf dem Wannsee können Sie den Tag bei **Loretta am Wannsee** ausklingen lassen.

In Berlin sind Beach-Bars, die an einem der Wasserwege der Stadt liegen – z.B. der **Bundespressestrand** –, seit einigen Jahren sehr beliebt.

## WEINLOKALE

Nicht selten haben Berliner Weinlokale einen mediterranen Touch. Das Interieur ist oft rustikal, doch Ausnahmen bestätigen die Regel. Geöffnet haben sie meist vom frühen bis zum späten Abend. Das Angebot an Speisen ist häufig italienisch, französisch oder spanisch, die Auswahl an offenen Weinen riesig. Französische Gerichte und Weine finden Sie beispielsweise in der renommierten **Vienna Bar**. Im Bezirk Prenzlauer Berg lohnt die Einkehr im gemütlichen **Weinstein** mit erstklassigen Gerichten und nicht minder guten Weinen. Im **Lutter & Wegener** in Mitte setzt man auf deutsch-österreichische Küche mit passenden Weinen. Eine ansprechende American Bar mit ausgezeichneten Cocktails und Snacks ist **Billy Wilder's**.

## BARS

Bars in Berlin sind der ideale Rahmen, um den Tag zu beschließen. Passionierte Barbesucher haben die Qual der Wahl. Die meisten Bars öffnen nicht vor 20 Uhr. Zwar gibt es keine Kleiderordnung, doch Jeans und T-Shirt sind etwas zu leger.

Die **Riva Bar**, einer der elegantesten Schuppen der Stadt, liegt versteckt unter einer S-Bahn-Überführung, serviert aber mit die besten Cocktails in der Stadt. Tango und Salsa laden im **Roten Salon** dazu ein, sich zu den lateinamerikanischen Rhythmen zu bewegen. Von lebensgroßen Models, fotografiert von Helmut Newton, sind Sie umgeben, wenn Sie in der **Newton Bar** einen Drink bestellen. Nicht zu unterschätzen ist auch das Flair der Hotelbars wie **Harry's New York Bar** im Esplanade Berlin, Sam's Bar im Palace Berlin oder **Vox Bar** im Grand Hyatt, deren Interieur an alte Zeiten erinnern.

## FÜR SCHWULE UND LESBEN

Eine lange Tradition hat das Nachtleben der Berliner Homosexuellen. Es reicht zurück bis in die 1920er Jahre, als die Bars und Cabarets um den Nollendorfplatz zu den exzentrischsten Etablissements Europas zählten. Einiges von diesem Erbe ist hier noch zu finden. Manche Lokale wie das **Café Seidenfaden** sind nur für Frauen. Hingegen hat das **Roses** nur männliche Gäste. Die meisten aber, wie das **Neue Ufer** und **Die Busche**, werden von Lesben und Schwulen besucht. Aufgeschlossen geht es im **Heile Welt** oder im **SO 36** zu. Dort trifft man auch Heteros.

## AUF EINEN BLICK

### KNEIPEN

**Ankerklause**
Maybachufer 1.
**Stadtplan** 14 E3.
693 56 49.

**Dicke Wirtin**
Carmerstraße 9.
**Stadtplan** 3 C5.
312 49 52.

**Diener Tattersall**
Grolmanstraße 47.
**Stadtplan** 9 C1.
881 53 29.

**Gasthaus Lenz**
Stuttgarter Platz 20.
324 16 19.

**Gerichtslaube mit
Bierschenke und
Ratsherren-Stube**
Poststraße 28.
**Stadtplan** 7 C3.
241 56 97.

**Meilenstein**
Oranienburger Straße 7.
**Stadtplan** 7 B2, 16 F1.
282 89 95.

**Ranke 2**
Rankestraße 2.
**Stadtplan** 10 E1.
883 88 82.

**Reingold**
Novalisstraße 11.
**Stadtplan** 6 F1.
28 38 76 76.

**Slumberland**
Goltzstraße 24.
**Stadtplan** 11 A3.
216 53 49.

**Zum Nussbaum**
Am Nussbaum 3.
**Stadtplan** 7 C3.
242 30 95.

**Zum Patzenhofer**
Meinekestraße 26.
**Stadtplan** 10 D1.
882 11 35.

**Zur Kneipe**
Rankestraße 9.
**Stadtplan** 10 D2.
883 82 55.

### BIERGÄRTEN

**Bundespressestrand**
Reichstagufer/Ecke Otto-
von-Bismarck-Allee.
**Stadtplan** 6 E2.
28 09 91 19.

**Golgatha**
Dudenstraße 40,
im Viktoriapark.
**Stadtplan** 12 E5.
78 52 453.

**Loretta am
Wannsee**
Kronprinzessinnenweg
260. 803 51 56.

**Prater**
Kastanienallee 7–9.
**Stadtplan** 1 A5, 1 B3.
448 56 88.

**Schleusenkrug**
Müller-Breslau-Straße, an
der Tiergartenschleuse.
**Stadtplan** 4 E4.
313 99 09.

### WEINLOKALE

**Billy Wilder's**
Potsdamer Straße 2.
**Stadtplan** 6 D5.
26 55 48 60.

**Lutter & Wegener**
Charlottenstraße 56 (am
Gendarmenmarkt).
**Stadtplan** 7 A4, 16 D4.
202 95 40.

Oranienburger Straße 52.
**Stadtplan** 6 F1.
24 78 10 78.

Alte Potsdamer Straße 25.
**Stadtplan** 6 D5.
29 43 50.

**Vienna Bar**
Kantstraße 152.
**Stadtplan** 10 D1.
31 01 50 90.

**Weinstein**
Lychener Straße 33.
441 18 42.

### BARS

**Ballhaus Berlin**
Chausseestraße 102
**Stadtplan** 6 F1.
282 75 75.

**Bar am
Lützowplatz**
Lützowplatz 7.
**Stadtplan** 11 A1.
262 68 07.

**Berlin Bar**
Neue Schönhauser
Straße 20.
**Stadtplan** 7 C2.
21 23 06 00.

**b-flat**
Rosenthaler Straße 13.
**Stadtplan** 7 B1.
28 38 68 35.

**Gainsbourg –
Bar Américan**
Savignyplatz 5.
**Stadtplan** 9 B1/C1.
313 74 64.

**Green Door**
Winterfeldtstraße 50.
215 25 15.

**Haifischbar**
Arndtstraße 25.
**Stadtplan** 13 A5.
691 13 52.

**Harry's New
York Bar**
Lützowufer 15
(im Hotel Esplanade).
**Stadtplan** 11 A1.
254 78 86 33.

**Kumpelnest 3000**
Lützowstraße 23.
**Stadtplan** 11 B1.
26 16 918.

**Newton Bar**
Charlottenstraße 57.
**Stadtplan** 16 D4.
20 29 54 21.

**Riva Bar**
Dircksenstraße,
S-Bahn-Bogen 142.
**Stadtplan** 7 C2.
24 72 26 88.

**Roter Salon**
Rosa-Luxemburg-Platz 2.
**Stadtplan** 7 C1.
24 06 58 06.

**Times Bar**
(Zigarrenbar)
Fasanenstraße 9–10.
**Stadtplan** 10 D1.
31 10 33 36.

**Trompete**
Lützowplatz 9.
**Stadtplan** 11 A1.
23 00 47 94.

**Vox Bar
im Grand Hyatt**
Marlene-Dietrich-Platz 2.
**Stadtplan** 6 D5.
25 53 17 72.

**Würgeengel**
Dresdener Str. 122.
**Stadtplan** 14 D2.
615 55 60.

**Zur weißen Maus**
Ludwigkirchplatz 12.
**Stadtplan** 9 C3.
886 792 88.

### FÜR SCHWULE
### UND LESBEN

**Café Seidenfaden**
Dircksenstraße 47.
**Stadtplan** 7 C3.
283 27 83.

**Die Busche**
Mühlenstraße 11–12.
296 08 00.

**Hafen**
Motzstraße 19.
**Stadtplan** 11 A2.
211 41 18.

**Heile Welt**
Motzstraße 5.
**Stadtplan** 11 A2.
21 91 75 07.

**Roses**
Oranienstraße 187.
**Stadtplan** 14 E2.
615 65 70.

**SO 36**
Oranienstraße 190.
**Stadtplan** 13 B1,
14 D1.
61 40 13 06.

**Stadtplan** siehe Seiten 300–323

# SHOPPING

**B**erlin bietet in jedem Bezirk mindestens ein Einkaufszentrum. Es gibt eigentlich alles, was das Herz begehrt – man muss nur wissen, wo. Bekannt sind der Kurfürstendamm und die Friedrichstraße. Doch es lohnt sich auch der Besuch kleinerer Läden in den Bezirken Wedding, Friedrichshain, Schöneberg oder Tiergarten. So mancher Laden mit extravaganter Berliner Mode liegt versteckt im Hinterhof. Sehr präsent sind freilich die eleganten Designerboutiquen. Wer das Flair der Berliner Märkte genießen will, macht sich am besten früh am Samstagmorgen auf den Weg. Beliebte Märkte findet man auf der Museumsinsel und im Tiergarten – mit einem bunten Sortiment an Hüten, Hausrat, Büchern und vielen hübschen Dingen mehr. Für Einkäufe in den Galeries Lafayette, im KaDeWe oder in den zahlreichen Berliner Buchhandlungen bleibt am Nachmittag dann noch genügend Zeit.

Einkaufen auf mehreren Etagen: das Europa-Center *(siehe S. 150)*

## ÖFFNUNGSZEITEN

**D**ie meisten Läden haben montags bis freitags von 10 bis 20 Uhr und samstags von 10 bis 18 oder 20 Uhr geöffnet. Einige Kaufhäuser öffnen bereits um 9 Uhr, einige kleine Läden nur am Nachmittag. Mittagspausen gibt es selten, es sei denn, der Inhaber betreibt sein Geschäft allein. Infolge des neuen Ladenschlussgesetzes schließen viele Geschäfte freitags und samstags erst um 22 oder 24 Uhr. An den Samstagen in der Adventszeit lohnt es sich, den Service der Berliner Verkehrsbetriebe zu nutzen. An diversen Stellen in der City können Sie Gekauftes an Geschenkebussen deponieren und ungestört weitershoppen.

## KAUFHÄUSER

**D**as Kaufhaus des Westens am Wittenbergplatz *(siehe S. 155)*, besser als **KaDeWe** bekannt, ist zweifellos das größte und schönste Kaufhaus der Stadt.

Das Sortiment bürgt für beste Qualität. In den sieben Etagen, vielleicht in einer der Boutiquen (Shop-in-Shop), erfüllt sich auch der ausgefallenste Wunsch – sei es ein extravaganter Duft, elegante Dessous oder Teile aus der Haute Couture. Legendär sind die Feinkostabteilung in der sechsten Etage sowie das Selbstbedienungsrestaurant im siebten Stock mit Blick auf die Tauentzienstraße.

Mit den **Galeries Lafayette** ist ein Stück Pariser Flair nach Berlin gezogen. Parfüms, Haushaltswaren und modische Kleidung ziehen eine enorme Zahl von Besuchern an, von denen sich viele an den französischen Spezialitäten im Tiefgeschoss laben. In dem über alle Etagen reichenden Glaskonus spiegelt sich das bunte Warenarrangement.

Verwirrend große Auswahl bei den Souvenirständen

Beliebt ist auch das Kaufhaus **Karstadt** am Ku'damm. Hier ist die Auswahl ebenfalls beträchtlich. Schön ist der Ausblick auf die City vom Restaurant unter dem Dach.

## EINKAUFSZENTREN

**N**eben den beiden wichtigsten Einkaufsmeilen Ku'damm und Friedrichstraße entstehen derzeit mehrere

Das weitläufige Innere von Hugendubel

**Mailänder Krawatten im Milano am Kurfürstendamm**

# AUF EINEN BLICK

## KAUFHÄUSER

**Galeries Lafayette**
Friedrichstr. 76–78.
**Stadtplan** 7 A4.
20 94 80.

**KaDeWe**
Tauentzienstraße 21–24.
**Stadtplan** 10 F2.
212 10.

**Karstadt**
Kurfürstendamm 231.
**Stadtplan** 10 D1.
88 00 30.

## EINKAUFSZENTREN

**ALEXA**
Am Alexanderplatz,
Grunerstraße 20.
269 34 00.

**Gesundbrunnencenter**
S-Bahn-Station Gesundbrunnen.

**Potsdamer Platz Arkaden**
Debis-Gelände.
**Stadtplan** 6 E5.

**Das Schloss**
Schlossstraße 34.
666 91 20.

## BEZAHLUNG

neue Einkaufszentren, die meisten sind verkehrsgünstig an den S-Bahn-Stationen gelegen. Die verglasten Komplexe sind meist auf mehreren Etagen arkadenförmig angeordnet und bieten einer erstaunlichen Vielfalt an Läden Platz. Vom Supermarkt bis zur Apotheke, von der Bar über Mode- oder Bücherläden finden Sie hier alles. Wie die Mehrzahl der Berliner Geschäfte haben sie wochentags bis 21 Uhr oder länger geöffnet. Viele der Zentren öffnen auch mehrmals im Jahr zu einem Einkaufssonntag.

Zu den neueren Zentren dieser Art gehören die **Potsdamer Platz Arkaden**. Tausende von Kunden strömen täglich hierher.

Durchaus ähnlich in der Art, doch kleiner sind die neue Shopping Mall **Das Schloss** und das Forum Steglitz. Beide liegen in der Schlossstraße im Süden des Bezirks Steglitz. Hier gibt es ein vielfältiges Angebot, das weitgehend auf Massenware verzichtet. Das größte Einkaufszentrum ist das **Gesundbrunnencenter** im Bezirk Wedding. Das riesige Warenangebot bietet für jeden Bedarf und Geschmack etwas. Sehr beliebt sind hier die vielen Bars und Cafés.

Das neueste Einkaufszentrum Berlins ist das **ALEXA** unweit des Alexanderplatzes. Hier findet man nicht weniger als 180 Läden sowie 17 Gas-

tronomie-Einrichtungen auf fünf Ebenen, darunter die europaweit größte Niederlassung einer bekannten Elektrohandelskette. Seit 2009 steht direkt am Alex das gläserne Geschäftshaus »die mitte« mit 15 Läden.

## RABATTAKTIONEN

Die Zeiten, als die Läden zweimal im Jahr – jeweils zum Schlussverkauf Ende Januar und Ende Juli – ihre Regale räumten, um Platz für die Waren der kommenden Sommer- bzw. Wintersaison zu schaffen, sind endgültig vorbei. Rabattaktionen werden nun das ganze Jahr über möglich sein. Erkundigen Sie sich diesbezüglich bei den entsprechenden Läden und Kaufhäusern.

Um im Fall eines Fehlkaufs sicherzustellen, dass die Ware ohne Probleme umgetauscht wird, sollten Sie im Voraus das Personal fragen und den Kassenzettel aufbewahren. Fehlerhafte Ware ist in jedem Fall umtauschbar. Außerdem lohnt es sich, die Augen nach Waren, die aus der letzten Saison stammen, offen zu halten. Solche Artikel sind mitunter beträchtlich herabgesetzt.

Interessant ist auch eine Reihe von Jeansläden, die Designermodelle mit kleinen Fehlern anbieten. Hier kann man so manches Schnäppchen ergattern.

Die Zahlung per Kredit- oder EC-Karte hat sich noch nicht in allen Läden durchgesetzt. Es gibt jedoch im Stadtzentrum viele Geldautomaten, sodass Sie immer Bargeld abheben können. Die meisten Kaufhäuser und alle teuren Läden akzeptieren Kreditkarten. Bei EC-Karten sollten Sie Ihre PIN parat haben.

**Ein Shop-in-Shop in der Eingangshalle des KaDeWe** *(siehe S. 155)*

# Mode und Accessoires

Es gibt viele Einkaufsmöglichkeiten in Berlin. Fast jeder Bezirk hat eine Shopping-Meile, die von den Anwohnern frequentiert wird. Soll es jedoch etwas exklusiver oder eleganter sein, dann lohnt ein Besuch der führenden Geschäfte am Kurfürstendamm, in der Friedrichstraße oder am Potsdamer Platz. Dort, im Zentrum der Stadt, finden Sie die Läden aller Modedesigner und Kosmetikhersteller. Falls Ihnen der Sinn nach Ausgefallenem steht, werden Sie in den kleineren Läden der Nachwuchs-Designer rund um den Hackeschen Markt oder im Bezirk Prenzlauer Berg fündig.

## DAMENMODE

Die meisten Geschäfte für Damenmode befinden sich am Kurfürstendamm und in seinen Seitenstraßen, vor allem in der recht eleganten Fasanenstraße. Unter den vielen bekannten Markenläden sind hier **Yves Saint Laurent**, **Max Mara**, **Sonia Rykiel**, **Bogner**, **Louis Vuitton**, **Chanel**, **Donna Boutique** und **Gucci** zu erwähnen.

Im **Designer Depot** findet man schlichte, elegante Kleider und eine große Auswahl erlesener Accessoires. **Gucci** ist gleich mit zwei Geschäften vertreten, einer Filiale in der Fasanenstraße, einer anderen im Quartier 206 in der Friedrichstraße. Letztere liegt ganz in der Nähe einer Reihe weiterer Designerläden wie etwa **Evelin Brandt**, **Department Store 206**, **Strenesse**, **Strenesse Blue** und **ETRO**, um nur einige zu nennen. **The Corner Berlin** bietet einen bunten Mix aus seltener Designermode anerkannter Größen wie Roland Mouret und John Galliano sowie Accessoires, Beauty-Produkte und sogar Kunstwerke.

## HERRENMODE

Für Männer, die gern zwischen unterschiedlichen Designern auswählen wollen, ist der Kurfürstendamm die richtige Adresse, da hier viele führende europäische Modelabels zu finden sind. So können Sie beispielsweise **Patrick Hellmann** einen Besuch abstatten, der erlesene Stücke von mehreren internationalen Designern im Angebot hat, darunter etwa Giorgio Armani, Boss, Joop, Helmut Lang, Christian Dior und Dolce e Gabbana.

Beliebt sind auch **Anson's** und das etwas edlere **Mientus**, das auch eine Filiale in der Wilmersdorfer Straße betreibt, aber auch **Peek & Cloppenburg** am Kurfürstendamm. An dieser Flaniermeile befindet sich auch **Zegna**, der neue Flagship-Store für Herrenmode.

## KINDERMODE

Auch bei der Kinderkleidung gibt es für jeden Geschmack genau das Richtige – und für jedes Portemonnaie. **I Pinco Pallino** führt Haute-Couture-Ware für alle Altersgruppen.

Eine Shopping-Alternative ist der Bezirk Prenzlauer Berg. Er hat angeblich die höchste Geburtsrate ganz Deutschlands. Folglich gibt es hier jede Menge an Kinderboutiquen, die auch Designerkleidung oder Handgefertigtes anbieten. Eltern, deren Budget für hochpreisige Kleidung nicht ausreicht, finden eine günstige Alternative bei **H&M Kinder**. Hier ist Modisches für alle Altersgruppen vergleichsweise preisgünstig.

## JUNGE DESIGNER

Eine Reihe von Galerien, Studios und Boutiquen hat sich auf die sogenannte Berliner Mode spezialisiert. Darunter versteht man kleine Kollektionen in streng limitierter Auflage. Früher waren die entsprechenden Läden über die ganze Stadt verstreut. Heute haben sie sich fast alle im Norden des Bezirks Mitte etabliert. Das Label **NIX** steht für zeitlos-elegante Kleidung aus schweren, dunklen Stoffen in klassischen Schnitten.

Unter den Läden in Mitte hat sich das **Fishbelly** in der Sophienstraße einen Namen gemacht. Es bietet die einzigartige Kollektion erotischer Dessous der Designerin Jutta Teschner an. Die Kreationen von **Molotow** sind klassischer, als der Name vermuten lässt. Ebenfalls recht deutlich **Chapeaux** in Charlottenburg. **Lisa D.** bietet Klassisch-Elegantes von einer Berliner Top-Designerin an.

## SCHUHE UND ACCESSOIRES

Eines der größten Geschäfte für modische Schuhe ist **Schuhtick** mit seinen drei Filialen. Kompromisslos Hochwertiges finden Sie aber eher in den Läden der Kette **Budapester Schuhe**. Klassische englische Schuhe führt das Geschäft Diedrich & Seiberth, das seine eigenen Modelle neben anerkannt hochwertigen Marken verkauft. Eine große Auswahl hat auch **Görtz** am Kurfürstendamm. Italienische Schuhe führt **Riccardo Cartillone**.

Bei **Penthesileia** in der Tucholskystraße erwartet Sie ein reiches Angebot an witzigen Handtaschen. Falls Sie eine Kopfbedeckung suchen, sollten Sie bei **Hut Up** den Heckmann-Höfen vorbeischauen. Sie können z. B. zwischen einem typisch russischen *schlapa* oder einem Modell mit Rastalocken wählen.

## PARFÜM

Alle großen Kaufhäuser haben Parfümerie-Abteilungen. Im **KaDeWe** und in den **Galeries Lafayette** finden Sie praktisch alle bekannten Düfte, was Sie aber nicht davon abhalten muss, eines der vielen gut sortierten Einzelgeschäfte aufzusuchen oder eine der Filialen der **Douglas**-Kette, die zudem relativ preisgünstig ist. Im **Quartier 206** fehlt natürlich keiner der bekannten Düfte, doch wenn Sie etwas wirklich

Außergewöhnliches suchen, ist **Harry Lehmann** ein Muss. Der Laden ist ein Paradies für Parfümfreunde. In 80-jähriger Familientradition werden Parfüms aus bis zu 50 verschiedenen Düften für Sie »maßgeschneidert«. Auch etliche fast vergessene alte Qualitätsartikel gibt es hier. Sehr beliebt sind auch die Filialen von **The Body Shop**. Die Parfüme bestehen alle aus natürlichen Aromen, bei den Produkten wird auf Tierversuche verzichtet. Zudem ist ein Großteil des Verpackungsmaterials wiederverwertbar.

## AUF EINEN BLICK

### DAMENMODE

**Bogner**
Kurfürstendamm 42.
**Stadtplan** 9 C2.
☎ 88 71 77 80.

**Chanel**
Kurfürstendamm 188.
**Stadtplan** 9 C3.
☎ 885 14 24.

**Department Store 206**
Friedrichstraße 71.
**Stadtplan** 6 F4.
☎ 20 94 686.

**Designer Depot**
Rochstraße 2.
**Stadtplan** 7 C2.
☎ 28 04 67 00.

**Donna Boutique**
Uhlandstraße 145.
**Stadtplan** 9 C3.
☎ 881 73 60.

**ETRO**
Friedrichstraße 71.
**Stadtplan** 6 F3.
☎ 20 94 61 20.

**Evelin Brandt**
Savignyplatz 6.
**Stadtplan** 9 C1.
☎ 313 80 80.

**Gucci**
Kurfürstendamm 190–192.
**Stadtplan** 9 C2.
☎ 885 63 00.
Friedrichstraße 71.
**Stadtplan** 6 F3.
☎ 201 70 20.

**Louis Vuitton**
Friedrichstraße 71.
**Stadtplan** 6 F4.
☎ 20 94 68 68.

**Max Mara**
Kurfürstendamm 178.
**Stadtplan** 10 D1.
☎ 885 25 45.

**Sonia Rykiel**
Kurfürstendamm 186.
**Stadtplan** 9 A2.
☎ 882 17 74.

**Strenesse & Strenesse Blue**
Friedrichstraße 71.
**Stadtplan** 6 F3.
☎ 20 94 60 35.

**The Corner Berlin**
Französische Straße 40.
**Stadtplan** 7 A4.
☎ 20 67 09 40.

**Yves Saint Laurent**
Kurfürstendamm 52.
**Stadtplan** 9 A2.
☎ 883 39 18.

### HERRENMODE

**Anson's**
Schlossstraße 34.
☎ 79 09 60.

**Mientus**
Wilmersdorfer Straße 73.
**Stadtplan** 2 F3, 3 A5, 9 A1.
Kurfürstendamm 52.
**Stadtplan** 9 A2.
☎ 323 90 77.

**Patrick Hellmann**
Kurfürstendamm 53.
**Stadtplan** 10 D2.
☎ 88 48 77 26.

**Peek & Cloppenburg**
Tauentzienstraße 19.
**Stadtplan** 10 E1.
☎ 21 29 00.

**Zegna**
Kurfürstendamm 185.
**Stadtplan** 9 B2.
☎ 887 190 90.

### KINDERMODE

**H&M Kinder**
Alexanderplatz,
ALEXA Shopping Center.
**Stadtplan** 8 D2.
☎ 24 78 18 69.

**I Pinco Pallino**
Kurfürstendamm 46.
**Stadtplan** 10 D1.
☎ 881 28 63.

### JUNGE DESIGNER

**Chapeaux**
Bleibtreustraße 51.
**Stadtplan** 9 C2.
☎ 312 09 13.

**Fishbelly**
Sophienstraße 7a.
**Stadtplan** 7 B1.
☎ 28 04 51 80.

**Lisa D.**
Hackesche Höfe,
Rosenthaler Straße 40–41.
**Stadtplan** 7 B2.
☎ 28 29 061.

**Molotow**
Gneisenaustraße 112.
**Stadtplan** 13 A4.
☎ 693 08 18.

**NIX**
Oranienburger Straße 32.
**Stadtplan** 7 A2.
☎ 281 80 44.

### SCHUHE UND ACCESSOIRES

**Budapester Schuhe**
Kurfürstendamm 49/
Kurfürstendamm 199.
**Stadtplan** 10 D1.
☎ 88 11 707.
Bleibtreustraße 24.
**Stadtplan** 9 B1.
☎ 62 95 00.
Friedrichstraße 81.
**Stadtplan** 6 F3.
☎ 20 38 81 10.

**Görtz**
Kurfürstendamm 13–14.
**Stadtplan** 10 D1.
☎ 88 68 37 52.

**Hut Up**
Oranienburger Straße 32.
**Stadtplan** 7 A2.
☎ 28 38 61 05.

**Penthesileia**
Tucholskystraße 31.
**Stadtplan** 7 A2, 16 D1.
☎ 282 11 52.

**Riccardo Cartillone**
Savignyplatz 4.
**Stadtplan** 9 C1.
☎ 31 50 33 27.

**Schuhtick**
Savignyplatz 11.
**Stadtplan** 9 C1.
☎ 315 93 80.
Tauentzienstraße 5.
**Stadtplan** 10 E1.
☎ 21 40 98 17.

### PARFÜM

**Douglas**
Kurfürstendamm 216.
**Stadtplan** 10 D1.
☎ 881 25 34.

**Galeries Lafayette Parfümerie**
Französische Straße 23.
**Stadtplan** 6 F4.
☎ 20 94 80.

**Harry Lehmann**
Kantstraße 106.
**Stadtplan** 9 A1.
☎ 324 35 82.

**KaDeWe Parfümerie**
Tauentzienstraße 21–24.
**Stadtplan** 10 E1.
☎ 212 10.

**Quartier 206**
Friedrichstraße 71.
**Stadtplan** 6 F3.
☎ 20 94 68 00

**The Body Shop**
(in der Haupthalle im Bahnhof Zoologischer Garten).
**Stadtplan** 10 D1.
☎ 31 21 391.

**Stadtplan** *siehe Seiten 300–323*

# Geschenke und Souvenirs

Gemessen an London, Paris oder Rom, wo ganze Industriezweige von der Herstellung von Souvenirs leben, ist das Angebot an typischen Berliner Andenken eher klein. Doch das bedeutet nicht, dass man völlig leer ausgehen muss: Beim Bummel über einen der großen Märkte oder durch die großen Einkaufsstraßen ist einiges im Angebot. Poster und CDs gibt es fast überall. Wenn es etwas exklusiver sein soll, entscheiden Sie sich womöglich für ein Stück aus der Königlichen Porzellan-Manufaktur *(siehe S. 133)*. Ein Teddybär wäre vielleicht ein nettes Mitbringsel für Kinder, vor allem wenn er aus einer Stadt kommt, die den Bären im Wappen führt. Handgearbeiteten Schmuck oder moderne Kunstobjekte finden Sie sonntags leicht auf dem Markt an der Straße des 17. Juni *(siehe S. 256)*.

## Bücher und CDs

Kunstbücher kauft man am besten in den Läden der großen Museen. Dort gibt es zudem eine schöne Auswahl an Postkarten und Kunstdrucken. Die besten dieser Läden finden Sie im **Hamburger Bahnhof** *(siehe S. 110f)*, in der **Gemäldegalerie** *(siehe S. 122–125)*, in der **Sammlung Berggruen** *(siehe S. 164f)*, im **Schloss Charlottenburg** *(siehe S. 160f)* und im **Alten Museum** *(siehe S. 75)*.

Die Kette **Bücherbogen** bietet eine riesige Auswahl an schönen Büchern. Die größte Filiale findet man am Savignyplatz. Die **Autorenbuchhandlung** verkauft ausgesuchte Belletristik. Büchereinkauf und Kunstgenuss kann man im **Artificium** mit der angegliederten Galerie verbinden. Die großen Buchhandlungen haben ebenfalls Kunstabteilungen, so das **Kulturkaufhaus Dussmann** und **Hugendubel**, wo es auch CDs gibt. Die 365 Tage im Jahr geöffnete Buchhandlung **Berlin Story** führt Bücher mit Bezug zu Berlin sowie CDs, DVDs und sogar Gemälde. Der hauseigene Verlag gibt ca. 25 Bücher im Jahr ausschließlich zum Thema »Berlin« heraus.

Englische oder amerikanische Literatur und Zeitungen führt **Books**. Bei **Prinz Eisenherz** gibt es eine große Auswahl an Büchern für Schwule. Musikliebhaber sollten bei **Dussmann** in der Friedrichstraße vorbeischauen, bei **Cover Music** am Ku'damm oder – falls es klassische Musik sein soll – bei **L & P Classics**, wo es diesbezüglich mit die größte Auswahl in Berlin gibt. Wer lieber Avantgardistisches hört, wird bei **Gelbe Musik** fündig.

Wer sein Sortiment kostengünstig aufstocken möchte, findet immer am Sonntag auf dem Flohmarkt an der Straße des 17. Juni ein schier unerschöpfliches Angebot. Hier werden nicht nur Tausende von Souvenirs angeboten, sondern dies ist auch eine Musikfundgrube. Fans von Vinylplatten könnten hier Tage zubringen.

## Spielwaren

Einen Teddybären können Sie an jeder Ecke erstehen, in außergewöhnlicher Artenvielfalt kommen sie in den Souvenirläden im Nikolaiviertel vor. In noch größerer Auswahl findet sich diese Spielzeugspezies im **KaDeWe** (Kaufhaus des Westens). Als großes Kaufhaus verfügt es ohnehin über eine umfangreiche Spielwarenabteilung, doch speziell die Plüschtierauswahl sucht ihresgleichen in der Stadt. Vom streichholzgroßen Exemplar bis zur zwei Meter großen Ausführung gibt es hier jede Variante. Bei unhandlichen Modellen wird auch frei Haus geliefert. Wenn also der Herzenswunsch Ihres Kindes ein riesiger Teddy ist, wäre das die Gelegenheit!

Sehr individuell sind die Holzspielzeuge kleinerer Hersteller, die solide Holzpuzzles, niedliche Puppenmöbel und viele handliche Kleinigkeiten anfertigen. Solche Artikel erhält man etwa bei **Heidi's Spielzeugladen** in der Kantstraße und bei **Erzgebirgskunst Original** in der Sophienstraße beim Hackeschen Markt. Modelleisenbahner, die ihre Strecken erweitern oder neue Bahnhöfe bauen wollen, sollten sich die Adresse von **Michas Bahnhof** in der Nürnberger Straße notieren. Die Auswahl an Modelleisenbahnen und Zubehör ist dort überwältigend.

Als alte preußische Kapitale hat Berlin natürlich auch Geschäfte für Zinnsoldaten, so das **Berliner Zinnfiguren-Kabinett**. Die Figuren werden zwar offiziell als Kinderspielzeug hergestellt, doch meist ergötzen sich der erwachsene Sammler an den erstaunlich teuren Raritäten.

## Blumen

Einen hübschen Blumenstrauß zu finden ist in Berlin nicht schwer. An jeder Ecke gibt es Blumenläden, die meist auch sonntags geöffnet haben. Farbenfroh und ästhetisch sind die Arrangements von **Blumen-Koch** in Wilmersdorf. Der Laden ist für seine kunstvoll zusammengestellten und verpackten exotischen Bouquets berühmt.

Wer einen Strauß an eine bestimmte Person liefern lassen möchte, kann sich vertrauensvoll an **Fleurop** am Kurfürstendamm wenden.

## Porzellan und Keramik

Die Geschichte des europäischen Porzellans begann 1708. In diesem Jahr erfand der Alchimist Böttger bei seinen Versuchen, Gold zu machen, eine Substanz, die dem chinesischen Porzellan sehr nahekam. Auf königliche Order wurden in der **Königlichen Porzellan-Manufaktur Berlin**, kurz KPM *(siehe S. 133)*, größere Mengen davon hergestellt. Noch heute wird dort produziert. Die Erzeugnisse begeistern die Sammler. Wer nach alten Stücken sucht, wird sich vielleicht in einem der vielen

Antiquitätengeschäfte umsehen *(siehe S. 256f)*. KPM-Porzellan aus heutiger Produktion kann direkt im Laden bei der Manufaktur erworben werden oder im eleganten Verkaufssalon im Erdgeschoss des Hotels Kempinski *(siehe S. 226)*. Wer Meißner Porzellan bevorzugt, wird es in mehreren Geschäften rund um den Ku'damm finden.

Derart hochwertiges Porzellan hat freilich seinen Preis. Ebenso große Freude bereitet aber vielleicht auch ein Thüringer Keramikservice mit den typischen weißen Tupfen auf blauem Grund. Solche und andere Thüringer Dessins in großer Auswahl führt das **Bürgel-Haus** in der Friedrichstraße.

## FACHGESCHÄFTE

Wenn Sie etwas Ausgefallenes oder Extravagantes suchen, dann brauchen Sie womöglich Adressen von Fachgeschäften. Vielleicht diejenige von **Knopf Paul**, der Tausende von originellen Knöpfen führt, oder die von **Bären-**

**Luftballons** mit seinen lustigen Ballons in allen Farben und Formen. Eine ganze Reihe von Geschäften bietet alles, was zu einem gepflegten Teegenuss gehört. **Tee Gschwendner** und das **Tee-Haus** sind sehr gut sortiert.

Schönes Briefpapier und gutes Schreibgerät erhält man in der **Papeterie**. Wen auch das nicht überzeugt, der kann sich in den Fachabteilungen des **KaDeWe** umschauen *(siehe Spielwaren)*, um dort vielleicht die zündende Idee zu bekommen.

# AUF EINEN BLICK

## BÜCHER UND CDS

**Artificium**
Rosenthaler Straße 40–41.
**Stadtplan** 7 B1.
69 40 14 90. ⟶ *(actually)* 30 87 22 80.

**Autoren-buchhandlung**
Carmerstraße 10.
**Stadtplan** 3 C5.
313 01 51.

**Berlin Story**
Unter den Linden 26.
**Stadtplan** 7 A3, 16 D3.
20 45 38 42.

**Books**
Goethestraße 69.
**Stadtplan** 3 B5.
31 31 233.

**Bücherbogen**
Savignyplatz.
**Stadtplan** 9 C1.
31 86 95 11.

**Cover Music**
Kurfürstendamm 11.
**Stadtplan** 10 D1.
88 55 01 30.

**Gelbe Musik**
Schaperstraße 11.
**Stadtplan** 10 D2.
211 39 62.

**Gemäldegalerie**
Matthäikirchplatz 8.
**Stadtplan** 5 C5.
266 29 51.

**Grober Unfug**
Zossener Straße 33.
**Stadtplan** 13 A3.
69 40 14 90.

**Hamburger Bahnhof**
Invalidenstraße 50–51.
**Stadtplan** 6 D1.
39 78 34 11.

**Hugendubel**
Tauentzienstraße 13.
**Stadtplan** 10 E1.
(01801) 48 44 84.

**Kulturkaufhaus Dussmann**
Friedrichstraße 90.
**Stadtplan** 15 C2.
202 50.

**L & P Classics**
Knesebeckstraße 33–34.
**Stadtplan** 9 C1.
88 04 30 43.

**Lehmann's**
Hardenbergstraße 5.
**Stadtplan** 3 C4.
617 91 10.

**Prinz Eisenherz**
Lietzenburger Straße 9a.
**Stadtplan** 9 B2.
313 99 36.

**Sammlung Berggruen**
Schlossstr. 1.
**Stadtplan** 2 E3.
326 95 80.

## SPIELWAREN

**Berliner Zinn-figuren-Kabinett**
Knesebeckstr. 88.
**Stadtplan** 3 C5.
315 70 00.

**Erzgebirgskunst Original**
Sophienstraße 9.
**Stadtplan** 7 B1.
282 67 54.

**Heidi's Spielzeugladen**
Kantstraße 61.
**Stadtplan** 2 F5.
323 75 56.

**KaDeWe**
Tauentzienstraße 21.
**Stadtplan** 10 E1.
212 10.

**Michas Bahnhof**
Nürnberger Straße 24.
**Stadtplan** 10 E2/ F2.
218 66 11.

**Quisbel**
Bleibtreustraße 12a
(Eingang Niebuhrstraße).
**Stadtplan** 9 B1.
88 91 28 00.

## BLUMEN

**Blumen Damerius**
Potsdamer Platz Arkaden.
45 38 005.

**Blumen-Koch**
Westfälische Str. 38.
**Stadtplan** 9 A4.
896 69 00.

**Fleurop Blankenberg**
Kurfürstendamm 69.
**Stadtplan** 9 A2.
881 91 23.

## PORZELLAN UND KERAMIK

**Bürgel-Haus**
Friedrichstraße 154.
**Stadtplan** 6 F3, 15 C3.
204 45 19.

**KPM**
Wegelystraße 1.
39 00 92 15.
Unter den Linden 35.
**Stadtplan** 6 F3.
206 41 50.
Kurfürstendamm 27.
**Stadtplan** 10 D1.
88 62 79 61.

## FACHGESCHÄFTE

**Bären-Luftballons**
Kurfürstenstraße 31/32.
**Stadtplan** 9 C1.
26 97 50.

**Knopf Paul**
Zossener Straße 10.
**Stadtplan** 13 A4.
692 12 12.

**Papeterie**
Uhlandstraße 28.
**Stadtplan** 9 C2.
881 63 63.

**Tee Gschwendner**
Kurfürstendamm 217.
**Stadtplan** 10 D1.
881 91 81.

**TeeHaus**
Krumme Straße 35.
**Stadtplan** 3 A5.
31 50 98 82.

**Stadtplan** *siehe Seiten 300–323*

# Antiquitäten und Kunst

Der Berliner Markt für Antiquitäten und Kunst erfährt gerade einen Boom. Ständig eröffnen neue Galerien, vor allem im Ostteil. In der Spandauer Vorstadt finden sich Antiquitätengeschäfte und Galerien für neue Kunst dicht an dicht, doch im Norden von Mitte liegen die interessantesten Adressen des Kunstmarkts. Der Standard der Galerien steigt ständig, ebenso wie die Zahl der Händler und Sammler, die sich dort treffen. Daneben bereichern nichtkommerzielle Galerien wie NGBK, NBK und Kunst-Werke das kreative Ambiente. Wer ein Faible für Antiquitäten hat, kann in jeder großen Einkaufsstraße fündig werden.

## AUKTIONSHÄUSER

Die ältesten Auktionshäuser sind **Gerda Bassenge** und **Villa Grisebach**, die ihre Auktionen zu Anfang des Jahres und im Herbst abhalten. Bassenge ist auf grafische Kunst spezialisiert. Einen Monat vor einem Verkauf findet eine Auktion von Büchern und Autografen statt. Einige Tage nach dem Verkauf der Grafiken gibt es eine Fotoauktion. Etwas höher sind die Preise bei Grisebach, wo vor allem Gemälde (19. Jh.) gehandelt werden. Auch Expressionisten und moderne Klassiker kommen hier unter den Hammer. Eine gute Adresse ist **Leo Spik** am Kurfürstendamm. Das Londoner Auktionshaus **Christie's** hat eine Dependance in der Fasanenstraße.

## GALERIEN

In der Spandauer Vorstadt, nördlich von Berlin-Mitte, haben sich seit dem Fall der Mauer im Areal um Linienstraße, Auguststraße, Sophien- und Gipsstraße an die 30 Galerien etabliert. Dazu gehören die Räume von **Arndt & Partner** und **Eigen & Art** in der Auguststraße, **Contemporary Fine Arts, Gebauer, Max Hetzler, Mehdi Chouakri** und **Wohnmaschine**. **Barbara Wien** und **Neugerriemschneider** liegen beide in der Linienstraße. Dreimal pro Jahr, an Tagen der offenen Tür, sind alle Galerien geöffnet, um neue Kollektionen zu präsentieren. Der erste Termin ist im Oktober, während der Messe ART FORUM BERLIN – eine gute Gelegenheit, sich über die aktuellen Trends in der Kunstwelt zu informieren. Andere Galerien rund um den Kurfürstendamm, z. B. **Brusberg**, zeigen anspruchsvolle Kunst in gediegenem Ambiente. Weitere gute Adressen sind Hartmann & Noé in der Knesebeckstraße sowie **Anselm Dreher, Barbara Weiss,** Franck & Schulte, **Eva Poll** und **Galerie Stühler**. Letztere führt neben Bildern auch Designobjekte und Schmuck.

## ANTIQUITÄTEN

Antiquitätenläden gibt es wirklich in jedem Berliner Bezirk. In Ku'damm-Nähe und um den Ludwigkirchplatz liegen die gehobenen Läden mit hochpreisigen Kunstgegenständen von chinesischen Möbeln bei **Alte Asiatische Kunst** bis zu Dekorativem des Jugendstils bei **ART 1900**. Wer sich für Möbel interessiert, könnte in der Suarezstraße auf sein Lieblingsobjekt stoßen, etwa einen originalen Thonet-Stuhl oder Stahlmöbel namhafter Designer. Wenn es nicht ganz so edel sein soll, wird man womöglich in der Kreuzberger Bergmannstraße fündig. In orientalisch angehauchtem Ambiente lagert zwischen viel Gerümpel noch das eine oder andere Kleinod. **Das Zweite Büro** in der Zossener Straße handelt mit alten Schreibtischen, Schränken und Magazinen, die zwar nicht billig, aber handwerklich hochwertig sind. Genau gegenüber bietet **Radio Art** eine riesige Auswahl an alten Radios und Plattenspielern an. Auch **Antik**lampen, **Bleibtreu Antik, Art Déco** und **ANNO Antiquitäten** sind durchaus einen Besuch wert.

Marktatmosphäre kommt in den S-Bahn-Bogen an der Friedrichstraße auf, wo zahlreiche versierte Händler alles feilbieten – von Kleidern über Bücher bis zu Bestecken und Hausrat.

## FLOHMÄRKTE

Viele Berliner lieben es, am Samstag- oder Sonntagmorgen über den Flohmarkt zu bummeln und anschließend in den Tiergarten oder ins Museum zu gehen. Der bekannteste Flohmarkt ist der an der Straße des 17. Juni nahe der S-Bahn-Station Tiergarten gelegene Trödel- und Kunstmarkt. In einem Teil davon, dem Antiquitätenmarkt, sind Bücher und Zeitschriften zu haben, manchmal auch antiquarische Raritäten zu gehobenen Preisen. Wer Zeit hat, sich durch das breite Angebot zu arbeiten, wird hier sicher fündig. Der andere Bereich liegt jenseits der Charlottenburger Brücke. Hier warten Händler mit Kunstobjekten und Kunsthandwerk, aber auch von Lederwaren, Geschirr, bunten Seidenkleidern oder Schmuck auf Käufer. Die Trödler aus der ganzen Stadt kommen hier zusammen.

Vom **Berliner Kunst- und Nostalgiemarkt an der Museumsinsel** sind es nur wenige Schritte bis zu den Museen. An den Ständen am Kupfergraben, gegenüber dem Pergamonmuseum und dem Alten Museum, reiht sich ein Stand an den anderen. Bis fast zum Zeughaus werden Kunstgegenstände, Bücher, Schallplatten und Antiquitäten in überaus großer Auswahl angeboten.

Der Flohmarkt auf dem Parkplatz am Fehrbelliner Platz öffnet am Wochenende um 8 Uhr. Wer etwas Besonderes sucht, sollte sich möglichst sehr früh auf den Weg machen, denn auch professionelle Händler frequentieren ihn und kaufen oft zielsicher die schönsten Stücke auf. Ein weiterer Flohmarkt wird auf dem Arkonaplatz abgehalten. Wenn Sie Souvenirs aus DDR-Zeiten suchen, können Sie an den Ständen um den Potsdamer und den Leipziger Platz Glück haben. Die Qualität und Echtheit der Artikel ist allerdings oft fraglich.

Ein weiterer großer Markt ist der **Treptower Hallentrödel** an der Eichenstraße. Hier findet man alles unter einem Dach: Telefone, Armeestiefel, Badezimmerarmaturen und Berge von billigen Büchern. Der Besuch lohnt schon wegen der Architektur der Halle, einem früheren Busdepot.

Darüber hinaus kann man auf dem **Antik- & Trödelmarkt** **am Ostbahnhof**, dem **Kunstmarkt Mulackstraße** und dem **Kiezmarkt am Moritzplatz** herumstöbern.

Bei den Verkaufsstellen der Berliner Stadtreinigung kann man oft günstig Möbel erstehen, doch auch hier gilt: Die Konkurrenz der professionellen Händler schläft nicht!

## AUF EINEN BLICK

### AUKTIONSHÄUSER

**Christie's**
Giesebrechtstraße 10.
**Stadtplan** 9 A2.
☎ 885 69 50.

**Galerie Bassenge**
Erdener Straße 5a.
☎ 89 38 02 90.
🕐 Mo–Do 9–18 Uhr.

**Kunst-Auktionen Leo Spik**
Kurfürstendamm 66.
**Stadtplan** 10 D1.
☎ 883 61 70.

**Villa Grisebach**
Fasanenstraße 25.
**Stadtplan** 10 D2.
☎ 885 91 50.

### GALERIEN

**Anselm Dreher**
Pfalzburger Straße 80.
**Stadtplan** 9 C2.
☎ 883 52 49.
🕐 Di–Fr 14–18.30 Uhr,
Sa 11–14 Uhr.

**Arndt & Partner**
Zimmerstraße 90–91.
**Stadtplan** 7 B1.
☎ 280 81 23.
🕐 Di–Sa 11–18 Uhr.

**Barbara Weiss**
Zimmerstraße 88–91.
**Stadtplan** 7 A5.
☎ 262 42 84.
🕐 Di–Sa 11–18 Uhr.

**Barbara Wien**
Linienstraße 158.
**Stadtplan** 7 C1.
☎ 28 38 53 52.
🕐 Di–Fr 13–18 Uhr,
Sa 12–18 Uhr.

**Brusberg**
Kurfürstendamm 213.
**Stadtplan** 9 C1.
☎ 882 76 82.
🕐 Di–Fr 10–18.30 Uhr,
Sa 10–14 Uhr.

**Contemporary Fine Arts**
Sophienstraße 21.
**Stadtplan** 7 B1.
☎ 28 87 870.
🕐 Di–Fr 11–18 Uhr,
Sa 11–16 Uhr.

**Eigen & Art**
Auguststraße 26.
**Stadtplan** 7 B1.
☎ 280 66 05.
🕐 Di–Sa 11–18 Uhr.

**Eva Poll**
Lützowplatz 7.
**Stadtplan** 11 A1.
☎ 261 70 91.
🕐 Mo 10–13 Uhr,
Di–Fr 11–18.30 Uhr,
Sa 11–15 Uhr.

**Galerie Stühler**
Fasanenstraße 69.
**Stadtplan** 10 D1.
☎ 881 76 33.

**Gebauer**
Markgrafenstraße 67.
**Stadtplan** 7 A4.
☎ 24 00 86 30.
🕐 Di–Sa 11–18 Uhr.

**Max Hetzler**
Zimmerstraße 90–91.
**Stadtplan** 6 F5.
☎ 229 24 37.
🕐 Di–Sa 11–18 Uhr.

**Mehdi Chouakri**
Schlegelstraße 26.
**Stadtplan** 7 B1.
☎ 28 39 11 53.
🕐 Di–Sa 11–18 Uhr.

**Michael Schultz**
Mommsenstraße 34.
☎ 31 99 130.
🕐 Di–Fr 10–19 Uhr,
Sa 10–14 Uhr.

**Neugerriemschneider**
Linienstraße 155.
**Stadtplan** 7 A1.
☎ 30 87 28 10.
🕐 Di–Sa 11–18 Uhr.

**Thomas Schulte**
Charlottenstraße 24.
**Stadtplan** 7 A3.
☎ 20 60 89 90.
🕐 Mo–Sa 12–18 Uhr.

**Wohnmaschine**
Tucholskystraße 35.
**Stadtplan** 7 A2, 16 D1.
☎ 30 87 20 15.
🕐 Di–Sa 11–18 Uhr..

### ANTIQUITÄTEN

**Alte Asiatische Kunst**
Fasanenstraße 71.
**Stadtplan** 10 D1.
☎ 883 61 17.

**ANNO Antiquitäten**
Spandauer Straße 25.
**Stadtplan** 7 C3.
☎ 282 90 48.

**Antiklampen**
Motzstraße 32.
**Stadtplan** 10 F3.
☎ 213 72 27.

**ART 1900**
Kurfürstendamm 53.
**Stadtplan** 9 B2.
☎ 881 56 27.

**Art Déco**
Grolmanstraße 51.
**Stadtplan** 3 C5.
☎ 31 50 62 05.

**Bleibtreu Antik**
Schlüterstraße 54.
**Stadtplan** 9 B1.
☎ 883 52 12.

**Das Zweite Büro**
Zossener Straße 6.
**Stadtplan** 13 A3.
☎ 693 07 59.
🕐 Di–Fr 10–18 Uhr,
Sa 10–14 Uhr.

**Lakeside Antiques**
Neue Kantstraße 14.
**Stadtplan** 2 E5.
☎ 25 45 99 30.

**Radio Art**
Zossener Straße 2.
**Stadtplan** 13 A3.
☎ 693 94 35.
🕐 Di, Fr 12–18 Uhr,
Sa 10–13 Uhr.

### FLOHMÄRKTE

**Antik- & Trödelmarkt am Ostbahnhof**
Erich-Steinfurth-Straße.
🕐 Sa, So 9–17 Uhr.

**Berliner Kunst- und Nostalgiemarkt an der Museumsinsel**
Museumsinsel und Kupfergraben.
**Stadtplan** 7 A2, 16 D1.
🕐 Sa, So 11–17 Uhr.

**Kiezmarkt am Moritzplatz**
Moritzplatz.
**Stadtplan** 13 C1.
🕐 Sa, So 8–16 Uhr.

**Kunstmarkt Mulackstraße**
Mulackstraße 12.
**Stadtplan** 7 C1.
🕐 Sa, So 14–21 Uhr.

**Treptower Hallentrödel**
Puschkinallee.
🕐 Sa, So 10–18 Uhr.

**Stadtplan** siehe Seiten 300–323

# Delikatessen

Längst gibt es in der Stadt eine große Auswahl an Spezialitäten aus aller Welt, teilweise dadurch bedingt, dass die Berliner Küche nicht gerade eine große Tradition besitzt. Die Zeiten, in denen man sich mit Eisbein mit Sauerkraut, Koteletts, Kartoffeln und Currywurst bescheiden musste, sind passé. Rund um die großen Einkaufsstraßen liegen die Feinkostgeschäfte und Restaurants dicht an dicht: Ihre Besitzer stammen aus den verschiedensten Ländern Europas und anderer Erdteile. Wie es sich für eine Metropole ziemt, ist auch für den anspruchsvollsten Gaumen etwas dabei. Immer mehr Läden offerieren Waren aus biologischem Anbau, von Gemüse bis zu Wein und Bier.

## KONDITOREIEN UND CONFISERIEN

Angesichts des riesigen Angebots an Kuchen, Gebäck und Pralinen muss man annehmen, dass es an der Spree viele »Naschkatzen« gibt. Achtung: Wenn Sie in einer Bäckerei einen Krapfen kaufen wollen – dieses gefüllte Gebäckstück heißt hier Pfannkuchen.

Die Konditoreien haben allgemein ein großes Angebot an Kuchen und Torten. Bekannt sind die Torten im **Café Buchwald** im Bezirk Tiergarten, doch natürlich ist die Zahl der Konditoreien groß. Zu den besten gehört sicherlich das **Opernpalais**. Wiener Konditorkunst bietet das **Wiener Konditorei Caffeehaus**. Die Läden von **Leysieffer** sind mit ihrer Confiserie und den feinen Pralinen eine Versuchung für Schokoladenliebhaber. Auch dem Angebot der Süßwarenabteilungen der großen Kaufhäuser, etwa der **Feinschmeckeretage im KaDeWe** und dem **Gourmet in den Galeries Lafayette**, kann man kaum widerstehen.

## KÄSE

Die größte Käseauswahl bieten die **Galeries Lafayette**, die ein besonders reiches Angebot an französischem Käse bereithalten. Beinahe ebenso groß ist die Auswahl im **KaDeWe**. Dagegen hat sich **Maître Philippe** auf ausgewählte Rohmilchprodukte spezialisiert. Da der Käse nicht im Kühlschrank lagert, darf er auch im Laden ungehindert sein appetitanregendes Aroma verströmen. Käse, Weine und Öle aus Italien erhält man bei **Südwind** in der Akazienstraße. **Einhorn** bietet Internationales, vor allem Pasta und viele Wurst- und Käsesorten. Auch **Lindner** and **Salumeria** sind gute Adressen für Käseliebhaber.

## WEIN

Über das größte Weinangebot verfügen das **KaDeWe** und die **Galeries Lafayette**. Hier bekommen Sie Weine aus aller Herren Länder. Andere Läden haben sich auf Weine aus bestimmten Regionen spezialisiert. So vertreiben **Der Rioja-Weinspezialist** Weine aus dem Norden Spaniens und **Vendemmia** Weine aus der Toskana. Eine große Auswahl an deutschen Weinen führt **Viniculture**.

## FLEISCH UND FISCH

Man isst gern und häufig Fleisch in Berlin. Auch Wurstwaren sind sehr beliebt. Wenn man also nicht gerade Vegetarier ist, sollte man sich nicht scheuen, einige Spezialitäten zu kosten. Fündig wird man nicht allein im **KaDeWe** und in den **Galeries Lafayette**, sondern auch in etlichen kleineren Geschäften. Empfehlenswert ist die **Neuland Fleischerei Bachhuber** mit Fleisch aus kontrollierter Aufzucht.

Ein überwältigendes Angebot an Süß- und Salzwasserfischen sowie Wild findet sich in der Delikatessenabteilung des **KaDeWe**. Ein vergleichbares Sortiment hochwertiger Produkte hält **Rogacki** bereit. Bei **Schlemmermeyer** lockt immer eine beträchtliche Auswahl an leckeren Wurstwaren.

## MARKTHALLEN

Natürlich spielen Markthallen heute nicht mehr die Rolle wie in der Vorkriegszeit, als sie unentbehrlich für die Versorgung der Bevölkerung waren. Die größte Halle befand sich am Alexanderplatz, der damals noch rund um die Uhr von Menschen überquoll. Zu Zeiten der DDR bestand keinerlei Bedarf mehr, das im Zweiten Weltkrieg stark beschädigte Gebäude wiederaufzubauen, denn die Supermärkte erfüllten den gleichen Zweck.

Heute sind nur noch alte Markthallen in Betrieb: die **Arminiushalle** in Moabit, die **Markthalle am Marheinekeplatz** und die **Markthalle IX (Eisenbahnhalle)**; die beiden Letzteren liegen in Kreuzberg. Alle drei Hallen sind montags bis samstags geöffnet. Sie werden von den Berlinern wieder gern besucht, vor allem weil hier noch viele Artikel zu finden sind, die in den Regalen der Supermärkte fehlen. Bei einem Einkauf in der Markthalle IX sollte man eine Currywurst probieren. Sie soll besonders lecker sein.

## MÄRKTE

Kaum ein Einkaufsbummel ist besser geeignet, die Stadt kennenzulernen, als der Gang über die Märkte. Meist werden sie zweimal in der Woche abgehalten, so auch der **Winterfeldtmarkt**, der vielleicht schönste Markt Berlins. Mittwochs und samstags ist er von 7 bis 14 Uhr geöffnet – wenn die Käufer Schlange stehen, auch länger. Angeboten werden vor allem hochwertiges Obst und Gemüse aus aller Welt, Käse und Blumen, Hausrat und Kleidung. Imbissstände bieten Falafel, Bratwurst und weitere Snacks an. Wenn es nach ein paar Stunden zu hektisch geworden ist, entspannen sich Händler und Kundschaft gern in einem der vielen Lokale rund um den Platz. Das Ambiente ist eher international.

Auf dem **Markt am Maybachufer** kann man dienstags und freitags von 12 bis 18.30 Uhr einkaufen. Er ist die Domäne türkischer Händler und Käufer aus Kreuzberg und Neukölln. An den Ständen gibt es neben Obst und Gemüse zahlreiche türkische Spezialitäten.

Auch im Zentrum, etwa auf dem **Wochenmarkt am Wittenbergplatz**, kann man dienstags und freitags frische Lebensmittel einkaufen; donnerstags gibt es am selben Ort den **Bauernmarkt**.

Der quirlige Samstagsmarkt am **Kollwitzplatz** bietet nicht nur frische Lebensmittel vorwiegend aus ökologischem Anbau und viele Leckereien,

sondern ist auch ein gesellschaftliches Ereignis nach der Devise: Sehen und gesehen werden. Vor allem bei schönem Wetter kann es hier ziemlich voll werden.

Je nach Saison empfiehlt sich auf den Märkten der Kauf von Spreewälder Gurken, Beelitzer Spargel oder aromatischen und köstlich schmeckenden Erdbeeren.

## AUF EINEN BLICK

### DELIKATESSEN

**Feinschmeckeretage im KaDeWe**
Tauentzienstraße 21–24.
**Stadtplan** 10 E2.
212 10.

**Gourmet in den Galeries Lafayette**
Friedrichstraße 23.
**Stadtplan** 6 F4.
20 94 80.

### KONDITOREIEN UND CONFISERIEN

**Café Buchwald**
Bartningallee 29.
**Stadtplan** 4 F3.
391 59 31.

**Fassbender & Rausch**
Charlottenstraße 60.
**Stadtplan** 7 A4.
20 45 84 43.

**Kolbe & Stecher, Bonbonmacherei**
Heckmann-Höfe,
Oranienburger Straße 32.
**Stadtplan** 7 A1.
4405 52 43.

**Leysieffer**
Kurfürstendamm 218.
**Stadtplan** 10 D1.
885 74 80.

Hotel Adlon,
Unter den Linden 77.
**Stadtplan** 6 E3, 15 A3.
22 67 98 65.

**Opernpalais**
Unter den Linden 5.
**Stadtplan** 7 A3, 16 E3.
20 26 83.

**Wiener Conditorei Caffeehaus am Hagenplatz**
Hagenplatz 3
(Grunewald).
897 293 60.

**Wiener Conditorei Caffeehaus am Roseneck**
Hohenzollerndamm 92.
89 59 69 22.

**Wiener Conditorei Caffeehaus in Neu-Westend**
Reichsstraße 81.
364 10 612.

### KÄSE

**Einhorn**
Wittenbergplatz 5–6.
**Stadtplan** 10 F2.
218 63 47.

**Lindner**
Olivaer Platz 17 (nahe dem Kurfürstendamm).
**Stadtplan** 9 B2.
882 29 36.
Rosenthaler Straße 33.
**Stadtplan** 7 B1.
24 78 15 07.
Tauentzienstraße 2.
**Stadtplan** 10 E1.
213 93 62.

**Maître Philippe**
Emser Straße 42.
**Stadtplan** 9 B3/C3.
88 68 36 10.

**Salumeria**
Windscheidstraße 20.
**Stadtplan** 2 E5.
324 33 18.

**Südwind**
Akazienstraße 7.
**Stadtplan** 11 A5.
782 04 39.

### WEIN

**Der Rioja-Weinspezialist**
Akazienstraße 13.
782 25 78.

**Feinschmeckeretage im KaDeWe**
Tauentzienstraße 21.
**Stadtplan** 10 E2.
212 10.

**Vendemmia**
Akazienstraße 20.
78 71 25 35.

**Viniculture**
Grolmanstraße 44–45.
883 81 74.

### FLEISCH UND FISCH

**Neuland Fleischerei Bachhuber**
Güntzelstraße 47.
**Stadtplan** 9 C4.
873 21 15.

**Rogacki**
Wilmersdorfer Straße 145–146.
**Stadtplan** 2 F4.
343 82 50.

**Schlemmermeyer**
Tauentzienstraße 16
**Stadtplan** 10 E1.
217 72 09.

### MARKTHALLEN

**Arminiushalle**
Arminiusstraße 2–4.
**Stadtplan** 4 E1.
Mo–Do 7.30–18 Uhr,
Fr 7.30–19 Uhr,
Sa 7.30–14 Uhr.

**Markthalle IX (Eisenbahnhalle)**
Pücklerstraße.
**Stadtplan** 14 E2.
Mo–Fr 8–19 Uhr,
Sa 8–14 Uhr.

**Markthalle am Marheinekeplatz**
Marheinekeplatz.
**Stadtplan** 13 A5.
Mo–Fr 8–19 Uhr,
Sa 8–14 Uhr.

**Markthalle Tegel-Center**
Gorkistraße 13–17.
43 43 849.
Mo–Fr 8–19 Uhr,
Sa 8–18 Uhr.

### MÄRKTE

**Bauernmarkt am Wittenbergplatz**
Wittenbergplatz.
**Stadtplan** 10 F1.
Do 10–18 Uhr.

**Markt am Kollwitzplatz**
Kollwitzplatz.
Sa 9–16 Uhr.

**Markt am Maybachufer**
Maybachufer.
**Stadtplan** 14 E3/F4.
Di–Fr 12–18.30 Uhr.

**Winterfeldtmarkt**
Winterfeldtplatz.
**Stadtplan** 11 A3.
Mi, Sa 8–14 Uhr.

**Wochenmarkt am Wittenbergplatz**
Wittenbergplatz.
**Stadtplan** 10 F2.
Di–Fr 8–14 Uhr.

**Stadtplan** siehe Seiten 300–323

# UNTERHALTUNG

Wo so viel geboten wird, vom Schauspiel über Konzert bis zu Cabaret und Varieté, dürfte für jeden Geschmack etwas dabei sein. Im Sommer stellen viele Bars und Restaurants Tische im Freien auf. Manche Areale wie Unter den Linden und Kurfürstendamm, dazu halb Kreuzberg und Prenzlauer Berg, verwandeln sich dann in ein einziges Straßencafé. Spätabends, wenn all die Cocktailbars, Clubs und Nachtcafés ihre Türen geöffnet haben, tobt sich die Szene aus – nicht selten bis zum frühen Morgen. Das Nachtleben in der City sieht nicht ganz so spontan aus. Prenzlauer Berg steht eher für Mainstream, Friedrichshain für die Off-Szene, und Kreuzberg hat eine aktive Schwulenszene. Der Bezirk Mitte bietet von allem etwas: Mit der Oper und wichtigen Theatern ist er nicht nur ein Hort der Hochkultur, sondern auch Quartier für unkonventionelle, nicht zu teure Bars. Am Sonntag ist eine Bootsfahrt über die Spree oder die Kanäle der erholsamste Zeitvertreib.

**Flötenspieler im Kostüm**

**Die Berliner Philharmoniker genießen Weltruhm**

## INFORMATION

Das kulturelle Angebot Berlins ist so groß, dass die Orientierung nicht leichtfällt. Die Informationsstellen für Besucher *(siehe S. 279)* geben zwar einige Hinweise, doch wenn Sie konkretere Informationen brauchen, lohnt sich der Kauf der Zeitschriften *Tip* oder *Zitty*, die beiden größten Stadtmagazine. Dort sind alle Festivals, Sportveranstaltungen, Kinoprogramme, Cabarets und Konzerte aufgeführt. Die Informationen finden Sie allerdings auch im Internet.

Wer eben in der Stadt eingetroffen ist und sich erst einmal in der Hotellobby oder einem Café ausruht, wird dort auch einige Broschüren oder Flugblätter mit aktuellen Tipps finden. Zudem hängen an jeder Straßenecke Veranstaltungsplakate.

## PROGRAMMZEITSCHRIFTEN

An Programmzeitschriften herrscht in Berlin kein Mangel. Die jeden zweiten Donnerstag erscheinenden Stadtmagazine *Tip* und *Zitty* sind am umfassendsten. Wer sich schon zu Hause informieren will, kann dies auf den jeweiligen Websites tun.

Die Tageszeitung *Berliner Morgenpost* hat donnerstags eine Beilage namens *bm Live*. Die donnerstags erscheinende Beilage des *Tagesspiegels* heißt *Ticket*, und die *taz* veröffentlicht donnerstags ein Kinoprogramm namens *Cinemataz*. All diese Zeitungen sind an Kiosken erhältlich.

Das *Berlin Programm* informiert über Veranstaltungen einen Monat im Voraus. Das von der Berlin Tourismus Marketing herausgegebene *Berlin Magazin* gilt für drei Monate und kann damit nicht immer aktuellste Änderungen berücksichtigen. Die kostenlose Broschüre *Flyer* enthält vor allem Informationen über das Nachtleben in Clubs und Discos. Sie liegt in vielen Bars und Restaurants aus.

Wer über kulturelle Veranstaltungen gut informiert sein will, kann in Buchhandlungen, Museen oder Galerien den *Kunstkalender* erstehen.

**Der im Sommer 2006 wiedereröffnete Admiralspalast *(siehe S. 69)***

JazzFest Berlin – Traditionelles und Neues für Fans *(siehe S. 268)*

## EINTRITTSKARTEN

Eintrittskarten sind meist zwei Wochen im Voraus an den Kassen der Theater oder Konzertsäle erhältlich. Sie können auch telefonisch reserviert werden. Reservierte Karten müssen eine halbe Stunde vor Beginn der Vorstellung abgeholt sein. Studenten, Senioren und Behinderte erhalten gegen Vorlage des entsprechenden Ausweises 50 Prozent Ermäßigung.

Karten sind ebenfalls über diverse Vorverkaufsstellen erhältlich, allerdings gegen Aufschlag. Neu ist, dass für viele Veranstaltungen die Tickets via Internet (unter Angabe der Kreditkartennummer oder mit Einzugsermächtigung) gebucht werden können. Es lohnt sich also, sich im Vorfeld zu informieren. Im Preis mancher Eintrittskarten ist die Benutzung der öffentlichen Verkehrsmittel eingeschlossen.

Wer beim Vorverkauf zu kurz kam, kann einen Versuch an der Abendkasse wagen – oft werden bestellte Tickets nicht abgeholt. Bei der Agentur **Hekticket** kann man Karten noch eine Stunde vor Vorstellungsbeginn kaufen (Ermäßigungen sind möglich).

Eintrittskarten gibt es auch bei **Dussmann** *(siehe auch S. 255)* und **Showtime Konzert- und Theaterkassen**.

## BEHINDERTE REISENDE

In allen Theater- und Konzertführern sind Behinderteneingänge deutlich mit dem blauen Symbol gekennzeichnet. Die meisten großen Theater-, Konzert- und Opernhäuser haben geeignete Plätze für Rollstuhlfahrer und gehbehinderte Besucher. Beim Kauf der Eintrittskarte sollte man sich aber danach erkundigen, da die Zahl dieser Plätze begrenzt ist.

Behinderte können sich mit den öffentlichen Verkehrsmitteln relativ frei bewegen, da die meisten U- und S-Bahn-Stationen mit Aufzügen versehen und diese auf allen U-Bahn-Plänen deutlich ausgewiesen sind. Viele Busse sind rollstuhlgerecht und mit Rampen ausgestattet. Wenn doch einmal ein Problem auftaucht, wird das BVG-Personal immer helfen.

## ÖFFENTLICHE VERKEHRS-MITTEL BEI NACHT

Die letzten U-Bahnen fahren an Werktagen gegen 1 Uhr. Doch Berlin hat ein gutes Netz von Nachtbussen und Nachttrams. Diese verkehren halbstündlich, bis der Tagesfahrplan wieder einsetzt. Die Fahrpläne von Bussen und Straßenbahnen sind aufeinander abgestimmt. Es gibt zwei große Umsteigebahnhöfe: der eine am Hardenbergplatz, vor dem Zoo, der andere am Hackeschen Markt.

Freitag- und samstagnachts und vor Feiertagen fahren die U-Bahnen (außer U4) alle 15 Minuten. Auch einige S-Bahnen verkehren in diesen Nächten. Die BVG-Verkaufsstellen verteilen Broschüren mit den Nachtverbindungen (im Internet zu finden unter www.bvg.de).

Nachmittag mit Kindern im Museumsdorf Düppel *(siehe S. 180f)*

Elefantentor am Zoologischen Garten *(siehe S. 150)*

**Stadtplan** *siehe Seiten 300–323*

# Theater

Dank Max Reinhardt und Bertolt Brecht entwickelte sich Berlin um 1920 zu einem Zentrum des europäischen Theaters – und dies ist die Stadt bis heute. Während des Dritten Reichs mussten zahlreiche Theaterschaffende emigrieren oder wurden ermordet. Nach dem Zweiten Weltkrieg erlebten die Theater der Stadt eine Renaissance. Im Mittelpunkt dieser Wiedergeburt standen zweifellos Bertolt Brechts Berliner Ensemble sowie später die Schaubühne unter Peter Stein.

## GESCHICHTE

Aufgrund der Teilung der Stadt verfügt Berlin heute über eine einzigartige Doppelung der Theater- und Opernhäuser. Die Volksbühne im Ostteil fand ihr Äquivalent in der Freien Volksbühne im Westen. Der Ernst-Busch-Theaterhochschule entsprach die Schauspielschule im Westteil Berlins.

Nach der Wiedervereinigung führte dies natürlich zu großen ökonomischen Problemen. Einige Häuser im Westteil wurden geschlossen, so etwa die renommierte Freie Volksbühne und das Schiller-Theater, die größte Bühne Deutschlands. Die Volksbühne, das Deutsche Theater und das BE – alle im Osten – spielen erfolgreich weiter. In beiden Teilen Berlins entstanden zahlreiche freie Theater.

Die Theatersaison dauert von September bis Juli. Höhepunkt ist das Theatertreffen im Mai, bei dem die erfolgreiche Inszenierungen aus ganz Deutschland aufgeführt werden. Zahlreiche Kinder- und Jugendtheater bieten die neuesten Produktionen für ein junges Publikum.

Die Spielpläne sind in Veranstaltungsmagazinen wie *Tip* und *Zitty* zu finden. Zudem hängen sie in U-Bahn-Stationen und liegen in Cafés und Restaurants aus.

## GROSSE THEATER

Das **Berliner Ensemble – Theater am Schiffbauerdamm** (kurz BE) wurde von Bertolt Brecht (ab 1949) und Heiner Müller (ab 1970) geleitet. Noch heute werden natürlich deren Stücke gespielt. Daneben gibt es ein breites Repertoire an Klassikern und klassischer Moderne unter der Intendanz von Claus Peymann. Schon das historische Theatergebäude selbst ist beeindruckend *(siehe S. 108)*.

Auch das **Deutsche Theater** und sein kleines Haus, die **Kammerspiele**, sind eine Top-Adresse für Theaterfans. Das breit gefächerte Repertoire enthält griechische und moderne Klassiker ebenso wie zeitgenössische Stücke. Auch wenn es schwierig werden kann, Karten zu bekommen, sollten Sie es versuchen *(siehe S. 108)*.

Die **Volksbühne** (Leitung: Frank Castorf) zeigt interessante Darbietungen klassischer Stücke in moderner Inszenierung, zudem Bühnenfassungen von Büchern oder Filmen ebenso wie Stücke junger Autoren. Konzerte, Lesungen und Tanzveranstaltungen finden im Roten und Grünen Salon des Hauses statt. Alles in allem ist die Volksbühne mehr als nur ein Theater: Sie ist ein Kulturzentrum mit multimedialem Charakter. Eine weitere wichtige Spielstätte der Volksbühne ist im traditionsreichen Altberliner **Prater**, der vor 160 Jahren als Ausflugslokal gegründet wurde.

Die **Schaubühne am Lehniner Platz** hatte ihre Glanzzeit unter Peter Stein in den 1970er und 1980er Jahren. Das Haus und sein Star-Ensemble waren berühmt für die spannenden, detailgetreuen Inszenierungen – jede Aufführung wurde zum Ereignis. 1999 erfolgte unter neuer Leitung ein künstlerischer Neuanfang. Teilweise ist es gelungen, an die alten Standards anzuknüpfen.

Das **Maxim-Gorki-Theater** mit seiner Tradition des Ensemble- und Autorentheaters ist ein weiteres international bekanntes Theaterhaus in Berlin. Es wurde 1827 als Konzertsaal für die Berliner Singakademie errichtet.

## ALTERNATIVE THEATER UND PRIVATTHEATER

Berlin verfügt über eine große Zahl an alternativen Bühnen, die alle Stücke bekannter und weniger bekannter Autoren spielen und damit oft überraschend innovativ sind. 2003 eröffnete das neue **Hebbel am Ufer (HAU)**. Seine drei Spielstätten sind das bisherige Hebbel-Theater (HAU 1), das ehemalige Theater am Halleschen Ufer (HAU 2) und das bisherige Theater am Ufer (HAU 3). Durch die Zusammenlegung ist ein neuer Kreativpool für die Berliner Theaterlandschaft entstanden. Gezeigt werden internationale Gastspiele, Tanztheater und innovative Theaterprojekte.

Auch in den **Sophiensaelen** ist Theater und Tanztheater zu erleben. Die fast immer spektakulären Aufführungen zählen zu den spannendsten der Berliner Off-Szene.

Zu empfehlen sind ferner das **Theater zum westlichen Stadthirschen**, das **Theater 89**, das **Ballhaus Ost** und die **Vaganten Bühne**. Boulevardtheater wie die **Komödie am Kurfürstendamm** bieten leichte, amüsante Unterhaltung.

## MUSICAL, REVUE UND CABARET

Es gibt in Berlin nicht weniger als vier große Musicalbühnen. Zusätzlich stehen auch bei vielen kleineren Bühnen Musicals im Repertoire. Der **Friedrichstadtpalast** und der **Admiralspalast** (beide im Ostteil Berlins) führen große Shows und Musicals auf. Das **Theater des Westens** in Charlottenburg bietet traditionelle Musicalaufführungen, während im neuen **Theater am Potsdamer Platz** ausschließlich große Musicals zur Aufführung kommen.

Das heutige Berlin bietet sicher ebenso viele Cabaretaufführungen wie in den 1920er Jahren. In der Regel finden Gastspiele bekannter

Gruppen statt, die in den entsprechenden Theatern bzw. auf kleineren Bühnen gastieren. Das Cabaret **Die Distel** in der Friedrichstraße war schon in der früheren DDR erfolgreich. **Die Stachelschweine** sind bis heute das bekannteste Cabaret im Westteil der Stadt.

Revue, Cabaret, Comedy und alle Arten von Kleinkunst haben auch die **Bar jeder Vernunft**, die **Kalkscheune**, das **Chamäleon Varieté**, die **Scheinbar** sowie das Cabaret **Die Wühlmäuse** zu bieten.

## EINTRITTSKARTEN

Man kann alle Karten Wochen vor der Vorstellung bestellen. Man kauft entweder direkt an der Theaterkasse oder bestellt im Internet. In der ganzen Stadt gibt es Kartenbüros, die allerdings eine Gebühr berechnen. Auch bei ausverkauften Veranstaltungen hat man noch die Chance auf eine Karte, sofern nicht alle vorbestellten Karten an der Abendkasse abgeholt werden.

Die Agentur **Hekticket** ist auf Last-Minute-Eintrittskarten spezialisiert. Wenn Sie Glück haben und hier ein Ticket für eine Vorstellung am selben Tag ergattern, so ist dieses bis zu 50 Prozent reduziert.

## AUF EINEN BLICK

### GROSSE THEATER

**Berliner Ensemble – Theater am Schiffbauerdamm**
Bertolt-Brecht-Platz 1.
**Stadtplan** 6 F2, 15 C1.
☎ 28 408 155.
www.berliner-ensemble.de

**Deutsches Theater**
Schumannstraße 13.
**Stadtplan** 6 E2, 15 A1.
☎ 28 44 12 25.
www.deutschestheater.de

**Kammerspiele**
Schumannstraße 13a.
**Stadtplan** 6 E2, 15 A1.
☎ 28 44 12 26.

**Maxim-Gorki-Theater**
Am Festungsgraben 2.
**Stadtplan** 7 A3, 16 E2.
☎ 20 22 11 15.
www.gorki.de

**Prater**
Kastanienallee 7–9.
**Stadtplan** 1 A5.
☎ 312 42 02.

**Schaubühne am Lehniner Platz**
Kurfürstendamm 153.
**Stadtplan** 9 A5.
☎ 89 00 23.
www.schaubuehne.de

**Schlosspark Theater**
Schlossstraße 48
**Stadtplan** 2 E4.
☎ 700 96 90.
www.schlossparktheater.
de

**Volksbühne**
Rosa-Luxemburg-Platz.
**Stadtplan** 8 D1.
☎ 24 06 57 77.
www.volksbuehne-berlin.
de

### ALTERNATIVE THEATER UND PRIVATTHEATER

**Ballhaus Ost**
Pappelallee 15
(U-Bahn Eberswalder Straße).
☎ 47 99 74 74.
www.ballhausost.de

**Hebbel am Ufer, HAU 1**
Stresemannstraße 29.
**Stadtplan** 6 E5.
☎ 25 90 04 27.
www.hebbel-am-ufer.de

**Hebbel am Ufer, HAU 2**
Hallesches Ufer 32.
**Stadtplan** 12 F2.
☎ 25 90 04 27.
www.hebbel-am-ufer.de

**Hebbel am Ufer, HAU 3**
Tempelhofer Ufer 10.
**Stadtplan** 12 F2.
☎ 25 90 04 27.
www.hebbel-am-ufer.de

**Komödie am Kurfürstendamm**
Kurfürstendamm 206.
**Stadtplan** 9 C2.
☎ 88 59 11 88.
www.komoedie-berlin.de

**Sophiensaele**
Sophienstraße 18.
**Stadtplan** 7 B1.
☎ 283 52 66.
www.sophiensaele.com

**Theater 89**
Torstraße 216.
**Stadtplan** 6 F1.
☎ 282 46 56.
www.theater89.de

**Theater zum westlichen Stadthirschen**
Roennebergstraße 4.
**Stadtplan** 12 D4.
☎ 26 37 24 91.
www.stadthirsch.de

**Vaganten Bühne**
Kantstraße 12a.
**Stadtplan** 10 D1.
☎ 312 45 29.
www.vaganten.de

### MUSICAL, REVUE UND CABARET

**Admiralspalast**
Friedrichstraße 101.
**Stadtplan** 6 F2, 15 C1.
☎ 47 99 74 99.
www.admiralspalast.de

**Bar jeder Vernunft**
Schaperstraße 24.
**Stadtplan** 10 D2.
☎ 883 15 82.
www.bar-jeder-vernunft.
de

**BKA Theater**
Mehringdamm 34.
**Stadtplan** 12 F4.
☎ 202 20 07.
www.bka-theater.de

**Chamäleon Varieté**
Rosenthaler Straße 40–41.
**Stadtplan** 7 B2.
☎ 40 00 59 30.
www.chamaeleonberlin.de

**Die Distel**
Friedrichstraße 101.
**Stadtplan** 6 F2, 15 C1.
☎ 204 47 04.
www.distel-berlin.de

**Friedrichstadtpalast**
Friedrichstraße 107.
**Stadtplan** 6 F2, 15 C1.
☎ 23 26 23 26.
www.friedrichstadtpalast.de

**Kalkscheune**
Johannisstraße 2
(hinter dem Friedrichstadtpalast).
**Stadtplan** 6 F2.
☎ 59 00 43 40.
www.kalkscheune.de

**Scheinbar**
Monumentenstraße 9.
**Stadtplan** 11 C5.
☎ 784 55 39.
www.scheinbar.de

**Die Stachelschweine**
Europa-Center.
**Stadtplan** 10 E1.
☎ 261 47 95.
www.die-stachelschweine.
de

**Theater am Potsdamer Platz**
Marlene-Dietrich-Platz 1.
☎ (0180) 544 44.

**Theater des Westens**
Kantstraße 12.
**Stadtplan** 2 E5, 9 A1, 10 D1.
☎ (0180) 544 44.

**Die Wühlmäuse**
Pommernallee 2–4.
**Stadtplan** 1 B5.
☎ 213 70 47.
www.wuehlmaeuse.de

### EINTRITTSKARTEN

**Hekticket Theaterkassen**
Hardenbergstraße 29d.
**Stadtplan** 10 D1.
☎ 23 09 930.
Karl-Liebknecht-Straße 12.
**Stadtplan** 7 C2.
☎ 24 31 24 31.
www.hekticket.de

**Stadtplan** *siehe Seiten 300–323*

# Kino

Berlin ist von jeher die Hauptstadt des deutschen Films, und nichts deutet darauf hin, dass sich das ändert. Im November 1895, genau zwei Monate nachdem die Gebrüder Lumière in Frankreich ihre ersten bewegten Bilder gezeigt hatten, führten die Brüder Emil und Max Skladanowsky dem staunenden Publikum eine Reihe von Kurzfilmen vor. Im berühmten Varieté Wintergarten sah man die ersten Streifen mit boxenden Kängurus, waghalsigen Akrobaten und Kindern, die Volkstänze aufführten. 1918 gab es in Berlin bereits 251 Kinos mit 82 796 Plätzen, und 1925 standen schon 47 600 Menschen bei der Filmindustrie in Lohn und Brot. Untrennbar ist die Geschichte der 1917 gegründeten Ufa (Universum Film AG) mit der Stadt verbunden. Sie unterhält hier zwei Studios.

## GROSSE LEINWÄNDE

Viele Kinos befinden sich um den Breitscheidplatz, nahe dem Kurfürstendamm, um die Tauentzienstraße und am Alexanderplatz. Nach dem Mauerfall entstanden neue Kinozentren. Die größten sind das **CinemaxX Potsdamer Platz** und das **Cinestar Sony Center**. Im Cinestar laufen die meisten Produktionen in deutscher Übersetzung, manche Filme in der Originalversion. Größtes Multiplex-Kino der Stadt ist das CinemaxX mit 19 Leinwänden. Hier werden hauptsächlich große amerikanische Produktionen gezeigt. Vor allem an den Wochenenden sind viele Vorstellungen ausverkauft.

Gleich gegenüber liegt das **IMAX**-Kino mit der größten Leinwand Deutschlands. Hier können nur Filme gezeigt werden, die mit den speziellen IMAX-Kameras aufgenommen wurden. Die Vorführungen sind ein grandioses Erlebnis, allein weil die konkave Projektionsfläche eine Diagonallänge von 27 Metern hat und insgesamt 1000 Quadratmeter umfasst. Hier gibt es ein breites Angebot an Filmen, darunter Filme über Naturgeschichte, Reisen und Unterwasserexpeditionen. Zudem werden 3-D-Filme gezeigt, für die man eine Spezialbrille braucht. In drei weiteren Stadtteilen gibt es ebenfalls Kinozentren: östlich der City, in Friedrichshain und im Bezirk Prenzlauer Berg.

Das **International** in der Karl-Marx-Allee ist typisch für die Kinos, die zu DDR-Zeiten in Ostberlin entstanden. Das 1963 erbaute Kino ist streng und schmucklos und hat nur 551 Plätze.

## PROGRAMMKINOS

Überall in der Stadt stößt man auf kleinere Kinos, die mit unabhängigen Produktionen und Retrospektiven bestimmter Schauspieler oder Regisseure für ein anspruchsvolles Programm sorgen. Dazu gehören auch das **Kino in den Hackeschen Höfen** oder das **Central** am Hackeschen Markt. Beide sind recht attraktiv und verfügen über eigene Bars. Das Café des Kinos in den Hackeschen Höfen wartet mit leichten Snacks und einem schönen Ausblick aus der fünften Etage des Gebäudes auf.

Das **Kino in der Kulturbrauerei** mit seinen acht Sälen verschiedenster Größe zeigt neben Blockbustern aus Hollywood auch anspruchsvolles Autorenkino. Vor und nach den Vorführungen findet man in und um die Kulturbrauerei herum viele Restaurants und Kneipen.

Das **Arsenal** am Potsdamer Platz gehört den Freunden der Deutschen Kinemathek. Wie der Name nahelegt, werden hier Filmkunst-Klassiker gezeigt. Das Kino gibt ein monatliches Programmheft heraus, oft mit Kurzerläuterungen zu den Filmen. Es liegt in vielen Lokalen aus.

Ein weiterer Tipp: Das **Filmkunsthaus Babylon** (Rosa-Luxemburg-Straße 30) ist ein originelles Programmkino.

Wer Filme gern in der Originalversion rezipiert, kann französische Produktionen im Charlottenburger **Cinéma Paris** und englischsprachige im Schöneberger **Odeon** sehen.

## OPEN-AIR-KINO

Sobald es die Witterung zulässt, eröffnen die Freilichtkinos. Man findet sie in der Hasenheide, im Garten des Künstlerhauses Bethanien, in Friedrichshain und in der ufaFabrik. Zu sehen sind dabei sowohl aktuelle Filme als auch Klassiker. Die Vorführungen beginnen mit Einbruch der Dunkelheit.

## NICHTKOMMERZIELLE FILME

Natürlich sind die amerikanischen Großproduktionen auch in Berlin die größten Publikumsmagneten. Doch es gibt auch zahlreiche Kinos, die auf weniger kommerzielle Filme, darunter auch Dokumentarfilme, spezialisiert sind. Das umfang- und abwechslungsreiche Kinoprogramm Berlins finden Sie in jeder Tageszeitung.

Das Zeughauskino im Deutschen Historischen Museum zeigt seltene nichtkommerzielle Filme. Das Programm umfasst Dokumentarfilmreihen oder Produktionen, die jeweils auf die Ausstellungen im Museum abgestimmt sind.

Das **Ethnologische Museum** (ehemals das Museum für Völkerkunde) in Dahlem *(siehe S. 178)* veranstaltet Filmvorführungen, die Ausstellungen zu außereuropäischen Kulturen begleiten und ergänzen. Genau wie im Zeughauskino sind auch im Museumskino die Eintrittspreise recht moderat.

## EINTRITTSPREISE

Kinokarten kosten meist zwischen fünf und acht Euro. Ermäßigungen für Studenten oder Senioren gibt es nicht überall. In vielen Kinos ist ein Tag in der Woche ein sogenannter Kinotag, an dem die Karten ein bis zwei Euro weniger kosten. Manche Kinos haben den »blauen Montag« eingeführt und verkaufen ihre Tickets ab vier Euro.

Die meisten Kinos bieten drei Vorführungen pro Abend, die erste beginnt in der Regel um 18 Uhr, die letzte um 22 Uhr. Bei allen Kinos sind telefonische Vorbestellungen möglich. Allerdings müssen die Karten eine halbe Stunde vor Vorstel-lungsbeginn abgeholt sein. An den wenigsten Kinokassen kann man per Kreditkarte zahlen – also sollte man seinen Geldbeutel auf Bares überprüfen. Die Werbung und die Vorschauen vor den Filmen dauern in vielen Kinos bis zu 20 Minuten.

## RUND UMS KINO

Wer sich für die Geschichte des deutschen Films interessiert, sollte unbedingt die Ufa-Studios in Babelsberg *(siehe S. 205)* besuchen. Bei der **Studiotour Babelsberg** kann man einem Filmteam live bei der Arbeit zusehen. Zudem gibt es eine spannende Stuntshow.

Zur Tour gehört auch die Besichtigung der Kulissen alter Filme, etwa aus den Zeiten Marlene Dietrichs, und die der neuesten Computer- und Schnitttechniken.

Eine große Auswahl von Filmbüchern bieten **Bücherbogen** im S-Bahn-Bogen am Savignyplatz und die **Bücherstube Marga Schoeller** in der Knesebeckstraße 33.

---

## AUF EINEN BLICK

### GROSSE LEINWÄNDE

**CinemaxX Potsdamer Platz**
Potsdamer Straße 5.
**Stadtplan** 6 D5.
( (0180) 524 63 62 99.

**Cinestar Sony Center**
Potsdamer Straße 4.
**Stadtplan** 6 D5.
( 26 06 64 00.

**IMAX**
Potsdamer Straße 4.
( 26 06 64 00.

**International**
Karl-Marx-Allee 33
(Ecke Schillingstraße).
**Stadtplan** 8 E3.
( 24 75 60 11.

### PROGRAMMKINOS

**Arsenal**
Potsdamer Straße 2/
Sony Center.
**Stadtplan** 10 F2.
( 26 95 51 00.

**Central**
Rosenthaler Straße 39.
**Stadtplan** 7 B1.
( 28 59 99 73.

**Cinéma Paris**
Kurfürstendamm 211.
**Stadtplan** 9 A2, 10 D1.
( 881 31 19.

**Kino in den Hackeschen Höfen**
Rosenthaler Straße 40–41.
**Stadtplan** 9 C2.
( 283 46 03.

**Kino in der Kulturbrauerei**
Schönhauser Allee 36.
**Stadtplan** 9 C2.
( 01805-11 88 11.

**Odeon**
Hauptstraße 116.
**Stadtplan** 11 B5.
( 78 70 40 19.

### OPEN-AIR-KINO

**Freiluftkino Friedrichshain**
Im Volkspark Friedrichs-hain, Platz der Vereinten Nationen 1.
**Stadtplan** 8 F2.
( 29 36 16 29.

**Freiluftkino Hasenheide**
Volkspark Hasenheide/
Neukölln.
**Stadtplan** 13 D5.
( 283 46 03.

### NICHTKOMMER-ZIELLE FILME

**Ethnologisches Museum**
Filmbühne-Museum,
Lansstraße 8.
( 830 14 38.
○ während Festivals.

### RUND UMS KINO

**Bücherbogen am Savignyplatz**
Stadtbahnbogen 593.
( 31 86 95 11.

**Studiotour Babelsberg**
August-Bebel-Str. 26–53,
(Eingang Großbeeren-straße), Potsdam.
( (0331) 721 27 55.

### BERÜHMTE BERLIN-FILME

**Berlin Alexanderplatz**
*Deutschland 1931,*
*Regie: Phil Jutzi, nach*
*dem Roman von Alfred*
*Döblin.*

**Berlin Alexanderplatz**
*Deutschland 1980,*
*Regie: Rainer Werner*
*Fassbinder.*

**Berlin, Chamissoplatz**
*Deutschland 1980,*
*Regie: Rudolf Thome.*

**Berlin – Ecke Schönhauser**
*DDR 1957,*
*Regie: Gerhard Klein.*

**Berlin, die Symphonie einer Großstadt**
*Deutschland 1927,*
*Regie: Walter Ruttmann.*

**Berlin: Sinfonie einer Großstadt**
*Deutschland 2002,*
*Regie: Thomas Schadt.*

**Berliner Ballade**
*Deutschland 1948,*
*Regie: Robert Stemmle.*

**Coming Out**
*DDR 1988/89,*
*Regie: Heiner Carow.*

**Das Leben der Anderen**
*Deutschland 2006,*
*Regie: Florian Henckel von*
*Donnersmarck.*

**Eins, zwei, drei**
*USA 1961,*
*Regie: Billy Wilder.*

**Goodbye, Lenin!**
*Deutschland 2003,*
*Regie: Wolfgang Becker.*

**Der Himmel über Berlin**
*Deutschland/Frankreich*
*1987,*
*Regie: Wim Wenders.*

**Kuhle Wampe**
*Deutschland 1932,*
*Regie: Slatan Dudow,*
*Drehbuch: Bertolt Brecht.*

**Das Leben ist eine Baustelle**
*Deutschland 1996,*
*Regie: Wolfgang Becker.*
*Buch: Wolfgang Becker*
*und Tom Tykwer.*

**Die Legende von Paul und Paula**
*DDR 1973,*
*Regie: Heiner Carow.*

**Lola rennt**
*Deutschland 1998,*
*Regie: Tom Tykwer.*

**Menschen am Sonntag**
*Deutschland 1930,*
*Regie: Robert Siodmak*
*und Edgar G. Ulmer.*

**Sonnenallee**
*Deutschland 1999,*
*Regie: Leander Haußmann.*

**Stadtplan** *siehe Seiten 300–323*

# Klassische Musik

Berlin besitzt eines der besten Orchester der Welt, die Berliner Philharmoniker, sowie einen der schönsten Konzertsäle, die Philharmonie. Die Berliner Philharmoniker sind seit Langem das führende unter den drei Berliner Orchestern, die alle regelmäßig auftreten. Besucher haben die Qual der Wahl zwischen drei Opernhäusern und einem Avantgarde-Musiktheater. Neben zahlreichen Konzerten finden in Berlin viele Festivals statt, darunter die Berliner Festwochen und das Open-Air-Festival am Gendarmenmarkt. Auch in vielen Kirchen, Hallen und Schlössern werden ganzjährig Konzerte gegeben.

## KONZERTSÄLE

Die **Philharmonie** ist einer der größten Konzertsäle Europas und verfügt über eine exzellente Akustik. Die Berliner Philharmoniker wurden im Jahr 1882 in der Nachfolge von Benjamin Bilses Kapelle gegründet. Berühmt wurden sie unter dem Namen Berliner Philharmonisches Orchester unter weltberühmten Dirigenten: Hans von Bülow (1887–93), Arthur Nikisch (1895–1922), Wilhelm Furtwängler (1922–54), Herbert von Karajan (1955–89), Claudio Abbado (1989–2001), Simon Rattle (seit 2002). Eintrittskarten für die Konzerte sind schnell ausverkauft. Leichter bekommt man eine Karte für Konzerte des Deutschen Symphonieorchesters und des Rundfunk-Sinfonieorchesters der Philharmonie.

Kammermusikorchester treten meist im etwas kleineren, der Philharmonie angegliederten **Kammermusiksaal** auf.

Das **Konzerthaus**, auch bekannt als Schauspielhaus (*siehe S. 65*), ist ein weiterer wichtiger Veranstaltungsort für Klassikkonzerte. Es wurde nach dem Zweiten Weltkrieg renoviert und besitzt heute den eleganten großen Konzertsaal und einen kleineren Raum für Kammerkonzerte.

Zwei eher unkonventionelle Orte, an denen klassische Musik aufgeführt wird, sind die **Universität der Künste** in der Hardenbergstraße sowie die **Staatsbibliothek** in der Potsdamer Straße.

Auch viele Kirchen Berlins öffnen ganzjährig ihre Pforten für Klassikkonzerte. Termine kann man den Stadtmagazinen *Tip* oder *Zitty* sowie den Tageszeitungen bzw. ihren Veranstaltungsbeilagen *(siehe S. 260)* entnehmen.

## OPERNHÄUSER

Das Juwel unter Berlins Opernhäusern ist die **Staatsoper Unter den Linden** *(siehe S. 63)*, deren Chefdirigent Daniel Barenboim ist. Das sorgfältig nach dem Originalentwurf von Knobelsdorff restaurierte Haus bietet Vorstellungen im Großen Saal sowie dem Apollo-Saal. Das Repertoire umfasst deutsche und italienische Opern sowie – seltener – zeitgenössische Werke.

Die **Komische Oper** *(siehe S. 68)* unter der Leitung von Andreas Homoki ist berühmt für ihre Inszenierungen von Opera-buffa-Werken. Da die Aufführungen in der Regel über längere Zeit laufen, bekommt man leicht Karten. Die Ballettproduktionen des Hauses sind oft sehr modern.

Die **Deutsche Oper Berlin** in der Bismarckstraße ist als einziges Opernhaus der Stadt in einem modernen Gebäude untergebracht. Das Interieur ist im Stil der 1960er Jahre gehalten, doch das Repertoire umfasst alle musikalischen Epochen, von Barock bis Moderne. Intendantin ist Kirsten Harms.

Das vierte Opernhaus ist die **Neuköllner Oper** im Bezirk Neukölln. Sie ist zwar weniger berühmt als die anderen Häuser, hat dafür aber ein eher unkonventionelles, interessantes Repertoire mit Neu- und Uraufführungen.

## ZEITGENÖSSISCHE MUSIK

Die Organisation **Initiative Neue Musik Berlin e. V.** veröffentlicht alle zwei Monate die neuesten Informationen über Veranstaltungen zeitgenössischer Musik. Darin enthalten ist immer die **BKA** nahe dem Mehringdamm mit ihrer Reihe **Unerhörte Musik**. Die **Akademie der Künste** und der Sender Freies Berlin, der Vorläufer des **RBB**, schufen das Projekt *Insel Musik* zur Förderung moderner Musik. Organisiert wird u. a. eine Konzertreihe, die im November im Haus des Rundfunks aufgeführt wird.

## FESTIVALS

Im September findet das **musikfest berlin** statt – jedes Jahr unter einem anderen Motto. Das Festival bietet zahlreiche Ausstellungen, Theateraufführungen und Konzerte, zu denen die berühmtesten Orchester und Solisten anreisen. Jedes Jahr im März stellt **MaerzMusik**, ein internationales Festival für aktuelle Musik, zeitgenössische Strömungen kontrastierend vor. Neben neuen Werken der Orchester- und Kammermusik – nicht wenige davon Auftragswerke – steht experimentelles, teils interdisziplinäres Musiktheater im Mittelpunkt.

Opernliebhaber kommen beim Opernfestival im Sommer auf ihre Kosten. Die Open-Air-Veranstaltungen finden auf einer Bühne am Gendarmenmarkt statt. Im Juli strömen Klassikfans zu den Bach-Tagen, einem Festival der Barockmusik.

## OPEN-AIR-KONZERTE

Berlin besitzt zwei Freilichtbühnen, auf denen im Sommer Klassikkonzerte aufgeführt werden. Die **Waldbühne** in der Nähe des Olympiastadions bietet Platz für auf 20 000 Besucher und ist u. a. Veranstaltungsort für Konzerte der europäischen Jugendorchester. Die Stimmung ist entspannt und locker: Die Erwachsenen essen und trinken während des Konzerts, und die Kinder laufen herum. Nach Sonnenuntergang, wenn alle Zuhörer die mitgebrachten Kerzen entzünden, ist die Atmosphäre zauberhaft.

Obwohl die Qualität der Konzerte auf der **Parkbühne Wuhlheide** nicht schlechter ist als auf der Waldbühne, ist die Zuhörerschar hier doch wesentlich kleiner.

## MUSIK IN SCHLÖSSERN UND ANDEREN BAUTEN

Während der Musikfestivals finden oft Liederabende in historischen Gebäuden statt. Ein Konzert im Berliner Dom *(siehe S. 76f)*, in der Ahnengalerie in Schloss Charlottenburg *(siehe S. 160f)* oder in Schloss Friedrichsfelde *(siehe S. 174f)* kann zu einem unvergesslichen Erlebnis werden.

Die **Universität der Künste** *(siehe Konzertsäle)* verfügt über eine ausgezeichnete Akustik. Wenn Ihnen der Sinn mehr nach einem modernen Ambiente steht, sollten Sie die **Staatsbibliothek** *(siehe Konzertsäle)* oder den Konzertsaal der **Akademie der Künste** *(siehe Zeitgenössische Musik)* besuchen.

## WEITERE VERANSTALTUNGEN

Das **Musikinstrumenten-Museum** veranstaltet an einigen Sonntagvormittagen Konzerte. Im Rahmen der Reihe »Alte Musik Live« wird Barock- oder noch ältere Musik auf Originalinstrumenten zur Aufführung gebracht. Eine Sonderbroschüre mit den Veranstaltungen des Museums wird zweimal jährlich veröf-

fentlicht und ist in allen Theatern, Konzertsälen und Musikgeschäften erhältlich.

Im **Kulturkaufhaus Dussmann** finden Sie die größte Klassik-CD-Auswahl Berlins, über 50 000 Titel und fachkundiges Personal stehen zu Ihrer Verfügung. Man veranstaltet auch Literatur- und andere kulturelle Veranstaltungen im Geschäftshaus.

**Gelbe Musik** in der Schaperstraße ist ebenfalls mehr als nur ein Laden. Die Galerie des Hauses ist auf zeitgenössische Musik spezialisiert. Außerdem werden Konzerte und Liederabende organisiert.

**Schöne Künste Exkursionen** organisiert unter dem Motto »Musikstadt Berlin« Stadtspaziergänge, die samstags vom Bebelplatz, hinter der Staatsoper Unter den Linden *(siehe S. 63)*, starten.

---

## AUF EINEN BLICK

### KONZERTSÄLE

**Konzerthaus Berlin**
Gendarmenmarkt 2.
**Stadtplan** 7 A4, 16 D4.
**(** 203 09 21 01.
www.konzerthaus.de

**Philharmonie Kammermusiksaal**
Herbert-von-Karajan-Str. 1.
**Stadtplan** 6 D5.
**(** 25 48 89 99.

**Staatsbibliothek**
Potsdamer Straße 33.
**Stadtplan** 6 D5.
**(** 26 60.

**Universität der Künste**
Hardenbergstraße 33.
**Stadtplan** 4 E3.
**(** 31 85 23 74.

### OPERNHÄUSER

**Deutsche Oper Berlin**
Bismarckstraße 34–37.
**Stadtplan** 3 A4.
**(** 34 10 249. www.
deutscheoperberlin.de

**Komische Oper**
Behrenstraße 55–57.
**Stadtplan** 6 F4, 15 C3.
**(** 47 99 74 00.
www.komische-oper-berlin.de

**Neuköllner Oper**
Karl-Marx-Str. 131–133.
**Stadtplan** 14 F5.
**(** 688 90 777.
www.neukoellneroper.de

**Staatsoper Unter den Linden**
Unter den Linden 7.
**Stadtplan** 7 A3, 16 D3.
**(** 20 35 45 55.
www.staatsoper-berlin.de

### ZEITGENÖSSISCHE MUSIK

**Akademie der Künste**
Hanseatenweg 10.
**Stadtplan** 4 F3.
**(** 200 57 20 00.
Pariser Platz 4.
**Stadtplan** 6 E3.
**(** 200 57 10 00.
www.adk.de

**Initiative Neue Musik Berlin e.V.**
Klosterstraße 68–70.
**Stadtplan** 8 D3.
**(** 242 45 34.

**Rundfunk Berlin-Brandenburg (RBB)**
Haus des Rundfunks,
Masurenallee 8–14.
**Stadtplan** 1 B5.
**(** 97 99 30.

**Unerhörte Musik (BKA)**
Mehringdamm 34.
**Stadtplan** 12 F3/F4.
**(** 202 20 07.

### FESTIVALS

www.berlinerfestspiele.de

**MaerzMusik**
Berliner Festspiele GmbH,
Schaperstraße 4.
**Stadtplan** 10 D2.
**(** 25 48 91 00.

**musikfest berlin**
Berliner Festspiele GmbH,
Schaperstraße 4.
**Stadtplan** 10 D2.
**(** 25 48 91 00.

### OPEN-AIR-KONZERTE

**Parkbühne Wuhlheide**
An der Wuhlheide.
www.wuhlheide.de

**Waldbühne**
Glockenturmstraße 1.
**(** (01805) 33 24 33.

### WEITERE VERANSTALTUNGEN

**Gelbe Musik**
Schaperstraße 11.
**Stadtplan** 10 D2.
**(** 211 39 62.

### KULTURKAUFHAUS DUSSMANN

Friedrichstraße 90.
**(** 202 50.
www.kulturkaufhaus.de

### MUSIKINSTRUMENTEN-MUSEUM

Tiergartenstraße 1.
**Stadtplan** 6 D5.
**(** 25 48 10.

### SCHÖNE KÜNSTE EXKURSIONEN

**(** 782 12 02.

### KARTEN

**Hekticket Theaterkassen**
siehe S. 263.

**Showtime Konzert- und Theaterkassen**
KaDeWe (6. Stock),
Tauentzienstraße 21.
**Stadtplan** 10 F2.
**(** 217 77 54.
sowie
Karstadt am Hermannplatz
(1. Stock).
**Stadtplan** 14 E5.
**(** 695 50.

**Stadtplan** *siehe Seiten 300–323*

# Rock, Jazz und World Music

**B**erlins Musikszene hat unendlich viele Facetten. Sie reicht von den Berliner Philharmonikern bis Techno und bietet für jeden Geschmack etwas. Zwischen klassischer Musik und dem letzten Schrei liegen Stilrichtungen wie Blues, Rock'n'Roll und internationale Popmusik. Ganz gleich, ob Sie sich ein großes Konzert einer internationalen Band oder Jazz-Improvisationen im kleinen Rahmen anhören wollen – alles liegt dicht beieinander. Die größten Events finden in Kongress- oder Sporthallen statt, doch die regste Aktivität herrscht in den Diskotheken sowie in den Bars und Clubs *(siehe S. 270 f)*. Auch in vielen Kulturzentren können Sie sich von aktuellen Trends inspirieren lassen. Den besten Überblick verschaffen Sie sich durch die Lektüre der Magazine *Tip* und *Zitty* oder mit den Flyern und Prospekten, die in Berliner Lokalen ausliegen.

## GROSSE KONZERTE

**W**enn große Bands sich auf den Weg machen, steht Berlin meist weit oben auf dem Tourneeplan. Aus ganz Deutschland reisen die Fans zu solchen Events an, doch auch zu kleineren Konzerten kommt eine eingeschworene Gemeinde.

Seit der Schließung der Deutschlandhalle finden die meisten einschlägigen Veranstaltungen in der **Max-Schmeling-Halle** und im Velodrom *(siehe S. 273)* statt. Für die allergrößten Konzerte steht das **Olympiastadion** *(siehe S. 184)* mit seinen 100 000 Plätzen zur Verfügung. Wenn zu klassischen oder Rockkonzerten an die 20 000 Besucher erwartet werden, genügt die **Waldbühne** nebenan. Ebenfalls beliebt für verschiedenste Konzerte ist die **Parkbühne Wuhlheide**. Seit 2008 bietet sich die **O₂ World** in Friedrichshain als Arena für Großveranstaltungen an. Die Arena (zugleich das Heimstadion der Eisbären Berlin) fasst bis zu 17 000 Zuschauer.

Konzerte und Theaterstücke sind auch in der **Arena** in Treptow zu erleben. Die riesige Halle aus den 1920er Jahren diente einst als Busdepot. Genaueres erfahren Sie in den Magazinen *Tip* und *Zitty*.

## WEITERE MUSIKEVENTS

**E**s gibt eine ganze Reihe kleinerer Locations in Berlin, so etwa das Café Swing am Nollendorfplatz und das berühmte **SO36** in Kreuzberg. In den 1980er Jahren war Schöneberg für seine Punk-Szene berühmt, doch auch jetzt hat der Bezirk noch Spannendes zu bieten. Einen legendären Ruf genießt das **Tempodrom**, auch an seinem neuen Standort in Kreuzberg.

Mittelgroße Konzerte sind oft in der **Columbia-Halle** am Columbiadamm oder im **Knaack Club** zu hören. Letzterer ist ein besonders vielseitiger Club an der Greifswalder Straße.

Wenn Sie ein Konzert in außergewöhnlicher Atmosphäre erleben wollen, sollten Sie sich zur **Passionskirche** nach Kreuzberg aufmachen.

## JAZZ

**A**us der ganzen Welt kommen alljährlich die Jazz-Liebhaber zum **JazzFest Berlin** und dem **Total Music Meeting**. Das JazzFest hat sich unter der aktuellen Leitung entschieden zeitgenössischen Strömungen geöffnet, ohne den traditionellen Jazz zu vernachlässigen. Das Total Music Meeting bleibt jedoch die Plattform für moderne und experimentelle (Jazz-)Musik.

Auch wenn Pop und Techno das Gros der jungen Leute anziehen, ist Jazz in Berlin nach wie vor beliebt. Das **A Trane** und das **b-flat** sind die etablierten Jazzbars, in denen fast täglich kleine Bands, aber regelmßig auch internationale Größen des zeitgenössischen Jazz wie Steve Coleman oder Greg Osby auftreten. Im b-flat kann man zudem die Größen der vitalen Berliner Jazzszene, wie Johannes Bauer oder Axel Dörner, erleben.

Genauso berühmt ist das **Quasimodo** in der Kantstraße, doch dort beginnen die Konzerte erst nach 22 Uhr, da sonst die Vorführungen im nebenan gelegenen Theater des Westens gestört würden. Das Quasimodo hat ebenfalls eine sehr gute Akustik, die Klimaanlage arbeitet allerdings manchmal an den Grenzen ihrer Kapazität.

Auch die **Kalkscheune** in der Johannisstraße hat mitunter Jazzkonzerte im Programm, ebenso wie das **Bilderbuch** in der Akazienstraße.

Neben den klassischen Jazzclubs gibt es auch eine Reihe kleiner Bars wie das **Schlot** oder das Harlem im Bezirk Prenzlauer Berg. Wer gerne einmal einen guten Stilmix aus Rap, Soul und Jazz hören will, sollte in der **Junction Bar** in Kreuzberg vorbeischauen. Ein relativ neuer Veranstaltungsort für Jazzkonzerte ist das **Radialsystem V** in der Holzmarktstraße unweit des Ostbahnhofs. Besonders die langen Nächte des Jazz sind hier ein einmaliges Erlebnis für Jazz-Liebhaber. Ein paar schöne Stunden mit traditionellem Jazz kann man im **Badenscher Hof Jazzclub** in der Badenschen Straße erleben.

## WORLD MUSIC

**B**erlin ist eine wahrhaft kosmopolitische Stadt, nicht nur der Anteil an Bewohnern aus anderen Ländern wächst ständig, sondern auch die Palette an Musik aus anderen Kulturen. So haben das 1988 vom Sender SFB4 (Sender Freies Berlin, heute RBB, Rundfunk Berlin-Brandenburg) gegründete »radiomultikulti« und das Weltmusikfestival »Heimatklänge« stark zur Verbreitung von Weltmusik in der Stadt beigetragen.

Auch das **Haus der Kulturen der Welt** wurde mit Unterstützung des Berliner Senats etabliert, um deutschen Bewohnern der Stadt die Kulturen anderer Länder näherzubringen. Da sich die Musik hervorragend zum kulturellen Brückenschlag eignet, finden im Haus der Kulturen der Welt häufig Konzerte und Tanzabende statt, an denen Musik aus unterschiedlichen Kulturkreisen gespielt wird. Genaueres entnimmt man am besten den Broschüren, die in vielen Buchhandlungen und Restaurants ausliegen.

Ähnliche Ziele verfolgt die **Werkstatt der Kulturen** in der Wissmannstraße, die bereits seit einigen Jahren regelmäßig kulturelle Veranstaltungen wie Konzerte und Musikfestivals ausrichtet. Nicht zu vergessen sind die zahllosen kleinen Veranstaltungsorte, die das Musikspektrum berei-

chern; manche Bars oder Clubs haben sich auf die Musik bestimmter Länder konzentriert. Wer eine spezielle Richtung sucht, wird in den Magazinen *Tip* und *Zitty* sicher fündig.

Ständig steigender Beliebtheit erfreuen sich die Diskotheken mit lateinamerikanischer Musik, allen voran das **Havanna** in Schöneberg. Die Fans können hier zu allerbester Salsa-Musik abtanzen.

Auch irische Musik wird in Berlin recht oft gehört, wie die vielen irischen Pubs beweisen. Fast jeden Abend gibt es im **Wild at Heart** Live-Musik. Wer sich von der Wehmut russischer Balladen bezaubern lassen will, tut das am besten im **Chagall** – oder aber er geht ins Kontrastprogramm der Russen-Disco.

### KARTENVORVERKAUF

Preise für große Popkonzerte können sehr hoch sein, vor allem wenn man einen guten Platz will. Nur fünf bis zehn Euro Eintritt zahlen Sie bei Events in kleinen Clubs, es sei denn, es spielt eine sehr bekannte Band – dann müssen Sie tiefer ins Portemonnaie greifen. Ein Trost ist oft der gleich mitbezahlte Gratisdrink.

Große Konzerte sind schnell ausverkauft. Sie sollten also rechtzeitig buchen. Das Netz an Vorverkaufsstellen *(siehe S. 261 und 267)* macht den Kartenkauf leicht.

Wer einen Abend in einem der kleinen Clubs verbringen will, wird seine Eintrittskarte meist problemlos am Eingang kaufen können.

## AUF EINEN BLICK

### GROSSE KONZERTE

**Arena**
Eichenstraße 4.
533 73 30.

**O₂ World**
Mühlenstr. 12–30.
www.o2world.de

**Parkbühne Wuhlheide**
An der Wuhlheide.
www.wuhlheide.de

**Waldbühne**
Glockenturmstraße 1.
(01805) 33 24 33.

### WEITERE MUSIKEVENTS

**Columbia-Halle und Columbia-Club**
Columbiadamm 13–21.
69 80 980.

**Kindl-Bühne Wuhlheide**
An der Wuhlheide 187.
857 58 10.

**Knaack Club**
Greifswalder Straße 224.
442 70 60.

**Meistersaal**
Köthener Straße 38.
Stadtplan 6 E5.
520 00 60.

**Passionskirche**
Marheinekeplatz 1–2.
Stadtplan 13 A5.
69 40 12 41.

**SO36**
Oranienstraße 190.
Stadtplan 14 E2.
61 40 13 06.
www.so36.de

**Tempodrom**
Am Anhalter Bahnhof, Möckernstr. 10.
Stadtplan 12 E1.
69 53 38 85.

**tipi – das Zelt**
Große Querallee, Tiergarten.
Stadtplan 5 C3.
(0180) 327 93 58.

**ufaFabrik**
Viktoriastraße 10–18.
75 50 30.

### JAZZ

**A Trane**
Pestalozzistraße 105.
Stadtplan 3 C5.
313 25 50.
www.a-trane.de

**Badenscher Hof Jazzclub**
Badensche Straße 29.
Stadtplan 10 D5.
861 00 80.
www.badenscher-hof.de

**b-flat**
Rosenthaler Straße 13.
Stadtplan 7 B1.
283 31 23.
www.b-flat-berlin.de

**Bilderbuch**
Akazienstraße 28.
Stadtplan 11 A5.
78 70 60 57.

**JazzFest Berlin**
Schaperstraße 24.
Stadtplan 10 D2.
25 48 90.

**Junction Bar**
Gneisenaustraße 18.
694 66 02.

**Kalkscheune**
Johannisstraße 2.
Stadtplan 6 F2.
59 00 43 40.

**Musik-Café Harlem**
Rodebergstraße 37.
444 56 54.

**Quasimodo**
Kantstraße 12a.
312 80 86.
www.quasimodo.de

**Radialsystem V**
Holzmarktstraße 33.
Stadtplan 8 F5.
288 78 85 88.
www.radialsystem.de

**Schlot**
Chausseestraße 18.
Stadtplan 1 A4.
448 21 60.
www.kunstfabrik-schlot.de

**Total Music Meeting**
Berlinische Galerie, Alte Jakobstr. 124–128.
Stadtplan 13 B1.
323 75 26.
www.fmp-online.de

### WORLD MUSIC

**Chagall**
Kollwitzstraße 2.
441 58 81.

**Haus der Kulturen der Welt**
John-Foster-Dulles-Allee 10.
Stadtplan 5 C3.
39 78 71 75.

**Havanna**
Hauptstraße 30.
Stadtplan 11 A5.
784 85 65.

**Werkstatt der Kulturen**
Wissmannstraße 32.
Stadtplan 14 E5.
609 77 00.

**Wild at Heart**
Wiener Straße 20, Kreuzberg.
611 92 31.

**Stadtplan** *siehe Seiten 300–323*

# Tanz und Clubs

Bei dem enormen Angebot in Berlin haben Sie die Möglichkeit, sich sowohl ein Ballett, modernes Tanztheater oder ein Musical anzusehen als auch selbst tanzen zu gehen. Drei Opernhäuser bieten interessante Ballettabende mit festen Ensembles, außerdem gastieren internationale Truppen während der Festivals im Mai und August sowie an weiteren Terminen. Größere Produktionen der Berliner und der internationalen Tanzszene werden meist im neuen Hebbel am Ufer (HAU 1) in der Stresemannstraße aufgeführt. Auch die Tanzfabrik in Kreuzberg ist ein Zentrum des modernen Tanzes. Die brodelnde Berliner Techno-Szene verteilt sich auf unzählige Clubs. In Berlin können Sie aber auch zu Tango, Salsa, House etc. abtanzen.

## BALLETT

Die Ballettensembles der drei großen Opernhäuser bieten immer wieder neue Vorstellungen, bei denen sowohl die Liebhaber des klassischen Tanzes als auch die Fans des modernen Tanzes auf ihre Kosten kommen. Die Komische Oper *(siehe S. 68)* hat sich mehr auf ein modernes Repertoire spezialisiert, während die Staatsoper Unter den Linden *(siehe S. 63)* eher traditionelle Ballettproduktionen wie *Schwanensee* mit großem Erfolg zur Aufführung bringt.

## MODERNER TANZ

Das neue HAU 1 (Hebbel am Ufer, früher Hebbel-Theater, *siehe S. 262f)* ist das wichtigste Forum für die internationale Avantgarde unter den Tanzensembles. Häufig werden auch Koproduktionen mit anderen Ländern oder innovative Projekte gezeigt. Auch im HAU 2 (früher Theater am Halleschen Ufer) ist Tanztheater zu sehen. Wegen der beschränkten Zahl an Plätzen empfiehlt es sich, rechtzeitig Karten zu reservieren.

In den Sophiensaelen, die in erster Linie als Theater genutzt werden, treten auch moderne Tanztruppen auf. Ein weiteres Highlight unter den Spielstätten des modernen Tanzes ist die Tanzfabrik in der Möckernstraße. Dort werden auch Workshops für verschiedene Tanztechniken angeboten.

## TANGO

Wer Tango liebt, kommt in Berlin jeden Tag auf seine Kosten: dienstags in Clärchens Ballhaus, mittwochs im Roten Salon der Volksbühne *(siehe S. 263)*, donnerstags im Grünen Salon und freitags im Walzerlinksgestrickt. Für das große Finale am Samstag stehen mehrere Tanzschulen zur Verfügung. Sollten Sie jetzt erst richtig Lust bekommen haben, dann setzen Sie Ihren Samstagskurs auch noch am Sonntag fort und beginnen so gut vorbereitet die nächste Tanzwoche.

## TECHNO

Natürlich finden in Berlin alle Künstler eine Nische, doch für die Techno-Fans Europas ist es die Hauptstadt. Rund eine Million junger Menschen versammelten sich bis 2003 jedes Jahr zur Love Parade. Das Spektakel spielte sich immer Anfang Juli und größtenteils im Tiergarten ab, mittlerweile ist es ins Ruhrgebiet abgewandert.

Doch auch ohne Love Parade kommen Techno-Fans auf ihre Kosten. Es gibt eine große Auswahl an Clubs, in denen man durchgehend von abends bis zum nächsten Mittag raven kann. Einige Clubs haben sich auf bestimmte Musikrichtungen spezialisiert, die dann an ausgewählten Tagen gespielt werden. Um herauszufinden, was gerade steigt, sollte man versuchen, ein Exemplar der Gratisblätter *Flyer* oder *Partysan* zu ergattern.

In den Clubs Matrix und Columbia Club kommt man sicher auf seine Kosten. Bereits legendär ist das Berghain in Friedrichshain. Wer die strenge Gästeauswahl des Türstehers bestanden hat, den erwartet eine hedonistisch geprägte Welt mit Unisex-Toiletten, Darkrooms und natürlich bestem Techno.

Einer der alten Techno-Tempel der Stadt hat an anderer Stelle eine gelungene Wiedergeburt erlebt: Das E-Werk ist heute wie einst einer der wichtigsten Clubs mit zahlreichen Techno- und Electric-Veranstaltungen. Im Sommer hat man von der Terrasse eine herrliche Aussicht.

Die Clubszene Berlins ist ständig in Bewegung. Clubs öffnen und schließen unentwegt, die Lebensdauer der Läden ist höchst unterschiedlich. Um sich über aktuelle Veranstaltungen zu informieren, empfiehlt sich ein Blick ins Internet: Websites wie www.milaro.net zeigen, wo wann was los ist, mit vielen Adressen und Ausgehtipps in den Szenevierteln der Stadt.

## DISCOS UND ANDERE CLUBS

Wenn Ihnen der Sinn eher nach herkömmlicher Diskothek steht, mit etwas melodischerem Sound und weniger Techno, dann könnten Sie sich in den Sophienclub wagen. Schon vor dem Mauerfall war der Laden bekannt, noch heute zieht er am Wochenende Scharen von jungen Szenegängern an. Getanzt wird zu Independent, Pop und auch Electric.

Einige neue Clubs präsentieren als Mix aus Restaurant, Lounge, Dancefloor und Event Location. Zu den gefragtesten zählen 40seconds und das exklusive Spindler & Klatt. Wer aktuelle Popmusik hören will, wird sich in Clubs wie Felix oder Watergate wohlfühlen, Lido und White Trash Fast Food sind alternativer.

Der Privatclub ist nicht nur für sein erlesenes Jazz-Repertoire bekannt, auch seine gelegentlichen Disco-Abende erfreuen sich sehr großer Beliebtheit.

Zu Popsongs können Sie im Sommer in zwei Open-Air-Discos gehen: das **Golgatha** im Kreuzberger Viktoriapark und **Die Insel**, auf der Spreeinsel am Treptower Park.

Einer der besten Clubs für House und Acid Jazz ist das **Delicious Doughnuts**. Wer auf lateinamerikanische Rhythmen steht, den zieht es wohl eher ins **Havanna** oder ins **Cueva Buena Vista**.

Daneben warten viele kleine Bars auf tanzbegeisterte Gäste. Liebhaber von Soul oder Reggae suchen das **Bohannon** oder das Yaam am Ostbahnhof auf.

Wer ganz traditionell das Tanzbein schwingen will, kann sich der Atmosphäre von **Clärchens Ballhaus** nicht verschließen. Das Etablissement ist auch ein beliebter Singletreff. Sonntags finden im atemberaubend schönen Spiegelsaal regelmäßig Kammermusikkonzerte statt.

## FÜR SCHWULE UND LESBEN

Berliner gelten als tolerant, auch gegenüber anderen Formen von Sexualität. Die schwule Szene feiert jedes Jahr im Juni den Christopher Street Day mit einer riesigen Parade. Die ganze Woche über treffen sich Schwule und Lesben in ihren Clubs und Diskotheken oder auf Veranstaltungen an Orten, die normalerweise von Heterosexuellen besucht werden.

Der bekannteste Schwulen- und Lesbenbezirk ist Schöneberg. Ein Urgestein der Schwulenszene ist **Neues Ufer** (früher: Anderes Ufer), ein gemütliches Café, in dem sich Schwule und Lesben schon seit den 1970er Jahren treffen.

Die bekanntesten Diskotheken für schwule Männer sind das **SchwuZ** am Mehringdamm, das **Connection** in der Fuggerstraße und das Ostgut. Diskothekenabende nur für Schwule werden regelmäßig auch im Stellwerk und in einigen anderen Clubs der Stadt veranstaltet. Die angesagtesten Lesbenclubs sind der **Ackerkeller** und das **SO36**. In Letzterem verkehren auch viele Schwule regelmäßig.

## AUF EINEN BLICK

### MODERNER TANZ

**Hebbel am Ufer, HAU 1**
Stresemannstraße 29.
**Stadtplan** 12 F2.
☎ 25 90 04 27.

**Hebbel am Ufer, HAU 2**
Hallesches Ufer 32.
**Stadtplan** 12 E2/F2.
☎ 251 09 41.

**Sophiensaele**
Sophienstraße 18.
**Stadtplan** 7 B1.
☎ 283 52 66.

**Tanzfabrik**
Möckernstraße 68.
**Stadtplan** 12 E4.
☎ 786 58 61.

### TANGO

**Grüner Salon**
Volksbühne am Rosa-Luxemburg-Platz.
**Stadtplan** 7 D1.
www.gruener-salon.de

**Walzerlinks-gestrickt**
Am Tempelhofer Berg 7e.
**Stadtplan** 12 F5.
☎ 69 50 50 00.

### TECHNO

**Bassy Cowboy Club**
Schönhauser Allee 176.
☎ 20 91 49 90.

**Columbia Club**
Columbiadamm 9–11 (Kreuzberg).
☎ 698 09 80.

**Matrix**
Warschauer Platz 18.

**Watergate**
Falckensteinstr. 49.
www.water-gate.de

### DISCOS UND ANDERE CLUBS

**40seconds**
Potsdamer Straße 58.
**Stadtplan** 11 C2.
☎ 89 06 42 41.

**90 Grad**
Dennewitzstraße 37.
**Stadtplan** 12 D2.
☎ 27 59 62 31.

**Berghain**
Am Wriezener Bahnhof.
www.berghain.de.

**Bohannon**
Dirksenstraße 40.
**Stadtplan** 7 C2.
☎ 69 50 52 87.

**Clärchens Ballhaus**
Auguststraße 24.
**Stadtplan** 7 A1/B1.
☎ 282 92 95.

**Cueva Buena Vista**
Andreasstraße 66.
☎ 24 08 59 51.

**Delicious Doughnuts**
Rosenthaler Straße 9.
**Stadtplan** 7 B1.
☎ 28 09 92 74.

**Die Insel**
Alt-Treptow 6.
☎ 53 60 80 20.

**Far Out**
Kurfürstendamm 156.
**Stadtplan** 9 A2.
☎ 32 00 07 23.

**Felix**
Behrenstraße 72.
**Stadtplan** 2 F3, 6 E4.
☎ 20 62 86.

**Golgatha**
Dudenstraße 48–64.
**Stadtplan** 12 D5/E5.
☎ 785 24 53.

**Havanna**
Hauptstraße 30.
**Stadtplan** 11 A5.
☎ 784 85 65.

**Lido**
Cuvrystraße 7.
**Stadtplan** 9 A2.
☎ 78 95 84 10.

**Privatclub**
Pücklerstraße 34 (unter der Markthalle).
**Stadtplan** 14 F2.
☎ 611 33 02.

**Sage-Club**
Köpenicker Straße 76.
**Stadtplan** 8 D5.
☎ 278 98 30.

**Sophienclub**
Sophienstraße 6.
**Stadtplan** 7 B1.
☎ 282 45 52.

**Spindler & Klatt**
Köpenicker Straße 16–17.
**Stadtplan** 8 D5.
☎ 69 56 67 75.

**White Trash Fast Food**
Schönhauser Allee 6–7.
☎ 50 34 86 68.

### FÜR SCHWULE UND LESBEN

**Ackerkeller**
Ackerstraße 12 (Mitte).

**Connection**
Fuggerstraße 33.
**Stadtplan** 10 F2.
☎ 218 14 32.

**Neues Ufer**
Hauptstraße 157.
**Stadtplan** 11 B5.
☎ 78 95 79 00

**SchwuZ**
Mehringdamm 61.
**Stadtplan** 12 F4.
☎ 693 70 25.

**SO36**
Oranienstraße 190.
**Stadtplan** 14 E2.
☎ 61 40 13 06.

**Stadtplan** siehe Seiten 300–323

# Sport und Aktivurlaub

Sport hat in Berlin einen hohen Stellenwert. Die vielen Veranstaltungen ziehen jedes Jahr mehr Teilnehmer und Besucher an. Der Berlin-Marathon im September ist der drittgrößte Marathon der Welt, und nicht nur Läufer, sondern auch Inline-Skater und Rollstuhlfahrer legen die mehr als 42 Kilometer unter großem Beifall zurück. Alljährlich im Mai fesselt das DFB-Pokalfinale im Olympiastadion die Fußballfans. Schon einige Tage vor dem Spiel strömen Massen von Anhängern in die Stadt. Gleich nach dem Spiel wird auf dem Kurfürstendamm ausgiebig gefeiert. Im Juli findet das Internationale Stadionfest Berlin (ISTAF) statt.

## RADSPORT

Fahrradfahrer finden in Berlin optimale Bedingungen vor, nicht nur weil es wenige Steigungen gibt, sondern auch wegen der insgesamt 850 Kilometer Radwege. Außerhalb der Stoßzeiten kann man seinen Drahtesel auch in den U- und S-Bahnen befördern, sodass man recht bequem einen der drei großen Parcours entlang der Havel, durch den Grunewald oder um den Müggelsee erreicht.

Außerdem kann man Räder vielerorts auch für fünf bis 15 Euro am Tag ausleihen (*siehe S. 293*), wenn man zusätzlich eine Kaution oder einen Scheck hinterlegt. Auch die besseren Hotels halten Leihräder für ihre Gäste bereit. Eine Fahrradfahrt vom historischen Zentrum in Mitte über den Tiergarten zum Ku'damm kann ein unvergessliches Erlebnis werden.

Im Januar treffen sich die Radsportfans im neuen **Velodrom** in der Paul-Heyse-Straße. Schwierig dürfte es aber für Kurzentschlossene werden. Die Sechs-Tage-Rennen sind oft schon früh ausverkauft. Näheres über Routen, Veranstaltungen, Ausflüge etc. erfragt man am besten beim **Allgemeinen Deutschen Fahrradclub (ADFC)**.

## GOLF

Eigentlich sind in der Stadt alle Sportarten vertreten – natürlich auch Golf. So gibt es mitten in der Stadt den Golfclub Driving Range an der Chausseestraße, der im Sommer von Mittag bis Sonnenuntergang geöffnet hat. Der Eintritt ist frei, nur für das Ausleihen der Schläger wird eine Gebühr fällig, 30 Bälle sind schon für 1,50 Euro zu haben. Nach der Anmeldung steht ein Trainer für Gruppen oder Einzelpersonen zur Verfügung.

Weiter am Stadtrand liegen zwei Golfplätze: der **Golf- und Landclub Berlin-Wannsee** mit respektablen 18 Löchern und der **Berliner Golfclub Gatow** mit ebenfalls 18 Löchern.

Im Umland gibt es weitere 15 Clubs, zu denen oft exzellente Restaurants gehören und die meist in der Nähe von Hotels liegen.

## SCHWIMMEN

Die Berliner Schwimmbäder sind sauber und angenehm, viele ziehen im Sommer jedoch ein Bad in der Havel oder in einem der Seen der Stadt vor. Das Baden in den natürlichen Gewässern kostet zwar keinen Eintritt, bietet aber auch keinen Komfort in Form von Umkleidekabinen und Toiletten.

Gut erschlossen und auch von Rettungsschwimmern bewacht sind dagegen die Strandbäder, darunter das berühmte **Strandbad Wannsee**. Angelegt wurde es bereits in den 1920er Jahren, doch sein Alter macht es nicht weniger beliebt. Andere beliebte Strandbäder sind rund um den Müggelsee.

Eines der schönsten Freibäder ist das am **Olympiastadion** (*siehe S. 184*), in dem 1936 die Schwimmwettkämpfe der Olympischen Spiele ausgetragen wurden. Zur Plattform auf dem Zehn-Meter-Turm führt sogar ein Lift. Weniger ambitionierte Gäste liegen einfach sonnenbadend auf den Terrassen und genießen die schöne Aussicht.

Die schönsten Hallenbäder findet man in Mitte, Neukölln und Wilmersdorf. Das **Stadtbad Mitte** in der Gartenstraße ist ein sorgfältig restauriertes Bad aus den 1930er Jahren. Sein 50-Meter-Becken ist auch für Wettkämpfe geeignet. Das **Stadtbad Charlottenburg** hingegen ist weniger für sportliche Höchstleistungen als zur Entspannung angelegt. Hierzu tragen auch die schönen Jugendstil-Gemälde bei.

Ästhetik pur kann man im **Stadtbad Neukölln** genießen. Angesichts der farbenfrohen Mosaiken, Fresken und Ornamente in Gold und Marmor wird man fast vergessen, dass man eigentlich zum Schwimmen gekommen ist.

Badespaß für die ganze Familie verspricht das **Badeschiff Arena** in Treptow. Im Sommer ist das Areal ein Freiluft-Swimmingpool, im Winter wird es in ein Hallenbad umgewandelt. **Tropical Islands** südöstlich von Berlin ist ein ausgedehnter Wasser- und Spaßpark, der in einer früheren Konstruktionshalle für Zeppeline eingerichtet wurde.

## BADMINTON, SQUASH, TENNIS

Geeignete Tennis-, Squash- und Badmintonplätze gibt es eigentlich überall in der Stadt. Manchmal liegen sie in Parks, manchmal in großen Sportzentren. Alles, was man braucht, sind eigene Sportschuhe, die Schläger kann man fast immer ausleihen.

Meist ist bei den Anlagen die Benutzung der Sauna im Eintrittspreis inbegriffen. Bei **Fit-Fun Squash und Fitness Center** gibt es 14 Squashplätze und bei der **Sportoase** 18 Badmintonplätze neben acht Squashplätzen. Auf einem der fünf Tennisplätze kann man bei **Tennis & Squash City** spielen. Weitere Möglichkeiten entnimmt man am besten den Gelben Seiten.

## WEITERE SPORTARTEN

Wenn an jedem Wochenende im August die John-Foster-Dulles-Allee für den Autoverkehr geschlossen wird, verwandelt sie sich in ein Mekka für Inline-Skater. Wer selbst dorthin rollen will, kann sich Skates und Zubehör bei diversen Läden zu recht moderaten Preisen ausleihen.

Zu einer kleinen Bootspartie gibt es an vielen Seeufern Gelegenheit. Bootsverleihe finden sich etwa nahe dem Café am Neuen See im Tiergarten und am Schlachtensee (Preise etwa sieben bis zehn Euro pro Stunde).

## FITNESS

Da überall in der Stadt ständig neue Fitness-Center öffnen und wieder schließen, hält man sich am besten an ein aktuelles Telefonbuch. Bei vielen dieser Zentren kann man mit einer Tageskarte trainieren. **Ars Vitalis** ist der beste unabhängige Club (mit Bad) für Männer und Frauen. Für Frauen, die lieber unter sich bleiben wollen, sind die Studios von **Jopp Frauen-Fitness-Berlin** eine gute Wahl. Die fünf Filialen sind geräumig und gut ausgestattet. Die größte davon liegt in der Tauentzienstraße und hat eine riesige Terrasse mit herrlichem Ausblick. Das Tagesticket kostet 25 Euro.

## FUSSBALL UND CO.

Berliner Mannschaften belegen in vielen Sportarten oft obere Tabellenplätze. Die Fußballspiele von Hertha BSC finden im Olympiastadion statt.

Der mehrmalige Titelträger ALBA Berlin gehört zu den Spitzenteams des deutschen Basketballs. Die Mannschaft trägt ihre Spiele in der **Max-Schmeling-Halle** vor bis zu 8500 Zuschauern aus. Bei Länderspielen ist es empfehlenswert, sich rechtzeitig Karten zu reservieren.

Berlin hat mit den Eisbären ein sehr gutes Eishockeyteam, das seit Jahren in der DEL spielt. Die Spiele sind meist frühzeitig ausverkauft.

## PFERDERENNEN

Liebhaber des Pferderennsports treffen sich auf zwei Rennbahnen. Die **Trabrennbahn Mariendorf** ist ganzjährig geöffnet und rein kommerziell. Mehr Atmosphäre hat die **Galopprennbahn Hoppegarten**, über der noch der Geist der Geschichte liegt. Hier finden manchmal auch Trabrennen statt.

## MARATHON

Ein Marathonlauf ist gewiss nicht jedermanns Sache, doch wenn sich beim Berlin-Marathon im August Hunderttausende von Zuschauern versammeln, kann sich kaum jemand der Begeisterung entziehen. Die Strecke ist eine der schnellsten der Welt, viele Athleten und Sponsoren wissen das zu schätzen. So wurde hier 1998 ein neuer Weltrekord aufgestellt. Auf jedem Streckenkilometer feuern Tausende von Zuschauern die Läufer, Inline-Skater und Rollstuhlfahrer an, wobei Letztere ganz für sich etwas früher starten.

---

# AUF EINEN BLICK

## RADSPORT

**ADFC**
Brunnenstraße 28.
448 47 24.
www.adfc.de

**Velodrom**
Paul-Heyse-Straße 26.
44 30 45.

## GOLF

**Berliner Golfclub Gatow**
Sparnecker Weg 100, Gatow.
365 00 06.
www.golfclubgatow.de

**Golf- und Landclub Berlin-Wannsee**
Golfweg 22.
806 70 60.

## SCHWIMMEN

**Badeschiff Arena**
Eichenstraße 4.
533 20 30.
www.arena-berlin.de

**Stadtbad Charlottenburg**
Krumme Straße 9.
34 38 38 65.

**Stadtbad Mitte**
Gartenstraße 5.
**Stadtplan** 7 A1.
30 88 09 10.

**Stadtbad Neukölln**
Ganghoferstraße 3.
68 24 98 12.

**Strandbad Wannsee**
Wannseebadweg 25.
01803-10 20 20.

**Tropical Islands**
Tropical Islands Allee 1.
15910 Krausnick.
(03 54 77) 60 50 50.

## BADMINTON, SQUASH, TENNIS

**Fit-Fun Squash und Fitness Center**
Uhlandstraße 194.
312 50 82.

**Sportoase**
Stromstraße 11–17.
**Stadtplan** 4 F1/F2.
390 66 20.
www.sportoase.de

**Tennis & Squash City**
Brandenburgische Str. 53.
**Stadtplan** 9 A3/B5.
873 90 97.
www.citysports-berlin.com

## MARATHON

**Berlin-Marathon**
Informationsbüro:
Glockenturmstraße 23.
30 12 88 10.
www.berlin-marathon.de

## FUSSBALL UND CO.

**Max-Schmeling-Halle**
Am Falkplatz.
44 30 45.

## FITNESS

**Ars Vitalis**
Hauptstraße 19.
**Stadtplan** 11 A5.
788 35 63.

**Jopp Frauen-Fitness-Berlin**
Tauentzienstraße 13.
**Stadtplan** 10 E1.
21 01 11
(Zentrale).

## PFERDERENNEN

**Galopprennbahn Hoppegarten**
Goetheallee 1.
(03342) 389 30.
Sa, So 16–22 Uhr.
www.hoppegarten.com

**Trabrennbahn Mariendorf**
Mariendorfer Damm 222, Tempelhof.
740 12 12.
So 13 Uhr.
www.berlintrab.de

**Stadtplan** siehe Seiten 300–323

# BERLIN MIT KINDERN

Nicht nur Erwachsene aller Altersgruppen finden in Berlin viel Unterhaltung, auch für Kinder ist in der Hauptstadt bestens gesorgt. Es gibt unzählige Läden, Theater und Kinos, Zirkusse und Zoos. Vor allem beim Deutschen Technikmuseum, beim Museumsdorf Düppel und natürlich

**Früh übt sich – vor allem beim Rollschuhlaufen**

auch im Kinder- und Jugendmuseum hat man sich mit großer Umsicht auf die kleinen Besucher eingestellt. Fast immer gibt es für Kinder unter 14 Jahren ermäßigte Karten, für die ganz Kleinen ist der Eintritt oft frei. In immer mehr Restaurants werden auch Spielecken für Kleinkinder eingerichtet.

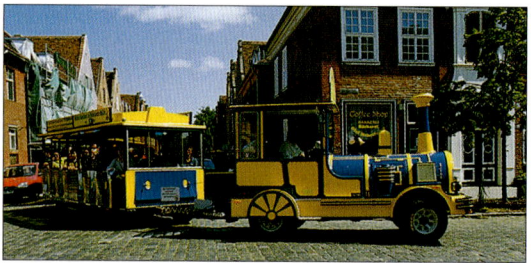

**Die Potsdamer Kleinbahn begeistert alle Kinder**

## INFORMATION

Berlin tut viel für seine kleinen Gäste. Bei den öffentlichen Verkehrsmitteln gibt es für Familien mit Kindern Ermäßigungen. Die Kinder selbst können, je nach Alter, zu ermäßigten Preisen oder ganz umsonst fahren. Genaueres erfährt man bei **Berlin Tourismus Marketing**. Dort erhält man auch den sogenannten Ferienpass, der u. a. in den Sommerferien freien Eintritt in Freibäder sowie viel Sehenswertes zum ermäßigten Preis bietet. Für Mädchen gibt es einen speziellen Kalender namens Berta mit vielen aktuellen Informationen.

## ZOOS UND TIERPARKS

Wer mit der Bahn anreist, gelangt vom Hauptbahnhof mit der S-Bahn in wenigen Minuten zum **Zoologischen Garten**, der ganzjährig viele Besucher anzieht. Der Zoo ist eine große grüne Oase mit geräumigen Gehegen. Direkt angegliedert ist das faszinierende Aquarium mit der weltweit größten Vielfalt an Wassertieren.

Nicht ganz so zentral, doch immer noch gut per U-Bahn

erreichbar ist der **Tierpark Berlin** in Friedrichsfelde. Die Gehege liegen in den ehemaligen Parkanlagen von Schloss Friedrichsfelde. Dieser Tierpark ist der flächenmäßig größte Zoo in Europa.

Außer den Zoos gibt es in etlichen Parks noch kleinere Tiergehege. So ziehen gleich neben dem Märkischen Museum die beiden Braunbären stets eine Vielzahl von Besuchern an – denn der Bär ist ja Berlins Wappentier.

Doch nicht nur die seltenen Arten erfreuen sich großer Beliebtheit, schon traditionelle Haustiere sind für Kleinkinder oft eine Attraktion. Auf dem **Kinderbauernhof Görlitzer Park** können sie Gänse, Schweine und Kaninchen beobachten und manchmal auch streicheln.

## MUSEEN

Die Berliner Museen sind im Allgemeinen gut auf den Besuch von Kindern eingerichtet. Besonders unterhaltsam finden Kinder und Jugendliche wohl das **Deutsche Technikmuseum** *(siehe S. 144)*, dort können sie an allerhand Experimenten teilnehmen. Das **Ethnologische Mu-**

seum *(siehe S. 178)* richtet Ausstellungen für Kinder aus. Dazu gibt es Spiele mit mexikanischen Pappmascheepuppen oder eine japanische Badezeremonie. Im **Museumsdorf Düppel** wird den Kindern das Leben auf einem mittelalterlichen Bauernhof nahegebracht. Im **Museum für Naturkunde** *(siehe S. 109)* stehen Kinder meist mit großen Augen vor den Dinosaurierskeletten und den eindrucksvollen Dioramen von Urtieren und ihrem einstigen Lebensraum. Auch das **Labyrinth Kindermuseum Berlin** zählt zu den beliebten Häusern. Anfassen und Ausprobieren der Objekte ist hier erwünscht.

Viel Anklang findet auch das **Puppentheatermuseum**. Spannend wird es hier, wenn die Kinder sich an kurzen Aufführungen beteiligen können. Aktuelles entnehmen Sie der Website von Kulturprojekte Berlin (www.kulturprojekte-berlin.de). Angebote für Kinder finden Sie auch auf der Website von **Kinder-Berlin**, die neue Ausstellungen und Veranstaltungen vorstellt.

**Kinder am Neptunbrunnen vor dem »Roten Rathaus«**

Nachbau einer mittelalterlichen Siedlung im Museumsdorf Düppel

## THEATER

Für Kinder und Teenager ist das 1969 gegründete **Grips-Theater** wohl das interessanteste der Stadt. Sein Programm hat eine eingeschworene Gemeinde. International berühmt wurde das Grips mit der Verfilmung seines besten Stücks, der *Linie 1*.

Ebenfalls sehenswert sind die Aufführungen im **Theater an der Parkaue**, im **Theater o. N.**, im **Zaubertheater Igor Jedlin** und im **Puppentheater Berlin**.

Viel Kurzweil versprechen auch die Zirkusse. Ihr Programm ist immer auch auf Kinder zugeschnitten.

## SPORT

Im Winter ist Schlittschuhsaison, im Sommer läuft man Inline-Skates. Eher saisonunabhängig sind Fußball und Schwimmen. Badegelegenheiten gibt es in Flüssen und Seen, Frei- und Hallenbädern. Näheres erfährt man bei den **Berliner Bäderbetrieben**. Ein beliebtes Freizeitbad ist das Badeschiff Arena *(siehe S. 273)*. In vielen Bezirken gibt es Kunsteisbahnen. Nummer eins ist das **Eisstadion Berlin-Wilmersdorf** mit seiner 400-Meter-Bahn und seinem großen Eishockeyfeld. Das **FEZ Wuhlheide** bietet ständig Veranstaltungen für Kinder.

## WEITERE UNTERHALTUNG

Ein großartiges Erlebnis ist der Besuch des Fernsehturms. Hier genießt man im Panoramacafé aus luftiger Höhe den Rundblick auf die Stadt *(siehe S. 93)*. Auch der Funkturm am Messegelände *(siehe S. 183)* bietet einen tollen Blick. Eine schöne Aussicht auf Treptow hat man zwischen April und Oktober auch vom Riesenrad auf dem Rummel am Plänterwald.

**The Story of Berlin** ist eine für Eltern wie Kinder gleich lehrreiche Multimedia-Show über die Geschichte der Stadt. Gute Nerven brauchen die Besucher des **Berliner Gruselkabinetts**. Bei Vorführungen und Vorträgen im **Zeiss-Großplanetariums** oder im **Planetariums am Insulaner** taucht man in die Tiefen des Universums ein. Stars und historischen Persönlichkeiten kann man bei **Madame Tussauds** ganz nahe kommen – auch wenn es sich lediglich um Wachsfiguren handelt.

## AUF EINEN BLICK

### INFORMATION

**Berlin Tourismus Marketing GmbH**
Am Karlsbad 11.
25 00 25.
www.visitberlin.de

**Kinder-Berlin**
www.berlin.kinder-stadt.de

### ZOOS UND TIERPARKS

**Kinderbauernhof Görlitzer Park**
Wiener Straße 59.
611 74 24. www.kinderbauernhofberlin.de

**Tierpark Berlin**
Am Tierpark 125,
Lichtenberg.
51 53 10.
www.tierpark-berlin.de

**Zoologischer Garten**
Hardenbergplatz 9,
Charlottenburg.
25 40 10.
www.zoo-berlin.de

### MUSEEN

**Labyrinth Kindermuseum Berlin**
Osloer Straße 12.
49 30 89 01.
Di–Sa 13–18 Uhr,
So 11–18 Uhr.
www.labyrinth-kindermuseum.de

**Museumsdorf Düppel**
Clauertstraße 11.
802 66 71.
Apr–Okt:
Do 15–19 Uhr,
So, Feiertage 10–17 Uhr.

**Puppentheatermuseum Berlin**
Karl-Marx-Straße 135.
687 81 32.
Mo–Fr 9–16 Uhr,
So 11–17 Uhr.

### THEATER

**Grips-Theater**
Altonaer Straße 22.
39 74 74 77.
www.grips-theater.de

**Puppentheater Berlin**
Gierkeplatz 2.
342 19 50.
www.puppentheater-berlin.de

**Theater an der Parkaue**
Parkaue 29.
55 77 52 44.
www.parkaue.de

**Theater o. N.**
Kollwitzstraße 53.
440 92 14.

**Zaubertheater Igor Jedlin**
Roscherstraße 7.
323 37 77.

### SPORT

**Berliner Bäderbetriebe**
(01803) 10 20 20.

**Eisstadion Berlin-Wilmersdorf**
Fritz-Wildung-Straße 9.
824 10 12.

**FEZ Wuhlheide**
An der Wuhlheide 197,
Köpenick. 53 07 15
04. www.fez-berlin.de

### WEITERE UNTERHALTUNG

**Berliner Gruselkabinett**
Schöneberger Straße 23a.
**Stadtplan** 12 E1.
26 55 55 46.

**Madame Tussauds**
Unter den Linden 74.
01805-54 58 00. www.madametussauds.com

**Planetarium am Insulaner**
Munsterdamm 90.
790 09 30.

**The Story of Berlin**
Kurfürstendamm
207–208. **Stadtplan** 9
A2. 88 72 01 00.
www.story-of-berlin.de

**Zeiss-Großplanetarium**
Prenzlauer Allee 80.
42 18 45 12.

**Stadtplan** siehe Seiten 300–323

# GRUND-INFORMATIONEN

# PRAKTISCHE HINWEISE

**Logo des Fremdenverkehrsbüros**

Berlin ist eine freundliche Stadt, und die meisten Besucher kommen hier gut klar. Parkplätze, Geldautomaten und Telefone sind deutlich ausgeschildert. Die BVG (Berliner Verkehrsbetriebe) haben einen hohen Standard *(siehe S. 294f)*. Zu billigeren Tarifen fahren Sie beim Kauf einer Tages- oder Wochenkarte oder der WelcomeCard, mit der Sie auch bei vielen Museen ermäßigten Eintritt erhalten. An mehreren zentralen Punkten in der Stadt gibt es Informationsstellen. Eine ganze Reihe von Programmheften hält Sie mit Tipps auf dem Laufenden. Über aktuelle Veranstaltungen von Opernaufführungen bis zu Volksfesten informiert Sie die Internet-Seite: www.visitberlin.de

**Eintrittskarten zu historischen Gebäuden**

## MUSEEN UND HISTORISCHE GEBÄUDE

Es gibt über 170 Museen in Berlin, die Ausstellungen wechseln ständig, und viele Sammlungen bekommen neue Domizile. In diesem Führer sind die wichtigsten Museen aufgeführt, doch sicher ist nicht alles über die vielen kleinen Museen und Galerien gesagt. Fremdenverkehrsbüros geben erste Hinweise. Wertvolle Informationen bietet **MuseumsInformation Berlin**, ein Service der Kulturprojekte Berlin GmbH. Hier erfahren Sie alles über laufende und künftige Ausstellungen sowie über saisonale Veranstaltungen wie die zweimal pro Jahr stattfindende Lange Nacht der Museen, bei der Sie bis 2 Uhr durch die Museen streifen können.

Viele Auskünfte, beispielsweise zum Pergamonmuseum, können Sie auch über das **Info-Telefon der Staatlichen Museen zu Berlin** abfragen. Näheres über Sanssouci und Potsdam erfahren Sie beim **Besucherzentrum Potsdam-Sanssouci**. Ein neuer Service des Verkehrsverbunds Berlin-Brandenburg (VBB) ist eine Online-Museendatenbank (www.vbbonline.de).

Die meisten Museen und historischen Gebäude haben dienstags bis sonntags von 10 bis 18 Uhr geöffnet, mitunter auch bis 19 Uhr geöffnet, doch nicht alle Museen haben ihren Ruhetag am Montag.

Wer viel besichtigen will, erhält mit dem Museumspass drei Tage lang unbegrenzten Eintritt zu allen größeren Museen. Den Pass erhalten Sie beispielsweise bei der Informationsstelle im **Neuen Kranzler Eck** oder am **Brandenburger Tor**. Er gilt für alle Museen auf der Museumsinsel, das Kulturforum, das Museumszentrum Dahlem und vier weitere Häuser in Charlottenburg: Neuer Flügel, Neuer Pavillon, Sammlung Berggruen sowie Museum für Vor- und Frühgeschichte.

Eine andere Option ist die WelcomeCard. Sie berechtigt zur freien Benutzung aller öffentlichen Verkehrsmittel in Berlin und Potsdam sowie zu vielen Museumsbesuchen und einer Stadtrundfahrt in Berlin zu reduzierten Preisen. Die WelcomeCard gilt für zwei oder drei Tage.

### ÖFFNUNGSZEITEN

Die meisten Büros sind von 9 bis 18 Uhr geöffnet, im Ostteil der Stadt manchmal von 8 bis 16 oder 17 Uhr. Kleinere Geschäfte öffnen in der Regel um 9.30 oder 10 Uhr und schließen um 20 Uhr oder später.

Am Samstag schließen viele Läden um 18 Uhr. Kaufhäuser haben bis 21 Uhr oder länger geöffnet. Die Geschäftszeiten der Banken sind 9 bis 16 Uhr (montags bis mittwochs und freitags) bzw. bis 18 Uhr (donnerstags).

### INFORMATION

Es gibt vier sehr gute offizielle Informationsstellen in Berlin, die sogenannten »Berlin Infostores«. Sie befinden sich im **Neuen Kranzler Eck**, am **Brandenburger Tor**, am **Hauptbahnhof** und im **ALEXA Shopping Center** nahe Alexanderplatz.

**Fahrradriksha für eine ungewöhnliche Stadtrundfahrt**

◁ **Ausflugsschiff** *(siehe S. 298f)* vor dem Medien- und Bürozentrum Spreebogen

Das Büro des **Potsdam Tourismus Service** liegt in der Brandenburger Straße 3.

Aktuelle Hinweise zu Veranstaltungen in Berlin finden Sie im Internet unter: www.berlin.de/tickets

Der Dienst von **Berlin Tourismus Marketing** – unter www.visitberlin.de – ist eine sehr verlässliche Quelle für Veranstaltungen, Festivals und ganz unterschiedliche Informationen über Aktuelles in der Hauptstadt.

## UNTERHALTUNG

Über große und kleine Konzerte, alle Ausstellungen und Vorträge halten Sie die drei größten Stadtmagazine Berlins – *Tip*, *Zitty* und *Berlin Programm* – auf dem Laufenden.

Noch aktueller sind bisweilen die Informationsstellen und das Internet. Hier sowie an den Vorverkaufsstellen der Stadt *(siehe S. 261)* kann man sich Karten für Veranstaltungen im Voraus besorgen. Vor Ort bekommt man sie mit ein wenig Glück sogar zu Schnäppchenpreisen.

**Beliebte Programmzeitschriften**

**Stadtrundfahrt mit Führung im Doppeldeckerbus**

## FÜHRUNGEN

Organisierte Stadtrundfahrten gibt es in großer Auswahl. Die meisten vermitteln in drei bis vier Stunden einen guten Überblick über die Sehenswürdigkeiten. Mit einem einfachen Ticket können Sie an verschiedenen Haltepunkten die Fahrt unterbrechen und wieder fortsetzen. Eine preisgünstige Alternative sind die Buslinien 100 und 200 *(siehe S. 295)*.

Wer die Stadt lieber zu Fuß erkundet, kann sich einer Führung durch bestimmte Stadtteile oder Museen anschließen. Daneben gibt es spezielle Führungen zu den großen Bauprojekten. Ausgangspunkte und Zeiten erfahren Sie etwa an der roten Infobox in der Leipziger Straße, Ecke Potsdamer Platz. Durch Potsdam führt Sie eine kleine Schmalspurbahn. Ausgangspunkt ist das Kutscherhaus bei Schloss Sanssouci.

## BEHINDERTE REISENDE

Noch sind nicht alle Gehwege und Straßen an die Bedürfnisse von Rollstuhlfahrern angepasst, doch sind die meisten Museen und Sammlungen auf ihren Besuch eingerichtet. Genauere Auskünfte erteilen die **Informations- und Beratungsgruppe für Behinderte** des Landesamtes für soziale Aufgaben sowie der **Berliner Behindertenverband** und der **Deutsche Service-Ring e. V.** Hier erfährt man alles über den Verleih von Rollstühlen, Behindertentransporte und vieles, was behinderten Gästen den Besuch der Stadt erleichtert.

# Weitere Informationen

**Typischer Berliner Zeitungskiosk**

## EINREISE UND ZOLL

Die Landesgrenze zwischen Deutschland und angrenzenden EU-Ländern, die dem Schengener Abkommen beigetreten sind – dies gilt auch für die Schweiz –, ist bei der Einreise fast nicht mehr spürbar. Waren für den persönlichen Gebrauch dürfen zollfrei eingeführt werden. Oft werden keine Pässe oder Personalausweise mehr kontrolliert. Allerdings gilt in Deutschland Ausweispflicht: Auf Verlangen muss jeder ein gültiges Dokument vorweisen können.

Für Nicht-EU-Bürger ist die zollfreie Einfuhr von Waren beschränkt. Zu den Bestimmungen siehe: www.zoll.de

## MEHRWERTSTEUER-RÜCKERSTATTUNG

Nicht-EU-Bürger haben die Möglichkeit, sich bei der Ausreise aus Deutschland die Mehrwertsteuer auf alle nicht zum Verzehr geeigneten Waren, die in Deutschland gekauft wurden (Mindesteinkaufspreis 75 Euro), zurückzahlen zu lassen. Hierzu muss der Verkäufer einen Global Refund Cheque (GRC) an die Rechnung heften. Das Formular wird dann beim Zoll vor der Ausreise abgestempelt. Hier müssen Sie die Waren, die Sie gekauft haben, in der Originalverpackung vorzeigen. Die zu erstattende Summe wird Ihnen sofort bezahlt oder später auf Ihr Konto überwiesen.

**Alte Handpumpe**

## INFORMATIONEN FÜR JUNGE LEUTE

Schüler und Studenten sollten unbedingt den jeweiligen Ausweis dabeihaben, denn damit gibt es in vielen Museen und Theatern Tickets, die um die Hälfte oder noch mehr reduziert sind. Auch die Ausweise von GO25 oder EURO<26 berechtigen zu einer ganzen Reihe von Vergünstigungen. Überhaupt kommt man mit den Ausweisen in zahlreichen Fällen in den Genuss von zum Teil erheblichen Ermäßigungen.

**WelcomeCard mit Informationsbroschüre**

## TAGESZEITUNGEN UND ZEITSCHRIFTEN

Zwar kann man in Tausenden von Geschäften Tageszeitungen und Zeitschriften erstehen, doch das Gros davon wird an den Kiosken verkauft. Die wichtigsten Tageszeitungen der Hauptstadt sind die *Berliner Zeitung*, *Der Tagesspiegel*, die *Berliner Morgenpost*, die *taz* und die *B.Z.*

Ausländische Presse gibt es an vielen zentralen Verkaufsstellen und in den Zeitschriftenabteilungen der großen Kaufhäuser.

**Vier der bekanntesten Berliner Tageszeitungen**

## FERNSEHEN UND RADIO

Neben ARD, ZDF und den dritten Programmen (regional: RBB, Rundfunk Berlin-Brandenburg) kann man in Berlin auch eine ganze Reihe von Privatsendern empfangen, etwa RTL, SAT.1, ProSieben, VOX, RTL2 sowie die üblichen Nachrichten-, Sport- und Musiksender. Dank Kabel- oder Satellitenempfang hat man auch die Möglichkeit, private Regionalsender wie TV.BERLIN und FAB (Fernsehen aus Berlin), türkische Sender sowie englische, amerikanische oder französische Programme zu sehen. Große Hotels bieten zum Teil ein hoteleigenes Programm an.

**Theaterkasse am Friedrichstadt-palast** *(siehe S. 105)*

2003 ging der Rundfunk Berlin-Brandenburg (RBB) aus der Fusion des Senders Freies Berlin (SFB) und des Ostdeutschen Rundfunks Brandenburg (ORB) hervor. Neben 88acht, dem Stadtradio für Berlin, ist vor allem radiomultikulti beliebt. Aktuelle Infos bietet das INFOradio. Natürlich gibt es auch viele Privatsender. Ausländische Gäste können englischsprachige Nachrichten per BBC World Service (90,2 UKW) empfangen.

## GOTTESDIENSTE

Das mulitkulturelle Berlin hat viele religiöse Angebote – von evangelischen und katholischen Gottesdiensten bis zu jüdischen und muslimischen Zeremonien.

## ZEIT

Berlin liegt in der Mitteleuropäischen Zeitzone (MEZ). Wie in den Nachbarländern ist auch in Deutschland von Ende März bis Ende Oktober Sommerzeit (MESZ): Die Uhren werden dann um eine Stunde vorgestellt. Ende Oktober werden sie wieder um eine Stunde zurückgestellt.

## STROM

Steckdosen sind überall für 230 Volt Wechselstrom und 50 Hz ausgerichtet. Nur Reisende, die aus Großbritannien und dem außereuropäischen Ausland kommen, sollten geeignete Adapter und Konverter mitbringen. Größere Hotels bieten ihren Gästen in der Regel einen Fön im Badezimmer.

## BOTSCHAFTEN UND KONSULATE

Bis zur Wiedervereinigung hatten viele Länder sowohl in West- als auch in Ostberlin diplomatische Vertretungen. Anlässlich des Regierungsumzugs von Bonn in die Hauptstadt haben viele Staaten großzügigere neue Botschaften errichtet, teils nach Entwürfen internationaler Stararchitekten. So wurde

die österreichische Botschaft an der Stauffenbergstraße von Hans Hollein erbaut.

Im Zweifelsfall können Sie die neuen Adressen Ihrer Botschaft bei den Informationsstellen oder auch ganz einfach durch Nachschlagen im Telefonbuch in Erfahrung bringen.

## ÖFFENTLICHE TOILETTEN

Berlin bietet viele öffentliche Toiletten. Man kann auch die Toiletten in Museen, großen Geschäften oder in Cafés benutzen. Der Preis für die Benutzung einer öffentlichen Toilette liegt meist um die 50 Cent. Übrigens: Die Kreuzberger nennen ihre restaurierten historischen Toilettenhäuschen liebevoll »Café Achteck«.

**Ein restauriertes Kreuzberger »Café Achteck«**

# AUF EINEN BLICK

## BOTSCHAFTEN

### Österreichische Botschaft
Stauffenbergstraße 1, 10785 Berlin.
**Stadtplan** 5 C5.
☎ 20 28 70.
FAX 229 05 69.
@ berlin-ob@bmeia.gv.at
www.oesterreichische-botschaft.de

### Schweizerische Botschaft
Otto-von-Bismarck-Allee 4a, 10557 Berlin.
**Stadtplan** 6 D2.
☎ 390 40 00.
FAX 391 10 30.

@ ber.vertretung@eda.admin.ch
www.eda.admin.ch/berlin

## PRESSE-WEBSITES

www.berlinonline.de
(u. a. Berliner Zeitung, Tip)
www.tagesspiegel.de
www.morgenpost.de
www.taz.de

## GOTTESDIENSTE

### Evangelisch
Berliner Dom, Am Lustgarten. **Stadtplan** 7 B3.
✝ So 10, 18 Uhr.
Marienkirche, Karl-Liebknecht-Straße.
**Stadtplan** 7 C3.
✝ So 10.30 Uhr.

Kaiser-Wilhelm-Gedächtnis-Kirche, Breitscheidplatz.
**Stadtplan** 10 E1.
✝ So 10, 18 Uhr

### Katholisch
St.-Hedwigs-Kathedrale, Bebelplatz.
**Stadtplan** 7 A3, 16 D3.
✝ So 10 Uhr.
Herz-Jesu-Kirche, Fehrbelliner Straße 98/99.
**Stadtplan** 9 B4.
✝ So 10.30 Uhr.

### Hugenotten
Französischer Dom, Friedrichstadtkirche, Gendarmenmarkt.
**Stadtplan** 7 A4.
✝ So 10 Uhr.

### Jüdisch
*orthodox:* Joachimstaler Straße 13. **Stadtplan** 10 D2. ✡ Sa 9.30 Uhr.
*liberal:* Pestalozzi Straße 14–15. **Stadtplan** 3 B5.
✡ Sa 9.30 Uhr.
*konservativ:* Rykestraße 53. ✡ Sa 9.30 Uhr.

### Muslimisch
Islamische Moschee, Brienner Straße 7–8.
**Stadtplan** 9 A5.
☽ Fr 12.30 Uhr.

### Anglikanische Kirche
St. Georg, Preußenallee 17–19. ✝ tägl. 10 Uhr.

**Stadtplan** *siehe Seiten 300–323*

# Sicherheit und Gesundheit

**Abzeichen der Berliner Polizei**

**B**erlin ist von jeher eine sehr kosmopolitische Stadt. Wie für alle großen Metropolen gilt: Behalten Sie Ihre Brieftasche immer im Auge, vor allem in den öffentlichen Verkehrsmitteln zu Stoßzeiten. Wer in Schwierigkeiten gerät oder auch nur einen Rat braucht, kann immer die Polizei um Hilfe bitten. Wer sich gesundheitlich nicht ganz auf der Höhe fühlt, aber nicht gleich zum Arzt gehen will, bekommt in einer Apotheke Rat und in aller Regel auch ein geeignetes Mittel.

**Polizist        Polizistin**

## DIEBSTÄHLE

**L**eider werden Besucher öfter zum Opfer von Diebstählen – also lassen Sie Wertgegenstände besser im Hotelsafe. Regelrechte Überfälle sind selten, aber einige Taschendiebe gehen ihrem Handwerk nach, vor allem in der U-Bahn. Wer mit dem Auto unterwegs ist, sollte am besten einen bewachten Parkplatz oder eine Hotelgarage benutzen und beim Verlassen des Fahrzeugs alle Wertgegenstände mitnehmen. Am Bahnhof Zoo treiben sich oft Kleindealer herum. Dort sollten Sie sich abends etwas vorsehen.

Wie in den meisten großen Städten sind auch in Berlin U- und S-Bahn-Stationen nach Einbruch der Dunkelheit nicht gerade einladend, doch Wachleute mit Hunden patrouillieren häufig und stehen Ihnen, falls nötig, zur Seite. Auf jedem Bahnsteig stehen Notrufsäulen. So können Sie im Notfall Hilfe rufen.

Falls Sie Opfer einer Straftat werden, sollten Sie bei der Polizei Anzeige erstatten. Lassen Sie sich auf jeden Fall das Protokoll aushändigen, in dem die gestohlenen Gegenstände vermerkt sind, denn das müssen Sie später bei Ihrer Versicherung vorlegen.

## FUNDBÜROS

**F**ast alles, was ehrliche Finder in Berlin abliefern, wird beim **Zentralen Fundbüro** verwahrt. Gegenstände, die in Bussen, Straßenbahnen oder U-Bahnen vergessen wurden, gelangen allerdings zum **Fundbüro der BVG**, solche, die in den Zügen der Deutschen Bahn oder der S-Bahn liegen geblieben sind, zum **Zentralen Fundbüro der Deutschen Bahn AG**. Daher empfiehlt es sich, sich zu erinnern, wo man etwas verloren hat, um gleich bei der richtigen Stelle vorzusprechen.

## ALLEIN REISENDE FRAUEN

**Feuerwehrnotrufsäule**

**F**rauen, die in Berlin allein ins Theater, in Bars oder Restaurants gehen, tun dies in der Regel sehr entspannt. Tagsüber können sich Frauen wirklich ganz frei bewegen. Nachts ist es besser, leere Bahnsteige in der U- und S-Bahn zu meiden. Nachtbusse sind eine sichere Alternative. Falls es hier doch zu Unannehmlichkeiten kommt, kann der Fahrer immer über Funk die Polizei rufen. Das sicherste, aber auch teuerste Verkehrsmittel ist freilich das

**Polizeiboote patrouillieren rund um die Uhr auf Berliner Gewässern**

**Berliner Apotheke**

Taxi. Am besten sollten Sie als Frau nicht bei Nacht allein durch dunkle Parks oder einsame Straßen gehen. Bei Problemen können Sie sich beim **Frauen-Krisentelefon** beraten lassen.

## MEDIZINISCHE VERSORGUNG

**B**esucher aus EU-Ländern und der Schweiz können Sachleistungen (ärztliche Behandlung, Krankenhausbehandlung) nach deutschem Recht in Anspruch nehmen. Zu diesem Zweck erhalten sie von der Krankenversicherung ihres Heimatlands eine **Europäische Krankenversicherungskarte** (EHIC). Berücksichtigen Sie bitte, dass in Deutschland Zuzahlungen bzw. Gebühren fällig werden (zehn Euro Praxisgebühr, Zuzahlungen zu Medikamenten etc.).

Bei ernsthaften Notfällen rufen Sie umgehend einen Krankenwagen. Falls möglich, können Sie sich auch selbst zur nächsten Notaufnahme eines Krankenhauses begeben.

**Apotheken-zeichen**

Für Apotheken gelten die üblichen Ladenöffnungszeiten. Auch nachts und an Sonn- und Feiertagen hat in jedem Bezirk mindestens eine Apotheke Notdienst. Die Adresse der nächsten Apotheke mit Notdienst hängt bei jeder Apotheke aus.

## AUF EINEN BLICK
### NOTRUFNUMMERN

**Feuerwehr und Krankenwagen**
☎ 112.

**Polizei**
☎ 110 oder 112.

**Notarzt**
☎ 112.

**Ärztlicher Bereitschaftsdienst**
☎ 31 00 31.

**Zahnärztlicher Notfalldienst**
☎ 89 00 43 33.

**Gift-Notrufzentrale**
☎ 192 40.

**Drogen-Notrufzentrale**
☎ 192 37.

**Frauen-Krisentelefon**
☎ 615 42 43.

**Telefon-Seelsorge**
☎ 0800-111 02 22 (katholisch).
☎ 0800-111 01 11 (evangelisch).

### APOTHEKEN

**Allgemeine Apothekeninformation**
☎ 11 88 0.

**Apotheke im Hauptbahnhof (24 h)**
☎ 20 61 41 90.

### FUNDBÜROS

**Zentrales Fundbüro**
Platz der Luftbrücke 6.
☎ 75 60 31 01.

**Fundbüro der BVG**
Potsdamer Straße 180–182.
☎ 194 49.

**Zentrales Fundbüro der Deutschen Bahn AG**
☎ 01805-99 05 99.

**Berliner Polizeiauto**

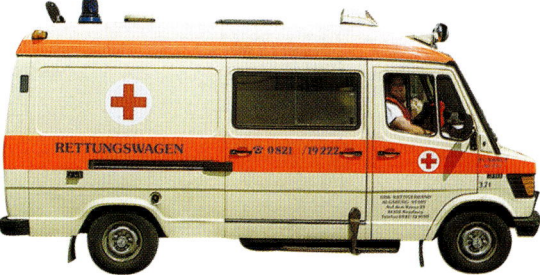

**Krankenwagen des Roten Kreuzes**

# Banken und Währung

**Logo der ReiseBank**

Noch vor wenigen Jahren waren Kreditkarten in Deutschland weit weniger beliebt als in anderen Ländern – das hat sich inzwischen geändert. Heute haben Reisende keinerlei Probleme mehr, die Kreditkarte als Zahlungsmittel einzusetzen. Überall stehen zudem Geldautomaten. Auch Banken und Wechselstuben sind zumindest im Zentrum dicht gesät.

### GELDWECHSEL

Für die Einfuhr von Bargeld nach Deutschland gibt es zwar keine Höchstgrenze, aus Sicherheitsgründen sollten Reisende jedoch Kreditkarten oder Reiseschecks vorziehen.

Bargeld kann man bei Banken und in Wechselstuben tauschen. Die großen Banken haben meist ähnliche Wechselkurse. Da einige Institute aber eine Gebühr verlangen, sollte man sich vorher nach deren Höhe erkundigen.

Wechselstuben liegen meist in der Nähe von Bahnhöfen oder an anderen Orten, die stark von Urlaubern frequentiert werden.

Zu den bekanntesten Stellen, die Reiseschecks eintauschen, gehören die Büros von **Travelex** und die Filialen der Citibank.

### REISESCHECKS

Reiseschecks sind ein sehr sicheres Zahlungsmittel und haben ferner den Vorteil, dass man nur so viel fremde Währung bei sich trägt, wie man gerade benötigt. Zusätzliche Sicherheit bietet die getrennte Aufbewahrung von Schecks und Zahlungsbeleg.

**Geldautomat von American Express**

Bei allen großen Hotels können Sie mit Reiseschecks bezahlen. Bei Einkäufen ist dies seltener möglich – Barzahlung oder Kreditkarten sind hier einfacher.

### KREDITKARTEN UND MAESTRO-KARTEN

Praktisch alle großen Hotels, Läden und Restaurants akzeptieren Kreditkarten oder die Maestro-/EC-Karte. Schon am Eingang erkennt man meist die Abzeichen von **Visa**, **MasterCard**, **American Express**, **Diners Club** oder anderen Kreditkarten, die angenommen werden. Kleinere Restaurants in Berlin akzeptieren meist nur die Maestro-/EC-Karte, Kreditkarten werden deutlich seltener als in anderen deutschen Städten angenommen, einige Läden erlauben gar nur Barzahlung. Wenn Sie also einen kleinen Imbiss zu sich nehmen, sollten Sie entsprechend Bargeld dabeihaben. Bei einem Verlust der Kreditkarte sollten Sie diese möglichst schnell sperren lassen *(siehe unten)*.

## AUF EINEN BLICK

### BANKEN UND WECHSELSTUBEN

**American Express**
Bayreuther Straße 37.
📞 214 98 30.

Friedrichstraße 172.
📞 23 84 10 25.

**Berliner Bank**
Kurt-Schumacher-Platz.
📞 31 05 31 05.
🕐 Mo, Mi, Fr 10–16 Uhr, Di, Do 10–19 Uhr.

**ReiseBank**
Bahnhof Zoo.
📞 881 71 17.
🕐 tägl. 7.30–22 Uhr.

**ReiseBank**
Hauptbahnhof.
📞 20 45 37 61.
🕐 tägl. 8–22 Uhr.

**Travelex**
Friedrichstraße 56.
📞 20 16 59 16.

### KREDITKARTENVERLUST

**Allgemeine Notrufnummer**
📞 116 116.
www.116116.eu

**American Express**
📞 (069) 97 97 10 00.

**Diners Club**
📞 01805-33 66 95.

**MasterCard**
📞 0800-819 10 40.

**Visa**
📞 0800-811 84 40.

**Maestro-/EC-Karte**
📞 (069) 740 987.

**Eine der vielen Wechselstuben in der Stadt**

## WÄHRUNG

Die europäische Gemein-schaftswährung Euro (€) gilt in 16 EU-Staaten: Belgien, Deutschland, Finnland, Frankreich, Griechenland, Irland, Italien, Luxemburg, Malta, Niederlande, Österreich, Portugal, Slowakei, Slowenien, Spanien und in der Republik Zypern. Alte DM-Scheine und alte Münzen sind ungültig, können aber bei allen Landeszentralbanken unbefristet getauscht werden (www.bundesbank.de).

Alle Euro-Scheine sind einheitlich gestaltet, bei Münzen prägt jedes Land unterschiedliche Rückseiten. Seit 2004 kann jeder Eurostaat einmal im Jahr eine Zwei-Euro-Gedenkmünze bedeutender Ereignisse (z. B. Olympische Spiele) herausgeben. All diese Münzen gelten in jedem Staat der Eurozone.

**Euro-Banknoten**
*Euro-Banknoten gibt es in sieben Werten (5, 10, 20, 50, 100, 200 und 500 €). Die unterschiedlich großen Scheine wurden vom Österreicher Robert Kalina entworfen und zeigen Architekturelemente und Baustile verschiedener Epochen, eine Europakarte und die EU-Flagge mit den zwölf Sternen.*

**5-Euro-Schein**
(Baustil: Klassik)

**10-Euro-Schein** (Baustil: Romanik)

**20-Euro-Schein**
(Baustil: Gotik)

**50-Euro-Schein**
(Baustil: Renaissance)

**100-Euro-Schein** (Baustil: Barock & Rokoko)

**200-Euro-Schein**
(Eisen- und Glasarchitektur)

**500-Euro-Schein** (Moderne Architektur des 20. Jhs.)

**2-Euro-Münze**   **1-Euro-Münze**   **50-Cent-Münze**   **20-Cent-Münze**   **10-Cent-Münze**

**Euro-Münzen**
*Münzen gibt es in acht Werten (2 €, 1 € sowie 50, 20, 10, 5, 2 und 1 Cent). Die einheitlichen Vorderseiten entwarf der Belgier Luc Luycx. Die Rückseiten sind in jedem Land anders gestaltet. Auch San Marino, der Vatikanstaat und Monaco prägen eigene Münzen.*

**5-Cent-Münze**   **2-Cent-Münze**

**1-Cent-Münze**

# Kommunikation

**Logo
der Telekom**

Deutsche Telekom und die Deutsche Post arbeiten sehr zuverlässig. Bis man am Postschalter bedient wird, kann es ein bisschen dauern, doch Briefe innerhalb Deutschlands kommen meist binnen 24 Stunden an. Das Telefonieren ist komfortabel: Telefonzellen stehen an vielen Straßenecken. Viele Restaurants und Cafés verfügen über öffentliche Münzfernsprecher. An U- und S-Bahn-Stationen findet sich immer eine Telefonzelle. Immer mehr Hotels bieten Internet-Zugang, Hotspots gibt es überall in Berlin.

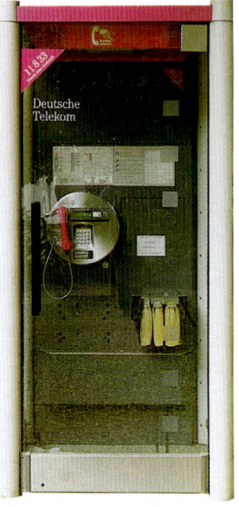

**Telefonzelle der Deutschen Telekom**

## TELEFONIEREN

Die Deutsche Telekom betreibt verschiedene Typen von öffentlichen Münzfernsprechern. Es gibt noch einige Münztelefone. Zu viel eingeworfene Münzen bekommt man bei ihnen wieder zurück.

Bequemer sind Telefonkarten, die an allen Postämtern erhältlich sind. Dabei wird auf dem Display neben dem Hörer das verfügbare Kartenguthaben angezeigt, sodass man immer rechtzeitig weiß, wann man eine neue Karte braucht.

Einige Telefonzellen – die meisten davon in der City – akzeptieren auch Kreditkarten. Nach dem Einführen der Kreditkarte muss die PIN eingegeben werden.

Viele Kartentelefone haben eine eigene Nummer, unter der man zurückgerufen werden kann. Häufig fehlen in Telefonzellen leider die Telefonbücher. Frühmorgens, spätabends und nachts sowie an Wochenenden gelten die günstigsten Tarife.

Gespräche vom Telefon im Hotelzimmer gehören zu den teuersten Arten des Telefonierens.

## MOBILTELEFONE

Alle in Europa gängigen GSM-Handys funktionieren in Berlin problemlos. Besucher aus dem Ausland sollten sich bei ihrer Telefongesellschaft über günstige Roaming-Tarife informieren. Unter www.tariftip.de finden Sie günstige Anbieter.

## MÜNZTELEFON

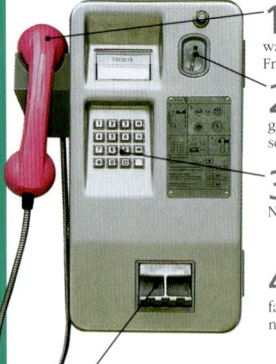

**1** Nehmen Sie den Hörer ab, und warten Sie auf das Freizeichen.

**2** Geben Sie passendes Kleingeld in den Münzschlitz.

**3** Wählen Sie die gewünschte Nummer.

**4** Werfen Sie gegebenenfalls Münzen nach.

**5** Legen Sie nach Beendigung des Gesprächs den Hörer auf, und entnehmen Sie die restlichen Münzen.

## KARTENTELEFON

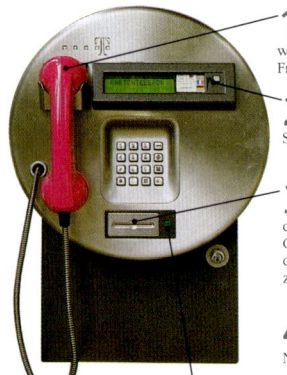

**1** Nehmen Sie den Hörer ab, und warten Sie auf das Freizeichen.

**2** Wählen Sie die gewünschte Sprache.

**3** Schieben Sie Ihre Karte in den Schlitz; Ihr Guthaben wird auf dem Display angezeigt.

**4** Wählen Sie die gewünschte Nummer.

**5** Nach Beendigung des Gesprächs legen Sie den Hörer auf, drücken e grünen Knopf und entnehmen die Kar

**Telefonkarten gibt es mit
vielen verschiedenen
Motiven und Werbetexten**

Eingang zum Postamt in der Joachimstaler Straße

## POSTÄMTER

**Dircksenstr. 2**
*Mo–Fr 6–22 Uhr,*
*Sa, So 8–22 Uhr.*

**Europaplatz 1**
*Mo–Fr 7–22 Uhr,*
*Sa, So 8–22 Uhr.*

**Georgenstraße 12**
*Mo–Fr 6–22 Uhr,*
*Sa, So 8–22 Uhr.*
http://standorte.deutschepost.de

### INTERNET UND E-MAIL

E-Mail und Internet erfreuen sich weltweit großer Beliebtheit. Sie sind die billigste Kontaktmöglichkeit und die beste Informationsquelle. Immer mehr Hotels bieten ihren Gästen entsprechende Zugangsmöglichkeiten an. Zudem gibt es in Berlin wie in allen größeren Städten Internet-Cafés, in denen man online gehen kann. Das Netz an Hotspots ist in Berlin sehr engmaschig, viele davon sind kostenlos zugänglich.

### POSTDIENSTE

Die Postschilder und Briefkästen erkennt man an der leuchtend gelben Farbe. Man kann in Postämtern Einschreiben, Pakete, Telegramme und Geldanweisungen aufgeben. Ferner erhält man dort Briefmarken, Telefonkarten und zudem das übliche Sortiment an Schreibwaren. Postkarten sind dort ebenso zu haben wie Sondermarken.

### BRIEFE

Briefmarken für Postkarten (0,45 € innerhalb Deutschlands, 0,65 € europaweit) und für Standardbriefe (0,55 € Deutschland, 0,70 € Europa) erhalten Sie im Postamt und am Kiosk. Zudem gibt es Briefmarkenautomaten. Beim Briefeinwurf sollten man auf den richtigen Einwurfschlitz achten: innerhalb Berlins bzw. andere Zielorte.

### POSTÄMTER

Die meisten Postämter haben montags bis freitags von 9 bis 18.30 Uhr und samstags bis mittags geöffnet. Postämter mit längeren Öffnungszeiten findet man in

Einkaufsstraßen und an den großen Bahnhöfen, z. B. am **Bahnhof Friedrichstraße** oder am **Hauptbahnhof**. Postlagernde Sendungen kann man im Postamt Joachimstaler Straße abholen.

Historischer Briefkasten

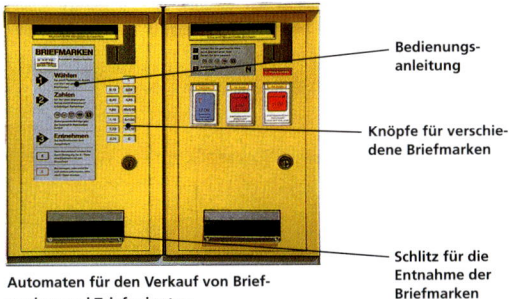
Bedienungsanleitung
Knöpfe für verschiedene Briefmarken
Schlitz für die Entnahme der Briefmarken
Automaten für den Verkauf von Briefmarken und Telefonkarten

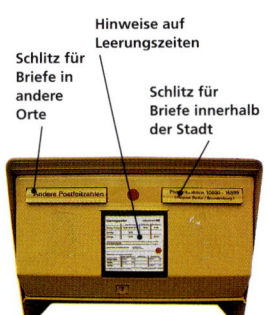
Hinweise auf Leerungszeiten
Schlitz für Briefe in andere Orte
Schlitz für Briefe innerhalb der Stadt
In deutschen Großstädten gibt es oft zweigeteilte Briefkästen

## WICHTIGE TELEFONNUMMERN

• Vorwahl Deutschland: 0049.
• Vorwahl Berlin: 030.
• Vorwahl Potsdam: 0331.
• Auskunft: 118 33.
• Internat. Auskunft: 118 34.
• Notruf: 112.
• Deutschland direkt: 0800 33 00 490 (für R-Gespräch).
• Vorwahl Österreich: 0043.
• Vorwahl Schweiz: 0041.
• Nummern zur Sperrung von Handykarten: +49-1803-302 202 (T-Mobile), +49-172-12 12 (Vodafone), +49-177-1000 (E-Plus), +49-179-55 222 (O$_2$).

# ANREISE

**Lufthansa-Flugzeug**

Wenn Sie per Auto oder Bahn nach Berlin reisen, können Sie hervorragende Verbindungen nutzen. Für den Flugverkehr stehen zwei Flughäfen zur Verfügung, auf denen Inlandsflüge ebenso wie größere Flüge ins europäische Ausland und nach Übersee abgefertigt werden. Mit dem Zug kommen Sie nun am neuen Hauptbahnhof, dem größten europäischen Kreuzungsbahnhof, an. Von hier aus sind die europäischen Metropolen erreichbar. Die günstigste Art der Anreise ist die per Reisebus. Wenn Sie mit dem Auto fahren, erreichen Sie zunächst den Berliner Ring und von dort über gut ausgeschilderte Abfahrten die Berliner Innenstadt.

Übersichtlich: Symbole am Flughafen weisen Passagieren den Weg

## ANREISE MIT DEM FLUGZEUG

Auch wenn Berlin Ziel vieler Flüge ist, reicht sein Flugaufkommen bei Weitem nicht an das von Frankfurt am Main heran. Das könnte sich nach dem Ausbau des Flughafens Schönefeld ändern. Bis zur Fertigstellung des Großflughafens Berlin Brandenburg International im Jahr 2011 ist Tegel der wichtigste Flughafen von Berlin. Von vielen Hauptstädten Europas gibt es Verbindungen in die größte deutsche Stadt.

Innerhalb Deutschlands fliegen vor allem **Lufthansa**, **Air Berlin** und **Germanwings** nach Berlin. Werktags gibt es auf manchen Strecken fast stündlich einen Flug. Von Wien und Zürich aus kommt man z. B. mit **Air Berlin** in die deutsche Hauptstadt. Auskünfte über aktuelle Flüge erteilt der Flughafen direkt oder die jeweilige Fluggesellschaft. In der Regel sind auch Reisebüros gut über Ankunfts- und Abflugzeiten informiert.

## FLUGTICKETS

Wer einen Flug nach Berlin bucht, sollte die Preise vergleichen. Viele Fluggesellschaften bieten saisonal oder auch ganzjährig Sonderpreise an. Zudem fliegen Kinder, Jugendliche und Senioren oft zu reduzierten Preisen.

Der Preis hängt auch vom Zeitpunkt der Buchung ab. Als Faustregel gilt: Je eher Sie buchen, desto günstiger. Die Fluggesellschaften verkaufen ihre Flüge auch über das Internet. Für Kurzentschlossene lohnt sich der Gang zu einer Last-Minute-Agentur. Lufthansa, Air Berlin und Billig-Airlines bieten oft besonders preiswerte Flüge nach Berlin an. Allerdings sind solche Sonderangebote nur begrenzt und zu bestimmten Zeiten zu haben.

**Abflugzeiten der Airlines an der Anzeigetafel**

## FLUGHAFEN TEGEL

Der Flughafen Tegel liegt günstig: Er ist nur acht Kilometer von der City entfernt. Der achteckige Terminal hat eine Haupthalle mit Einrichtungen wie Informationsständen, Wechselstuben, Restaurants, Souvenir- und Zeitschriftenläden.

Zur City gelangen Sie bequem mit dem Bus oder mit einem Taxi, die beide direkt vor der Haupthalle ihre Haltestellen bzw. Stände haben. Der Bus 109 bringt Sie zum Bahnhof Zoologischer Garten und hält an etlichen anderen Stellen vor der Endstation Budapester Straße. Der Bus 128 fährt zum Kurt-Schu-

Flughafen Tegel, der wichtigere der zwei Berliner Airports

**Die Haupthalle des Flughafens Tegel**

macher-Platz. Von dort haben Sie Anschluss an die U-Bahn ins Zentrum. Die Buslinie X9 fährt zum Bahnhof Zoo. Die Linie TXL fährt über den Hauptbahnhof und Unter den Linden zum Alexanderplatz. Die Fahrt von Tegel bis zur City-West dauert ca. 20 Minuten, bis zum Alexanderplatz ca. 40 Minuten.

Taxistände befinden sich vor dem unteren Ausgang der Ankunftshalle und an der inneren Zufahrt an der Rückseite der Haupthalle. Eine Fahrt mit dem Taxi vom Flughafen Tegel in die Stadt kostet kein Vermögen: Bis zum Bahnhof Zoo liegt der Preis meist zwischen zwölf und 15 Euro. Die Fahrt dauert etwa 15 Minuten.

### FLUGHAFEN SCHÖNEFELD

Der etwa 20 Kilometer südlich des Stadtzentrums gelegene Flughafen Schöne-feld war der wichtigste Flughafen der DDR. Heute fertigt er hauptsächlich Charterflüge ab. Vom Flughafen kommen Sie mit den S-Bahn-Linien 9 und 45 in die Stadt. Der Airport-Express Schönefeld braucht nur 28 Minuten zum Hauptbahnhof. Vom Bahnhof Schönefeld, wo die Züge halten, brauchen Sie ca. fünf Minuten zu Fuß zum Terminal, der Fußweg ist überdacht. Alternativ können Sie am Terminal in den Bus 161 oder 171 steigen, der Sie zum Bahnhof bringt.

Eine (zeitaufwendigere) Alternative sind Busse der Linien X7, 162 und 171, die direkt vor dem Flughafengebäude halten. Eine Taxifahrt von Schönefeld in die City kostet etwa 25 Euro.

Durch den Ausbau des Flughafens Schönefeld wird bis 2011 der Großflughafen Berlin Brandenburg International (BBI) entstehen.

## AUF EINEN BLICK

### FLUGHÄFEN

**Flughafeninformation für Tegel und Schönefeld**
01805-000 186.
www.berlin-airport.de

### FLUGLINIEN

**Air Berlin**
01805-73 78 00 (24 Std.).
www.airberlin.com

**Germanwings**
0900-19 19 100.
www.germanwings.com

**Lufthansa**
1805-805 805 (24 Std.).
www.lufthansa.com

### VERBINDUNGEN ZU DEN FLUGHÄFEN

www.vbb-fahrinfo.de

**Check-in-Schalter für Passagiere der ersten Klasse**

## FLUGHAFEN TEGEL

*Im internationalen Vergleich ist Tegel ein kleiner Flughafen. Sein Grundriss ist wabenförmig. Über den innen umlaufenden Korridor gelangt man zu den Flugsteigen. Läden und Servicestellen liegen in der Haupthalle.*

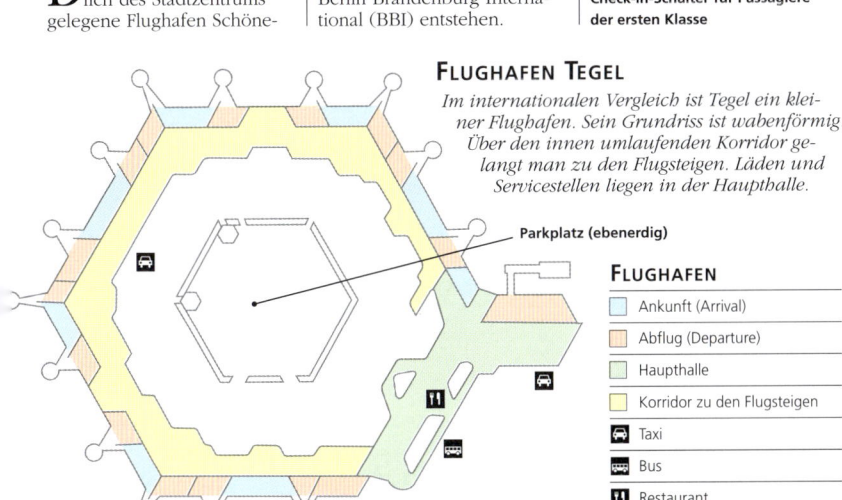

Parkplatz (ebenerdig)

### FLUGHAFEN

Ankunft (Arrival)
Abflug (Departure)
Haupthalle
Korridor zu den Flugsteigen
Taxi
Bus
Restaurant

**Sonderangebote für Bahnfahrten**

## ANREISE MIT DEM ZUG

Berlins **Hauptbahnhof** liegt am Schnittpunkt der Stadtbahn (früher S-Bahn-Station Lehrter Bahnhof, jetzt Hauptbahnhof) und der neuen unterirdischen Nord-Süd-Verbindung. Der größte Kreuzungsbahnhof Europas (geplant von den Architekten Gerkan, Marg & Partner) besitzt ein transparentes Äußeres. Eine 320 Meter lange gläserne Halle verläuft in Ost-West-Richtung. Sie wird von der in Nord-Süd-Richtung verlaufenden 160 Meter langen Bahnhofshalle gekreuzt. Architektonischer Blickpunkt sind die beiden Bügelbauten (mit Büros), die die Stadtbahngleise überspannen. Auf drei Ebenen sind Läden, Gastronomie, Reisezentren etc. angesiedelt. Über 1000 ICEs,

**Logo der Deutschen Bahn**

InterCity-, Regional- oder S-Bahn-Züge halten hier pro Tag – darunter sind 164 Fernverkehrszüge. Der Hauptbahnhof ist ein Drehkreuz für internationale Züge. Je ein DB-Reisezentrum befindet sich im Unter- und im Obergeschoss (tägl. 6–22 Uhr).

Für die Bahnpreise innerhalb Deutschlands gilt: Je früher Sie reservieren, desto preiswerter. Zudem sparen Sie mit der BahnCard 25 oder 50 Prozent des Fahrpreises. Daneben gibt es immer wieder Sonderangebote: Surf&Rail bietet z.B. jede Woche sogenannte »Top-Strecken der Woche« zum Einheitspreis an. Es gibt auch Kombi-Tickets. Angebote finden Sie im Internet unter www.bahn.de, oder Sie lassen sich in einem der DB-Reisezentren beraten.

Besucher aus Österreich oder aus der Schweiz, die sich für längere Zeit in Deutschland aufhalten möchten und bevorzugt mit dem Zug fahren, sollten sich über Abonnements und Dauerkarten informieren (z.B. die günstige InterRail Card). Abhängig vom Alter gibt es für ausländische Gäste zahlreiche Sonderangebote.

Der **Bahnhof Zoologischer Garten** – früher der »Hauptbahnhof« Berlins – ist nun nur noch ein Regionalbahnhof. Fernzüge halten hier nicht

**Kontrollieren und beraten: Zugbegleiterinnen in Uniform**

mehr, sondern fahren gleich zum Hauptbahnhof durch. Dennoch: Der Bahnhof Zoo liegt mitten in der alten City-West und bietet mit U- und S-Bahn sehr gute Anschlüsse an die anderen Bezirke. Über die Verbindungen informieren Sie sich am bequemsten am BVG-Pavillon am Hardenbergplatz *(siehe S. 295)*. Hier erhalten Sie auch alle möglichen Tickets. Vor dem Bahnhofsgebäude warten stets genügend Taxis. Von der großen Bus-Endhaltestelle fahren viele Tag- oder Nachtbuslinien ab.

Manche Regionalzüge kommen auch am **Ostbahnhof** an. Wer Geld wechseln will, ein Postamt oder eine Informationsstelle sucht, findet hier ebenfalls die entsprechende Einrichtung. Mehrere S-Bahn-Linien verbinden den Ostbahnhof mit den anderen Bezirken Berlins, ebenso fahren Busse. Der Bahnhof Südkreuz im Süden Berlins ist ebenfalls an das Regional- und Fernverkehrsnetz angeschlossen.

Bevor Sie eine BVG-Karte lösen, sollten Sie daran denken, dass Ihre Bahnfahrkarte zur unmittelbaren Weiterbeförderung mit der S-Bahn berechtigt. Jetzt kann man damit zu allen DB-Bahnhöfen zwischen Westkreuz und Lichtenberg, Gesundbrunnen und Südkreuz/Schöneberg sowie zu allen Stationen der Berliner S-Bahn fahren. Weitere Auskünfte erhalten Sie über das Infotelefon der **Deutschen Bahn**. Nützliche Websites: www.bahn.de oder www.db.de/berlin-hauptbahnhof

**Haupthalle des Bahnhofs Zoo, jetzt nur noch Regionalbahnhof**

## BUSREISEN

Reisebus nach Berlin

Für fast alle Ziele, die man mit der Bahn erreicht, gibt es auch Verbindungen mit Reisebussen. Berlin macht da keine Ausnahme. Dank der immer besser ausgebauten Autobahnen brauchen die Busse nicht wesentlich länger als die Bahn. So hat sich die Verbindung Hamburg–Berlin wegen der überschaubaren Reisezeit zu einem Klassiker entwickelt. In manchen Bussen werden die Reisenden mit Videos unterhalten und bekommen Getränke angeboten. Die fehlende Bewegungsfreiheit im Bus wird wohl am ehesten durch den günstigen Fahrpreis aufgewogen.

Wer in Berlin mit dem Bus ankommt oder von dort mit dem Reisebus weitere Städte besuchen will, passiert den **Zentralen Omnibusbahnhof (ZOB)** zwischen Masurenallee und Messedamm. Von dort verkehren die Busse in alle größeren deutschen und europäischen Städte. Die am nächsten zum Busbahnhof gelegene U-Bahn-Station ist Kaiserdamm (U2). Einige Busgesellschaften bieten auf Nachtfahrten Liegesessel an.

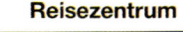

Hinweisschilder in einem Bahnhof

## ANREISE MIT DEM AUTO

Wer über die Autobahn aus Richtung Dresden, München, Hannover oder Hamburg nach Berlin fährt, stößt unweigerlich auf den Berliner Ring, die Stadtautobahn A100, die sich – der

Name sagt es – rund um die Stadt zieht. Diverse Ausfahrten weisen den Weg zum Zentrum und den nächstgelegenen Bezirken. Manchmal ist die ausgewiesene Umfahrung allerdings so weit, dass man die Abkürzung quer durch die Stadt wählen sollte, vorausgesetzt, es ist nicht gerade mit Berufsverkehr zu rechnen.

Innerhalb der Stadt sind Geschwindigkeitskontrollen recht häufig. Wer zum Schnellfahren neigt, sollte also auf der Hut sein.

Führerscheine aus dem europäischen Ausland sind in Deutschland gültig. Besucher aus Übersee brauchen aber einen internationalen Führerschein. Allerdings muss man einen Ausweis, die Autopapiere sowie die grüne Versicherungskarte immer mit sich führen.

An internationalen wie regionalen Mietwagenfirmen herrscht in Berlin kein Mangel. Die Filialen der Verleiher sind über die ganze Stadt verteilt und auch an den beiden Flughäfen sowie an den großen Bahnhöfen mit eigenen Büros zu finden. Die großen Firmen sind oft etwas teurer, dafür kann man den Wagen – wegen der höheren Filialendichte – auch meist in anderen Städten zurückgeben. Wer sich aber – wie es bei den meisten Besuchern wohl der Fall sein dürfte – nur innerhalb Berlins und Umge-

bung bewegen will, ist bei einem der kleinen Vermieter oft besser bedient. Vorsicht ist allerdings bei Billigstangeboten angebracht, die man oft nur unter ganz bestimmten Bedingungen wahrnehmen kann. Eine Vorausbuchung ist bei der Fülle der Mietwagenanbieter in Berlin in der Regel nicht nötig, höchstens zu Messezeiten kann das Angebot knapp werden.

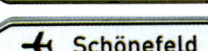

Verschiedene Hinweisschilder am Berliner Ring

ICE-Triebkopf

# IN BERLIN UNTERWEGS

Autofahrer haben es nicht leicht in Berlin, u. a. wegen der vielen Straßenbauarbeiten. Egal zu welcher Jahreszeit – Baustellen gibt es in Berlin immer, was häufig zu Behinderungen führt. Parkplätze sind in der City dünn gesät. Das Berliner Zentrum kann man zu Fuß erkunden. Der weitere Umkreis ist besser mit öffentlichen Verkehrs-

**Logo eines
Fahrradtaxis**

mitteln zu erreichen. Mit U- und S-Bahn kommt man am schnellsten vorwärts, aber auch die Busse sind zuverlässig. Wenn man mit einem der Doppeldeckerbusse fährt, hat man einen Teil des Besichtigungsprogramms inklusive. Sehr gut sind die Bedingungen für Radfahrer: Ein dichtes Netz von Radwegen reicht vom Zentrum bis in die Außenbezirke.

**Fußgängerampel im Ostteil Berlins**

## ZU FUSS UNTERWEGS

Normalerweise sind Berliner Autofahrer rücksichtsvoll, auch Fußgängern gegenüber. Doch Vorsicht ist besser. Auch Radfahrer nähern sich häufig mit großer Geschwindigkeit auf den Bürgersteigen oder auf nicht immer klar

abgegrenzten Radwegen, und das womöglich entgegen der Fahrtrichtung. Dort, wo sich Fußgänger und Radfahrer dicht beieinander bewegen, ist besondere Vorsicht nötig.

Bei der Suche nach bestimmten Gebäuden hilft Ihnen vielleicht der Hinweis, dass die Häuser manchmal auf einer Straßenseite fortlaufend bis zum Ende der Straße nummeriert sind und sich die Nummerierung auf der anderen Seite fortsetzt. Meist steigen die Nummern gleichmäßig an – auf der einen Seite die geraden, auf der anderen die ungeraden. Es lohnt sich der Blick auf die Straßenschilder, denn dort sind unter dem Straßennamen die Nummern angezeigt. Behinderte Besucher sollten sich beim **Deutschen Service-Ring** oder beim **Landesamt für Soziale Aufgaben** nach Rollstuhlverleih und anderen Dienstleistungen erkundigen.

## AUTOFAHREN

Auch wenn der Verkehr im Zentrum oft sehr zäh fließt, ist das Fahren nicht kompliziert, denn im Gegensatz zu anderen Großstädten hat Berlin keine verwinkelte Altstadt. Entlang der Straße Unter den Linden und zur Museumsinsel rollt der Verkehr relativ fließend.

Die meisten Berliner Autofahrer verhalten sich einigermaßen diszipliniert. An Ampeln mit einem grünen Pfeil nach rechts darf man auch bei Rot abbiegen.

Sich einen Mietwagen zu besorgen ist einfach. Gegen Vorlage von Führerschein, Ausweis und am besten einer Kreditkarte als Zahlungsmittel bekommen Sie meist das Fahrzeug Ihrer Wahl. Diverse Mietwagenfirmen haben ihre Stände an den Flughäfen, den Bahnhöfen und in der City. Manche akzeptieren nur Kun-

**Nostalgische Straßenschilder
in Berlin**

**Absolutes Halteverbot
mit Ausnahmen**

**Parkplatzschild mit
Vorrang für Anwohner**

**Parkautomat**
*An den meisten Straßen steht dieser Typ Parkautomat. Das Parken ist an Wochentagen von 9 bis 19 Uhr und samstags von 9 bis 14 Uhr gebühren- pflichtig.*

Uhrzeit und Datums- angabe

Münzschlitz

Hinweise

Ticket- ausgabe

den mit einem Mindestalter von 21 Jahren. Hertz, Sixt und AVIS sind seriöse Anbieter und haben viele Filialen.

Wer mit dem eigenen Auto liegen bleibt, dem hilft der Pannendienst des ADAC zu- verlässig weiter.

Ein ausgesprochen beque- mes Verkehrsmittel sind Taxis. Drei der bekanntesten Berli- ner Unternehmen sind **Funk Taxi Berlin**, **Würfelfunk** und **TaxiFunk**.

**Straßenbeschilderung an einer Durchgangsstraße**

## PARKEN

Einen Parkplatz in Berlin zu finden ist nicht immer leicht. Doch mit etwas Glück ergattern Sie eine Lücke auf dem Mittelstreifen des Kurfürs- tendamms oder am Alexan- derplatz. An vielen zentralen Orten ist das Parken gebüh- renpflichtig, ebenso wie in den Parkhäusern. Unerlaubtes Parken erweist sich meist als unrentables Lotteriespiel: Die Verkehrspolizisten sind uner- bittlich und lassen Ihr Fahr- zeug womöglich abschleppen. Wieder in den Besitz des ein- mal entfernten Autos zu kom- men ist teuer und lästig, denn oft wird es in größerer Entfer- nung abgestellt.

Beim Lösen des Parkscheins sollten Sie ein Auge auf die ausgedruckte Uhrzeit werfen. Eventuell müssen Sie nach

einiger Zeit zurückkommen und ein neues Ticket lösen. Die Tarife sind je nach Zone unterschiedlich.

## RADFAHREN

Radfahren ist in Berlin weit- verbreitet. Sehr viele Stra- ßen haben ausgewiesene Radwege, teils sogar mit spe- ziellen Radfahrerampeln. Vor vielen öffentlichen Gebäuden, Büros und Bahnhöfen gibt es Fahrradständer, doch Ihr Rad sollte gut abgeschlossen sein und nicht ewig dort parken.

Wer will, kann sein Fahrrad auch in die S-Bahn mitneh- men, jedoch nur in bestimm- ten Wagen und an ausgewie- senen Stellen.

Einen Fahrradverleih zu finden ist kein Problem. Eine gute Wahl sind die Filialen von **Fahrradstation** an mehre- ren Stellen in der Stadt. Eine schöne Option ist eine Rund- fahrt mit einem **Velo Taxi**.

**Fahrradweg zwischen Fußgänger- weg und Fahrbahn**

## AUF EINEN BLICK

### MIETWAGEN

**AVIS**
☎ 01805-21 77 02.
www.avis.de

**Europcar**
☎ 01805-80 00.
www.europcar.de

**Hertz**
☎ 01805-33 35 35.
www.hertz.de

**Sixt**
☎ 01805-25 25 25.
www.sixt.de

### FAHRRADVERLEIH

**Fahrradstation GmbH**
Leipziger Straße 56.
☎ 01805-10 80 00.
www.fahrradstation.de

**Velo Taxi**
☐ Apr–Okt. www.velotaxi.com

### PANNENHILFE

**ADAC**
☎ 01802-22 22 22 (Festnetz)
oder 22 22 22 (Mobilfunk).

### BEHINDERTE REISENDE

**Deutscher
Service-Ring e. V.**
☎ 85 10 30 61.

**Landesamt für Soziale
Aufgaben**
☎ 90 12 64 64.

### TAXIS

**Funk Taxi Berlin**
☎ 26 10 26.

**TaxiFunk**
☎ 44 33 22.

**Würfelfunk**
☎ 21 01 01.

# Busse, Trams und Taxis

Busfahren in Berlin ist mitunter mühsam während des Berufsverkehrs, gleichwohl sehr zu empfehlen außerhalb der Spitzenzeiten. Die meisten Hauptstraßen haben separate Busspuren. Einen der Doppeldecker sollten Sie nehmen, wenn Sie sich einen guten Rundblick verschaffen möchten. Straßenbahnen sind eine weitere Möglichkeit im öffentlichen Nahverkehr der östlichen Stadtteile. Ebenso wie Busse, S-Bahnen und U-Bahnen sind sie Teil des BVG-Netzes und können mit demselben Fahrschein benutzt werden.

**Im BVG-Pavillon (Hardenbergplatz) gibt es alle Informationen**

## FAHRSCHEINE

Das Berliner Nahverkehrsgebiet ist in drei Tarifzonen gegliedert: A, B und C (von innen nach außen). Grenze von Zone A ist der Berliner S-Bahn-Ring, Grenze von Zone B die Stadtgrenze Berlin. Zone C ist das Umland von Berlin, zu dem auch Potsdam gehört. Das Reisen von Zone zu Zone ist sehr einfach mit Fahrscheinen für die Zonenkombination AB, BC und ABC.

Die teuerste Form des öffentlichen Nahverkehrs ist der Einzelfahrschein, den es als Normaltarifticket und für Kurzstreckenfahrten gibt. Ersterer gilt zwei Stunden lang für alle Verkehrsmittel und einen beliebig häufigen Wechsel zwischen diesen. Letzterer gilt nur für die Benutzung

**Zwei oder drei Tage gültig: die WelcomeCard**

von Strecken bis zu drei Bahnstationen oder sechs Bus- oder Straßenbahnhaltestellen.

Einzeltickets (etwa Zone AB: 2,10 Euro) kauft man an den Fahrscheinschaltern der U- oder S-Bahn-Stationen oder beim Busfahrer. Der Fahrschein muss vor Fahrtantritt entwertet werden. Entsprechende Automaten befinden sich auf den Zugbahnsteigen oder in Bussen und Trams. Die Tickets werden in den Entwerter eingeführt und mit Datums- und Uhrzeitangabe gestempelt. Kinder bis 13 Jahre nutzen den Ermäßigungstarif, unter sechs Jahren fahren sie frei. Kinderwagen werden kostenfrei befördert.

Auf den meisten Bahnhöfen gibt es Fahrscheinautomaten. Die Tageskarte (Zone AB: 6,10 Euro) berechtigt zu beliebig vielen Fahrten ab dem Zeitpunkt der Entwertung bis 3 Uhr morgens des nächsten Tages. Mit der Kleingruppenkarte können bis zu fünf Personen fahren. Sieben-Tage-Karten sind übertragbar. Die Zwei- oder Drei-Tage-WelcomeCard (Zone AB: 48/72 Stunden für 16,50/ 22 Euro) bietet uneingeschränkte Fahrten in Berlin und Potsdam (Karte mit Zone C).

## Tram

*An jeder Haltestelle sind die hier verkehrenden Linien, ihre Fahrpläne und Streckenverläufe angegeben. Buslinien haben manchmal dieselben Haltestellen und werden dort ebenso dargestellt.*

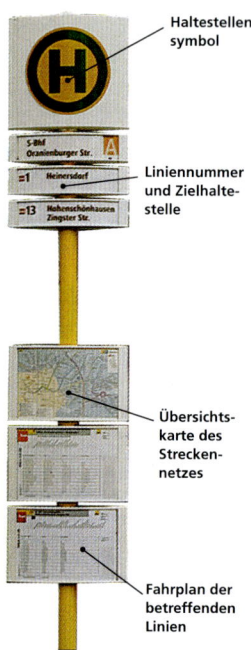

Haltestellensymbol

Liniennummer und Zielhaltestelle

Übersichtskarte des Streckennetzes

Fahrplan der betreffenden Linien

Infos über Fahrscheine und den öffentlichen Nahverkehr erhalten Sie telefonisch beim **BVG-Kundendienst**, bei der **Fahrscheinauskunft** oder beim **U-Bahnhof Turmstraße**. Sollten Sie etwas in den Verkehrsmitteln vergessen haben, lohnt sich ein Anruf beim **Fundbüro der BVG**.

## BUSFAHREN

An jeder Bushaltestelle hängt der Fahrplan zur entsprechenden Linie aus. Neben der Liniennummer ist an jedem Bus auch die Endhaltestelle angezeigt – was Sie unbedingt beachten sollten, da viele Linien außerhalb der Hauptverkehrszeiten verkürzte Strecken bedienen. Generell gilt, dass man durch die Tür beim Fahrer einsteigen und dabei den Fahrschein vorzeigen muss, für Kinderwagen und Rollstühle öffnen

**Ein typischer Doppeldeckerbus**

der Fahrer nach Aufforderung auch die hintere Tür. Der Fahrer gibt meist die nächste Haltestelle bekannt, oder diese wird auf elektronischen Displays angezeigt. Abseits der Innenstadtbereiche ist diese elektronische Anzeige aber eher die Ausnahme.

Bei Fahrten in den Randbezirken, außerhalb der Hauptverkehrszeiten auch in der Innenstadt, müssen Sie den Halteknopf betätigen, weil die Fahrzeuge meist nur bei Bedarf anhalten.

## BUSSE, EXPRESSBUSSE UND METROBUSSE

Es gibt mehrere Arten von Buslinien. Busse verkehren häufig an den Werktagen, weniger häufig am Wochenende. Neben den normalen Buslinien, die mit dreistelligen Nummern versehen sind, gibt es auch Expressbuslinien. Diese haben eine ein- oder zweistellige Nummer, der ein X vorangestellt ist, und halten nur an wichtigen Haltestellen.

Der normale Tagesbetrieb der Buslinien wird gegen 0.30 Uhr eingestellt, aber an seine Stelle tritt ein sehr zuverlässig funktionierendes Netz von Nachtbuslinien, die durch den Buchstaben N gekennzeichnet sind und mit einem besonderen Fahrschein benutzt werden können.

Sogenannte MetroBusse werden in Bereichen eingesetzt, die von S- und U-Bahnen nicht bedient werden.

## BUSSE 100 UND 200

Diese beiden Linien werden überwiegend mit Doppeldeckern befahren und führen durch die attraktivsten Teile der Stadt. Sie verkehren zwischen dem Bahnhof Zoo und dem Bezirk Prenzlauer Berg und passieren dabei viele historisch interessante Sehenswürdigkeiten. Mit einer Tageskarte können Sie an jeder Haltestelle aussteigen und Museumsinsel, Unter den Linden, Brandenburger Tor, Reichstagsgebäude, Tiergarten oder Kaiser-Wilhelm-Gedächtnis-Kirche besichtigen. Eine Karte mit Infos über diese Linien ist im **BVG-Pavillon** am Hardenbergplatz zu haben.

## TRAMS UND METROTRAMS

Trams verkehren bis auf eine Ausnahme nur im früheren Ostteil der Stadt. Die neuen, durch den Buchstaben M gekennzeichneten MetroTram-Linien versorgen (Außen-)Bereiche ohne S- und U-Bahn-Anbindung 20 Stunden am Tag, sieben Tage die Woche, tagsüber mindestens im Zehn-Minuten-Takt.

## TAXIS

Dies ist eine bequeme, jedoch teure Art, durch Berlin zu fahren. Ein Taxi auf der Straße anzuhalten oder telefonisch zu bestellen *(siehe S. 293)* ist leicht. Die Standplätze sind nicht sehr dicht

Moderne Straßenbahn, die im früheren Ostberlin verkehrt

gesät, doch fast immer wartet dort ein Taxi. Sollte das nicht der Fall sein, können Sie mit dem Standtelefon eines herbeirufen. Der Fahrpreis wird über einen Taxameter neben dem Armaturenbrett ermittelt. Die günstigsten Tarife werden an Werktagen berechnet (nachts und an Wochenenden sind sie höher). Es gibt auch einen Sonderpreis, den »Kurzstreckentarif«. Wenn Sie ein Taxi auf der Straße anhalten und um eine sehr kurze Beförderung bitten (unter 2 km), kostet die Fahrt nur 3,50 Euro.

## AUF EINEN BLICK
### NÜTZLICHE NUMMERN

**BVG-Kundendienst**
📞 194 49 *(Auskunft)*.

**Fahrscheinauskunft S-Bahn Berlin**
S-Bahnhof Alexanderplatz.
📞 29 74 33 33.
🕐 *tägl. 6.30–21 Uhr.*

**U-Bahnhof Turmstraße**
Service-Center.
🕐 *Mo–Fr 6–20.30 Uhr,*
*Sa 9–15.30 Uhr.*

**BVG-Fundbüro**
Potsdamer Straße 180/182.
📞 19 44 9.
**www**.bvg.de

**BVG-Pavillon**
Hardenbergplatz.
🕐 *tägl. 6–22 Uhr.*

Eine Berliner Bushaltestelle während der Hauptverkehrszeit

# U-Bahn und S-Bahn

**U-Bahn-Information**

Genau genommen hat Berlin zwei Bahnnetze: U-Bahn und S-Bahn. Es gibt allerdings keinen großen Unterschied: Beide sind mit demselben Fahrschein zu benutzen. Die U-Bahn verkehrt vorwiegend unter der Erde. Die S-Bahn verläuft fast nur oberirdisch und wird eher von Pendlern mit längeren Fahrstrecken genutzt. An vielen Stellen kreuzen sich die beiden Netze, an solchen Kreuzpunkten kann man von der U-Bahn zur S-Bahn und umgekehrt wechseln. Die U-Bahn gehört zur BVG, die S-Bahn ist eine eigenständige Tochter-GmbH der Bahn AG.

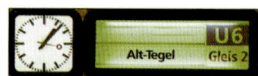

**Anzeigetafel der U-Bahn mit Angabe von Gleis und Zielbahnhof**

strecken gibt es auch für die Bahnen, allerdings hier nur für Fahrten bis zum dritten Bahnhof nach Fahrtantritt.

Fahrscheinautomaten stehen an den Eingängen zu jedem Bahnhof. Hier kann man Einzelfahrscheine, Tageskarten und Sieben-Tage-Karten kaufen. Die Entwertersäulen für die Fahrscheine sind nach den Fahrscheinautomaten im Zugangsbereich zu den Bahnsteigen aufgestellt.

Schwarzfahren ist in Berlin ein relativ riskantes Unterfangen. Kontrolleure, die meist keine Uniform tragen, führen in den Zügen häufig Kontrollen durch – und die Strafen für Schwarzfahrer sind empfindlich hoch.

## SYMBOLE

Die U-Bahn-Stationen sind unverkennbar durch ihre großen rechteckigen Schilder mit dem weißen U auf blauem Untergrund. Ebenso deutlich ist die Darstellung der S-Bahnhöfe: ein rundes Schild mit weißem S auf grünem Grund. Auf den Streckennetzkarten ist jede Linie durch eine andere Farbe gekennzeichnet. Der Zielbahnhof der jeweiligen Linie wird mittels einer Anzeige am Triebwagen jedes Zugs kenntlich gemacht. Weiße Ovale oder Kreise auf der Streckennetzkarte zeigen die Umsteigebahnhöfe an. Alle Bahnhö-

**Züge im U-Bahnhof Friedrichstraße, Linie 6**

## U-BAHN

Das Berliner U-Bahn-Netz (ca. 145 km Länge) ist sehr dicht. In der Hauptverkehrszeit fahren die Züge mit drei bis fünf Minuten Abstand. Es gibt zehn Linien. Von etwa 1 Uhr bis 4 oder 5 Uhr morgens verkehren auf den meisten Strecken keine Züge. An den Wochenenden (Freitag- und Samstagnacht) und vor Feiertagen bieten alle Linien (außer der U4) einen Nachtbetrieb im 15-Minuten-Takt. Seit dem 8. August 2009 führt die Linie 55 vom Hauptbahnhof zum Pariser Platz (Bahnhof Brandenburger Tor).

## S-BAHN

Die Routen der 15 S-Bahn-Linien sind meist länger, das Netz jedoch nicht so dicht wie das der U-Bahn. Drei S-Bahn-Linien befahren zwischen den Bahnhöfen Ostkreuz und Westkreuz über Hauptbahnhof dieselbe Trasse. Die einzelnen Bahnhöfe

sind weiter voneinander entfernt als bei der U-Bahn. Um das Zentrum Berlins verläuft ein S-Bahn-Ring. Die S-Bahn-Züge verkehren alle 10 oder 20 Minuten. Einige Linien führen weit ins Umland Berlins.

## FAHRSCHEINE

Für S- und U-Bahn gelten dieselben Fahrscheine wie für Busse und Trams. Den Einzelfahrschein für Kurz-

**Am Fahrkartenautomaten auf dem Bahnsteig des Bahnhofs Alexanderplatz**

**Kompletter U-/S-Bahn-Plan** *siehe hintere Umschlaginnenseiten*

**Ein Zug der S-Bahn-Linie 5 (jetzt: S75) nach Pichelsberg**

fe haben Aushänge mit Plänen der unmittelbaren Umgebung der Station wie auch des gesamten Streckennetzes von U- und S-Bahn. Streckennetzkarten finden Sie auch in jedem Waggon. Es empfiehlt sich, bei Fahrtantritt immer noch einmal die Nummer der Linie und den Zielbahnhof zu prüfen, weil weniger routinierte Fahrgäste sich schon mal irren können.

Die Türen der Zugwagen öffnen sich nach einem leichten Druck auf den Sensor, sie schließen aber automatisch. Der nächste Bahnhof wird während der Fahrt rechtzeitig angekündigt. In den moderneren Zügen informieren elektronische Anzeigen über die nächste Haltestelle sowie über Fahrziele und Umsteigemöglichkeiten.

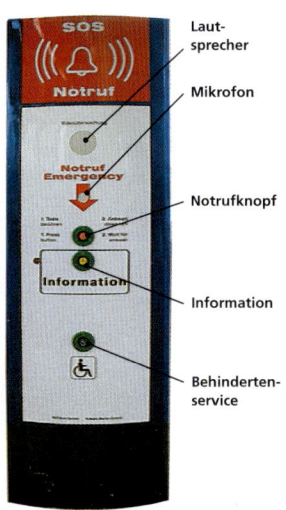

- Lautsprecher
- Mikrofon
- Notrufknopf
- Information
- Behindertenservice

**Auskunfts-und-Notruf-Säule der S- und U-Bahn**

## MIT U- UND S-BAHN UNTERWEGS

**1** Lokalisieren Sie Ihr Fahrziel auf der Streckennetzkarte, und suchen Sie die dorthin verkehrenden Linien heraus. Denken Sie daran, sich den Zielbahnhof der Linie zu merken.

**Streckennetz der U- und S-Bahn**
*(siehe hintere Umschlaginnenseiten)*

**2** Suchen Sie den für Ihr Ticket passenden Bedienungsknopf des Fahrscheinautomaten. Nach Betätigung dieses Knopfs erscheint der zu zahlende Fahrpreis auf dem Display, und Sie können Münzen oder Geldscheine einführen.

- Streckennetzkarte der U- und S-Bahn
- Münzeinwurf
- Geldscheineinzug
- Fahrscheinarten

**Ausgabeschacht für Fahrscheine und Wechselgeld**

**3** Ein am Automaten gelöstes Ticket sieht etwas anders aus als die am Schalter gekauften, enthält aber immer Angaben über Art und Preis des Fahrscheins.

**Wochenkarte (links) und Tageskarte**

**4** Nach Betreten des Bahnhofs müssen Sie Ihren Fahrschein entwerten, und zwar mithilfe der (meist) roten Entwertersäulen, die auf dem Bahnsteig stehen.

- Fahrscheinschlitz
- Verschiedene Zielbahnhöfe der S-Bahn mit den farbig differenzierten Liniennummern

**5** Folgen Sie den Symbolen, die Sie auf den richtigen Bahnsteig führen, und prüfen Sie noch einmal, ob Sie auf der richtigen Seite des Bahnsteigs auf Ihren Zug warten.

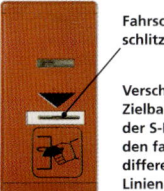

| | |
|---|---|
| S3 | Westkreuz |
| S5 | Pichelsberg |
| S7 | Potsdam Stadt |
| S9 | Westkreuz |
| S75 | Pichelsberg |

**Anzeigetafel mit Zielbahnhöfen der Linien**

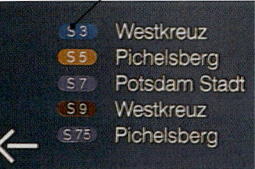

- Wegweiser zu den Bahnsteigen der angegebenen U-Bahn-Linien

**6** Gibt es mehrere Ausgänge an einer Station, können Sie sich an den Hinweisschildern über die nächstgelegenen Straßen des jeweiligen Ausgangs orientieren.

**Ausgangsschild**

# Boote und Schiffe

**D**as Netz der Wasserstraßen von Berlin mag nicht so dicht sein wie das von Amsterdam, doch Spree und Havel bieten mehr als nur kleine Spazierfahrten. Ein Kanalsystem, das natürliche Wasserläufe und Seen verbindet, gestattet Fahrten nach Potsdam, Spandau, Charlottenburg und zum Großen Müggelsee. Es verkehren Ruderboote, Katamarane und Ausflugsschiffe.

**Schiffsglocke**

Eines der zahlreichen Ausflugsschiffe auf der Spree

Fahrplan der Ausflugsschiffe an der Anlegestelle Nikolaiviertel

### AUF DEN GEWÄSSERN BERLINS UNTERWEGS

**E**s ist ausgesprochen entspannend, einen Nachmittag mit einer mehrstündigen Dampferfahrt auf der Spree und auf dem Landwehrkanal zu verbringen. Genügend Schifffahrtsgesellschaften bieten eine solche Fahrt an. Hier seien die vier bekanntesten genannt: **Reederei Bruno Winkler**, **Stern und Kreis**, **Reederei Hartmut Triebler** und **Reederei Riedel**. Jede Gesellschaft hat ihre eigenen Anlegestellen, doch die Routen sind ähnlich. Bei einer solchen Fahrt kann man die historischen Bauten von Berlin-Mitte vom Wasser aus bewundern, denn die Schiffe passieren den Berliner Dom und die Museumsinsel und setzen ihre Fahrt in Richtung des neuen Regierungsviertels und des Reichstagsgebäudes fort. Danach hat man einen schönen Blick auf das Haus der Kulturen der Welt und auf die beeindruckenden Neubauten von Moabit, kurz bevor das Schiff seinen Kurs auf dem Landwehrkanal fortsetzt. Dieser Wasserlauf führt vorbei am Zoologischen Garten und den Bauten des Pots-

damer Platzes. Danach geht es durch Kreuzberg und zurück auf die Spree. Die meisten der auf dieser Route verkehrenden Schiffe verfügen über ein Innendeck und ein offenes Oberdeck. Sie bieten Getränke und einen Imbiss an.

### FAHRTEN AUF SPREE UND HAVEL

**S**ollte Ihnen der Sinn nach einem größeren Ausflug stehen, so können Sie eine Fahrt in Betracht ziehen, die die westlichen Seen ebenso

wie das Stadtzentrum berührt. Eine reizvolle Route verläuft auf der Spree durch Mitte nach Treptow, Charlottenburg und Spandau. Von dort können Sie die Fahrt auf der Havel zum Grunewald und zum Wannsee nach Potsdam fortsetzen. Erkundigen Sie sich am besten bei Stern und Kreis. Die Reedereien Bruno Winkler und Hartmut Triebler warten mit ähnlichen Ausflugsangeboten auf, doch beginnen diese ab Spandau und Charlottenburg. Andere Ausflüge sind Fahrten von Tegel nach Spandau und Wannsee oder aber von Treptow nach Köpenick.

Es ist möglich, sich ganz Berlin per Schiff zu erschließen. Sie starten in Tegel im Norden und beenden die Reise nach sechs Stunden in Köpenick im Südosten.

Schiff am sommerlichen Liegeplatz am Flussufer

**Eines der größeren Ausflugsschiffe auf der Spree**

## LÄNGERE ROUTEN

Man kann einen ganzen Tag auf dem Wasser verbringen und bei längeren Ausflügen die Flüsse, Kanäle und Seen Berlins erkunden, etwa auf einer Tour von Treptow durch die Landschaft der Müggelseen bis Woltersdorf. Dieses Gebiet ist eine der Perlen unter den Berliner Naherholungsgebieten und ideal

**Typisches Ausflugsboot auf einem der vielen Kanäle Berlins**

für jeden, der Ruhe und Entspannung sucht. Es gibt eine Vielzahl von Strandbädern, Ausflugslokalen und Cafés sowie zahlreiche Schiffe der Weißen Flotte, die sich der Präsentation der Schönheit dieser Gegend verschrieben hat. Zum Großen Müggelsee machen Sie sich am besten an einem Sommertag auf, an dem Sie ein paar Stunden in einem der Strandbäder verbringen können.

Eine weitere kurzweilige Schiffstour ist eine Fahrt auf dem Teltowkanal von Treptow nach Potsdam. Von dort aus können Sie mit den Schiffen der **Weißen Flotte Potsdam** nicht nur zum Wannsee und den anderen bekannten Ausflugszielen schippern, sondern auch nach Caputh, Werder und zu weiteren sehenswer-

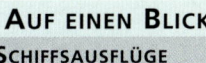

**Logo der Reederei Riedel**

ten Orten südlich und westlich von Potsdam. Für die ganz begeisterten »Seefahrer« gibt es noch einen Tipp: Schiffen Sie sich doch einmal ein zu einer Reise ins polnische Szczecin (Stettin). Die Fahrt dauert einen ganzen Tag, und Sie können dort übernachten.

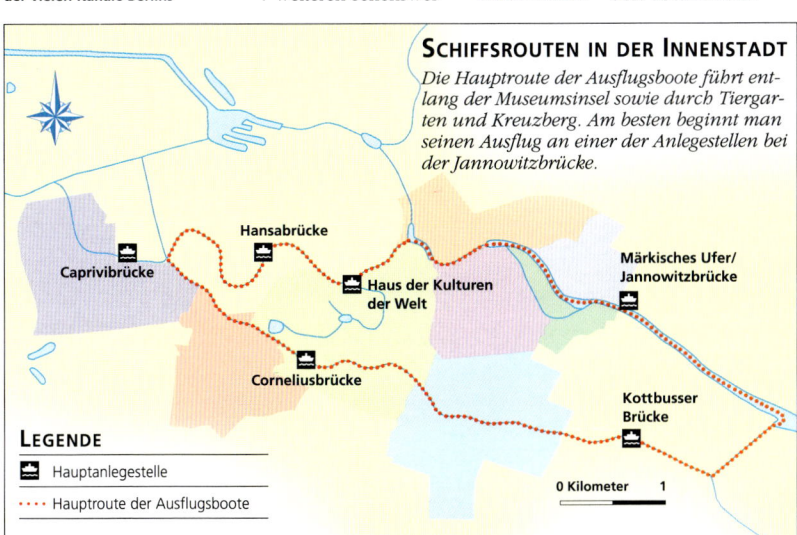

### SCHIFFSROUTEN IN DER INNENSTADT

*Die Hauptroute der Ausflugsboote führt entlang der Museumsinsel sowie durch Tiergarten und Kreuzberg. Am besten beginnt man seinen Ausflug an einer der Anlegestellen bei der Jannowitzbrücke.*

Hansabrücke

Caprivibrücke

Haus der Kulturen der Welt

Märkisches Ufer/ Jannowitzbrücke

Corneliusbrücke

Kottbusser Brücke

### LEGENDE

⛴ Hauptanlegestelle

···· Hauptroute der Ausflugsboote

0 Kilometer    1

# STADTPLAN

Die Überblickskarte unten zeigt Ihnen, welche Areale auf den Karten der Seiten 308 bis 323 abdeckt sind. Alle Kartenverweise dieses Reiseführers bei Sehenswürdigkeiten, Hotels, Läden, Restaurants, Bars und Veranstaltungsorten beziehen sich auf die Nummerierung und Koordinaten der folgenden Karten. Ein Verzeichnis der Straßen und interessanten Orte finden Sie auf den Seiten 302 bis 307. Auf den Karten sind alle wichtigen Sehenswürdigkeiten eingetragen, ebenso öffentliche Gebäude, Bahnhöfe, U- und S-Bahn-Stationen, Fähranlegestellen sowie Servicestellen wie Polizei, Postämter und Krankenhäuser.

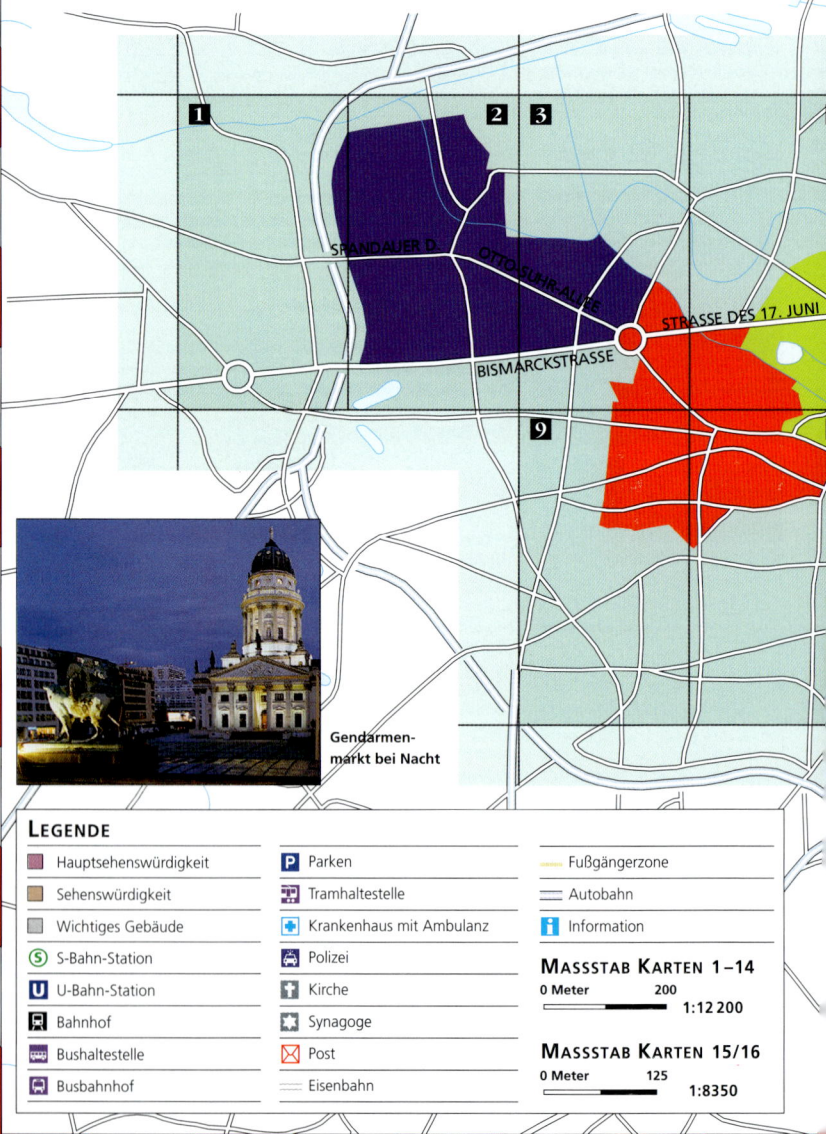

Gendarmen-markt bei Nacht

## LEGENDE

| | | |
|---|---|---|
| Hauptsehenswürdigkeit | P Parken | Fußgängerzone |
| Sehenswürdigkeit | Tramhaltestelle | Autobahn |
| Wichtiges Gebäude | Krankenhaus mit Ambulanz | Information |
| S S-Bahn-Station | Polizei | |
| U U-Bahn-Station | Kirche | **MASSSTAB KARTEN 1–14** |
| Bahnhof | Synagoge | 0 Meter       200 |
| Bushaltestelle | Post | 1:12 200 |
| Busbahnhof | Eisenbahn | **MASSSTAB KARTEN 15/16** |
| | | 0 Meter       125 |
| | | 1:8350 |

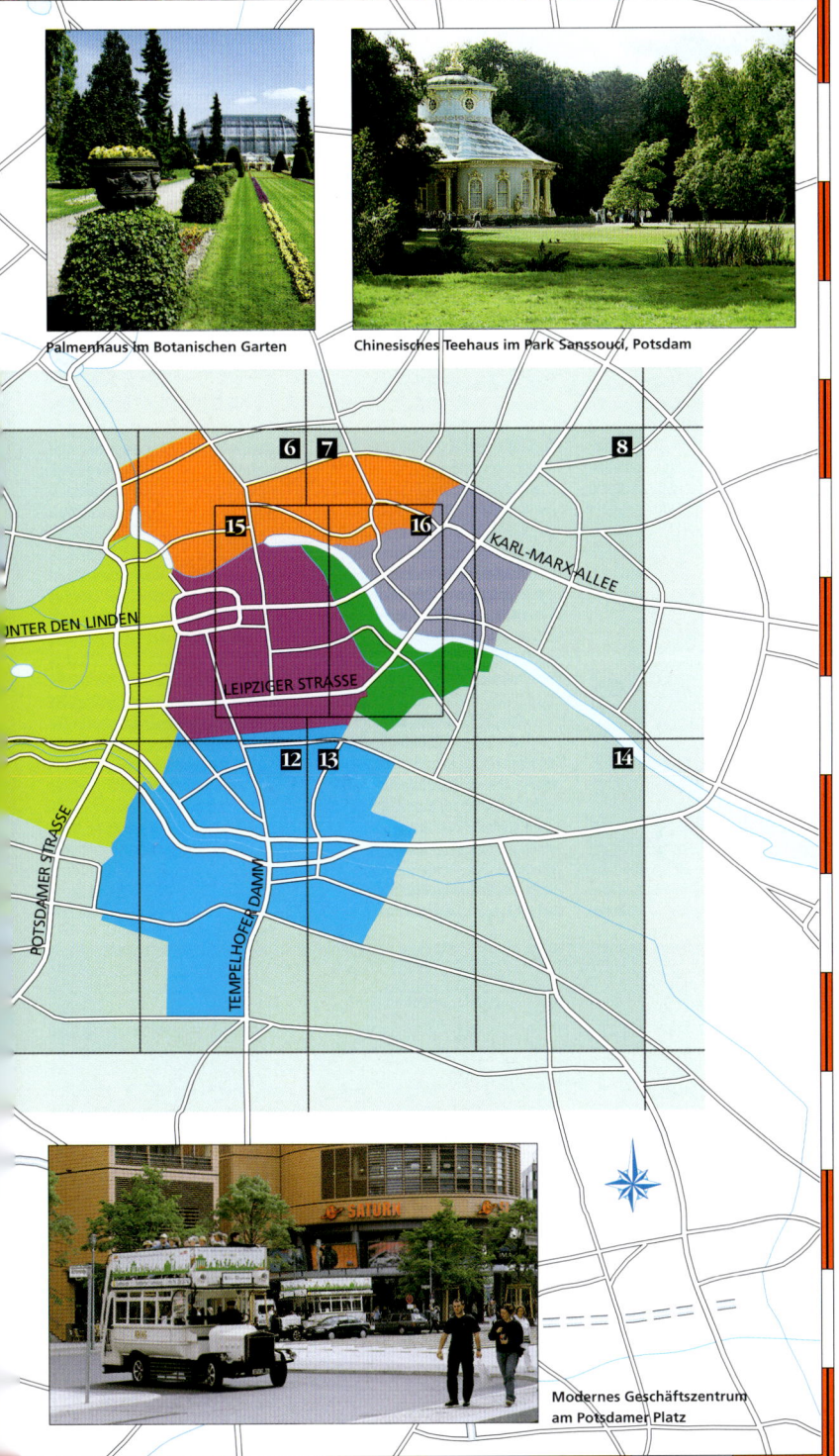

Palmenhaus im Botanischen Garten

Chinesisches Teehaus im Park Sanssouci, Potsdam

6 7

8

15 16

KARL-MARX-ALLEE

UNTER DEN LINDEN

LEIPZIGER STRASSE

12 13

14

POTSDAMER STRASSE

TEMPELHOFER DAMM

Modernes Geschäftszentrum
am Potsdamer Platz

# Kartenregister

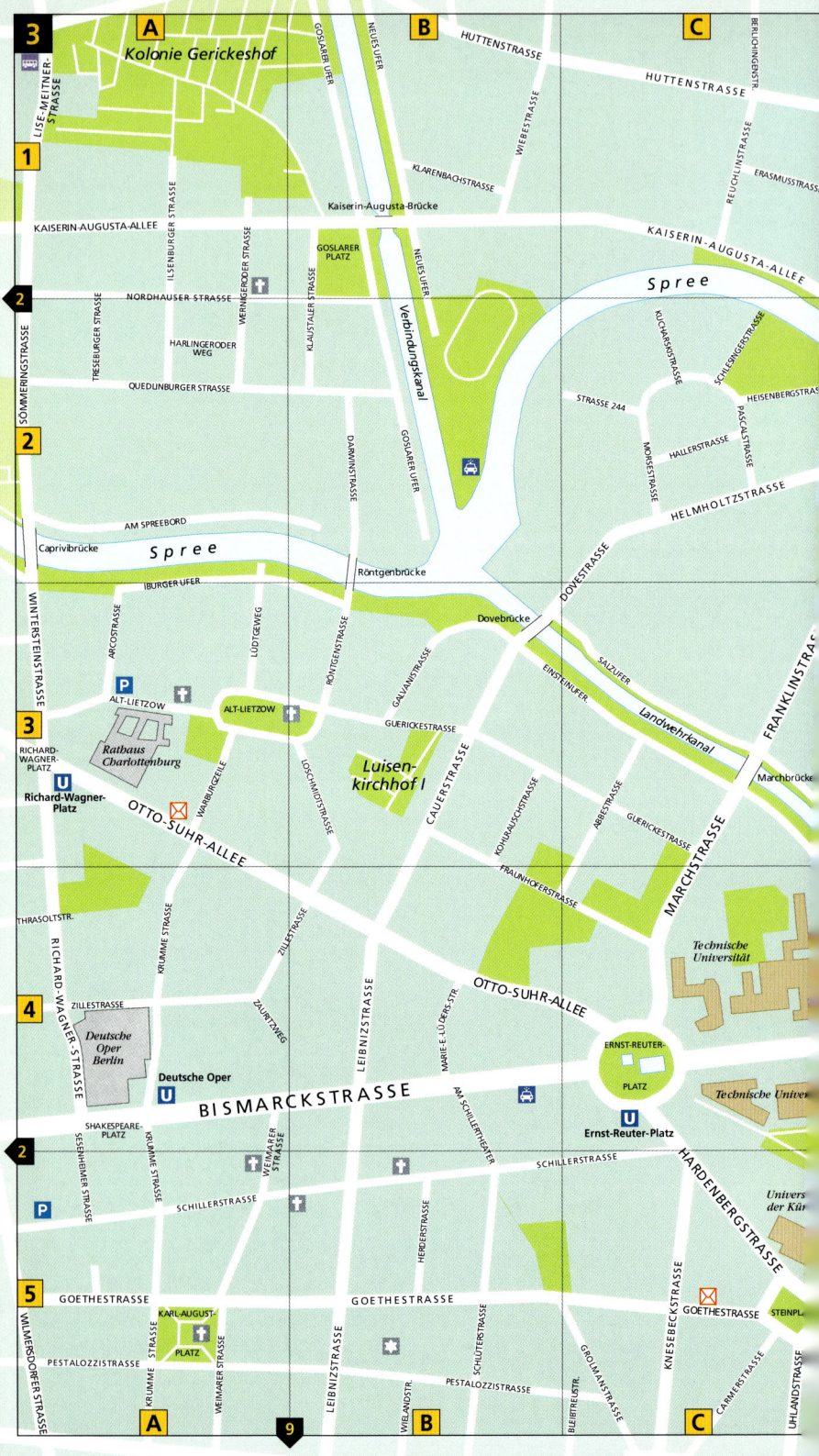

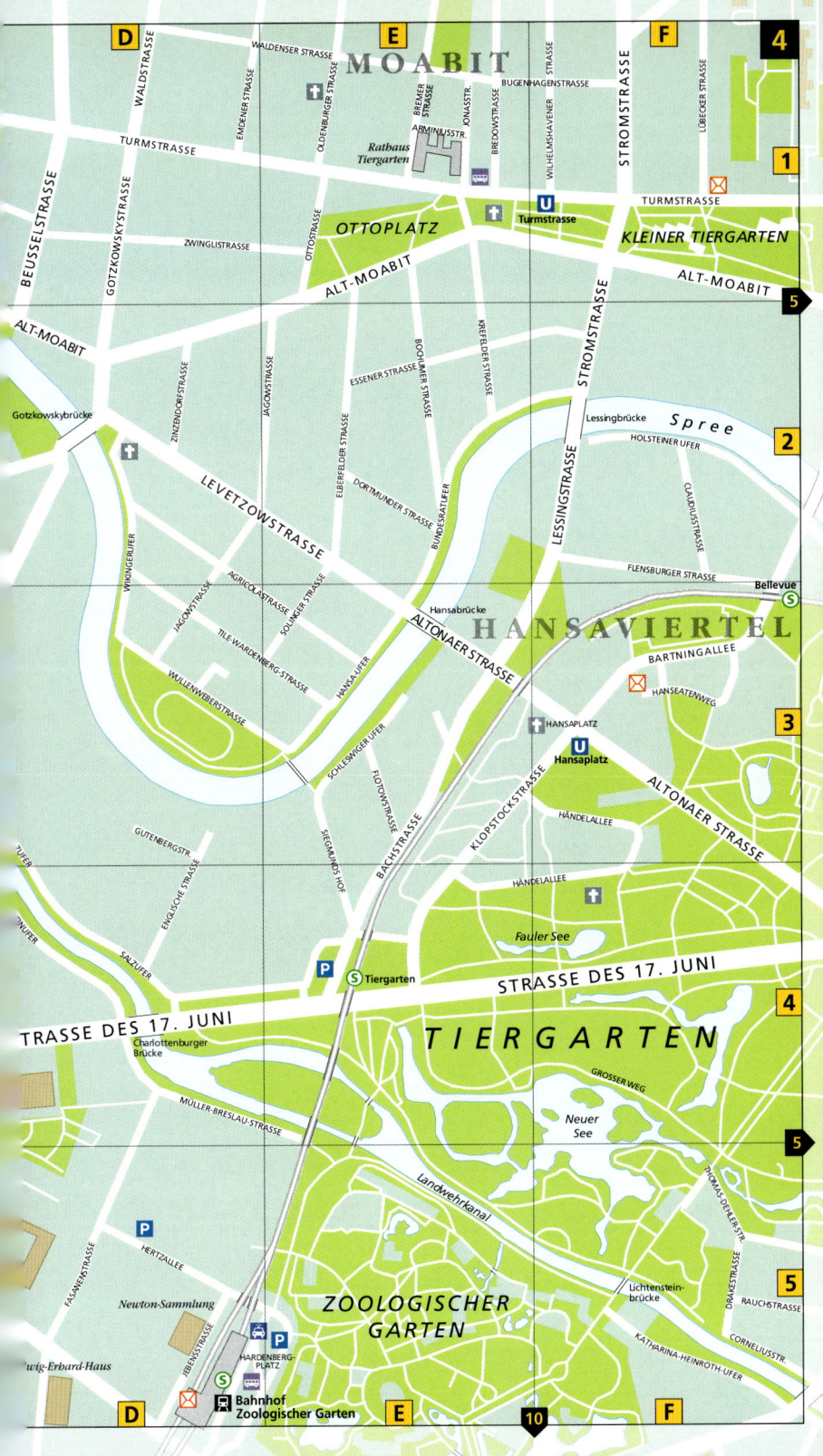

**D** **E** **F** **4**

MOABIT

WALDENSER STRASSE

BUGENHAGENSTRASSE

WALDSTRASSE

EMDENER STRASSE

OLDENBURGER STRASSE

JONASSTR.

BROMER STRASSE

BREDOWSTRASSE

WILHELMSHAVENER

STROMSTRASSE

LÜBECKER STRASSE

TURMSTRASSE

ARMINIUSSTR.

Rathaus
Tiergarten

**1**

TURMSTRASSE

**U** Turmstrasse

OTTOPLATZ

KLEINER TIERGARTEN

GOTZKOWSKYSTRASSE

ZWINGLISTRASSE

OTTOSTRASSE

ALT-MOABIT

ALT-MOABIT

**5**

STROMSTRASSE

ALT-MOABIT

BEUSSELSTRASSE

ALT-MOABIT

ZINZENDORFSTRASSE

JAGOWSTRASSE

ESSENER STRASSE

BOCHUMER STRASSE

KREFELDER STRASSE

Lessingbrücke

LESSINGSTRASSE

Spree

Gotzkowskybrücke

HOLSTEINER UFER

**2**

LEVETZOWSTRASSE

ELBERFELDER STRASSE

DORTMUNDER STRASSE

BUNDESRATUFER

FLENSBURGER STRASSE

CLAUDIUSSTRASSE

Bellevue **S**

WIKINGERUFER

JAGOWSTRASSE

AGRICOLASTRASSE

SOLINGER STRASSE

Hansabrücke

ALTONAER STRASSE

HANSAVIERTEL

BARTNINGALLEE

HANSEATENWEG

**3**

TILE-WARDENBERG-STRASSE

HANSA-UFER

Hansaplatz

**U** Hansaplatz

ALTONAER STRASSE

WULLENWEBERSTRASSE

SCHLESWIGER UFER

FLOTOWSTRASSE

KLOPSTOCKSTRASSE

HÄNDELALLEE

UFER

GUTENBERGSTR.

ENGLISCHE STRASSE

SIEGMUNDS HOF

BACHSTRASSE

HÄNDELALLEE

Fauler See

UFER

SALZUFER

**P**
**S** Tiergarten

STRASSE DES 17. JUNI

**4**

TRASSE DES 17. JUNI

TIERGARTEN

Charlottenburger
Brücke

GROSSER WEG

MÜLLER-BRESLAU-STRASSE

Neuer
See

**5**

Landwehrkanal

THOMAS-DEHLER-STR.

**P**

HERTZALLEE

DRAKESTRASSE

Lichtenstein-
brücke

RAUCHSTRASSE

**5**

FASANENSTRASSE

Newton-Sammlung

JEBENSTRASSE

**P**

ZOOLOGISCHER
GARTEN

CORNELIUSSTR.

KATHARINA-HEINROTH-UFER

wig-Erhard-Haus

HARDENBERG-
PLATZ

**S**

Bahnhof
Zoologischer Garten

**D** **E** **10** **F**

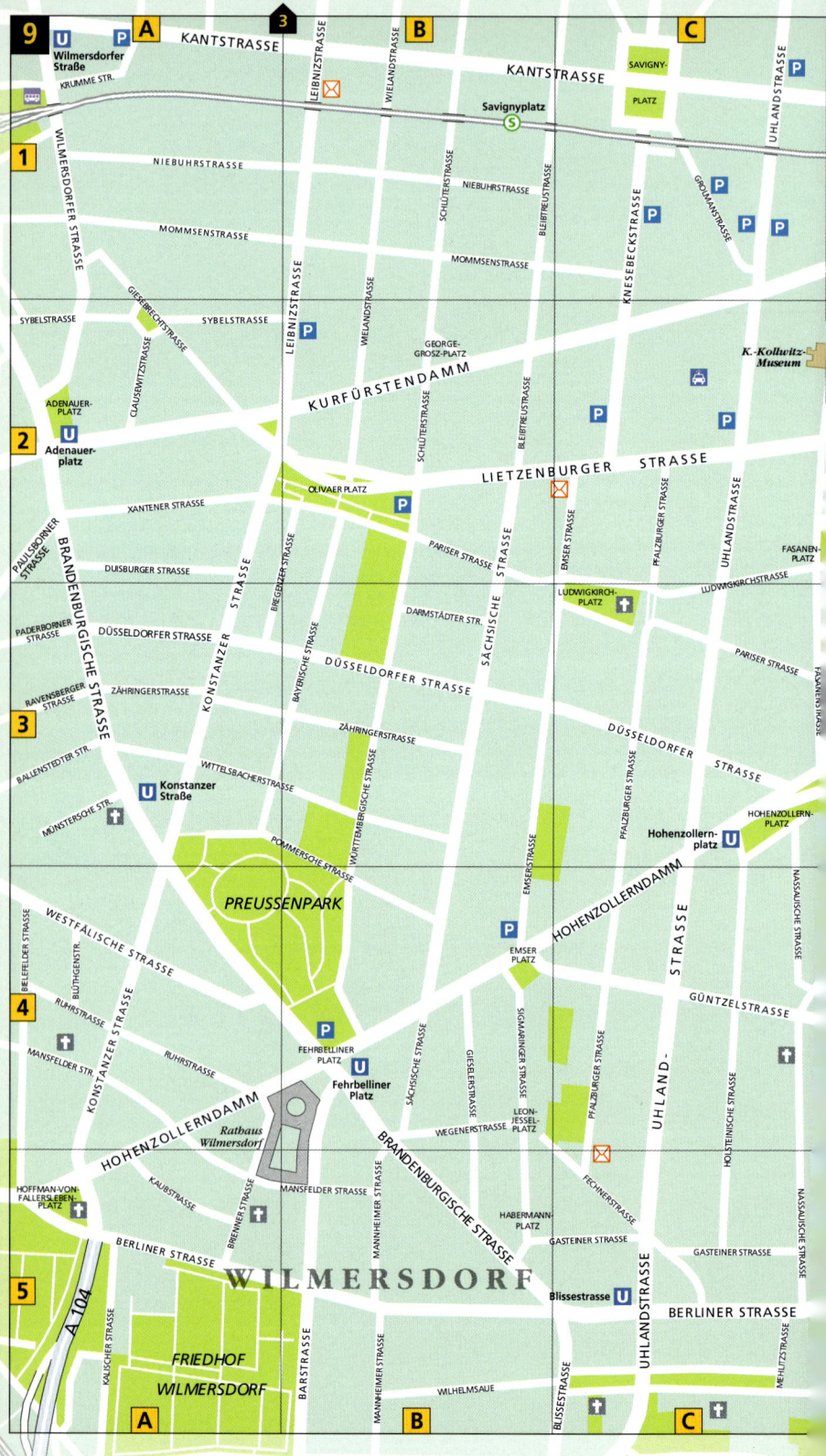

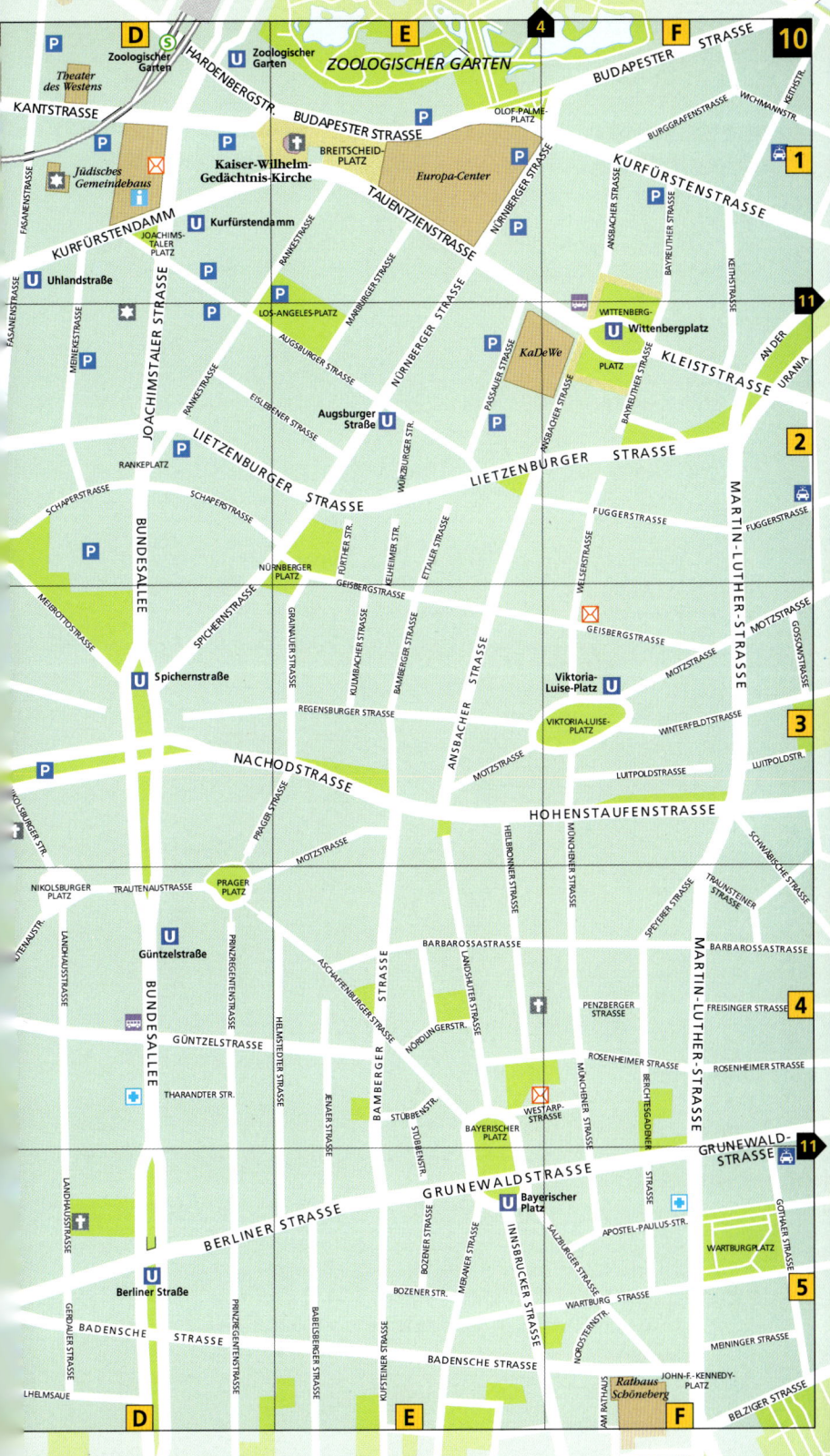

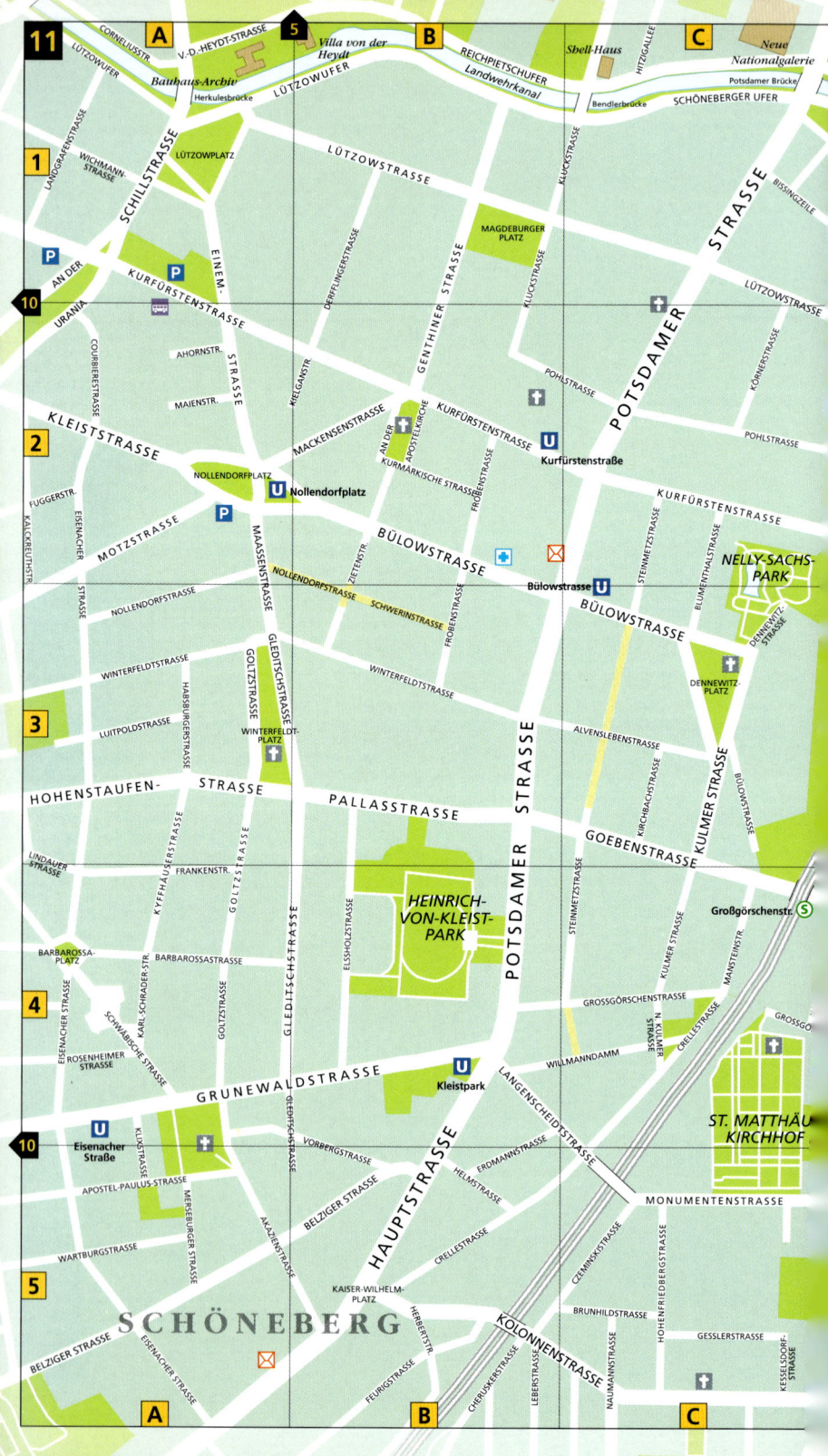

**13**

RUDI-
DUTSCHKE-
STRASSE

A    7    B    C

U Kochstraße

CHARLOTTENSTRASSE

MARKGRAFENSTRASSE

LINDENSTRASSE

FEILNERSTRASSE

RITTERSTRASSE

WALDECKPARK

ORANIENSTRASSE

KOMMANDANTENSTR.

ALEXANDRINENSTRASSE

SEBASTIANSTRASSE

STALLSCHREIBERSTRASSE

**OTTO-SUHR-
SIEDLUNG**

**1**

FRIEDRICHSTRASSE

BESSELSTRASSE

ENCKESTR.

Berlinische
Galerie

ALTE JAKOBSTRASSE

AM BERLIN-MUSEUM

JAKOBIKIRCHSTR.

ALEXANDRINENSTRASSE

RITTERSTRASSE

LOBECKSTRASSE

MORITZ-
PLATZ

U Moritzplatz

**12**

FRANZ-KLÜHS-STRASSE

Berlin-
Museum

HOLLMANNSTRASSE

**Jüdisches
Museum**

FRANZ-KÜNSTLER-STRASSE

PRINZENSTRASSE

BERGFRIED-
STRASSE

**2**

MEHRINGPLATZ

BRANDESSTR.

LINDENSTRASSE

ALTE JAKOBSTRASSE

NEUENBURGER STRASSE

ALEXANDRINENSTRASSE

LOBECKSTRASSE

MORITZSTRASSE

WASSERTORSTRASSE

U Hallesches Tor

GITSCHINER STRASSE

**GITSCHINER STRASSE**

U Prinzenstraße

Hallesche-Tor-Brücke

Zossener Brücke

WATERLOO-UFER

ZOSSENER STRASSE

BRACHVOGELSTR.

Waterloobrücke

Sommerbad
Kreuzberg

Landwehrkanal

PRINZENSTRASSE

**BÖCKLERPARK**

BÖCKLERSTRASSE

BLÜCHERPLATZ

JOHANNITERSTRASSE

CARL-HERZ-UFER

Baerwaldbrücke

*Urbanhafen*

**3**

**BLÜCHER STRASSE**

**KIRCHHOF JERUSALEM
U. NEUE KIRCHE I, II, III**

BRACHVOGELSTR.

AM JOHANNISTISCH

TEMPELHERRENSTRASSE

WILMSSTRASSE

BAERWALDSTRASSE

CARL-HERZ-UFER

GEIBELSTRASSE

BARUTHER STR.

BARUTHER
STRASSE

ZOSSENER STRASSE

MITTENWALDER STRASSE

SCHLEIERMACHERSTR.

**URBANSTRASSE**

**KREUZBERG**

SOLMSSTRASSE

STRASSE

NOSTITZ-

ZOSSENER STRASSE

FÜRBRINGERSTRASSE

**GNEISENAUSTRASSE**

U Gneisenaustraße

BAERWALDSTRASSE

BLÜCHERSTRASSE

FONTANEPROMENADE

FREILIGRATHSTRASSE

KÖRTESTRASSE

**4**

RIEMANNSTRASSE

SOLMSSTRASSE

ZOSSENER STRASSE

MITTENWALDER STRASSE

SCHLEIERMACHERSTRASSE

**GNEISENAUSTRASSE**

SÜDSTERN

U Südstern

BERGMANNSTRASSE

**12**

MARHEINEKEPLATZ

BERGMANNSTRASSE

HASENHEIDE

ARNDTSTRASSE

CHAMISSO-
PLATZ

WILLIBALD-ALEXIS-STRASSE

ARNDTSTRASSE

FRIESENSTRASSE

HEIMSTRASSE

**DREIFALTIGKEITS-
KIRCHHOF II**

**FRIEDRICHS-
WERDERSCHER
KIRCHHOF**

**KIRCHHOF
JERUSALEM U.**

NEUE KIRCHE IV

**N.D. KIRCHHOF**

**STANDORTFRIEDHOF
LILIENTHALSTR**

**5**

FIDICIN-
STRASSE

KLEBENSTR.

JÜTERBOGER STRASSE

GOLSSENER STRASSE

**KIRCHHOF
LUISENSTADT I**

ZÜLLICHAUER STRASSE

LILIENTHALSTRASSE

SCHWIEBUSSER STRASSE

A    B    C

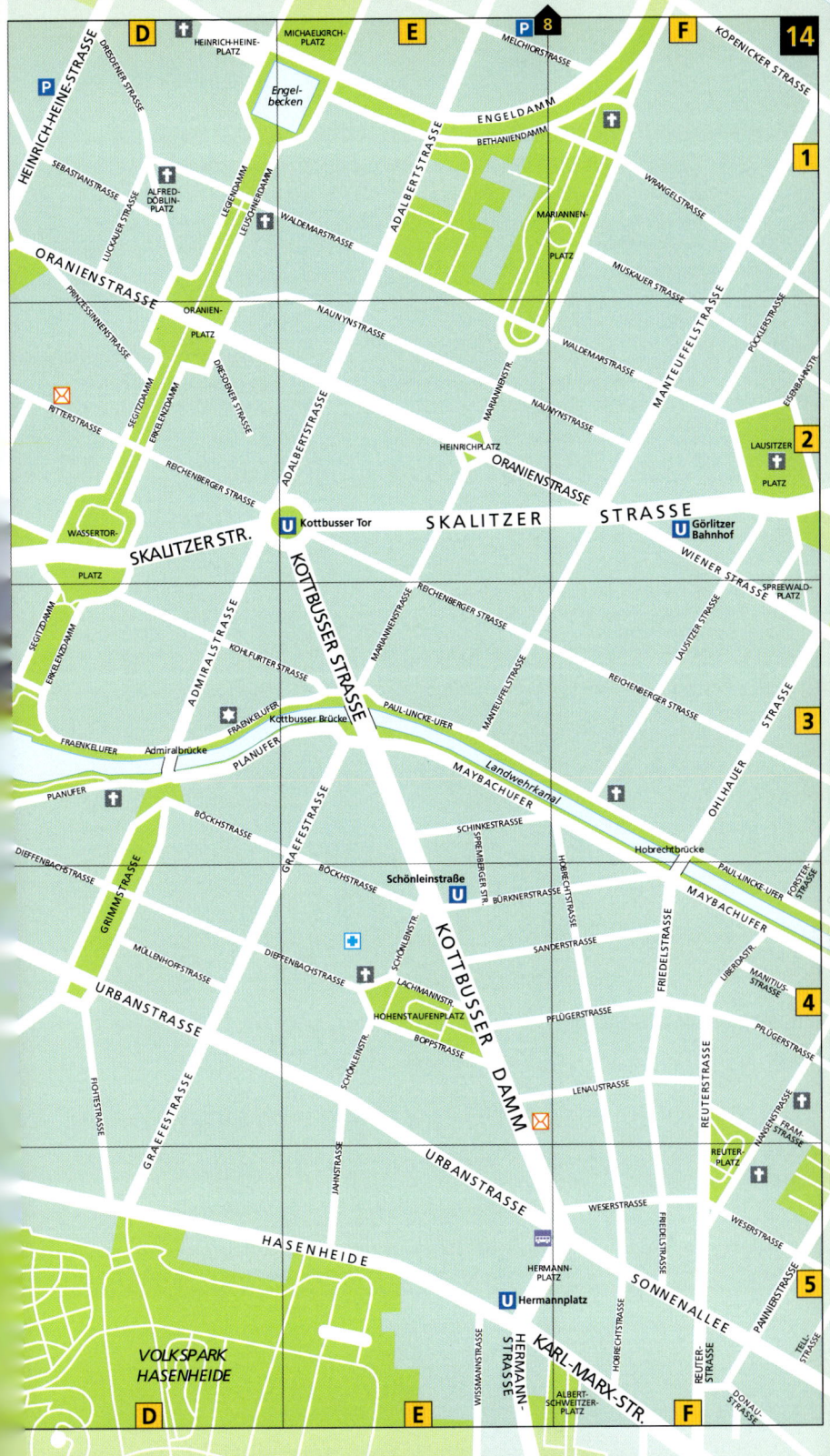

# Textregister

hn-Netz

# Danksagung und Bildnachweis

DORLING KINDERSLEY bedankt sich bei allen, die bei der Entstehung dieses Buches mitgewirkt haben.

**Publisher**
Douglas Amrine

**Managing Art Director**
Kate Poole

**Editorial Director**
Vivien Crump

**Art Director**
Gillian Allan

**Beratung**
Gordon McLachlan

**Übersetzung ins Englische**
Magda Hannay, Anna Johnson, Ian Wisniewski

**Korrektorat**
Stewart Wild

**Textregister**
Hilary Bird

**Design und Redaktionsassistenz**
Gillian Andrews, Brigitte Arora, Tessa Bindloss, Arwen Burnett, Lucinda Cooke, Nicola Erdpresser, Jessica Hughes, Delphine Lawrance, Jude Ledger, Carly Madden, Catherine Palmi, Franziska Marking, Kate Molan, Ellen Root, Simon Ryder, Sands Publishing Solutions, Sadie Smith, Andrew Szudek, Leah Tether, Conrad van Dyk, Hugo Wilkinson.

**DTP**
Samantha Borland, Lee Redmond

**Ergänzende Illustrationen**
Paweł Pasternak

**Ergänzende Fotografien**
Amir Akhtar, Francesca Bondy, Ian O'Leary, Catherine Marshall, Jürgen Scheunemann

**Zusätzliche Texte**
Jürgen Scheunemann

**Weitere Hilfe**
DORLING KINDERSLEY bedankt sich beim Personal der genannten Museen, Restaurants, Hotels, Läden und anderer Organisationen in Berlin für die freundliche Mithilfe.

Besonderer Dank gilt folgenden Personen und Institutionen, die Bilder und Fotografien zur Verfügung gestellt haben: Heidrun Klein vom Bildarchiv Preußischer Kulturbesitz; Frau Betzker und Ingrid Jager vom Bröhan-Museum; Margit Billeb vom Centrum Judaicum; Brücke-Museum; Deutsche Presse Agentur (DPA); Renate Forster vom Deutschen Technikmuseum Berlin; Andrei Holland-Moritz von der Forschungs- und Gedenkstätte Normannenstraße (Stasi-Museum); Matthias Richter vom Konzerthaus Berlin; Georg-Kolbe-Museum; Carl Kamarz von der Stiftung Preußische Schlösser und Gärten Berlin; Thomas Wellmann vom Stadtmuseum; Hamburger Bahnhof; Annette Jäckel von DeragHotels für die Bilder der Inneneinrichtung des DeragHotels Großer Kurfürst; Reinhard Friedrich; Hans-Jürgen Dyck vom Haus am Checkpoint Charlie; Gaby Hofmann von der Komischen Oper; Gesine Steiner vom Museum für Naturkunde; Ute Grallert vom Deutschen Historischen Museum; Elke Pfeil vom Brecht-Weigel-Museum; Ingrid Flindell vom Käthe-Kollwitz-Museum; Sylvia U. Moller von der Villa Kastania; Manuel Volsk vom Savoy Hotel; Sabine Rogge vom Grand Hotel Esplanade Berlin; Claude Borrmann vom Hotel Palace Berlin; Gerald Uhligow vom Café Einstein; Hotel Adlon; Hotel Brandenburger Hof und Restaurant Die Quadriga; Hotel Kempinski; Rockendorf's Restaurant; Hotel Westin Grand.

**Genehmigung für Fotografien**
DORLING KINDERSLEY dankt den folgenden Personen und Institutionen für die freundliche Erlaubnis zur Fotografie: Margaret Hilmer vom Berliner Dom; Kaiser-Wilhelm-Gedächtnis-Kirche; Galeries Lafayette; KaDeWe; Frau Schneider von der BVG (Berliner Verkehrsgesellschaft); Deutsche Bundesbahn für die Fotos vom Bahnhof Zoo; Dorotheenstädtischer Friedhof für die Fotos der Gräber; Flughafen Schönefeld; Annie Silbert vom Zoologischen Garten für die Fotos von Tieren und Attraktionen; Hilton Hotel; Carlos Beck vom Sorat Art'otel Berlin; Manuel Volsk vom Savoy Hotel; Sabine Rogge vom Grand Hotel Esplanade Berlin; Claude Borrmann vom Hotel Palace Berlin; Gerald Uhligov vom Café Einstein; Restaurant Olive; Restaurant Bamberger Reiter; Sklepo für die Erlaubnis zum Fotografieren von Inneneinrichtung und Porzellan. Besonderer Dank geht an Graf Lehmann von der Senatsverwaltung für Bauen, Wohnen und Verkehr für die Bereitstellung von Kartenmaterial und die Copyright-Erlaubnis für Karten; Frau Grazyna Kukowska von ZAIKS für ihre Hilfe bei der Klärung der Bildrechte.

# Bildnachweis

o = oben; ol = oben links; om = oben Mitte;
or = oben rechts; mlo = Mitte links oben;
mo = Mitte oben; mro = Mitte rechts oben;
ml = Mitte links; m = Mitte; mr = Mitte rechts;
mlu = Mitte links unten; mu = Mitte unten;
mru = Mitte rechts unten; ul = unten links;
u = unten; um = unten Mitte; ur = unten
rechts.

Wir haben uns bemüht, alle Urheber ausfindig zu machen und zu nennen. Sollte dies in einigen Fällen nicht gelungen sein, bitten wir dies zu entschuldigen. In der nächsten Auflage werden wir die Nennung selbstverständlich nachholen.

DORLING KINDERSLEY dankt folgenden Personen, Institutionen und Bildbibliotheken für die freundliche Genehmigung zur Reproduktion ihrer Fotografien.

John Cage *Not Wanting to Say Anything About Marcel* (1969) 111m; Sandro Chia *Genova* (1980) 110ml; Keith Haring *Untitled* (1983) © The Estate of Keith Haring 110ul; Bernhard Heiliger, Skulptur am Brücke-Museum © Bild-Kunst 179or; Oskar Kokoschka *Pariser Platz in Berlin* (1925–26) 67ul; Pablo Picasso *Kopf eines Fauns* (1937) 32or, *Kopf einer Frau mit buntem Hut* (1939) 165o, alle © Succession Picasso 2000; Robert Rauschenberg *First Time Painting* (1961) © Robert Rauschenberg 111ul; Karl Schmidt-Rottluff *Bauerhof in Daugart* (1910) © Bild-Kunst 126ol; Andy Warhol *Mao* (1973) © 2000 Andy Warhol Foundation for the Visual Arts/ARS, New York 111ur.

ALAMY IMAGES: Cro Magnon 10mr; europhotos vordere Umschlaginnenseite; Joern Sackerman 11u; Leslie Garland Picture Library 134ur. ALLSTAR: cinetext 141o. AMJ HOLDING GMBH & CO. KG: Steffen Janicke 65ur. ANA e BRUNO 231mr. AKG LONDON: Dieter E. Hoppe 166. BERGER + PARKKINEN ARCHITEKTEN ZIVILTECHNIK GMBH: 42ur. BILDARCHIV PREUSSISCHER KULTURBESITZ: 9m, 22/23m, 31or, 32or, 32ur, 34or, 34ur, 35o, 35u, 54mu, 67u, 73mo, 80mo, 82ol, 82u, 83ol, 85u, 115mro, 118ol, 118or, 122mu, 123mlu, 126o, 158mro, 162o, 163ml, 165ol, 178or, 178u; Jörg P. Anders 20om, 20ml, 21o, 29ml, 30ml, 73mro, 114m, 114u, 117o, 122ol, 122or, 122mo, 122u, 123o, 123mr, 123u, 124o, 124mo, 124u, 125o, 125mu, 125mu, 187u; Hans-Joachim Bartsch 118mlo, 118m, 120ol, 121mr; Margarete Busing 34m; Ingrid Geske-Heiden 32ol, 75or, 121u; Klaus Goken 33mru, 60o, 78o, 80u, 81u; Dietmar Katz 43mru; Johannes Laurentius 75u; Erich Lessing 72o, 80o, 81mu; Jürgen Liepe 33mro, 75mlo, 80mu, 82o, 83u, 118u, 164u; Saturia Linke 34ol; Georg Niedermeiser 80o, 81mo; Arne Psille 118m, 119o, 119u, 120m, 121o, 120u; Steinkopf 114or; G. Stenzel 83or; Jens Ziehe 110o, 111m; Jürgen Zimmermann 29ol. BRIDGEMAN ART LIBRARY: 47m, 175u. BRECHT-WEIGEL-GEDENKSTÄTTE: 46o,

109u. BRÖHAN-MUSEUM: 165mu. CENT[...]RUM JUD[...]CUM: 102o. CORBIS: Sygma/Aneebicq[...]e Ber[...]nard 233o; Adam Woolfitt 232ml; M[...]chael S[...]Yamashita 233m. DEUTSCHE PRESSE A[...]ENTUR (DPA): 46mo, 46mu, 46ul, 47o, 47m[...]ru, 47[...]48om, 48mlo, 48u, 50o, 50u, 67o, 1[...]1ur, 199u. DEUTSCHES HISTORISCHES MUSEU[...]M: 8/9, 24mu, 24ul, 25or, 25u, 25mlu, 26/2[...]u, 27o[...]28ol, 28mr, 28mu, 28u, 29or, 29ul, [...]6ur, 47mro, 58ol, 58or, 58mo, 58mu, 58[...]r, 59o[...]59mo, 59mu, 59u. DEUTSCHES TECHN[...]MUSEU[...]BERLIN: 31ul, 136, 143ml. EUROPÄISCH[...]E KOM[...]SION: 285. FILMPARK BABELSBERG: 205m[...]lo, m[...]ul. FIT TO PRINT, BERLIN: 283ol. GEDE[...]NKSTÄT[...]UND MUSEUM SACHSENHAUSEN: 169u. [...]EORG[...]KOLBE-MUSEUM: 183or. GRAND HOTEL [...]ESPLA[...]BERLIN: 216u. HAMBURGER BAHNHOF: [...]10mo[...]110mu, 110u, 111o, 111mro, 111mr[...]u, 11[...]HAUS AM CHECKPOINT CHARLIE: 39ur. [...]HAUS[...]WANNSEE-KONFERENZ: 181or; HOTEL A[...]DLON[...]HOTEL PALACE BERLIN: 219or. HAYDER[...]ADA[...]233ur. IMAGEWORKSHOP BERLIN: Vince[...]nt M[...]131ur. JÜDISCHES MUSEUM BERLIN: 143[...]ur. [...]WE: 51u; KÄTHE-KOLLWITZ-MUSEUM: 1[...]54u; [...]SCHE OPER: Monika Rittershaus 49u, [...]68u. [...]ZERTHAUS BERLIN: 65o. LEO BAECK INS[...]ITUT[...]NEW YORK: 142or. LANDESARCHIV BERLIN: [...]MELDEPRESS/EBNER: 126u. MEYER, NILS[...]: 27[...]40or; MUSEUM FÜR NATURKUNDE: 109[...]. PA[...]FÜR BERLIN: FTB-Werbefotografie 128[...]m[...]143mr, 143ur. PRESS ASSOCIATION PIC[...]URE[...]RY: 261ol. PRESSEFOTOS PETERS: 10m. [...]PRES[...]UND INFORMATIONSAMT DES LANDES BE[...]RLIN[...]294mr; BTM/Drewes 48ul; BTM/Ko[...]h 4[...]129ol; G. Schneider 51m. RAINER KI[...]EDRO[...]Nils Koshofer 30, 112; ROBERT HARD[...]ING[...]TURE LIBRARY: 52f, 274mo; Walter Ra[...]wli[...]208ml. SCHEUNEMANN: 49mr, 13[...]139ul. SCHNEIDER, GÜNTER: 41or, 52/[...]53.[...]MER, KARSTEN: 260ml. STAATLICHE MU[...]EE[...]BERLIN–PREUSSISCHER KULTURBESITZ/K[...]NS[...]BEMUSEUM: Hans-Joachim Bartsch 11[...]9m[...]gard Mues-Funke 121ol. STADTMUSE[...]M[...]23or, 24o, 26mlo, 133or; Hans-Joac[...]hin[...]Bartsch 18, 19u, 20m, 21ol, 21ur, 2[...]u[...]Christel Lehmann 18mu; Pete[...]88u, 90or. STASI-MUSEUM: 174mr. STI[...]T[...]PREUSSISCHE SCHLÖSSER UND GÄRTEN B[...]E[...]21m, 160o, 160m, 161mo, 161m, 16[...]188mlu, 194ol, 194mm, 194mlu, 19[...]4u[...]195mro, 195ur, 195ul, 198o, 200ml[...]o[...]201mro, 201mru, 201ul, 201ur. TELE[...]G[...]COLOUR LIBRARY: Bavaria-Bildagentu[...]r[...]ml. TONY STONE IMAGES: Doug Arma[...]VIEW PICTURES: William Fife 43ul. V[...]L[...]NIA: 217u. WESTIN GRAND: 218u; W[...]j[...]235ul. STEWART N.R. WOLFE (stuart@[...]com): 181or. ZIEHE, JENS, BERLIN: 14[...]

Umschlag vorn: GETTY IMAGES: Hans[...]
IFA: Rainer Elsen (Hauptbild).
Umschlag hinten: BILDARCHIV PREUSS[...]
TURBESITZ, BERLIN: Dietmar Katz mlo;
Dorota und Mariusz Jarymowicz o[...]
Buchrücken: IFA: Rainer Elsen o;
Dorota und Mariusz Jarymowicz [...]

Alle anderen Bilder © Dorling Kin[...]
Weitere Informationen finden Sie u[...]
**www.dkimages.com**

# Danksagung und Bildnachweis

DORLING KINDERSLEY bedankt sich bei allen, die bei der Entstehung dieses Buches mitgewirkt haben.

**Publisher**
Douglas Amrine

**Managing Art Director**
Kate Poole

**Editorial Director**
Vivien Crump

**Art Director**
Gillian Allan

**Beratung**
Gordon McLachlan

**Übersetzung ins Englische**
Magda Hannay, Anna Johnson,
Ian Wisniewski

**Korrektorat**
Stewart Wild

**Textregister**
Hilary Bird

**Design und Redaktionsassistenz**
Gillian Andrews, Brigitte Arora, Tessa
Bindloss, Arwen Burnett, Lucinda Cooke,
Nicola Erdpresser, Jessica Hughes, Delphine
Lawrance, Jude Ledger, Carly Madden,
Catherine Palmi, Franziska Marking, Kate
Molan, Ellen Root, Simon Ryder, Sands
Publishing Solutions, Sadie Smith, Andrew
Szudek, Leah Tether, Conrad van Dyk,
Hugo Wilkinson.

**DTP**
Samantha Borland, Lee Redmond

**Ergänzende Illustrationen**
Paweł Pasternak

**Ergänzende Fotografien**
Amir Akhtar, Francesca Bondy, Ian O'Leary,
Catherine Marshall, Jürgen Scheunemann

**Zusätzliche Texte**
Jürgen Scheunemann

**Weitere Hilfe**
DORLING KINDERSLEY bedankt sich beim
Personal der genannten Museen, Restaurants, Hotels, Läden und anderer Organisationen in Berlin für die freundliche
Mithilfe.

Besonderer Dank gilt folgenden Personen
und Institutionen, die Bilder und Fotografien
zur Verfügung gestellt haben: Heidrun Klein
vom Bildarchiv Preußischer Kulturbesitz;
Frau Betzker und Ingrid Jager vom Bröhan-
Museum; Margit Billeb vom Centrum Judaicum; Brücke-Museum; Deutsche Presse
Agentur (DPA); Renate Forster vom Deutschen Technikmuseum Berlin; Andrei
Holland-Moritz von der Forschungs- und
Gedenkstätte Normannenstraße (Stasi-Museum); Matthias Richter vom Konzerthaus Berlin; Georg-Kolbe-Museum; Carl Kamarz von
der Stiftung Preußische Schlösser und Gärten
Berlin; Thomas Wellmann vom Stadtmuseum; Hamburger Bahnhof; Annette Jäckel von
DeragHotels für die Bilder der Inneneinrichtung des DeragHotels Großer Kurfürst; Reinhard Friedrich; Hans-Jürgen Dyck vom Haus
am Checkpoint Charlie; Gaby Hofmann von
der Komischen Oper; Gesine Steiner vom
Museum für Naturkunde; Ute Grallert vom
Deutschen Historischen Museum; Elke Pfeil
vom Brecht-Weigel-Museum; Ingrid Flindell
vom Käthe-Kollwitz-Museum; Sylvia U. Moller von der Villa Kastania; Manuel Volsk vom
Savoy Hotel; Sabine Rogge vom Grand Hotel
Esplanade Berlin; Claude Borrmann vom
Hotel Palace Berlin; Gerald Uhligow vom
Café Einstein; Hotel Adlon; Hotel Brandenburger Hof und Restaurant Die Quadriga;
Hotel Kempinski; Rockendorf's Restaurant;
Hotel Westin Grand.

**Genehmigung für Fotografien**
DORLING KINDERSLEY dankt den folgenden
Personen und Institutionen für die freundliche Erlaubnis zur Fotografie: Margaret
Hilmer vom Berliner Dom; Kaiser-Wilhelm-
Gedächtnis-Kirche; Galeries Lafayette;
KaDeWe; Frau Schneider von der BVG (Berliner Verkehrsgesellschaft); Deutsche Bundesbahn für die Fotos vom Bahnhof Zoo;
Dorotheenstädtischer Friedhof für die Fotos
der Gräber; Flughafen Schönefeld; Annie
Silbert vom Zoologischen Garten für die
Fotos von Tieren und Attraktionen; Hilton
Hotel; Carlos Beck vom Sorat Art'otel Berlin;
Manuel Volsk vom Savoy Hotel; Sabine
Rogge vom Grand Hotel Esplanade Berlin;
Claude Borrmann vom Hotel Palace Berlin;
Gerald Uhligow vom Café Einstein; Restaurant Olive; Restaurant Bamberger Reiter;
Sklepo für die Erlaubnis zum Fotografieren
von Inneneinrichtung und Porzellan.
Besonderer Dank geht an Graf Lehmann von
der Senatsverwaltung für Bauen, Wohnen
und Verkehr für die Bereitstellung von Kartenmaterial und die Copyright-Erlaubnis für
Karten; Frau Grazyna Kukowska von ZAIKS
für ihre Hilfe bei der Klärung der Bildrechte.

## Bildnachweis

o = oben; ol = oben links; om = oben Mitte; or = oben rechts; mlo = Mitte links oben; mo = Mitte oben; mro = Mitte rechts oben; ml = Mitte links; m = Mitte; mr = Mitte rechts; mlu = Mitte links unten; mu = Mitte unten; mru = Mitte rechts unten; ul = unten links; u = unten; um = unten Mitte; ur = unten rechts.

Wir haben uns bemüht, alle Urheber ausfindig zu machen und zu nennen. Sollte dies in einigen Fällen nicht gelungen sein, bitten wir dies zu entschuldigen. In der nächsten Auflage werden wir die Nennung selbstverständlich nachholen.

DORLING KINDERSLEY dankt folgenden Personen, Institutionen und Bildbibliotheken für die freundliche Genehmigung zur Reproduktion ihrer Fotografien.

John Cage *Not Wanting to Say Anything About Marcel* (1969) 111m; Sandro Chia *Genova* (1980) 110ml; Keith Haring *Untitled* (1983) © The Estate of Keith Haring 110ul; Bernhard Heiliger, Skulptur am Brücke-Museum © Bild-Kunst 179or; Oskar Kokoschka *Pariser Platz in Berlin* (1925–26) 67ul; Pablo Picasso *Kopf eines Fauns* (1937) 32or, *Kopf einer Frau mit buntem Hut* (1939) 165o, alle © Succession Picasso 2000; Robert Rauschenberg *First Time Painting* (1961) © Robert Rauschenberg 111ul; Karl Schmidt-Rottluff *Bauerhof in Daugart* (1910) © Bild-Kunst 126ol; Andy Warhol *Mao* (1973) © 2000 Andy Warhol Foundation for the Visual Arts/ARS, New York 111ur.

ALAMY IMAGES: Cro Magnon 10mr; europhotos vordere Umschlaginnenseite; Joern Sackerman 11u; Leslie Garland Picture Library 134ur. ALLSTAR: cinetext 141o. AMJ HOLDING GMBH & CO. KG: Steffen Janicke 65ur. ANA E BRUNO 231mr. AKG LONDON: Dieter E. Hoppe 166. BERGER + PARKKINEN ARCHITEKTEN ZIVILTECHNIK GMBH: 42ur. BILDARCHIV PREUSSISCHER KULTURBESITZ: 9m, 22/23m, 31or, 32or, 32ur, 34or, 34ur, 35o, 35u, 54mu, 67u, 73mo, 80mo, 82ol, 82u, 83ol, 85u, 115mro, 118ol, 118or, 122mu, 123mlu, 158mro, 162o, 163ml, 165ol, 178or, 178u; Jörg P. Anders 20om, 20ml, 21o, 29ml, 30ml, 73mro, 114m, 114u, 117o, 122ol, 122or, 122mo, 122u, 123o, 123mr, 123u, 124o, 124mo, 124u, 125o, 125mu, 125mu, 187u; Hans-Joachim Bartsch 118mlo, 118m, 120ol, 121mr; Margarete Busing 34m; Ingrid Geske-Heiden 32ol, 75or, 121u; Klaus Goken 33mru, 60o, 78o, 80u, 81u; Dietmar Katz 43mru; Johannes Laurentius 75u; Erich Lessing 72o, 80o, 81mu; Jürgen Liepe 33mro, 75mlo, 80mu, 82o, 83u, 118u, 164u; Saturia Linke 34ol; Georg Niedermeiser 80o, 81mo; Arne Psille 118m, 119u, 120m, 121o, 120u; Steinkopf 114or; G. Stenzel 83or; Jens Ziehe 110o, 111m; Jürgen Zimmermann 29ol. BRIDGEMAN ART LIBRARY: 47m, 175u. BRECHT-WEIGEL-GEDENKSTÄTTE: 46o,

109u. BRÖHAN-MUSEUM: 165mu. CENTRUM JUDAICUM: 102o. CORBIS: Sygma/Aneebicque Bernard 233o; Adam Woolfitt 232ml; Michael S. Yamashita 233m. DEUTSCHE PRESSE AGENTUR (DPA): 46mo, 46mu, 46ul, 47o, 47mru, 47u, 48om, 48mlo, 48u, 50o, 50u, 67o, 151ur, 199u. DEUTSCHES HISTORISCHES MUSEUM: 8/9, 24mu, 24ul, 25or, 25u, 25mlu, 26/27u, 27or, 28ol, 28mr, 28mu, 28u, 29or, 29ul, 46ur, 47mro, 58ol, 58or, 58mo, 58mu, 58ur, 59o, 59mo, 59mu, 59u. DEUTSCHES TECHNIKMUSEUM BERLIN: 31ul, 136, 143ml. EUROPÄISCHE KOMMISSION: 285. FILMPARK BABELSBERG: 205mlo, mru, ul. FIT TO PRINT, BERLIN: 283ol. GEDENKSTÄTTE UND MUSEUM SACHSENHAUSEN: 169u. GEORG-KOLBE-MUSEUM: 183or. GRAND HOTEL ESPLANADE BERLIN: 216u. HAMBURGER BAHNHOF: 110mo, 110mu, 110u, 111o, 111mro, 111mru, 111u. HAUS AM CHECKPOINT CHARLIE: 39ur. HAUS DER WANNSEE-KONFERENZ: 181or; HOTEL ADLON: 68o. HOTEL PALACE BERLIN: 219or. HAYDER, ADAM: 233ur. IMAGEWORKSHOP BERLIN: Vincent Mosch 131ur. JÜDISCHES MUSEUM BERLIN: 143ur. KADEWE: 51u; KÄTHE-KOLLWITZ-MUSEUM: 154u; KOMISCHE OPER: Monika Rittershaus 49u, 68u. KONZERTHAUS BERLIN: 65o. LEO BAECK INSTITUTE, NEW YORK: 142or. LANDESARCHIV BERLIN: 129ur. MELDEPRESS/EBNER: 126u. MEYER, NILS: 27mru, 40or; MUSEUM FÜR NATURKUNDE: 109o. PARTNER FÜR BERLIN: FTB-Werbefotografie 128ml, 143mr, 143ur. PRESS ASSOCIATION PICTURE LIBRARY: 261ol. PRESSEFOTOS PETERS: 10m. PRESSE-UND INFORMATIONSAMT DES LANDES BERLIN: BTM 294m; BTM/Drewes 45ul; BTM/Koch 45ol, 129ol; G. Schneider 51m. RAINER KIEDROWSKI: Nils Koshofer 30, 112; ROBERT HARDING PICTURE LIBRARY: 52f, 274mo; Walter Rawlings 208ml. SCHEUNEMANN, JÜRGEN: 49mr, 138or, 139ul. SCHNEIDER, GÜNTER: 41or, 52/53. SCHIRMER, KARSTEN: 260ml. STAATLICHE MUSEEN ZU BERLIN–PREUSSISCHER KULTURBESITZ/KUNSTGEWERBEMUSEUM: Hans-Joachim Bartsch 119ml; Irmgard Mues-Funke 121ol. STADTMUSEUM BERLIN: 23or, 24o, 26mlo, 133or; Hans-Joachim Bartsch 18, 19u, 20m, 20l, 21ur, 27ur, 85o; Christel Lehmann 18ol, 18mu; Peter Straube 88u, 90or. STASI-MUSEUM: 174ur. STIFTUNG PREUSSISCHE SCHLÖSSER UND GÄRTEN BERLIN: 16o, 21m, 160o, 160m, 161m, 161ml, 161u, 188mlu, 194ol, 194mlo, 194mlu, 194ur, 195mro, 195ur, 195ul, 198o, 200mlo, 200u, 201mro, 201mru, 201ul, 201ur. TELEGRAPH COLOUR LIBRARY: Bavaria-Bildagentur Cover ml. TONY STONE IMAGES: Doug Armand 214. VIEW PICTURES: William Fife 43ul. VILLA KASTANIA: 217u. WESTIN GRAND: 218u; WÓJCIK, PAWEŁ 235ul. STEWART N.R. WOLFE (stuart@snr-wolfe. com): 181or. ZIEHE, JENS, BERLIN: 142ml.

Umschlag vorn: GETTY IMAGES: Hans Wolf ul; IFA: Rainer Elsen (Hauptbild).
Umschlag hinten: BILDARCHIV PREUSSISCHER KULTURBESITZ, BERLIN: Dietmar Katz mlo; DK IMAGES: Dorota und Mariusz Jarymowicz ol, mlu, ul.
Buchrücken: IFA: Rainer Elsen o; DK IMAGES: Dorota und Mariusz Jarymowicz u.

Alle anderen Bilder © Dorling Kindersley. Weitere Informationen finden Sie unter **www.dkimages.com**.

# Berliner U-Bahn- und S-Bahn-Netz

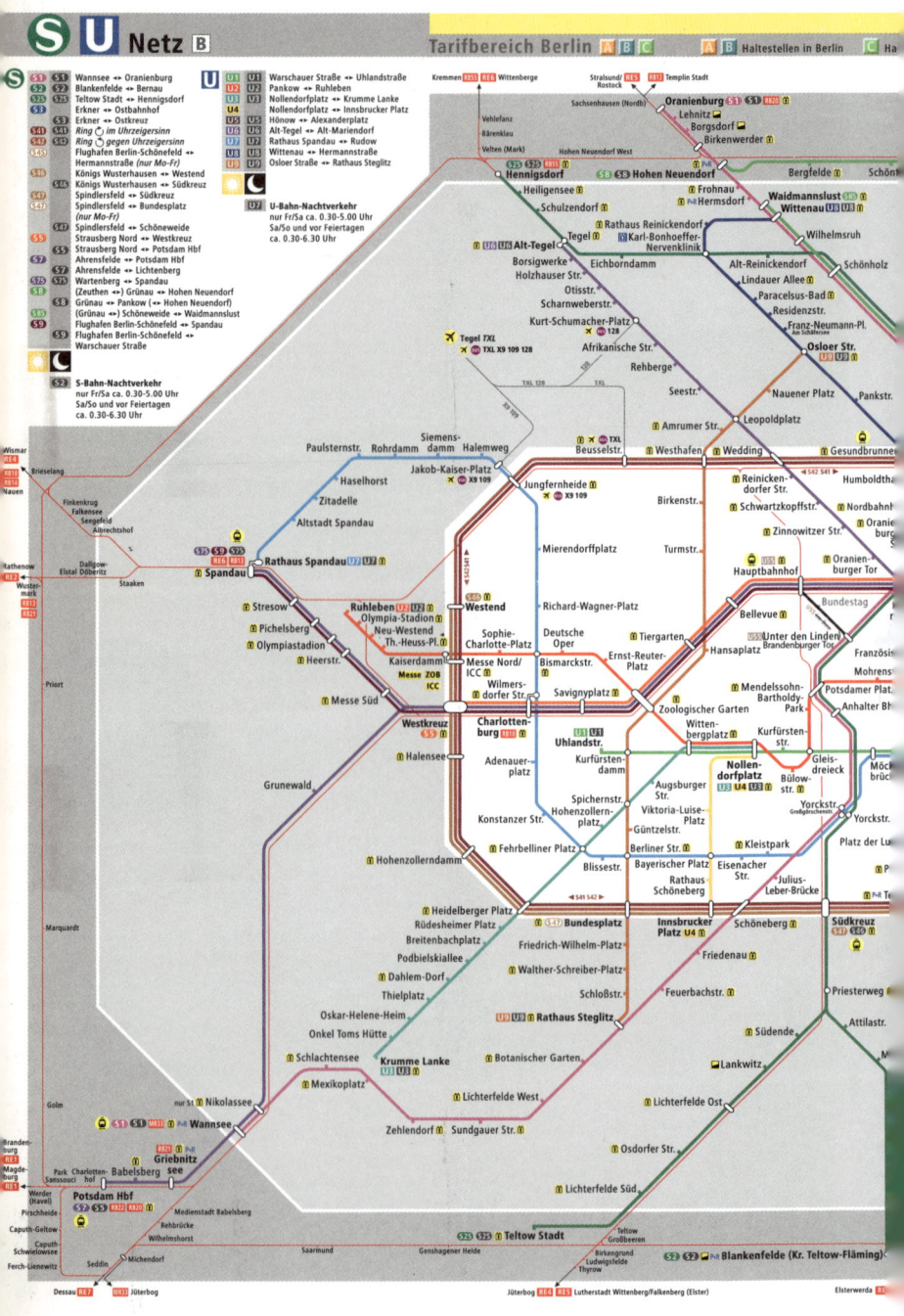